U0603399

滿漢《清文指要》

彙校與比較研究

張美蘭 著

上海教育出版社

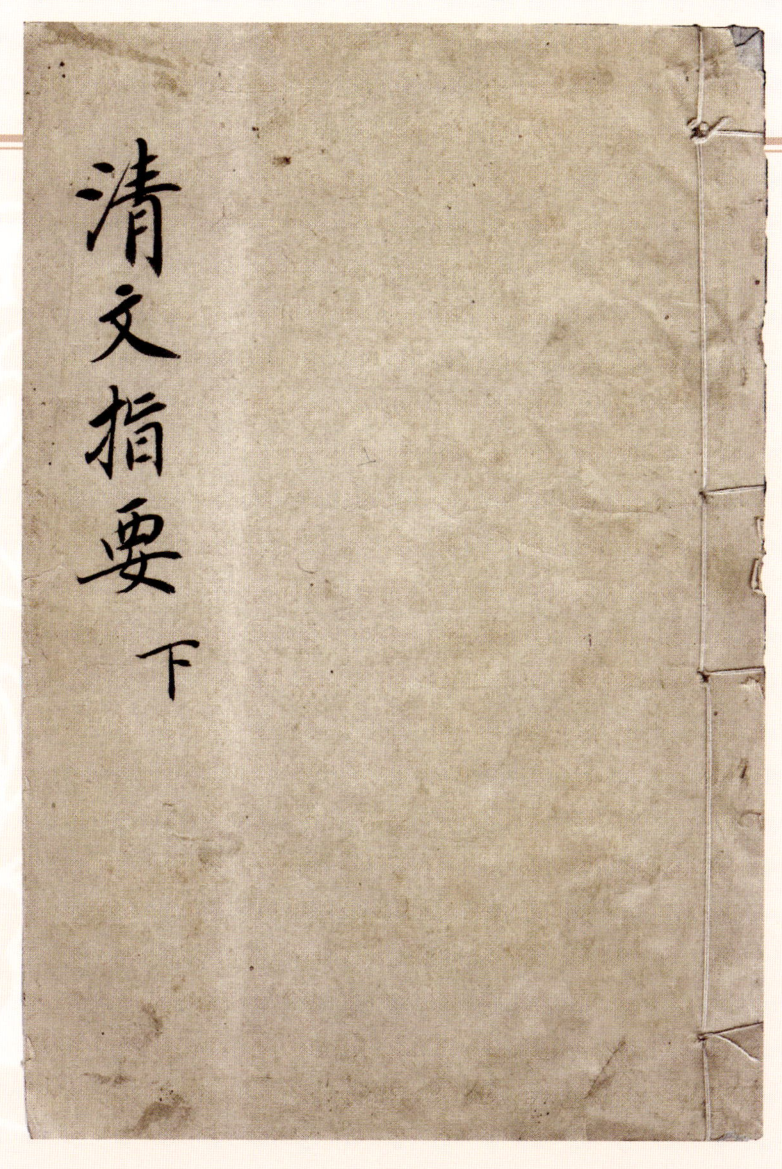

清華大學圖書館藏乾隆己酉年（1789）《清文指要》封面

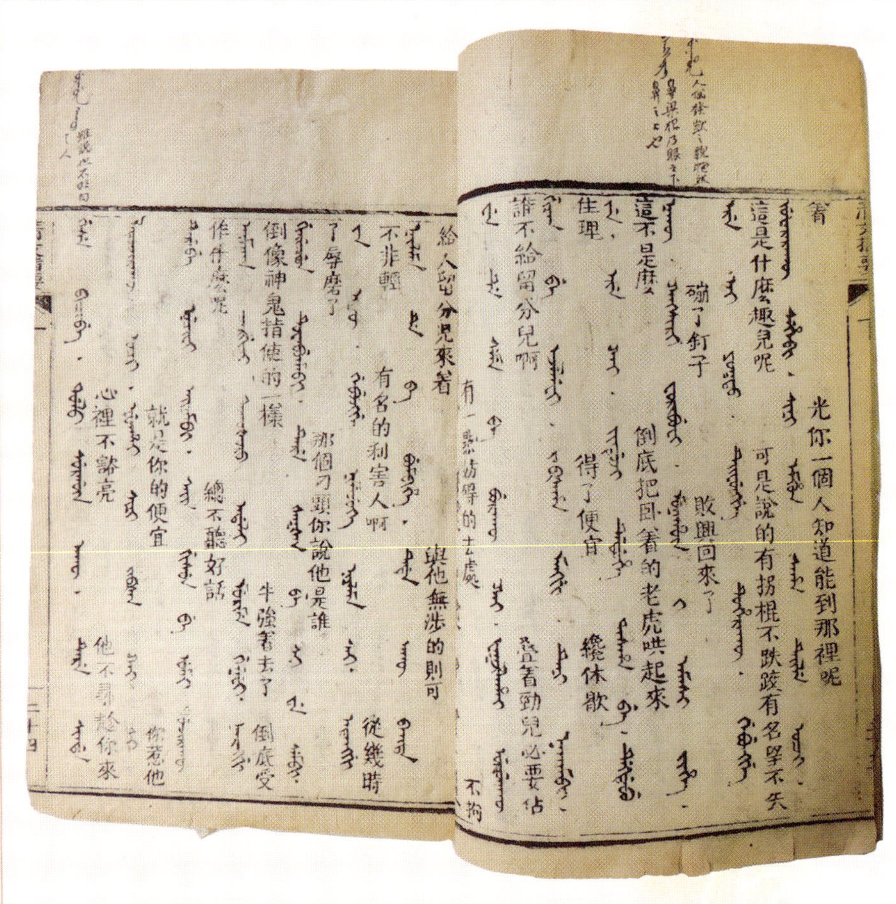

着
光你一個人知道能到那裡呢
這是什麼趣兒呢 可是說的有拐棍不跌跤有名望不失
碰了釘子 敗興回來了
這不是麼 倒底把囫圇着的老虎哄起來
住理 得了便宜 纔休歇
誰不給留分兒啊 登着勁兒必要佔
有一點妨礙的去處 不拘
給人留分兒來着 與他無涉的則可
不非輕 有名的利害人啊 從幾時
了辱磨了 那個刁頭你說他是誰
倒像神鬼指使的一樣 牛強着去了 倒底受
作什麼呢 總不聽好話
就是你的便宜 你惹他
心裡不豁亮 他不尋趁你來
二十四

清華大學圖書館藏乾隆己酉年（1789）《清文指要》（帶滿漢文眉批）

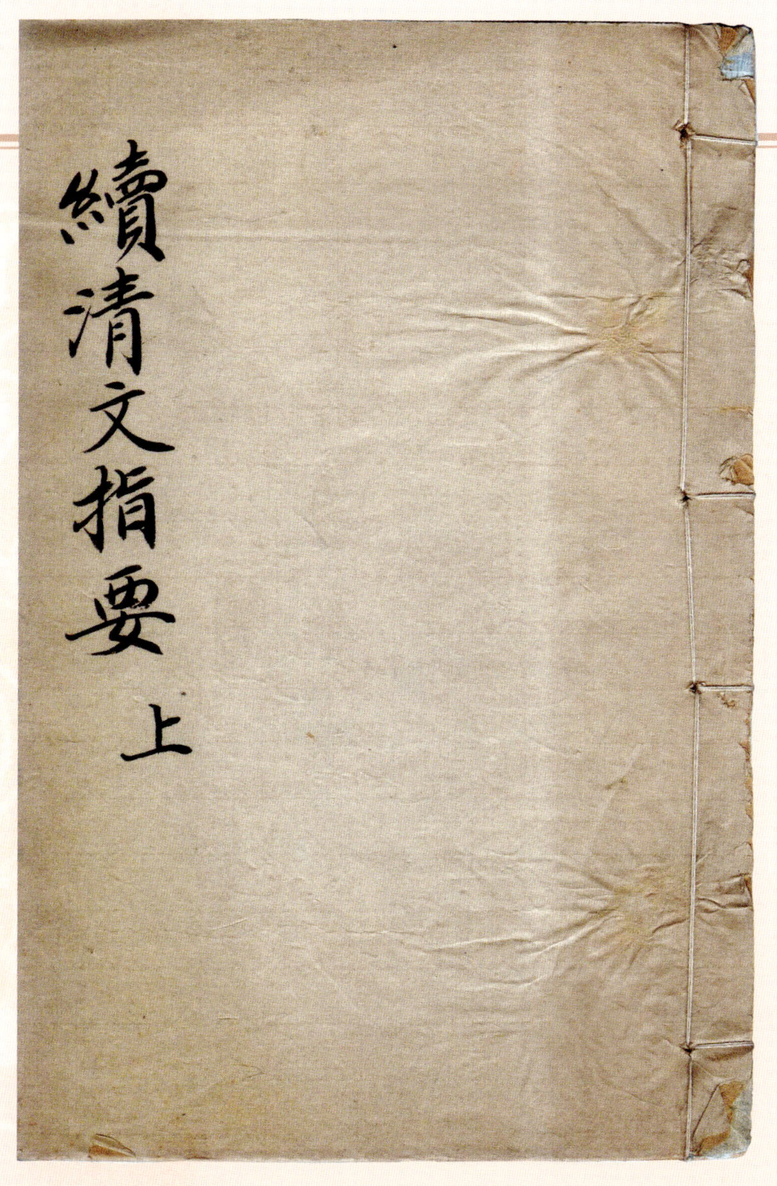

清華大學圖書館藏乾隆己酉年（1789）《續清文指要》封面

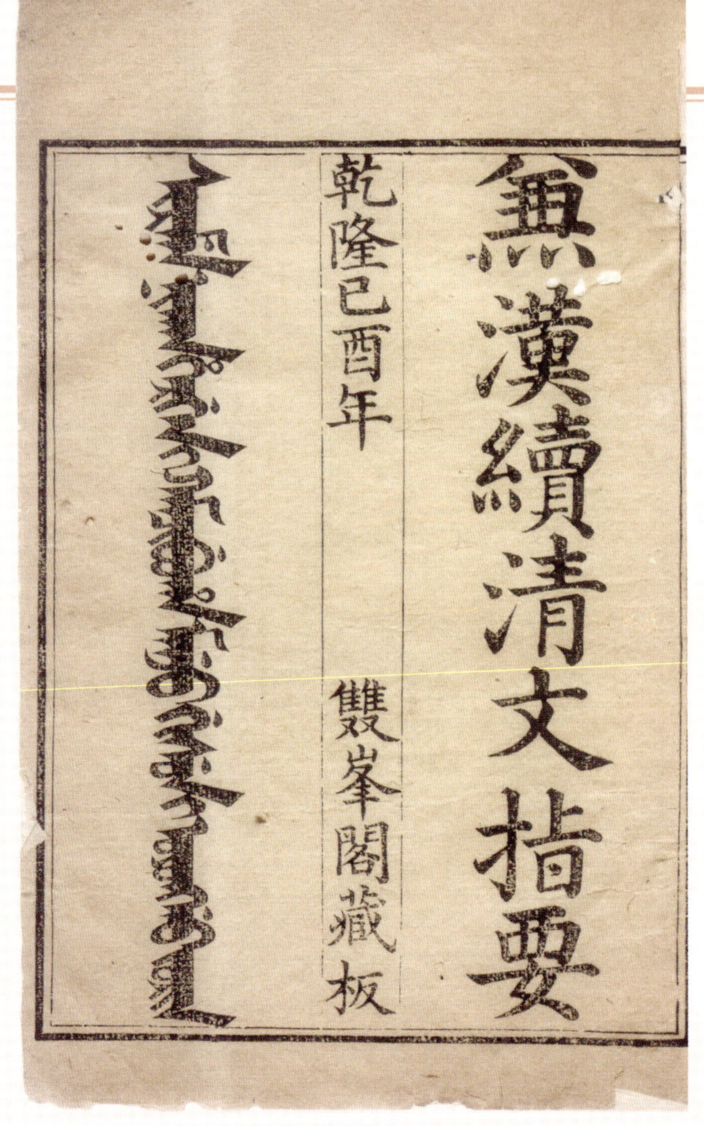

清華大學圖書館藏乾隆己酉年（1789）《續清文指要》内封

目　　録

上　　篇

下　　篇

《清文指要》及其諸改編本异文研究

前　言

《清文指要》(百章)是《清文指要》(五十章,下文簡稱《指要》)及《續編兼漢清文指要》(五十章,下文簡稱《續編》)的合稱,該書是清朝較早刊行的一部大型滿漢對照雙語教材。我們目前見到的早期的滿漢雙語教材有《清文啟蒙・兼漢滿套語》(舞格編著,1730),其滿文、漢文總篇幅不及《清文指要》的一半。《清文百條》(又叫《一百條》《清話百條》)主要是滿語,僅有少量漢文對照。盧秀麗、閻向東(2002:205)指出:該書是清乾隆時期滿人智信編撰的一套滿洲話條。

追溯《清文指要》的編撰,我們發現其母本當是《一百條》(tanggū meyen,成書於乾隆年間)。核對《清文指要》與《一百條》,二者百篇之滿語部分内容大同小异,篇目順序不一,但《一百條》以滿文課文爲主,僅有部分單詞標注了漢語解釋,而《指要》及《續編》則通篇課文全改編爲滿漢雙語對照,且添加了序言、《字音指要》等項。

一、《清文指要》(百章)版本以及館藏情況

《清文指要》(百章)版本頗多,流傳甚廣。王敵非(2010)指出:《清文指要》現存於世有六種版本;而《續編兼漢清文指要》現存於世有三種版本。我們目前查找的版本如下:

1. 乾隆五十四年(1789)雙峰閣刻本。清華大學圖書館有藏,原本四册,僅存三册,含《清文指要》下(第26—50章)、《續清文指要》上(第1—25章)、《續清文指要》下(第26—50章)。存本三册漢文部分兩萬餘字。因缺《清文指要》上(第1—25章),所以有没有《序》不得而知。清華大學藏本的部分頁數還有手寫的滿漢文眉批。

清華大學所藏乾隆五十四年雙峰閣刻本,是目前我們所見的最早版本,學界很少提及,值得關注。

本書依據的A版的第26課到第100課,基本也參照了清華大學所藏雙峰閣刻本。

2. 嘉慶十四年夏(1809)三槐堂重刻本(三卷,有《序》,另附《續清文指要》兩卷),這是最常見的版本。據《北京地區滿文圖書總目》(2008: 29),該本還藏於國家圖書館、中國社會科學院民族學與人類學研究所圖書館、故宫博物院圖書館、中國第一歷史檔案館。

我們見到的是北京大學圖書館館藏本。漢文部分共有兩萬七千餘字。日本早稻田大學圖書館亦有藏。其文字與雙峰閣刻本基本相同。本書以此爲彙校底本,即正文中A版。

此《清文指要》作者信息不明,按所收内容看,似來自作者的日常收集,且編者很可能是一位爲朝廷工作的滿族翻譯官。

《清文指要》開篇有《序》,介紹了該書的編纂原因和目的,在於使通漢語而滿語生疏的旗人學習滿語和滿漢翻譯。如:"未學翻譯以前,當知先學清語爲要。""任憑漢文怎麼精奥,下筆時,清語短少,不合卯榫,不成套數。""因此,我在裡頭走的空兒,將老輩傳説,並我學記,一句一句的集湊著,共集百條,教我族中子弟,以書名曰,清文指要。此内,貫串落脚,各樣説清語的方法,雖不周旋,大概眼應用最緊要者具備。"《序》之後是《字音指要》,簡要地介紹了滿語的語音特點、發音方法和i、ni、de等格詞綴的用法。正文是對話體或獨白體課文五十章。同時還有《續編兼漢清文指要》(下文簡稱《續編》)課文五十章。該書"清文指要"和"續修清文指要"兩部分加起來共計100段對話。

對照三槐堂重刻本的第26至100課的篇目順序和各段題與對話内容,與雙峰閣刻本基本相同,出入不大。所以我們正文中A版第1到第25課主要依據三槐堂重刻本。

3. 嘉慶十四年(1809)大酉堂重刻本(三卷,另附《續清文指要》兩卷),據《北京地區滿文圖書總目》(2008: 29),該本還藏於國家圖書館、中央民族大學圖書館、中國民族圖書館。我們見到的是北京大學圖書館館藏本。(因爲對照三槐堂重刻本似乎内容出入不大，所以本書没有作爲著録的内容。)

4. 嘉慶二十三年(1818)西安將軍署重刻本(兩卷二册)，藏於北京大學圖書館、遼寧大連圖書館。我們依據北京大學圖書館館藏，即正文中B版。

5. 清代智信撰《三合語録》收録了《清文指要》，有道光九年(1829)刻本、道光十年(1830)五雲堂刻本和道光二十六年(1846)炳蔚堂重刻本。

我們依據北京大學圖書館館藏道光十年(1830)五雲堂刻本，即正文中C版。有《序》按：該《序》不同於三槐堂重刻本(1809)的《序》。北大圖書館著録的圖書目録上，撰者署名爲“智信”。

在檢索北京大學圖書館古籍目録時，發現《清文指要》被置於《三合便覽》目録下，翻閲《三合便覽》(1780)漢文部分後發現，並不見《清文指要》的蛛絲馬跡。南京圖書館古籍目録似亦有相同的情況。又據《續修四庫全書總目提要(稿本)》的記録，有清代富俊撰寫的滿、蒙、漢《三合便覽》中的一編，内容爲滿語的正字法和語音、語法，還有一些虚字的用法舉例説明，内容與《清文指要》無涉。而我們是在《三合語録》目録下檢索的，可見稱《清文指要》收於“《三合便覽》”，實系《三合語録》之誤，或彼言《三合便覽》中之《清文指要》實系另外一種書。

此外，還有其他年代不明的刻本和抄本若干種。如上海圖書館所藏清咸豐三年(1853)順德所録抄本。國家圖書館亦藏有手抄本《清文指要》，但僅有前25篇，且其他信息不明。

《清文指要》曾流傳至中國南方，1851年傳教士哈克神父(Abbé Huc)曾從南方帶給威妥瑪，因此該書曾作爲外國人學漢語時所參考(參見《語言自邇集》一版《序言》)。

《清文指要》也曾遠播至丹麥(哥本哈根大學圖書館館藏)和日本(天理大學、早稻田大學圖書館館藏)等國。可見該書當時在國外之流傳(張華克《〈清文指要〉解讀》，文史哲出版2005年，第1頁)。

二、《清文指要》(百章)改編爲域外漢語教材之情況

《清文指要》(百章)是一套清代著名的滿漢雙語教材,逐漸成爲清代滿人學習漢語的教材。這本教材也成爲清末外國人學習漢語北方話教材的内容之一。

1.《語言自邇集·談論篇》與《清文指要》内容相同

1867年,英國駐京使館威妥瑪(Thomas Francis Wade, 1818—1895)編寫供西方人士學習漢語官話(北京官話口語)的教材《語言自邇集》(Yü-yen Tzú-êrh Chi, *A Progressive Course designed to assist the Student of Colloquial Chinese, as spoken in the Capital and the Metropolitan Department*,一套循序漸進的課程,專供學習中國京畿官話口語的學生使用)第一版問世。它本來爲英國使領館的學生譯員而編寫的,其論説、注解與翻譯,都是英文。該書1886年再版,1903年出了第三版。中間有散語、問答、談論篇、踐約傳(第二版才加)等中文對話和練習。由《語言自邇集》第一版《序言》可知,其中的《談論篇》在《語言自邇集》出版前的1860年就曾和其他内容一起出版,書名爲《問答篇》。從内容上看,《問答篇》段數多於《語言自邇集·談論篇》。據原文比對,其中關於一對奇怪夫婦的言論、暴行和外遇相關的兩段内容不見於此《談論篇》中。《語言自邇集》1886年第二版中,《談論篇》部分内容稍有改動,但第三版卻將《談論篇》部分全部删除。

據此可知,《談論篇》直接改編自《清文指要》或由《清文指要》的流傳本再間接改編而成。這部滿漢雙語教材成爲當時"對外漢語教材"之組成部分。在北京是外國駐京使館人員常用的漢語教材。特别要指出的是,作爲一本域外漢語教材,《談論篇》對《清文指要》中虐待妻子、街上打死人、談論女人的三篇課文没有收入。

2.《語言自邇集》流傳到日本,《談論篇》隨之得到編譯和再改編

明治七年(1874)三月,日本首任駐華公使進駐北京後發現:清朝官場已改行北京話,各國公使館皆有留學生在京請人教純粹京

話,因而要求外務省從漢語學校選派學生到京學習。明治九年三月,中田敬義作爲學生譯員派赴北京:“來到北京一看,没有語言學的教科書,只有當時英國駐中國公使威妥瑪所作的大本《語言自邇集》。這本書的確是很珍貴的書,價錢十分地貴,買不起。就找了中國的抄寫工抄寫,請了名叫英紹古的教師,進行語言的學習。”(參見中田敬義:《明治初期的支那語》,載日本《中國文學》,1942 年,總第 83 號。)這本書被帶回日本,在没有北京官話教材的情況下,日本中國語教學就使用了《語言自邇集》作教科書。在東京外國語學校,當時的教學情況是“以學校僅藏的一部《語言自邇集》爲原本,讓學生全部抄寫之,作爲教科書”。

明治九年九月,日本的漢語教學,從官方到民間,都轉向北京話口語。因而反映當時北京話口語的威妥瑪的《語言自邇集》成爲當時日本應急轉向期間的漢語課本。在《語言自邇集》的影響下,針對日本人學習漢語的需要,日本也陸續出版了一批截取或改編《語言自邇集》而成的中國語教材(參見張美蘭 2011),這加速了漢語在日本國内的傳播。如:

(1)《亞細亞言語集支那語官話部》(編譯了《談論篇》)

由日本學者廣部精(1854—1909)編譯的日本最早的以北京話爲標準語的著名中國語教科書之一。這部書從 1877 年開始編譯,1879 年 6 月第一版(小石川清山堂社)問世,以後陸續增訂,成爲日本明治時期影響最爲廣泛的中國語教科書。

(2) 廣部精《總譯亞細亞言語集》(支那官話部)(全譯了《談論篇》)

共四卷,分别在 1880 年、1882 年先後出版,編排格式,前邊爲中國語,後邊爲日語譯文。對《語言自邇集》進行了全文翻譯,涉及漢語發音日語翻譯、散語續散語中語句與短文的日語翻譯,《談論篇》全譯及語句與短文的日語翻譯。

(3) 宫島九成《參訂漢語問答篇日語解》(1880)(全文改編了《談論篇》)

該書將《語言自邇集 · 談論篇》百章中文内容改編而成,書名中的"問答篇"其實就是《語言自邇集》的"談論篇"。在中文句子下,逐句用日文作了注解,故稱"國字解"或"日語解"。全書 103 章,加上小標題,用詞構句上略有小變,參見張美蘭、劉曼(2011)。

3.《語言自邇集》流傳到朝鮮,《談論篇》隨之得到流傳和改編

《語言自邇集》流傳到朝鮮,得到重視。韓國宋憲奭編撰(1921 年德興書林和林家出版社,舊活字本)《自習完璧支那語集成》第六編《談論》34 章,我們核對發現總共改編《談論篇》34 課,各篇標題一律以雙音節命名,如"新喜"(談論篇百章之十一)、"弟兄"(談論篇百章之十七)、"朋友"(談論篇百章之十八)、"當差"(談論篇百章之十三)、"學話"(談論篇百章之一)、"看書"(談論篇百章之八)、"膽大"(談論篇百章之三十五)、"買馬"(談論篇百章之三十三)等。將《談論篇》百篇與《支那語集成》之《談論》34 篇一一對照,發現這 34 篇偏重在《指要》的那 50 篇内。

俄國著名的漢學家東正教教士 Π.C.波波夫在完成俄國駐京使館領事職務,1902 年卸任回國後,在彼得堡大學任教,也是用威妥瑪的《語言自邇集》爲教材給一、二年級漢語專業學生授課的(參見張方 2005: 201)。

因此,《清文指要》文獻經過《語言自邇集·談論篇》的收録和改寫而進一步得到海外傳播,從一個側面反映了北京話成爲漢語官話的歷史事實,也間接反映了《清文指要》在 19 世紀末漢語作爲第二語言教材的歷史。《清文指要》不僅可以作爲滿語和漢語的研究語料,還可以作爲對外漢語教材編寫史和傳播史的重要資料。

三、《清文指要》(百章)之學術價值

1.《清文指要》(百章)之歷史價值

《清文指要》成書於乾隆時期,其背景正是清政府早期大力推行"國語騎射"之國策。該書第一篇《念滿洲書》、第二篇《學清語》正反映了八旗子弟努力學習滿語的情況;第六篇《念書去》反映了清代滿

語教育制度的形式之一——私塾教育，此外還有官辦的八旗官學和半官辦性質的義學。第十三篇《射步箭》、第五十一篇《打圍》正反映了八旗子弟習練騎射的情況。

清代翻譯科考試始于順治初年，正式設立于雍正元年(1723)。《清文指要》的作者富俊本人正是乾隆年間的翻譯進士。第三篇《學翻譯》、第四篇《考翻譯》則反映了他們學習滿漢翻譯、報考翻譯科考試的情況。

《清文指要》之內容是我們瞭解清代早期"國語騎射"國策的鮮活材料。可以爲相關研究提供參照材料。

2.《清文指要》(百章)之文化價值

《清文指要》(百章)還記録了當時滿族人的婚喪嫁娶、生老病死、親友交往、做官當差、生活起居(包括天氣、購物、遊覽、主僕之間等)、家庭倫常、懲惡揚善、祭祀迷信等内容，富有文化價值。

婚喪嫁娶，如第六十三篇《弔唁》、第六十八篇《姻緣》等；做官當差，如第十一篇《當差行走》、第二十二篇《放章京》、第二十七篇《老大人》、第一百篇《提拔》等；生活起居，如第五十三篇《大風》、第五十五篇《明月》、第八十六篇《巨響》、第八十九篇《燥熱》、第七十三篇《春景》、第七十五篇《家雀兒》、第六十二篇《貂鼠褂子》、第七十九篇《好馬》、第九十九篇《喝酒》等；生老病死，如第八十三篇《病入膏肓》、第八十七篇《一服打藥》、第九十二篇《傷損》、第九十八篇《吃藥》等；祭祀迷信，如第二十九篇《吃大肉》(反映了滿人祭神、背燈後都要請親友吃大肉的習俗)、第五十七篇《鬧鬼》、第五十八篇《算命仙》等。

3.《清文指要》(百章)之語言學價值

《清文指要》(百章)滿漢對譯，是研究清代滿語或漢語的重要語料。

第一，《清文指要》是清代學習滿文的名著，至今仍具有滿語歷史教科書之價值。

中國臺灣滿語學者張華克(2005)爲滿足當代滿語學習者的需要，對《清文指要》《續編兼漢清文指要》百章之滿文内容進行解讀，保留了 100 章滿漢雙語課文,增加了羅馬轉寫、口語音標、滿漢詞語注釋和滿文生字索引,出版了《〈清文指要〉解讀》《〈續編兼漢清文指要〉解讀》。這爲我們解讀兩百多年前的滿語提供了直接資料。

《清文指要》雜有少量滿語詞,如"阿媽、阿哥、章京、膊洛蓋兒、肐星兒"等;受作者母語蒙古語和滿語影響而高頻使用的短語"……的上(頭)",表示原因或"……的時候";用"……的時候"表示假設,反映了清代中前期滿人入關後學習漢語和使用滿漢雙語的"中介語"階段,是語言接觸的結果。

第二,《清文指要》(百章)中有大量的北京話口語詞。

《清文指要》反映了兩百多年前北京地區的口語面貌。如:"老家兒、家雀兒、晌午、日頭、黑早、黑下、胳肢窩、街坊、早起、身量、兩下裡、絮叨、打蹬兒、打前失、鑽頭覓縫兒、瞧、瞧瞧、尋趁、儉省、外道、簡决、絮煩、勤謹、使不得、使得、管保、罷咧、來著、望著、望"。

《清文指要》不僅反映了當時北京話的詞彙現象,還反映了當時北京話文白异讀的語音現象。書中的"剛"也作"將"、"剛才"也作"將才"、"將將"也作"剛剛",反映了晚起的文讀"剛"與早出的白讀"將"競爭共存而後者佔優勢的局面;"略"也作"料"、"略略"也作"料料"、"大料"也作"大略"、"不料"也作"不略"、"料估"也作"略估",反映了文讀"略"和白讀"料"競爭共存而後者佔優勢的局面。

第三,《清文指要》(百章)中有顯示清代特點的新詞。

是非問句語氣詞主要用"嗎"是清代新的用法。清代文獻,如程偉元壬子活字本《紅樓夢》(1792)"嗎"的用例都不及"麼";《清文指要》中主要用"嗎",極少用"麼",突顯了 18 世紀中後期以來"嗎"取代"麼"的新趨勢。其他文獻這種現象呈現較晚,如《兒女英雄傳》(1878),"嗎"才超過"麼";《老殘遊記》(1903)中,"嗎"相對"麼"才取得了绝對優勢。《清文指要》中"嗎"可以用於選擇問句,如第 34 章:"説我來的遲了,這們個舉動嗎? 還是怎麼樣呢?"這種用法不見於其他文獻。

再如,句末語氣助詞"是呢"(多表示祈使語氣),很少見於其他漢語文獻,只見於《老乞大新釋》《重刊老乞大》和《清文啟蒙》(1730),這種用法《清文指要》中有數例。這是對滿文動詞祈使式常用形的附加成分-cina 語音上的對譯,也是語言接觸的表現。

第四,《清文指要》(百章)不同時期的改編版,表現出明顯的詞彙用語的個性特點和時代變遷線索。

(1) 有關“您”來源問題的考辯,敬稱代詞“您”考源,首先見於 D 版 1867 年第一版《語言自邇集·談論篇》(百篇)中的“兄台”(1886 年第二版改爲“您納”),該詞對應的 ABC 版分別用詞爲“阿哥”,尊稱對方。

(2) 太田辰夫(1987/2003)認爲“倆”可能是從清初開始使用的,舉了蒲松齡《磨難曲》(1700 年後)和《兒女》(1878)的例子,《紅樓夢》中未見用例。《語言自邇集·談論篇》:“直瞪著兩眼”第二版改爲“直瞪著倆眼睛”,提供了晚清的語料及時人的理解。

(3)《紅樓夢》前 80 回本和《兒女英雄傳》中無現代漢語常用的“剛才”,一般用“將才”“才剛”。《語言自邇集·談論篇》提供了清末的用例。

第五,《清文指要》各版的用字爲研究近代漢字形體提供了資料。

如:“倘”,即“躺”,明代至清初一直是記録“躺”的慣用字,《清文指要》(1789 年、1809 年)仍用。但大致以乾隆時期爲界,義符從“亻”變成“身”,“倘”變成“躺/軃”,《指要》B、C、D、E、F、G 版即用新寫法。賍,“賺”之异體。“賺”明清多用。“揝”,表“抓、握、拉”,是“攥”之异體。支,“揸”之俗寫形式。

從元代開始,動詞“題”“提”表“言説”義十分常見。據王麗玲(2011)調查,清代以前文獻中“言説”義“題”的使用頻率總體上明顯高於“提”,明代小説中“題”的比例仍很高,“提”元明時期的用例逐漸增加,“提”的產生和普遍使用可能還要晚一些,要到清代“提”的用例才明顯超過並最終吞併了“題”。

4.《清文指要》(百章)與 19 世紀末世界漢語教育史

《清文指要》文獻經過《語言自邇集·談論篇》的收録和改寫而

進一步得到海外傳播,在 19 世紀末世界漢語教育史上寫上光輝的一頁。它也成爲近幾年學界研究的新熱點。有些學術問題還可以進一步探討。如:

日本學者太田辰夫(1951)曾根據《語言自邇集・談論篇》的排列順序與清人智信撰《三合語録》所收録的《清文指要》(百章)順序相同(道光十年即 1830 年五雲堂刻本,參見本書 C 版),而與乾隆五十四年(1789)雙峰閣刻本、嘉慶十四年夏(1809)三槐堂重刻本、嘉慶二十三年(1818)西安將軍署重刻本(參見本書的 A 版、B 版)不同,認爲"這個事實可以用來質疑《清文指要》是《語言自邇集・談論篇百章》底本的觀點"。"我認爲應龍田或者威氏參考的内容可能是《初學指南》(1794)或者《三合語録》(1829)。也就是説,《語言自邇集》中説到的'清文指要'不一定是指《清文指要》這本書,如果認爲它指的是當時流行的《清話百條》系統的各本書的統稱,也是妥當的。"[太田辰夫,清代北京語語法研究資料について,《神户外大論叢》,1951 年(2,1)P.22]

這個觀點是否完全正確? 讀者閱讀《〈清文指要〉彙校》自會分曉。《〈清文指要〉彙校》7 個版本,在内容上具有傳承關係,差异主要在排列順序和口語詞彙的不同表達上。首先,從順序看,《語言自邇集・談論篇》基本沿用了《三合語録》所收録的《清文指要》(百章)順序,略有少數篇章次序有變;但從詞彙上看,《語言自邇集・談論篇》有自己的詞彙表達和時代特點,雖然有對早期《清文指要》版本的沿用,也有對《三合語録》版本的沿用,但改動的地方比較大。

相對而言,《三合語録》所收録的《清文指要》卻基本沿襲了早期《清文指要》版本的表達,從嘉慶十四年夏(1809)三槐堂重刻本、嘉慶十四年(1809)大西堂重刻本、嘉慶二十三年(1818)西安將軍署重刻本(兩卷二册)等早期《清文指要》的相互對比看,《三合語録》所收録的《清文指要》與之比較大體一致。讀者可以從收集的 A 版、B 版與 C 版的比較中得到答案。

另外,我們重新閱讀一下《語言自邇集》第一版的《序》,關於"談論篇”的編寫，威氏談到，阿貝·哈克（Abbé Huc，1813—1860）神父從中國的南方帶來的一套“教授滿族人漢語和漢族人滿語的中國本土教材”。可見威氏的教師應龍田以滿漢對譯的《清文指要》這套教材爲底本，對其中時代較久遠的“文言化措辭”進行了修改，並未有大規模的修訂。

可見，《語言自邇集·談論篇》是以乾隆、嘉慶年間的一本滿漢教材爲底本的，並經過了應龍田等中國文人的修定，有自己獨特的語言風格、用詞造句特點。

近幾年來，19世紀世界漢語教育史得到學界普遍關注，有不少碩士論文、博士論文專題研究《語言自邇集》及其相關域外教材的歷史，如《亞細亞言語集》研究、《自習完璧支那語集成》研究等，這些研究多少會論及《談論篇》與《清文指要》，或《亞細亞言語集》與《語言自邇集》中的《談論篇》的相互關係，但是每個學者又有點各自爲政，對教材相互之間的源流關係並未厘清。我們也曾在研究《參訂漢語問答篇國字解》過程中有過類似的經歷和教訓。

例如研究朝鮮人宋先爽《自習完璧支那語集成》，我們就不能把眼光僅僅局限於與《清文指要》的對比上。朝鮮當時作爲日本殖民地，其漢語教材難免有日本殖民的痕跡（1910年8月22日，日本伊藤博文政府迫使朝鮮政府簽訂《日韓合併條約》。朝鮮淪爲日本的殖民地）。自古以來，朝鮮半島“事大慕華”，一直都使用“漢兒言語”“官話”“華語”來稱呼漢語。漢語教材沿用了日本人的“支那語”稱呼，十分明顯地具有日據時代的痕跡。所以這部教材似與日本人編譯的《亞細亞言語集》（直接來自《語言自邇集》）之類有關係，僅僅把該書第六部分《談論》與《清文指要》作對比似乎不夠全面。從該書的《凡例》看，該書的體例內容似乎是《語言自邇集》的框架：“本書分成六編，首先解釋聲音法，次枚舉名辭單話，次類聚簡易的散語，次相酬問答的對話，次分析官話構成的活用，最後分課別類談論的長話，這都是爲了提高學習者學會漢語辭令表達的效率和智慧。”可見相互之間的繼承關係。

四、《〈清文指要〉彙校》漢語七個版本之异同特點

《〈清文指要〉彙校》將19世紀初至20世紀20年代這百年期間《清文指要》流變和改編情況彙録成集,我們可以更爲直觀地看出各版本的异同及特點。

根據A、B、C、D、E、F、G七個版本的使用情況,我們發現者七個版本的大致特點有:

(1) 從篇目排列順序上看,A、B版相同,C版重新排序,並影響了D、E版,F、G版均自成順序。

(2) 從傳承關係上看,B版與A版接近。但是我們從臺灣學者張華克(2005)的《〈清文指要〉解讀》及《〈續編兼漢清文指要〉解讀》中得知,他依據的是日本天理圖書館所藏三槐堂本。日本學者竹越孝(2015)的《新刊清文指要——翻字と翻訳》,他依據的是嘉慶二十三年(1818)西安將軍署重刻本,兩者在滿文方面還是存有少數文句或用詞方面的一些差异。前者正是本書的A版,後者正是本書的B版。C版有一些改動,有時接近于A版,有時個别地方接近于B版,有時又是獨立的表現。D版與C版主要句子的表達相似行更多一些,E、F、G版則受D版直接影響。其中,F版將D版35篇獨白體課文改爲對話體,並在内容上對部分篇目有所演繹,可以説是稍微特殊一些,或許編撰時參考了《清文指要》的其他刊本。讀者從整理文本閱讀中可以得到答案。

(3) 從篇數上看,A、B版都是100篇課文,C版是102篇(C35、C79爲新增),D版100篇,承襲了A版之97篇,因爲A69内容涉及到虐待妻子、A70涉及到凶殺、A72涉及到女性描寫,因此D版域外教材對此三篇没有收入,並將A66分爲兩章,沿用C35、C79;E版102篇,没有A70,也將C25/A66分爲兩篇,並沿用C35、C79;F版是103篇,承襲了A版100章,將A9分入F44和F103,將A40分入F8和F16,也沿用C35、C79;G版是34篇。

(4) 從語言特徵上看,A、B、C三版有共同特點:均以北方官話

爲背景，同時有當時通語底層的用詞。且有受滿漢語言接觸影響的痕跡，如使用表示原因的後助詞“的上(頭)”、滿語詞“阿哥”。此外，還有一些滿語詞零星見於各版中，如：A 阿媽、CDEFG 筆帖式、DEG 鄂博、ABCDEFG 肐星兒、DE 克食、C 遮／DEF 喳。

A 版還保留了入聲“-k”尾消失過程中造成的文白异讀現象，如副詞“略”也作“料”；C 版則有偏好古雅詞語的傾向；D、E、G 三版則帶有顯著的北京話色彩，D、E 版以北京官話爲目的語，G 版則沿襲 D 版；F 版具有南方話色彩和受編者日本母語影響的個性特徵，如受日語“數詞＋量詞＋の＋名詞”影響而屢見使用的“數詞＋量詞＋的＋名詞”結構，“一幅的好圖畫、一件的怪事、一座的大墳院、一場的熱鬧、一團的和氣、一半句的話、一條的兩頭蛇、這幾件的東西、一件的貂褂”等。據董志翹(2000：80)，唐代日僧圓仁在《入唐求法巡禮行記》中也有受日語“の”影響的短語結構“五個之船”等類似結構。

我們通過瞭解各版本與《清文指要》(百章)之間的源流關係以及改編特點，可以澄清學界因研究材料的局限而産生的片面認識。我們期待本書得到社會的廣泛關注。

總之，這是一部很有學術價值的文獻。

凡　　例

(一)《清文指要》(百章)是《清文指要》(五十章,下文簡稱《指要》)及《續編兼漢清文指要》(五十章,下文簡稱《續編》)的合稱,該書是清朝較早刊行的一部大型滿漢對照雙語教材。本書滿文部分主要依據了日本學者竹越孝(2015)的《新刊清文指要——翻字と翻訳》,同時參考了我國臺灣學者張華克(2005)的《〈清文指要〉解讀》及《〈續編兼漢清文指要〉解讀》,對兩個文本中的1626個差异處一一進行了考察。漢文對譯三種與四種漢文改編版共進行著録彙校。

(二) 我們將以《清文指要》(百章)早期出版的版本以及較後出版的兩個修改本爲重點對象,輔之以作爲漢語教材的四個版本,共七種,進行一句一句的對照彙校。各版本分别以字母A、B、C、D、E、F、G爲代號標示(統稱《指要》各版)。下面簡介各版本情况:

A: 嘉慶十四年夏(1809)三槐堂重刻本,本書依據的是北京大學圖書館藏本。該版是《清文指要》最常見的版本,且是二十年前即乾隆五十四年(1789)雙峰閣刻本的重刻本,内容基本相同,稍有部分异文。而雙峰閣刻本,因清華大學圖書館藏本缺第1—25課,只有三册(包括《清文指要》下、《續清文指要》上、下)75章(第26—100章)課文。所以就以嘉慶十四年夏(1809)三槐堂重刻本作爲我們工作的底本,參照1789年雙峰閣刻本。

另外,張華克(2005)依據日本天理圖書館所藏三槐堂本是101篇,其中第三課"學翻譯"和第四課"攷翻譯"一起彙集到第三課,本書之第三課。特説明。

B: 1818年《清文指要》(百章,西安將軍署重刻本,兩卷二册),本書依據的是北京大學圖書館藏本。

C：1830 年《三合語録》百章，道光十年五雲堂刻本，自成順序，本書依據的是道光十年（1830）五雲堂刻本，北京大學圖書館藏。

D：1867 年英國人威妥瑪編寫《語言自邇集・談論篇（百章）》部分——Part Ⅵ The Hundred Lessons（談論篇百篇）。依據的版本是倫敦特呂布納出版公司（Trubner & Co.）1867 年第一版。篇目順序同 C 版。另外輔之以《語言自邇集》第二版（1886），如第二版有异文，在注文中注出。本書依據的是哈佛大學外德納圖書館藏本。

E：1879 年日本人廣部精改寫的《亞細亞言語集支那語官話部・談論篇（百篇）》部分，百章，自成順序，依據的版本是 1879 年 6 月第一版（小石川清山堂社）。篇目順序同 C 版。

F：1880 年日本人福島九成改編翻譯的《參訂漢語問答篇國字解》，書名中的"問答篇"103 篇即對應於《語言自邇集》中"談論篇"（百篇）部分，另有 3 篇爲添加部分。百章，自成順序，依據的版本是明治十三年（1880）九月力水書屋藏版，飯田平作發行。

G：1921 年韓國宋憲奭編撰的《支那語集成》第六編《談論》34 篇內容部分，自成順序。這 34 篇課文偏重選自《清文指要》（五十章），《續編兼漢清文指要》（五十章）幾乎没有涉及。依據的版本是大正十年（1921）德興書林和林家出版社。另收於《舊活字本・漢語會話書》第 409—432 頁，2009 年。

（三）A 版嘉慶十四年夏（1809）三槐堂重刻本，這是我們工作的底本，依此形成《清文指要》（百章）之排列順序，因此 B、C、D、E、F、G 各版的內容排列順序按 A 版進展。

經比較，我們發現七種材料中，僅 A、B 兩種漢語課文篇目內容次序相同，C、D、E、F、G 諸本篇目內容次序各异。如此則依據與之相關內容重新排序在 A、B 之下。同時注明其他相關各版本中的原有之順序及其原有之篇名標題。C 版則進行了重新排序，D、E 版沿用之，F、G 版分別重新排序。因而在每篇篇名序列中，我們分別標示了各版原有的順序或篇名，以便查閱個原版情況；如篇名中缺的，即是版本亦缺。

（四）與《清文指要》（百章）相關的六種修訂本中，各版課文篇目數量也出入。

A、B版各有100篇課文，C版有102篇，D版又減至100篇，E版有102篇，F版有103篇，G版僅有34篇。如C35－D36－E36－F38－G25相對應，不見於A、B；C79－D79－E80－F43，不見於A、B、G版；F44不見於其他各版等。

（五）G版《自習完璧支那語集成》第六編《談論》，選自《語言自邇集・談論篇（百章）》，共有34篇。改編後各篇標題一律以雙音節命名，如"新喜"（談論篇百章之十一）、"弟兄"（談論篇百章之十七）、"朋友"（談論篇百章之十八）、"當差"（談論篇百章之十三）、"學話"（談論篇百章之一）、"看書"（談論篇百章之八）、"膽大"（談論篇百章之三十五）、"買馬"（談論篇百章之三十三）等。我們仍在相關篇目的著録中保持了各篇之"篇名"。

（六）關於滿文拉丁字母的著録和標注。

我們選擇的滿文标注系統是穆麟德夫轉寫系統。其著作《滿語語法分析》（A Manchu Grammar with Analysed Tesxts）中將滿文轉寫成羅馬字母，在國際滿文學界廣爲使用（參見附録三《滿文、國際音標與穆麟德夫拉丁字母轉寫表》）。

本書中滿文採用的標注系統由四行呈現：第一行按句子爲單位，滿文的拉丁字母轉寫，Times New Roman 5號字體；第二行對第一行中滿文詞語的性、複數、格、時態等形態進行離析分標。如"bifi"是詞根"bi"（有）＋副動詞"fi"（順序）組成，標注爲"bi-fi"，"yasai"，是詞根"yasa"（眼睛）＋領屬格"i"（的）組成，標注成"yasa-i"。Times New Roman 5號字體；第三行注釋第二行的詞義，並對詞的語法形態進行標注。漢字宋體小5號。而英文大寫縮略符號，Times New Roman小5號字體；第四行按照滿文語序的漢語對譯，漢字宋體5號。

第一行，因滿文句子的長短不一，詞形音節數量多少不一，每個詞的形態不一，因此滿文的例句在著録排列上不是非常規整，有的一行成句，有的兩行或多行拼凑數句成列，特説明。

第二行、第三行滿文語法標注，對滿文詞語的離析分標根據需要將滿語動詞的詞根、詞幹、附加成分分寫，用"-"號連接。滿文語法標註英文縮略符號對照表中，滿語成分大寫的滿文拉丁轉寫字母代表這個字母的讀音應該根據元音和諧律等語音環境有所變化，如動詞的完整體構形成分爲-HA，實際上包括-ha、-he、-ho、-ka、-ke、-ko 六種可能的選擇。所用的英文大寫縮略符號及其漢語語義與對應的滿文。參見附録一"縮略詞對照表"。

第四行，實詞盡量以直譯對譯爲主，語法標記不一定有與漢語嚴格對應的語法意義。爲此，嘗試以漢語相對應語法成分標示，爲初讀者識讀滿文做一個鋪墊。讀者可根據滿漢對譯以及漢文的幾個不同版本加以識讀。

（七）關於用字問題的著録。

各版用字現象複雜，"簡繁"混用、"正俗體"异體共現。爲了保持各版的個性特點，我們在用字上傾向於分别保持原貌，各自著録。雖然費時費力，但保持了各版的面貌。如狠—很（ABCF 狠——DEG 很）、你—儞、広—麼、緊—緊、聽—聼、滿—満、兩—両、虜—處、夠—彀、闲旷—胡逛—胡曠、多昝—多喒—多偺、仔麼—怎麼、往—徃、吧結—巴結、心裡—心裏、膀子—髈子。

再如："倘"，即"躺"，明代至清初一直是记录"躺"的习用字，《清文指要》（1789、1809）仍用。但大致以乾隆时期为界，义符从"亻"变成"身"，"倘"变成"躺／軉"，《指要》B、C、D、E、F、G 版即用新写法。

整體看來，ABC 版用字比較接近，DEFG 版比較接近。ABC 版有少量簡繁混用，异體字較多，C 版個别地方有手寫體。如：ABC 版簡繁混用的字："数／數""随／隨""将／將""胆／膽"（E 版也"胆／膽"混用），AC"断／斷"簡繁混用，B 只用"断"；C"赶／趕"簡繁混用，B 只用"赶"；B"点／點"簡繁混用；BC"来／來"簡繁混用；"换、唤、稳、睁、挣、静"等字只用簡體；ABC 版"往"或作"徃"，"備"或作"僃"，"總"或作"総"（A 版还作"摠"），"收"或作"収"（A 版又作"収"，C 版又作"收"），"邊"或作"邉"（E 版也有 1 例"邉"），"面"或作"靣"，"兩"或作“両”,“過”或作“過”(AB尤多),“聽”或作“聼”(C版又作“聴”),“閒/閑”混用(DEFG:閒),ABC“奇/騎”多作“竒/騎”,ABC“回”偶作“囬”,CD多用“囘”,E也偶用。ABC“關”或作“闗”(A多用“闗”,偶用“関”;B多用“関”,偶用“闗”,C多用“闗”);BC“纔”多作“纔”,A也偶用,但又用“纔/綫/才”;BC“忘”或作“㤀”,AC“忙”或作“忙”。

ABC有一些字採用與DEFG不同的寫法,如:ABC“窗”作“窻”,EFG作“窓”,D作“窗”;ABC用“遊/遊”,DEFG用“游”;ABCF程度副詞“很”作“狠”,DEG用“很”(A偶有用);ACDG用“喫”,BEF作“吃”;ABCE用“軟”,DFG用“輭”;ACF什麼,BDEG甚麼(B多用“甚庅”,較少用“什庅”);ABCE陰,DEG陰;ABC刮,DEF颳;ABCE多用“嘆”,CDFG则倾向于用“歎”。

各版多用“裡”,較少用“裏”,“……里路”都用“里”,F别处也用“里”;多用“咱們”,AG有個别“喒們”;除D主要用“叫”外,各版多用“呌”;多用“頑”,ABCDE偶用“玩”,F只用“玩”;多用“托”,其他各版也偶用“託”(C版除外,F用得較多);“恥”(用于ABCDE)比“耻”多,后者僅BC用;多用“着”,偶用“著”。均用“糧”,C有1例“粮”;均用“羣”,但C“群/羣”混用;除A外,均混用“略/畧”;均用“繙譯”,但C有1例“翻譯”;多作“誤”,AEFG偶用“悞”;ABCDE“愿/願”混用;ABDE煖,CF暖;除B外均用“彀”(C仅1例),B只用“够”,ACEF也用;“噐”(用于ABCEF)多于“器”(用于BCDEG);“准”多于“準”(用于BDFG);多用“氷”(用于ABCEF),“冰”只见于DF;多用“躭”,“耽”只见于BDG;多用“拿”,“拏”D多用、FG或用;“倖”多于“幸”,七版均混用。

有些簡體、异體字僅在個别版中用(下文括弧中標示的是各版常用體),如:A乱(亂);B庅(麽)、衹(只);G笇(算)、敎(教);AB鉄(鐵)、湿(濕);BC児(兒);C筭、虜(處)、攄(據)、赵(起)、槍(鎗)、于(於)、瞅(瞧);AC輩(輩);B“嗳/愛”或作“嗳/爱”;F儞(你)、傢(“家”少)、嬾(懶)、掽(碰),CF偶用“郤”(却)。

F版改動比較大，有演繹的成分，用字也有個性。如“吃喝”之“喝”，一律用爲“欱”(20例)“帳目”之“賬”用“帳”字。

(八) 對特殊的詞適當加注。注文置於每一篇之末。

從文字、用詞以及整體風格角度看，各版本間的相互影響，似乎D本受C本的影響大，E本受D本影響較直接，F本改編幅度大，G本受D本的直接影響。

(九) 針對F版常常在篇首或篇末增加概括性句子，或增加對話場景的特點，我們用“+”號標示，以標示F版中的增句特點。

(十)《語言自邇集》一書先後刊發於1867年、1886年和1903年，前後相隔近40年，後出的版本經歷了多位編寫者的修訂，内容上多有增減删改。同時，内部各章節編寫時間、作者情况與底本來源各异，口語片段採集時間的跨度較大。因此在注文中我們增加了第二版的改動信息。

(十一) 原版本中原有明顯用字錯誤，仍保持原貌，但在原文中括注正確的形體。如尋找的“找”，原本作“我”，徑直括注“(找)”；“摸不看(著)”；“人(又)何足論”。

(十二) G版有少數注語在文中，直接照録。

(十三) 鑒於ABCDEFG各版的個性特點，本書在上篇“滿漢《清文指要》(八種)彙校”中均照録繁體和各版的异體，以期展現原版的文字形體面貌。而本書下篇因表格中引用的原文本，所以也保留了舊繁體字。下面的闡釋部分，則采用新繁體字。若闡釋部分需引用表格中的詞語，則用引號標識引用部分，并且此部分保留原字體。這造成了一本書字體系統的差异。

(十四) 滿文拉丁字母著録後，翻譯的用詞儘量使用清代常見的口語詞。例如：疑問代詞“哪個”當時形體是“那個”，我們儘量用“什麼”代替，第三身代詞是“他”，保持原貌，假設連詞“如果”在清代後期用例不多，選用標注的漢語假設連詞就用清代的“要是”“若”“若是”。

(十五) 早期滿漢合璧文獻中有些漢字的用字，是舊滿文風格，如用“賢慧”，新滿文用“賢惠”。如“風毛”“鋒毛”并用，“節”與“截”并用。

上　篇

滿漢《清文指要》(八種)彙校

1 (A1 manju bithe hūlara 念滿洲書,B1,C1,D1,E1,F50 學清話,G6 學話)

donjici	si	te	manju	bithe	tacimbi
donji-ci	si	te	manju	bithe	taci-mbi
聽見-假設.CVB	2SG	現在	滿洲	書	學習-PRS
聽見	你	現在	滿洲[滿語]	書	學習

sembi,	umesi	sain.
se-mbi,	umesi	sain.
説.AUX-PRS	很	好
説,	很	好。

【A】聽見説你如今學滿洲書呢,狠好。

【B】聽見説你如今學滿洲書呢,狠好。

【C】聽見你如今念滿洲書呢,狠好。

【D】我聽見説你如今學滿洲書呢麼,很好。

【E】我聽見説你如今學滿洲書呢麼,很好。

【F】我聽見説儞如今要學滿洲話,狠好。

【G】我聽見説你如今學滿洲書呢麼,很好。

manju	gisun	serengge,	musei	ujui
manju	gisun	se-re-ngge,	musei	ujui
滿洲	語	AUX-IPFV-NMLZ	1PL.INCL.GEN	第一
滿洲	語	所説的,	咱們的	頭等的

uju	oyonggo	baita,
uju	oyonggo	baita,
頭	重要	事情
頭等的	要緊	事情,

【A】清話呀,是咱們頭等頭要緊的事,
【B】清話者,是咱們頭等頭要緊的事,
【C】滿洲話是咱們頭等頭要緊的事,
【D】滿州話是咱們頭一宗兒要緊的事情,
【E】滿洲話是咱們頭一宗兒最要緊的事情,
【F】滿洲話是咱們頭一宗要緊的事,
【G】滿洲話是喒們頭一宗兒最要緊的事情,

uthai	nikasai	meni	meni	ba	i	gisun i
uthai	nikasa-i	meni	meni	ba	-i	gisun-i
就	漢人.PL-GEN	各自	各自	地方	GEN	話　GEN
就	漢人們的	各自	各自	地方	的	話

adali,	bahanarakūci	ombio.
adali,	bahana-ra-kū-ci	o-mbi-o.
一樣	學會-IPFV-NEG-假設.CVB	可以-PRS-Q
一樣,	若是不會	可以嗎?

【A】就像漢人們各處的鄉談一樣,不會使得嗎?
【B】就像漢人們各處的鄉談一樣,不會使得嗎?
【C】就像漢人們各處各處的鄉談一樣,不會使得麼?
【D】就像漢人們各處兒各處兒的鄉談一個樣兒,不會使得麼?
【E】就像漢人們各處兒各處兒的鄉談是一個樣兒,不會使得麼?
【F】不會怎麼使得?
【G】就像漢人們各處兒各處兒的鄉談是一個樣兒,不會使得麼?

inu, waka oci ai. bi juwan aniya
inu, waka o-ci ai. bi juwan aniya
是 不是 成爲-假設.CVB 什麼 1SG 十 年
是, 不是 成爲 什麼? 我 十 年
funceme nikan bithe taciha, tetele umai dube da
funceme nikan bithe taci-ha, tetele umai dube da
有餘 漢 書 學-PFV 至今 全然 尖端 頭
多 漢 書 學習了, 至今 全然 頭緒
tucirakū.
tuci-ra-kū.
出-IPFV-NEG
未出。

【A】是,可不是什麼? 我學漢書十年多了,至今並無頭緒。

【B】是,可不是什庅? 我學了十數年的漢書,至今並無出箇頭緒。

【C】是,可不是什麼? 我念了十幾年漢書,逢考都落空了。

【D】可不是麼? 我念了十幾年的漢書,至今還摸不着一點兒頭緒呢。

【E】是,可不是麼? 我念了十幾年的漢書,至今還摸不着一點兒頭緒兒呢。

【F】可不是麼? 我念了好幾年的滿洲書,到如今還摸不看[着]一點兒頭緒。

【G】可不是麼? 我念了十幾年的漢書,至今還摸不着一點兒頭緒呢。

jai aikabade manju bithe hūlarakū, ubaliyambure
jai aikabade manju bithe hūla-ra-kū, ubaliyambu-re
再 若是 滿洲 書 讀-IPFV-NEG 翻譯-IPFV
再 若是 滿洲 書 不念, 翻譯

be	tacirakū	oci,	juwe	de	gemu
be	taci-ra-kū	o-ci,	juwe	de	gemu
ACC	學-IPFV-NEG	成爲-假設.CVB	二	LOC	全都
把	不學	要是,	兩[二]	於	都

sartabure	de	isinambi.
sarta-bu-re	de	isina-mbi.
耽誤-CAUS-IPFV	DAT	以至於-PRS
耽擱	對	到達。

【A】再要是不念滿洲書,不學繙譯,兩下裡都至於躭擱了。
【B】再若是不念滿洲書,不學繙譯,兩下裡都至於躭擱。
【C】再若是不念滿洲書,不學着繙,両頭都躭誤了可怎麽樣?
【D】若再不念滿洲書,不學繙譯,兩下裡都躭誤咯。
【E】若再不念滿洲書,不學繙譯,兩下裡都躭悮咯。
【F】若再不學滿洲話,豈不是兩下裡都躭悮了?
【G】若再不念滿洲書,不學繙譯,兩下裡都耽悮咯。

uttu	ofi,	bi	emude	oci	age	be
uttu	ofi,	bi	emu-de	o-ci	age	be
這樣	因爲	1SG	一-LOC	成爲-假設.CVB	阿哥	ACC
因	此,	我	在一	若是	阿哥	把

tuwanjiha,
tuwa-nji-ha,
看-來-PFV
來看,

【A】因此上,我一則來瞧阿哥,
【B】因此上,我一則來瞧阿哥,
【C】因此,我一則来瞧阿哥,
【D】因爲這麽着,我一則來瞧瞧兄台,
【E】因爲這麽着,我一則來瞧瞧哥哥,

【F】因爲這麼着,我來瞧瞧老哥,

【G】因爲這麼着,我一則來瞧瞧哥哥,

jai	de	oci	geli	sakda	ahūn	de
jai	de	o-ci	geli	sakda	ahūn	de
再	LOC	成爲-假設.CVB	又	老	兄長	DAT
再[二]	在	若	又	老	兄長	向

baire	babi,
bai-re	ba-bi,
求-IPFV	地方-有
懇求	地方,

【A】再還有懇求老長兄的去處,

【B】再還有求老長兄的去處,

【C】二則還有求老阿哥的去處,

【D】二則還有奉求的事情呢,

【E】二則我還有求哥哥的去處兒呢,

【F】奉求一件事,

【G】二則我還有奉求的事情呢,

damu	baibi	angga	juwara	de	mangga.	ede	aibi.
damu	baibi	angga	juwa-ra	de	mangga.	ede	ai-bi.
但	只是	口	開-IPFV	LOC	難	因此	什麼-有
只	白白	口	開口	在	困難。	因此	有什麼?

gisun	bici	uthai	gisure.
gisun	bi-ci	uthai	gisure.
話語	有-假設.CVB	就	説.IMP
話	若有	就	説。

【A】但只難於開口。這有什麼?有話就説。

【B】但只難開口。這有什厶?有話就説。

【C】只是怪難開口。這有什麼？有話就說。
【D】只是怪難開口的。這有甚麼難呢？有話請說。
【E】只是怪難開口的。這有甚麼呢？有話請說。
【F】只是難開口的。那有什麼難的？有話請說。
【G】只是怪難開口的。這有甚麼難呢？有話請說。

mini	mutere	baita	oci,	sinde	bi	geli
mini	mute-re	baita	oci,	sinde	bi	geli
1SG.GEN	能够-IPFV	事情	若是	2SG.DAT	1SG	還
我的	能的	事	若是,	對你	1SG	又

marambio.
mara-mbi-o.
拒絶-PRS-Q
推辭嗎？
【A】要是我能的事，你跟前我還辭嗎？
【B】若是我能的事，在你跟前我還辭嗎？
【C】若是我能的事，你跟前我還推辭麼？
【D】若是我做得來的事情，咱們倆我還推辭麼？
【E】若是我能彀做得來的事，你跟前我還推辭麼？
【F】若是我能做得來的事，咱們那有推辭呢？
【G】若是我能彀做得來的事情，你跟前我還推辭麼？

mini	bairengge	age	gosici,	šadambi
mini	bai-re-ngge	age	gosi-ci,	šada-mbi
1SG.GEN	求-IPFV-NMLZ	阿哥	疼愛-條件.CVB	疲倦-PRS
我的	所求	阿哥	疼愛只要，	疲勞

seme	ainara,
seme	aina-ra,
雖然	如何做-IPFV
即使	怎麼樣，

【A】我求的是阿哥疼愛我,就是乏些兒也罷,
【B】我所求阿哥若疼愛,就是乏些也罷,
【C】我所求者阿哥疼愛,
【D】我所求的是你納疼愛我,就是勞乏些兒,可怎麽樣呢?
【E】我求的是哥哥疼愛我,就是勞乏些兒,可怎麽樣呢?
【F】儞呐疼愛我,就是勞痃你,
【G】我求的是哥哥疼愛我,就是勞乏些兒,可怎麽樣呢?

šolo	šolo	de	udu	meyen	manju	gisun	banjibufi
šolo	šolo	de	udu	meyen	manju	gisun	banjibu-fi
空閑	空閑	LOC	幾個	段落	滿	語	編纂-順序.CVB
空閒	空餘	時	幾	條	清	話	編完[編成]

minde	hūlabureo.
minde	hūla-bu-reo.
1SG.DAT	讀-CAUS-IMP
給我	使讀。

【A】得空兒求編幾條清話教我念念。
【B】得空兒求編幾條清話教我念念。
【C】抽空兒編幾個話條給我念。
【D】抽空兒給我編幾個話條子我念。
【E】抽空兒給我編幾個話條子我念。
【F】抽點空兒編幾個話條子給我念。
【G】抽空給我編幾個話條子我念。

deo	bi	bahafi	hūwašaci,	gemu	age	i
deo	bi	baha-fi	hūwaša-ci,	gemu	age	-i
弟弟	1SG	能够-順序.CVB	長進-假設.CVB	全都	阿哥	GEN
弟	1SG	得到	長進,	都	阿哥	的

kesi kai.

kesi kai.

恩惠 INTJ

恩惠 啊。

【A】兄弟若能出息,都是阿哥恩惠啊。

【B】兄弟若能出息,都是阿哥的恩惠啊。

【C】弟若得成人,皆是阿哥的恩惠呀。

【D】兄弟若能彀成了人,都是兄台所賜的

【E】兄弟若能彀成了人,都是哥哥所賜的。

【F】我不敢忘儞呐的恩,若我能彀成了功,

【G】兄弟若能彀成了人,都是哥哥所賜的。

ainaha seme baili be onggorakū, urunakū

aina-ha seme baili be onggo-ra-kū, urunakū

做什麼-PFV 無論 恩情 ACC 忘記-IPFV-NEG 必定

斷然 恩 把 不忘, 必然

ujeleme karulaki.

ujele-me karula-ki.

加重-并列.CVB 報答-IMP

加重 報答。

【A】斷不肯忘恩,必然重報。

【B】断不肯忘恩,必然重報。

【C】斷不敢忘恩,我必當重報。

【D】我再不敢忘了恩哪,必要重報的。

【E】永遠不敢忘了恩哪,必定重報的。

【F】我不敢忘儞呐的恩,必要重報的。

【G】永遠不敢忘了恩哪,必定重報的。

ainu	uttu	gisurembi.	si	aika	gurun	gūwao.
ainu	uttu	gisure-mbi.	si	aika	gurun	gūwa-o.
怎麽	這樣	説-PRS	2SG	難道	部落	別人-Q
怎麽	這樣	説?	2SG	難道	部落	別人嗎?

damu	sini	tacirakū	be	hendumbi	dere,
damu	sini	taci-ra-kū	be	hendu-mbi	dere,
只是	2SG.GEN	學-IPFV-NRG	ACC	説-PRS	2NTJ
只是	你的	不學	把	説	罷了,

【A】什麽這們説呢?你還是別人嗎?只説你不學罷咧,

【B】怎庅這様説?你想是別人嗎?只説你不學罷咧,

【C】爲何這樣説呢?你是外人麽?只説不學罷咧,

【D】你怎麽這麽説呢?你是外人嗎?只怕你不肯學,

【E】你怎麽這麽説呢?你是外人麽?只是怕你不肯學,

【F】儞怎麽説的?儞是外人嗎?

【G】你怎麽這麽説呢?你是外人麽?只怕你不肯學,

taciki	seci	tetendere,	bi	nekulefi
taci-ki	se-ci	tetendere,	bi	nekule-fi
學-IMP	AUX-假設.CVB	既然	1SG	稱心-順序.CVB
學習	假若	既然,	1SG	稱心

simbe	niyalma	okini	sembikai.
simbe	niyalma	o-kini	se-mbi-kai.
2SG.ACC	人	成爲-IMP	AUX-PRS-INTJ
把你	人	成爲	想啊!

【A】既然要學,我巴不得的叫你成人啊!

【B】既然要學,我巴不得的愿你成人啊!

【C】既然要學,我巴不得叫你成人!

【D】既然要學,巴不得教你成人呢!

【E】既然你要學,巴不得的教你成人呢!

【F】儞既要學,把[巴]不得教儞成功!

【G】既然你要學,巴不得的教你成人呢!

karulaki	serengge	ai	gisun.	musei
karula-ki	se-re-ngge	ai	gisun.	musei
報答-IMP	AUX-IPFV-NMLZ	什麼	話語	1PL.INCL.GEN
報答	説的	什麼	話?	我們的

dolo	gisureci	ombio.
dolo	gisure-ci	o-mbi-o.
裡面	説-假設.CVB	可以-PRS-Q
裡面	説	成嗎?

【A】報答是什麼話? 喒們裡頭也説得嗎?

【B】要報答是什庅話? 咱們裡頭説得嗎?

【C】説要答報是什麼話? 咱們裡頭説得麼?

【D】説報恩是甚麼話呢? 咱們自己人説得嗎?

【E】説報恩的是甚麼話呢? 咱們自己人裏頭説得麼?

【F】報恩的話,是咱們兄弟説的話麼?

【G】説報恩那是甚麼話呢? 咱們自己人説得麼?

tuttu oci,	bi	hukšeme	gūniha	seme
tuttu oci,	bi	hukše-me	gūni-ha	se-me
雖然	1SG	感激-并列.CVB	想-PFV	AUX-并列.CVB
雖然,	1SG	感激	念	

wajirakū.
waji-ra-kū.
完結-IPFV-NEG
未完結。

【A】雖是那們説,我可感念不盡。

【B】若是那們着,我感念不盡。

【C】若是那様,我感激不盡。

【D】若是這麽着,我就感激不盡了。
【E】若是這麽着,我就感激不盡了。
【F】若是這樣着,我感激不盡了。
【G】若是這麽着,我就感激不盡了。

damu	hengkišeme	baniha	bure	dabala,	ai
damu	hengkiše-me	baniha	bu-re	dabala,	ai
只是	叩頭-并列.CVB	感謝	給-IPFV	罷了	什麽
只是	叩頭	感謝	給	罷了,	什麽

sere.
se-re.
説-IPFV
説?

【A】就只是拜謝罷咧,説什麽呢?
【B】就只是磕頭道謝罷咧,説什庅?
【C】只好叩謝罷了,有何説呢?
【D】只好給兄台磕頭咯,還有甚麽説得呢?
【E】只好給哥哥磕頭咯,還有甚麽説的呢?
【F】只好給老哥磕頭,還有什麽話説?
【G】只好給哥哥磕頭咯,還有甚麽説的呢?

2 (A2 manju gisun tacire 學清語,B2,C3,D3,E3,F52 學清話,G8 用心)

age,	sini	manju	gisun	ai	šolo	de	taciha.
age,	sini	manju	gisun	ai	šolo	de	taci-ha.
阿哥	2SG.GEN	滿	語	什麽	空暇	LOC	學習-PFV
阿哥,	你的	滿洲	話	什麽	空餘	時	學習?

mudan gairengge sain bime tomorhon.
mudan gai-re-ngge sain bime tomorhon.
音韻 取-IPFV-NMLZ 好 而且 清楚
話音 所獲得的 好 而且 清楚。

【A】阿哥,你的清話什麼空兒學了? 話音好又清楚。
【B】阿哥,你的清話什麼空児裡學了? 話韻好而且清楚。
【C】阿哥,你的清話什麼空兒學的? 狠熟練了。
【D】老弟,你的清話是甚麼空兒學的? 聲兒說得好,而且又明白。
【E】阿哥,你的清話是甚麼空兒學的? 聲兒說得好,而且又明白。
【F】儞的清話由什麼時候學來的? 口音狠好,說得又明白。
【G】阿哥,你的漢話是甚麼空兒學的? 聲兒說得好,而且又明白。

mini manju gisun be ai dabufi gisurere
mini manju gisun be ai dabu-fi gisure-re
1SG.GEN 滿 語 ACC 什麼 算-順序.CVB 說-IPFV
我的 滿洲 話 把 什麼 算得上 說
babi. age gosime uttu dabali maktambi.
ba-bi. age gosi-me uttu dabali makta-mbi.
地方-有 阿哥 疼愛-并列.CVB 這樣 過度 誇贊-PRS
毫無緣故? 阿哥 疼愛 如此 超越 誇獎。

【A】我的清話那裡提得起來? 阿哥疼愛這們過奨。
【B】我的清話那裡提得起來? 阿哥疼愛這樣過奨。
【C】我什麼出奇,阿哥疼愛這麼過獎。
【D】啊,承兄台的過獎,我的清話算甚麼呢?
【E】承你納過獎,我的清話算甚麼呢?
【F】儞吶過獎了,我的清話算得什麼?
【G】啊,承你納的過獎,我的漢話箅甚麼呢?

mini emu gucu i manju gisun sain, getuke

mini emu gucu -i manju gisun sain, getuke

1SG.GEN 一 朋友 GEN 滿 語 好 清楚

我的 一個 朋友 的 滿洲 話 好, 明白

bime dacun, majige nikan mudan akū,

bime dacun, majige nikan mudan akū,

而且 流暢 稍微 漢人 音 NEG

而且 快, 一點 漢人 音 没有,

【A】我的一個朋友清話好,明白又快,一點蠻音没有,

【B】我的一箇朋友的清話好,明白又快,一点漢音没有,

【C】我的一個朋友清話好,音韻清楚,快而明白,而且筆下好。

【D】我有個朋友,滿洲話説得很好,又清楚又快,没有一點兒漢音,

【E】我有一個朋友,滿洲話説得很好,又清楚又快,没有一點兒漢音,

【F】我有一個朋友姓張的,説得狠好,狠清楚又快,没有一點兒漢音,

【G】我有一個朋友,中國話説得很好,又清楚又快,没有一點兒滿音,

umesi urehebi. tuttu bime šan geli fe, tere

umesi ure-he-bi. tuttu bime šan geli fe, tere

非常 熟練-PFV-PRS 那樣 而且 耳朵 又 舊 那

非常 熟練了。 然而 耳朵 也 舊, 那個

teni mangga seci ombi.

teni mangga se-ci o-mbi.

纔 精妙 説-假設.CVB 可以-PRS

纔 厲害 説 成!

【A】狠熟了。而且聽見的老話又多,那纔算得精!

【B】狠熟了。而且聽見的老話又多,那纔算得是精呢!

【C】記得老話又多,他纔算得好!

【D】很熟練哪。不但這個,而且記得話兒還多,那纔可以算得起是好呢!

【E】很熟練哪。不但這個,而且記得話兒還多,那纔可以筭得起是好呢!

【F】記得的話又多。像他那樣,纔算得是好的!

【G】很熟練哪。不但這個,而且記得話兒也多,那纔可以算得起是好呢!

tere	sinci	antaka.	bi	adarame	inde
tere	sinci	antaka.	bi	adarame	inde
3SG	2SG.ABL	如何	1SG	怎麽	3SG.DAT
他	比你	如何?	我	怎麽	與他

duibuleci	ombi.
duibule-ci	o-mbi.
比較-假設.CVB	可以-PRS
比較	成爲?

【A】他比你如何? 我如何比得他?

【B】他比你如何? 我如何比得他?

【C】他比你如何? 我如何比得他?

【D】他比你如何? 我怎麽敢比他?

【E】他比你如何? 我怎麽敢比他?

【F】他比儞的怎麽樣? 我怎麽敢比他?

【G】他比你如何? 我怎麽敢比他?

fuhali	terei	bakcin	waka,	abka	na	i	gese
fuhali	terei	bakcin	waka,	abka	na	-i	gese
完全	3SG.GEN	對手	不是	天	地	GEN	一樣
全然	他的	對手	不是,	天	地		一樣

giyalabuhabi.	turgun	ai	seci.
giyalabu-ha-bi.	turgun	ai	se-ci.
隔開-PFV-PRS	原因	什麼	AUX-假設.CVB
使隔開。	緣故	什麼?	

【A】總不是他的對兒,天地懸隔。什麼緣故呢?

【B】竟不是他的對児,天地懸隔。什庅緣故呢?

【C】太没邉傍,天地懸隔呢。什麼緣故呢?

【D】我可不是他的對兒啊,差得天地懸隔呢。甚麼緣故呢?

【E】我可不是他的對兒啊,差的天地懸隔的呢。甚麼緣故呢?

【F】我卻不是他的對兒,兩下裡差得天淵。(儞是太謙了!照儞這樣學去,不用多久,就和他没有什麼差咯。)

【G】我可不是他的對兒啊,差得天地懸隔呢。甚麼緣故呢?

ini	tacihangge	šumin,	bahanahangge	labdu,
ini	taci-ha-ngge	šumin,	bahana-ha-ngge	labdu,
3SG.GEN	學-PFV-NMLZ	深	領會-PFV-NMLZ	多
他的	學的	深,	會的	多,

bithe	de	amuran,
bithe	de	amuran,
書物	DAT	愛好
書	對	好讀,

【A】他學的深,會的多,好讀書,

【B】他學的深,會的多,好讀書,

【C】他學的深,會的多,極愛書,

【D】他學得日子深,會得多,頗好書,

【E】他學得日子深,會得多,頗好書,

【F】(那兒的話呢?)他學的日子深,會得多,

【G】他學得日子深,會得多,頗好書,

tetele	hono	angga	ci	hokoburakū	hūlambi,
tetele	hono	angga	ci	hoko-bu-ra-kū	hūla-mbi,
至今	還	口	ABL	離開-CAUS-IPFV-NEG	讀-PRS
至今	還	口	从	使不離開	讀,

gala	ci	aljaburakū	tuwambi.	imbe
gala	ci	alja-bu-ra-kū	tuwa-mbi.	imbe
手	ABL	離開-CAUS-IPFV-NEG	看-PRS	3SG.ACC
手	从	使不離開	看。	把他

amcaki	seci,	yargiyan	i	mangga.
amca-ki	se-ci,	yargiyan	-i	mangga.
追-IMP	AUX-假設.CVB	當真	INS	難
要追	若,	實在	的	困難。

【A】至今還不住口的念,不離手的看。要趕他,實在難。

【B】至今還是不住口的念,不離手的看。要赶他,實在難。

【C】至今還是不住口的念,不離手的看。若要趕他,實在難。

【D】至今還是不住嘴兒的念,不離手兒的拏着看。若要趕他,實在難哪。

【E】至今還是不住嘴兒的念,不離手兒的看呢。若要趕他,實在難哪。

【F】到如今還是不住嘴的念書,不離手的拏看[着]書看。我若要趕上他,實在難咯。

【G】至今還是不住嘴兒的念,不離手兒的看呢。若要趕他,實在難哪。

age,	sini	ere	gisun	majige	tašarabuhakū
age,	sini	ere	gisun	majige	tašarabu-ha-kū
阿哥	2SG.GEN	這個	話語	稍微	弄錯-PFV-NEG
阿哥,	你的	這個	話	有些兒[稍微]	不錯了

semeo.	hing	sere	oci	hada
se-me-o.	hing	se-re	o-ci	hada
説-并列.CVB-Q	專心	AUX-IPFV	成爲-假設.CVB	山峰
嗎?	專心	地	若	山

hafumbi	sehebi.
hafu-mbi	se-he-bi.
穿透-PRS	説-PFV-PRS
通達。	

【A】阿哥,你這個話不錯了些兒嗎? 有"心專山可通"的話呀。

【B】阿哥,你這個話不錯了些児嗎? "心欲專山可穿"的話呀。

【C】阿哥,你這話不錯了些兒麼? "有志者山可通"。

【D】弟台,你這話只怕有點兒説錯了罷? 你忘了"有志者事竟成"這句話了麼?

【E】阿哥,你這話只怕有點兒説錯了罷? 你忘了"有志者事竟成"這句話了麼?

【F】儞這句話有點兒説錯了。儞忘記了"有志事竟成"這句話麼?

【G】阿哥,你這話只怕有點兒説錯了罷? 你忘了"有志者事竟成"這句話了麼?

tere	inu	tacifi	bahanahangge	dabala,
tere	inu	taci-fi	bahana-ha-ngge	dabala,
3SG	也	學-順序.CVB 序.CVB	學會-PFV-NMLZ	罷了
他	也	學	會的	罷了,

umai	banitai	bahanarangge	waka	kai,	muse
umai	banitai	bahana-ra-ngge	waka	kai,	muse
全然	生來	領會-IPFV-NMLZ	NEG	INTJ	2PL.INCL
全然	生來	會的	不是	啊,	咱們

tede	isirakūngge	ya	ba.
tede	isi-ra-kū-ngge	ya	ba.
3SG.DAT	達到-IPFV-没有-NMLZ	哪個	地方
比他	到達	何處?	

【A】他也是學會的罷了,並非生來就會的,喒們那一塊兒不如他?

【B】他也是學會的罷咧,並非生來就會的,咱們那一点不如他?

【C】他也是學會的罷咧,並非天生帶来的啊,咱們那一塊兒不如他?

【D】他也是學會得罷咧,並不是生了來就知道的啊,咱們那點兒不如他?

【E】他也是學會得罷咧,並不是生出來就知道的啊,咱們那點兒不如他?

【F】他也是學會的,不是生出來就知道的,𠊎那點兒不如他呢?

【G】他也是學會得罷咧,並不是生了來就知道的啊,咱們那點兒不如他?

i	ai	hacin	i	urehe	bahanahangge	okini,
i	ai	hacin	-i	ure-he	bahana-ha-ngge	o-kini,
3SG	怎麽	種類	INS	熟練-PFV	學會-PFV-NMLZ	成爲-IMP
他	什麽	種類	的	精熟	會	只要,

muse	damu	mujilen	be	teng	seme
muse	damu	mujilen	be	teng	se-me
1PL.INCL	只要	心思	ACC	堅實	AUX-并列.CVB
咱們	只	主意	把	决定地	

jafafi,	gūnin	girkūfi	tacici.
jafa-fi,	gūnin	girkū-fi	taci-ci.
抓-順序.CVB	想法	專心-順序.CVB	學-條件.CVB
拿,	心	專心	學去。

【A】憑他是怎麽樣的精熟,喒們只是拿定主意,專心學去。

【B】憑他是怎庅様的精熟,咱們只是拿定主意,專心學去。

【C】憑他是怎麼樣的精熟,咱們只是拿定主意,温習了去。
【D】任憑他是怎麼樣兒的精熟,咱們只要拏定主意,用心去學。
【E】任憑他是怎麼兒的精熟,咱們只要拿定主意,用心的學去。
【F】任他是怎麼樣的好,倆只要拿定主意,用心學别間斷。
【G】任憑他是怎麼樣兒精熟,咱們只要拏定主意,用心去學。

udu	tere	ten	de	isiname	muterakū
udu	tere	ten	de	isina-me	mute-ra-kū
即使	3SG	頂點	DAT	達到-并列.CVB	能够-IPFV-NEG
雖然	他	極點	對	到達	不能,

bicibe,	inu	urunakū	haminambidere.
bi-cibe,	inu	urunakū	hamina-mbi-dere.
有-讓步.CVB	也	必定	接近-PRS-INTJ
	也	必定	將近[差不遠]罷咧。

【A】雖然不能到他那個地步,也必定差不遠罷咧。
【B】雖然不能到他那個地步,也必定差不遠罷。
【C】雖然不能到他那個地步,也必定差不遠了啊。
【D】雖然到不了他那個地步兒,料想也就差不多兒咯。
【E】雖然到不了他那個地步兒,料想也就差不遠兒咯。
【F】雖然到不了他那個地步,也差不多了。
【G】雖然到不了他那個地步兒,料想也就差不多兒咯。

3 (A3 ubaliyambure be tacire 學翻譯+ubaliyambure be simnere 考翻譯原第4課, B3, C7, D7, E7, F53 勤學, G18 許考)

si	nikan	bithe	bahanara	niyalma	kai,	ubliyambure
si	nikan	bithe	bahana-ra	niyalma	kai,	ubliyambu-re
1SG	漢	書	學會-IPFV	人	INTJ	翻譯-IPFV
2SG	漢人	書	會的	人	啊,	翻譯

be	tacici.	nokai	ja	dabala.
be	taci-ci.	nokai	ja	dabala.
ACC	學-假設.CVB	很	容易	罷了
把	學習	狠	容易	罷咧。

【A】你是會漢書的人啊,學繙譯狠容易罷咧。

【B】你是會漢書的人啊,學繙譯狠容易罷咧。

【C】你是會漢書的人,若學繙譯狠容易。

【D】你是明白漢字的人哪,要學繙譯很容易。

【E】你是懂得漢書的人哪,若學繙譯很容易。

【F】儞本來是明白了漢字的文理,要學滿洲文狠容易的。

【G】你是明白漢字的人哪,要學繙譯很容易。

gūnin	girkūfi	giyalan	lakcan	akū,	emu	anan
gūnin	girkū-fi	giyalan	lakcan	akū,	emu	anan
心思	專心-順序.CVB	間斷	中斷	NEG	一	順序
心	專心	間	斷	不,	挨	着次

i	tacime	ohode,	juwe	ilan	aniya	i
-i	taci-me	o-ho-de,	juwe	ilan	aniya	-i
INS	學-并列.CVB	成爲-PFV-LOC	二	三	年	GEN
地	學	若是,	二	三	年	的

sidende	ini	cisui	dube	da	tucimbi.
siden-de	ini	cisui	dube	da	tuci-mbi.
期間-LOC	3SG.GEN	擅自	尖端	頭	出-PRS
期間在	他的	自然	頭緒		產生。

【A】專心不間斷,挨着次兒學了去,二三年間自有頭緒。

【B】專上心不間断,一氣兒學了去,二三年間自然出個頭緒。

【C】只要耑心不間斷,挨着次第誠心學,若是那様,至狠二三年間就可以至於好。

【D】只是專心别隔斷了,挨着次兒的學,兩三年的工夫兒自然就有頭緒兒了。

【E】只要專心别隔斷了,挨着次兒的學,兩三年的工夫兒自然就有頭緒兒了。

【F】只要專心,挨次兒的學,學有一年的工夫就會成功咯。

【G】只是專心别隔斷了,挨着次兒的學,兩三年的工夫兒自然就有頭緒兒了。

aika	emu	inenggi	fiyakiyara	juwan	inenggi	šahūrara
aika	emu	inenggi	fiyakiya-ra	juwan	inenggi	šahūra-ra
若是	一	日子	日曬-IPFV	十	日子	變冷-IPFV
好像	一	日	暴曬	十	日	變寒

adali	tacici,	uthai	orin	aniya	bithe	hūlaha
adali	taci-ci,	uthai	orin	aniya	bithe	hūla-ha
一樣	學-假設.CVB	就算	二十	年	書	讀-PFV
一樣	學,	就	二十	年	書	讀

seme	inu	mangga	kai.
seme	inu	mangga	kai.
即使	也	難	INTJ
即使	也	難	啊。

【A】要像一暴十寒的學,就念二十年的書也難啊。

【B】要像一暴十寒的學,就念二十年的書也是枉然啊。

【C】若是撂撂搭搭的學,花花搭搭的念,就學白了頭也是枉然。

【D】若是三日打魚兩日曬網的,就念到二十年也是枉然。

【E】若是三天打魚兩天曬網的,就念到二十年也是枉然。

【F】若是一天打魚兩天曬網的,就學到幾十年也是罔然。

【G】若是三天打魚兩天曬網的,就念到二十年也是枉然。

age	mini	ubaliyambuhangge	be	tuwafi,
age	mini	ubaliyambu-ha-ngge	be	tuwa-fi,
阿哥	1SG.GEN	翻譯-PFV-NMLZ	ACC	看-順序.CVB
阿哥	我的	翻譯的	把	看,

majige	dasatarao.
majige	dasata-rao.
稍微	改正-IMP
稍微	修改。

【A】求阿哥看了我的繙譯,改一改。

【B】求阿哥看了我的繙譯,改一改。

【C】阿哥,這是我繙的,求畧改正一改正。

【D】兄台,瞧瞧我的繙譯,求你納略改一改。

【E】哥哥,瞧我的繙譯,求你納略改一改。

【F】是的。這有我的繙譯,求你瞧瞧改一改。

【G】哥哥,瞧瞧我的繙譯,求你納略改一改。

sini	tacihangge	labdu	nonggibuha,	gisun	tome
sini	taci-ha-ngge	labdu	nonggi-bu-ha,	gisun	tome
2SG.GEN	學-PFV-NMLZ	大	提升-CAUS-PFV	話語	每
你的	學習的	多	增加,	話	每

ijishūn,	hergen	aname	tomorhon,	majige	cilcin	fuhali
ijishūn,	hergen	aname	tomorhon,	majige	cilcin	fuhali
順當	文字	依次	清楚	稍微	不通順	完全
順,	字	依次	清楚,	稍微	疙瘩	全然

akū.	simneci	seferehei	bahaci	ombi.
akū.	simne-ci	sefere-hei	baha-ci	o-mbi.
NEG	考試-假設.CVB	握-持續.CVB	得到-條件.CVB	可以-PRS
無。	考試	握持	得到	可以。

【A】你學的大長了,句句順當,字字清楚,没有一點肐星。要考

操券可得。

【B】你學的大長了,句句順當,字字清楚,没有一点肐星。要考操券可得。

【C】好啊。你學的比先大長了,句句順當,字字稳妥,没有一點疙星。要考可拿定得。

【D】你學得大有長進了,句句兒順當,字字兒清楚,没有一點兒肐星兒。若是考可以操必勝之權。

【E】你學得大長了,句句兒順當,字字兒清楚,没有一點兒肐星兒。若考可以拿得稳必得。

【F】哦,你學的大有長進了,句句兒順當,字字兒清楚,没有一點的肐星兒。若是考可以拿得穩必得。

【G】你學得大有長進了,句句兒順當字字兒清楚,没有一點兒肐星兒。若是考可以操必勝之權[券]。

ere	mudan	ubliyambure	be	simnere	de,	gebu
ere	mudan	ubliyambu-re	be	simne-re	de,	gebu
這	次	翻譯-IPFV	ACC	考試-IPFV	LOC	名字
這	次	翻譯	把	考試	時,	名字

alibuhao	akūn.
alibu-ha-o	akū-n.
呈遞-PFV-Q	NEG-Q
交遞了	没有嗎?

【A】這一次考繙譯,遞了名字了没有?

【B】這一次考繙譯,遞了名字了没有?

【C】這次考筆(筆)帖式,你遞了名字没有?

【D】這一次考筆帖式,遞了名字没有?

【E】這一次考筆帖式,遞了名字没有?

【F】這一次考筆帖式,遞了名字没有?

【G】這一次考筆帖式,遞了名字没有?(筆帖式,科試也)

simneci	oci	esi	sain	oci,
simne-ci	o-ci	esi	sain	o-ci,
考試-條件.CVB	可以-條件.CVB	當然	好	成爲-假設.CVB
考試	該	若是	好,	

damu	bithei	šusai	ainahai	ombini.
damu	bithe-i	šusai	ainahai	o-mbi-ni.
但是	文-GEN	秀才	未必	成爲-PRS-呢
只	書的	秀才	未必	可以。

【A】要考得自然好麼。但是文秀才未必使得。
【B】若考得自然好。但只文秀才未必使得。
【C】若是考得自然遞名字。但是我們文秀才未必使得。
【D】若是考得很好。只怕秀才未必准考罷。
【E】若是考得很好。只怕秀才未必使得罷。
【F】若是考得狠好。只怕文生未必使得罷。
【G】若是考得很好。只怕秀才未必准考罷。

wei	kooli.	sini	gesengge	jakūn	gūsa	gemu
we-i	kooli.	sini	gese-ngge	jakūn	gūsa	gemu
誰-GEN	規則	2SG.GEN	一樣-NMLZ	八	旗	都
誰的	例?	你的	一樣的	八	旗	都

simneci	ombime,	sini	beye	teile
simne-ci	o-mbi-me,	sini	beye	teile
考試-條件.CVB	可以-PRS-并列.CVB	2SG.GEN	自己	只有
考試	可以,	你的	自己	只

simneburakū	doro	bio.
simne-bu-ra-kū	doro	bi-o.
考試-CAUS-IPFV-NEG	道理	有-Q
不讓考試	道理	有嗎?

【A】那格[個]的例呢? 像你這樣的八旗的都許考,有獨不准你

考的理嗎?

【B】那個的例? 像你這樣的八旗都考得,有獨不准你考的理嗎?

【C】這是那裡的例? 像你這樣的八旗的都考得,獨不准你考的理有麼?

【D】這是那兒的話呢? 像你這樣兒的八旗都許考,獨不准你考的理有麼?

【E】這是那兒的話呢? 像你這樣兒的人八旗都許考,獨不准你考的理有麼?

【F】那兒的話呢? 就是義學生八旗還許考,那裡有倒不准倆秀才考的道理?

【G】這是那兒的話呢,像你這樣兒的人八旗都許考,獨不准你考的理有麼?

tere	anggala	jurgangga	tacikūi	juse	gemu
tere	anggala	jurgangga	tacikū-i	juse	gemu
那個	而且	義	學校-GEN	孩子.PL	都
況	且	有義的	學校的	孩子	全

ojoro	bade,	šusai	be	ai	hendure.
o-joro	ba-de,	šusai	be	ai	hendu-re.
可以-IPFV	地方-LOC	秀才	ACC	什麼	説-IPFV
可以,		秀才	把	什麼	説?

【A】況且義學生都還使得,秀才何用説呢?

【B】況且義學生都還使得,秀才何用説呢?

【C】況且義學生還使得,秀才何用説呢?

【D】況且義學生還准考呢,秀才倒不准咧?

【E】況且義學生還使得呢,秀才還用説麼?

【F】(無)

【G】況且義學生還准考呢,秀才倒不准咧?

simneci ome ofi, sini deo ere
simne-ci o-me ofi, sini deo ere
考試-條件.CVB 可以-并列.CVB 因爲 2SG.GEN 弟弟 這個
考試 可以, 你的 弟弟 這

sidende teni hacihiyame manju bithe hūlambikai.
siden-de teni hacihiya-me manju bithe hūla-mbi-kai.
期間-LOC 纔 催促-并列.CVB 滿洲 書 讀-PRS-INTJ
期間 纔 加緊 滿洲 書 閱讀呢。

hūdun gebu yabubu, nashūn be ume ufarabure.
hūdun gebu yabubu, nashūn be ume ufara-bu-re.
快 名字 進行.IMP 機會 ACC 不要 錯過-CAUS-IPFV
快 名字 行, 機會 把 不要 失措。

【A】因爲考得,你兄弟這個空兒纔上緊念清書呢。快行名字,別錯過了機會啊。

【B】因爲考得,你兄弟這個空兒裡纔上緊念清書呢。快行名字,別錯過了機會啊。

【C】因爲考得,我兄弟纔赶着學繙譯。快行名字,別失了機會。

【D】因爲准考,你姪兒這個空兒纔趕着學滿洲書呢。你快補名字罷,別錯過了機會啊。

【E】因爲考的,你姪兒這個空兒纔趕着學滿洲書呢。快補名罷,別錯過了機會啊。

【F】因爲會考的,儞姪兒趁這個時候趕着練滿洲文呢。儞快去補名字罷,別錯過了這機會啊。

【G】因爲准考,你姪兒這個空兒纔趕着學滿洲書呢。你快補名罷,別錯過了機會啊。

4 (A4 daruhai gisurere 經常的説,B4,C2,D2,E2,F51 學清話,G7 怕錯)

sini	manjurarangge	majige	muru	tucikebi.
sini	manjura-ra-ngge	majige	muru	tuci-ke-bi.
2SG.GEN	説滿語-IPFV-NMLZ	稍微	樣子	出-PFV-PRS
你的	説的清話	稍微	模樣	出來了。

【A】你的清話説的有了些規模了。

【B】你的清話畧有些模児了。

【C】你的清話説的畧有些規模了。

【D】聽見説,你的清話如今學得很有點兒規模兒了麽。

【E】聽見説,你的清話如今學得狠有點兒規模兒了麽。

【F】儞的滿洲話如今説得有些腔調。

【G】聽見説,你的中國話如今學得很有點兒規摸[模]兒了麽。

aibi.	bi	niyalmai	gisurere	be	ulhire	gojime,
aibi.	bi	niyalma-i	gisure-re	be	ulhi-re	gojime,
哪裡	1SG	人-GEN	説-IPFV	ACC	明白-IPFV	雖然
哪裡!	我	人的	説	把	懂得	雖然,

mini	beye	gisureme	ohode	oron	unde.
mini	beye	gisure-me	o-ho-de	oron	unde.
1SG.GEN	自己	説-并列.CVB	成爲-PFV-LOC	蹤跡	尚未
我的	自身	説	若是	影子	尚未。

【A】那裡! 人説的我雖然懂得,我説起來總還早呢。

【B】那裡! 人家説的我雖然懂得,我説起來総還早呢。

【C】那裡! 人説的我雖懂得,自已若説還早呢。

【D】那兒的話呢! 人家説的我雖懂得,我自家要説還早呢。

【E】那兒的話呢! 人家説的我雖懂得,我自家要説還早呢。

【F】那兒的話呢！人傢說的雖是懂得一點，我自己要說還早呢。

【G】那兒的話呢！人家說的我雖懂得，我自家要說還早呢。

gūwai	adali	fiyelen	fiyelen	i	gisureme
gūwa-i	adali	fiyelen	fiyelen	-i	gisure-me
别人-GEN	一樣	一段	一段	INS	說-并列.CVB
别人	一樣	一段	一段	地	說

muterakū	sere	anggala,	emu	siran	i
mute-ra-kū	se-re	anggala,	emu	siran	-i
能够-IPFV-NEG	AUX-IPFV	而且	一	陸續	INS
不能		而且	一	串	的

duin	sunja	gisun	gemu	sirabume	muterakū.
duin	sunja	gisun	gemu	sirabu-me	mute-ra-kū.
四	五	話語	都	接續-并列.CVB	能够-IPFV-NEG
四	五	句	全	連續	不能。

【A】不但不能像别人說的成片叚，一連四五句話都接續不上。

【B】不但不能像别人說的成片叚，一連四五句話都接續不上。

【C】不必說不能像别人說的成片叚，就是一連四五句話都接不上。

【D】不但我說的不能像别人兒說得成片叚兒，而且一連四五句話就接不上了。

【E】不但我說的不能像别人兒說得成片叚兒，而且一連四五句話就接不上。

【F】我聽我說的還不能像别人說的成叚成篇，如一連四五句的話就接不上了。

【G】不但我說的不能像别人兒說的成片叚兒，而且一連四五句話就接不上了。

tere anggala hono emu aldungga babi, gisurere
tere anggala hono emu aldungga ba-bi, gisure-re
那個 而且 還 一 奇怪 地方-有 説-IPFV
况且 尚且 還 一 奇怪 地方有， 説

onggolo, baibi tašaraburahū calaburahū
onggolo, baibi tašarabu-rahū calabu-rahū
之前 只是 弄錯-CAUS-SBJV 過失-CAUS-SBJV
之前， 只是 怕出錯 弄錯。

seme. tathūnjame gelhun akū kengse lasha
se-me. tathūnja-me gelhun akū kengse lasha
AUX-并列.CVB 猶豫-并列.CVB 敢 NEG 果斷 爽快
地 猶豫 不敢 果斷 簡斷

gisurerakū.
gisure-ra-kū.
説-IPFV-NEG
不説。

【A】况且還有一個怪處，未從説話，只恐怕差錯了，説的遲疑不敢簡斷。

【B】况且還有一個怪處，未從説話，只恐怕差錯了。遲疑着不敢簡断直説。

【C】不但如此，還有一個怪處，未説以前，只恐錯了差了，遲疑着不敢剪剪决决的説。

【D】還有個怪處兒，是臨説話的時候，無緣無故的怕錯，不敢簡簡决决的説。

【E】况且還更有一個怪處兒，没説話之先，無緣無故的怕錯，不敢簡簡决决的説。

【F】還有個怪處，到臨説話的時候，無緣故的先怕錯，不能簡直快快的説。

【G】還有個怪處兒，没説話之先，無緣無故的怕錯，不敢簡簡决決的説。

uttu	kai	mimbe	adarame	gisure	sembi.	bi
uttu	kai	mimbe	adarame	gisure	se-mbi.	bi
這樣	INTJ	1SG.ACC	怎麼	説.IMP	AUX - PRS	1SG
如此	啊	教我	怎麼	説	説？	我

inu	usaka.
inu	usa-ka.
也	灰心- PFV
也	灰心了。

【A】這樣光景教我仔麼説呢？我也灰了心了。

【B】這樣啊教我怎庅説呢？我也灰了心了。

【C】這樣啊叫我怎樣説呢？我也灰了心了。

【D】這麼樣可叫我怎麼説呢？我也灰了心咯。

【E】這麼樣可叫我怎麼説呢？我也灰了心咯。

【F】怎麼樣纔會照他們説的話呢？

【G】這麼樣可叫我怎麼説呢？我也灰了心咯。

gūnici	ai	hacin	i	taciha	seme,	inu
gūni-ci	ai	hacin	-i	taci-ha	se-me,	inu
想-假設.CVB	什麼	種類	INS	學- PFV	AUX -并列.CVB	也是
想	什麼	樣	地	學習，		也

ere	hūman	dabala,	nonggibure	aibi.
ere	hūman	dabala,	nonggi-bu-re	ai-bi.
這個	本事	罷了	提升- CAUS - IPFV	什麼-有
這	本事	罷了，	長進	有什麼？

【A】想來就是怎麼樣的學去，不過這個本事兒罷了，那裡能長進？

【B】想來就是怎庅樣的學去，不過是這個嘴臉罷咧，那裡能長進？

【C】想来就是怎樣的學了去，也不過這個本事罷咧，那裡能長進？

【D】想著就是這麼樣兒學來學去，也不過就是這麼個本事兒咯,那兒還能彀有長進呢?

【E】想着就是這麽樣兒的學來學去,也不過是這麽個本事兒,那兒還能彀有長進呢?

【G】想着就是這麽樣兒的學來學去,也不過是這麽個本事兒,那兒還能彀有長進呢?

ere	gemu	sini	urehekū	haran.	bi	sinde
ere	gemu	sini	ure-he-kū	haran.	bi	sinde
這	都是	2SG.GEN	熟練-PFV-NEG	原因	1SG	2SG.DAT
這	全都	你的	不熟練	緣由。	我	與你

tacibure,	yaya	webe	seme	ume	bodoro,
tacibu-re,	yaya	we-be	se-me	ume	bodo-ro,
教導-IPFV	凡是	誰-ACC	AUX-并列.CVB	不要	考慮-IPFV
指導,	任何	把誰		不必	考慮,

【A】這都是你没有熟的緣故。我教給你,别論他是誰,
【B】這都是你没有熟的緣故。我教給你,别論他是誰,
【C】這都是你没熟的緣故。我告訴你,别論他是誰,
【D】這都是你没熟的緣故。我告訴你,無論他是誰,
【E】這都是你没熟的緣故。我告訴你,無論他是誰,
【F】這是儞没有熟的緣故。我告訴儞,
【G】這都是你没熟的緣故。我告訴你,無論他是誰,

damu	ucaraha	ucaraha	be,	tuwame
damu	ucara-ha	ucara-ha	be,	tuwa-me
只要	遇見-PFV	遇見-PFV	ACC	看見-并列.CVB
但只	相遇		把,	看

amcatame	gisure.
amca-ta-me	gisure.
追趕-常-并列.CVB	説.IMP
趕着	説。

【A】只是大凡遇見的,就趕着他説。

【B】只是大凡遇見的,就赶着他説。

【C】只是随便遇見的,就趕着他説。

【D】但凡遇見個會説清話的,你就趕著和他説。

【E】但凡遇見個會説的,你就趕着和他説話。

【F】學説話,頭一件要音清,第二件不在多,第三件要常説。

【G】但凡遇見個會説漢話的,你就趕着和他説話。

jai	bithe	de	šungke	sefu	be	baifi	bithe
jai	bithe	de	šungke	sefu	be	baifi	bithe
再	書	LOC	通達	師傅	ACC	求-順序.CVB	書
再	書	對	精通的	師傅	把	求	書

hūla,	manju	gisun	de	mangga	gucuse	de
hūla,	manju	gisun	de	mangga	guqu-se	de
讀.IMP	滿	語	LOC	擅長	朋友-PL	DAT
讀,	滿洲	話	對	擅長	朋友們	對

adanafi	gisure.
ada-na-fi	gisure.
参加-去-順序.CVB	説.IMP
参加去	説。

【A】再我[找]書理通達的師傅念書,就了清話精熟的朋友去説話。

【B】再找書裡通達的師傅念書,就了清話精熟的朋友去説。

【C】再到通達的師傅跟前去學唐古忒書,向清話精熟的朋友們説。

【D】再有那清話精通的師傅們,也要往他們那兒去學,或是和清話熟習的朋友們時常談論。

【E】再有那清話精通的師傅們,也要往那兒去學,或是和清話熟習的朋友們去説。

【F】字音清楚,就不混;日學不多,就容易講究;常説,舌頭就輭活。

【G】再有那漢話精通的師傅們,也要往他們那兒去學,或是和漢話熟習的朋友們去説。

inenggidari	hūlaci	gisun	ejembi,	erindari
inenggi-dari	hūla-ci	gisun	eje-mbi,	erindari
日子-每	讀-條件.CVB	話語	記得-PRS	每時
每日	讀	話	記,	每時

gisureci,	ilenggu	urembi.
gisure-ci,	ilenggu	ure-mbi.
説-條件.CVB	舌頭	熟練-PRS
説,	舌頭	熟練。

【A】每日家念話就記得了,時刻的説,舌頭就熟了。

【B】每日家念話就記得了,時時刻刻的説,舌頭就熟了。

【C】每日家學話就記得了,時刻的説,舌頭就熟了。

【D】天天兒看書記話,平常説慣了嘴兒。

【E】天天兒看書記話,時時刻刻的説,舌頭就活了。

【F】如有遇着會説滿洲話的人就同他説,天天談今説古,把舌頭説慣了。

【G】天天兒看書記話,時時刻刻的説,舌頭就活了。

uttu	tacime	ohode,	manggai	emu	juwe	aniya
uttu	taci-me	ohode,	manggai	emu	juwe	aniya
這樣	學-并列.CVB	若	至多	一	二	年
如此	學習	假若,	難的	一	二	年

i	sidende,	ini	cisui	gūnin	i	cihai	anggai
-i	siden-de,	ini	cisui	gūnin	-I	cihai	angga-i
GEN	期間-LOC	3SG.GEN	自然	心	INS	任意	口-GEN
的	時間,	他	自然	心	的	任意	口的

ici	tang	sembikai,	muterakū	jalin	geli
ici	tang	se-mbi-kai,	mute-ra-kū	jalin	geli
順應	流利	説-PRS-INTJ	能够-IPFV-NEG	爲了	又
順從	熟練	説話,	不能	爲	又

aiseme	jobombi	ni.
aiseme	jobo-mbi	ni.
爲什麽	憂愁-PRS	呢
怎麽	憂愁	呢?

【A】要這様學了去,至狠一二年間,自然任意順口不打蹬兒的説上來了,又何愁不能呢?

【B】要是這様學了去,大不過一二年間,自然任意順口不打蹬兒的説上來了啊,又何愁不能呢?

【C】若這様久了,至狠一二年間,自然順口直淌,何愁不能呢?

【D】若照着這麽學,至多一兩年,自然而然的就會順着嘴兒説咯,又愁甚麽不能呢?

【E】若照着這麽學,至多一兩年,自然而然的就會順着嘴兒説咯,又愁甚麽不能呢?

【F】照這様去學,至多一兩年,自然而然的會順着嘴兒説咯,怕什麽不會?

【G】若照着這麽學,至多一兩年,自然而然的就會順着嘴兒説咯,又愁甚麽不能呢?

(【+F】儞若自作聰明,含糊了事,這是自己騙自己哪。)

5 (A5 talude gucu be acara 偶遇朋友,B5,C73,D73,E74,F2 探友)

absi	yoha	bihe.	bi	ergi	emu
absi	yo-ha	bihe.	bi	ergi	emu
往哪裡	走-PFV	過	1SG	這邊	一
望哪裡	行	來着?	我	這邊	一

niyamangga niyalmai boode genehe bihe.

niyamangga niyalma-i boo-de gene-he bihe.

親戚 人-GEN 家-LOC 去-PFV 過

親戚 人的 往家 去了 來着。

【A】往那裡去來着? 我往這裡一個親戚家去來着。

【B】徃那裡去來着? 我徃這裡一個親戚家去來着。

【C】往那裡去來着? 我往這裡一個親戚家去來着。

【D】你納往那兒去來着? 我往那邊兒一個親戚家去來着。

【E】你納往那兒去來着? 我往那邊兒一個親戚家去來着。

【F】儞吶往那去? 我在這瞧着,儞在老遠的走過來。我往那邊親戚家去。

ere ildun de mini boode darifi majige

ere ildun de mini boo-de dari-fi majige

這 順便 LOC 1SG.GEN 家-LOC 路過-順序.CVB 稍微

這 順便 我的 家裡 順便去 略

teki.

te-ki.

坐-IMP

坐。

【A】順便到我家裡坐坐。

【B】順便到我家裡坐坐。

【C】順便到我家裡畧坐坐。

【D】閣下順便兒到我們家裡坐坐兒罷。

【E】順便兒到我們家裡坐坐兒罷。

【F】因爲這一向少來請安,這會過來瞧瞧儞吶。

age,	si	ubade	tehebio.	inu,	jakan
age,	si	uba-de	te-he-bi-o.	inu,	jakan
阿哥	2SG	這裡-LOC	住-PFV-PRS-疑	是	最近
阿哥,	你	在這裡	住着麼?	是,	新近

gurinjihe.
guri-nji-he.
遷移-來-PFV
搬來了。

【A】阿哥,你在這裡住着麼? 是,新近搬了來了。

【B】阿哥,你這裡住着広? 是,新近搬了來的。

【C】阿哥,你在這裡住着麼? 是,纔搬了來。

【D】兄台,你納在這左近住麼? 是啊,新近纔搬在這房子來的。

【E】大哥,你納在這住着麼? 是啊! 新近搬了來的。

uttu	oci,	musei	tehengge	giyanakū	udu
uttu	oci,	musei	te-he-ngge	giyanakū	udu
這樣	若是	1PL.INCL.GEN	住-PFV-NMLZ	能有	多少
這樣	要是,	咱們的	住的	能幾何	多少

goro.	saha	bici,	aifini	simbe
goro.	sa-ha	bi-ci,	aifini	simbe
遠	知道-PFV	有-條件.CVB	早就	2SG.ACC
遠?	知道	要是,	早已	把你

tuwanjirakū	biheo.	age	yabu.
tuwa-nji-ra-kū	bihe-o.	age	yabu.
看-來-IPFV-NEG	PST-Q	阿哥	走.IMP
不來看	過嗎?	阿哥	走。

【A】要是這樣,嗋們住的能有多遠? 要知道,早不看你來了嗎? 阿哥走。

【B】要是這樣,咱們住的能有多遠? 要知道,早不來瞧你来了嗎? 阿哥走。

【C】若是這樣,咱們住的能隔多遠? 要知道時,不早看你來了麼? 阿哥走。

【D】若是這麼着,咱們住的離着却不甚遠啊。我若是知道府上在這兒,就早過來瞧來了。老兄先走。

【E】若是這麼着,咱們住的離着能彀有多遠兒呢? 我若知道就早過來看你納來了。大哥先走。

【F】叨步。

ai	geli.	mini	boode	kai.	age	wesifi
ai	geli.	mini	boo-de	kai.	age	wesi-fi
什麽	又	1SG.GEN	家-LOC	INTJ	阿哥	上升-順序.CVB
豈敢	又?	我的	在家	啊。	阿哥	上升

teki.	ubade	icangga.
te-ki.	uba-de	icangga.
坐-IMP	這裡-LOC	舒適
坐。	在這裡	舒適的。

【A】豈有此理? 是我家裡。阿哥上去坐。這裡舒服。

【B】豈有此理? 是我家裡。阿哥上去坐。這裡舒服。

【C】豈有此理? 我家啊。阿哥陞上去坐。這裡舒服。

【D】豈有此理? 這是我家啊。你納請上坐! 我這兒坐着舒服。

【E】豈有此理? 這是我家啊。你納請上坐! 這兒坐着舒服。

【F】請坐,請上坐! 隨便坐,不必拘禮。

si	tuttu	tehede,	bi	absi	tembi.	sain,
si	tuttu	te-he-de,	bi	absi	te-mbi.	sain,
2SG	那樣	坐-PFV-LOC	1SG	怎麽	坐-PRS	好
你	那麽	坐下時,	我	怎麽	坐?	好,

teme jabduha, ubade emu nikere ba bi.
te-me jabdu-ha, uba-de emu nike-re ba bi.
坐-并列.CVB 妥當-PFV 這裡-LOC 一 倚靠-IPFV 地方有
坐下 妥當了, 在這裡 一個 依靠 地方有。

【A】你那們坐下,我怎麼坐呢？好啊,已經坐下了,這裡有個靠頭兒。

【B】你那們坐了,我怎庅坐呢？好,已經坐下了,這裡有個靠頭皃。

【C】你那樣坐,我怎麼坐？好啊,已經坐下了,這裡有個靠頭兒。

【D】你納這麼坐了,叫我怎麼坐呢？我已經坐下了,這兒有個靠頭兒。

【E】你納這麼坐了,呌我怎麼坐呢？已經坐下了,這兒有個靠頭兒。

【F】這樣坐,叫我那里坐呢？已經坐下了,這就算是大位,不要再拘。

booi urse aba. yaha gaju. age, bi
boo-i urse aba. yaha gaju. age, bi
家-GEN 人們 在哪裡 炭 拿來.IMP 阿哥 1SG
家裡 人們 在哪裡？ 炭火 拿！ 阿哥, 我
dambagu omirakū, angga furunahabi.
dambagu omi-ra-kū, angga furuna-ha-bi.
煙 吃-IPFV-NEG 口 長口瘡-PFV-PRS
煙 不吃, 口 長口瘡了。

【A】家裡人呢？拿火來！阿哥,我不喫烟,長了口瘡了。

【B】家裡人呢？拿火來！阿哥,我不吃烟,長了口瘡了。

【C】家下人那裡？拿火來！阿哥,我不吃烟,長了口瘡了。

【D】來！拏火來！老兄,我不喫煙,嘴裡長了口瘡了。

【E】家裡人呢？拿火來！大哥,我不吃煙,嘴裡長了口瘡了。

【F】來！點火來！我不吃煙，這幾天有咳嗽，不敢吃。

tuttu oci, cai gana. age cai gaisu. je.
tuttu oci, cai gana. age cai gaisu. je.
那樣 若是 茶 去取.IMP 阿哥 茶 受.IMP 是
那樣 要是， 茶 取去。 阿哥 茶 取去。 咢。
【A】要是那様，取茶去。阿哥請茶。咢。
【B】要是那様，取茶去。阿哥請茶。咢。
【C】若是那様，取茶去。阿哥請茶。遮。
【D】若是這麼着，快倒茶來。兄台請喫茶。
【E】若是這麼着，就快倒茶來。大哥請茶。
【F】那就沏茶來。

absi halhūn. halhūn oci majige tukiyecebu.
absi halhūn. halhūn oci majige tukiyece-bu.
何其 熱 熱 若是 稍微 揚水-使.IMP
多麼 熱。 熱 要是 略 揚水。
hūwanggiyarakū, mukiyebukini. je
hūwanggiya-ra-kū, mukiye-bu-kini. je.
妨礙-IPFV-NEG 晾涼-CAUS-IMP 是
無妨， 晾一晾罷。 咢。
【A】好熱啊。要熱叫揚一揚。無妨，晾一晾罷。咢。
【B】好熱啊。要熱令揚一揚。無妨，晾着罷。哦。
【C】好熱。要熱署揚一揚。無妨，晾一晾罷。遮。
【E】好熱茶啊！略涼一涼兒罷。是啊。

buda be tuwa-na, beleni bisirengge be hasa
buda be tuwa-na, beleni bi-sire-ngge be hasa
飯 ACC 看-去.IMP 現成 有-IPFV-NMLZ ACC 迅速
飯 把 看去， 現成的 有的 把 快速

benju	se.
benju	se.
送來.IMP	助.IMP
送來	説。

【A】看飯去,説把現成的快送來。
【B】看飯去,説把現成的快送來。
【C】瞧飯去,説把現成的快送來。
【D】老弟請。看飯去,把現成兒的先拏了來。
【E】看飯去,就把現成兒的快拿了來。
【F】順便開飯,燙點酒,添兩三件下酒菜。

akū,	age	ume,	bi	kemuni	gūwa	ba de	geneki
akū,	age	ume,	bi	kemuni	gūwa	ba-de	gene-ki
NEG	阿哥	不要	1SG	還	其他	地方-DAT	去-IMP
不,	阿哥	别,	我	還	别的	往地方	去

sembi.	ainahabi.
se-mbi.	aina-ha-bi.
AUX-PRS	怎麼-PFV-PRS
想欲。	怎麼了?

【A】不啊,阿哥别,我還要往别處去呢。怎麼了?
【B】不啊,阿哥别,我還要往别處去呢。怎広了?
【C】不,阿哥别,我還要往别處去呢。怎麼了?
【D】兄台别費心,我還要往别處兒去呢。怎麼了?
【E】大哥别費心,我還要往别處兒去呢。怎麼咯?
【F】儞不要費心,已經天晚了,我好回去咯。

beleni	bisirengge,	sini	jalin	dagilahangge
beleni	bi-sire-ngge,	sini	jalin	dagila-ha-ngge
現成	有-IPFV-NMLZ	2SG.GEN	因爲	準備-PFV-NMLZ
現成的	有的,	你的	因爲	預備的

geli	waka,	majige	jefi	genecina.
geli	waka,	majige	je-fi	gene-cina.
又	不是	稍微	吃-順序.CVB	去-IMP
又	不是,	略	吃	去。

【A】現成的,又不是爲你預偹的,喫點去是呢。

【B】現成有的,又不是爲你預偹的,畧吃些去呢。

【C】現成的呀,又不是給你預偹的,畧喫點走。

【D】現成兒的東西,又不是爲你納預備的,隨便兒將就着喫點兒罷。

【E】現成兒的,又不是爲你納預備的,隨便兒將就着吃點兒罷。

【F】吃個便飯去,還不遲。飯菜已便了,酒家裡有,下酒菜也是現成的,不過切點,並不躭擱什麼時候。

joo	bai.	emgeri	sini	boo	be	takaha	kai,
joo	bai.	emgeri	sini	boo	be	taka-ha	kai,
算了	吧	已經	2SG.GEN	家	ACC	認識-PFV	INTJ
罷了	罷了。	已經	你的	家	把	認得了	啊,

encu	inenggi	jai	cohome	jifi,	gulhun	emu
encu	inenggi	jai	cohome	ji-fi,	gulhun	emu
另外	日子	再	特意	來-順序.CVB	整個	一
別的	天	再	特意	來,	整個	一

inenggi	gisureme	teceki.
inenggi	gisure-me	te-ce-ki.
日子	説-并列.CVB	坐-齊-IMP
天	説	一同坐着。

【A】罷呀。一遭認得你家了,另日特來,坐着説一天的話兒罷。

【B】罷呀。已経認得你家了,另日再特來,坐着説一整天的話兒罷。

【C】罷呀。已經認得你家了,改日再來,坐着説一日話兒罷。

【D】兄台,我還是外人?已經認得府上了,改日再來,咱們坐着説一天的話兒。今兒實在没空兒,告假了!

【E】大哥,我還作客麼? 已經認得府上咯,改天我再來,咱們坐着説一天的話兒罷。

【F】一來就擾使得麼?

(【F+】那兒的話,請儞吶還怕請不到呢。今天來難得的狠,欲锺酒,談談會,儞吶還説什麼客套話?)

6 (A6 bithe hūlaname genere 念書去,B6,C5,D5,E5,F49 好學求師)

age,	si	inenggidari	ederi	yaburengge,	gemu
age,	si	inenggi-dari	ederi	yabu-re-ngge,	gemu
阿哥	2SG	日子-每	這.ABL	走-IPFV-NMLZ	全都
阿哥,	你	每日	從這們	走,	都是

aibide	genembi.
aibi-de	gene-mbi.
哪裡-DAT	去-PRS
往那裡	去?

【A】阿哥,你終日從這們走,都是往那裡去?

【B】阿哥,你終日家從這們走,都是往那裡去?

【C】阿哥,你天天從這裡走,都是往那裡去?

【D】老弟,你天天從這兒過,都是往那兒去啊?

【E】老弟,你天天在這兒過,都是往那兒去啊?

【F】儞吶天天兒由這里過,都是往那里去啊?

bithe	hūlaname	genembi.	manju	bithe	hūlambi
bithe	hūla-na-me	gene-mbi.	manju	bithe	hūla-mbi
書	讀-去-并列.CVB	去-PRS	滿	書	讀-PRS
書	念	去。	滿洲	書	念

wakao.	inu.	ne	aici	jergi	bithe	hūlambi.
waka-o.	inu.	ne	aici	jergi	bithe	hūla-mbi.
不是-Q	是	現在	怎樣	種類	書	讀-PRS
不是嗎?	是	現在	何樣	等	書	念?

【A】念書去。不是念清書嗎? 是。如今念些甚麼書啊?

【B】念書去。不是念清書嗎? 是。如今念些甚庅書啊?

【C】念書去。不是念清書麽? 是。現今念些甚麼書?

【D】念書去。不是念滿洲書麽? 是。現在念的都是甚麼書?

【E】念書去。不是念滿洲書麽? 是。現在念的都是甚麼書?

【F】念書去。念甚麼書? 是滿洲書。現在念的是那本書?

gūwa	bithe	akū	damu	yasai	juleri	buyarame
gūwa	bithe	akū	damu	yasa-i	juleri	buyara-me
別的	書	NEG	只是	眼睛-GEN	前面	零碎-并列.CVB
別的	書	没有	只	眼睛的	前面	零碎

gisun,	jai	manju	gisun	i	oyonggo	jorin	i
gisun,	jai	manju	gisun	-i	oyonggo	jorin	-i
話語	再	滿	語	GEN	重要	指示	GEN
話,	再	滿洲	話	的	重要	意指	的

bithei	teile.
bithe-i	teile.
書-GEN	而已
書	唯有。

【A】没有別的書,眼前零星話,再衹有《清語指要》。

【B】就只眼面前的零星話,再衹有《清文指要》書。

【C】没有另樣的書,就是眼前零星話並《百條清語》。

【D】没有新樣兒的書,都是眼面前兒的零碎話和《清話指要》這兩樣兒。

【E】没有新樣兒的書,都是眼面前兒的零碎話和《清話指要》這兩樣兒。

【F】是《清話指要》,不過是眼面前的零碎話。

suwende ginggulere hergen tacibumbio akūn.

suwende ginggule-re hergen tacibu-mbi-o akū-n.

2PL.DAT 寫楷書-IPFV 文字 教-PRS-Q NEG-Q

給你們 寫楷字 字 教育呢 不呢?

【A】還教你們清字揩[楷]書啊不呢?

【B】教你們楷書清字啊没有?

【C】還教你們清字楷書不啊?

【D】還教你們寫清字楷書不啊?

【E】還教你們寫清字楷書不啊?

【F】還學清字麼?

te inenggi šun foholon, hergen arara šolo

te inenggi šun foholon, hergen ara-ra šolo

現在 白天 太陽 短 文字 寫-IPFV 空閒

現在 白天 太陽 短, 字 寫 空閒

akū, ereci inenggi šun saniyaha manggi,

akū, ere-ci inenggi šun sidara-ha manggi,

NEG 這-ABL 白天 太陽 展開-PFV 以後

没有, 從此 白天 太陽 舒展 之後,

hergen arabumbi sere anggala, hono

hergen ara-bu-mbi se-re anggala, hono

文字 寫-CAUS-PRS AUX-IPFV 不但 還

字 使寫 與其, 尚且

ubaliyambubumbikai.

ubaliyambu-bu-mbi-kai.

翻譯-CAUS-PRS-INTJ

翻譯 說啊。

【A】如今天短,没有寫字的空兒,從此天長不[了],不但叫寫字,還叫緖譯呢。

【B】如今天短,無有冩字的空児,以後天長了,不但教冩字,還教緖譯呢。

【C】如今天短,没冩字的空兒,從此天長了,不但令冩字,還令翻翻譯呢。

【D】如今天短,没寫字的空兒,等着天長了,不但教寫字,還教學緖譯呢。

【E】如今天短,没寫字的空兒,等着天長了,不但叫寫字,還叫學緖繹呢。

【F】如今天短,没寫字的空兒,等着天長了,不但學字,還要學緖譯呢。

age,	bi	bithe	hūlara	jalin,	yala	uju
age,	bi	bithe	hūla-ra	jalin,	yala	uju
阿哥	1SG	書	讀-IPFV	因爲	實在	頭
阿哥,	我	書	念	爲,	實在	字頭

silgime,	aibide	baihanahakū.
silgi-me,	aibi-de	baihana-ha-kū.
鑽頭覓縫-并列.CVB	哪裡-LOC	找-PFV-NEG
鑽頭覓縫,	哪兒	没有找到呢?

【A】阿哥,我爲念書,實在鑽頭覔縫兒的,那裡没有我[找]到呢?

【B】阿哥,我爲念書,寔在鑽頭覓縫兒的,那裡没有找到?

【C】阿哥,我爲念書,實在鑽頭覓縫的,那裡没找到?

【D】老弟,我爲這念書的事,真是鑽頭覓縫兒的,那兒没有找到啊?

【E】老弟,我爲這念書的事,真是鑽頭覓縫兒的,那兒没有我[找]到啊?

【F】我找一椆學堂,真是鑽頭覓縫的用心,還没有找到。

musei	ubai	šurdeme	fuhali	manju	tacikū	akū.
musei	uba-i	šurdeme	fuhali	manju	tacikū	akū.
1PL.GEN	這裡-GEN	周圍	竟然	滿洲	私塾	NEG
咱們的	這裡的	附近	竟然	滿洲	學校	没有。

gūnici	sini	tacire	ba	ai	hendure.
gūni-ci	sini	taci-re	ba	ai	hendu-re.
想-假設.CVB	2SG.GEN	學-IPFV	地方	什麼	説-IPFV
想來	你的	學的	地方	什麼	説?

【A】喒們方近左右竟没有清書學房。想來你學的地方有什麼説處?

【B】咱們這方近左右竟没有清書學房。想来你學的地方有什庅説處?

【C】咱們方近竟没有清書學房。想來你學的地方有何説的呢?

【D】可惜我們左近没有念清書的學房。我想着你們念書的這學房就可以,

【E】我們左近没有念清書的學房。我想着你們念書的這學房就可以,

【F】可惜的我們這左右鄰近没有教書的師傅。不知道倆們去的學堂近這麼?

atanggi	bicibe	bi	inu	bithe	hūlanaki.	mini
atanggi	bi-cibe	bi	inu	bithe	hūla-na-ki.	mini
幾時	有-讓步.CVB	1SG	也	書	讀-去-IMP	我.GEN
多昝	任憑	我	也	書	念罷。	我的

funde	majige	gisureci	ojoroo.
funde	majige	gisure-ci	o-joro-o.
代替	稍微	説-假設.CVB	可以-IPFV-Q?
替代	稍微	説	可以嗎?

【A】多昝我也去念書罷。可以替我說説嗎?

【B】多喒我也去念書罷。可以替我畧説説嗎?

【C】多早晚我也念書去。可以替我説説麽?

【D】到多偺我也去念去。請你替我先説説罷。

【E】到多喒我也去念去。請你替我先説説罷。

【F】我也可以去學嗎?請儞替我先説説罷。

age, si membe tacibure niyalma be we
age, si mende tacibu-re niyalma be we
阿哥 2SG 1SG.DAT 教導-IPFV 人 ACC 誰
阿哥, 你 給我們 教的 人 把 誰

sembi. sefu sembio. waka kai, mini
se-mbi. sefu se-mbi-o. waka kai, mini
AUX-PRS 師傅 AUX-PRS-Q 不是 INTJ 1SG.GEN
稱(當做)? 師傅 稱嗎? 不是 啊, 我的

emu mukūn i ahūn.
emu mukūn -i ahūn.
一 族 GEN 兄長
一個 族 的 兄長。

【A】阿哥,你當教我們的是誰啊?是師傅嗎?不是啊,是我一個族兄。

【B】阿哥,你打量教我們的是誰?是師傅嗎?不是啊,是我一個族兄。

【C】阿哥,你當教我們的是誰?師傅麽?不是啊,我一族兄。

【D】兄台,你打量教我們的是誰啊?是師傅麽?不是呀,是我的一個族兄。

【E】大哥,你説教我們是誰啊?是師傅麽?不是呀,是我的一個族兄。

【F】儞吶説教我們的是誰啊?是請的師傅咧?不是呀,他是我的一個族兄。

tacibure ele urse, gemu meni emu uksura
tacibu-re ele urse, gemu meni emu uksura
教導-IPFV 所有 人們 都 1PL.GEN 一 宗族的一支
教的 所有 人們, 都 我們的 一 家兒的

juse deote, jai niyaman hūncihin,
juse deu-te, jai niyaman hūncihin,
孩子.PL 兄弟-PL 再 親戚 同族
子弟們, 再 親戚 同族,

umai gūwa niyalma akū.
umai gūwa niyalma akū.
全然 其他 人 NEG
全然 别的 人 無。

【A】所有教的,都是我們一家兒的子弟,再是親戚,並無别人。

【B】所教的人,都是我們一家兒的子弟,再是親戚,並無别人。

【C】所有教的,都是我們一家的子弟,再是親戚,並無外人。

【D】所有教的,都是我們一家兒的子弟,再者就是親戚們,並没有外人。

【E】所有教的,都是我們一家兒的子弟,再者就是親戚們,並没有外人。

【F】所有教的,都是我們一家人和親戚們,並没有一個外人。

adarame seci. mini ahūn inenggidari
adarame se-ci. mini ahūn inenggi-dari
怎麽 説-假設.CVB 1SG.GEN 兄長 日子-每
怎麽 説呢? 我的 兄長 每日

yamulambi, jabdurakū, ineku be erde yamji
yamula-mbi, jabdu-ra-kū, ineku be erde yamji
上衙門-PRS 得閒-IPFV-NEG 依舊 1PL.EXCL 早上 晚上
上衙門, 不得閒, 本來 我們 早 傍晚

nandame	genere	jakade,	arga	akū,	šolo
nanda-me	gene-re	jakade,	arga	akū,	šolo
懇求-并列.CVB	去-IPFV	因爲	辦法	NEG	空閒
乞求	去的	時候,	計策	無,	空兒

jalgiyanjafi	membe	tacibumbi.
jalgiyanja-fi	membe	tacibu-mbi.
通融-順序.CVB	1PL.EXCL.ACC	教導-PRS
勻出	我們把	教。

【A】仔麼說呢?我阿哥終日上衙門,不得閑,也是我們早晚我[找]着去的上頭,不得已,勻着空兒教我們。

【B】怎庅說呢?我哥哥終日家上衙門,不得閑,也是我們早晚找着去的上頭,無法兒,勻着空兒教我們。

【C】怎麼說呢?我阿哥日日上衙門,不得閑,也是我們早晚賴着去的上頭,不得已,勻着空兒教我們。

【D】可怎麼說呢?我們族兄又要天天兒上衙門,不得閒兒,是因爲我們過懶,不肯自己用功,他萬不得已,勻着空兒教我們。

【E】可怎麼說呢?我們族兄,又要天天兒上衙門,不得閒兒,這是因爲我們早啊晚兒的懶,不肯自己用工,他萬不得已兒,勻着空兒教我們。

【F】我不知道,怎麼樣說纔好呢?他是天天要上衙門,因爲我們嬾惰,不肯自己用功,他萬不得已,勻着空兒教我們。

waka	oci,	age	bithe	hūlame	geneki
waka	o-ci,	age	bithe	hūla-me	gene-ki
不是	成爲-假設.CVB	阿哥	書	讀-并列.CVB	去-IMP
不是	要是,	阿哥	書	念	去

sehengge,	sain	baita	dabala,	sini	funde
se-he-ngge,	sain	baita	dabala,	sini	funde
AUX-PFV-NMLZ	好	事情	罷了	2SG.GEN	代替
想欲,	好	事	罷咧,	你的	代替

majige	gisureci,	minde	geli	ai	fayaha	ni.
majige	gisure-ci,	minde	geli	ai	faya-ha	ni.
稍微	説-假設.CVB	1SG.DAT	又	什麽	費勁-PFV	呢
稍微	説一下,	對我	又	什麽	費勁了	呢?

【A】要不是,阿哥要念書去,好事罷咧,替你説一説,又費了我什麽了呢?

【B】要不是,阿哥要念書去,好事罷咧,替你畧説一説,又費了我的什庅呢?

【C】若不是這樣,阿哥去念書,是好事,替你説一説,又費了我甚麼呢?

【D】若不是這麽着,兄台要念書,也是好事罷咧,替你説説,又費了我甚麽呢?

【E】若不是這麽着,大哥要念書,好事罷咧,替你説説又費了我甚麽了呢?

【F】不是這麽着,就替這倆説,那費了我的甚麽呢?

7 (A7 dekjingge juse 成才的孩子,B7,C20,D20,E20,F59 年輕出仕)

tere	age	serengge,	musei	fe	adaki	kai.
tere	age	se-re-ngge,	musei	fe	adaki	kai.
那個	阿哥	AUX-IPFV-NMLZ	1PL.INCL.GEN	舊	鄰居	INTJ
那個	阿哥	所謂的,	咱們的	舊	街坊	啊。

【A】那個阿哥,是喒們舊街坊啊。

【B】那個阿哥呀,是咱們的舊街坊啊。

【C】那個阿哥。

【D】那個人哪,是咱們舊街坊啊。

【E】那個阿哥,是咱們舊街坊啊。

【F】那個人哪,是在咱們舊街坊住的啊。

šame	tuwame	mutuha	juse,	giyalafi
ša-me	tuwa-me	mutu-ha	juse,	giyala-fi
盯-并列.CVB	看-并列.CVB	成長-PFV	孩子.PL	相隔-順序.CVB
瞧	看着	長大	孩子們,	隔開

giyanakū	udu	goidaha,	te	donjici	mujakū
giyanakū	udu	goida-ha,	te	donji-ci	mujakū
能有	幾	經過-PFV	現在	聽-假設.CVB	着實
能有	幾年	經過,	如今	聽見	着實

hūwašafi,	hafan	oho	sere.
hūwaša-fi,	hafan	o-ho	se-re.
成長-順序.CVB	官	成爲-PFV	AUX-IPFV
成長,	官	擔任。	

【A】看着長大的孩子,隔了能有幾年,如今聽見説着實出息,作了官了。

【B】看着長大的孩子,隔了能有幾年,如今聽見説着寔出息,作了官了。

【C】咱們眼看着長大的孩子啊,隔了能有幾年,如今聽見説着實出息,作了官了。

【D】眼看着長大的孩子,隔了能有幾天兒,如今聽見説很出息了,做了官了。

【E】眼看着長大的孩子,隔了能有幾天兒,如今聽見説很出息了,做了官了。

【F】我眼看着他的時候,不過是長的高大,没甚麼本事,隔了纔有幾年,如今聽見説狠有出息了,做了官了。

sucungga	bi	hono	akdara	dulin	kenehunjere	dulin
sucungga	bi	hono	akda-ra	dulin	kenehunje-re	dulin
起初	1SG	還	相信-IPFV	一半	懷疑-IPFV	一半
起初	我	還	信	一半	疑	一半

bihe,	amala	gucuse	de	fonjici,	mujangga.
bihe,	amala	gucu-se	de	fonji-ci,	mujangga.
PST	後來	朋友-PL	DAT	問-假設.CVB	果然
來着,	後來	朋友們	向	問,	果然。

【A】起初我還半信半疑的來着,後來間[問]朋友們,果然。

【B】起初我還半信半疑的来着,後來問朋友們,果然。

【C】起初我還半疑半信的来着,後來向朋友們跟前打聽,果然。

【D】起初我還半信半疑的來着,後來在朋友們跟前打聽,果然是真的。

【E】起初我還半信半疑的來着,後來我在朋友們跟前打聽,果然是真的。

【F】起初我還半信半疑的,昨天在朋友家裡打聽,果然是真的。

erebe	tuwaci,	mujin	bisirengge	baita	jiduji
ere-be	tuwa-ci,	mujin	bi-sire-ngge	baita	jiduji
這個-ACC	看-假設.CVB	志向	有-IPFV-NMLZ	事情	最終
把這個	看的話,	志向	擁有	事情	最終

mutebumbi,	se	mulan	de	akū	sehe	gisun,
mute-bu-mbi,	se	mulan	de	akū	se-he	gisun,
成功-CAUS-PRS	年	齡	LOC	NEG	AUX-PFV	話語
使成功,	年	紀	在	不	説的	話,

tašan	akū	ni.
tašan	akū	ni.
虛假	NEG	呢
假	没有	呢。

【A】看起這個來,“有志者事竟成,不在年紀”的話,不假呀。

【B】看起這個來,“有志者事竟成,不在年紀上”的話,不假呀。

【C】看起這個來,“有志不在年高”的話,不假啊。

【D】看起這個來,是“有志者事竟成”和“有志不在年高”,這兩句話真是不假啊。

【E】看起這個來,是"有志者事竟成"和"有志不在年高"的,這兩句話真是不假啊。

【F】看起這樣來,俗語説:"有志事竟成,苦心天不負",這兩句話真是不假的。

age i gisun inu. tuttu secibe, inu terei
age -i gisun inu. tuttu se-cibe, inu tere-i
阿哥 GEN 話語 正確 那樣 説-讓步.CVB 又 他.GEN
阿哥 的 話 是。 那們 雖説, 也是 他的

sakdasa de wajirakū sain ba bifi,
sakda-sa de waji-ra-kū sain ba bi-fi,
老人-PL LOC 完結-PFV-NEG 好 地方 有-順序.CVB
老家兒 對 未完 好 地方 有,

【A】阿哥的話是。雖是那們説,也是他的老家兒有餘陰,
【B】阿哥的話是。雖是那們説,也是他的老家兒有餘陰,
【C】那個自然。雖然那樣,有陰德,
【D】兄台,你的話雖然是這麼説,也是他老家兒有陰功,
【E】哥哥,你的話雖然是這麼説,也是他老家兒有陰功,
【F】兄台爾的話雖是不錯,我想還是他家的父母有家教,

teni ere gese dekjingge juse banjiha. nomhon
teni ere gese dekjingge juse banji-ha. nomhon
纔 這個 樣子 長進的 孩子.PL 生-PFV 忠厚
纔 這個 樣 出色的 孩子們 生長。 樸實

bime sain, tacin fonjin de amuran,
bime sain, tacin fonjin de amuran,
並且 善良 學 問 DAT 愛好
而且 善良, 學 問 對 愛好,

【A】纔生出這個樣的成人的孩子來了。樸實又良善,好學問,
【B】絻(纔)生出這樣的長俊的孩子來了。樸實而且良善,好學問,
【C】纔生出這樣成人的孩子來了。樸實又良善,勤學好問,
【D】纔生出這樣兒成人的孩子來呢。很樸實,又良善,
【E】纔生出這個樣兒的成人的孩子來呀。很樸寔,又良善,
【F】纔管得出這個樣的好兒子咯。儞看他爲人樸實又勤慎,

gabtara	niyamniyara,	eiten	hahai	erdemu,	se
gabta-ra	niyamniya-ra,	eiten	haha-i	erdemu,	se
步射-IPFV	騎射-IPFV	一切	男人-GEN	才能	年齡
射(箭)	射馬箭,	所有	漢子的	本事,	年紀

de	teisu	akū,	ambula	tacihabi.
de	teisu	akū,	ambula	taci-ha-bi.
LOC	相符	NEG	廣大	學-PFV-PRS
對	相稱	不,	博	學。

【A】馬步箭,大凡漢子的本事,他那博學的身分不對他的年紀。
【B】馬步箭,大凢漢子的本事,不大的歲数,狠愽學了。
【C】馬步箭,大凢漢子的本事,他那愽學的身分不對他的年紀。
【D】除了學馬步箭的工夫,
【E】除了學馬步箭的空兒,
【F】除了學步箭的工夫,

an	i	ucuri	boode	bici,	bithe	tuwara
an	-i	ucuri	boo-de	bi-ci,	bithe	tuwa-ra
平常	GEN	時候	家-LOC	在-假設.CVB	書	看-IPFV
素常	的	時候	在家裡	有若,	書	看

dabala,	balai	bade	emu	okson	seme
dabala,	balai	ba-de	emu	okson	se-me
罷了	過分	地方-LOC	一	步	AUX-并列.CVB
罷咧,	無理的	地方	一	步	

inu	feliyerakū.
inu	feliye-ra-kū.
也	行走-IPFV-NEG
也	不走。

【A】素常在家裡,看書罷咧,混賬路一步兒也不肯走。

【B】素常在家裡,看書罷咧,混賬路一步也不肯走。

【C】素常在家裡,就止看書罷咧,混賬地方一步兒也不肯走。

【D】素常在家,就是看書,荒唐的道兒一步兒也不肯走。

【E】素常在家,就只是看書,荒唐的道兒一步兒也不肯走。

【F】素常在家,只是念書,花街柳巷一步兒不肯走。

tere	anggala	siden	i	baita	de	oci
tere	anggala	siden	-i	baita	de	o-ci
那個	而且	公事	GEN	事情	LOC	成爲-條件.CVB
况	且	公家	的	事	在	要是

ginggun	olhoba,	giyan	akū	baita	be,	gelhun	akū
ginggun	olhoba,	giyan	akū	baita	be,	gelhun	akū
恭敬	謹慎	道理	NEG	事情	ACC	敢	NEG
小心	謹慎,	道理	没有	事情	把,	敢	不

yabu-ra-kū.
yabu-ra-kū.
行事-IPFV-NEG
爲。

【A】况且公事上小心謹慎,所得的去處,總不沽(沾)染。

【B】况且公事上小心謹慎,非理之事,不敢妄爲。

【C】况且公事上又極謹慎,有得項便宜的去處,總不沾染。

【D】况且公事上又很小心、很勤謹,至於有便宜、有得項的地方兒,他總不沾染。

【E】况且公事上又很小心、很勤謹,有便宜、有得項的地方兒,他總不沾染。

【F】至於公事上狠留心去辦,如有可以佔便宜的地方,就可以拿得錢,他一點兒都不沾染。

ere	tob	seme	sain	be	iktambuha
ere	tob	se-me	sain	be	iktam-bu-ha
這	正好	AUX-并列.CVB	良善	ACC	積累-CAUS-PFV
這	正合着	説	良善	把	使積累

boode,	urunakū	funcetele	hūturi	be	bi	sehe
boo-de,	urunakū	funcetele	hūturi	be	bi	se-he
家-LOC	必定	剩餘	福	ACC	有	AUX-PFV
家在,	一定	剩餘	福氣	把	有	

gisun	de	acaha	secina.
gisun	de	aca-ha	se-cina.
話語	LOC	符合-PFV	説.AUX-IMP
話	與	相合。	

【A】這個正與"積善之家,必有餘慶"的話相合了。

【B】這正與"積善之家,必有餘慶"的話相合了啊。

【C】看起這個來,正合着"積善之家,必有餘慶"的話了。

【D】這正是合了"積善之家,必有餘慶"的那句話了。

【E】這正合了"積善之家,必有餘慶"的那句話了。

【F】看這樣的,不是有家教,那能彀有這年輕的好兒子哪?

8 (A8 gucu arara 作伴,B8,C23,D23,E23,F6 遇友造訪)

age	yalu,	bi	sinde	jailaha	kai,
age	yalu,	bi	sinde	jaila-ha	kai,
阿哥	騎.IMP	1SG	2SG.DAT	躲避-PFV	INTJ
阿哥	騎着,	我	對你	躲避	啊,

šadame	geli	aiseme	ebumbi.
šada-me	geli	aiseme	ebu-mbi.
勞乏-并列.CVB	又	爲何	下來-PRS
疲乏	又	怎麼	下來了?

【A】阿哥騎着,我躲了你了,乏乏的又下來作什麼?

【B】阿哥騎着,我躲了你了,乏乏的又下來作什広?

【C】阿哥騎着,我躲了你了啊,乏乏的又下來作甚麼?

【D】兄台請騎着,我失躲避了啊,乏乏的又下來作甚麼?

【E】大哥請騎着,我失躲避了啊,乏乏的又下來作甚麼?

【F】老兄騎着,我失躲避了,儞吶辛苦的下來作什麼?

ai	gisun	serengge.	sabuhakū	oci
ai	gisun	se-re-ngge.	sabu-ha-kū	oci
什麼	話	AUX-IPFV-NMLZ	看見-PFV-NEG	若是
甚麼	話	説的?	没有看見	若

ainara.	bi	kejine	aldangga	ci	uthai	simbe
aina-ra.	bi	kejine	aldangga	ci	uthai	simbe
如何-IPFV	1SG	很	遠	ABL	就	2SG.ACC
怎麼樣?	我	許多(很)	遠	從	就	把你

sabuha	bade,	morilahai	dulere	kooli	bio.
sabu-ha	ba-de,	morila-hai	dule-re	kooli	bi-o.
看見-PFV	地方-LOC	騎馬-持續.CVB	通過-IPFV	道理	有-Q
看見了	地方,	騎個不停	過去	道理	有嗎?

【A】甚麼話呢?若没有看見怎麼樣呢?我老遠的就看見了你了,有騎過去的理嗎?

【B】甚広話呢?若無看見可怎樣呢?我老遠的就看見你了,有騎着馬騎去的理嗎?

【C】甚麼話呢?若没有看見可怎麼樣?從老遠的就看見了你,騎着過去的禮有麼?

【D】甚麼話呢？若没有看見就罷了，我在老遠的就看見了，有騎着的理麽？

【E】甚麼話呢？若没有看見就罷了，我在老遠的就看見了，有騎着的理麽？

【F】甚麼話呢？若没看見就罷了，已經看見倆，有騎着馬兒走過去的道理麽？

age	boode	dosifi	terakūn.	inu	kai,
age	boo-de	dosi-fi	te-ra-kū-n.	inu	kai,
阿哥	家-DAT	進入-順序.CVB	坐-IPFV-NEG-Q	是	INTJ
阿哥	往家裡	進入	不坐坐嗎？	是	啊，

muse	acahakūngge	kejine	goidaha
muse	aca-ha-kū-ngge	kejine	goida-ha.
1PL.INCL	見面-PFV-NEG-NMLZ	很	長久
咱們	不見的	很	許久。

【A】阿哥不進家裡坐坐嗎？是啊，喒們許久不見了。

【B】阿哥不進家裡坐坐嗎？是啊，咱們没遇見的久了。

【C】這順便啊，到我家畧坐坐罷。是，咱們許久不見了。

【D】兄台不到家裡坐麽？是啊，咱們許久没見了。

【E】大哥不到家理坐麽？是啊，咱們許久没見了。

【F】這到我家只幾步路，老兄順便不到那畧坐坐麽？那有過門不入的道理？久兒没見着。

bi	dosifi	majige	teki.
bi	dosi-fi	majige	te-ki.
1SG	進去-順序.CVB	稍微	坐-IMP,
我	進去	略	坐坐。

【A】我進去咯[略]坐坐罷。

【B】我進去畧坐坐。

【C】我進去畧坐坐。

【D】我進去略坐一坐兒。

【E】我進去畧坐坐兒。

【F】應該進去領教。

(【+F】豈敢？若到我家坐坐狠好。我帶路先去叫門。費心。到了,請進。先請。那有這個理？這是我的家啊。那就宥僭。好説。爾吶幾時搬來這里？纔搬過來兩三個月。)

ara,	utala	hacingga	moo	ilha	tebuhebio,
ara,	utala	hacingga	moo	ilha	tebu-he-bi-o,
哎呀	這些	各種各樣的	樹	花	種-PFV-PRS-Q
哎呀,	這些	許多樣的	樹	花兒	種了,

geli	kejine	boconggo	nisiha	ujihebio,	wehe
geli	kejine	boconggo	nisiha	uji-he-bi-o,	wehe
又	許多	彩色的	魚	養-PFV-PRS-Q	石頭
又	許多	彩色	魚(金魚)	養着呢嗎,	石

ai	jibsime	iktambuhangge	inu	sain,
ai	jibsi-me	ikta-mbu-ha-ngge	inu	sain,
什麼	重迭-并列.CVB	堆積-CAUS-PFV-NMLZ	也	好
什麼	重疊	堆壘的	也	好,

gūnin	isinaha	ba	umesi	faksi,	jergi	jergi	de
gūnin	isina-ha	ba	umesi	faksi,	jergi	jergi	de
心思	到達-PFV	地方	非常	巧妙	層	層	LOC
想頭	到	地方	甚	巧,	層	層	

gemu	doro	yangse	bi.
gemu	doro	yangse	bi.
都	款式	造型	有
都	款式	造型	有。

【A】嗳呦,栽了這些各種的花木,又養着許多金魚,山子石堆纍

的也好,想頭甚巧,層層都有欵(款)致。

【B】嗳呀,栽了這些各種的花木,又養着許多金魚呢嗎,山子石児什広堆壘的也好,想頭甚巧,層層都有欵致。

【C】哎呀,種了這許多樣花兒了麼,一墩一墩的都鮮艷,又養了好些金魚,山子石堆的也好,層層都有樣兒。

【D】哎呀,栽了許多的花兒了麼,又養着許多金魚兒,山子石兒堆得也好,心思用得很巧,層層都有樣兒。

【E】哎呀,栽了這麼許多的花兒了麼,又養着許多金魚,山子石兒堆得也好,心思用的很巧,層層都有樣兒。

【F】嗳呀,這梱書房狠好,栽了好多的花兒,又養着這多的金魚兒,山子石堆得狠好,層層都有樣子,又有趣。

ere	bithei	boo	yala	bolgo,	absi	tuwaci	absi
ere	bithe-i	boo	yala	bolgo,	absi	tuwa-ci	absi
這個	書-GEN	房	確實	乾净	怎麼	看-假設.CVB	怎麼
這	書的	房	實在	乾净,	怎麼	瞧	怎麼

icangga,	tob	seme	musei	bithe
icangga,	tob	se-me	musei	bithe
舒服	正好	AUX-并列.CVB	1PL.INCL.GEN	書
舒服,	正合		咱們的	書

hūlaci	acara	ba.
hūla-ci	aca-ra	ba.
讀-假設.CVB	應該-IPFV	地方
讀	應該	地方。

(【+C】什麼好?不過念書的空兒,可以消遣消遣。阿哥請進去坐。)

【A】這個書房甚乾净,怎麼看怎麼順,正是喒們該讀書的地方。

【B】這個書房真乾净,怎広看怎広舒服,正是咱們念書的地方。

【C】這個書房實在乾净,怎麼瞧怎麼舒服,正是咱們讀書的地方。

【D】這個書房實在乾净，怎麼瞧怎麼入眼，正是咱們念書的地方兒。

【E】這個書房寔在乾净，怎麼瞧怎麼入眼，真正是咱們念書的地方兒。

【F】怎樣瞧怎樣入眼，用得心思實在狠巧。正是咱們好念書的地方咯。

damu	korsorongge,	minde	asuru	gucu	gargan
damu	korso-ro-ngge,	minde	asuru	gucu	gargan
只是	可恨-IPFV-NMLZ	1SG.DAT	很	朋友	夥伴
但	所恨的，	我	很多	朋友	

akū,	emhun	bithe	tacici	dembei	simeli.
akū,	emhun	bithe	taci-ci	dembei	simeli.
NEG	獨自	書	學-假設.CVB	甚是	冷清
没有，	獨自	書	學習	甚	冷清。

【A】但所恨的，我没有什麼朋友，獨自念書甚冷落。

【B】但只所恨的，我無什麼朋友，獨自念書甚冷落。

【C】但所恨的，我没有什麼朋友，獨自念書甚冷落。

【D】好雖是好啊，但只恨是我自己，没有甚麼朋友，一個人兒念書很冷清。

【E】但只恨我自己，没有甚麼朋友，一個人兒念很冷清。

【F】好雖是好，只恨没有甚麼朋友來和我作伴，我自己一個人念書太冷静了。

ede	ai	mangga.	si	aika	eimerakū	oci,
ede	ai	mangga.	si	aika	eime-ra-kū	oci,
對此	什麼	難	2SG	假使	厭煩-IPFV-NEG	若是
因此	何	難？	你	要是	不厭煩	的話，

bi	sinde	gucu	arame	jici,	antaka.
bi	sinde	gucu	ara-me	ji-ci,	antaka.
1SG	2SG.DAT	朋友	做-并列.CVB	來-假設.CVB	如何
我	給你		作伴,		何如?

【A】這有何難? 你要不厭煩,我來給你作伴,如何?

【B】這有何難? 你若是不厭煩,我來給你作伴,如何?

【C】這有何難? 你要不厭煩,我給你作伴來,何如?

【D】這有何難呢? 你若不厭煩,我給你作伴兒來,何如?

【E】這有何難呢? 你若不厭煩,我給你作伴兒來,何如?

【F】這有什麼難的? 這和我住的離着不狠遠,若倆不厭煩,我來同倆作伴,好不好?

tuttu	oci,	minde	tusa	oho.	solinaci
tuttu	oci,	minde	tusa	o-ho.	solina-ci
那様	若是	1SG.DAT	益處	成爲-PFV	邀請-假設.CVB
那様	若是,	對我	益處	成爲。	邀請若是

hono	jiderakū	jalin	jobošombikai.
hono	ji-dera-kū	jalin	jobošo-mbi-kai.
還	來-IPFV-NEG	因爲	憂愁-PRS-INTJ
還	不來	因爲	憂愁啊。

yala	jici,	mini	jabšan	dabala,	simbe
yala	ji-ci,	mini	jabšan	dabala,	simbe
果真	來-假設.CVB	1SG.GEN	幸福	罷了	2SG.ACC
果然	要來,	我的	幸運	罷咧,	把你

sere	doro	geli	bio.
se-re	doro	geli	bi-o.
說-IPFV	道理	又	有-Q
説	道理	又	有嗎?

【A】若是那樣,與我有益了。還愁請不到呢。果然要來,我有

幸罷咧,豈有厭煩的理呢?

【B】若是那樣,與我有益。還愁請不至呢。果然來,是我的儌倖罷咧,豈有厭煩之理呢?

【C】若那樣,是我的造化了。請還怕不來。若果來,我有幸罷咧,也有厭煩的理麽?

【D】若是那們着,真是我的造化了。我請還恐怕不來呢。若果真來,真是我的萬幸咯,那兒還有厭煩的理呢?

【E】若是那們着,真是我的造化了。我請還恐怕不來呢。若果真來,真是我的萬幸咯,厭煩的理有麽?

【F】我請儞只怕不肯來。如果肯來作伴,真是我的造化,那裡還有厭煩的道理呢?

9 (A9 tacirengge oyonggo 爲學要緊,B9,C4,D4,E4,F103 相論爲人,G17 害羞)

niyalma	seme	jalan	de	banjifi,	ujui
niyalma	se-me	jalan	de	banji-fi,	ujui
人	AUX-并列.CVB	世間	LOC	生活-順序.CVB	第一
人		世間	在	生活,	頭

uju	de	tacirengge	oyonggo.
uju	de	taci-re-ngge	oyonggo.
頭	LOC	學-IPFV-NMLZ	重要
一個	在	所學的	要緊。

【A】人生在世,頭等頭是爲學要緊。

【B】人生在世,頭等頭是爲學要緊。

【C】人生在世,第一是學要緊。

【D】人生在世,頭一件要緊的是學。

【E】人生在世,頭等頭兒要緊是學。

【F44】人生在世上,頭一件要緊的事是念書,第二件是敬惜字紙。

【G】人生在世，頭一件要緊是學。

（【＋F44】念書做什麽？）

bithe	hūlarangge,	cohome	jurgan	giyan	be
bithe	hūla-ra-ngge,	cohome	jurgan	giyan	be
書	讀-IPFV-NMLZ	特意	義	道理	ACC
書	讀的，	特别	義	道理	把

getukelere	jalin,	tacifi	jurgan	giyan	be
getukele-re	jalin,	taci-fi	jurgan	giyan	be
顯明-IPFV	爲了	學-順序.CVB	義	理	ACC
明白	爲了；	學的	義	理	把

getukelehe	sehede,	boode	bici
getukele-he	se-he-de,	boo-de	bi-ci
顯明-PFV	説.AUX-PFV-LOC	家-LOC	在-假設.CVB
明白了，		在家	若是

niyaman	de	hiyoošulara.
niyaman	de	hiyoošula-ra.
親人	DAT	孝順-IPFV
親人	對	孝順。

【A】讀書啊，特爲明義理；學的義理明白了，在家孝親。

【B】讀書啊，特爲明理義；學的義理明白了的時候，在家孝親。

【C】讀書啊，特爲明義禮；學的義禮明白了，在家孝親。

【D】念書呢，特爲的是明白道理；學得道理明白了，在家呢孝順父母。

【E】念書呢，特爲的是明白道理；學得道理明白了，在家呢孝父母。

【F44】念書，爲的是明白道理；道理明白了，在家自然會守業。

【G】念書呢，特爲的是明白道理；學得道理明白了，在家呢孝順父母。

hafan	teci	gurun	boode	hūsun	bure,	ai
hafan	te-ci	gurun	boo-de	hūsun	bu-re,	ai
官人	做-假設.CVB	國	家-DAT	力量	給-IPFV	什麼
官	作	國	家	力	給出,	樣

ai	baita	be	ini	cisui	mutebumbi.
ai	baita	be	ini	cisui	mute-bu-mbi.
什麼	事情	ACC	3SG.GEN	自然	成就-CAUS-PRS
樣	事	把	它的	自然	使成就。

【A】作官給國家出力,諸事自然成就。
【B】作官給國家出力,諸事自然成就。
【C】給主子出力,諸事自然成就。
【D】做官呢給國家出力,不論甚麼事可自然都會成就。
【E】做官呢給國家出力,不論甚麼事可自然都會成就。
【F44】做官自然會爲國出力,不論什麼事都辦得妥當。
【G】做官呢給國家出力,不論甚麼事可自然都會成就。

te	bicibe	unenggi	taciha	erdemu	bici,
te	bi-cibe	unenggi	taci-ha	erdemu	bi-ci,
現在	有-讓步.CVB	真實	學-PFV	道德	有-假設.CVB
比如說	(即如今)	果然	學的	本事	若有,

yaya	bade	isinaha	manggi,	niyalma	kundulere
yaya	ba-de	isina-ha	manggi,	niyalma	kundule-re
所有	地方-DAT	到達-PFV	之後	人	尊敬-IPFV
任何	地方	去到	之後,	人	尊敬

teile	akū,	beye	yabure	de	inu	hoo	hio
teile	akū,	beye	yabu-re	de	inu	hoo	hio
僅僅	NEG	自己	走-IPFV	LOC	也	昂然貌	慷慨貌
不僅僅,		自己	走	時	也	豪爽貌	

sembi	hio	sembi.
se-mbi	hio	se-mbi.
AUX-PRS	慷慨貌	AUX-PRS
	豪爽。	

【A】即如果然學的有本事,不拘到那裡,不但人尊敬,自己走着也豪爽。

【B】譬如果然學的有本事,不拘到那裡,不但人尊敬,自己走着也豪爽。

【C】即如果然學的有本領,不拘到那裡,不但人尊敬,自己走着也豪爽。

【D】人若是學得果然有了本事,無論到那塊兒,不但别人尊重你,就是你自己,也覺着體面。

【E】人若是學得果然有了本事,無論到那塊兒,不但别人尊重你,就是你自己,也覺着體面。

【F】有這等本事,不拘到那里去,那個不尊敬他,就他自己,也覺得體面。

【G】人若是學得果然有了本事,勿論到那塊兒,不但别人尊重你,就是你自己也覺着體面。

ememu	urse	bithe	hūlarakū,	yabun	be
ememu	urse	bithe	hūla-ra-kū,	yabun	be
有的	人們	書	讀-IPFV-NEG	行爲	ACC
有一類	人	書	不讀、	品行	把

dasarakū,	baibi	gūldurame	encehešere	urui
dasa-ra-kū,	baibi	gūldura-me	enceheše-re	urui
治理-IPFV-NEG	只管	鑽營-并列.CVB	圖謀-IPFV	單單
不治理,	只是	鑽營	圖謀	只是

sihešeme	yabure	be	bengsen
siheše-me	yabu-re	be	bengsen
阿諛-并列.CVB	進行-IPFV	ACC	本事
阿諛	行	把	本事

oburengge,	terei	gūnin	de	absi
o-bu-re-ngge,	terei	gūnin	de	absi
成爲-CAUS-IPFV-NMLZ	3SG.GEN	心	LOC	怎樣
作爲,	他的	心	在	怎麽

ojoro	be	sarkū,	bi	yargiyan	i
o-joro	be	sa-r-kū,	bi	yargiyan	-i
成爲-IPFV	ACC	知道-IPFV-NEG	1SG	真的	INS
作爲	把	不知道,	我	實在	地

ini	funde	girume	korsombi.
ini	funde	giru-me	korso-mbi.
3SG.GEN	代替	害羞-并列.CVB	抱怨-PRS
他的	代替	羞愧	慚愧。

【A】有一宗人不念書、不修品,只是以鑽幹逢迎爲本事,不知他心裡要怎嗎,我真替他愧恨。

【B】有一等人不念書、不修品,只是以鑽幹逢迎爲本事,不知他心裡要怎庅,我真替他羞愧。

【C】若不念書、不修品行,只是以鑽幹逢迎爲能,不知其心要怎麼樣,我實在替他羞愧。

【D】還有一種不念書、不修品的,全靠着鑽幹奉迎作他的本事,我不知道他們心裡到底要怎麼樣啊,我實在替他害羞。

【E】還有一種不念書、不修品的,全靠着鑽幹奉迎作他的本事,我不知道他們心裡到底要怎麼樣啊,我實在替他害羞。

【F103】儞吶常說的,爲人的品行要端正,書不可不念,怎麼樣也有一種人,不念書、不修品行,全靠着鑽謀逢迎作他的本事呢?這一種的人好像井底蝦蟆一個樣,只不過會叫會跳,眼睛可看見多大的天呢？我不知道他們心裡怎麼樣，實在替他害羞。

【G】還有一種不念書、不修品的，全靠着鑽幹奉迎作他的本事，我不知道他們心裡到底要怎麼樣啊，我實在替他害羞。

entekengge	beye	fusihūšabure	yabun	efujere
enteke-ngge	beye	fusihūša-bu-re	yabun	efuje-re
這樣-NMLZ	身體	忽視-CAUS-IPFV	行爲	破壞-IPFV
這們樣子的	身體	輕視	品行	破壞

teile	akū,	weri	ini	ama	eme	be
teile	akū,	weri	ini	ama	eme	be
僅僅	不	別人	3SG.GEN	父	母	ACC
僅僅	不，	人家	他的	父	母	把

suwaliyame	gemu	toombikai.
suwaliya-me	gemu	too-mbi-kai.
合併-并列.CVB	都	罵-PRS-INTJ
攙上	都	罵的呢。

【A】這們樣子的豈但辱身壞品，人家連他的父母都是要罵的呢。

【B】這樣的豈但辱身壞品，人家連他父母都罵呀。

【C】此等人豈但辱身壞品，連父母都被人罵啊。

【D】這一種人不但自己辱身壞名，連老子娘都叫人家咒罵啊。

【E】人這一種人不但自己辱身壞名，連老子娘都叫人家咒罵啊。

【F103】這不但自己壞了名聲，悮了身子，連他的老子娘，都教人傢咒罵啊。

【G】這一種人不但自己辱自己辱身壞名，連老子娘都叫人家呪罵呀。

(【＋F103】這是怎麼説的？他自己不好，連老子娘都教人咒罵哪？)

age	si	bai	gūnime	tuwa,	ama	eme	i
age	si	bai	gūni-me	tuwa,	ama	eme	-i
阿哥	2SG	只管	想-并列.CVB	看.IMP	父親	母親	GEN
阿哥	你	白	想着	瞧,	父	母	的

baili,	jui	oho	niyalma	tumen	de	emgeri
baili,	jui	o-ho	niyalma	tumen	de	emgeri
恩情	孩子	成爲-PFV	人	一萬	DAT	一次
恩,	孩子	做	人	一萬	在	一次

karulame	mutembio.
karula-me	mute-mbi-o.
報恩-并列.CVB	能-PRS-Q
報答	能嗎?

【A】阿哥你白想着瞧,父母的恩,爲人子的豈能答報萬一?

【B】阿哥你白想,父母的恩,爲人子的豈能答報萬一?

【C】試思,父母之恩,爲人子者豈能答報萬一?

【D】老弟你白想一想,父母的恩情,爲人子的能彀報得萬一麼?

【E】阿哥你白想一想,父母的恩情,爲人子的能彀報得萬一麼?

【F103】儞吶想一想,這種人,誰不罵他没有好父母教訓的,誰不笑他父母,怎麼養的這樣好兒子?他父母那有臉對人呢?儞再想一想,父母的恩能彀報得萬一麼?

【G】阿哥你白想一想,父母的恩情,爲人子的能彀報得萬一麼?

fiyan	nonggime	eldemburaku			oci	joo
fiyan	nonggi-me	elde-mbu-ra-ku			oci	joo
顔色	增加-并列.CVB	光輝-CAUS-IPFV-NEG			若是	算了
色彩	增加	光輝	使	不能	若是	算了

dere,	fudarame	warume	toobure	de
dere,	fudarame	waru-me	too-bu-re	de
吧	反倒	發臭-并列.CVB	罵-PASS-IPFV	DAT
吧,	反而	咒	被罵	給

isibuci,	gusherakūngge	ai	dabala.
isibu-ci,	gushe-ra-kū-ngge	ai	dabala.
以至於-假設.CVB	長進-IPFV-NEG-NMLZ	什麽	罷了
以至於,	長進　没有	什麽	罷了。

【A】不能榮耀增光罷咧,反到呌受人的咒駡,就是一個没有出息的東西罷了。

【B】不能榮耀增光罷了,反倒教人咒駡,就是没出息的東西罷咧。

【C】不能榮耀顯揚罷咧,反倒致受人咒駡,没出息的造什麼罪孽死呢。

【D】既不能彀光宗耀祖的罷咧,反倒叫父母受人家的咒駡,没出息兒到甚麽分兒上了。

【E】不能彀榮宗耀祖的罷咧,反倒呌受人家咒駡,没出息兒到甚麽分兒上了。

【F103】爲兒的既不能自立,還累着父母教人家咒駡,世上再没有比這不孝的。

【G】既不能彀光宗耀祖的罷咧,反倒叫父母受人家呪駡,没出息兒到甚麽分兒上了。

erebe	kimcime	gūniha	de,	niyalma	ofi
ere-be	kimci-me	gūni-ha	de,	niyalma	ofi
這個-ACC	詳細-并列.CVB	想-PFV	LOC	人	作爲
把這個	仔細	想了	對,	人	作爲

bithe	hūlarakūci	ombio,
bithe	hūla-ra-kū-ci	o-mbi-o,
書	讀-IPFV-NEG-假設.CVB	可以-PRS-Q
書	若不讀	可以嗎、

yabun	be	dasarakūci	ombio.
yabun	be	dasa-ra-kū-ci	o-mbi-o.
行爲	ACC	治理-IPFV-NEG-假設.CVB	可以-PRS-Q
品行	把	若不治理	可以嗎?

【A】細想起這個來,爲人豈可不讀書、不修品呢?
【B】細想起這個,爲人豈可不讀書、豈可不修品呢?
【C】細想起這個來,爲人豈可不讀書、不修品行呢?
【D】細想起這個來,人若是不念書、不修品使得麼?
【E】細想起這個來,人若是不念書不修品行使得麼?
【F103】想到這裡,人不念書,不修品行使得麼?
【G】細想起這個來,人若是不念書、不修品行使得麼?

10 (A10 gucu be baire 找朋友,B10,C74,D74,E75,F7 次日赴召)

(【+F】爾來了。來了。吃飯麼?吃了。)

sikse	wei	boode	genehe.	tuttu	goidafi	teni
sikse	we-i	boo-de	gene-he.	tuttu	goida-fi	teni
昨天	誰-GEN	家-LOC	去-PFV	那樣	遲-順序.CVB	纔
昨日	誰的	家	往去了?	那樣	遲久	纔

jihe.
ji-he.
來-PFV
來了

【A】昨日往誰家去了?來的那樣遲。
【B】昨日徃誰家去了?來的那樣遲。
【C】昨日徃誰家去了?來的那樣遲。
【D】昨兒往誰家去來着?回來的那麼晚。
【E】昨兒往誰家去來着?回來的那樣兒晚。
【F】爾昨兒到誰家去咯?到那麼晚還没回家。

mini	emu	gucu	be	tuwanaha	bihe,	ceni
mini	emu	gucu	be	tuwa-na-ha	bihe,	ceni
1SG.GEN	一	朋友	ACC	看-去-PFV	PST	他們.GEN
我的	一	朋友	把	看去	來着,	他們

tehengge	goro,	wargi	hecen	i	gencehen
te-he-ngge	goro,	wargi	hecen	-i	gencehen
住-PFV-NMLZ	遠	西	城	GEN	邊沿
住的	遠,	西	城	的	根底

de	bi,
de	bi,
LOC	有
在	有,

【A】看我一個朋友去來着,他們住的遠,在西城根底下,
【B】看我一個朋友去來着,他們住的遠,在西城根下,
【C】瞧我一個朋友去来着,他住的遠,在西城根底下,
【D】我是瞧咱們朋友去來着,他家住得太遠,在西城根兒底下呢,
【E】瞧我們朋友去來着,他家住的遠,在西城根兒底下呢,
【F】我昨天瞧我朋友去了,他家住的遠,在西城根,

ere	dade	geli	yamji	buda	ulebure	jakade,
ere	da-de	geli	yamji	buda	ulebu-re	jakade,
這個	原本-LOC	又	晚	飯	款待-IPFV	因爲
這個	搭着	又	傍晚	飯	招待	因爲,

majige	sitabuha.
majige	sita-bu-ha.
稍微	遲到-CAUS-PFV
略	遲了。

【A】又搭着給晚飯喫,所以遲了些。
【B】又搭着給晚飯吃的上頭,所以遲了些。
【C】又搭着給我晚飯喫的上頭,畧遲了些。

【D】又搭着留我喫了一頓飯,故此回來的畧遲些兒。
【E】又搭着留我吃便飯,故此畧遲些兒。
【F】到了那,談了半天,他留我吃便飯,所以回家的頗遲了。

bi	sinde	emu	gisun	hebdeki	seme,
bi	sinde	emu	gisun	hebde-ki	se-me,
1SG	2SG.DAT	一	話語	商議-IMP	AUX-并列.CVB
我	和你	一	話	商量	想要,

ududu	mudan	niyalma	takūrafi	solinaci.
ududu	mudan	niyalma	takūra-fi	soli-na-ci
很多	次	人	差遣-順序.CVB	邀請-去-條件.CVB
多	次	人	打發	若請去。

【A】我要和你商量一句話,打發人去請了好幾次。
【B】我要和你商量一句話,打發人去請了好幾次。
【C】我要合你商[商]量一句話,好幾遍差人請去。
【D】我有一件事,要和你納商量,打發了幾次人去請去。
【E】我要和你納商量一句話,打發了幾次人去請。
【F】我要和儞商量一件事,昨天打發人幾次的去請儞。

sini	booi	urse	simbe	sejen	tefi
sini	boo-i	urse	simbe	sejen	te-fi
2SG.GEN	家-GEN	人們	2SG.ACC	車	坐-順序.CVB
你的	家裡的	人們	把你	車	坐

tucike,	aibide	genembi	seme	gisun
tuci-ke,	aibi-de	gene-mbi	se-me	gisun
出去-PFV	哪裡-DAT	去-PRS	説-并列.CVB	話語
出去了,	往那裡	去	説	話

werihekū sembi.
weri-he-kū se-mbi.
留-PFV-NEG AUX-PRS
没有留下 説。

【A】你家裡人們説你坐了車出去了,往那裡去没有留下話。

【B】你家裡人説你坐了車出去了,没有留下話説往那裡去了。

【C】你的家裡人説你坐了車出去了,往那裡去没留下話。

【D】你納那兒家下人們説坐了車出去了,也没留下話。

【E】你納的家下人們説坐了車出去了,没有留下話。

【F】頭一回,倆家裡人説倆吃了早飯,坐了車出去了,没有聽見説去那里。

bodoci sini feliyere ba umesi tongga kai,
bodo-ci sini feliye-re ba umesi tongga kai,
算-假設.CVB 2SG.GEN 來往-IPFV 地方 非常 少 INTJ
估量着 你的 行走的 地方 甚 少 啊,

manggai oci musei ere udu gucu i
manggai o-ci musei ere udu gucu -i
只是 成爲-假設.CVB 咱們.GEN 這 幾 朋友 GEN
至多是 咱們的 這 幾個 朋友 的

boode dabala, toktofi mini ubade
boo-de dabala, tokto-fi mini uba-de
家-LOC 罷了 確定-順序.CVB 1SG.GEN 這裡-LOC
家 罷了, 一定 我的 這裡在

darimbi seme aliyaci.
dari-mbi se-me aliya-ci.
路過-PRS AUX-并列.CVB 等待-假設.CVB
通過 若等。

【A】估量着你走的地方甚少,不過喒們這幾個朋友家罷了,一定到我這裡。

【B】估量着你走的地方狠少,不過咱們這幾個朋友家罷咧,一定到我這裡罷。

【C】算來你走的地方甚少,不過咱們幾個朋友家罷咧,一定到我這裡來。

【D】我算計着你納去的地方兒很少,不過是咱們圈兒内的這幾個朋友們罷咧,一定到我家裡來。

【E】我算計着你納去的地方兒很少,不過是咱們圈兒裡頭的這幾個朋友們罷咧,瞧完了一定到我家裡來的。

【F】後幾回,都是説還没回來。我想儞去的地方狠少,不過咱們這幾個朋友家,大半儞必是到我這來。

aba.	šun	dabsitala	umai	jihekū,
aba.	šun	dabsi-tala	umai	ji-he-kū,
何處	太陽	傾斜-直至.CVB	完全	來-PFV-NEG
在何處?	太陽	直到日平西	總	没有來,

mekele	emu	inenggi	aliyaha	secina.
mekele	emu	inenggi	aliya-ha	se-cina.
徒然	一	日子	等待-PFV	AUX-IMP
徒然	一	天	等待。	

【A】竟等到日平西總没有來,算是徒然等了一天。

【B】那裡? 竟等到日平西総没有來,白等了一天啊。

【C】等着,那裡? 直等到日平西並没來,算是白等了一日啊。

【D】誰知道等到日平西也不見來,算是白等了一天哪。

【E】竟等到日平西也不見來,我算是白等了整一天哪。

【F】等到日西還不見儞來,累我白等了一天。

inu. age i booi niyalma isinara onggolo,
inu. age -i boo-i niyalma isina-ra onggolo,
是 阿哥 GEN 家-GEN 人 到達-IPFV 之前
是。阿哥 的 家裡 人 到 之前,
bi aifini duka tucike.
bi aifini duka tuci-ke.
1SG 早已 門 出去-PFV
我 早已 門 出了。
【A】是。阿哥家裡人還没有到去,我早出了門了。
【B】是。阿哥的家人未到之前,我早出了門了。
【C】是。阿哥的家人到去之前,我早已出了門了。
【D】兄台打發找我的人没到已(之)前,我已經早出了門了。
【E】大哥的家人們没到已(之)前,我已經早出了門咯。
【F】爾吶打發人去的時候,我早已出了門咯。

amasi jifi, booi urse i alahangge,
amasi ji-fi, boo-i urse -i ala-ha-ngge,
返回 來-順序.CVB 家-GEN 人們 GEN 告訴-PFV-NMLZ
返回 來了, 家的 人們 的 告訴,
age niyalma unggifi emu siran i juwe ilan
age niyalma unggi-fi emu siran -i juwe ilan
阿哥 人 派遣-順序.CVB 一 陸續 GEN 二 三
阿哥 人 派 一 連串 的 兩 三
mudan jio sehe, nergin de uthai
mudan jio se-he, nergin de uthai
次 來.IMP AUX-PFV 頃刻 LOC 就
次 令來 叫了, 此會兒 在 就

jiki	sembihe,	abka	yamjiha,	geli	hiyatari
ji-ki	se-mbihe,	abka	yamji-ha,	geli	hiyatari
來-IMP	想-PST	天	天黑-PFV	又	柵欄
欲來了,		天	晚了,	又	柵欄

yaksirahū	sembi,	tuttu	bi	enenggi	jihe.
yaksi-rahū	se-mbi,	tuttu	bi	enenggi	ji-he.
關-SBJV	AUX-PRS	那樣	1SG	今天	來-PFV
恐怕關了,		所以	我	今日	來了。

【A】回來,家裡人告訴,阿哥打發了人一連叫了我兩三次,彼時就要來着,天晚了,又恐怕關柵欄,所以我今日來了。

【B】回來,家人告訴,阿哥打發人一連叫了両三次了,彼時就要來來着,天晚了,又恐関柵欄,所以我今日来了。

【C】回來,家裡人告訴,説阿哥打發人一連叫了兩三次,彼時就要來來着,天晚了,又怕闗了柵欄,所以我今日來了。

【D】回家的時候兒,小子們告訴説,老兄這兒打發了兩三次人來叫我,彼時就要來來着,因爲太晚了,又恐怕關了柵欄兒,所以今兒纔來。

【E】我回來的時候兒,小子們告訴我説,大哥這兒打發了兩三次人去叫我,我彼時就要來來着,因爲天太晚了,又恐怕關柵欄兒,所以我今兒纔來。

【F】我到回了家,小兒告訴我説,儞吶打發人兩三次的叫我,我那時候想要來,因爲天太晚,恐怕關了柵欄,所以今天纔來。

11(A11 alban kame yabure 當差行走,B11,C13,D13,E13,F62 議論功名,G3 當差)

alban	kame	yabure	niyalma,	damu	meimeni
alban	ka-me	yabu-re	niyalma,	damu	meimeni
官	當差-并列.CVB	行走-IPFV	人	只是	各自
當	差	行走的	人,	只	各自的

nashūn	ucaran	be	tuwambi.	forgon	juken	oci,	baibi
nashūn	ucaran	be	tuwa-mbi.	forgon	juken	oci,	baibi
機會	邂逅	ACC	看-PRS	運氣	普通	若是	只是
機會	遇	把	看。	時運	平常	要,	只是

acun de cacun,	yaya	baita	tuwaha	tuwahai
acun de cacun,	yaya	baita	tuwa-ha	tuwa-hai
彼此相左	凡是	事情	看-PFV	看-持續.CVB
彼此相左,	所以	事情	看	看着

mutebure	hancikan	ome,	urui	niyalma	de
mutebu-re	hancikan	o-me,	urui	niyalma	de
完成-IPFV	近	成爲-并列.CVB	偏偏	人	DAT
完成	較近	成爲,	偏偏	人	給

sihelebufi,	fasilan	tucimbi.
sihele-bu-fi,	fasilan	tuci-mbi.
阻撓-PASS-順序.CVB	分岔	出-PRS
被阻撓,	枝杈	生出來了。

【A】當差行走的人,只看各自的際遇。時運要平常,只是彼此相左,凡事眼看着將成了,偏被人阻撓,生出枝杈來了。

【B】當差使的人,只看各自的際遇。時運若平常,只是彼此相左,凢事眼看着将及要成,偏被人阻撓,生出枝杈來。

【C】當差行走的人,只看各自的際遇。時運要平常,只是彼此相左,凢事眼看着將成了,偏被人阻撓,生出枝杈來。

【D】當差行走的,只看各自的機會。時運若平常,樣樣兒總不着,不論甚麼事,眼看着要成,偏會生出杈兒來。

【E】當差行走的,只看各自的機會。時運若平常,樣樣兒總不着,不論甚麼事,眼看着要成,偏會又生出杈兒來。

【F】當差行走的,只要看各自的機會。時運若不好,樣樣兒總不能如意,不論什麼事,眼看着要成,偏會生出杈兒來。

【G】當差行走的,只看各自的機會。時運若平常,樣樣兒總不着，不論甚麼事，眼看着要成，偏會生出杈兒來。

ememu	mayen	sain	wesihun	bethe	gaiha	urse,	yala
ememu	mayen	sain	wesihun	bethe	gai-ha	urse,	yala
有的	運氣	好	高貴	腳	拿-PFV	人們	果真
或者	彩頭	好	貴	足	得到	人們，	實在

ini	gūniha	ici	bodoho	songkoi,
ini	gūni-ha	ici	bodo-ho	songkoi,
3SG.GEN	想-PEV	順應	籌算-PFV	按照
他的	想的	方向	算	依照，

lak	seme	gūnin	de	acanarakūngge
lak	se-me	gūnin	de	acana-ra-kū-ngge
干脆	AUX-并列.CVB	心	DAT	符合-IPFV-NEG-NMLZ
恰好		心思	对	不相适应

akū,	yasa	tuwahai	dabali	dabali	wesimbi.
akū,	yasa	tuwa-hai	dabali	dabali	wesi-mbi.
NEG	眼睛	看-持续.CVB	超越	超越	上升-PRS
没有[无有]，	眼睛	看着	超等	越級	升起。

【A】有一宗彩頭好走好運氣的人，實在照所想所算的，無有不爽爽利利隨心的，眼看着超等優陞。

【B】有一等彩頭好走好運氣的人，真是照着他所想的所算的，無有不爽爽利利的随心，眼看着超等優陞。

【C】有一等彩頭好走好運的人，實在無有不依他所想所算，爽爽利利随心的，眼看着超等越級而陞。

【D】有一種彩頭好走好運的人，真是没有不照着他所思所算的，爽爽利利兒隨了心的，眼瞧着就是優等高陞。

【E】有一種彩頭好走好運的人，真是没有不照着他所思所算的，爽爽利利兒的隨了心的，眼瞧着就是優等高陞。

【F】只有一種彩頭好常走好運的人，没有件不照他所想所願的,真是爽爽利利的,眼瞧着就是高陞了官咯。

【G】有一種彩頭好走好運的人,真是没有不照着他所思所算的,爽爽利利兒的隨了心的,眼瞧着就是優等高陞。

age,	si	uttu	gisurembi	wakao.	mini	gūnin
age,	si	uttu	gisure-mbi	waka-o.	mini	gūnin
阿哥	2SG	這樣	説-PRS	不是-Q	1SG.GEN	心
阿哥,	你	這們	説	不是嗎?	我的	心裡

de	tuttu	akū,	damu	faššara	faššarakū
de	tuttu	akū,	damu	fašša-ra	fašša-ra-kū
LOC	那樣	NEG	只是	努力-IPFV	努力-IPFV-NEG
在	那樣	不是,	只	作爲	不作爲

be	hendure	dabala.
be	hendu-re	dabala.
ACC	説-IPFV	罷咧
把	説	罷咧。

【A】阿哥,你不是這們説嗎?我心裡却不然,只論有作爲没作爲罷咧。

【B】阿哥,你不是這們説嗎?我心裡却不然,只説吧結不吧結罷咧。

【C】阿哥,你不是這樣説麼?我心裡却不然,只論你吧結不吧結罷咧。

【D】你納是這麼説,我心裏却不然,只論巴結不巴結就是咯。

【E】你納是這麼説,我心裡却不然,只論巴結不巴結就是咯。

【F】儞吶是這樣説,我心裡卻不是,只説會巴結不會就是咯。

【G】你納是這麼説,我心裏却不然,只論巴結不巴結就是咯。

aika	ūren	i	gese	baibi	caliyan	fulun	jeme,
aika	ūren	-i	gese	baibi	caliyan	fulun	je-me,
若是	牌位	GEN	一樣	只是	錢糧	俸禄	吃-并列.CVB
要是	像	的	樣子	白白	錢糧	俸禄	食,

aniya	hūsime	yaburakū	oci,	hono
aniya	hūsime	yabu-ra-kū	o-ci,	hono
年	全	行走-IPFV-NEG	成爲-假設.CVB	還是
年	全	不行走	若是,	還是

nakabuci	acara	dabala,	wesire
naka-bu-ci	aca-ra	dabala,	wesi-re
停止-CAUS-假設.CVB	應該-IPFV	罷咧	上升-IPFV
退職	應該	罷咧,	升級

be	ereci	ombio.
be	ere-ci	o-mbi-o.
ACC	指望-假設.CVB	可以-PRS-Q
把	指望	能够嗎?

【A】要是尸位素餐,整年家不行走,還是當退的罷咧,如何指望得陞呢?

【B】若是尸位素餐,整年家不行走,還該斥退罷咧,指望陞使得嗎?

【C】若尸位素餐,整年家不行走,成月家在家閑坐,還該當革退呢,又指望陞使得麼?

【D】若是素餐屍位的,整年家不行走,還該當革退呢,再指望陞官能彀麼?

【E】若是素餐尸位的,整年家不行走,還該當革退呢,再指望陞能彀麼?

【F】若是没本事的,又嬾惰,整年的不到衙門裡行走,要僥倖升官能彀麼?

【G】若是素餐尸位的,整年家不行走,還該當革退呢,再指望陞官能彀麼?

damu	alban	de	kicebe	oyonggo,	gucuse	de
damu	alban	de	kicebe	oyonggo,	gucu-se	de
只是	公務	LOC	謹慎	重要	朋友-PL	DAT
只是	差事	上	勤謹	重要,	朋友們	對

hūwaliyasun	dele,	ume	ici	kani	akū
hūwaliyasun	dele,	ume	ici	kani	akū
和睦	爲上	不要	順應	朋黨	NEG
平和	爲上,	不可	不隨群		

ojoro,	baita	bici	niyalma	be	gucihiyererakū,
o-joro,	baita	bi-ci	niyalma	be	gucihiyere-ra-kū,
成爲-IPFV	事情	有-假設.CVB	人	ACC	攀扯-IPFV-NEG
可以,	事情	若有	人	把	不攀,

【A】只是差事上要勤謹,朋友們裡頭以和爲主,不可不隨群,有事不攀人,

【B】只是差使上要勤謹,朋友們裡頭以和爲主,不可不随羣,有事不攀人,

【C】只是差使上要勤謹,朋友們裡頭要和氣,不可不随羣,有事不攀人,

【D】當差的人第一要勤謹,朋友們裡頭要和氣別各別另樣的,別不隨群兒,有事不攀人,

【E】第一差使要勤謹,朋友們裡頭要和氣別各別另樣的,別不隨羣兒,有事不攀人,

【F】説起當差的人第一要勤慎,待朋友們要和氣,不要另做一個樣兒,遇着有事不攀人,

【G】當差的人第一要勤謹,朋友們裡頭要和氣別各別另樣的,別不隨羣兒,有事不攀人,

teisulebuhe	be	tuwame,	beye	sisafi
teisule-bu-he	be	tuwa-me,	beye	sisa-fi
遇見-CAUS-PFV	ACC	看-并列.CVB	身體	倒下-順序.CVB
遇到的	把	看,	身體	倒下

icihiyara,	julesi	funtume	yabure	ohode,
icihiya-ra,	julesi	funtu-me	yabu-re	o-ho-de,
處理-IPFV	向前	突入-并列.CVB	行走-IPFV	成爲-PFV-LOC
處理,	往前	沖入	行走	可以,

toktofi	sain	de	ilinambikai,	wesirakū
tokto-fi	sain	de	ilina-mbi-kai,	wesi-ra-kū
確定-順序.CVB	好	LOC	立定-PRS-INTJ	上升-IPFV-NEG
一定	好	地方	立,	不升的

doro	bio.
doro	bi-o.
道理	有-Q
道理	有嗎?

【A】凡所遇見的,撲倒身子辦,勇往向前的行走了去,定有好處,豈有不陞的理嗎?

【B】看着遇見了的,撲倒身子辦,往前奮勉着走了去,定然跕在好地步啊,有不陞之理嗎?

【C】九(凡)遇見的,撲倒身子辦,勇往向前行走了去,天必加護給一個陞轉的道路,斷没有落空的理。

【D】不論甚麽差使,一撲納心兒的辦,勇往向前行了去,必定是在高等兒上,有不得的道理麽?

【E】不論甚麽差使,一撲納心兒的辦,勇往向前的行了去,必定是在高等兒上,有不陞的道理麽?

【F】什麽差事總不推諉,盡心盡力的走去辦,會這樣必定是高等上站,没有不陞官的道理。所以説功名要巴結的。

【G】不論甚麽差使,一撲納心兒的辦,勇往向前行了去,必定是在高等兒上,有不陞的道理麽?

12（A12 antaha kundulere 款待客人,B12,C72,D72,E73,F4 請友）

age,	si	ainu	teni	jihe.	bi	suwembe
age,	si	ainu	teni	ji-he.	bi	suwembe
阿哥	2SG	爲什麽	纔	來-PFV	1SG	2PL.ACC
阿哥,	你	怎麽	纔	來?	我	把你們

aliyahai,	elei	elei	amu	šaburaha.
aliya-hai,	elei	elei	amu	šabura-ha.
等待-持續.CVB	愈發	愈發	睡覺	困倦-PFV
等,	愈	加	困	倦。

【A】阿哥,你怎麽纔來? 我只管等你們,幾乎没有打睡。

【B】阿哥,你怎広纔來? 我只管等你們,幾幾乎困睡。

【C】阿哥們,怎麽纔來? 我只管等你們,幾乎没有打盹。

【D】老兄,你怎麽纔來? 我等了這麽半天了,差一點兒没有睡着了!

【E】老兄,你怎麽纔來? 我只是等着你們,差一點兒没有睡着了!

【F】儞怎麽這時候纔來? 我等了好半天,坐的疺了,剛去坑上躺,差一點要睡着了!

bi	sinde	alara,	be	teni	aššafi,
bi	sinde	ala-ra,	be	teni	ašša-fi,
1SG	2SG.DAT	告訴-IPFV	1PL.EXCL	纔	動-順序.CVB
我	向你	告訴,	我們	纔	動身,

sini	boode	jiderede,
sini	boo-de	jide-re-de,
2SG.GEN	家-DAT	來-IPFV-LOC
你們的	家	前來,

【A】我告訴你,我們纔要動身,往你們家來,

【B】我告訴你,我們纔一動身,往你家裡來,

【C】我告訴你,我們纔要動身,往你家來,

【D】我告訴你説,我們纔要動身往這兒來,

【E】我告訴你説,我們纔要動身往家來的時候兒,

【F】我告訴你説,我在家剛要動身來這,

uksa	emu	eimebure	niyaha	yali	be
uksa	emu	eime-bu-re	niya-ha	yali	be
不料	一	厭煩-PASS-IPFV	腐爛-PFV	肉	ACC
忽然	一	討人嫌的	爛	肉	把

ucaraha,	gisun	dalhūn	bime	oyomburakū,
ucara-ha,	gisun	dalhūn	bi-me	oyombu-ra-kū,
遇見-PFV	話語	絮叨	有-并列.CVB	要緊-IPFV-NEG
遇見,	話	絮叨	而且	不要緊,

uttu	sere	tuttu	sere,	ja	ja	de
uttu	se-me	tuttu	se-re,	ja	ja	de
這樣	説-并列.CVB	那樣	説-IPFV	容易	容易	LOC
如此	説	那樣	説,	容易	容易	

bahaci	wajirakū.
baha-fi	waji-ra-kū.
能够-順序.CVB	完結-IPFV-NEG
得到	未完。

【A】忽然遇見一塊討人嫌的爛肉,話粘又不要緊,怎長怎短的,容易不得完。

【B】忽然遇見了一塊討人嫌的爛肉,話嘮叨又不要緊,怎長怎短的,容易不得完。

【C】忽然遇見一個討人嫌的東西,話粘人無要緊,怎長怎短的輕易不完。

【D】想不到遇見個討人嫌的死肉,刺刺不休又不要緊,這麼長那麼短的,只是説不完。

【E】忽然遇見一個討人嫌的死肉,話又粘,又不要緊,怎麼長怎麼短的,只是説不完。

【F】那知道來了一個朋友,狠討人厭的,説長説短的,坐了半天老不去。

baita	akū	de	lolo	sere	de	aibi.	cihai
baita	akū	de	lolo	se-re	de	ai-bi.	cihai
事情	NEG	LOC	瑣碎	説-IPFV	LOC	什麼-有	任意
事情	没有	時	瑣碎	説	對	有什麼?	任意

alakini	dere.
ala-kini	dere.
告訴-IMP	是呢
告訴	是呢。

【A】没事情的時候絮叨些何妨?只管隨他告訴是呢。
【B】無事的時候絮叨些何妨?只管隨他告訴是呢。
【C】若没事情絮叨些何妨?只管由他説訴。
【D】我若没有事,絮叨些兒何妨呢?只管由他説罷咧!
【E】若没有事,絮叨些兒何妨呢?只管由他説罷咧!

geli	simbe	aliyarahū	seme,	tede	arga	akū,
geli	simbe	aliya-rahū	se-me,	tede	arga	akū,
又	2SG.ACC	等待-SBJV	AUX-并列.CVB	因此	辦法	NEG
又	把你	恐怕等着,		因此	法兒	没有,

mende	baita	bi,	cimari	jai	gisureki	seme.
mende	baita	bi,	cimari	jai	gisure-ki	se-me.
1PL.EXCL.DAT	事情	有	明天	再	説-IMP	AUX-并列.CVB
對我們	事	有,	明日	再	説罷。	

【A】又恐怕你等着,因此没有法兒,説我們有事,明日再説罷。

【B】又恐怕你等着,因此没法兒,説我們有事,明日再説罷。

【C】又恐怕你等着,無法兒,説我們有事,明日再説罷。

【D】但只怕你等急了,没法兒,我説我們有事,明兒再説罷。

【E】又恐怕你等着,没法兒,我説我們有事,明兒再説罷。

【F】我心裡狠着急,怕你等着我了不得,没法兒,我説我有點事要出門。

ini	gisun	be	meitefi	jihe	secina,
ini	gisun	be	meite-fi	ji-he	se-cina,
3SG.GEN	話語	ACC	截-順序.CVB	來-PFV	説-IMP
他的	話	把	截斷	來的,	

akūci	aifini	ci	jifi	teme	šadambihe.
akūci	aifini	ci	ji-fi	te-me	šada-mbihe.
否則	早就	ABL	來-順序.CVB	坐-并列.CVB	疲乏-PST
若不然	早	從	來	坐	乏了。

【A】竟是把他的話截斷來的,不然早來坐乏了。

【B】把他的話截断了來的,不然早坐乏了。

【C】把他的話截断來了,不然早來坐乏了。

【D】這纔把他的話攔住了,不然早來都坐煩了。

【E】這纔把他的話止住了,不然早來坐乏了。

【F】纔把他的話攔住,教他起身去,我送他到門口,就來儞吶這。不是這個樣早來了。

weke	aba.	hūdun	dere	be	sinda.	gūnici
weke	aba.	hūdun	dere	be	sinda.	gūni-ci
誰	哪裡	快	桌子	ACC	放.IMP	想-假設.CVB
誰	在那裡呢?	快	桌子	把	放置!	想是

agesa	gemu	yadahūšaha,	buda	ai	be	gemu
age-sa	gemu	yadahūša-ha,	buda	ai	be	gemu
阿哥-PL	都	餓-PFV	飯	什麼	ACC	都
老爺們	都	餓了,	飯	什麼	把	都

lak	se.
lak	se.
快	AUX.IMP

簡決些。

【A】誰在那裡呢? 快放桌子! 想是老爺們都餓了,飯啊什麼都教簡決些。

【B】誰在那裡? 快放棹子! 想來阿哥們都餓了,飯啊什嗎都教快些。

【C】誰在那裡? 快放桌子! 想是老爺們都餓了,飯啊什麼都叫簡決些。

【D】別説太遲了,來的正是時候兒。來,誰在這兒呢? 快放桌子! 想必爺們都餓了,飯哪甚麼的都簡決些兒。

【E】誰在這兒? 快放桌子! 想必爺們都餓了,飯哪甚麼的都簡決些兒!

【F】不要説甚麼,等刻上桌,後到的罰酒三杯。嗐呀,這樣利害哪! 誰在這兒? 快些擺桌子,叫廚子起菜! 桌子擺好了,菜已來了。(【+F】老哥請坐,倆來得遲,應先乾三盅酒。遵命,乾、乾、乾! 一連這三盅酒,好利害。老哥,我陪倆這一盅,乾了。請菜。)

age,	sini	ere	absi.	faitaha	yali	bici
age,	sini	ere	absi.	faita-ha	yali	bi-ci
阿哥	2SG.GEN	這	怎麼	切-PFV	肉	有-假設.CVB
阿哥,	你	這	怎麼説?	割的	肉	若有

uthai	wajiha	kai,	geli	utala	booha	saikū	be
uthai	waji-ha	kai,	geli	utala	booha	saikū	be
就	完結-PFV	INTJ	又	許多	菜肴	飯菜	ACC
就	完了	啊,	又	這些	肴饌	酒菜	把

ainambi.	membe	antaha	i	doro	tuwambio.
aina-mbi.	membe	antaha	-i	doro	tuwa-mbi-o.
做什麼-PRS	1PL.EXCL.ACC	客人	GEN	禮節	看-PRS-Q
作什麼?	把我們	客	的	禮	看待嗎?

【A】阿哥,你這是怎麼説? 有割的肉就完了,又要這些餚饌作什麼? 把我們當客待嗎?

【B】阿哥,你這是怎庅説? 有片的肉就是了,又要這些餚饌作什庅? 把我們當客待庅?

【C】阿哥,你這是怎麼説? 有片的肉就完了,又要這些餚饌作什麼? 把我們當客待麼?

【D】嗳,兄弟你這是怎麼説呢? 有刷的白肉就得了,又要這麼許多的菜蔬作甚麼? 把我們當客待麼?

【E】兄弟啊,你這是怎麼説呢? 有刷的白肉就完了,又要這麼許多的菜蔬作甚麼? 把我們當客待麼?

【F】老弟,儞怎麼辦了這般多的菜? 咱們自己人,有一兩件菜下酒就是了,怎麼這樣破費?

bai	emu	gūnin	okini,	giyanakū	ai	sain	jaka
bai	emu	gūnin	o-kini,	giyanakū	ai	sain	jaka
只是	一	心意	成爲-IMP	能有	什麼	好	東西
不過	一	心意	是,	能有	什麼	好	東西

bi.	agesa	boohalame	majige	jefu.
bi.	age-sa	boohala-me	majige	jefu.
有	阿哥-PL	吃菜-并列.CVB	稍微	吃.IMP
有?	阿哥們	吃菜	略	請吃。

【A】不過是一點心,能有什麼好東西？阿哥們就着喫些。

【B】不過是一點心,能有什庅好東西？阿哥們就着吃些。

【C】没有,不過是一點敬心,能有什麼好東西？阿哥們就着畧喫些。

【D】我這不過是一點兒心,也没有甚麼好東西啊？兄台就着喫些兒。

【E】不過是一點兒心,能有甚麼好東西啊？大哥就着吃些兒。

【F】並没有甚麼好的東西,不過粗菜。

si	uttu	ambarame	dagilahabi	kai,
si	uttu	ambara-me	dagila-ha-bi	kai,
2SG	這樣	擴大-并列.CVB	款待-PFV-PRS	INTJ
你	這樣	盛大	款待	啊,

be	esi	jeci,	ebirakū	oci
be	esi	je-ci,	ebi-ra-kū	o-ci
1PL.EXCL	自然	吃-假設.CVB	飽-IPFV-NEG	成爲-假設.CVB
我們	自然	吃,	不飽	若

inu	sabka	sindara	ba	akū.
inu	sabka	sinda-ra	ba	akū.
也	筷子	放-IPFV	地方	NEG
也	筷子	放下	情形	没有。

【A】你這樣盛設了麼,我們自然喫,不飽也不放快子。

【B】你這樣盛設了啊,我們自然吃,不飽也不放筷子。

【C】你這樣盛設了啊,我們自然喫,不飽也不放筷子。

【D】你這就不必過讓了,太盛設了！我們自家喫呢,若不喫飽也不肯放下筷子啊。

【E】你太盛設了啊！我們自家吃呢,若不飽也不肯放筷子啊。

【F】真個好菜！就是飽了也捨不得放下筷子。

tuttu　oci　ai　hendure.
tuttu　o-ci　ai　hendu-re.
那様　成爲-假設.CVB　什麼　説-IPFV
那様　要是　什麼　説的?
deo　be　gosiha　kai.
deo　be　gosi-ha　kai.
弟弟　ACC　疼愛-PFV　INTJ
弟弟　把　心疼了　啊。

【A】要那様有什麼説的? 疼了兄弟了。
【B】要是那様説甚広? 疼了兄弟了啊。
【C】若是那様有什麼説的? 疼了兄弟了啊。
【D】若是那們着,我還有甚麼説得呢? 那就是愛惜我兄弟了。
【E】若是那們着,還有甚麼説得呢? 那就是疼我兄弟了。
【F】好説。若是這麼着,真是賞我的臉了。

13 (A13 gabtara 射步箭,B13,C10,D10,E10,F54 善射,G20 步箭)

gabtambi　serengge,　musei　manjusai
gabta-mbi　se-re-ngge,　musei　manju-sa-i
步射-PRS　AUX-IPFV-NMLZ　1PL.INCL.GEN　滿人-PL-GEN
射步箭　所説的,　咱們的　滿洲人
oyonggo　baita.　tuwara　de　ja　gojime,
oyonggo　baita.　tuwa-ra　de　ja　gojime,
重要　事情　看-IPFV　LOC　容易　雖然
要緊　事情。看　時　容易　雖然,
fakjin　bahara　de　mangga.
fakjin　baha-ra　de　mangga.
本領　得到-IPFV　LOC　難
本領　得到　時　難。

【A】射步箭啊,是喒們滿洲要緊的事。看着容易,難得主宰。

【B】射步箭啊,是咱們滿洲們要緊的事。看着雖容易,難得主宰。

【C】射步箭一事,看着容易,訣竅難得。

【D】射步箭,是咱們滿洲人最要緊的事。看着容易做着難。

【E】射步箭,是咱們滿洲人最要緊的事。看着容易做着難。

【F】射步箭,是咱們滿洲人最要緊的事。看着容易做着難。

【G】射步箭,是咱們滿洲人最要緊的事。看着容易做着難。

te bici ineenggi dobori akū tatašame,
te bi-ci inenggi dobori akū tataša-me,
現在 有-假設.CVB 白天 夜晚 NEG 拉-并列.CVB
現在 若有 日 夜 没有 拉,

beri be tebliyehei amgarangge gemu bikai,
beri be tebliye-hei amga-ra-ngge gemu bi-kai,
弓 ACC 抱-持續.CVB 睡覺-IPFV-NMLZ 都 有-INTJ
弓 把 抱着 睡覺的 都 有啊,

colgoroko sain de isinafi, gebu tucikengge
colgoroko sain de isina-fi, gebu tuci-ke-ngge
出眾 好 DAT 到達-順序.CVB 名字 出-PFV-NMLZ
超群 好 在 到達, 名字 出的

giyanakū udu.
giyanakū udu.
能有 幾個
能有 幾個?

【A】即如晝夜的常拉,抱着睡覺的都有,到了超羣的好,出名的能有幾個?

【B】譬如無晝夜的拉,抱着弓睡的都有啊,到了超羣的好,出名的能有幾個?

【C】即如無晝夜的拉,抱着弓睡覺的都有,到了超羣出類的好,出了名的有幾個?

【D】就是黑下白日的長拉,抱着弓睡的都有,若拉到出類拔萃的好,能出了名的有幾個?

【E】就是黑下白日的長拉,抱着弓睡的都有,若拉到出類拔萃的好,能出了名的有幾個?

【F】就是黑夜白日的長拉,抱着弓睡的也有,若拉到頂好的,能出了名有幾個?

【G】就是黑下白日的長拉,抱着弓睡的都有,若拉到出類拔萃的好,能出了名的有幾個?

mangga	ba	aide	seci.	beye	tob,	hacin
mangga	ba	ai-de	se-ci.	beye	tob,	hacin
難	地方	什麼-LOC	説-假設.CVB	身體	正直	種類
困難	處	在什麼	説?	身體	正,	種類

demun	akū,	meiren	necin,	umesi	elhe	sulfa,
demun	akū,	meiren	necin,	umesi	elhe	sulfa,
怪様	NEG	肩膀	平	非常	平安	舒展
怪様	没有;	膀子	平,	很	安	自然;

ere	dade	beri	mangga,
ere	dade	beri	mangga,
這個	原本-LOC	弓	硬
這個	原本[而且]	弓	硬,

agūra	tuciburengge	hūsungge,	geli	da
agūra	tuci-bu-re-ngge	hūsungge,	geli	da
器械	出-CAUS-IPFV-NMLZ	有力	又	一支
器械[箭]	出來的	有勁,	又	一支[箭]

dolome	goibure	oci,	teni
dolo-me	goi-bu-re	o-ci,	teni
數-并列.CVB	射中-CAUS-IPFV	成爲-假設.CVB	纔
箭	射中	成爲	纔

mangga	seci	ombi.
mangga	se-ci	o-mbi.
出眾	説-假設.CVB	可以-PRS
出衆	説	可以。

【A】難處在那裡？身子要正，没有毛病；膀子要平，狠自然；又搭着弓硬，箭出的有勁，再根根着，纔算得好啊。

【B】難處在那裡？身子要正，没有毛病；膀子要平，狠自然；再搭着弓硬，箭出去的有勁，又根根中，纔算得好呢。

【C】難處在那裡？身子正，没毛病；膀子平，狠自然；又兼弓硬，箭去的有力，再箭箭中，纔算的好。

【D】難處在那兒呢？身子要正，髈子要平，一身要很自然，没有毛病兒；還又搭着弓硬，箭出去的有勁兒，再箭箭兒中，纔算得是好呢。

【E】難處在那兒呢？身子要正，没有毛病兒，髈子要平，一身要很自然；還又搭着弓硬，箭出去的有勁兒，再箭箭兒中，纔算得是好呢。

【F】難處在那裡呢？身子要正，髈子要平，一身要自然；拉着弓要定，放的箭要有勁兒，再會箭箭都中，纔算得是好呢。

【G】難處在那裡呢？身子要正，髈子要平，一身要很自然，没有毛病兒；還又搭着弓硬，箭出去的有勁兒，再箭箭兒中，纔筭得是好呢。

age,	si	mini	gabtara	be	tuwa	neneheci
age,	si	mini	gabta-ra	be	tuwa	nenehe-ci
阿哥	2SG	1SG.GEN	步射-IPFV	ACC	看.IMP	先前-ABL
阿哥，	你	我的	射步箭	把	看	比先前

hūwašahao	akūn.	aika	icakū	ba	bici,	majige
hūwaša-ha-o	akū-n.	aika	icakū	ba	bici,	majige
成長-PFV-Q	NEG-Q	若	不順眼	地方	若有	稍微
出息了嗎	没有嗎？	若	不應該	地方	若有，	略

joriš ame	tuwancihiyara.
joriša-me	tuwancihiyara.
指示-并列.CVB	改正.IMP
指示	撥正。

【A】阿哥,你看我射步箭比先出息了没有?要有不舒服的去處,撥正撥正。

【B】阿哥,你看我射箭比先出息了没有?要有不舒服的去處,畧撥正撥正。

【C】阿哥,你看我射比先出息了没有?若有不舒服的去處,撥正撥正。

【D】兄台,你納看我射箭比從前出息了没有?若有不是的地方兒,請撥正撥正。

【E】大哥,你納看我射的比前出息了没有?若是有不是的去處兒,請撥正撥正。

【F】㑚吶看我射箭比從前的怎麽樣?如有不是的地步,請指撥指撥。

【G】大哥,你納看我射箭比從前出息了没有?若是有不是的地方兒,請撥正撥正。

sini	gabtarangge,	ai	hendumbi.
sini	gabta-ra-ngge,	ai	hendu-mbi.
2SG.GEN	步射-IPFV-NMLZ	什麽	説-PRS
你的	射步箭的,	什麽	説?

yamji	cimari	ferhe	de	akdafi	funggala
yamji	cimari	ferhe	de	akda-fi	funggala
晚上	明天	大拇指	LOC	仰仗-順序.CVB	尾翎
晚上	明天[早晚]	大拇指	用	依靠	尾翎

hadambikai.
hada-mbi-kai.
釘-PRS-INTJ
釘啊。

【A】你射步箭，有什麽説的？早晚仗着大拇指頭帶翎子的麽。

【B】你射的箭，有什庅説的？早晚仗着大拇指頭帶翎子的。

【C】你的步箭，有什麽説的？早晚仗着大拇指頭帶翎子了。

【D】你射的步箭，有甚麽説得呢？早晚兒要仗着大拇指頭戴翎子咯。

【E】你射的步箭，有甚麽説得呢？早晚兒要仗着大拇指頭戴翎子咯。

【F】儞射的步箭，有什麽説？早晚兒要仗着大拇指頭戴翎子咯。

【G】你射的步箭，有甚麽説得呢？早晚兒要仗着大拇指頭戴翎子咯。

durun　sain,　umesi　urehebi,　uksalarangge
durun　sain,　umesi　ure-he-bi,　uksala-ra-ngge
樣子　好　非常　熟-PFV-PRS　撒手放箭-IPFV-NMLZ
樣子　好，　很　熟練了，　撒開的

geli　bolgo,　niyalma　tome　gemu　sini　adali
geli　bolgo,　niyalma　tome　gemu　sini　adali
又　乾净　人　每　都　2SG.GEN　一樣
又　乾净，　人　每　都　你　一樣

ome　muteci,　ai　baire.
o-me　mute-ci,　ai　bai-re.
成爲-并列.CVB　能够-假設.CVB　什麽　求-IPFV
可以　若成爲，　什麽　求？

【A】樣子好，狠熟，撒放的又乾净，人要都能像你，還少什麽？

【B】樣子好，狠熟練，撒放的又乾净，人人要都能像你，還求什麽？

【C】樣子好，狠熟，再撒放的也乾净，人都能像你，還少什麽？

【D】樣兒又好，又很熟，撒得又乾净。人若都能像你，還説甚麽呢？

【E】樣兒又好，又很熟，撒得又乾净。人若都能像你，還説甚麽呢？

【F】樣兒好，又熟，撒得狠乾净。人若都能彀像儞，還説甚麽呢？

【G】樣兒又好，又很熟，撒得又乾净，人若都能像你，還説甚麼呢？

damu beri kemuni majige uhuken, gunirembi asuru
damu beri kemuni majige uhuken, gunire-mbi asuru
只是 弓 還 稍微 柔軟 吐信子-PRS 甚
只 弓 還 小 軟些 吐信子 很

toktobume muterakū, ere udu ba
tokto-bu-me mute-ra-kū, ere udu ba
確定-CAUS-并列.CVB 能够-IPFV-NEG 這 幾個 地方
决定[穩定] 不能， 這 幾個 地方

be ejefi halaha sehede,
be eje-fi hala-ha se-he-de,
ACC 記住-順序.CVB 改正-PFV 説.AUX-PFV-LOC
把 記着 改了 説了，

yaya bade isinafi gabtaci,
yaya ba-de isina-fi gabta-ci,
任何 地方-LOC 到達-順序.CVB 步射-假設.CVB
任何 地方 去到 射箭，

【A】但只弓還軟些，吐信子有些定不住，把這幾處記着要説是改了，不拘到那裡去射箭，

【B】就只弓還畧軟些，吐信子有些定不住，把這幾處記住改了，不拘到那裡去射，

【C】就只弓還畧軟些，有些定不住，把這幾處記着改了，不拘到那裡去射，

【D】但只是弓還略輭些兒，前手略有一點兒定不住，把這幾處兒毛病兒若改了，不拘到那兒去射，

【E】但只弓還畧軟些兒，前手畧有一點兒定不住，把這幾處兒若全都改了，不拘到那兒去射，

【F】只是弓還輭些,前手也有點不定,把這幾處的毛病若是去了,不拘到那里去射,

【G】但只是弓還畧輭些兒,前手畧有一點兒定不住,把這幾處兒毛病兒若改了,不拘到那兒去射,

toktofi	geren	ci	tucire	dabala,
tokto-fi	geren	ci	tuci-re	dabala,
確定-順序.CVB	眾多	ABL	出-IPFV	罷咧
一定	眾人	比	出去	罷咧,

gidabure	aibi.
gida-bu-re	ai-bi.
壓-PASS-IPFV	什麽-有
被壓	有什麽?

【A】一定是出衆的,如何壓的下去呢?

【B】一定是出衆罷咧,如何壓得下呢?

【C】一定出衆罷咧,如何壓的下呢?

【D】一定出衆,有誰能壓得下你去呢?

【E】一定出衆,有誰能壓得下你去呢?

【F】一定出衆,有誰能夠壓得下倆去呢?

【G】一定出衆,有誰能壓得下你去呢?

14（A14 sijirhūn gisun 直言,B14,C67,D67,E68,F93 率真待衆）

si	serengge	emu	wajirakū	sain	niyalma
si	se-re-ngge	emu	waji-ra-kū	sain	niyalma
2SG	AUX-IPFV-NMLZ	一	完-IPFV-NEG	好	人
你	是	一	不盡	好	人

kai, dolo majige hede da akū, damu angga jaci
kai, dolo majige hede da akū, damu angga jaci
INTJ 裡面 稍微 痕跡 根源 NEG 只是 嘴 太
啊, 内心 一點 渣滓 没有, 只 嘴 太

sijirhūn, niyalma i uru waka be saha de,
sijirhūn, niyalma -i uru waka be sa-ha de,
正直 人 GEN 是 非 ACC 知道-PFV LOC
直, 人 的 是 非 把 知道了 時,

majige ba burakū, uthai kang
majige ba bu-ra-kū, uthai kang
稍微 地方 給-IPFV-NEG 就 大聲説話貌
一點 地方 不給, 就 高聲説話地

seme gisurembi.
se-me gisure-mbi.
AUX-并列.CVB 説-PRS
説。

【A】你竟是一個説不盡的好人,心裡没有一點渣滓,但只嘴太直,知道人的是非了,一點分兒不留,就直言奉上。

【B】你是一個説不盡的好人啊,心裡無有一點渣滓,但只嘴太直,知道人的是非,一點分児不留,就直言奉上。

【C】你竟是一個無對的好人,心裡没有一點渣滓,但只嘴太直,知道人的是非了,一點分兒不留,就直言奉上。

【D】你啊,是個很好的人,心裡没有一點渣兒,就是嘴太直,知道了人家的是非,一點分兒也不肯留,必要直言奉上。

【E】你啊,是個很好的人,心裡没有一點兒渣子,但只嘴太直,知道了人家的是非,一點分兒不肯留,就直言奉上。

【F】你狠是個正經的人,心裡没有一點兒渣子,只是嘴太直,看着人的是非,一點分兒不肯留,就直説出來。

gucuse　de　endebuku　be　tuwancihiyara　doro
gucu-se　de　endebuku　be　tuwancihiya-ra　doro
朋友-PL　LOC　過錯　ACC　修正-IPFV　道理
朋友們　在　過錯　把　撥正　道理

bicibe,　banjire　sain　juken　be　bodome
bi-cibe,　banji-re　sain　juken　be　bodo-me
有-讓步.CVB　生存-IPFV　善　惡　ACC　籌畫-并列.CVB
雖然有,　相處　好　不好　把　考慮

tafulambi　dere.
tafula-mbi　dere.
勸諫-PRS　罷咧
勸誡　罷咧。

【A】雖説朋友裡頭有規過的道理,也論相與的好不好勸罷咧。
【B】雖説朋友中有規過的道理,也論相與的好歹勸罷咧。
【C】朋友間雖有規過的道理,也論相與的好不好勸罷咧。
【D】雖然交朋友有規過的道理,也當看他的爲人,可勸再勸罷咧。
【E】雖説朋友們裡頭有規過的道理,也論相與好不好的勸罷咧。
【F】我看人交朋友們,總要看他那個人的性情。

damu　gucu　sere　de　emu　gese　tuwa-ci,
damu　gucu　se-re　de　emu　gese　tuwa-ci,
只是　朋友　AUX-IPFV　LOC　一　樣子　看-假設.CVB
只　朋友　對　一　樣子　若看,

tere　ainahai　ojoro.
tere　ainahai　o-joro.
那樣　未必　可以-IPFV
那　未必　可以。

【A】只説朋友都是一樣,那未必使得。
【B】只説朋友都是一樣,那未必使得。

【C】若不這樣,只說是朋友,並不分遠近,那如何使得呢?

【D】若不這樣兒,只說是個朋友,並不分親疏就勸,那如何使得呢?

【E】若不這樣兒,只說是朋友,並不分遠近,那如何使得呢?

【F】若是不曉得他的性情,只說是朋友,都要直心相待不分怎樣,那怎麼使得呢?

teike ere emu fiyelen i gisun be,
teike ere emu fiyelen -i gisun be,
剛纔 這 一 段 GEN 話語 ACC
方纔 這 一 段 的 話 把,
si sain gūnin sembi wakao.
si sain gūnin se-mbi waka-o.
2SG 好 心 說-PRS 不是-Q
你 好 心意 說 不是嗎?

【A】方纔這一段話,你說不是好心嗎?
【B】方纔這一段話,你不說是好心嗎?
【C】方纔這些話,你說不是好心麼?
【D】方纔說的這些話,那不是好心麼?
【E】方纔的這些話,你說的不是好心麼?
【F】剛纔儞對他說的這些話,儞是一片好心勸他的。

ini gūnin de labdu icakū, yasa buling
ini gūnin de labdu icakū, yasa buling
3SG.GEN 心 LOC 很 不合意 眼睛 愣怔怔
他的 心裡 在 多 不舒服, 眼睛 愣怔怔
bulinjame, ara, guwelke, ere mimbe tuhebuhe
bulinja-me, ara, guwelke, ere mimbe tuhe-bu-he
發怔-并列.CVB 哎呀 小心.IMP 這 1SG.ACC 倒下-CAUS-IPFV
發怔, 哎呀, 仔細啊, 這 把我 陷害

be	boljon	akū	seme	kenehunjembikai.
be	boljon	akū	se-me	kenehunje-mbi-kai.
地方	約定	NEG	AUX-并列.CVB	疑惑-PRS-INTJ
地方	約定	没有[保不定]		疑惑啊。

【A】他心裡狠不舒服,曰[白]瞪着眼,疑惑着説:“嗳呀,仔細啊,恐怕是陷害我罷。”

【B】他心裡狠不舒服,怔呵呵的瞪着眼,疑惑着説:“嗳呀,仔細着,這不定是陷害我罷。”

【C】他心裡狠不舒服,白瞪着眼,疑惑着説:“哎呀,仔細呀,定不得他陷害我呢罷。”

【D】他倒心裡很不舒服,瞪着眼,疑惑着説:“嗳呀,要小心啊!保不定這是害我罷?”

【E】他心裡很不舒服,瞪着眼,疑惑着説:“嗳呀,仔細啊,保不定這是害我罷”?

【F】那知道他倒有點不舒服的樣子,儞看不出麽?

age	i	gisun,	**fuhali**	mimbe	dasara	sain	okto.
age	-i	gisun,	**fuhali**	mimbe	dasa-ra	sain	okto.
阿哥	GEN	話語	**全然**	1SG.ACC	治理-IPFV	良	藥
阿哥	的	話,	**竟**	把我	治療	良好	藥。

bi	hungkereme	**gūnin**	dahambi.
bi	hungkere-me	**gūnin**	daha-mbi.
1SG	傾注-并列.CVB	**心**	服氣-PRS
我	傾注	**心意**	接受。

【A】阿哥的話,竟是治我的良藥,我心裡狠服。

【B】阿哥的話,竟是治我的良薬,我甚心服。

【C】阿哥提拨的話,竟是治我的病的良藥,我傾心誠服。

【D】兄台你説的這些話,實在是給我治病的良藥啊,我很信服。

【E】大哥你説的話,竟是治我的病的良藥啊,我很信服。

【F】僞這個話,實在治我病的好藥材,我狠拜服。

ere eici mini emu jadaha ba,
ere eici mini emu jadaha ba,
這 或許 1SG.GEN 一 老毛病 地方
這 或是 我的 一 毛病 處,
bi sarkū ainaha.
bi sar-kū ainaha.
1SG 知道.IPFV-NEG 怎麼
我 不知 怎能?
【A】這竟是我的一宗病了,我豈不知道?
【B】這竟是我的一宗病,我豈不知道?
【C】這是我的一個毛病,我豈不知道?
【D】這原是我一生的毛病兒,我豈不知道麽?
【E】這實在是我的個毛病兒,我豈不知道麽?
【F】我嘴直的病,我自己也知道。

damu ere gese baita de teisulebuhe manggi,
damu ere gese baita de teisule-bu-he manggi,
只是 這 樣子 事情 DAT 遇見-PASS-PFV 以後
只 這 樣子 事情 在 遇到了 之後,
esi seci ojorakū angga yojohošombi.
esi se-ci o-jora-kū angga yojohošo-mbi.
當然 説-假設.CVB 可以-IPFV-NEG 嘴 癢-PRS
當然 説 不可以[不由得] 嘴 癢癢。
【A】但只是遇着這樣的事情,不由的嘴癢癢。
【B】但只遇着了這樣的事,不由的嘴癢癢。
【C】但只遇見這樣的事,不由得嘴癢癢。
【D】就是遇見這樣兒的事情,不由的嘴就癢癢説出來。

【E】但只是遇着這個樣兒事情,不由的嘴癢癢。

【F】就是遇着事情來,不由已的嘴兒就説出來,要忍一點也是不能,因此招怪的却不少啊。

gisureci	ojorakūngge	de	gisureci,
gisure-ci	o-jora-kū-ngge	de	gisure-ci,
説-假設.CVB	可以-IPFV-NEG-NMLZ	DAT	説-假設.CVB
若説	不可以的	在	若説,

gisun	be	ufaraha	sehebi.
gisun	be	ufara-ha	se-he-bi.
話語	ACC	失誤-PFV	AUX-PFV-PRS
話	把	失誤	説了。

【A】有"不可與言而與之言,失言"的話。

【B】"不可與言而與之言,失言"的話。

【C】所謂"不可與言而與之言,失言"。

【D】古語原有"不可與言而與之言,謂之失言"的話啊。

【E】本"不可與言而與之言,謂之失言"的話啊。

enenggi	ci,	bi	umesileme	halaki.
enenggi	ci,	bi	umesile-me	hala-ki.
今天	ABL	1SG	落實-并列.CVB	改-IMP
今日	從,	我	確實	改正。

jai	uttu	oci,	fulu	aisembi,
jai	uttu	o-ci,	fulu	ai-se-mbi,
再	這樣	成爲-假設.CVB	多餘	什麽-説-PRS
再	這樣	若,	多餘	有什麽説的,

【A】從今日起,我痛改罷。再要這樣,多説什麽,

【B】從今起,我痛改了。再要這樣,多説什庅,

【C】從今日起,我要痛改。再若這樣多話,

【D】從今兒起,我痛改前非罷。日後再要這麼樣兒多説話,
【E】從今兒起,我痛改前非罷。再要這樣兒的多説話,
【F】從今後,我只學忍耐,不多説話,

age uthai dere be baime cifele,
age uthai dere be bai-me cifele,
阿哥 就 臉 ACC 求-并列.CVB 吐唾沫
阿哥 就 臉 把 求 吐唾沫,
bi cihanggai jancuhūn i alime gaimbi.
bi cihanggai jancuhūn -i ali-me gai-mbi.
1SG 情願 順從 INS 受-并列.CVB 取-PRS
我 情願 順從 以 接受 取得。
【A】阿哥就望着我臉上吐唾沫,我情愿甘心領受。
【B】阿哥就照着臉唾,我情愿甘心領受。
【C】阿哥就望臉上啐,我情愿甘心領受。
【D】縱使兄台往我臉上啐吐沫,我也甘心領受。
【E】大哥就在我臉上啐吐沫,我情愿甘心領受。
【F】如有不到的地步,還求僱指教指教。

15 (A15 ishunde eherere 交惡, B15, C61, D61, E62, F67 嘲人量小)

suwe umesi banjire sain kai, te ainaha,
suwe umesi banji-re sain kai, te aina-ha,
2PL 非常 相處-IPFV 好 INTJ 現在 做什麽-PFV
你們 很 生的 好 啊, 現在 怎麽了,
fuhali sini duka i bokson de fehunjirakū
fuhali sini duka -i bokson de fehu-nji-ra-kū
全然 2SG.GEN 門 GEN 門檻 LOC 踩-來-IPFV-NEG
竟然 你的 門 的 門檻 在 没有踩來

ohoni.

o-ho-ni.

成爲-PFV-呢

成爲呢?

【A】你們狠相好啊,如今怎麼了,總不登你的門檻子了?

【B】你們狠相好啊,如今怎庅了,総不蹬你的門檻了?

【C】你們相好來着啊,總不登你的門檻子的是那裡的緣故呢?

【D】你們很相好啊,如今怎麼了,總不登你的門檻兒了麼?

【E】你們很相好啊,如今怎麼咯,總不登你的門檻兒了麼?

【F】儞們倆根底是相好的,如今又聯了幾層親,他怎麼樣總不到儞的家裡來?

sarkū	je.	we	ya	aika	inde	waka
sa-r-kū	je.	we	ya	aika	inde	waka
知道-IPFV-NEG	INTJ	誰	哪個	若是	3SG.DAT	錯誤
不知道	啊。	誰	誰	要是	對他	過錯

sabubuha	ba	bici,	geli	emu	gisurere
sabu-bu-ha	ba	bi-ci,	geli	emu	gisure-re
看見-PASS-PFV	地方	有-假設.CVB	還	一	說-IPFV
被看見	處	若有,	又	一	說的

babi,	umai	akū	bade.
ba-bi,	umai	akū	ba-de.
地方-有	全然	NEG	地方-LOC
地方有,	全然	没有	地方。

【A】不知道啊。要有誰得罪過他的去處,還有一説,總没有。

【B】不知道啊。誰要有得罪過他的去處,還有一説,並無有。

【C】不知道啊。要有誰得罪過他的去處,還有一説,並没有。

【D】我不知道他。想是有誰得罪了他咯罷,不然,還有一説。

【E】不知道。想是有誰得罪了他咯罷,還有一説。

【F】我不知道,他有甚麼怪我。

hocikosaka	yabumbihengge,	gaitai	ya	emu	gisun
hocikosaka	yabu-mbihe-ngge,	gaitai	ya	emu	gisun
好端端	行走-PST-NMLZ	突然	哪個	一	言語
好端端	行走的,	忽然	哪個	一	話

de	ni gidafi,	fuce	nakū	lasha	feliyerakū
de	ni gida-fi,	fuce	nakū	lasha	feliye-ra-kū
LOC	記録-順序.CVB	生氣.IMP	之後	斷然	來往-IPFV-NEG
在	記恨,	惱怒	之後	斷然	不走動

ohobi.
o-ho-bi.
成爲-PFV-PRS
成了。

【A】好端端的來往的人,忽然那一句話上(上)記了過失,惱的決然不走了。

【B】好端端的來往的人,忽然那一句話上記了過失,惱的決然不走了。

【C】正走的親熱的,忽然那一句話上記了過失,決然不走了。

【D】從前我們還好好端端的行走着來着,就是因爲一半句話上,也不犯記在心裏,惱了就不往我行走了。

【E】從來没個好端端的行走着,抽冷兒的因爲一半句話上記住了,惱了就總不肯行走了的理。

【F】若是因爲那一半句的話沖了肺,就記在心頭,不來我這,真是可笑的。

yaburakū	oci	inu	okini,	enggici	bade	baibi
yabu-ra-kū	oci	inu	o-kini,	enggici	ba-de	baibi
行走-IPFV-NEG	若是	也	可以-IMP	背地裡	處-LOC	平白
不走動	若	也	可以	背後	處	白白

mimbe	uttu	ehe	sere	tuttu	nimecuke	sere,
mimbe	uttu	ehe	se-re	tuttu	nimecuke	se-re,
1SG.GEN	這樣	壞	説-IPFV	那個	厲害	説-IPFV
把我	這樣	壞	説	那樣	厲害	説,

mini	takara	ele	gucuse	be	acaha	dari
mini	taka-ra	ele	gucu-se	be	aca-ha	dari
1SG.GEN	知道-IPFV	所有	朋友-PL	ACC	見面-PFV	每
我的	認識的	所有	朋友們	把	遇見	每

gisun	i	fesin	obume	jubešehengge,
gisun	-i	fesin	o-bu-me	jubeše-he-ngge,
話語	GEN	把柄	成爲-CAUS-并列.CVB	背後毁謗-PFV-NMLZ
話	的	把柄	作爲	背後毁謗,

adarame.
adarame.
如何
怎麽?

【A】不走也罷咧,背地裡只是説我這樣不好那樣利害,所有遇見我認得的朋友,就作話柄兒毁謗,是怎麽説?

【B】不走也罷了,背地裡只是説我這樣不好那樣利害,遇見我所認得的朋友們當作話把兒毁謗,是怎庅説?

【C】不走也罷了,背地裡只是説我這樣不好那樣利害,遇見我所有認得的朋友就毁謗的,是怎麽説?

【D】不行走也没甚麽要緊,怎麽背地裡還只説我這樣兒不好那樣兒利害,所有遇見我認識的朋友們當作話把兒槽塌我,這是甚麽心意呢?

【E】不行走咯也罷了,背地裡還只説我這樣兒不好那樣兒利害,所有遇見認識我的朋友們當作話靶兒蹧塌[糟蹋]我,這是甚麽意思呢?

【F】他不來也罷了,怎麽背地裡説我這樣兒不好那樣兒利害,見着人就當個話柄兒蹧蹋我？這是甚麽意思呢？

jakan	mini	jui	de	urun	isibure	de,	bi	hono
jakan	mini	jui	de	urun	isibu-re	de,	bi	hono
最近	1SG.GEN	孩子	DAT	媳婦	送-IPFV	LOC	1SG	還
最近	我的	孩子	給	媳婦	送到		我	還

dere	de	ainara	seme,	imbe	solinaha
dere	de	ainara	se-me,	imbe	soli-na-ha
臉	LOC	無奈	AUX-并列.CVB	3SG.ACC	邀請-去-PFV
臉	在	無奈地		把他	邀請 去

bihe,	indahūn	inu	emke	takūraha	ba	akū.
bihe,	indahūn	inu	emke	takūra-ha	ba	akū.
PST	狗	也	一	派遣-PFV	地方	NEG
來着,	狗	也	一	派遣	處	没有。

【A】新近給我孩子娶媳婦,我還臉上過不去,請他去來着,狗也没有打發一來。

【B】新近給我的孩子娶媳婦,我還臉上過不去,請他去來着,狗也没有打發一個來。

【C】新近娶媳婦,我還理上過不去,請他去来着,狗也没有打發一個来。

【D】新近給我們孩子娶媳婦兒,我還臉上下不來,請他去來着,連一個狗也没打發來。

【E】新近給我們孩子娶媳婦兒,我還臉上下不來,請他去來着,狗也没有打發一個來。

【F】這番我給我的孩子娶媳婦,就是我的臉還下不來,也請他來欲喜酒,他總不理,一個狗兒也没打發來。

mini	ucaraha	ucarahangge	gemu	ere	gese
mini	ucara-ha	ucara-ha-ngge	gemu	ere	gese
1SG.GEN	遇見-PFV	遇見-PFV-NMLZ	都	這	樣子
我的	遇見	遇見的	都	這	樣

gucu	kai,	mimbe	jai	adarame	gucule	sembi.
gucu	kai,	mimbe	jai	adarame	gucule	se-mbi.
朋友	INTJ	1SG.ACC	再	怎麽	交往.IMP	AUX-PRS
朋友	啊,	把 我	再	怎麽	交朋友	教?

【A】我所遇見的都是這樣的朋友,叫我再怎麽相與呢?

【B】我所遇見的都是這樣的朋友,教我再怎麽相與人呢?

【C】我所遇見的都是這樣朋友啊,叫我再怎麽相與呢?

【D】我所遇見的朋友都是這個薄情的,可叫我怎麽再往後結交呢?

【E】我所遇見的都是這個樣兒的朋友,叫我怎麽再還相與朋友呢?

【F】若是朋友都照着這個樣,我怎麽還敢交朋友呢?

tere	niyalmai	gisun	yabun	holo	kukduri	akdaci
tere	niyalma-i	gisun	yabun	holo	kukduri	akda-ci
那個	人-GEN	言語	行爲	假	誇張	相信-假設.CVB
那個	人的	話	品行	假	虛誇	相信

ojorakū	seme,	bi	aika	henduhekūn.
o-jora-kū	se-me,	bi	aika	hendu-he-kū-n.
可以-IPFV-NEG	AUX-并列.CVB	1SG	或許	説-PFV-NEG-Q
不可以,		我	或許	没説過嗎?

【A】我没説過那個人語言品行虛(虛)假誇張不可信麽?

【B】那個人言語品行虛假誇張不可信的話,我難道無説過?

【C】這如何,那人詭詐虛假,信不得,我没説過麽?

【D】那個人説話行事很假,信不得,我没説過麽?

【E】那個人的説話行事很假,信不的,我没説過麽?

【F】他説話行事都是假,信不得的,我從前没説過麽?

tere	fonde	si	geli	hersembio.
tere	fonde	si	geli	herse-mbi-o.
那個	時候	2SG	又	理睬-PRS-Q
那	時	你	也	理睬嗎?

hono	mujakū	mimbe	icakūšambihe.
hono	mujakū	mimbe	icakūša-mbihe.
還	着實	1SG.GEN	看不順眼-PST
還	確實	把我	看不順眼來着。

【A】彼時你還理來着嗎? 還著實有些不受用我來着。

【B】那時候你還理會嗎? 還着實不舒服我来着。

【C】彼時你還理麼? 還着實有些不舒服我来着。

【D】那個時候兒你還理論麼? 倒很有點兒不舒服我來着。

【E】那個時候兒你還理論麼? 倒很有點兒不舒服我來着。

【F】他不是個好東西。那時候𠑊倒有點不喜歡的様子,到如今纔明白了。

niyalmai	cira	be	takara	gojime,	gūnin	be
niyalma-i	cira	be	taka-ra	gojime,	gūnin	be
人-GEN	臉色	ACC	認識-IPFV	只是	心	ACC
人的	臉	把	認識	只,	心意	把

adarame	šuwe	hafu	sambini.	sain	ehe	be
adarame	šuwe	hafu	sa-mbi-ni.	sain	ehe	be
怎麽	徑直	透徹	知道-PRS-呢	好	壞	ACC
怎麽	事理	通明	知道呢?	好	壞	把

ilgarakū,	bireme	gemu	umesi	haji
ilga-ra-kū,	bireme	gemu	umesi	haji
辨别-IPFV-NEG	一律	都	非常	親近
不辨認,	一概	都	很	親密

gucu	seci	ombio.
gucu	se-ci	o-mbi-o.
朋友	説-假設.CVB	成爲-PRS-Q
朋友	説	可以嗎?

【A】識人的面貌罷咧,心裡如何知道的透徹呢?不分好歹,一概都説得是狠好的朋友嗎?

【B】雖然識人的面貌,心裡如何知道的透徹呢?不分好歹,一概都説得是好朋友嗎?

【C】識人的面貌罷咧,心裡如何知道的透徹呢?不分好歹,一概説是咱們的好朋友,使得麼?

【D】原是俗語兒説的,"知人知面不知心"。他心裏頭的好歹如何能彀知道得透澈呢?將來只得小心。那就是了。不分好歹,一概都説是很相好的,使得麼?

【E】俗語兒説的,"知人知面不知心"。心裡頭的好歹如何能彀知道的透澈呢?不分好歹,一概都説是很相好的朋友,使得麼?

【F】那時候那裡有不喜歡?爾不要錯怪我。俗語説"知人知面不知心",我起先那能彀知道他心裡的好歹呢?不分好歹,就一概説是相好的朋友,使得麼?他怎麼算得相好的朋友?

16(A16 beleni buda 現成的飯,B16,C71,D71,E72,F3 探友)

ere	ucuri,	si	geli	aibide	šodonoho	bihe.
ere	ucuri,	si	geli	aibi-de	šodo-no-ho	bihe.
這	時候	2SG	又	哪裡-DAT	閒逛-去-PFV	PST
這	一向,	你	又	往哪裡	奔忙去	了?

mudan	talude	mini	jakade	inu	majige	feliyecina.
mudan	talu-de	mini	jaka-de	inu	majige	feliye-cina.
次	偶爾-LOC	1SG.GEN	跟前-DAT	也	稍微	走動-IMP
次	倘或時	我的	跟前	也	稍稍	走動吧。

ainu	sini	dere	yasa	be	oron	saburakū.
ainu	sini	dere	yasa	be	oron	sabu-ra-kū.
爲什麼	2SG.GEN	臉	眼睛	ACC	全然	看見-IPFV-NEG
爲何	你的	面	目	把	全然	没看見?

【A】這一向,你又往那裡奔忙去了? 間或到我這裡走走是呢。怎麼總不見你的面目?

【B】這一向,你又往那裡奔忙去了? 間或着也到我這裡走走呢。怎広総不見你的面目?

【C】這一向,你又往那裡奔忙去了? 遇空兒也到我家。怎麼総不見你的面目? 可不是甚麼?

【D】這一向,你又往那兒奔波去了? 遇見有空兒,何不到我這兒走走呢? 怎麼總不見你的面兒咯?

【E】這一向,你又往那兒奔波去了? 遇見有空兒,何不到我那兒走走呢? 怎麼總不見你的面兒咯?

【F】這一向,儞往那兒去呢? 遇着有空的時候,何不來我這坐坐?

bi	aifini	age	be	tuwanjiki	sembihe,
bi	aifini	age	be	tuwa-nji-ki	se-mbihe,
1SG	早已	阿哥	ACC	看-來-IMP	説-PST
我	早已	阿哥	把	想來見	説來着

gūnihakū	emu	daljakū	heturi		baita	de
gūni-ha-kū	emu	daljakū	heturi		baita	de
想-PFV-NEG	一	無關	另外		事情	DAT
不料	一	無關	旁出	的	事情	給

siderebu	nakū,	fuhali	lahin	taha,
sidere-bu	nakū,	fuhali	lahin	ta-ha,
束縛-PASS.IMP	之後	完全	麻煩	牽絆-PFV
被絆住	之後,	竟然	受	牽連,

inenggidari	fusu	fasa	jaka	šolo	aika	bio.
inenggi-dari	fusu	fasa	jaka	šolo	aika	bi-o.
日子-每	匆匆	忙忙	縫隙	空閒	什麼	有-Q
每日	匆匆	忙忙	空隙	空閒	什麼	有嗎?

【A】我早要看阿哥來着,不想被一件旁不相干的事絆住,竟受了累了,終日匆忙還有空兒嗎?

【B】我早要来瞧阿哥来着,不想被一件旁不相干的事絆住,竟受了累了,終日匆忙那有容針的空兒?

【C】我早就要看阿哥來着,不想被一件旁事絆住,竟受了累了,終日匆忙還有一點空兒麼?

【D】我早要瞧兄台來着,不想叫一件旁不相干兒的事情絆住了,竟受了累了,整天家忙,那兒有點兒空兒呢?

【E】我早要瞧哥哥來着,不想叫一件傍不相干兒的事情絆住了,竟受了累了,整天家忙那兒有點兒空兒呢?

【F】我要早過來瞧儞,因爲别人的一件事絆住了,竟累的天天都是忙,没有一點空兒。

akūci	enenggi,	bahafi	ukcame	muterakū
akūci	enenggi,	baha-fi	ukca-me	mute-ra-kū
若不	今天	得到-順序.CVB	脱-并列.CVB	能够-IPFV-NEG
若不是	今日,	得到	逃脱	不能

bihe.	minde	hahi	oyonggo	baita	bi	seme
bihe.	minde	hahi	oyonggo	baita	bi	se-me
PST	1SG.GEN	緊要	重要	事情	有	AUX-并列.CVB
來着。	對我	緊急	重要	事情	有	

kanagan	arame	gisurehei,	arkan	teni	mimbe
kanagan	ara-me	gisure-hei,	arkan	teni	mimbe
藉口	做-并列.CVB	説-持續.CVB	剛剛	纔	1SG.ACC
藉故	做	説,	剛剛	纔	把我

sindaha.

sinda-ha.

放開- PFV

釋放。

【A】要不是今日,還脱不開來着。只管推托着説我有緊要的事,將將的纔放了我了。

【B】要不是今日,還脱不開來着。推托説我有要緊的事,将将兒的纔放了我了。

【C】不然今日,還不能脱開来着。説我有要緊的事,指了個楂,将将的纔放了我來了。

【D】若不是今兒,還不能彀脱身兒呢。今兒個摘脱,是説我有件要緊的事情,撒了個謊,剛剛兒的纔放了我來了。

【E】若不是今兒,還不能脱身兒呢。我説我有件要緊的事情,撒了個謊,剛剛兒的纔放了我來咯。

【F】幸得今天稍空點,纔得來。

jihengge	umesi	sain.	jing	parlišame	bi,
ji-he-ngge	umesi	sain.	jing	ališa-me	bi,
來- PFV - NMLZ	很	好	正好	煩悶- PROG	PRS
來的	很	好。	正	悶	了,

gūnici	sinde	inu	asuru	oyonggo	baita	akū,
gūni-ci	sinde	inu	asuru	oyonggo	baita	akū,
想-假設.CVB	2SG.LOC	也	太	重要	事情	NEG
想是	對你	也	非常	重要	事情	没有,

muse	emu	inenggi	gisureme	teceki.
muse	emu	inenggi	gisure-me	te-ce-ki.
1PL.INCL	一	日子	説-并列.CVB	坐-齊- IMP
咱們	一	日	説話	坐着。

【A】來的甚好。正悶在這裡,想來你也没有什麼要緊的事,喒

們坐着説一日話兒罷。

【B】來的甚好。正悶在這裡呢,想来你也没有什広要緊的事,咱們坐着説一日的話兒。

【C】你來的甚好。我正悶在這裡,想來你也没有要緊的事,咱們坐着説一日話兒。

【D】你來的很好。我正悶得慌呢,想來你也可以抽點空兒麼,咱們坐着説一天的話兒。

【E】你來的很好。我正悶的慌呢,想來你也没有要緊的事,咱們坐着説一天的話兒。

【F】儞來的狠好。今天大傢都去逛逛,我一個人在家,正是悶得狠。儞若没有要緊的事,在這談談一天。

beleni	buda	jefi	gene,
belen-i	buda	je-fi	gene,
現成-GEN	飯	吃-順序.CVB	去.IMP
現成的	飯	吃	去,

bi	inu	encu	booha	dagilarakū.
bi	inu	encu	booha	dagila-ra-kū.
1SG	也	另外	菜肴	預備-IPFV-NEG
我	也	别的	肴饌	不預備。

【A】現成的飯喫了去,我也不另收拾菜。

【B】現成的飯吃了去,我也不另收拾菜。

【C】現成的飯,我也不另收什菜。

【D】現成兒的飯喫了去,我也不另弄别的喫的咯。

【E】現成兒的飯吃了去,我也不另收拾菜。

【F】吃個便飯去,怎麼樣?我却不添菜。

damu	jihe,	dari	baibi	age	simbe
damu	ji-he,	dari	baibi	age	simbe
可是	來-PFV	每次	盡是	阿哥	2SG.GEN
只	來了,	每	白白	阿哥	把你

gasihiyaburengge,	mini	gūnin	de	elhe
gasihiya-bu-re-ngge,	mini	gūnin	de	elhe
侵擾-CAUS-IPFV-NMLZ	1SG.GEN	心思	LOC	平安
使騷擾,	我的	心思	在	平安

akū,	tutu	ofi	gelhun	akū	ta	seme
akū,	tuttu	ofi	gelhun	akū	ta	se-me
NEG	那様	因爲	敢	NEG	常常	AUX-并列.CVB
没有,	因此		敢	不	常常	地

jiderakū.
ji-dera-kū.
來-IPFV-NEG
來没有。

【A】但只來勒[了],只管騷擾阿哥,我心裡不安,因此不敢常來。

【B】但只來時,只管騷擾阿哥,我心裡不安,因此不敢常來。

【C】但只來動,就騷擾阿哥,我心裡不安,因此不敢常來。

【D】但只往這兒來了,無緣無故的就這麼様騷擾啊,我心裡也不安哪,因其這個,我就不敢常來。

【E】但只我來動了,平白的就騷擾啊,我心裡也不安哪,因其這様兒,我不敢常來。

【F】來了就吃欱,實在的心裡不安,以後我不敢常來了。

si	ainu	tulgiyen	obufi	gūnimbi.
si	ainu	tulgiyen	o-bu-fi	gūni-mbi.
2SG	爲什麼	外面的	成爲-CAUS-順序.CVB	想-PRS
你	爲何	外面的	作爲	想?

muse	atanggi	si	bi	seme	ilgambihe.
muse	atanggi	si	bi	se-me	ilga-mbihe.
1PL.INCL	什麽時候	2SG	1SG	説-并列.CVB	區分-PST
咱們	幾時	你	我		分别來着?

【A】你怎麽外道？嗒們從幾時分彼此來着？
【B】你怎庅外道想？咱們幾時分過彼此來着？
【C】你怎麽外道我？咱們幾時分彼此來着？
【D】你怎麽這麽外道呢？咱們從幾兒分過彼此來着？
【E】你怎麽外道呢？咱們從幾兒分過彼此來着？
【F】儞怎麽説這個話？咱們相好,幾時分過彼此？

jai	udu	inenggi	giyalafi	jiderakū	oci,	bi
jai	udu	inenggi	giyala-fi	jide-ra-kū	oci,	bi
再	幾	日子	間隔-順序.CVB	來-IPFV-NEG	若是	1SG
再	幾	日	間隔	不來	假如,	我

hono	majige	jaka	belhefi,	cohome	simbe
hono	majige	jaka	belhe-fi,	cohome	simbe
還	稍微	東西	預備-順序.CVB	特意	2SG.GEN
還	稍稍	東西	預備了,	特意	把你

helneki	sere	bade.
helne-ki	se-re	ba-de.
邀請-IMP	AUX-IPFV	處-LOC
想去邀請		處在。

【A】若要再隔幾日不來,我還要預備些東西,特請你去。
【B】再隔幾日不來,我還要預脩些東西,特請你去。
【C】若再隔幾日不來,我還要預脩些東西,特請你去。
【D】若再隔幾天你不來,我還要預備點東西兒,特請你去呢。
【E】若再隔幾天你不來,我還要預備點東西呢,特請你去呢。
【F】若再隔幾天儞不來,我想備點酒菜,請儞來談天。

emu	erin	i	beleni	untuhun	buda	be,	geli	aiseme
emu	erin	-i	beleni	untuhun	buda	be,	geli	aiseme
一	時候	GEN	現成	空	飯	ACC	又	爲什麼
一	這的		現成	空	飯	把,	也	怎麼

dabufi	gisurembi.	tere	anggala	siningge
dabu-fi	gisure-mbi.	tere	anggala	sini-ngge
算-順序.CVB	説-PRS	那	而且	2SG.GEN-NMLZ
算入	説?	况且		你的食物

be	bi	ai	jekekū.
be	bi	ai	je-ke-kū.
ACC	1SG	什麼	吃-PFV-NEG
把	我	什麼	没吃?

【A】一頓現成的空飯,又何足論呢? 况且你的東西,我什麼没喫過?

【B】一頓現成的空飯,又何足論? 况且你的東西,我什庅無吃過?

【C】一頓空飯,人[又]何足論呢? 况且你的東西,我没喫過麼?

【D】這一頓現成兒的空飯,又何足掛齒? 况且你的甚麼東西,我没喫過啊?

【E】一頓現成兒的空飯,又何足掛齒呢? 况且你的甚麼,我没吃過啊?

【F】一頓便飯,還要客套麼?

erebe	tuwaci,	iletu	mimbe	sini	boode
ere-be	tuwa-ci,	iletu	mimbe	sini	boo-de
這個-ACC	看-假設.CVB	明明	1SG.ACC	2SG.GEN	家-DAT
把這個	若看,	明顯	把我	你的	往家

jai	jai	ume	genere	serengge	kai.
jai	jai	ume	gene-re	se-re-ngge	kai.
再	再	别	去-IPFV	説-IPFV-NMLZ	INTJ
再	再	别	去	説	啊。

【A】看起這個來,竟是明明的叫我再别往你們家去了啊。

【B】看起這個来,明明的教我再别徃你家去了啊。

【C】看起這個來,竟是明明的叫我再别徃你家裡去的意思啊。

【D】你若這樣兒的不實誠,竟是明明兒的叫我再别往你家去的意思啊。

【E】看起這個來,竟是明明兒的叫我再别往你家去的意思啊。

17(A17 gucu i jalin 爲朋友,B17,C84,D84,E85,F11 代人説情)

bi	daci	sini	ere	baita	be,	tede	gisureci
bi	daci	sini	ere	baita	be,	tede	gisure-ci
1SG	原來	2SG.GEN	這	事情	ACC	3SG.DAT	説-假設.CVB
我	原來	你的	這	事情	把,	向他	若説

umesi	ja	sembihe,	ere	eimede,	tuttu	jayan	cira
umesi	ja	se-mbihe,	ere	eimede,	tuttu	jayan	cira
很	容易	説-PST	這	討厭的人	那樣	牙關	硬
很	容易	説來着,	這	厭惡,	那樣	牙關	嚴密

fangnai	ojorakū	be	we	gūniha,
fangnai	o-jora-kū	be	we	gūni-ha,
執意	可以-IPFV-NEG	ACC	誰	想-PFV
執定	不可以	把	誰	想了,

ede	mujakū	gūnin	baibuha	secina.
ede	mujakū	gūnin	baibu-ha	se-cina.
這.LOC	很	心	必要-PFV	説-IMP
因此	確實	心	用	説了。

【A】我原説你這一件事,向他説着狠容易來,誰想竟遇見了一個厭物,那樣牙關緊決不肯依,因此竟狠費了心了。

【B】我原説你這件事,向他説着狠容易來着,誰想到遇着這個厭物,那樣牙関緊决不肯依,因此狠費了心了。

【C】我原説這個事情狠容易來着,誰想那個厭物,竟這樣牙闗緊不肯依,因此竟狠費了心了。

【D】我原想你這件事情,和他説去很容易來着,誰想這宗可惡的東西,竟這麼様兒的口緊不依,倒鬧得很費了事咯。

【E】我原想你這件事情,和他説很容易來着,誰想那個厭物,竟這麼様兒的牙闗緊不肯依,這倒鬧得很費了事咯。

【F】儞坐下,我慢慢的告訴儞。昨天我見着他,就和他説,他聽也不聽,陡然的變了臉,不作聲,好像是不歡喜的。

muse	hebdehe	babe	inde	alahade,	dere
muse	hebde-he	ba-be	inde	ala-ha-de,	dere
1PL.INCL	商量-PFV	地方-ACC	3SG.DAT	告訴-PFV-LOC	臉
咱們	商量	地方把	向　他	告訴時,	臉

efulefi,	mini	gisun	be	fiyotoho	gisun	sembi.
efule-fi,	mini	gisun	be	fiyotoho	gisun	se-mbi.
變-順序.CVB	1SG.GEN	話語	ACC	放屁-PFV	話語	説-PRS
翻臉,	我的	話	把	屁	話	説。

【A】把喒們商量的去處告訴了他,放下臉來,以我的話爲乖謬之談。

【B】把咱們商量的告訴了他,放下臉來,把我的話作爲乖謬之談。

【C】把咱們商(商)量的去處告訴了他,放下臉來,説是我的話是乖謬之談。

【D】我把咱們商量的話告訴了他一遍,他倒沉下臉來,説我説的話是胡説。

【E】我把咱們商量的話告訴了他,他倒放下臉來,説我説的話是放屁。

tede	bi	hūr	sehe,	jili	monggon	i	da
tede	bi	hūr	se-he,	jili	monggon	-i	da
那.DAT	1SG	發怒貌	AUX-PFV	怒氣	喉	GEN	根
對那	我	發火	地,	怒氣	脖梗	的	根

deri	oho,	ainaci	ainakini	dabala	seme,
deri	o-ho,	aina-ci	aina-kini	dabala	se-me,
DAT	成爲-PFV	怎樣-假設.CVB	怎樣-IMP	罷咧	説-并列.CVB
經由	成了,	要怎樣	就怎樣	罷咧	説了,

imbe	neciki	sere	gūnin	jalu	jafaha	bihe.
imbe	neci-ki	se-re	gūnin	jalu	jafa-ha	bihe.
3SG.ACC	招惹-IMP	AUX-IPFV	心	滿	拿-PFV	PST
把他	欲侵擾		心意	滿	拿了	有了。

【A】所以我的火上來,性子到了脖梗子上了,要作什麼就作罷咧,滿心裡要惹他一惹。

【B】那上頭我的火上來,性子到了脖梗子上了,要作什広就作罷,滿心裡要惹他一惹。

【C】那上頭我起了火性,到了脖梗子上來了,要怎麼便怎麼,滿心裡要惹他一惹。

【D】我一聽這話,氣就到了脖頸子上了,心裡説,要怎麼樣就怎麼樣罷,滿心裡要惹他一惹。

【E】因爲這上頭,我動了火氣,都到了脖頸子上了,心裡説,要怎麼樣就怎麼樣罷,滿心裡要惹他一惹。

amala	gūnifi,	beye	beyede	fonjime,	si
amala	gūni-fi,	beye	beye-de	fonji-me,	si
後來	想-順序.CVB	自己	自己-DAT	問-并列.CVB	2SG
後來	想了,	自己	向自己	問,	你

tašarabuhabi, ere jihengge beyei baita
tašara-bu-ha-bi, ere ji-he-ngge beye-i baita
錯-CAUS-PFV-PRS 這 來-PFV-NMLZ 自己-GEN 事情
出差錯, 這 來的 自己的 事情

waka, gucu i jalin kai, imbe majige
waka, gucu -i jalin kai, imbe majige
不是 朋友 GEN 理由 INTJ 3SG.ACC 稍微
不是, 朋友 的 理由 啊, 把他 略

baktambure de geli ai fayambi seme.
baktambu-re de geli ai faya-mbi se-me.
包容-IPFV LOC 又 什麼 費事-PRS 説.AUX-并列.CVB
包含 對 也 什麼 費事了 説?

【A】後來想了一想,自己問着自己:你錯了,這來意不是自己的事,爲的是朋友啊,就畧容着他些,又費了什麼?

【B】後來一想,自己問着自己:你錯了,這來意不是爲自己的事,爲的是朋友啊,畧容他些又費了什広?

【C】後來想了想,自問自己:哎呀,你錯了,這來意是爲朋友啊,畧容他些,又費了什麼?

【D】後來我想了一想,自己問着自己説:你錯了,這來不是爲自己的事,爲的是朋友們,若是鬧起來,不耽誤了人家的事麼?容讓他些兒,又費了我甚麼了呢?

【E】後來我想了一想,自己問着自己説:你錯了,這來不是爲自己的事,不過爲得是明[朋]友們,容讓他些兒,又費了你甚麼了呢?

ini elere ebsihei akšulame becere be
ini ele-re ebsihei akšula-me bece-re be
3SG.GEN 足够-IPFV 儘量 罵-并列.CVB 責備-IPFV ACC
他的 盡 量 説刻薄話 責備 把

kirime,	emu	jilgan	tucikekū,	ijishūn	i
kiri-me,	emu	jilgan	tuci-ke-kū,	ijishūn	-i
忍耐-并列.CVB	一	聲音	出-PFV-NEG	温順	INS
忍受,	一	聲音	不哼,	和順	的

alime	gaiha.
ali-me	gai-ha.
接-并列.CVB	受-PFV
承	受。

【A】所以忍着他的盡量痛責,一聲也不哼,順順的領受了。

【B】忍着性教他儘量責傰,一聲也無哼,順順的受了。

【C】因那樣忍着他盡量痛責,一聲也没哼,順順的領受了。

【D】任憑他儘着量兒數落,我一聲兒也没有哼,全都忍了。

【E】任憑他儘着量兒數落,我一聲兒也没有哼,順順當當兒的受了。

【F】我只得忍着,一聲也不響,看他怎麼樣。

geli	kejine	goidame	tefi,	terei	arbun
geli	kejine	goida-me	te-fi,	tere-i	arbun
又	很	長久-并列.CVB	坐-順序.CVB	3SG-GEN	形象
又	好一會	很久	坐,	他的	光景

be	tuwafi,	ici	acabume	elheken	i
be	tuwa-fi,	ici	acabu-me	elheken	-i
ACC	看-順序.CVB	順應	相合-并列.CVB	慢慢	INS
把	看,	順應	迎合	緩緩	地

baire	jakade,	arkan	teni	uju	gehešehe.
bai-re	jakade,	arkan	teni	uju	geheše-he.
求-IPFV	因爲	好不容易	纔	頭	點頭-PFV
求	之後,	剛剛的	纔	頭	點頭。

【A】又坐了好一會,看他的光景,順着他慢慢的央求,剛剛的纔點了頭了。

【B】又坐了好一會,看了他的形景,順着他慢慢的央求的上頭,剛剛的纔點了頭了。

【C】又坐了好一會,看他的光景,順着他慢慢的央求,好容易纔點了頭了。

【D】又坐了好一會子,看着他的光景,順着他的氣兒慢慢兒的哀求他,剛剛兒的他纔點了頭咯。

【E】又坐了好一會子,看着他的光景,順着他的氣兒慢慢兒的哀求他,剛剛兒的纔點了頭咯。

【F】坐了好一會,他纔轉個笑臉,説再商量。我慢慢的再三代儞求他,他纔肯點了頭。

si gūnime tuwa, mini jili majige hahi
si gūni-me tuwa, mini jili majige hahi
2SG 想-并列.CVB 看.IMP 1SG.GEN 怒氣 稍微 緊迫
你 想着 看, 我的 怒氣 略 着急

oci, sini baita faijuma bihe wakao.
oci, sini baita faijuma bi-he waka-o.
若是 2SG.GEN 事情 不妥 有-PFV 不是-Q
若是, 你的 事情 不妥當 有了 不是嗎?

【A】你想着瞧,我的性子要畧急些,你的事情不有些不妥當了嗎?

【B】你想,我的性子若畧急些,你的事情不有些不妥當了嗎?

【C】你想想看,我的性子畧急些,這個事不妥當了啊。

【D】你想一想,我的性子若是略急一點兒,你的事情就不妥了。

【E】你想一想,我的性子若是畧急一點兒,你的事情就不妥了。

【F】儞想一想,我看他變了臉,若性子略急點,不肯忍,儞這件事就不妥了。

18（A18 erinde acabure aga 及時雨，B18，C96，D96，E98，F35 阻雨）

sikse	erde	iliha	manggi,	booi	dolo	dembei
sikse	erde	ili-ha	manggi,	boo-i	dolo	dembei
昨天	早上	起來-PFV	之後	家-GEN	裡面	非常
昨天	早晨	起來	後，	家的	裡面	很

farhūn,	bi	ainci	kemuni	gehun	gerere	unde
farhūn,	bi	ainci	kemuni	gehun	gere-re	unde
暗	1SG	也許	還	明亮的	天亮-IPFV	尚未
黑，	我	想是	還	天大亮		尚未

aise	seme.
aise	se-me.
想必	說.AUX-并列.CVB
想是	說。

【A】昨日清早起來，屋裡狠黑，我説想是天還没狠亮。

【B】昨日清早起來，屋裡狠黑，我説想是天還未大亮呢。

【C】昨日早晨起來，房裡狠黑，我只説還没天亮。

【D】昨兒清早兒起來，屋裡很黑，我疑惑是天還没有亮呢。

【E】昨兒清早兒起來，屋裡很黑，我説想是天還没有亮呢。

【F】前天有點冒風，没去。昨天清早起來，屋子裡狠黑，我想是起的早，天還没有亮啊。

hūwa	de	tucifi	tuwaci,	dule	luk
hūwa	de	tuci-fi	tuwa-ci,	dule	luk
院子	LOC	出-順序.CVB	看-條件.CVB	原來	天陰貌
院子	向	出去	看，	原來	漆黑

seme	tulhušehe	ni.
se-me	tulhuše-he	ni.
AUX-并列.CVB	天陰-PFV	呢
地	天陰	呢。

【A】出院子裡看,原來陰的漆黑。

【B】出院子裡一看,原來陰的漆黑了。

【C】出院子裡一瞧,原來陰的漆黑。

【D】到院子裡一瞧,嗳呀,原來是天陰的漆黑。

【E】到院子裡一瞧,嗳呀,原來是天陰的漆黑。

【F】走出院子一瞧,原來是天陰的漆黑。

dere	obofi,	teni	yamulaki	serede,
dere	obo-fi,	teni	yamula-ki	se-re-de,
臉	洗-順序.CVB	纔	上衙門-IMP	AUX-IPFV-LOC
臉	洗,	纔	欲去衙門	時,

sebe saba	aga	i	sabdan	tuhenjihe,	baji	aliyara
sebe saba	aga	-i	sabdan	tuhe-nji-he,	baji	aliya-ra
疏雨點點貌	雨	GEN	滴滴	落下-來-PFV	一會	等-IPFV
疏雨點點	雨	的	滴滴	落下來了,	一會	等待

sidende,	šor	seme	asuki	tucikebi.
siden-de,	šor	se-me	asuki	tuci-ke-bi.
期間-LOC	淅瀝貌	AUX-并列.CVB	聲音	響-PFV-PRS
空隙,	雨瀟瀟	地	聲音	響起來了。

【A】洗了臉,纔要上衙門,一點兩點的下雨了,署等了一會,下响了。

【B】洗了臉,纔要上衙門,星星點點下雨了,署等一會的空兒,下响了。

【C】洗了臉,纔要上衙門,雨星星一點兩點的下了,略等了一會,刷刷的下嚮[響]了。

【D】我洗了手臉，纔要上衙門，那天一星子半點兒的下起雨來了，畧等了一會兒，涮涮的下响了。

【E】我洗了手臉，纔要上衙門，那天一星子半點子的就下起來了，略等了一會兒，涮涮的下响了。

【F】我洗了臉，吃點心完，纔要上衙門去，就一星半點的下起雨來了。

geli　majige　te　manggi，　emu　hūntahan　cai　omiha
geli　majige　te　manggi，　emu　hūntahan　cai　omi-ha
又　稍微　坐.IMP　之後　一　杯　茶　喝-PFV
又　稍　坐　後，　一　杯　茶　喝了

bici，　gaitai　kiyatar　seme　emgeri　akjan
bi-ci，　gaitai　kiyatar　se-me　emgeri　akjan
有-假設.CVB　突然　雷鳴貌　AUX-并列.CVB　一次　雷
若有，　忽然　響亮聲　一個　雷

akjame，　hūwanggar　seme　agame
akja-me，　hūwanggar　se-me　aga-me
響-并列.CVB　傾大雨盆貌　AUX-并列.CVB　下雨-并列.CVB
打雷，　傾盆大雨貌　下雨

deribuhe.
deribu-he.
開始-PFV
開始了。

【A】又坐了一坐兒，喫了一鍾茶的空兒，忽然一聲打起焦雷，下起盆傾大雨來了。

【B】又坐了一坐兒，吃了一鍾茶的時候，忽然一聲焦雷，下起盆傾大雨來了。

【C】又坐了一坐，喫了一鐘茶，忽然打了一個焦雷，下起盆傾大雨來了。

【D】又坐了一坐兒,喝了盅茶的空兒,忽然打了個霹雷,這雨就傾盆似的下來了。

【E】又坐了一坐兒,喝了鐘茶的空兒,忽然打了個霹雷,就傾盆似的下來咯。

【F】我穿好袍套,再坐了一坐,欲鍾茶,等一會,忽然的打了一個霹靂,下起傾盆的大雨來咯。

bi	ere	bai	emu	burgin	i	huksidere	dabala,
bi	ere	bai	emu	burgin	-i	hukside-re	dabala,
1SG	這	僅僅	一	陣	INS	下暴雨-IPFV	罷咧
我	這	白白	一	陣	的	暴雨	罷咧,

duleke	manggi	jai	yoki	seci.	aibide.
dule-ke	manggi	jai	yo-ki	se-ci.	aibi-de.
過-PFV	之後	再	走-IMP	AUX-假設.CVB	哪裡-LOC
過去了	後	再	走	想欲。	哪裡在?

yamjitala	hungkerehe	bime,	dobonio
yamji-tala	hungkere-he	bi-me,	dobonio
晚上-直至.CVB	傾注-PFV	有-并列.CVB	整夜
直到傍晚	傾注	而且,	整夜

geretele,	umai	nakahakū.
gere-tele,	umai	naka-ha-kū.
天亮-直至.CVB	全然	停止-PFV-NEG
直到天亮,	全然	停住没有。

【A】我只説這不過一陣暴雨罷咧,過去了再走罷。那裡? 直傾到晚,又徹夜至天明,總没有住。

【B】我只説這不過一陣暴雨罷咧,過去了再走。那裡? 直盆傾到晚,又徹夜至天明,総没有住。

【C】我只説這不過一陣暴雨罷咧,過去了再走。那裡? 直傾到晚,又一夜至天明,總没住。

【D】我想着這不過是一陣兒暴雨罷咧,等過了再走。那兒知道,直下了一天一夜,總没有住。

【E】我只說這不過是一陣兒暴雨罷咧,等過了再走。那兒知道,直下到挨晚兒,又一直的下到天明,總没有住。

【F】我想着這不過是一陣的暴雨,等歇了再走。那知道,直下了到天黑,總没有住一會的。

enenggi budai erin otolo, teni buru bara
enenggi buda-i erin o-tolo, teni buru bara
今日 飯-GEN 時候 成爲-直至.CVB 纔 恍恍 惚惚
今日 飯的 時候 到了, 纔 恍 惚
šun i elden be sabuha.
šun -i elden be sabu-ha.
太陽 GEN 光 ACC 看見-PFV
太陽 的 光 把 看見了。

【A】到今日飯時,纔恍恍惚惚看見日光了。
【B】到今日飯時,纔恍恍惚惚的看見日光了。
【C】到今日飯時,纔恍恍惚惚看見日光了。
【D】到了今兒早飯後,纔恍恍惚惚的看見日頭咯。
【E】直到早飯後,纔恍恍惚惚的看見日頭咯。

yala erinde acabure sain aga. gūnici ba ba
yala erin-de acabu-re sain aga. gūni-ci ba ba
真是 時機-DAT 相合-IPFV 好 雨 想-假設.CVB 處 處
實在 時候 適合 好 雨! 料想 處 處
i usin hafukakūngge akū kai. bolori
-i usin hafu-ka-kū-ngge akū kai. bolori
GEN 田地 浸透-PFV-NEG-NMLZ NEG INTJ 秋天
的 田 不透的 没有 啊。 秋天

jeku	elgiyen	tumin	i	bargiyarakū	ainaha.
jeku	elgiyen	tumin	-i	bargiya-ra-kū	aina-ha.
食物	豐富	厚實	INS	收穫-IPFV-NEG	做什麼-PFV
莊稼	富裕	厚實	的	不豐收	做什麼?

【A】真是應時的好雨啊！想來各處的地畝没有不透的了。秋天的莊稼豈有不豐収的呢?

【B】真是應時的好雨！想來各處的地畝没有不透的了。秋天的庄稼有不豐収的呢?

【C】真是應時的雨！想來各處地畝没有不透的了。秋天的莊稼豈有不豐收的呢?

【D】却是應時的好雨啊！想來各處兒的田地没有不透的咯。秋天的庄稼豈有不收成的呢?

【E】真是應時的好雨啊！想來各處兒的田地没有不透的咯。秋天的庄稼豈有不收成的麼?

【F】昨天一天的大雨,想是各處田地没有不透的。當這庄家[稼]望雨的時候真是好雨！任倆有錢買不來啊。

19 (A19 fulhū i dorgi suifun 囊中之錐,B19,C19,D19,E19,F58 有德行)

sini	dacilarangge	tere	age	wakao.
sini	dacila-ra-ngge	tere	age	waka-o.
2SG.GEN	詢問-IPFV-NMLZ	那個	阿哥	不是-Q
你的	打聽的	那個	阿哥	不是嗎?

【A】你打聽的不是那個阿哥麼?

【B】打聽的不是那個阿哥嗎?

【C】你打聽的不是那個阿哥麼?

【D】你打聽的不是那位老弟麼?

【E】你打聽的不是那位老弟麼?

【F】你打聽的不是那位高大的漢子麽？

tere serengge, fulhū i dorgi suifun kai,
tere se-re-ngge, fulhū -i dorgi suifun kai,
3SG 說.AUX-IPFV-NMLZ 口袋 GEN 中間 錐子 INTJ
他 所謂的， 袋 的 裡面 錐子 啊，
atanggi bicibe urunakū colgorome tucimbi.
atanggi bi-cibe urunakū colgoro-me tuci-mbi.
幾時 有-讓步.CVB 必定 超群-并列.CVB 出來-PRS
幾時 即使 一定 超群 出來。
turgun ai seci.
turgun ai se-ci.
原因 什麽 説-假設.CVB
原因 什麽 説？

【A】他呀，是囊中之錐啊，幾時必要出頭。甚麽緣故呢？
【B】他呀，是個口袋裡的錐子啊，幾時必要出頭。緣故怎庅説？
【C】他呀，是個囊中之錐，幾時必要出頭。什麽緣故呢？
【D】他是個囊中之錐，不久，就要出頭咯。甚麽緣故呢？
【E】他是囊中之錐，不久就要出頭咯。甚麽緣故呢？
【F】他這個人哪，不久要出頭咯。這倆認得他麽？

banitai ujen jingji bime ambula tacihabi,
banitai ujen jingji bime ambula taci-ha-bi,
本性 沉静 穩重 並且 多 學-PFV-PRS
秉性 沉静 穩重 而且 多 學，
yabuci durun aššaci kemun, alban
yabu-ci durun ašša-ci kemun, alban
行事-假設.CVB 規矩 動-條件.CVB 準則 公務
行走 規矩 行動 準則， 差事

de	oci	emu	julehen	i	yabumbi,
de	o-ci	emu	julehen	-i	yabu-mbi,
LOC	成爲-假設.CVB	一	意志	INS	走-PRS
在	若是	一	步	以	走,

【A】生來的沉静博學,行動是榜樣準則,差事上一拿步兒的走,
【B】生來的沉静而且慱學了,行有規動有則,差使上一拿步児的走,
【C】生来的沉静慱學,動作有則,差事上一拿步兒的行走,
【D】他生來得安静,學問淵博,行動兒漢仗兒又出衆,差使上又勤,
【E】他生來的安静博學,行動兒漢仗兒又出衆,差使上又勤,
【F】是的。他生的相貌好,漢仗高,行止舉動有規矩,

boode	oci	emu	suihen	i	banjimbi,
boo-de	o-ci	emu	suihen	-i	banji-mbi,
家-LOC	成爲-假設.CVB	一	心意	INS	生活-PRS
在家	若	一	心意	地	生活,

yargiyan	i	ajige	hacin	demun	akū.
yargiyan	-i	ajige	hacin	demun	akū.
確實	INS	微小的	怪樣	都	NEG
實在	地	一點	毛病	都	没有。

【A】居家呢一樸心兒的過,實在的没有一點毛病。
【B】居家一撲心児的過,實在一点毛病没有。
【C】居家一撲心的過,實在無一點毛病。
【D】居家過日子是一撲納心兒的勤儉。真是没有一點兒毛病兒。
【E】居家是一撲納心兒的過。真是没有一點兒毛病兒。
【F】心地明白,性情和平。

ama	eme	de	hiyoošungga,	ahūn	deo	de	haji,
ama	eme	de	hiyoošungga,	ahūn	deo	de	haji,
父親	母親	DAT	孝順	兄	弟	DAT	親切
父親	母親	對	孝順,	兄	弟	對	親近,

ere dade gucu gargan de umesi karaba.
ere da-de gucu gargan de umesi karaba.
這 原本-LOC 朋 友 DAT 很 合群
這 起初 朋 友 對 很 合群。

【A】父母跟前孝順,兄弟之間親熱,況且朋友裡頭狠護衆。

【B】父母跟前孝順,弟兄中親熱,況且朋友裡狠護衆。

【C】父母前孝順,弟兄間親熱,而且朋友裡狠護衆。

【D】父母跟前又孝順,弟兄們跟前又親熱,況且待朋友們又很護衆。

【E】父母跟前又孝順,弟兄們跟前又親熱,況且朋友們裡頭又很護衆。

【F】待朋友狠和氣,又有義氣。

yaya we inde emu baita yandure de,
yaya we inde emu baita yandu-re de,
凡是 誰 3SG.DAT 一 事 委託-IPFV DAT
所有 誰 向他 一 事 請托 時,

alime gairakū oci wajiha, uju
ali-me gai-ra-kū oci waji-ha, uju
承受-并列.CVB 接受-IPFV-NEG 若是 完-PFV 頭
受 不接受 若 完了, 頭

gehešehe sehede, urunakū beye sisafi
geheše-he se-he-de, urunakū beye sisa-fi
點頭-PFV 説-PFV-LOC 必定 身體 投入-順序.CVB
點頭 説, 一定 身子 倒下

sini funde facihiyašambi, muteburakū
sini funde facihiyaša-mbi, mute-bu-ra-kū
2SG.GEN 代替 着急-PRS 完成-CAUS-IPFV-NEG
你 替代 着急, 不使成

oci	nakara	kooli	akū.
o-ci	naka-ra	kooli	akū.
成爲-假設.CVB	停止-IPFV	道理	NEG
若	停止的	道理	没有。

【A】不拘誰托他一件事,不應就罷了,要説是點了頭,必然撲倒身子替你設措,不成不肯歇手。

【B】不拘誰托他一件事,不應就罷了,要説點了頭,必定撲倒身子替你設措,不成不肯歇手。

【C】不拘誰托他一件事,不應就罷了,要説是點了頭,必定盡力替你吧結,不成不歇手。

【D】不拘誰托他一件事,他不應就罷了,他若是點了頭,必定替你盡力的辦,不成不肯歇手。

【E】不拘誰托他一件事,他不應就罷了,他若説是點了頭,必定替你巴結着辦,不成不肯歇手。

【F】不拘是誰託他一件事,他不答應就罷,若點了頭,必替人盡力的去辦,不成不肯歇手。他這個人真是没有一點壞處,可以算得一個厚道的人。那裡有不出頭的道理呢? 儞且看一看。

uttu	ofi	we	imbe	kundulerakū.
uttu	ofi	we	imbe	kundule-ra-kū.
這樣	因爲	誰	3SG.ACC	尊敬-IPFV-NEG
因此		誰	把他	不恭敬?

we	hanci	oki	serakū.
we	hanci	o-ki	se-ra-kū.
誰	親近	成爲-IMP	AUX-IPFV-NEG
誰	親近	要	不是?

【A】因此誰不敬他? 誰不要親近他?

【B】因此誰不敬他? 誰不要親近他?

【C】因此誰不敬他? 誰不要親近他?

【D】因此誰不敬他？誰不親近他？

【E】因此誰不敬他？誰不要親近他？

【F】如果是這樣的人，誰不敬服他？誰不親近他？

sain	niyalma	abka	haršambi	sehebi,	enteke
sain	niyalma	abka	harša-mbi	se-he-bi,	enteke
好	人	天	生長-PRS	説-PFV-PRS	這樣
好	人	天	幫助	説了，	這樣的

niyalma	mekele	banjifi	untuhuri	wajire	aibi.
niyalma	mekele	banji-fi	untuhuri	waji-re	aibi.
人	枉然	生活-順序.CVB	徒然	完-IPFV	豈有
人	白白地	活着	白白地	完了	豈有？

abka	urunakū	hūturi	isibure	dabala.
abka	urunakū	hūturi	isibu-re	dabala.
天	必定	福	送到-IPFV	罷咧
天	一定	福	降	罷咧。

【A】有“吉人天相”之説，這樣的人豈有虛生空完的呢？天必降福罷了。

【B】吉人天相，這樣人豈有虛生空完的呢？天必降福罷咧。

【C】可是説的“吉人天相”啊，這樣人豈有虛空完的呢？天必降福罷了。

【D】是啊，他這樣兒的人豈有空過一生的理麼？俗語兒説：“吉人天相，天必降福”啊。

【E】可是説的“吉人天相”，這個樣兒的人豈有空過一生的理麼？天必降福啊。

【F】總没有空過了一生的。俗語説：“吉人天相”，正是相這樣的人啊。難怪儞呐説，不久要出頭咯。

20（A20 bithe šejilebure 叫背書，B20，C6，D6，E6，F75 謫不好學，G9 訓責）

ecimari	ceni	bithe	šejilebuci,	emke	emke
ecimari	ceni	bithe	šejile-bu-ci,	emke	emke
今早	3PL.GEN	書	背誦-CAUS-假設.CVB	一個	一個
今早	他們的	書	使背誦，	一個	一個

ci	eshun,	ek ek	seme	gahūšame,
ci	eshun,	ek ek	se-me	gahūša-me,
ABL	生疏	結結巴巴貌	AUX-并列.CVB	張口-并列.CVB
比	生疏，	説不出的樣子		張口結舌，

deng deng	seme	ilinjambi.
deng deng	se-me	ilinja-mbi.
咯噔咯噔貌	AUX-并列.CVB	止住-PRS
咯噔咯噔	地	打磕絆。

【A】今日早起叫他們皆[背]書，一個比一個生，哼啊哼的張着嘴，格蹬格蹬的打磕拌。

【B】今日早起教他們背書，一個比一個生，哼啊哼的張着口，格蹬格蹬的打磕拌。

【C】今日早晨叫他們背書，一個比一個生，哼啊哼的張着嘴，瞪着跕着。

【D】今兒早起背他們的書，一個比一個的生，哼啊哼的張着嘴瞪着眼，只是站着。

【E】今兒早起背他們的書，一個比一個的生，哼啊哼的張着嘴瞪着眼，只是站着。

【F】念去念去罷！今天早起，儞們念過幾句呢？哎，難得湊着這種好學生，一個比一個的不好，哼啊哼的張着嘴瞪着眼，只是站着。

【G】今兒早起背他們的書，一個比一個的生，哼阿哼的張着嘴瞪着眼,只是站着。

(【+F】看倆們這個樣,誰忍得住呢? 哇,停了聲,聽我說話。是。)

tede	bi,	takasu,	mini	gisun	be	donji.	suwe
tede	bi,	takasu,	mini	gisun	be	donji.	suwe
那.DAT	1SG	停.IMP	1SG.GEN	話語	ACC	聽.IMP	2PL
那上頭	我:	暫住,	我的	話	把	聽。	你們

manju	bithe	be	hūlaci	tetendere,	uthai	emu
manju	bithe	be	hūla-ci	tetendere,	uthai	emu
滿洲	書	ACC	讀-假設.CVB	既然	就	一
滿洲	書	把	念	既然,	就	一

julehen	i	tacicina,	ere	gese	ton	arame,
julehen	-i	taci-cina,	ere	gese	ton	ara-me,
心意	INS	學-IMP	這	一樣	數量	做-并列.CVB
心意	以	學是呢,	這	樣	數	做、

untuhun	gebu	gaici,
untuhun	gebu	gai-ci,
空虛	名字	求取-假設.CVB
空虛	名字	得到,

【A】那上頭我説:暫住,聽我的話。你們既念清書,就一拿步兒學是呢,像這樣充着數兒、沽虛名,

【B】那上頭我説:暫住,聽我的話。你們既然念清書,就一拿步兒的學呀,像這樣充數兒、沽虛名,

【C】那上頭我説:你們聽我的話。既然念書,就誠心學是呢,像這樣充数兒、沽虛名,

【D】看他們這麼着,我説:且住了,聽我的話,你們既然是念滿洲書,就該一撲納心兒的學,像這麼樣兒的充數兒、沽虛名,

【E】因爲這上頭,我説:且住了,聽我的話,你們既然是念滿洲書,就該一撲納心兒的學,像是這麼樣兒的充數兒、沽虛名,

【F】人既要念書,就要用心,念得熟,背得來。都照儞們這個様,學到好多年,

【G】看他們這麼着,我說,且住了,聽我的話。你們既然是念滿洲書,就該一撲納心兒的學,像是這麼樣兒的充數兒、沽虛名,多喒是個了手啊?

atanggi	dube	da.	yala	suwe	inenggi	biya	be
atanggi	dube	da.	yala	suwe	inenggi	biya	be
幾時	末尾	根本	真是	2PL	日子	月份	ACC
幾時	末尾	源頭?	果然	你們	日	月	把

untuhuri	manabuha	sere	anggala,	bi	inu
untuhuri	manabu-ha	se-re	anggala,	bi	inu
空虛	消磨-PFV	說.AUX-IPFV	而且	1SG	也
白白地	消磨	說	不但,	我	也

mekele	hūsun	baibuha	secina.
mekele	hūsun	baibu-ha	se-cina.
徒然	力氣	費力-PFV	說-IMP
白白地	力氣	費	說呢。

【A】幾時纔有頭緒?可是說的不但你們虛度光陰,我也是徒然費力啊。

【B】幾時纔有頭緒?真不但是你們虛度光陰,我也是枉費力啊。

【C】幾時纔有頭緒?不但你們虛度光陰,我也空費力了。

【D】多偺是個了手啊?不但你們是虛度日月,連我也是白費了勁兒咯。

【E】多喒是個了手啊?不但你們是虛度日月,連我也是白費了勁兒咯。

【F】記得什麼?這不止儞們冒個念書的虛名,空度了日子,連我也是白費了工夫咯。

【G】多喒是個了手啊?不但你們是虛度日月,連我也是白費了勁兒咯。

eici suweni beyebe suwe sartabuha sembio.
eici suweni beye-be suwe sarta-bu-ha se-mbi-o.
或者 2PL 自己-ACC 2PL 耽誤-CAUS-PFV 說.AUX-PRS-Q
或 你們的 把自己 你們 耽誤了,

eici bi suwembe tookabuha sembio.
eici bi suwembe touka-bu-ha se-mbi-o.
或者 1SG 2PL.ACC 耽擱-CAUS-PFV 說.AUX-PRS-Q
或 我 把你們 耽誤了 說呢?

【A】還算是你們自己誤了自己,或是算我悮了你們呢?
【B】或者是你們自己誤了自己呀,或是說我耽擱了你們了呢?
【C】是你們自己誤了自己呢,還是我誤了你們了呢?
【D】這是你們自己悮了自己咯,還是我悮了你們咯呢?
【E】這是你們自己悮了自己咯,還是我悮了你們咯呢?
【G】這是你們自己悮了自己咯,還是我悮了你們咯呢?

ciksika amba haha oso nakū, hendutele geli
ciksi-ka amba haha oso nakū, hendu-tele geli
長大-PFV 大 男人 成爲.IMP 之後 說-直至.CVB 又
成年 大 男子 已成了, 一直說 又

uttu, šan de donjire gojime, gūnin de
uttu, šan de donji-re gojime, gūnin de
這樣 耳朵 LOC 聽-IPFV 雖然 心 LOC
這樣, 耳朵 裡 聽了 只是, 心裡 在

teburakūngge, dere jaci silemin bai.
tebu-ra-kū-ngge, dere jaci silemin bai.
放置-IPFV-NEG-NMLZ 臉 甚 皮實 吧
放置没有, 臉 太 厚颜 吧。

【A】已成了壯年的大漢子,説着説着又這樣耳朵裡聽了,心裡廢棄的光景,太皮臉了啊。

【B】已是成了丁的大漢子了,説着又這樣,雖耳朵裡聽了,不記在心裡的,太皮臉了啊。

【C】長成了的大漢子,説着又是那樣,這箇耳朵聽了,從那耳朵裡出去了,太皮臉了啊。

【D】已經長成了大漢子的,説着也是這個樣,耳朵雖然聽了,並不放在心上,太皮臉了罷,把我説的苦口良言全當成了耳傍風咯。

【E】已經長成了大漢子的,説着也是這個樣,耳朵雖然聽了,並不放在心上,太皮臉了罷,把我説的苦口良言全當成了耳傍風咯。

【F】説起來,我勸過爾們多少回呢? 爾們耳朵雖是聽着,並不放在心上,把我説的話全當成耳邊風,是甚麽意思呢?

【G】已經長成了大漢子的,説着也是這個樣,耳朵雖然聽了,並不放在心上,太皮臉了罷,

mini	ere	gosihon	gisurere	be,	suwe	ume
mini	ere	gosihon	gisure-re	be,	suwe	ume
1SG.GEN	這	苦	説-IPFV	ACC	2PL	不要
我的	這	苦的	話	把,	你們	不要

gejenggi	sere	ume	fiktu	baimbi	sere,
gejenggi	se-re	ume	fiktu	bai-mbi	se-re,
囉嗦	説.AUX-IPFV	不要	嫌隙	求-PRS	説.AUX-IPFV
嘴碎	説	不要	藉口	尋找	説,

te	bicibe	mini	beye	alban	kame
te	bi-cibe	mini	beye	alban	ka-me
現在	有-讓步.CVB	1SG.GEN	自己	公務	擔當-并列.CVB
現在	雖然	我的	自己	差事	擔當

funcehe	šolo	de,	majige	ergeci	oihori.
funce-he	šolo	de,	majige	erge-ci	oihori.
剩下-PFV	空閒	LOC	稍微	休息-假設.CVB	疏忽
剩下	空閑	在,	略	休息	忽略?

【A】把我這苦口的話,你們别説嘴碎,别説尋趁,即如我當了差剩的空兒,受用受用何等的好呢?

【B】把我這苦口話,你們别説嘴碎尋趁,即如我當差使剩下的空兒,受用受用何等的好?

【C】把我這苦口説話,你們别説嘴碎,即如我當了差剩下的空兒,畧受用些是樂得的。

【D】把我説的苦口良言,全當成了耳傍風咯。别説我找你們的錯縫子。譬如我當了差使回來,賸下的空兒,歇歇兒,那不好麽?

【E】把我説的苦口良言全當成了耳傍風咯。别説我找你們的錯縫子。譬如我當了差使回來,剩下的空兒,歇歇兒,不好麽?

【F】把我説的話全當成耳邊風,是甚麽意思呢? 僩們想一想,我在衙門裡當差回來,有點空兒,自己歇歇,豈不好呢?

【G】把我説的苦口良言全當成了耳傍風咯。(耳傍風,牛耳讀經意)别説我找你們的錯縫子。譬如我當了差使回來,剩下的空兒,歇歇兒,那不好麽?

baibi	suwembe	canggi	ere	tere	serengge,
baibi	suwembe	canggi	ere	tere	se-re-ngge,
只管	2PL.ACC	只管	這	那	説-IPFV-NMLZ
只是	把你們	只管	這樣	那樣	説,

ai	hala.	ineku	giranggi	yali	ofi,	suwembe
ai	hala.	ineku	giranggi	yali	ofi,	suwembe
什麽	樣子	本來	骨	肉	因爲	2PL.ACC
爲什麽呢?		本來	骨	肉	因爲,	把你們

hūwašakini,	niyalma	okini	sere	gūnin	kai.
hūwaša-kini,	niyalma	o-kini	se-re	gūnin	kai.
長大-IMP	人	成爲-IMP	AUX-IPFV	意念	INTJ
出息,	人	教成爲		意念	啊。

【A】只管合你們這樣那樣的,爲什麽呢? 也因爲是骨肉,叫你

們出息,叫你們成人的意思啊。

【B】只管合你們這樣那樣的,是何苦来?也因爲是骨肉,教你們出息,教你們成人的意思啊。

【C】只管和你們這樣那樣的,爲什麼?也因爲是骨肉,叫你們出息,叫你們成人的意思。

【D】只是和你們這個那個的,爲甚麼呢?不過因爲是骨肉,叫你們出息成人的意思啊。

【E】只是和你們這個那個的,爲甚麼呢?不過因爲是骨肉,叫你們出息成人的意思啊。

【F】就是我和儞們這個那個的,不過要儞們好好的成人。

【G】只是和你們這個那個的,爲甚麼呢?不過因爲是骨肉,叫你們出息成人的意思啊。

ainara.	bi	gūnin	akūmbume	tacibure	de,
aina-ra.	bi	gūnin	akūmbu-me	tacibu-re	de,
怎麼辦-IPFV	1SG	心	竭盡-并列.CVB	教導-IPFV	LOC
怎麼樣?	我	心思	盡力	教	時,

giyan	be	dahame	tacibuci	wajiha.
giyan	be	dahame	tacibu-ci	waji-ha.
道理	ACC	跟隨	教導-假設.CVB	完結-PFV
道理	把	按照	教導	完了。

donjire	donjirakūngge	suweni	ciha	dabala,
donji-re	donji-ra-kū-ngge	suweni	ciha	dabala,
聽-IPFV	聽-IPFV-NEG-NMLZ	2PL.GEN	任憑	罷咧
聽的	不聽的	你們的	任意	罷咧,

mimbe	aina	sembi.
mimbe	aina	se-mbi.
1SG.ACC	做什麼.IMP	AUX-PRS
把我	怎麼樣	教?

【A】可怎麽樣呢？我該盡心教的，按着理教就完了，聽不聽隨你們罷了，叫我怎麽樣呢？

【B】可怎樣？我該盡心教的，按着理教就完了，聽不聽隨你們罷咧，教我怎樣呢？

【C】可怎麽樣？我但只好生教你們，盡我的本分就完了，聽不聽隨你們罷了，叫我怎樣呢？

【D】我如今也没法兒了，只好盡心的教導，完我的責任就是了，聽不聽隨你們罷咧，叫我可怎麽樣兒呢？

【E】我如今也没法兒了，只好盡心的教導，完我的責任就是了，聽不聽隨你們罷咧，叫我可怎麽樣兒呢？

【F】倆們還是這個樣，我再有什麽法子？我一向盡心的教倆們，完了我的責任，以後隨倆們罷咧。

【G】我如今也没法兒了，只好盡心的教導，完我的責任就是了，聽不聽隨你們罷咧，叫我可怎麽樣兒呢？

（【+F】大爺，你吶包涵些，我們從今後專心念書。）

21（A21 fifan be fithere 彈琵琶，B21，C101，D100，E102，F45 誠學琵琶）

waka，	sini	ere	absi	serengge.	inenggidari
waka，	sini	ere	absi	se-re-ngge.	inenggi-dari
不是	2SG.GEN	這	怎樣	説-IPFV-NMLZ	日子-每
不是，	你	這	怎麽	説的？	每日

ebitele	jefu	manggi，
ebi-tele	jefu	manggi，
飽-直至.CVB	吃.IMP	之後
一直飽	吃	之後，

【A】不是啊，你這是怎麽説？終日喫的飽飽的，

【B】不是，你這是怎庅説？終日家吃的飽飽的，

【C】不是啊,你這是怎麽説?終日喫的飽飽的,

【D】你這是怎麽説呢?天天兒喫得飽飽兒的,

【E】你這是怎麽説呢?天天兒吃得飽飽兒的,

【F】倆做什麽的?天天兒吃了飯,

fifan tenggeri be tebeliyehei fitherengge.
fifan tenggeri be tebeliye-hei fithe-re-ngge.
琵琶 三弦 ACC 抱-持續.CVB 彈-IPFV-NMLZ
琵琶 三弦 把 抱着 彈。

aika alban semeo. gebu gaiki sembio.
aika alban se-me-o. gebu gai-ki se-mbi-o.
什麽 差事 説.AUX-PRS-Q 名 取-IMP 説.AUX-PRS-Q
什麽 差事 算嗎? 名 成 想要嗎?

【A】抱着琵琶絃子彈的光景。還算是差事啊?還要成名嗎?

【B】抱着琵琶絃子彈。算官差呀?要成名啊?

【C】抱着琵琶絃子彈的。什麽樂?要成名麽?

【D】竟抱着琵琶弦子彈。有甚麽益處兒呢?要從此成名啊?

【E】抱着琵琶絃子彈。有甚麽樂兒啊?要從此成名啊?

【F】就抱着琵琶絃子彈。(【+F】這學得解個悶。)學這有什麽益處?是要靠着這個傳名啊?

eici ede akdafi banjiki sembio.
eici ede akda-fi banji-ki se-mbi-o.
或者 這.DAT 依靠-順序.CVB 生活-IMP 説.AUX-PRS-Q
或 因此 依靠 想要生活啊?

muse jabšan de manju ofi,
muse jabšan de manju ofi,
1PL.INCL 幸運 LOC 滿洲 因爲
咱們 幸運 對 滿洲 因是,

【A】或者要仗着這個過日子啊？喒們幸而是滿洲，

【B】或者要仗着這個過日子啊？咱們倖而是滿洲，

【C】要仗着這個過日子麼？咱們倖而是滿洲，

【D】還是要靠着這個過日子呢？咱們幸而是滿洲，

【E】還是要靠着這個過日子呢？咱們幸而是滿洲，

【F】還是要靠着這個過日子呢？咱們滿洲人，

jeterengge	alban	i	bele,
jete-re-ngge	alban	-i	bele,
吃-IPFV-NMLZ	官	GEN	米
吃的	官	的	米，

baitalarangge	caliyan	i	menggun,
baitala-ra-ngge	caliyan	-i	menggun,
使用-IPFV-NMLZ	錢糧	GEN	銀子
使用的	錢糧	的	銀子，

booi	gubci	ujui	hukšehe	bethei	fehuhengge,
boo-i	gubci	uju-i	hukše-he	bethe-i	fehu-he-ngge,
家-GEN	全部	頭-GEN	頂戴-PFV	脚-GEN	踏-PFV-NMLZ
家的	全	用頭	頂的	用脚	踩的，

gemu	ejen	i	kesi	de	bahangge.
gemu	ejen	-i	kesi	de	baha-ngge.
都	主子	GEN	恩惠	LOC	得到.PFV-NMLZ
都	主子	的	恩	在	得到的。

【A】喫的是宫米，使的是帑銀，闔家頭頂脚跴的，都是拖[托]着主子的恩典得的。

【B】吃的是官米，使的是帑銀，闔家頭頂脚跴的，都是拖着主子的恩典得的。

【C】喫的是官米，用的是帑銀，閤家頭頂脚跴的，都是主子的啊。

【D】喫的是官米，月間有的是錢糧，一家子頭頂着脚跐着，都是主子的。

【E】吃的是官米,使得是錢糧銀子,一家子頭頂着脚跐着,都是主子的。

【F】吃的是官米,使的是錢糧銀子,一家人空空手不餓不凍着,都是主子的恩。

erdemu	be	tacirakū,
erdemu	be	taci-ra-kū,
才藝	ACC	學-IPFV-NEG
本事	把	不學,

alban	de	faššame	yaburakū	oso	nakū,
alban	de	fašša-me	yabu-ra-kū	oso	nakū,
差事	DAT	努力-并列.CVB	做-IPFV-NEG	成爲.IMP	之後
差事	對	效力	不行走	成爲	時,

baibi	ede	gūnin	girkūfi	tacici.
baibi	ede	gūnin	girkū-fi	taci-ci.
只管	這.LOC	心思	專心-順序.CVB	學-假設.CVB
只是	在這	心思	專心	學,

manju	be	gūtubuha	ai	dabala.
manju	be	gūtu-bu-ha	ai	dabala.
滿洲	ACC	玷辱-CAUS-PFV	什麼	罷了
滿洲	把	玷辱	什麼	罷了

【A】不學本事,不當差效力,只管在這上頭專心去學,玷辱滿洲哩呀。

【B】不學本事,不吧結當差,只管在這上頭專心去學,豈不玷辱滿洲呀?

【C】並不學正經本事,不吧拮差事,住了琵琶是弦子,住了古詞是曲兒,只管把這個當事學,豈不玷辱滿洲麽?

【D】並不學正經本事,差使上也不巴結,只是在這上頭鑽着心兒學,真是玷辱了滿洲咯。

【E】並不學正經本事,差使上也不巴結,只是在這上頭鑽着心兒學,真是玷辱了滿洲咯。

【F】倆年紀輕輕的,並不用心學正經的事,只是把這不要緊的東西鑽着心兒學,悞了光陰,做什麼?

baitangga	gūnin	be	baitakū	bade	fayabure
baitangga	gūnin	be	baitakū	ba-de	faya-bu-re
有用的	心思	ACC	無用的	地方-LOC	耗費-CAUS-IPFV
有用的	心思	把	無用的	地方	耗費

anggala,	bithe	tacire	de	isirakū.
anggala,	bithe	taci-re	de	isi-ra-kū.
與其	書	學-IPFV	DAT	及-IPFV-NEG
與其,	書	學習	對	不如。

【A】與其將有用的心思費於無用之地,不如讀書啊。

【B】與其将有用之心費與無用之地,不如讀書。

【C】與其以有用之心思費於無用之地,念書不好麼?

【D】與其把有用的心思費在這没用的地方兒,何不讀書呢?

【E】與其把有用的心費在没用的地方兒,何不讀書呢?

【F】如要解悶,何不讀書學字呢?

ucun	be	tacihangge	uce	i	amala	ilimbi,	baksi
ucun	be	taci-ha-ngge	uce	-i	amala	ili-mbi,	baksi
歌	ACC	學-PFV-NMLZ	房門	GEN	後面	立-PRS	儒者
歌	把	學的	門	的	後面	立,	儒者

be	tacihangge	bakcin	de	tembi	sehebi.
be	taci-ha-ngge	bakcin	de	te-mbi	se-he-bi.
ACC	學-IPFV-NMLZ	對面	LOC	坐-PRS	説-PFV-PRS
把	學的	對手	向	坐	説了。

【A】“學唱的立門僻,學儒的坐對膝”,有此一說。
【B】“學唱的立門僻,學儒的坐對膝。”
【C】有“學唱的立門僻,學儒的坐對席”的話啊。
【D】“人往高處兒走,水往低處兒流。”
【E】“人往高處兒走,水往低處兒流。”
【F】“人往高處走,水向低處流。”儞何不想想?

ai	hacin	i	ferguwecuke	mangga	de	isinaha
ai	hacin	-i	ferguwecuke	mangga	de	isina-ha
什麼	種類	GEN	奇异的	厲害	DAT	到達-PFV
怎麽樣		的	精良	厲害	往	至於

seme,	niyalma	de	efiku	injeku	arara
se-me,	niyalma	de	efiku	injeku	ara-ra
説.AUX-并列.CVB	人	DAT	兒戲	笑話	做-IPFV
説,	人	對	玩戲	玩笑	做

dabala,	nantuhūn	fusihūn	sere	gebu	ci
dabala,	nantuhūn	fusihūn	se-re	gebu	ci
罷了	骯髒	下賤	説.AUX-IPFV	名字	ABL
罷了,	污穢	卑下		名字	從

guweme	muterakū.
guwe-me	mute-ra-kū.
避免-并列.CVB	能够-IPFV-NEG
逃脱	不能。

【A】就學到怎樣精良地步,不過供人的頑笑罷了,不能免下賤的名兒啊。

【B】就學到怎樣精妙的地步,不過給人作頑笑罷咧,不能免下賤的名兒啊。

【C】就學怎樣的精奇的地步,不過哄人的頑笑罷咧,不能免下賤的名兒啊。

【D】琵琶絃子上,任憑你學到怎麼樣兒的好,卑污下賤的名兒總不能免。

【E】琵琶絃子上,任憑你學到怎麼樣兒的好,卑污下賤的名兒總不能免。

【F】就是這琵琶絃子上,任倆學到出名,也不過一技。

jingkini	siden	i	bade	isinaha	manggi,	fithere
jingkini	siden	-i	ba-de	isina-ha	manggi,	fithe-re
正經	公方	GEN	地方-DAT	到達-PFV	之後	彈-IPFV
正	公	的	地方	到達	後,	彈的

hacin	be	bengsen	obuci	ombio.
hacin	be	bengsen	o-bu-ci	o-mbi-o.
種類	ACC	本事	成爲-CAUS-假設.CVB	可以-PRS-Q
種類	把	本事	成爲	可以嗎?

【A】到了正經公所,會彈也算得本事嗎?

【B】到了正經公所,把弹也算得本事嗎?

【C】到了正經公所,會彈也算得本事麼?

【D】正經官場中,能彀把彈琵琶絃子算得本事麼?

【E】正經官場中,把彈琵琶絃子算得本事麼?

【F】你看官場中大人們,有從彈琵琶絃子出身的麼?

mini	gisun	be	temgetu	akū	akdaci
mini	gisun	be	temgetu	akū	akda-ci
1SG.GEN	話語	ACC	憑據	NEG	相信-假設.CVB
我的	話	把	憑據	没有	相信

ojorakū	seci,	ambasa	hafasai
ojo-ra-kū	se-ci,	ambasa	hafasa-i
可以-IPFV-NEG	説-假設.CVB	大臣.PL	官人.PL-GEN
不可以	説,	大臣	官員們

dorgide,	ya	emke	fithere	ci	beye
dorgi-de,	ya	emke	fithe-re	ci	beye
裡面-LOC	哪	一個	彈-IPFV	ABL	身體
裡面,	哪	一個	琵琶	從	身體

tucikengge.	si	te	tucibu.
tuci-ke-ngge.	si	te	tuci-bu.
出來-PFV-NMLZ	2SG	現在	出來-CAUS.IMP
出來的?	你	現在	説出來。

【A】要説我的話没憑據不可信,大人官員們裡頭,那一個是從會彈出身的?你如今説出來。

【B】要説我的話無憑據不可信,大人官員裡頭,那一個是從會弹出身的?你如今説出來。

【C】若説我的話信不得,大人官負們裡頭,那一個是從會彈的出身?你如今説出來。

【D】若説我的話不可信,大人們官員們裡頭,那一個是從彈琵琶絃子的出身的呀?你如今能指出來麼?

【E】若説我的話不可信,大人們官員們裡頭,那一個是從彈琵琶絃子出身的呀?你如今能指出來麼?

22 (A22 janggin sindara 放章京, B22, C12, D12, E12, F56 選舉, G2 擬正)

age,	urgun	kai.	janggin	sindara	de	tomilaha
age,	urgun	kai.	janggin	sinda-ra	de	tomila-ha
阿哥	喜慶	INTJ	章京	補放-IPFV	LOC	委派-PFV
阿哥,	喜慶	啊!	章京	補放		派

sembi.

se-mbi.

說-PRS

說？

【A】阿哥,喜啊！說是派出放章京來了？

【B】阿哥,喜啊！說是指出放章京来了？

【C】阿哥,喜啊！說是放章京指出來了？

【D】兄台,恭喜咯！說放章京揀選上了？

【E】哥哥,恭喜咯！說放章京揀選上了？

【F】好呀,恭喜咯！說放章京倆挑選上了？

【G】兄台,恭喜咯！說放章京揀選上了？(章京,官名)

inu,	sikse	ilgame	sonjoro	de,
inu,	sikse	ilga-me	sonjo-ro	de,
是	昨天	分辨-并列.CVB	選擇-IPFV	LOC
是,	昨日	辨别	揀選	時,

mimbe	cohoho.	adabuhangge	we.
mimbe	coho-ho.	adabu-ha-ngge	we.
1SG.ACC	擬正-PFV	擬陪-PFV-NMLZ	誰
把我	擬正了。	擬陪的	誰？

【A】是啊,昨日揀選,把我擬了正了。擬陪的是誰？

【B】是,昨日揀選時,把我擬了正了。擬陪的是誰？

【C】是,昨日揀選,把我擬了正了。擬陪的是誰？

【D】是啊,昨兒揀選的,把我擬了正了。擬陪的是誰啊？

【E】是啊,昨兒挑選的,把我擬了正了。擬陪的是誰啊？

【F】是啊,昨天挑選的,把我擬了正了。擬陪的是誰？

【G】是啊,昨兒挑選的,把我擬了正了。(正,正陪之正)擬陪的是誰啊？(陪,陪正也)

bi　takarakū,　emu　gabsihiyan　i　juwan　i
bi　taka-ra-kū,　emu　gabsihiyan　-i　juwan　-i
1SG　認識-IPFV-NEG　一　前鋒　GEN　十　GEN
我　不認識,　一　前鋒校。

da.　inde　cooha　mudan　bio　akūn.　akū,
da.　inde　cooha　mudan　bi-o　akū-n.　akū,
長官　3SG.GEN　兵　次數　有-Q　NEG-Q　NEG
　在他　兵丁　　有嗎　没有嗎?　没有,

abi　i　teile.
aba　-i　teile.
圍獵　GEN　僅僅
圍　　只有。

【A】我不認得,是一個前鋒什長。他有兵没有呢?没有,單有圍。
【B】我不認得,是一個前鋒校。他有兵没有?没有,就止有圍。
【C】你不認得,是一個前鋒校。他有兵没有呢?没有,只有圍。
【D】你不認得,是一個前鋒校。他有兵麽?没有兵,有圍。
【E】你不認的,是一個前鋒校。他有兵麽?没有,寡有圍。
【F】你恐怕不認得,是一個前鋒校。
【G】你不認得,是一個前鋒校。(前锋校,武官之名也)他有兵麽?(兵,引軍出戰之意也)没有,寡有圍。

bi　sini　funde　ureme　bodoho,
bi　sini　funde　ure-me　bodo-ho,
1SG　2SG.GEN　代替　成熟-并列.CVB　籌算-PFV
我　你的　替代　熟　打算了,

tojin　funggala　hadambi　seme　belhe.
tojin　funggala　hada-mbi　se-me　belhe.
孔雀　尾翎　釘-PRS　AUX-并列.CVB　預備.IMP
孔雀　尾翎　釘　貌　預備了。

【A】我替你打算熟了,預備帶(帶)孔雀翎子。

【B】我替你算熟了,預偹帶孔雀翎子。

【C】我替你熟計了,預備帶孔雀翎子罷。

【D】我替你納算計熟咯,一定要戴孔雀翎子咯。

【E】我替你納算計熟咯,一定要戴孔雀翎子咯。

【F】我替儞呐算計,將來一定要戴翎子咯。

【G】我替你納筭計熟咯,一定戴孔雀翎子咯。(孔雀翎子,武官帽上着孔雀之翎也,稱其達顯也)

bi	ai	ferguwecuke.	minci	sain	ningge	ai
bi	ai	ferguwecuke.	minci	sain	ningge	ai
1SG	什麼	奇特	1SG.ABL	好	的人	什麼
我	什麼	奇特?	比我	好	的人	什麼

yadara.	urunakū	bahambi	seme	ereci
yada-ra.	urunakū	baha-mbi	se-me	ere-ci
稀少-IPFV	一定	得到-PRS	説.AUX-并列.CVB	希望-假設.CVB
少?	一定	得到	想要	這

ombio.	ama	mafari	kesi	de,	jabšan	de
o-mbi-o.	ama	mafari	kesi	de,	jabšan	de
可以-假設.CVB-Q	父親	祖輩	恩惠	LOC	造化	LOC
可以嗎?	父親	祖輩	恩	在,	幸運	在

herebure	be	boljoci	ojorakū.
here-bu-re	be	boljo-ci	ojo-ra-kū.
撈-PASS-IPFV	ACC	約定-假設.CVB	可以-IPFV-NEG
撈着	把	料定	不可以。

【A】我算什麼奇特?比我好的要多少?如何指望着必得呢?托着祖父,僥倖撈着了也定不得。

【B】我有什広奇特?比我好的要多少?如何指望必得呢?托着祖父的福田,僥倖撈着了也定不得。

【C】我算甚麼奇？比我好的要多少？如何指望必得呢？托着祖父的恩澤,萬一僥倖撈着也定不得。

【D】別過獎咧！我有甚麼奇處兒？比我好的多着的呢！一定指望着使得麼？不過是託着祖宗的福蔭,徼倖撈着也定不得。

【E】我有甚麼奇處兒？比我好的多着的呢！一定指望着使得麼？託着祖宗的福蔭,僥倖撈着也定不得。

【F】別過獎咧！我有甚麼奇處？比我好的狠多呢！我一定指望着那裡敢？若能叨祖宗的福蔭,僥倖撈着也是算不定的。

【G】別過獎咧,我有甚麼奇處兒？比我好的多着的呢！一定指望着使得麼？不過是託着祖宗的福蔭,僥倖撈着也定不得。

ai	gisun	serengge.	si	ai	erin	i
ai	gisun	se-re-ngge.	si	ai	erin	-i
什麼	話語	説-IPFV-NMLZ	2SG	什麼	時候	GEN
什麼	話	説的？	你	什麼	時候	的

niyalma.	aniya	goidaha.
niyalma.	aniya	goida-ha.
人	年	長久-PFV
人？	年	久。

【A】甚麼話呢？你是甚麼時候的人啊？年久了。

【B】什庅話？你是什庅時候的人？年夂(夂)了。

【C】什麼話呢？你是什麼時候的人？年久了。

【D】這是太謙了。你納是甚麼時候兒的人？年久咯。

【E】你納説的是那兒的話呢？你納是甚麼時候兒的人？年久咯。

【F】這是太謙了。儞吶是甚麼時候的人？現在好久咯。

【G】這是太謙了。你納是甚麼時候兒的人？年久咯。

fe be bodoci, sini emgi yabuha
fe be bodo-ci, sini emgi yabu-ha
舊時 ACC 考慮-假設.CVB 2SG.GEN 一起 行走-PFV
陳 把 想, 你 一起 走的
gucuse gemu amban oho, jai sini amala
gucu-se gemu amban o-ho, jai sini amala
朋友-PL 都 大臣 成爲-PFV 再 2SG.GEN 後來
朋友 都 大臣 成, 再 你的 之後
gaiha asihata yooni sinci enggelehebi.
gai-ha asihata yooni sinci enggele-he-bi.
取-PFV 青年.PL 全 2SG.ABL 超過-PFV-PRS
得到的 少年們 全 比你 超越了。

【A】論陳,合你走的朋友都作大人了,再在你後頭挑的少年們都比你強了先了。

【B】論陳,合你走的朋友們都作了大人了,再在你後頭挑的少年們都越過你了。

【C】若論陳,合你走的朋友們如今都作大人了,再在你後頭後頭挑的少年們都陞了,邁過你去了。

【D】若論起來,和你納一塊兒行走的朋友都作了大人咯,在你納後頭年輕的人兒們也都陞了。

【E】若論起來,和你納一塊兒行走的朋友們都做了大人咯,在你納後頭的年輕的人兒們也都陞了,都比你納高貴了。

【F】若論起來,和儞吶一塊兒行走的朋友都做了大人,在儞吶後頭年輕的人們也陞了官咯。

【G】若論起來,和你納一塊兒行走的朋友們都作了大人咯,在你納後頭年輕的人兒們也都陞了,都比你納高貴了。

yabuha	feliyehe	be	bodoci,	cooha	de
yabu-ha	feliye-he	be	bodo-ci,	cooha	de
行走-PFV	步行-PFV	ACC	考慮-假設.CVB	兵	LOC
行走	走	把	若想,	軍隊	在

faššaha	feye	baha	tuttu	bime,	ne
fašša-ha	feye	baha	tuttu	bime,	ne
效力-PFV	傷	得到.PFV	那樣	而且	現在
效力	傷	受到	那樣	而且,	現在

tofohoto	mangga,	si	hendu	gūsade	sinci
tofohoto	mangga,	si	hendu	gūsa-de	sinci
各十五	善射	2SG	説.IMP	旗-LOC	2SG.ABL
十五	善射,	你	説	在旗	比你

dulenderengge	gemu	weci.
dulende-re-ngge	gemu	weci.
超過-IPFV-NMLZ	都	誰
超過的	都	是誰?

【A】論行走,出過兵得過傷,而且現是十五善射,你説旗下過於你的是誰?

【B】論行走,出過兵受過傷,而且現是十五善射,你説旗下過於你的是誰?

【C】論行走,出過兵得過傷,而且現在是十五善射,你説旗下過於你的是誰?

【D】若論你納的差使,出過兵受過傷,現在又是十五善射,你納説旗下強過你納的是誰?

【E】若論你納的差使,出過兵受過傷,現在又是十五善射,你納説旂(旗)下强過你納的是誰?

【F】儞呐還是出過兵受過傷,現在又有十五善射,旗下强過儞的有誰?那有儞撈不着好處的?

【G】若論你納的差使,出過兵受過傷,現在又是十五善射,你納説旗

下強過你納的是誰？(十五善射,滿洲有八旗,一旗中必置十五善射人也)

bi	saha,	ainci	sini	urgun	nure	be
bi	sa-ha,	ainci	sini	urgun	nure	be
1SG	知道-PFV	想是	2SG.GEN	喜慶	酒	ACC
我	知道,	想是	你的	喜	酒	把

omime	jiderahū	seme,	jortanggi	uttu
omi-me	jide-rahū	se-me,	jortanggi	uttu
喝-并列.CVB	來-SBJV	説.AUX-并列.CVB	故意	這樣
喝	恐怕吃	想是,	故意	這樣

gisurembi	dere.
gisure-mbi	dere.
説-PRS	INTJ
説	吧。

【A】我知道了,想是恐怕來喫你的喜酒,故意的這們説罷咧。
【B】我知道了,想是恐怕來吃你的喜酒,故意的這樣説罷。
【C】我知道,想是恐怕我來喫喜酒,故意的這們説罷。
【D】我知道了,想是怕我來喝喜酒啊。
【E】我知道了,想是怕我來喝喜酒罷。
【F】我知道了,你是怕我來欲喜酒啊。
【G】我知道了,想是怕我來喝喜酒罷。

ai	geli.	yala	bahaci,	nure	be	aisembi.
ai	geli.	yala	baha-ci,	nure	be	ai-se-mbi.
什麽	又	果真	得到-假設.CVB	酒	ACC	什麽-説-PRS
豈有此理？		果然	要得到,	酒	把	説什麽？

sini	gūnin	de	acabume	soliki.
sini	gūnin	de	acabu-me	soli-ki.
2SG.GEN	心思	DAT	符合-并列.CVB	邀請-IMP
你的	心思	在	符合	邀請。

【A】豈有此理?要果然得了,别説酒,合着你的主意請罷。

【B】豈有此理?果然得,酒算什庅?合着你的心請。

【C】豈有此理?若果然得了,酒什麽稀罕?我合着你的意思請。

【D】喝酒有甚麽呢?果然若得了,别説是酒,合着你納的意思我請你納。

【E】這有甚麽呢?若果然是真得了,别説是酒,我合着你納的意思請你納。

【F】欲酒算什麽?如果是真得了,别説是酒,就是儞吶要那件吃,請儞那件哪。

【G】喝酒有甚麽呢?果然若得了,别説是酒,我合着你納的意思我請你納。

bai	yobo	maktambi,	bi	urgun
bai	yobo	makta-mbi,	bi	urgun
白白	玩笑	誇讚-PRS	1SG	喜慶
白白	玩笑	説開,	我	道喜

arame	jici	giyan	ningge,	fudarame
ara-me	ji-ci	giyan	ningge,	fudarame
做-并列.CVB	來-假設.CVB	道理	的人	反倒
做	來	道理	的人,	反倒

siningge	be	jeci	geli	ombio.
sini-ngge	be	je-ci	geli	o-mbi-o.
2SG.GEN-NMLZ	ACC	吃-假設.CVB	又	可以-PRS-Q
你的	把	吃	又	可以嗎?

【A】曰[白]説着頑,我該來賀喜,倒喫你的東西也使得嗎?

【B】白説着頑笑,我該來賀喜,倒吃你的也使得庅?

23（A23 urgun arara 道賀，B23，C30，D30，E30，F57 不可貌相）

eneggi	yaka	jihebio.	age	duka	tucime,
enenggi	yaka	ji-he-bi-o.	age	duka	tuci-me,
今天	誰	來-PFV-PRS-Q	阿哥	門	出去-并列.CVB
今天	誰	來了嗎？	阿哥	門	出，

dahanduhai	juwe	niyalma	tuwanjiha	jihe.
dahanduhai	juwe	niyalma	tuwa-nji-ha	ji-he.
隨即	二	人	看-來-并列.CVB	來-PFV
隨即	二	人	來看	來了

【A】今日誰來了嗎？阿哥一出門，跟着有兩個人瞧來着。

【B】今日誰來了嗎？阿哥一出門，随有兩個人瞧來了。

【C】今日誰來了麼？阿哥一出門，随即有兩個人來瞧来着。

【D】今兒有誰來過麼？你納出去之後，有倆人來。

【E】今兒有誰來過麼？大哥出去之後，有倆人瞧來了。

【F】今日有誰來麼？儞呐出去後，有兩位客來瞧儞。

age	be	wesike	seme,	cohome	urgun	de
age	be	wesi-ke	se-me,	cohome	urgun	de
阿哥	ACC	升遷-PFV	説-并列.CVB	特意	喜慶	LOC
阿哥	把	升了	説，	特意	喜	對

acanjiha	sehe.	we	tucifi	jabuha.
aca-nji-ha	se-he.	we	tuci-fi	jabu-ha.
相見-來-PFV	説-PFV	誰	出去-順序.CVB	回答-PFV
來見	説了。	誰	出去	回答了？

【A】説阿哥陞了，特來道喜。誰出去答應了？

【B】説阿哥陞了，特來道喜。誰出去荅應了？

【C】説阿哥陞了,特來道喜。誰出去答應了?

【D】説是你納陞了官,道喜來了。誰出去答應的?

【E】説是大哥陞了官,道喜來了。誰出去答應的?

【F】説是儞呐陞了官,來道喜。誰出去回報呢?

mini	beye	dukai	jakade	iliha	bihe,	bi
mini	beye	duka-i	jakade	ili-ha	bihe,	bi
1SG.GEN	自己	門-GEN	跟前	站-PFV	PST	1SG
我的	身體	門的	在附近	立	來着,	我

meni	ahūn	boode	akū,	looyesa
meni	ahūn	boo-de	akū,	looye-sa
1PL.EXCL.GEN	兄	家-LOC	NEG	老爺-PL
我的	兄	在家	没有,	老爺們

dosifi	teki	seme,	anahūnjaci
dosi-fi	te-ki	se-me,	anahūnja-ci
進入-順序.CVB	坐-IMP	説.AUX-并列.CVB	謙讓-假設.CVB
進去	让,坐		若謙讓

faršame	dosirakū,	amasi	genehe.
farša-me	dosi-ra-kū,	amasi	gene-he.
拼命-并列.CVB	進入-IPFV-NEG	往回	去-PFV
執意	不進,	返回	去了。

【A】我在門口站着來着,我説我哥哥不在家,讓老爺們進去坐坐,斷不進來,回去了。

【B】我在門口站着來着,我説我哥哥無在家,讓老爺們進來坐坐,断不進來,回去了。

【C】我在門口跕着來着,我説我哥哥不在家,老爺們進去坐坐,讓着断不進來,回去了。

【D】我在門口兒站着來着,説你納没在家,老爺們請到裏頭坐罷,他們不肯進來,回去了。

【E】我在門口兒站着來着，我説大哥没在家，老爺們請到裡頭坐罷，他們不肯進來，回去了。

【F】我剛在門口站着，他兩位來了，我説儞吶不在家，老爺們請到裡頭坐坐，他們不肯進來，就回去了。

ai gese niyalma. adarame banjihabi. emke
ai gese niyalma. adarame banji-ha-bi. emke
什麼 樣子 人 怎麼 生長-PFV-PRS 一個
什麼 樣子 人？ 怎麼 長得？ 一個
yalihangga, age ci majige dekdehun,
yalihangga, age ci majige dekdehun,
胖的 阿哥 ABL 稍微 略高
胖的， 阿哥 比 略 略高，

【A】什麼樣的人啊？怎麼個長像兒？一個胖子，比阿哥畧猛些，
【B】什庅樣的人？怎庅個長像？一個胖子，比阿哥畧猛些，
【C】什麼樣的人？怎麼個長像兒？一個胖子，比阿哥畧猛些，
【D】都是甚麼樣兒呢？一個是胖子，比你納略高些兒，
【E】都是甚麼樣兒？一個是胖子，比大哥畧高些兒，
【F】人都是什麼樣的？一個是胖子，比你吶畧高些，

beye teksin, šufangga salu, yasa bultahūn,
beye teksin, šufangga salu, yasa bultahūn,
身體 整齊 絡腮 鬍鬚 眼睛 突出
身體 整齊， 連鬢 鬍子， 眼睛 明露出，
fahala cira.
fahala cira.
青蓮紫色 顔色
紫色 臉色。

【A】匀溜身子，連鬢鬍子，豹子眼，紫棠色。

【B】身中,連鬢鬍子,豹子眼,紫棠色。

【C】匀溜身子,連髩鬍子,豹子眼,紫棠色。

【D】四方臉兒,連鬢鬍子,暴子眼兒,紫糖色兒。

【E】四方臉兒,連鬢鬍子,暴子眼兒,紫糖色。

【F】四方臉兒是紫糖色,暴着眼兒,連鬢的大鬍子。

tere emke yala yobo, nantuhūn manggi fuhali
tere emke yala yobo, nantuhūn manggi fuhali
那 一個 真是 可笑 髒 既 完全
那 一個 實在 玩笑, 污穢 後 竟然

tuwaci ojorakū, yasa gakda bime hiyari,
tuwa-ci ojo-ra-kū, yasa gakda bime hiyari,
看-假設.CVB 可以-IPFV-NEG 眼睛 單個 而且 眼斜
看 不可以, 眼睛 單物 而且 眼斜,

kerkenehe kerkeri, hoshori salu.
kerkene-he kerkeri, hoshori salu.
長滿麻子-PFV 麻子 捲曲 鬍鬚
稠麻子 麻子, 圈起的 鬍子。

【A】邵[那]一個真可笑,臟的竟瞧不得,一隻眼又邪着,醬稠的麻子,倒捲着的鬍子。

【B】那一個真可笑,臟的竟瞧不得,一隻眼而且邪着,醬稠的麻子,倒捲鬍子。

【C】那一個真可笑,臟的竟看不得,一支眼,腿又瘸,醬稠的麻子,倒捲着鬍子。

【D】那一個真可笑,臟得看不得,一隻眼,還是斜着,又是糡稠麻子,滿下巴的捲毛兒鬍子,咬着舌兒。

【E】那一個真可笑,臟的看不得,一隻眼,而且還是斜着,又是糡稠麻子,滿下巴的捲毛兒鬍子,咬着舌兒。

【F】那一個真可笑,髒的看不得,一隻眼還是斜着,又是麻子臉,滿下吧有捲毛的鬍子。

terei	demun	i	mini	baru	emgeri	gisurere
tere-i	demun	-i	mini	baru	emgeri	gisure-re
那個-GEN	异様	INS	1SG.GEN	向	一次	説話-IPFV
那個	怪様	以	我	向着	一次	説話

jakade,	bi	elekei	pus	seme	injehe.
jakade,	bi	elekei	pus	se-me	inje-he.
之時	1SG	幾乎	噗嗤	AUX-并列.CVB	笑-PFV
時,	我	幾乎	撲哧貌	地	笑了。

【A】那個様子望着我一説話,我幾乎没有笑出來。

【B】那個様子望着我一説話,我幾乎笑出來。

【C】咬着舌子向我一説話,我吸呼[幾乎]没笑出聲來。

【D】望我一説話,我差一點兒没有噗哧的笑了。

【E】望我一説話,我差一點兒没有噗哧的笑了。

【F】咬着舌兒望我説話,我差一點兒噗哧的笑出來了。

tere	yalihangga,	bi	saha,	ere	emke	geli	we
tere	yalihangga,	bi	sa-ha,	ere	emke	geli	we
那個	胖的	1SG	知道-PFV	這	一個	又	誰
那個	胖的,	我	知道了,	這	一個	又	誰

bihe.
bi-he.
有-PFV
是?

【A】那個胖子,我知道了,這一個又是誰呢?

【B】那個胖子,我知道了,這一個又是誰呢?

【C】那個胖子,我知道了,這一個是誰呢?

【D】那個胖子,我知道了,這一個可是誰呢?

【E】那個胖子,我知道了,這一個可是誰呢?

【F】那一個胖子,我知道了,這一個是誰呢?

bi	ceni	hala	be	fonjiha	bihe,	minde
bi	ceni	hala	be	fonji-ha	bihe,	minde
1SG	3PL.EXCL.GEN	姓	ACC	問-PFV	PST	1SG.DAT
我	他們的	姓	把	問了	來着,	給我

emte	justan	gebu	jergi	araha	bithe	werihebi,
emte	justan	gebu	jergi	ara-ha	bithe	weri-he-bi,
每一	條	名字	品級	寫-PFV	書	留-PFV-PRS
各一	紙條	名字	品級	寫了	文字	留了,

bi	gajifi	age	de	tuwabure.
bi	gaji-fi	age	de	tuwa-bu-re.
1SG	拿來-順序.CVB	阿哥	DAT	看-CAUS-IPFV
我	拿來	阿哥	給	看。

【A】我問他們的姓來着,每人給我留了一個職名,我拿來給阿哥看。

【B】我問他們的姓來着,各給我留了一個職名,我拿來給阿哥看。

【C】我問他們的姓來着,各人給我留了一個職名,拿來給阿哥瞧。

【D】我問他們的姓來着,每人都留下了個職名,等我拏來給你納看。

【E】我問他們的姓來着,每人都留下了一個職名,我拿來給大哥看。

【F】我問了他們的姓名,每人都留下一張名片,等我拿來給倆看。

ara,	ere	suisirengge	aibici	jihe.	si
ara,	ere	suisi-re-ngge	aibi-ci	ji-he.	si
哎呀	這個	受罪-IPFV-NMLZ	哪裡-ABL	來-PFV	2SG
哎呀,	這	罪孽的	從哪裡	來了?	你

tere	be	ume	yokcin	akū	seme,	ja tuwara.
tere	be	ume	yokcin	akū	se-me,	ja tuwa-ra.
3SG	ACC	不要	相貌好	NEG	AUX-并列.CVB	簡單看-IPFV
他	把	不要	相貌	醜	説,	簡單看。

【A】哎呀,這個孽障起那裡來了? 你别説他不成材料,輕看了他。

【B】嗳呀,這個孽障從那裡來了? 你别説他不成材料,輕看了他。

【C】哎呀,他從那裡來了? 你别説他不成材料,輕忽他。

【D】哎呀,這猴兒從那兒來? 你們别把他看輕了。

【E】哎呀,這猴兒從那兒來? 你倒别把他看輕了。

【F】哎呀,這猴兒從那來? 你倒把他看輕了。

beye	giru	udu	waiku	daikū	bicibe,	fi	de
beye	giru	udu	waiku	daikū	bi-cibe,	fi	de
身體	外貌	雖然	歪	扭曲	有-讓步.CVB	筆	LOC
身體	模樣	雖然	歪	彎曲	雖然,	筆	在

sain,	dotori	bi,	imbe	jonoho	de,	we
sain,	dotori	bi,	imbe	jono-ho	de,	we
好	内秀	有	3SG.ACC	提起-PFV	LOC	誰
好,	内涵	有,	把他	提了	時,	誰

sarkū.	aifini	gebu	gaiha.	seibeni	oihori
sa-r-kū.	aifini	gebu	gai-ha.	seibeni	oihori
知道-IPFV-NEG	早就	名字	取得-PFV	曾經	何等的
不知道?	早已	名字	要。	早先	何等的

koikašambihe	kai.
koikaša-mbihe	kai.
彼此攪打-PST	INTJ
闖出名號	啊。

【A】身量雖然歪邪,筆下好,有内囊,提起他來,誰不知道? 早有了名了。夙昔何等的攪混過的來着啊。

【B】身量雖然歪邪,筆下好,有内囊,提起他來,誰不知道? 早已享過名了。從前何等樣攪混過的啊。

【C】身子雖然歪歪斜斜,有内囊,事情上好,提起他來,誰不知道? 早出名的人啊。

【D】相貌雖然長得歪歪扭扭的,筆底下很好,心裏也有韜略兒,是早已出了名的人了。題起他來,誰不知道呢?

【E】像貌雖然長得歪歪扭扭的,筆底下很好,有韜畧兒,題起他來,誰不知道? 是早已出了名的人了。

【F】他相貌雖是歪歪扭扭的,筆底下狠好,肚祖[子]也有點韜畧,説起他來,誰不知道呢? 他是早已出了名的人。

24 (A24 werihe gisun 留言,B24,C22,D22,E22,F8 重訪舊友)

meni	juwe	nofi.	daci	banjire	sain	bime,
meni	juwe	nofi.	daci	banji-re	sain	bime,
1PL.EXCL.GEN	二	人	原來	生活-IPFV	好	而且
我們的	二	個	原來	生的	好	而且,

te	geli	ududu	ursu	niyaman	daribuhabi,	utala
te	geli	ududu	ursu	niyaman	daribu-ha-bi,	utala
現在	又	許多	層	親戚	沾親-PFV-PRS	這些
現在	又	許多	層	親戚	沾親,	這些

aniya	bahafi	sabuhakū	seme,
aniya	baha-fi	sabu-ha-kū	se-me,
年	得到-順序.CVB	看見-PFV-NEG	説.AUX-并列.CVB
年	得到	没看見,	

bi	coohai	baci	amasi	isinjiha	de,
bi	cooha-i	ba-ci	amasi	isinji-ha	de,
1SG	軍-GEN	地方-ABL	往回	到來-PFV	LOC
我	兵的	從地方	返回	來到	時,

【A】我們兩個人原相好，如今又有好幾層親，因多少年没得見，我從出兵的地方回來，

【B】我們兩個人原相好，如今又續上好幾層親，因爲許多年没見面，我從出兵回来，

【C】我們兩個人原相好，如今又聯了親了，因多少年没得見，我從出兵的地方回來，

【D】我們倆底根兒相好，而且又連了幾層親，如今許多年没得見面兒了，我打出兵來回，

【E】我們倆底根兒相好，而且如今又連了幾層親，許多年没得見面兒了，我打出兵的地方兒回來，

uthai	imbe	baihanafi	kiduha	jongko	be
uthai	imbe	baiha-na-fi	kidu-ha	jong-ko	be
就	3SG.ACC	找-去-順序.CVB	想念-PFV	念及-PFV	ACC
就	把他	去找了	想念	提起	把

gisureki	sembihe.
gisure-ki	se-mbihe.
説話-IMP	説.AUX-PST
話語	欲説來着。

【A】就要我[找]了他去敘敘想念的情況來着。
【B】就要找了他去敘敘想念的情腸来着。
【C】就要找了他去敘敘來着。
【D】就要找了他去敍談敍談。
【E】就要找了他去敍談敍談。
【F】我回來，就要找你。

gūnihakū	baita	de	siderebu	nakū,
gūni-ha-kū	baita	de	sidere-bu	nakū,
想-PFV-NEG	事情	DAT	糾纏-PASS.IMP	之後
不料	事情	被	絆住	之後

fuhali šolo bahakū.
fuhali šolo baha-kū.
完全 空閒 得到.PFV - NEG
完全 空閒 没得到。

【A】不畧被事絆住,總没得工夫。
【B】想不到被事情絆住,總無得工夫。
【C】不想被事絆住,竟没得工夫。
【D】不想呌事情絆住,竟没空兒去。
【E】不想呌事情絆住,竟没空兒去。
【F】不想着教事情絆住,章[竟]没有空兒。

sikse ildun de ini boode darifi
sikse ildun de ini boo-de dari-fi
昨天 順便 LOC 3SG.GEN 家- DAT 經過-順序.CVB
昨天 方便 時 他的 家 經過

fonjici, gurifi kejine goidaha. ne
fonji-ci, guri-fi kejine goida-ha. ne
問-假設.CVB 搬-順序.CVB 很 長久- PFV 現在
問, 搬了 很 很久。 現在

hiyoo giyai dolo wargi ergi gencehen i
hiyoo giyai dolo wargi ergi gencehen -i
小 街 裡面 西 方向 牆根 GEN
小 街的 裡面 西 方 牆根 的

murihan de tehebi sembi.
murihan de te-he-bi se-mbi.
轉彎處 LOC 住- PFV - PRS 説.AUX - PRS
轉過 在 住了 説。

【A】昨日順便到他家問起來,搬去許久了。説現在小街裡頭西邊轉彎處住着呢。

【B】昨日順便到他家問起來,搬去許久了。説現在小街裡頭西邊轉彎處住着呢。

【C】昨日順便到他家問起來,搬了許久了。説現在小街裡頭路西轉灣處住着呢。

【D】到昨兒,順便兒到他家一問,那兒的人説他搬了好久咯,現在小街兒西頭兒拐灣兒住着呢。

【E】到昨兒,我順便兒到他家一問,那兒的人説他搬了好久咯,現在小街兒西頭兒拐灣兒住着呢。

【F】到了前幾天,我順便兒到你那舊處一問,那里的人説你搬去了好久咯,現在在小街西頭兒拐彎的地方。

alaha	songkoi,	baime	genefi	tuwaci,
ala-ha	songkoi,	bai-me	gene-fi	tuwa-ci,
告訴-PFV	依照	找-并列.CVB	去-順序.CVB	看-假設.CVB
告訴	依照,	找	去了	看,

umesi	koco	wai,	duka	yaksifi	bi.
umesi	koco	wai,	duka	yaksi-fi	bi.
很	幽僻	彎曲處	門	閉-PRF	有
很	幽僻	彎曲,	門	關閉	有。

【A】照着告訴的話,我[找]了去瞧,狠背的小地方,關着門呢。

【B】照着告訴的話,找了去瞧,狠背的地方,関着門呢。

【C】照着告訴的話,找了去瞧,狠背的小地方,關着門呢。

【D】我照着告訴的話,找了去一瞧,在儘溜頭兒噶拉兒裏頭纔找着了,他的門兒關着呢。

【E】我照着告訴我的話,找了去一瞧,在儘溜頭兒噶拉兒裡,關着門兒呢。

【F】我照着他們告訴我的話,找了來,那知道你搬在這儘頭角那里,大門關着没開。

duka neiki seme hūlaci,
duka nei-ki se-me hūla-ci,
門 開-IMP 説.AUX-并列.CVB 叫-假設.CVB
門 開 叫,

umai jabure niyalma akū.
umai jabu-re niyalma akū.
全然 回答-IPFV 人 NEG
竟然 回答 人 没有。

【A】叫開門呢,總没人答應。

【B】叫開門啊,並没人答應。

【C】家裡人叫門,總没人答應。

【D】我叫了半天,並没人兒答應。

【E】我叫了半天的門,並没人兒答應。

【F】我敲了半天的,並没人答應。

geli duka toksime kejine hūlaha manggi, emu
geli duka toksi-me kejine hūla-ha manggi, emu
又 門 敲-并列.CVB 許久 叫-PFV 之後 一
又 門 敲 很久 叫了 後, 一

sakda mama tatak seme tucike.
sakda mama tatak se-me tuci-ke.
老人 老太太 磕絆貌 AUX-并列.CVB 出來-PFV
年老 老太太 磕絆 地 出來了。

【A】又敲着門叫了好一會,一個老婆子磕磕絆絆的出來了。

【B】又敲着門叫了好一會,一個老婆子磕磕絆絆的出來了。

【C】又敲着門叫了好一會,出來了一個圭腰的老婆子。

【D】又敲着門兒大聲兒叫了好一會子,纔出來了一個走不動的老媽兒來了。

【E】又敲着門大着聲兒叫了好一會子,出來了一個走不動的老媽媽兒。

【F】又敲了半天大聲吗了好一會,纔出來了一個走不動的老媽媽。

meni	ejen	boode	akū,	gūwa	bade	yoha
meni	ejen	boo-de	akū,	gūwa	ba-de	yo-ha
1SG.GEN	主人	家-LOC	NEG	别的	地方-DAT	去-PFV
我的	主子	在家	没有,	别的	處所	去了

sembi.
se-mbi.
説-PRS
説。

【A】説我的主兒不在家,往别處去了。

【B】説我主児没在家,往别處去了。

【C】説他主子没在家,往别處去了。

【D】他説主人没在家,别處兒去了。

【E】他説主人没在家,别處兒去了。

【F】他説儞吶不在家,到外頭去了。

bi,	sini	looye	amasi	jihe	manggi	ala,
bi,	sini	looye	amasi	ji-he	manggi	ala,
1SG	2SG.GEN	老爺	往回	來-PFV	之後	告訴.IMP
我,	你的	老爺	返回	來了	之後	告訴,

mimbe	tuwanjiha	se	sere	de.	šan
mimbe	tuwa-nji-ha	se	se-re	de.	šan
1SG.ACC	看-來-PFV	説.IMP	説.AUX-IPFV	LOC	耳朵
把我	來看了	説		時。	耳朵

umesi	jigeyen,	fuhali	donjihakū.
umesi	jigeyen,	fuhali	donji-ha-kū.
很	耳遲	全然	聽-PFV-NEG
很	沉,	竟然	没聽見。

【A】我説,你老爺回來告訴,説我看來了。耳朵狠沉,總没聽見。

【B】我説,等你們老爺回來告訴,説我瞧來了。耳朵狠沉,総未聽見。

【C】我説,你老爺回來時告訴,説我來看來了。原來他的耳狠沉,總没聽見。

【D】我説,等你們老爺回來告訴他,説我來瞧來了。這個老媽兒的耳朵又很聾,總聽不見。

【E】我説,等你們老爺回來告訴,説我來瞧來了。他耳朵很聾,總聽不見。

【F】我對他説,等你們老爺回來告訴他,説我來瞧瞧他。這個老媽媽,耳朵狠聾,總不聽見。

tuttu	ofi	bi	arga	akū,	ceni	adaki
tuttu	ofi	bi	arga	akū,	ceni	adaki
那樣	因爲	1SG	計策	NEG	3PL.GEN	隔壁
所以		我	計	没有,	他們的	鄰居

ajige	puseli	de	fi	yuwan	baifi,	meni
ajige	puseli	de	fi	yuwan	bai-fi,	meni
小	店鋪	LOC	筆	硯	找-順序.CVB	1PL.GEN
小	鋪	在	筆	硯	找,	我們的

genehe	babe,	bithelefi	werihe.
gene-he	ba-be,	bithele-fi	weri-he.
去-PFV	處-ACC	書寫-順序.CVB	留下-PFV
去的	處,	寫了字	留下了。

【A】所以我没法兒,合他們間壁小鋪兒裡尋了個筆硯,把我去了的話,寫了個字兒留下了。

【B】所以我無法兒,合他們間壁小鋪兒裡尋了個筆硯,把我去了的話,寫了個字兒留下了。

【C】那上頭我没法,在他們間壁小鋪兒裡尋了筆硯,把我去了的話,寫了個字兒留下了。

【D】我没法兒,就在他們隔壁兒小鋪兒裏借了個筆硯,把我瞧他去的話,寫了個字兒留下了。

【E】因爲這上頭,我没法兒,就在他們隔壁兒小舖兒裡借了個筆硯,把我瞧去的話,寫了個字兒留下了。

【F】我没法的,就在你隔壁小舖裡借了筆硯,寫一張字留下了。

25(A25 aniya arara 拜年,B25,C11,D11,E11,F1 拜年,G1 新喜)

age,	ice	aniya	amba	urgun	kai.	je,	ishunde	urgun
age,	ice	aniya	amba	urgun	kai.	je,	ishunde	urgun
阿哥	新	年	大	喜慶	啊	是	互相	喜慶
阿哥,	新	年	大	喜	啊!	是,	互相	喜

okini.
o-kini.
成爲-IMP
做了。

【A】阿哥,新年大喜啊! 是,同喜啊。
【B】阿哥,新年大喜啊! 是,同喜呀。
【C】阿哥,新年大喜啊! 是,同喜啊。
【D】兄台,新喜啊! 好說,大家同喜啊。
【E】哥哥,新喜啊! 好說,大家同喜啊。
【F】大爺,拱喜啊! 好說,大傢同喜啊。
【G】哥哥,新喜啊!(新年賀喜之語)好說,大家同喜哪。

age	teki.	ainambi.	agede	aniyai	doroi
age	te-ki.	aina-mbi.	age-de	aniya-i	doro-i
阿哥	坐-IMP	做什麽-PRS	阿哥-DAT	年-GEN	禮儀-GEN
阿哥	坐。	做什麽?	阿哥向	年的	以禮

hengkileki.
hengkile-ki.
磕頭-IMP
磕頭。
【A】阿哥請坐。作什麼?給阿哥拜年。
【B】阿哥請坐。做什庅?給阿哥拜年。
【C】阿哥請坐。給阿哥拜年。
【D】兄台請坐。做甚麼?給兄台拜年哪。
【E】哥哥請坐。做甚麼?給哥哥拜年哪。
【G】哥哥請坐。做甚麼?給哥哥拜年哪。

joo bai, jici wajiha. ai gisun
joo bai, ji-ci waji-ha. ai gisun
算了 罷了 來-假設.CVB 完-PFV 什麼 話語
算了 罷, 來 就完了。什麼 話
serengge. sakda ahūn kai, hengkilerengge
se-re-ngge. sakda ahūn kai, hengkile-re-ngge
說-IPFV-NMLZ 老 兄長 INTJ 磕頭-IPFV-NMLZ
說的? 年老 兄長 啊, 磕頭的
giyan waka semeo.
giyan waka se-me-o.
道理 不是 說.AUX-并列.CVB-Q
道理 不是 說嗎?
【A】什麼話呢?老長兄啊,不該當磕頭的嗎?
【B】罷呀,来了就是了。什庅話呢?老哥哥啊,不該磕頭的嗎?
【C】罷呀,咱們弟兄見了面就是了,乏乏的何必磕頭?什麼話呢?給老長兄磕頭,不是該當的麼?
【D】甚麼話呢?老兄長啊,是該當磕頭的。
【E】甚麼話呢?老哥哥啊,是該當磕頭的。
【G】甚麼話呢?(謙遜,答辭)老哥哥呀,是該當磕頭的。

je. hafan hali wesikini, juse dasu fusekini,
je. hafan hali wesi-kini, juse dasu fuse-kini,
是 官吏 官員 升職-IMP 孩子.PL 兒子們 生養-IMP
是。官吏 升了, 孩子 孩子們 生養,

bayan wesihun banjikini.
bayan wesihun banji-kini.
富 貴 生活-IMP
富 貴 生活。

【A】喈。陞官,多養兒子,過富貴日子。
【B】喈。陞官罷,多養兒子,過富貴日子。
【C】喈。陞官罷,多養兒子,過富貴日子。
【D】請起請起。陞官哪,得子啊,過富貴的日子啊。
【E】請起請起。陞官哪,得子啊,過富貴的日子啊。
【F】請起請坐。新年如意,高升高升。叨福。
【G】請起請起,陞官哪,得子啊,過富貴的日子啊。

age ili wesifi te. beleni bujuha
age ili wesi-fi te. beleni buju-ha
阿哥 起立.IMP 向上-順序.CVB 坐.IMP 現成的 煮-PFV
阿哥 立 上去 坐。現成的 煮了

hoho efen, udu fali jefu.
hoho efen, udu fali jefu.
豆莢 餑餑 幾 碟 吃.IMP
豆莢 餃子, 幾 個 吃。

【A】阿哥起來上去坐。現成的煮餃子,喫幾個。
【B】阿哥起來上去坐。現成的煮餃子,吃幾個。
【C】阿哥請起上去坐。現成的煮角子,喫幾個。
【D】請起請上坐。這現成兒的煮餃子,請喫幾個罷。
【E】請起請上坐。這現成兒的煮餃子,請吃幾個罷。

【F】請坐。這現成的煑餃子,請吃幾個罷。

【G】請起請上坐。這現成兒的煮餃子,請吃幾個罷。(煮餃子,即蒸饅頭類也)

bi	booci	jefi	tucike.	jekengge	tuttu
bi	boo-ci	je-fi	tuci-ke.	je-ke-ngge	tuttu
1SG	家-ABL	吃-順序.CVB	出來-PFV	吃-PFV-NMLZ	那樣
我	從家	吃了	出來了。	吃的	那樣

ebihebio.
ebi-he-bi-o.
飽-PFV-PRS-Q
飽嗎?

【A】我從家裡喫了出來的。喫的那樣飽嗎?

【B】我從家裡吃了出來的。吃的那樣飽嗎?

【C】我纔從家裡喫了出来的。喫的那樣飽麼?

【D】我在家裡喫了出來的。喫得那麼飽麼?

【E】我在家裡吃了出來的。吃的那麼飽麼?

【F】我在家裡吃了出來的。吃得那麼飽麼?

【G】我在家裡吃了出來的。吃得那麼飽麼?

asihata	teike	jeke	seme	uthai	yadahūšambikai.
asihata	teike	je-ke	seme	uthai	yadahūša-mbi-kai.
青年.PL	剛剛	吃-PFV	雖然	就	餓-PRS-INTJ
年輕人們	剛剛	吃了	即使	就	餓了啊。

si	ainci	manggašambi	dere.
si	ainci	manggaša-mbi	dere.
2SG	或許	爲難-PRS	INTJ
你	想是	爲難	吧。

【A】年青的人就是纔喫了也就餓啊。你想是爲難罷咧。

【B】年青的就是纔吃一會兒就餓啊。你想是作難罷。
【C】年輕的人纔吃了就餓呀。你想是怕爲難。
【D】年輕的人兒纔喫了就餓啊。若不喫,想必是粧假罷。
【E】年輕的人兒纔吃了就餓啊。想必是粧假罷。
【F】年輕的人纔吃了也容易餓啊。若不吃,想必是妝假的。
【G】年輕的人兒纔吃了就餓啊。想必是粧假罷。

yargiyan.	age	i	boode	bi	geli	antaharambio.
yargiyan.	age	-i	boo-de	bi	geli	antahara-mbi-o.
確實	阿哥	GEN	家-LOC	1SG	又	客氣-PRS-Q
實在。	阿哥	的	家裡	我	還	裝假嗎?

gelhun	akū	holtorakū.
gelhun	akū	holto-ra-kū.
敢	NEG	撒謊-IPFV-NEG
敢	没有	不撒謊。

【A】實在。阿哥的家裡我還粧假嗎?不敢撒謊。
【B】真啊。阿哥的家裡我還粧假嗎?不敢撒謊。
【C】實在的。阿哥家裡我還粧假麼?要是實在未喫,還要着喫呢。
【D】真的呀。在你納家我還作客麼?不敢撒謊。
【E】真的呀。在哥哥家我還作客麼?撒謊的是猴兒。
【F】真是飽咯。儞在吶家我還作客麼?不敢撒謊。
【G】真的呀。在你納家我還作客麼?撒謊的是猴兒。(作客,作賓客之禮兒也)

je	wajiha.	cai	acabufi	benju.	age	bi
je	waji-ha.	cai	acabu-fi	benju.	age	bi
是	完結-PFV	茶	調合-順序.CVB	拿來.IMP	阿哥	1SG
是	罷了。	茶	對合	送來。	阿哥	我

omirakū.	ainu.
omi-ra-kū.	ainu.
喝-IPFV-NEG	怎麼
不喝。	怎麼?

【A】咢。罷了。對茶送來。阿哥我不喝。怎麼?
【B】罷了。對茶送來。阿哥我不喝。怎庅?
【C】咢。罷了。對茶過來。阿哥我不喝茶。怎麼?
【D】那們就沏茶來。我不喝。怎麼?
【E】那們就倒茶來。哥哥我不喝。怎麼?
【F】那再換茶。可已咯。怎麼?
【G】那們就沏茶來。哥哥我不喝。怎麼?

bi	kemuni	gūwai	bade	dariki	sembi,
bi	kemuni	gūwa-i	ba-de	dari-ki	se-mbi,
1SG	還要	别-GEN	地方-DAT	順便去-IMP	説.AUX-PRS
我	還	别的	處	順便去	要,

geneci	acara	boo	labdu,	onggofi
gene-ci	aca-ra	boo	labdu,	onggo-fi
去-IMP	應該-IPFV	家	多	忘記-順序.CVB
去	應該	人家	多,	忘了

šadafi	jai	geneme	ohode,
šada-fi	jai	gene-me	o-ho-de,
疲勞-順序.CVB	再	去-并列.CVB	成爲.AUX-PFV-LOC
疲勞	再	去	時候,

niyalma	gemu	gūninjara	de	isinambi.
niyalma	gemu	gūninja-ra	de	isina-mbi.
人	都	思索-IPFV	DAT	以至於-PRS
人	都	思量	對	以至於。

【A】我還要到别處去,應去的人家多,忘了乏了再去的時候,人

都犯思量了。

【B】我還要到別處去,應去的地方多,忘了乏了再去的時候,人都犯思量了。

【C】還要到別處去,應去的地方甚多,狠遲了去,人家都思量。

【D】我還要到別處兒去呢,該去的地方兒多,太去晚了,人都犯思量。

【E】我還要到別處兒去呢,該去的地方兒多,若太去晚了,人都犯思量。

【F】我還要到別處去。來得及,欲碗茶不躭擱什麼工夫。我該去的地方狠多,去太晚,怕人怪。

【G】我還要到別處兒去呢,該去的地方兒多,若太去晚了,人都犯思量。

(【+F】既這樣的,不敢留。)

age uthai jefu, mimbe ume fudere,
age uthai jefu, mimbe ume fude-re,
阿哥 就 吃.IMP 1SG.ACC 不要 送行-IPFV
阿哥 就 吃, 把我 不要 送,

amtan gamarahū.
amtan gama-rahū.
味道 帶去-SBJV
滋味 恐帶去。

【A】阿哥就喫,别送我,看帶了滋味去。

【B】阿哥就吃,别送我,看帶了滋味去。

【C】阿哥就喫,别送我,看帶味去。

【D】兄台請喫罷,别送,看帶了味兒去。

【E】哥哥請吃,别送我,看帶了味兒去。

【F】大爺别送。

【G】哥哥請吃罷,别送我,看帶了味兒去。(看帶了味,見人之飲食只帶其味而去。)

ai geli. uce be tucirakū kooli bio.
ai geli. uce be tuci-ra-kū kooli bi-o.
什麽 又 房門 ACC 出-IPFV-NEG 道理 有-Q
豈有此理? 門 把 不出 道理 有嗎?
je, šadaha kai. jifi untuhusaka,
je, šada-ha kai. ji-fi untuhusaka,
是 疲乏-PFV INTJ 來-順序.CVB 空空的
是, 疲乏 啊。來了 空空的,
【A】豈有此理? 那裡有不出房門的禮? 咢,乏了。來了空空兒的,
【B】豈有此理? 有不出房門的理嗎? 咢,乏了。來的空空兒的,
【C】豈有此理? 不出房門的理有麽? 咢,乏了。來了空空的,
【D】那兒有這個理? 不出房門兒使得麽? 哎,來了空空的,
【E】有那個理麽? 不出房門兒使得麽? 來了空空兒的,
【F】那有不送的道理? 哎,來了空空的,
【G】有這個理麽? 不出房門兒使得麽? 哎,來了空空的,

cai inu omirakū. boode isinaha manggi
cai inu omi-ra-kū. boo-de isina-ha manggi
茶 也 喝-IPFV-NEG 家-DAT 到達-PFV 之後
茶 也 不喝。 家 去到 後
sain be fonjiha se.
sain be fonji-ha se.
好 ACC 問-PFV 説.AUX.IMP
好 把 問 説罷。
【A】茶也不喝。到家裡説我問好了。
【B】茶也不喝。到了家説問好。
【C】茶也没喝。到了家裡説問好。
【D】連茶也没喝。請呀,改日再見。到家裡都替我問好罷。
【E】連茶也没喝。到家都替我問好罷。

【F】連茶也没飲,實在不過意。謝謝! 另日領得着。好説,到家都替我問好。

【G】連茶也没喝。請呀,改日再見。到家裡都替我問好罷。(【+C】阿哥請進去。)

26 (A26 sain baita be yabure 做好事, B26, C80, D80, E81, F47 剖明行善)

(【+F】師傅,學生請教一句話,人傢常説的做好事,是甚麽事呢?)

sain	baita	be	yabumbi	sehengge,
sain	baita	be	yabu-mbi	se-he-ngge,
好	事情	ACC	做-PRS	説.AUX-IPFV-NMLZ
好	事	把	做	所謂的,

musei	akūmbuci	acara	hiyoošun	deocin
muse-i	akūmbu-ci	aca-ra	hiyoošun	deocin
1PL.EXCL-GEN	盡力-假設.CVB	應該-IPFV	孝順	孝悌
咱們的	盡力	應該	孝順	孝悌

tondo	akdun	i	jergi	hacin	be	henduhebi,
tondo	akdun	-i	jergi	hacin	be	hendu-he-bi,
忠	信	GEN	等	種類	ACC	説-PFV-PRS
忠	信		等	種	把	説了,

【A】作好事啊,説的是偺們當盡的孝弟忠信之類,

【B】作好事啊,説的是咱們當盡的孝弟忠信之類,

【C】作好事啊,説的是咱們當盡的孝弟忠信之類,

【D】作好事,是説人應該行孝悌忠信的道理,

【E】作好事,是説人應該行孝悌忠信的道理,

【F】好事是怎様説? 是説咱們本分上該作的事情哪,就是敬君孝

親這等事。至於處處行方便,也都是好事。那裡還另分出什麼好事呢?

umai damu fucihi enduri be doboro hūwašan
umai damu fucihi enduri be dobo-ro hūwašan
全然 只是 佛 神 ACC 供奉-IPFV 和尚
并無 只是 佛 神 把 供奉 僧人
doose de ulebure de bisirengge waka.
doose de ulebu-re de bisi-re-ngge waka.
道士 DAT 款待-IPFV LOC 有-IPFV-NMLZ 不是
道士 對 款待 時 存在的 不是。

【A】並非全在供神佛齋僧道。
【B】並非全在供神佛齋僧道。
【C】並不在供神佛齋僧道。
【D】並不是竟會供神佛齋僧道,就算作好事了。
【E】並不是供神佛齋僧道。

(【+F】師傅這樣説,學生更有點疑惑了,不知道那吃齋念經供佛齋僧,這等算是什麼事呢?)

duibuleci ehe be yabure urse, ai hacin i
duibule-ci ehe be yabu-re urse, ai hacin -i
對比-假設.CVB 壞 ACC 做-IPFV 人們 什麼 種類 INS
對比的話 惡 把 做的 人們, 什麼 樣 的
šayolame, jugūn jukiha doogan caha seme.
šayola-me, jugūn juki-ha doogan ca-ha seme.
吃素-并列.CVB 路 修-PFV 橋 架-PFV 即使
吃齋 路 補 橋樑 架起 即使.
ini weile be suci ombio.
ini weile be su-ci o-mbi-o.
3SG.GEN 罪 ACC 解脱-假設.CVB 可以-PRS-Q?
他的 罪 把 解了 可以嗎?

【A】比方説作惡的人,任憑怎樣的喫素補路修橋,豈能解他的罪呢?

【B】比方説作惡的人,任憑怎樣的吃素補路修橋,豈能解他的罪呢?

【C】比方説作惡的人,任憑怎樣喫齋修橋補路,豈能解他的罪呢?

【D】比方作惡的人們,任憑怎麼樣兒的喫齋修橋補路,焉能解了他的罪惡呢?

【E】比方説作惡的人們,任憑他是怎麼樣兒的吃齋修橋補路,豈能彀解了他的罪惡麼?

【F】倆想一想,如有一個人,素常不安分,作強盜,謀財害命,任他吃齋念經,這麼求那麼拜,那能解了他的罪惡呢?

udu	fucihi	enduri	seme,	hūturi
udu	fucihi	enduri	se-me,	hūturi
雖然	佛	神	説.AUX-并列.CVB	福
雖然	佛	神,		福

isibume	banjinarakū	kai.
isi-bu-me	banjina-ra-kū	kai.
到達-CAUS-并列.CVB	産生-IPFV-NEG	INTJ
降临	没生成	啊

【A】就是神佛,也不便降福啊。

【B】就是神佛,也不便降福啊。

【C】就是神仙,也不便降他福啊。

【D】就是神佛,也不能彀降福給他啊。

【E】就是神佛,也未必降福給他啊。

【F】就是神佛,也不肯保佑這種人啊。咱們讀書明理,不要受他們的騙。

šayolara	urse	abkai	tanggin	de	tafambi,
šayola-ra	urse	abka-i	tanggin	de	tafa-mbi,
吃齋-IPFV	人們	天-GEN	堂	DAT	升-PRS
吃齋的	人們	天的	堂	在	登上,

ergengge	warangge	na	i	gindana	de
ergengge	wa-ra-ngge	na	-i	gindana	de
生靈	殺-IPFV-NMLZ	地	GEN	牢獄	LOC
生的	殺的	地	的	牢獄	在

tušambi	sere	hala	hacin	i	gisun,
tuša-mbi	se-re	hala	hacin	-i	gisun,
遇到-PRS	説.AUX-IPFV	樣式	種類	GEN	話語
遭遇,		各種	各樣	的	話,

gemu	hūwašan	doose	i	angga	hetumbure	kanagan,
gemu	hūwašan	doose	-i	angga	hetumbu-re	kanagan,
都	和尚	道士	GEN	口	糊口-IPFV	藉口
都	僧人	道士	的	嘴	糊口	藉口,

hiri	akdaci	ombio.
hiri	akda-ci	o-mbi-o.
全然	相信-假設.CVB	可以-PRS-Q
完全	相信	可以嗎?

【A】吃素的游天堂,殺牲的下地獄的各樣話,都是僧道借著餬口的托詞,豈可深信?

【B】“喫素的遊天堂,殺牲的下地獄”的各樣話,都是僧道借着餬口的托詞,豈可深信?

【C】“吃素的遊天堂,宰牲的下地獄”的各樣話,都是僧道借着餬口的托詞,不可深信。

【D】“喫齋的遊天堂,喫肉的下地獄”各種的話,都是僧道借端糊口的,豈可深信麼?

【E】那“喫齋的上天堂、喫肉的下地獄”這種樣兒的話,都是和尚道士們借端糊口的,豈可深信得麼?

【F】這不能算的是好事啊,這是那和尚道士們騙人的伎倆,藉此度生。

ce	aika	uttu	tuttu	sere	nimecuke	gisun	i.
ce	aika	uttu	tuttu	se-re	nimecuke	gisun	-i.
3PL	若是	這樣	那樣	説-IPFV	厲害	話語	INS
他們	若是	這樣	那樣	説的	厲害	話	的

niyalma	be	jalidame	hoššorakū,	fucihi
niyalma	be	jalida-me	hoššo-ra-kū,	fucihi
人	ACC	誆騙-并列.CVB	騙哄-IPFV-NEG	佛
人	把	誆騙	不誆騙,	佛

šajin	be	dahame,	juktehen	i	duka	be
šajin	be	daha-me,	juktehen	-i	duka	be
戒律	ACC	依照-并列.CVB	廟	GEN	門	ACC
禁約	把	依照,	廟	的	門	把

yaksifi,	ekisaka	macihi	jafara	nomun	hūlara
yaksi-fi,	ekisaka	macihi	jafa-ra	nomun	hūla-ra
關閉-順序.CVB	安静	齋戒	持-IPFV	經典	讀-IPFV
關,	静静的	静坐	持	經	念

oci,
o-ci,
成爲.AUX-假設.CVB
若成爲,

【A】他們要不拿着怎長怎短的利害話誆騙,遵着佛教,關着廟門,静静的持齋念經,

【B】他們要不拿着怎長怎短的利害話誆人,遵着佛教,関着廟門,静静的持齋念經,

【C】他們若不拿着這般那般的利害話誆騙人,遵着佛教,關着廟門,静静的持齋念經,

【D】他們若不拏着這麼長那麼短的利害話嚇謊(唬)人,怎麼誆騙人的錢財呢?若叫他們盡遵着佛教,關着廟門兒,天天在裏頭静静兒的持齋念經,不出來化緣,

【F】他們若不是這樣説,誰肯信佛教道教? 没有人信,誰肯作施主?

jeci.	jeterengge	akū,	etuci.
je-ci	jete-re-ngge	akū,	etu-ci
吃-假設.CVB	吃-IPFV-NMLZ	NEG	穿-假設.CVB
若吃	吃的	没有、	若穿

eturengge	akū	ombikai,	we	cembe
etu-re-ngge	akū	o-mbi-kai,	we	cembe
穿-IPFV-NMLZ	NEG	成爲-PRS-INTJ	誰	3PL.ACC
穿的	没有	成嗎,	誰	把他們

ujimbi.	edun	ukiyeme	banji	sembio.
uji-mbi.	edun	ukiye-me	banji	se-mbi-o.
養-PRS	風	吸食-并列.CVB	生活.IMP	説-PRS-Q
養?	風	喝	生活	説嗎?

【A】就要喫没有喫的、要穿没有穿的了,誰養贍他們呢? 喝風度日麼?

【B】要吃無有吃的、要穿無有穿的了啊,誰養活他們呢? 教喝着風過日子嗎?

【C】要喫没有吃的、要穿没穿的,誰養活他? 喝風過日子麼?

【D】要喫没有得喫、要穿没有得穿,叫誰養活他呢? 他竟喝風過日子麼?

【F】没施主,他們那來得錢米,怎麼過得日子呢?

27（A27 sakda amban 老大人，B27，C15，D15，E15，F61 公道待人，G15 才敏）

sakda	amban	erdemu	dacun	kafur	sembi.	yaya
sakda	amban	erdemu	dacun	kafur	se-mbi.	yaya
老	大臣	德才	敏捷	果斷貌	AUX-PRS	所有
老大人		德才	敏鋭	果斷。		所有

baita	isinjime	jaka,	uthai	giyan	fiyan	i
baita	isinji-me	jaka,	uthai	giyan	fiyan	-i
事	到來-并列.CVB	之後	就	道理	條理	INS
事情	來到	時，	就	有條有理		地

icihiyabumbi.	ere	dade	dolo	getuken.
icihiya-bu-mbi.	ere	da-de	dolo	getuken.
辦理-CAUS-PRS	這	原本-LOC	心裡	清楚
辦理。	這	原本	心裡	清楚。

【A】老大人才情敏捷決斷。凡事一到，就教辦的有條有理。而且心裏明白。

【B】老大人才情敏捷決断。凡事一到，就辦的有條有理的。而且心裡明白。

【C】老大人才情敏捷決斷。凢事一到，就有條有禮[理]的辦了。而且心地明白。

【D】啊，衆位弟兄們，可要小心！這位老大人的才情敏捷，有決斷。無論甚麼事情到手，就有條有理兒辦結咯。而且心裏明白。

【E】這位老大人的才情敏捷，有決斷。無論甚麼事情到手，就有條有理兒辦結咯。而且心裡明白。

【F】那位大人啊，他才幹高有決斷。不論甚麼事情到手，都有條有理的辦結了，又是明白。

【G】啊，衆位弟兄們，可要小心！這位老大人的才情敏捷，有決斷。無論甚麼事情到手,就有條有理兒的辦結咯。而且心裡明白。

niyalma	be	takambi	sain	ehe	be	ini	yasa
niyalma	be	taka-mbi	sain	ehe	be	ini	yasa
人	ACC	認識-PRS	善	惡	ACC	3SG.GEN	眼睛
人	把	認識,	好	壞	把他的		眼

de	fuhali	enderakū.
de	fuhali	ende-ra-kū.
LOC	全然	欺瞞-IPFV-NEG
在	竟然	瞞不過。

【A】認的人,好歹斷然瞞不過他的眼精[睛]去。
【B】認得人,好歹竟瞞不過他的眼睛去。
【C】認得人,好歹斷瞞不過他的眼睁[睛]去。
【D】認得人,好歹瞞不過他的眼睛去。
【E】認得人,好歹瞞不過他的眼睛去。
【F】認得人,儞好歹瞞不過得他的眼睛。
【G】認得人,好歹瞞不過他的眼睛去。

alban	de	kicebe	yebken	asihata	be	watai
alban	de	kicebe	yebken	asihata	be	watai
公務	DAT	謹慎	俊秀	年輕人.PL	ACC	狠狠地
公務	在	勤奮的	俊秀	少年	把	非常

gosimbi,	wesire	forgošoro	bade	isinaha
gosi-mbi,	wesi-re	forgošo-ro	ba-de	isina-ha
憐愛-PRS	上升-IPFV	轉換-IPFV	處-DAT	到達-PFV
憐愛,	上升	轉	地方	去到

manggi,	meihereme	dahabumbi	secina.
manggi,	meihere-me	daha-bu-mbi	se-cina.
之後	擔當-并列.CVB	保題-CAUS-PRS	説-IMP
後,	擔起	保題	説吧。

【A】極憐愛差事勤少年的英俊人，到了陞轉的去處，只説是提拔保薦罷。

【B】極愛差使上勤的少年英俊人，到了陞轉的去處，一力保薦。

【C】極愛憐勤謹少年英俊人，到了陞轉的去處，實在是一力擔當保舉。

【D】又最憐愛人，凡有勤謹體面少年的子弟們，到了挑缺應陞的時候兒，真肯提拔保舉。

【E】又最憐愛人，凡有勤謹體面少年子弟們，到了挑缺應陞的時候兒，真是肯提拔保舉。

【G】又最憐愛人，凡有勤謹體面少年的子弟們，到了挑缺應陞的時候兒，真是肯提拔保舉。

aikabade	alban	de	bulcakūšame,	dede dada	sain
aikabade	alban	de	bulcakūša-me,	dede dada	sain
假若	公務	LOC	偷懶-并列.CVB	不穩重貌	好
假若	公務	在	偷懶，	不穩重輕狂	好

sabubume,	jabšan	be	baime	yabume
sabu-bu-me,	jabšan	be	bai-me	yabu-re
看見-CAUS-并列.CVB	便宜	ACC	求-并列.CVB	做-IPFV
使看見，	便宜	把	求	行

ohode,
o-ho-de,
成爲.AUX-PFV-LOC
假若，

【A】要是差事上猾懶，抖抖搜搜的獻好，希圖僥倖，

【B】要是差使上滑，抖抖搜搜的献好，希圖僥倖，

【C】要是那般差使上滑，抖抖搜搜献好的人，

【D】但是遇着差使上滑的，面子上要獻勤兒、討好、占便宜的，

【E】但是遇着差使上滑的，在面子上要獻勤兒、討好、占便宜的，

【F】若遇着詭詐的人,雖是寬容,

【G】但是遇着差使上滑的,在面子上要獻勤兒、討好、佔便宜的,

tede	faksidara	be	bodoci.	nambuha
tede	faksida-ra	be	bodo-ci.	nambu-ha
3SG.LOC	糊弄-IPFV	ACC	籌算-假設.CVB	拿獲-PFV
在他	糊弄	把	打算。	拿獲

sehede,	ja	sindara	kooli	akū.
se-he-de,	ja	sinda-ra	kooli	akū.
説.AUX-PFV-LOC	輕易	放-IPFV	道理	NEG
説了時,	輕	放	道理	没有。

【A】可打算着在他的跟前發昏罷。要説撈把着了,斷無輕放的規矩。

【B】算計着在他跟前取巧。若是撈着了啊,断無輕放的理。

【C】可打點着受他羞辱罷。要説撈着了,没有輕放的規矩。

【D】這種人可小心着。難免叫他拏住,若是叫他撈着了,斷没有輕放過去的。

【E】這種人可小心着。難免叫他拿住,若是㕧他撈着了,斷没有輕放過去的。

【F】不革退他,他要保舉升官,萬萬不能的。

【G】這種人可小心着。難免叫他拿住,若是㕧他撈着了,斷没有輕放過去的。

(【+F】爾吶的話是這樣説,但是有當差的人,到了挑缺的時候,被他提拔保舉的也狠多呢。)

hendure	gisun	uttu,	deote	inenggidari	yasa
hendu-re	gisun	uttu,	deo-te	inenggi-dari	yasa
説-IPFV	話語	這樣	弟弟-PL	日子-每	眼睛
説的	話	這樣,	兄弟們	每日	眼睛

hadahai šame tuwame,
hada-hai ša-me tuwa-me,
盯-持續.CVB 瞧-并列.CVB 看-并列.CVB
睜睜 看着 看着,

【A】説的話是這樣,兄弟們終日眼巴巴的盼望,
【B】説的是這樣,兄弟們每日家眼巴巴的盼望着,
【C】説的話是這樣,這些人終日眼巴巴的盼望,
【D】你們的話雖是這麼説,弟兄們天天兒眼巴巴兒的盼着,
【E】你們的話雖然是這麼説啊,弟兄們天天兒眼巴巴兒的盼着,
【F】是呀。
【G】你們的話雖然是這麼説啊,弟兄們天天兒眼巴巴兒的眄着,

minde akdafi niyalma okini
minde akda-fi niyalma o-kini
1SG.DAT 依靠-順序.CVB 人 成爲-IMP
向我 依靠 人 成長啊,

sembikai, tukiyeci acarangge be
se-mbi-kai, tukiye-ci aca-ra-ngge be
説.AUX-PRS-INTJ 推舉-假設.CVB 應該-IPFV-NMLZ ACC
推舉 應該 把

tukiyerakū, jafataci acarangge be
tukiye-ra-kū, jafata-ci aca-ra-ngge be
推舉-IPFV-NEG 約束-假設.CVB 應該-IPFV-NMLZ ACC
不推舉, 管教 應該 把

jafatarakū oci, sain niyalma aide
jafata-ra-kū o-ci, sain niyalma aide
約束-IPFV-NEG 成爲.AUX-假設.CVB 好 人 因何
不管教 若是, 好 人 如何

huwekiyembi.	ehe	niyalma	aide	isembi	sembi.
huwekiye-mbi	ehe	niyalma	aide	ise-mbi	se-mbi.
勸勉-PRS	壞	人	因何	畏懼-PRS	説.AUX-PRS
勸勉	壞	人	如何	懼怕?	

【A】要仗着我成人,要是應薦舉的不薦舉,應約束的不約束,如何能勸善懲惡呢?

【B】要仗着我成人,要是應舉薦的不舉薦,應約束的不約束,如何能勸善懲惡呢?

【C】要仗着我成人,要是應薦舉的不薦舉,應約束的不約束,善者何由勸惡者何由懲呢?

【D】要仗着我成人,我若是應保舉的不保舉,應約束的不約束,怎麼還能賞功罰罪呢?

【E】要仗着我成人,我若是應保舉的不保舉,應約束的不約束,怎麼還能賞功罰罪呢?

【F】他若是應保舉的不保舉,應約束的不約束,怎麼能彀賞功罰罪呢?

【G】要仗着我成人,我若是能保舉的不保舉,應約束的不約束,怎麼還能賞功罰罪呢?

banitai	gūnin	tondo	angga	sijirhūn,	gisun	yabun	tob
banitai	gūnin	tondo	angga	sijirhūn,	gisun	yabun	tob
本性	心意	正直	口	耿直	話語	行爲	端正
本性	心意	正直	口	耿直,	言語	品行	端正

hošonggo,	niyalma	gemu	hungkereme	gūnin
hošonggo,	niyalma	gemu	hungkere-me	gūnin
方正	人	都	傾注-并列.CVB	心意
方正,	人	都	傾注	心意

dahafi,	ishunde	huwekiyendume,	julesi
daha-fi,	ishunde	huwekiye-ndu-me,	julesi
隨从-順序.CVB	互相	勸勉-互相-并列.CVB	往前
服从,	互相	一齐勸勉,	往前

facihiyašame	hūsun	bumbi.
facihiyaša-me	hūsun	bu-mbi.
努力-并列.CVB	力	給-PRS
勤奋	出力	給。

【A】生成的心正口直,說話行事因爲端方,所以人都傾心賔服,彼此勸勉,向前努力啊。

【B】生成的心正口直,言行端方的上頭,人都心悦誠服,彼此勸勉,向前努力啊。

【C】生成的心正口直,因爲言行端正,人人不但傾服,巴不得的給他出力,不願吧結的一個也没有。

【D】我是生成的心直口快,想來説話行事還正派,故此人家都服我,願意給我出力啊。

【E】我是生成的心直口快,想來説話行事還正派,故此人家都服我,願意給我出力啊。

【F】他生成的心直口快,向來説話行事狠正派,故此人傢都心服他,願意給他出力啊。但是像俩們没本事的人,就天天眼巴巴兒盼望着,要仗他提拔,也不能咯。

【G】我是生成的心直口快,想來説話行事還正派,故此人家都腹(服)我,願意給我出力啊。

28 (A28 fe jalan i niyalma 舊時候的人,B28,C14,D14,E14,F60 年老氣平,G4 親熟)

(【+F】我看那有年紀的人,同年輕的人,意氣總不同。怎麽説呢?)

fe	be	amcabuha	niyalma,	cingkai	encu.
fe	be	amca-bu-ha	niyalma,	cingkai	encu.
舊時	ACC	追趕-CAUS-PFV	人	迥然	不同
舊時	把	趕上	人,	迥然	不同。

【A】趕上舊時候的人,總是不同。

【B】趕上舊時候的人,逈然各别。

【C】趕上舊時候的人,逈然不同。

【D】這姓張的待人很冷淡,我認得一個有了年紀兒的人,却不是這樣兒。

【E】有一位有年紀兒的人。

【F】那有年紀的人,閱歷的事情多,自然意氣平,總不敢和人計較。

【G】這姓張的待人很冷淡,我認得一位有了年紀兒的人,却不是這樣兒。

niyalma	be	acaha	de	keo	seme	haji
niyalma	be	aca-ha	de	keo	se-me	haji
人	ACC	遇見-PFV	LOC	親熱	AUX-并列.CVB	親近
人	把	見了	時	親熱	樣子	親近

halhūn,	emu	bade	tecefi,	bithe	cagan
halhūn,	emu	ba-de	te-ce-fi,	bithe	cagan
熱情	一	處-LOC	坐-齊-順序.CVB	書	文書
熱情,	一	處	齊坐,	書	文書

tacin	fonjin	be	leolembihede,	watai	urgunjembi,
tacin	fonjin	be	leole-mbihe-de,	watai	urgunje-mbi,
學	問	ACC	討論-PST-LOC	非常	高興-PRS
學	問	把	曾談論時,	非常	高興,

yar	seme	šun	dositala	gisurehe
yar	se-me	šun	dosi-tala	gisure-he
屢屢貌	AUX-并列.CVB	白天	進入-直至.CVB	説-PFV
不停地説		終日		説了

seme šadara ba inu akū.
seme šada-ra ba inu akū.
即使 疲乏-PRS 處 也 NEG
即使 疲乏 處 也 没有。

【A】見了人極其親熱,坐在一處,論起書籍學問來,非常的喜歡,接連不斷的説一日話兒也不乏。

【B】見了人極其親熱,坐在一處,論起書籍學問来,喜悦非常,接連不断的説一日也不乏。

【C】見了人藹然親熱,坐在一處,論起書籍學問來,滔滔的整日家説也不倦。

【D】見了人很親熱,若是坐在一處兒,論起學問來,很喜歡,講今比古的,接連不斷,整天家説也不乏。

【E】見了人兒很親熱,若是坐在一處兒,論起書和學問來,很喜歡,接連不斷的,整天家説也不乏。

【F】我認得有一個人,頗有年紀,他見了人狠親熱,坐在一處,周旋問答極週到,全是一團的和氣。

【G】見了人兒很親熱,若是坐在一處兒,論起學問來,很喜歡,講今比古的,接連不斷,整天家説也不乏。

niyalma de jorišaci acara bade
niyalma de joriša-ci aca-ra ba-de
人 DAT 指示-假設.CVB 應該-IPFV 地方-LOC
人 給 指示 應該 地方

jorišambi, tacibuci acara bade tacibumbi.
joriša-mbi, tacibu-ci aca-ra ba-de tacibu-mbi.
指示-PRS 教導-假設.CVB 應該-IPFV 地方-LOC 教導-PRS
指示, 教導 應該 地方 教導。

【A】該指撥人的去處指撥,該教導的去處教導。

【B】該指撥人的去處指撥,該教導的去處教導。

【C】該指撥人的去處指撥,該教導的去處教導。

【D】該指撥的地方兒指撥,該教導的地方兒教導。

【E】該指撥人的地方兒指撥,該教導人的地方兒教導。

【F】若見年輕的人,没有一件事不引導他向好處學,該指撥的地方指撥他,該教導的地方教導他。

【G】若是遇見年輕的人兒們了,他和言悦色的往好處兒引誘,該指撥的地方兒指撥,該教導的地方兒教導。

julgei	baita	be	yarume,	te	i	niyalma
julge-i	baita	be	yaru-me,	te	-i	niyalma
古時-GEN	事情	ACC	援引-并列.CVB	現在	GEN	人
從前的	事情	把	援引,	現在	的	人

de	duibuleme,	asihata	be	nesuken	gisun
de	duibule-me,	asihata	be	nesuken	gisun
DAT	比方-并列.CVB	年輕人.PL	ACC	温良	話語
用	打比方,	少年人	把	温良	言語

i	sain	bade	yarhūdambi.
-i	sain	ba-de	yarhūda-mbi.
INS	好	地方-LOC	引導-PRS
用	好	地方	引導。

【A】援引古來的事,比方如今的人,把少年們用和藹的言語往好處引導啊。

【B】引着古來的事,比方如今的人,把少年人用和藹之言往好處引導啊。

【C】引古比今,将後生輩用巽言善語往好處引誘。

【D】若是遇見年輕的人兒們了,他和顔悦色的往好處兒引誘。

【E】講今比古的;若是遇見年輕的人兒們了,他和言悦色的往好處兒引誘。

【F】該勸解的地方勸解他,談今説古,整天的也不疲。

【G】若是遇見年輕的人兒們了,他和言悦色的往好處兒引誘,

geli	umesi	gosingga,	dembei	karaba,	niyalma	i
geli	umesi	gosingga,	dembei	karaba,	niyalma	-i
又	非常	仁慈	極爲	護群	人	的
又	非常	仁慈,	很	好愛護,	人	的

gosihon	be	sabuha	de,	uthai	beye	tušaha
gosihon	be	sabu-ha	de,	uthai	beye	tuša-ha
辛苦	ACC	看見-PFV	LOC	就	自己	遭遇-PFV
苦	把	看見了	時,	就	自己	遭遇了

adali	facihiyašame,	urunakū	muterei	teile
adali	facihiyaša-me,	urunakū	mute-re-i	teile
一樣	着急-并列.CVB	必定	能力-IPFV-GEN	只有
一樣	着急,	一定	能力	盡力

aitubume	tuwašatambi.
aitu-bu-me	tuwašata-mbi.
答救-CAUS-并列.CVB	照看-PRS
答救	照顧。

【A】又極仁德,狠護衆,見了人的苦處,就像自己遭際的一樣着急,必定儘力兒搭救看顧。

【B】又極仁德,狠護衆,見了人的苦處,就像自己遭際了的一樣着急,必定儘力搭救看顧。

【C】又極仁德,狠護衆,見人的苦處,就像身遭羈的一樣着急,必定儘力救援看顧。

【D】最仁愛又最護衆,見了人家有苦處,就像是他自己的一個樣兒很着急,必定儘着力兒搭救。

【E】又最仁德最護衆,見了人家有苦處,就像是他自己的一個樣很着急,必定儘着力兒搭救。

【F】心地又是仁慈,見別人有苦處,就像自己的一個樣兒着急,

必定盡力兒搭救。

【G】最仁愛又最護衆,見了人家有苦處,就像是他自己的一個樣很着急,必定儘着力兒搭救。

yala	ler	seme	emu	hūturi	isibure
yala	ler	se-me	emu	hūturi	isi-bu-re
實在	厚重貌	AUX-并列.CVB	一	福	到達-CAUS-IPFV
實在	厚重		一	福	獲擁

sengge	secina.
sengge	se-cina.
長者	説.AUX-IMP
長者	竟是啊。

【A】實在竟是一位乾净厚重積福的老人家啊。

【B】實在是一位忠厚積福的老人家啊。

【C】實在是位乾净厚重積福的老人家啊。

【D】真是一位厚道積福的老人家。

【E】真是仁德兼全厚道積福的老人家。

【F】真是一位厚道的人。

【G】真是一位厚道積福的老人家。

uttu	ofi.	udu	inenggi	giyalafi	tuwanarakū
uttu	ofi.	udu	inenggi	giyala-fi	tuwa-na-ra-kū
這様	因爲	幾	日子	隔開-順序.CVB	看-去-IPFV-NEG
因此		幾日		隔開	看去 没有

oci.	gūnin	de	baibi	ojorakū.
oci.	gūnin	de	baibi	o-jora-kū.
若是	心	LOC	只是	成爲-IPFV-NEG
要是,	心裡	在	只是	不可以

【A】因此要隔幾日不看去,心裏只是不過意。

【B】因此隔幾日若不去看,心裡狠不過意。
【C】因此要隔久了不看去,心裡只是不過意。
【D】故此我若是隔久了不去看一看,心裏頭只是不過意。
【E】故此若隔久了我不去看一看,我心裡頭只是不過意。
【F】我就是一天不去看看他,心裡也過不去。
【G】故此我若是隔久了不去看一看,心裡頭只是不過意。

dekdeni	henduhengge	emu	niyalma	de	hūturi
dekdeni	hendu-he-ngge	emu	niyalma	de	hūturi
俗語	説-PFV-NMLZ	一	人	LOC	福
俗語	説	一	人	對	福

bici,	booi	gubci	kesi	be	alimbi
bi-ci,	boo-i	gubci	kesi	be	ali-mbi
有-假設.CVB	家-GEN	全	福	ACC	接受-PRS
若有,	屋的	全	恩	把	接受

sehebi,	ere	boo	boigon	ciktarara,
se-he-bi,	ere	boo	boigon	ciktara-ra,
説.AUX-PFV-PRS	這	家	户	昌盛-IPFV
説了,	這樣的	家	户	昌盛

juse	omosi	mukdenderengge,	gemu	sakda
juse	omosi	mukdende-re-ngge,	gemu	sakda
孩子.PL	孫子.PL	興旺-IPFV-NMLZ	全都	老
兒子們	孫子們	興旺,	都	老

niyalmai	yabuha	sain	karulan	de	kai.
niyalma-i	yabu-ha	sain	karulan	de	kai.
人-GEN	行爲-PFV	好	報答	LOC	INTJ
人的	行爲	好	報答	對	啊。

【A】俗語説的"一人有福,托戴滿屋",這樣家業便當,子孫興旺,都是老人家行為的好報應啊。

【B】俗語説的"一人有福,托帶滿屋",這樣家業便當、子孫興旺的,都是老人家行爲的好報應啊。

【C】俗語説的"一人有福,托帶滿屋",這等家業富庶、子孫興旺,都是老人家行爲好的報應啊。

【D】俗語兒説的"一人有福、托帶滿屋",現在那家業充足、子孫興旺,都是他老人家行爲好的報應啊。

【E】俗語兒説的"一人有福、托帶滿屋",現在家業充足、子孫興旺,都是他老人家行爲好的報應啊。

【F】現在他的家業充足、子孫狠興旺,都是他一個人的厚道的報應啊。

【G】俗語兒説的"一人有福,托帶滿屋",現在那家業充足、子孫興旺,都是他老人家行爲好的報應啊。

29 (A29 amba Yali be Jetere 吃大肉,B29,C89,D88,E90,F5 請客)

sikse	wecehe	yali	jeke	be	dahame	uthai	joo
sikse	wece-he	yali	je-ke	be	dahame	uthai	joo
昨天	祭祀-PFV	肉	吃-PFV	ACC	既然	就	罷了
昨日	祭祀的	肉	吃了	把	既然	就	罷了

kai,	geli	tuibuhe	yali	be	benefi	ainambi.
kai,	geli	tuibu-he	yali	be	bene-fi	aina-mbi.
INTJ	又	背燈祭-PFV	肉	ACC	送-順序.CVB	做什麽-PRS
啊,	又	背燈祭	肉	把	送	做什麽?

【A】昨日喫過祭神的肉也就罷了,又送背燈的肉去作甚麼呢?

【B】昨日吃過祭神肉就罷了,又送背燈的肉去作什庅呢?

【C】昨日喫了祭神的肉就罷了,又送背燈的肉去作什麼?

【D】昨兒喫了祭神的肉就是了,又叫送背鐙的肉作甚麼?

【E】昨兒吃了祭神的肉就罷了,又叫送背燈的肉作甚麼?

【F】老兄,昨兒賞了祭神的肉就是了,又叫人請我們作甚麼?實在多情的狠。

teike	hono	age	be	solinaki	sembihe,	age
teike	hono	age	be	soli-na-ki	se-mbihe,	age
剛才	還	阿哥	ACC	邀請-去-IMP	説.AUX-PST	阿哥
剛剛	還	阿哥	把	請去	要來着,	阿哥

si	sarangge,	bisire	akū	damu	ere	udu
si	sa-ra-ngge,	bi-sire	akū	damu	ere	udu
2SG	知道-IPFV-NMLZ	有-IPFV	NEG	只是	這	幾個
你	知道的,	有的	没有	只	這	幾

ahasi,	ulgiyan	be	tekdebure,	duha	do	be
aha-si,	ulgiyan	be	tekde-bu-re,	duha	do	be
僕人-PL	豬	ACC	獻祭-CAUS-IPFV	腸	内臟	ACC
奴才們,	豬	把	宰,	腸	内臟	把

dasatara	de,	ya	gemu	gala	baiburakū.
dasata-ra	de,	ya	gemu	gala	baibu-ra-kū.
收拾-IPFV	LOC	哪裡	都	手	需要-IPFV-NEG
收拾	時,	什麼	都	手	不需求

tuttu	ojoro	jakade	niyalma	takūrahakū.
tuttu	o-jo-ro,	jakade	niyalma	takūra-ha-kū.
那樣	成爲.AUX-IPFV	因爲	人	派遣-PFV-NEG
那樣	成爲,	因爲	人	没派遣。

【A】方纔還要請阿哥去來着,阿哥你是知道的,有的没的只這幾個奴才們,宰猪,收拾雜碎,那上頭都不費手,因爲那樣没使人去。

【B】方纔還要請阿哥去来着,阿哥你是知道的,有的没的只這幾個奴才們,宰猪,收拾雜碎,那樣都不費手,因此上没差人去。

【C】什麼話呢?老長兄啊,該當送分兒去罷咧。今早還要去請阿哥來着,阿哥你是知道的,有的没的這幾個奴才,拿猪收什襍碎,那個都不費手,因爲那樣没使人去。

【D】甚麽話呢?老兄台咯,是該當送的。方纔還要叫人請兄台去來着,你納是知道的,就是這幾個奴才們,宰猪的宰猪,收拾雜碎的收拾雜碎,那個都不費手呢?因爲這個,纔没有能彀打發人去請。

【E】甚麽話呢?老大哥啊,該當送的罷咧。方纔還要請大哥去來着,你納是知道的,左不過是這幾個奴才們罷咧,宰猪的宰猪,收拾雜碎的收拾雜碎,那個都不費手呢?因爲這上頭,故此没有打發人去請。

【F】好說。咱們相好,這是該當請的。剛纔也要叫人催請倆,却是倆呐知道的,我只有這幾個奴才們,宰猪的宰猪,收拾雜碎的收拾雜碎,個個都要動手,没有人有空去請倆哪。

sinde	niyalma	akū	be	bi	iletu	sambikai,
sinde	niyalma	akū	be	bi	iletu	sa-mbi-kai,
2SG.LOC	人	NEG	ACC	1SG	明顯的	知道-PRS-INTJ
在你	人	没有	把	我	明顯的	知道啊,

geli	solire	be	aliyambio.	uttu	ofi.	bi
geli	soli-re	be	aliya-mbi-o.	uttu	ofi.	bi
又	邀請-IPFV	ACC	等待-PRS-Q	這樣	因爲	1SG
又	請	把	等嗎?	因此		我

gucuse	be	guilefi	amba	yali	be	jekenjihe.
gucu-se	be	guile-fi	amba	yali	be	jeke-nji-he.
朋友-PL	ACC	聚集-順序.CVB	大	肉	ACC	吃-來-PFV
朋友們	把	聚集	大	肉	把	來吃。

【A】我明知道你没有人,還等着請嗎?因此我會了朋友們來喫大肉來了。

【B】我明知你無有人,還等着請嗎?所以我會了朋友們吃大肉來了。

【C】我並不是外人啊,還等着你請麽?因此我會了朋友們喫肉來了。

【D】你的事情没有人替手兒,我是知道的,還等着你請麽?因此纔約會着朋友們,來喫大肉來了。

【E】你没人替手兒,我是深知道的,還等着你請麽? 因此我約會着朋友們,來吃大肉來咯。

【F】儞這忙得狠,我深知道的。咱們這些人,那還要催請呢? 我並代儞約會了幾個朋友們,吃大肉來咯。

hono	sitabuha	ayoo	sembihe,	gūnihakū.	heo
hono	sitabu-ha	ayoo	se-mbihe,	gūni-ha-kū	heo
還	耽誤-PFV	SBJV	説.AUX-PST	想-PFV-NEG	完全
還	耽誤	恐怕	來着,	没有想到	完全

seme	amcabuha.
se-me	amcabu-ha.
AUX-并列.CVB	趕得上-PFV
地	趕上。

【A】還恐怕遲悮了來着,不想儘自在從容的趕上了。

【B】還恐怕遲了来着,不想正赶的是時候。

【C】還恐怕遲了來着,不想從容赶上了。

【D】我們還恐怕趕不上呢,誰想來的正是時候兒。

【E】我們還恐怕趕不上呢,誰想剛合式。

【F】因這來得晚,怕趕不上,誰知道是剛剛好呢。

je.	agesa	boigoji	be	ume	gūnin	jobobure,
je.	age-sa	boigoji	be	ume	gūnin	jobo-bu-re,
是	阿哥-PL	主人	ACC	不要	心思	勞苦-CAUS-IPFV
是。	阿哥們	主人家	把	不要	心思	憂愁,

muse	ahūn	bodome	ikiri	tecefi	jeki.
muse	ahūn	bodo-me	ikiri	te-ce-fi	je-ki.
1PL.INCL	年長	計算-并列.CVB	連着	坐-齊-順序.CVB	吃-IMP
咱們	兄	估量	一連	按序坐着	吃。

【A】嘐。阿哥們别叫主人家勞神,偺們序齒一溜兒坐着喫。

【B】咢。阿哥們别教主人操心,咱們敍齒一順児坐下吃。
【C】遮。阿哥們别呌主人遭心,偺們就序齒一溜兒坐着喫。
【D】衆位别叫主人分心,咱們就序着齒一溜兒坐下喫。
【E】兄弟們别呌主人糟心,咱們就序着齒一溜兒坐下吃。
【F】各位兄弟們來,咱們序齒一溜兒坐下吃,不要教主人費心。

agesa yali jefu, sile be den barafi jecina.
agesa yali jefu, sile be den bara-fi je-cina.
阿哥-PL 肉 吃.IMP 湯 ACC 高 澆湯-順序.CVB 吃-IMP
阿哥們 肉 吃, 肉湯 把 高 泡湯 吃吧。
ara, sini ere ai gisun.
ara, sini ere ai gisun.
哎呀 2SG.GEN 這 什麼 話語
哎呀, 你的 這 什麼 話?
【A】阿哥們請喫肉,滁湯喫是呢。哎呀,你這是什麼話?
【B】阿哥們請吃肉,泡湯吃是呢。哎呀,你這是什庅話?
【C】阿哥們爲甚麼不喫肉?你替我畧讓一讓,我不得空兒。哎呀,你的這話。
【D】兄台們請喫肉,泡上湯喫。哎呀,這是甚麼話呢?
【E】兄台們請吃肉,泡上湯吃。哎呀,這是甚麼話呢?
【F】哥兒們請吃肉,泡些湯吃。哎呀。

tašarahabi. musei da jokson de
tašara-ha-bi. musei da jokson de
錯-PFV-PRS 1PL.INCL 原本 當初 LOC
錯了。 咱們的 原來 當初 時
ere gese kooli biheo.
ere gese kouli bi-he-o.
這 樣子 規矩 有-PFV-Q
這 樣 定例 有來着嗎?

【A】錯了。偺們起初有這樣的規矩来着麽?

【B】錯了。咱們起初有這樣規矩来着嗎?

【C】錯了。咱們當初有這樣規矩來麽?

【D】錯了。咱們當初有這個樣兒的規矩來着麽?

【E】錯咯。咱們當初有這個樣兒的規矩來着麽?

【F】主人,儞吶太客氣了!

ere	yali	serengge,	weceku	i	kesi	kai,
ere	yali	se-re-ngge,	weceku	-i	kesi	kai,
這個	肉	説.AUX-IPFV-NMLZ	神主	GEN	恩惠	啊
這	肉	説的是,	神主	的	恩惠	啊,

hacihiyaci	ombio.
hacihiya-ci	o-mbi-o.
勉强-假設.CVB	可以-PRS-Q
强讓	可以嗎?

【A】這個肉啊,是祖宗的恩惠呀,強讓得麽?

【B】這個肉,是祖先的恩典啊,強讓得広?

【C】這個肉啊,是祖宗的恩恵啊,強讓得麽?

【D】這個肉啊,是祖宗的克食,有強讓的理麽?

【E】這個肉啊,這是祖宗的克食,有強讓的麽?

【F】儞們旗下的規矩我知道,吃大肉,會吃只管吃,主人不讓,不奉佈;

tere	anggala	antahasa	jici.	geneci	okdoro
tere	anggala	antaha-sa	ji-ci.	gene-ci	okdo-ro
那	況且	客人-PL	來-假設.CVB	去-假設.CVB	迎接-IPFV
那	況且	客人們	若來	去	迎

fudere	be	hono	akū	bade.	ere	durun
fude-re	be	hono	akū	ba-de.	ere	durun
送行-IPFV	ACC	還	NEG	處-LOC	這	様子
送	把	還	没有	地方。	這	様子

anahūnjaci,	soroki	akū	semeo.
anahūnja-ci,	soro-ki	akū	se-me-o.
謙讓-假設.CVB	忌諱-IMP	NEG	AUX-并列.CVB-Q
謙讓如果,	忌諱	没有?	

【A】況且賓客們來去還不接送。像這様讓起來,不忌諱嗎?

【B】況且賓客們来去還不接送。像這様讓起来,不忌諱広?

【C】況且賓客來去還不接送。像這様讓起來,不忌諱麽?

【D】況且親友們來去還不迎不送呢。像這様兒讓起來,使得麽?

【E】況且客們來去還不迎不送呢。像這様兒讓起來,也不忌諱麽?

【F】客人不擦嘴,不道謝;來時去時,也不迎不送的。儞吶今天讓起來,怎麽説?

(【+F】吃大肉的規矩,本是那個様,如今小變通,也使得。)

30 (A30 ahūn deo 弟兄,B30,C18,D18,E18,F101 兄弟須親,G13 弟兄)

ahūn	deo	serengge,	emu	eme	i
ahūn	deo	se-re-ngge,	emu	eme	-i
兄	弟	説.AUX-IPFV-NMLZ	一	母親	GEN
兄	弟	所謂的,	一	母	的

banjihangge.	ajigan	fonde,	jeci	uhe
banji-ha-ngge.	ajigan	fonde,	je-ci	uhe
生-PFV-NMLZ	年幼	時候	吃-條件.CVB	共同
生出來的。	年幼	時候,	吃	同

efici	sasa,
efi-ci	sasa,
玩-條件.CVB	一起
玩耍	共同,

【A】弟兄啊,是一個母親生出來的。幼年間,同喫同頑,

【B】弟兄啊,是一個母親生的。幼年間,同吃同頑,

【C】弟兄啊,是同胞所生。幼年間,同喫同頑,

【D】弟兄們,是一個母親肚子裏生的。小的時候兒,在一塊兒喫一塊兒頑兒,

【E】弟兄們,是一個母親的肚子裡生的。小的時候兒,在一塊兒吃一塊兒頑兒,

【F】兄弟們,一個娘肚子裡生的,叫作同胞。那小的時候,在一塊吃一塊玩耍,

【G】弟兄們,是一個母親的肚子裏生的。小的時候兒,在一塊兒吃一塊兒頑兒,

umai	si	bi	se-me	ilga-ra	ba	akū,
umai	si	bi	se-me	ilga-ra	ba	akū,
全然	2SG	1SG	説.AUX-并列.CVB	分别-IPFV	處	NEG
全然	你	我		分别	處	没有,

antaka	senggime.	antaka	haji	bihe.
antaka	senggime.	antaka	haji	bi-he.
何等	友愛	何等	親密	存在-PFV
何等	友愛	何等	親密	來着?

【A】並没彼此,何等的相親相愛來着?

【B】並無彼此分别,何等相親何等相爱來着?

【C】並無彼此,是何等友愛何等親近來着?

【D】不分彼此,何等樣兒親懃來着?

【E】不分彼此,何等的親懃來着?

【F】怎樣親慹? 就不是一個娘生的,也是一個老子精血結的,小時也不分彼此。

【G】不分彼此,何等樣兒親熱來着?

mutufi,	ulhiyen	i	fakcashūn	ohongge,
mutu-fi,	ulhiyen	-i	fakcashūn	o-ho-ngge,
長大-順序.CVB	漸漸	INS	生疏	成爲.AUX-PFV-NMLZ
長大後,	漸漸	地	生疏	成了,

amba	muru	gemu	sargan	guweleku	i	šusihiyere
amba	muru	gemu	sargan	guweleku	-i	šusihiye-re
大	模樣	都	妻子	妾	GEN	挑唆-IPFV
大	模樣[大約]	都	妻	妾	的	挑唆的

gisun	de	hūlimbufi,	boo	boigon	temšere,
gisun	de	hūlim-bu-fi,	boo	boigon	temše-re,
話語	DAT	迷惑-PASS-順序.CVB	家	家産	争-IPFV
話	被	困惑,	家	産	争;

【A】長起來了,漸漸的生分的緣故,大約都因惑於妻妾調唆的話,争家私;

【B】長起来,漸漸的生分了的,大約都是惑于妻妾的調唆之言,争家私;

【C】及長大漸漸的生分者,大約都惑于妻妾調唆之言,争競家産;

【D】後來長大了,漸漸兒的生分的緣故,大約都是聽了妻妾的挑唆,就争家産;

【E】後來長大了,漸漸兒的生分的緣故,大約都是聽了妻妾的挑唆,争家産;

【F】到長大了,漸漸的不如小時候的好。

【G】後來長大了,漸漸兒生分的緣故,大約都是聽了妻妾的挑唆就争家産。

hetu	niyalmai	jakanabure	gisun	de	donjifi,
hetu	niyalma-i	jakana-bu-re	gisun	de	donji-fi,
旁邊	人-GEN	隔開-CAUS-IPFV	話語	DAT	聽-順序.CVB
旁邊	人的	離間	話	對	聽了,

teisu	teisu	gūnin	tebureci,	banjinahangge
teisu	teisu	gūnin	tebu-re-ci,	banjina-ha-ngge
各自	各自	心	留存-IPFV-ABL	産生-PFV-NMLZ
各自	各自	心思	留存,	産生的

umesi	labtu.
umesi	labtu.
很	多
很	多。

【A】聽了傍人離問[間]的話,各自留心上,起的狠多。

【B】聽了傍人離間的話,各由私心上,生出來的狠多。

【C】聽了傍人離間之語,各蓄异心上,起的狠多。

【D】或是聽了傍人離間的話,各自各兒懷着异心的,很多。

【E】或是聽了傍人離間的話,各自各兒懷着异心的,很多。

【F】這種人我眼裡看狠多。

【G】或是聽了傍人離間的話,各自各兒懷着异心的很多。

adarame	seci.	inenggidari	ere	jergi	ehecure
adarame	se-ci.	inenggi-dari	ere	jergi	ehecu-re
怎麼	説-假設.CVB	日子-每	這	種類	譭謗-IPFV
怎麼	説?	每日	這	等	譭謗

gisun	be	donjifi,
gisun	be	donji-fi,
話語	ACC	聽-順序.CVB
話	把	聽,

【A】怎麼説呢? 終日聽了這些讒言,

【B】怎庅説呢？終日聽了這些讒言，

【C】怎麼説呢？終日聽了這些讒言，

【D】就是天天兒聽了這些讒言，

【E】這是甚麼緣故呢？天天兒聽了這些讒言，

【F】這是甚麼緣故？這大半的緣故，是因爲他們長大了，各有各的癖氣，又各有各的老婆，他們自己没主意，聽了老婆挑唆的話，

【G】這是甚麼緣故呢？就是天天兒聽了這些讒言，

gūnin	de	tebuhei	dolo	jalupi,	emu
gūnin	de	tebu-hei	dolo	jalu-pi,	emu
心	LOC	留下-持續.CVB	裡面	滿-延伸.CVB	一
心	在	留着	裡面	裝滿了	一

erinde	kirime	muterakū,	uthai	becen
erin-de	kiri-me	mute-ra-kū,	uthai	becen
時候-LOC	忍耐-并列.CVB	能够-IPFV-NEG	就	拌嘴
時候在	忍耐	不能，	就	拌嘴

jaman	dekdere	de	isinafi,	kimun	bata
jaman	dekde-re	de	isina-fi,	kimun	bata
嚷	生起-IPFV	DAT	到達-順序.CVB	仇	敵
嚷	生起	對	至於，	仇	敵人

i	gese	ohobi.
-i	gese	o-ho-bi.
GEN	一樣	成爲-PFV-PRS
的	一樣	成了。

【A】心裡都裝滿了，一時不能忍的上頭，就至於打架拌嘴，成了讐敵一樣了。

【B】心裡都裝滿了，一時不能忍，就至於打架辦嘴，成了讐敵了。

【C】心裡都裝滿了，一旦不能忍，就至於打架拌嘴，成了讐敵了。

【D】耳濡目染，到心裏都裝滿了，一時間不能忍，以致於打架辯

嘴,就成了讎咯。

【E】心裡都裝滿了,一時間不能忍,以致於打架辯嘴,就成了讐咯。

【F】時常辯嘴打架,漸漸的成讐。準不肯同吃同居,強強的分了家業,各自做各的事纔肯歇。到這個樣的,㑥想可羞不可羞?(【+F】是呀,這種人本是没想想的。)

【G】耳濡目染,到心裡都裝滿了,一時間不能忍,以致於打架辯嘴,就成了讐咯。

gūnime	tuwa,	hethe	wajici	dasame
gūni-me	tuwa,	hethe	waji-ci	dasame
想-并列.CVB	看.IMP	家産	完-假設.CVB	重新
想着	看,	産業	完了	重複

ilibuci	ombi,	sargan	ufaraha	de
ili-bu-ci	o-mbi,	sargan	ufara-ha	de
站立-CAUS-假設.CVB	可以-PRS	妻子	失去-PFV	LOC
置立	可以,	妻子	失去了	時

dasame	gaici	ombi,	ahūn	deo	i	dorgide
dasame	gai-ci	o-mbi,	ahūn	deo	-i	dorgi-de
重新	娶-假設.CVB	可以-PRS	兄	弟	GEN	中間-LOC
再	娶	可以,	兄	弟	的	裡頭

emke	kokiraha	sehede,	uthai	gala	bethe
emke	kokira-ha	se-he-de,	uthai	gala	bethe
一個	損傷-PFV	説.AUX-PFV-LOC	就	手	脚
一個	損傷了	説,	就	手	足

emke	bijaha	adali,	dahūme	bahaci	ombio.
emke	bija-ha	adali,	dahūme	baha-ci	o-mbi-o.
一個	折斷-PFV	一樣	再	得到-假設.CVB	可以-PRS-Q
一個	折了	一樣,	再	得到	可以嗎?

【A】想着瞧,産業完了可以再立,女人失閃了可以再娶,弟兄裡頭要説是傷一個,就像手足折了一隻,豈可再得呢?

【B】試想,産業完了可以再立,女人亡故可以再娶,弟兄裡頭要説是傷一個,就像手足折了一隻,豈可再得?

【C】想想看,産業完了可以再立,女人死了可以再娶,弟兄裡若説是傷一個,就像手足折了一隻一様,豈可再得?

【D】也該想一想,産業没了還可以再置,女人死了也可以再娶,弟兄們若是傷一個,就像手脚折了一隻的一個様,焉能再得呢?

【E】也該想一想,産業没了還可以再置,女人死了也可以再娶,弟兄們若是傷一個,就像手脚折了一隻的是一個様,焉能再得呢?

【F】可不是麽?天下最難得的是兄弟。家産没了可以再買,銀子没了可以再賺,老婆死了還可以再娶,兄弟們傷了一個,就像斷了手足一個様,那能彀湊一個添上來?

【G】也該想一想,産業没了還可以再置,女人死了也可以再娶,弟兄們若是傷一個,就像手脚折了一隻的是一個様,焉能再得呢?

talude	kesi	akū	emu	jobolon	baita	tucinjihe	de,
talu-de	kesi	akū	emu	jobolon	baita	tuci-nji-he	de,
偶然-LOC	幸運	NEG	一	灾禍	事	出-來-PFV	LOC
偶爾	幸運	不	一	禍患	事情	出來了	時,

inu	ahūn	deo	siren	tatabume
inu	ahūn	deo	siren	tata-bu-me
也	兄	弟	關聯	牽扯-PASS-并列.CVB
也	兄	弟	關聯	牽扯

ofi,	ergen	šelefi	facihiyašame
o-fi,	ergen	šele-fi	facihiyaša-me
成爲.AUX-順序.CVB	命	捨棄-順序.CVB	着急-并列.CVB
成爲,	生命	捨棄	着急

aitubure	dabala.
aitu-bu-re	dabala.
搭救-CAUS-IPFV	罷了
使救活	罷了。

【A】偶然不幸出一件禍患事，也還是弟兄脉絡相關，拚命的吧𠱸着搭救罷咧。

【B】偶然不幸出一件禍事，也還是弟兄脉絡相関，拚命吧結着搭救罷咧。

【C】比方偶然不幸闖一禍事，也還是弟兄一脈相關，黽勉解救罷咧。

【D】比方偶然鬧出一件禍事來，那還得骨肉相關的弟兄們，捨命巴結着搭救啊。

【E】比方偶然鬧出了一件禍事來，那還得骨肉相關的弟兄們，捨命巴結着搭救啊。

【F】儞看兄弟們，彼此有急難的時候，總肯兩下裡照應救濟。

【G】比方偶然鬧出一件禍事來，那還得骨肉相關的弟兄們，捨命巴結着搭救阿。

hetu	niyalma	ušaburahū	seme,
hetu	niyalma	uša-bu-rahū	se-me,
旁邊	人	連累-PASS-SBJV	說.AUX-并列.CVB
旁邊	人	恐怕牽連	

jailame	jabdurakū	bade,
jaila-me	jabdu-ra-kū	ba-de,
躲避-并列.CVB	來得及-IPFV-NEG	地方-LOC
躲避	來不及	處在，

sini	funde	hūsutulere	mujanggao.
sini	funde	hūsutule-re	mujangga-o.
2SG.GEN	代替	盡力-IPFV	確實-Q
你	替代	盡力	確實嗎？

【A】傍人恐怕掛帶,還躲不叠當,肯替你用力麼?

【B】傍人恐怕連累,還躲不叠當,肯替你用力広?

【C】傍人恐怕連累,還躲不叠當,肯替你用力麼?

【D】若是傍人,恐怕連累着,躲還躲不迭呢,還肯替你出力麼?

【E】若是傍人,恐怕連累,躲還躲不迭呢,肯替你出力麼?

【F】若是旁人,只怕連累着,躲了去,那肯代他出頭出力呢?

【G】若是傍人,恐怕連累着,躲還躲不送(迭)呢,還肯替你出力麼?

erebe	tuwaci,	ahūn	deo	de	isirengge
ere-be	tuwa-ci,	ahūn	deo	de	isi-re-ngge
這-GEN	看-假設.CVB	兄	弟	DAT	達到-IPFV-NMLZ
由此	觀看,	兄	弟	在	達到

akū.	niyalma	ainu	ubabe	kimcime
akū.	niyalma	ainu	uba-be	kimci-me
NEG	人	爲什麼	此處-ACC	細想-并列.CVB
没有。	人	爲什麼	把這裡	仔細

gūnirakū	ni.
gūni-ra-kū	ni.
想-IPFV-NEG	呢
不想	呢?

【A】看起這個來,没有如弟兄的啊。人爲甚麼不細想這些呢?

【B】看起這個來,無有如弟兄的啊。人爲什広不想這個呢?

【C】看起這個來,没有及弟兄的啊。人爲何不將此等去處細想呢?

【D】看起這個來,再没有如同弟兄們親的咯。人爲甚麼不細細兒的想想這些個呢?

【E】看起這個來,再没有如同弟兄們好的咯。人爲甚麼不細細兒的想想這些個呢?

【F】説起來,骨肉的親,除了父子,再没有親過那兄弟咯。

31 (A31 hiyoošungga doro 孝道,B31,C16,D16,E16,F100 子待父母,G12 養兒)

juse	be	ujirengge	daci	sakdaka	de
juse	be	uji-re-ngge	daci	sakda-ka	de
孩子.PL	ACC	培養-IPFV-NMLZ	原來	老-PFV	DAT
兒	把	養	原來	年老的	在

belhere	jalin,	jui	oho	niyalma	ama
belhe-re	jalin,	jui	o-ho	niyalma	ama
防備-IPFV	爲了	孩子	成爲-PFV	人	父
預備	因爲,	孩子	作爲	人	父親

eme	i	jobome	suilame	ujihe
eme	-i	jobo-me	suila-me	uji-he
母	GEN	勞苦-并列.CVB	艱苦-并列.CVB	養育-PFV
母親	的	艱難	艱苦	養

hūwašabuha	kesi	be	gūnici.
hūwaša-bu-ha	kesi	be	gūni-ci.
成長-CAUS-PFV	恩惠	ACC	想-假設.CVB
生育	恩	把	想着,

【A】養兒原爲防備老,爲人子的要想着父母勤勞養育的恩,

【B】養兒原爲防備老,爲人子的要想着父母劬勞養育之恩,

【C】養兒原爲防備老,爲人子的若想着父母養育劬勞之恩,

【D】養兒原爲防備老,爲人子的應該想着父母的勞苦養活的恩,

【E】養兒原爲防備老,爲人子的應該記着父母的勞苦養活的恩,

【F】"哀哀父母,生我劬勞",這句詩要常記着,爲兒的應該想着父母生我的恩,

【G】養兒原爲防備老,爲人子的應該記着父母的勞苦養育的恩,

niyaman	i	sakdara	onggolo	be	amcame,	sain
niyaman	-i	sakda-ra	onggolo	be	amca-me,	sain
雙親	GEN	老-IPFV	之前	ACC	追趕-并列.CVB	好
父母	的	年老	前	把	趕上,	好

etuku	etubume	icangga	jaka	be
etuku	etu-bu-me	icangga	jaka	be
衣服	穿-CAUS-并列.CVB	可口的	東西	ACC
衣服	使穿	順適	東西	把

ali-bume,	injere	cira	ijishūn	gisun	i
ali-bu-me,	inje-re	cira	ijishūn	gisun	-i
呈送-CAUS-并列.CVB	笑-IPFV	容颜	和順	話語	INS
侍奉,	笑	颜面	順	言語	用

urgunjebuci	acambi.
urgunje-bu-ci	aca-mbi.
喜悦-CAUS-假設.CVB	應該-PRS
使喜歡	應該。

【A】該當趂(趁)着父母未老之前,將好衣服美食物事奉,和言悦色的呌喜歡。

【B】該當趂着父母未老之前,将好衣服美食物事奉,和容悦色的教喜歡。

【C】當趁着親未老時,将美衣美食事奉,悦色和言以悦之。

【D】就趁着父母在着,拏好穿的好喫的孝敬他,和顔悦色的叫老家兒喜歡。

【E】該當趁着父母没有老之前,拿好穿好吃的孝敬他們,和顔悦色的呌他們喜歡。

【F】趁着他在世,孝敬他,供養他,到他年老血氣衰,喜歡閒着,要代他持家謀食,代他受勞,見面笑嘻嘻的順他的心,教他心裡安纔是的。

【G】就趁着父母在着,拿好穿好吃的孝敬他們,和顔悦色的呌老家兒喜歡。

(【+F】不錯。)

aikabade	eture	jetere	be	darakū,	beyere
aikabade	etu-re	jete-re	be	da-ra-kū,	beye-re
若是	穿-IPFV	吃-IPFV	ACC	管-IPFV-NEG	凍-IPFV
要是	穿的	吃的	把	不管,	寒冷

yuyure	be	fonjirakū,	jugūn	yabure	niyalmai
yuyu-re	be	fonji-ra-kū,	jugūn	yabu-re	niyalma-i
餓-IPFV	ACC	問-IPFV-NEG	路	行-IPFV	人-GEN
饑餓	把	不問,	路	行走的	人

adali	tuwame,	sakdasa	be	akara	gingkara
adali	tuwa-me,	sakda-sa	be	aka-ra	gingka-ra
一樣	看-并列.CVB	老人-PL	ACC	悲傷-IPFV	鬱悶-IPFV
一樣	看,	老人家	把	傷心	鬱悶

de	isibuci.
de	isi-bu-ci.
DAT	到達-CAUS-假設.CVB
	致使。

【A】要是喫穿不管,饑寒不問,視如路人,致令老人家傷心氣悶。

【B】要是吃穿不管,饑寒不問,視如路人,致令老人家傷心氣悶。

【C】若是喫穿不管,饑寒不問,同不相干的人一樣總不理,致令老人家傷心氣悶。

【D】若是喫穿不管,饑寒不問的,像外人兒似的看待,叫兩個老人家傷心生氣。

【E】若是吃穿不管,饑寒不問的,像外人兒似的看待,呌兩個老人家傷心生氣。

【F】若是爲兒的,時常嬾惰,不學本事,説話行爲都没規矩,不但不聽父母的管教,有時見着他的面,竟露出不喜歡的樣子。

【G】若是吃穿不管,饑寒不問的,像外人兒似的看待,呌兩個老人家傷心生氣。

akū oho manggi, ai hacin i gosiholome
akū o-ho manggi, ai hacin -i gosiholo-me
没有 成爲-PFV 之後 什麽 種類 GEN 痛哭-并列.CVB
去 世 後, 什麽 樣 的 痛哭
songgoho seme, ai baita.
songgo-ho seme, ai baita.
哭-PFV 即使 什麽 事情
哭泣 即使, 什麽 事情?

【A】百年之後,任憑怎麽樣的痛哭,中什麽用啊?
【B】百年之後,任憑怎様痛哭,中甚庅用啊?
【C】百年之後,任憑怎様痛哭,中什麽用?
【D】到了百年之後,任憑你怎麽慟哭,中甚麽用啊?
【E】到了百年之後,任憑你怎麽痛哭,中甚麽用啊?
【F】這種兒子,到父母死了,就是痛哭,那算得孝呢?
【G】到了百年之後,任憑你怎麽慟哭,中甚麽用啊?

unenggi gūnin ci tucikengge seme, we
unenggi gūnin ci tuci-ke-ngge se-me, we
真誠 心 ABL 出-PFV-NMLZ 説-并列.CVB 誰
真誠 心 從 出來了 説, 誰
akdara. niyalmai basure de geleme,
akda-ra. niyalma-i basu-re de gele-me,
相信-IPFV 人-GEN 恥笑-IPFV DAT 害怕-并列.CVB
相信? 人的 恥笑 對 害怕,
holtorongge dabala.
holto-ro-ngge dabala.
歪曲-IPFV-NMLZ 罷了
假裝的 罷咧。

【A】就説是出於誠心,誰信呢？不過是怕人恥笑,假粧罷咧。

【B】就説是出於誠心,誰信呢？不過是怕人恥笑,假粧罷咧。

【C】就説是出於誠心,誰信呢？不過是怕人耻笑,假粧罷咧。

【D】就算是你出於誠心,誰信呢？不過因爲怕人家笑話,假的罷咧。

【E】就算是你出於誠心,誰信呢？不過是怕人家笑話,假的罷咧。

【G】就筭是你出於誠心,誰信呢？不過因爲怕人家笑話,假的罷咧。

ai	hacin	i	icangga	amtangga	jaka	doboho
ai	hacin	-i	icangga	amtangga	jaka	dobo-ho
什麼	種類	GEN	好吃	美味的	東西	供奉-PFV
什麼樣		的	順適	甜美的	東西	供奉了

seme,	fayangga	sukjihe	be	we	sabuha.
se-me,	fayangga	sukji-he	be	we	sabu-ha.
即使	靈魂	享受-PFV	ACC	誰	看見-PFV
即使,	靈魂	享受	把	誰	看見了？

【A】就供什麼樣的甘美東西,誰見魂靈來受享了呢？

【B】就供什庅樣的甘味美食,誰見魂靈來受享了呢？

【C】任憑供什麼甘旨之物,誰見魂來受享呢？

【D】就是供甚麼樣兒的珍饈美味,誰見靈魂兒來受享了麼？

【E】就供甚麼樣兒的珍饈美味,誰見魂靈兒來受享了麼？

【F】至於天天在那靈前供采供飯,只是擺得這樣那樣的好看,誰看見那靈魂來吃呢？

【G】就是供甚麼樣兒的珍饈美味,誰見魂靈兒來受享了麼？

ineku	weihun	urse	sisiha	dabala.
ineku	weihun	urse	sisi-ha	dabala.
仍舊	活的	人們	攮塞-PFV	罷了
原樣	活着的	人們	攮塞	罷了。

ufaraha niyalma ai baha ni.
ufara-ha niyalma ai baha ni.
亡故-PFV 人 什麼 得到.PFV 呢
歿的 人 什麼 得到 呢?

【A】也還是活人攮塞了罷了。没的人得甚麼了呢?

【B】也還是活人攮塞了罷。亡人得了甚広了呢?

【C】也還是活人攮塞罷咧。于逝者有何益?

【D】也還是活人兒饋搡罷咧,死的人有甚麼益處啊?

【E】也還是活人兒饋搡罷咧,歿的人有甚麼益處啊?

【F】與其這個樣,倒不如兩老人在時,拿好穿好吃的奉養他是實得的。

【G】就是供甚麼様兒的珍饈美味,誰見魂靈兒來受享了麼?也還是活人兒饋搡罷咧,死的人有甚麼益處啊。

(【+F】是呀。可惜世上做兒子的,大半想不透這個理啊。)

geli dabanahangge ama eme be se de
geli dabana-ha-ngge ama eme be se de
又 超過-PFV-NMLZ 父 母 ACC 年齡 DAT
又 過了 父 母 把 年紀 從

gocimbuha, sakdafi oiboko seme,
goci-mbu-ha, sakda-fi oibo-ko se-me,
抽-PASS-PFV 老-順序.CVB 悖晦-PFV 説.AUX-并列.CVB
凸顯, 年老 背晦,

daišahai ergeleme boo delhebuhengge
daiša-hai ergele-me boo delhe-bu-he-ngge
鬧-持續.CVB 逼迫-并列.CVB 家 分開-CAUS-PFV-NMLZ
鬧着 逼着 家 使分開的人

gemu　bi.

gemu　bi.

都　有

都　有。

【A】甚至於説父母上年紀,老悖晦了,鬧着逼着叫分家的都有。

【B】甚至於説父母上年紀了,老誖晦了,鬧着逼着教分家的都有。

【D】還有一種更不好的人,説父母上了年紀兒了,老輩晦了,吵鬧着強要分家的。

【E】還有一種更不好的人,説父母上了年紀兒了,老背晦了,吵鬧着強要分家的。

【F】還有一種更不好的兒子,看父母好像個外人一樣,到父母有了年紀,説是老悖了,任他怎麼樣都不管。

【G】還有一種更不好的人,説父母上了年紀兒了,老背晦了,吵鬧着強要分家的。

gisun　ede　isinjifi,　niyalma　esi　seci

gisun　ede　isinji-fi,　niyalma　esi　se-ci

話語　這.DAT　到來-順序.CVB　人　自然　説.AUX-假設.CVB

話　在這　來到,　人　自然

ojorakū　nasambime　fancacuka.　enteke　niyalma,

ojo-ra-kū　nasa-mbime　fancacuka.　enteke　niyalma,

可以-IPFV-NEG　歎息-並且.CVB　生氣　這樣的　人

不可以　歎息　憤怒。　這樣的　人,

abka　na　baktamburakū,　hutu　enduri　uhei　seyere

abka　na　baktam-bu-ra-kū,　hutu　enduri　uhei　seye-re

天　地　包涵-CAUS-IPFV-NEG　鬼　神　共同　恨-IPFV

天　地　不容納,　鬼　神　一同　恨

be	dahame,	adarame	bahafi	sain	i	dubambi.
be	dahame,	adarame	baha-fi	sain	-i	duba-mbi.
ACC	因爲	怎麼	得到-順序.CVB	好	INS	終結-PRS
把	既然,	怎麼	得到	好	的	終結?

【A】説到這裡,人不由的嗟嘆憤懣。這樣的人,天地不容,鬼神共恨,焉得善終呢?

【B】話到這裡,人由不得嗟嘆憤懣。此等人,天地不容,鬼神共恨,焉得善終呢?

【C】説到這裡,人不由的傷心生氣。此等人,天地不容,鬼神共恨,如何得善終?

【D】説到這個場處,不由的,叫人生氣傷心。這種樣兒的人,天地不容,神鬼都是恨的,焉能善終呢?

【E】説到這個場處,不由的叫人生氣傷心。這種樣兒的人,天地不容,神鬼都是恨的,焉能善終呢?

【F】遇着這等兒子,爲父母的怎麼不傷心鬱氣?暗地想,養兒原爲代老,既這個樣,倒不如没兒的自在呢。儞看這等兒子,天地不容他,鬼神不饒他,親戚朋友有誰肯理他呢?

【G】説到這個場處,不由的叫人生氣傷心。這種樣兒的人天地不容,神鬼都是恨的。焉能善終呢?

(【+F】到底這等兒子,自己的福怎麼樣?)

damu	ekisaka	tuwa,	giyanakū	udu	goidambi.	yasa
damu	ekisaka	tuwa,	giyanakū	udu	goida-mbi.	yasa
只是	安静	看.IMP	能有	多少	長久-PRS	眼睛
只	静静	看,	能幾何	多少	久?	眼睛

habtašara	sidende,	ini	juse	omosi	songko
habtaša-ra	siden-de,	ini	juse	omosi	songko
眨-IPFV	期間-LOC	3SG.GEN	孩子.PL	孫子.PL	足跡
眨眼	間,	他的	兒子們	孫子們	足跡

de	songkoi	ombikai.
de	songkoi	o-mbi-kai.
LOC	按照	成爲-PRS-INTJ
	照樣	成爲了啊。

【A】只静静的看着,如何能久? 展眼之間,他的了[子]孫也就跴(踩)着踪跡照樣的了。

【B】只静静的看着,如何能久? 展眼之間,他的子孫也就踏着踪跡照樣行了。

【C】只静静的看着,曾幾何時? 展眼之間,他的子孫就跴着踪跡照樣兒了。

【D】你只静静兒的看着,一眨眼兒的工夫兒,他的子孫也就照着他的樣兒學了。

【E】你只静静兒的看着,眨眼的工夫兒,他的子孫也就照着他的樣兒學了。

【F】他歸根不得好,貧窮到老。他自己的兒子,記着他前頭待父母的,也照着樣兒待他咯。到這個時候,他纔知道自己待父母的錯了。

32 (A32 tafulan 勸告, B32, C78, D78, E79, F92 貪得無厭)

(【+F】爾怎麽這樣不顧體面的? 我有甚麽不體面的?)

ai	baharakū	ferguwecuke	jaka,	sabuha	dari,
ai	baha-ra-kū	ferguwecuke	jaka,	sabu-ha	dari,
什麽	得到-IPFV-NEG	奇特的	東西	看見-PFV	每
什麽	没得到	奇特的	東西,	看見了	每,

baibi	gejing seme,	nandame
baibi	gejing se-me,	nanda-me
只	絮絮叨叨 AUX-并列.CVB	乞求-并列.CVB
只	絮叨的樣子,	乞求

gairengge.	jaci	derakū	kai.
gai-re-ngge.	jaci	derakū	kai.
取得-IPFV-NMLZ	太	没體面	INTJ
取得。	太	不體面	啊。

【A】什麼不得异様的東西,每遭見了,只管絮煩,向人尋。太没體面啊。

【B】什庅不得的异様東西,每逄見了,只管絮煩着,向人要。太無臉罷。

【C】什麼不得的异様東西,每見了,只管向人尋。太没體面啊。

【D】這是個甚麼意思呢?甚麼稀罕東西,每逄看見,就和人家尋,也不覺絮煩麼?實在太不體面了罷。

【E】甚麼稀罕東西兒呢,每逄看見,就和人家尋,也不覺絮煩?太不體面了罷。

【F】倆昨天不是在那李家麼?説那有個稀罕的東西,倆見了就和他要。

weri	dere	de	eterakū	de,	inu	sinde
weri	dere	de	ete-ra-kū	de,	inu	sinde
别人	臉	LOC	經受-IPFV-NEG	DAT	也	2SG.DAT
存留	臉	在	經不住	時,	也	給你

kejine	buhe	kai,	gūnin	de	kemuni
kejine	bu-he	kai,	gūnin	de	kemuni
很多	給-PFV	INTJ	心	LOC	还
很多	給了	啊,	心里	在	还

eleme	sarkū,	ergeletei	wacihiyame
ele-me	sa-r-kū,	ergele-tei	wacihiya-me
足够-并列.CVB	知道-IPFV-NEG	强迫-极盡.CVB	完全-并列.CVB
滿足	不知,	强迫	完全

gaji	serengge,	ai	doro.
gaji	se-re-ngge,	ai	doro.
拿來.IMP	說.AUX - IPFV - NMLZ	什麼	道
拿來	所謂的,	什麼	道理?

【A】人家臉上過不去,也給了你好基[些],心裡還不知足,壓派着全都要的,是何道理?

【B】人家臉上下不來,也給了你好些了,心裡還不知足,壓泒(派)着全都要,是何道理?

【C】人家臉上過不去,也給了你好些,心裡還不足,壓派着全都要的,是何道理?

【D】人家臉上過不去,也給過你好些次了,你心裡還不知足麼?必定呌人家盡其所有的都給了你,能彀麼?

【E】人家臉上過不去,也給過你好些次了,心裡還不知足麼?必定盡其所有的都給了你麼?

【F】他臉上過不去,纔拿一件給你。倆還不足意,倒說了許的閒話。

sinde	buci	baili,	burakū	oci	teisu	kai,
sinde	bu-ci	baili,	bu-ra-kū	oci	teisu	kai,
2SG.DAT	給-假設.CVB	人情	給-IPFV-NEG	若是	本分	INTJ
向你	給	恩,	不給	若是	本分	啊,

fudarame	jilidame	niyalma	be	lasihidarangge,
fudarame	jilida-me	niyalma	be	lasihida-ra-ngge,
反倒	發怒-并列.CVB	人	ACC	摔打- IPFV - NMLZ
反着	發怒	人	把	摔打,

【A】給你是人情,不給是本分,翗(翻)倒使性子摔掇人,

【B】給你是人情,不給是本等,反倒使性子摔掇人,

【C】給你是人情,不給是本分,反倒使性子摔掇人,

【D】況且給是人情,不給是本分,你反倒使性子摔搭人,

【E】給你是人情,不給是本分,反倒使性子摔搭人,
【F】𠑟想人家的東西,給是人情,不給也不能怪得他。

mujakū	fiyokoroho	ai	dabala.	duibuleci	uthai
mujakū	fiyokoro-ho	ai	dabala.	duibule-ci	uthai
確實	胡謅-PFV	什麼	罷了	比方-假設.CVB	就
確實	荒謬	什麼	罷了。	比如	就

sini	jaka	okini,
sini	jaka	o-kini,
2SG.GEN	東西	成爲.AUX-IMP
你的	東西	成了,

【A】大錯謬了罷咧。這個情理呢?比方就是你的東西,
【B】大錯謬了罷。比方就是你的東西,
【C】大錯謬了罷咧。比如就是你的東西,
【D】那兒有了主意咯。比方是你的東西,
【E】那就是打錯了主意咯。比方若是你的東西呢,
【F】這番他已經給𠑟一件了,𠑟還要甚麼呢?

niyalma	buyeci,	si	buyerakūn.	fuhali
niyalma	buye-ci,	si	buye-ra-kū-n.	fuhali
人	愛-假設.CVB	2SG	愛-IPFV-NEG-Q	完全
人	若愛,	你	不愛嗎?	竟然

sinde	saliburakū,
sinde	sali-bu-ra-kū,
2SG.DAT	做主-PASS-IPFV-NEG
在你	不由做主,

【A】人要愛,你不愛麼?全不由你主張,
【B】人要愛,你不愛嗎?全不由你主張,
【C】人要愛,你不愛麼?全不由你主張,

【D】人家愛惜,你自己也不愛惜麽? 若是不由你作主,
【E】人家愛,你不愛麽? 全不由你作主兒,

fere　heceme　kob　seme　gamaci,
fere　hece-me　kob　se-me　gama-ci,
底下　乾净-并列.CVB　完全　AUX-并列.CVB　拿去-假設.CVB
徹底地　完全　地　拿去,
sini　gūnin　de　adarame.
sini　gūnin　de　adarame.
2SG.GEN　心　LOC　如何
你的　心　在　如何?
【A】徹底都要拿了去,你心裡如何?
【B】徹底都要拿了去,你心裡如何?
【C】徹底兒都要拿了去,你心裡如何?
【D】澈底兒都拏了去,你心裡頭怎麽樣呢?
【E】澈底兒都要拿了去,你心裡何如呢?

sikse　mini　beye　ofi,　sini　nantuhūn　jili
sikse　mini　beye　ofi,　sini　nantuhūn　jili
昨天　1SG.GEN　自己　因爲　2SG.GEN　污穢　怒氣
昨天　我的　自己　因爲,　你的　污穢　怒氣
be　kiriha　dabala.
be　kiri-ha　dabala.
ACC　忍耐-PFV　罷了
把　忍耐　罷了。
【A】昨日因爲是我,你那行次(子)的性子我忍了罷咧。
【B】昨日因爲是我,把你那賤氣忍了罷咧。
【C】昨日因爲是我,你那行子的性子忍了罷咧。
【D】昨兒因爲是我,肯忍你那行子的性子罷咧。

【E】昨兒因爲是我,肯忍你那行子的性子罷咧。

minci	tulgiyen,	yaya	we	sehe	seme,	sinde
minci	tulgiyen,	yaya	we	se-he	seme,	sinde
1SG.ABL	以外	任何	誰	説.AUX-PFV	雖然	2SG.DAT
除我	以外,	任何	誰	説了	雖然,	對你

anabure	aibi.
anabu-re	aibi.
謙讓-IPFV	豈有
謙讓	豈能?

【A】除了我,不拘是誰,豈肯讓你?

【B】除了我,不拘是誰,豈肯讓你?

【C】不拘是誰,豈肯讓你?

【D】若除了我,不拘是誰,也肯讓你麼?

【E】若除了我,不拘是誰,肯讓你麼?

mini	gisun	be	eje,	halaha	de	sain.
mini	gisun	be	eje,	hala-ha	de	sain.
1SG.GEN	話語	ACC	記住.IMP	改-PFV	LOC	好
我的	話	把	記住,	改了	對	好。

【A】記着我的説,改了好啊。

【B】記着我的話,改了好罷。

【C】好好記着我的話,改了好。

【D】好好兒的記着我這話,快快兒的改了。

【E】好好兒的記着我的話,改了好。

si	jakan	aika	fuhali	encehen	akū	oci,	geli	emu
si	jakan	aika	fuhali	encehen	akū	oci,	geli	emu
2SG	方纔	要是	完全	能力	NEG	若是	又	一
你	方纔	要是	完全	能耐	没有	若,	又	一

hendure	babi,	jeci	kemuni	bahara
hendu-re	ba-bi,	je-ci	kemuni	baha-ra
説話-IPFV	處-有	吃-假設.CVB	還	得到-IPFV
説	有處,	若吃	還	得到

etuci	kemuni	mutere	ergide	bikai.
etu-ci	kemuni	mute-re	ergi-de	bi-kai.
穿-假設.CVB	還	能够-IPFV	邊-LOC	有-INTJ
若穿	還	能够的	邊	有啊。

【A】你方纔要是總没能奈的,又有一説,還在個得喫能穿的一邊。

【B】你如今要是竟無分兒的,又有一説,還在得吃能穿的一邊呢。

【C】你方纔要是總没能奈的,又有一説,還在有喫有穿一邊。

【D】你若是個没有一點兒能爲的,那還又是一説,現在還是有喫有穿的。

【E】你此刻若是個没有一點兒能耐的,那還又有一説,你現在還是有吃有穿的。

urui	majige	jabšaki	be	baime	yaburengge,
urui	majige	jabšaki	be	bai-me	yabu-re-ngge,
只管	小	便宜	ACC	求-并列.CVB	行-IPFV-NMLZ
只	小	便宜	把	討	行,

ai	turgun.	enggici	bade	niyalma	simbe
ai	turgun.	enggici	ba-de	niyalma	simbe
什麼	原因	背後	處-LOC	人	2SG.ACC
什麼	原因?	背後	處	人	把你

yasa	niowanggiyan	serakūn.
yasa	niowanggiyan	se-ra-kū-n.
眼睛	緑色	説-IPFV-NEG-Q
眼饞[眼皮子淺]		不説嗎?

【A】只管要佔小便宜,是什麼緣故?背地裡人不説你眼皮子

淺嗎?

【B】只管要佔小便宜,是什庅緣故? 背地裡人家不説你眼皮子淺嗎?

【C】只管要占小便宜,背地人不説你眼皮淺麼?

【D】只是要占個小便宜,是個甚麼緣故呢? 也不怕人家背地裡説你眼皮子淺麼?

【E】只是要占小便宜兒,是個甚麼緣故呢? 也不怕人家背地裡説你眼皮子淺麼?

【F】儞因爲不足意,就惱了説閒話,這體面在那裡? 儞不怕人背地裡説,儞是眼皮淺的人麼?

(【+F】我和他做朋友好多年了,倆本不分彼此,我要他一件東西,有什麼不體面? 哎,儞説和他不分彼此,我竟没聽見儞給他的一件東西,只聽見儞要他的東西不少。我的東西,是他不要,他若和我要,我也給他啊。)

33 (A33 dere banirebe baibure 説情,B33,C83,D83,E84,F94 以怨報德)

(【+F】儞吶今天來,怎麼這樣的不高興? 不要問哪。爲甚麼呢? 説説何妨。)

we	cihanggai	ini	baita	de	danaki	sembihe.
we	cihanggai	ini	baita	de	da-na-ki	se-mbihe.
誰	情願	3SG.GEN	事情	DAT	管-去-IMP	説.AUX-PST
誰	請願	他的	事情	對	去管	想來着?

bi	serengge	hocikosaka	boode	tere
bi	se-re-ngge	hocikosaka	boo-de	te-re
1SG	AUX-IPFV-NMLZ	好好地	家-LOC	坐-IPFV
我	是	好好地	在家	坐的

niyalma kai.
niyalma kai.
人 INTJ
人 啊。

【A】誰情愿去管他的事來着? 我是好好的家裡坐着的人。

【B】誰情愿去管他的事來着? 我是好好的家裡坐着的人。

【C】誰情願去管他的事情來着? 我是好好的家裡坐着的人啊。

【D】誰情愿去管他的事情來着麼? 我是好好兒的在家裡坐着的人啊。

【E】誰情願去管他的事情來着麼? 我是好好兒的在家裡坐着的人啊。

【F】我本來不愛管閒事。

i aibideri ulan ulan i dacila nakū, mimbe
i aibi-deri ulan ulan -i dacila nakū, mimbe
3SG 哪裡-ABL 傳遞 傳遞 INS 打聽.IMP 之後 1SG.ACC
他 從哪 傳遞 傳遞 地 打聽 之後, 把我

tere niyalma be takambi seme,
tere niyalma be taka-mbi se-me,
那 人 ACC 認識-PRS 説.AUX-并列.CVB
那 人 把 認識 説,

nurhūme ududu mudan jihe, mini baru age,
nurhūme ududu mudan ji-he, mini baru age,
連續 許多 次 來-PFV 1SG.GEN 向 阿哥
接連 幾 次 來了, 我的 向 阿哥,

mini ere baita fita sinde akdahabi.
mini ere baita fita sinde akda-ha-bi.
1SG.GEN 這 事情 全然 2SG.DAT 依靠-PFV-PRS
我的 這 事 全然 向你 依靠了。

【A】地[他]從那裡灣轉打德[聽]着,我認得那個人,一連來了好幾次,向我説:阿哥,我逅[這]一件事作定仗着你了。

【B】他從那裡灣轉着,説我認得那個人,一連來了好幾次,向我説:阿哥,這件事着實仗着你了。

【C】他從那裡打聽得説我認得那個人,一連來了好幾次,向我説:阿哥,我這件事實實的仗着你了。

【D】不知道他在那塊兒打聽得説我認識那個人,一連來了好幾次,和我:兄台,我這件事,實實在在的仗着你納了。

【E】不知道他在那塊兒打聽得説我認識那個人,一連來了好幾次,和我説:大哥我這件事,寔寔在在的仗着你了。

【F】昨天有個人,知道我和李三相好,來找我幾次,託我説一件事。

šadambi	seme,	ainara.	gosici
šada-mbi	se-me,	aina-ra.	gosi-ci
疲乏-PRS	説.AUX-并列.CVB	怎麽樣-IPFV	疼愛-假設.CVB
疲乏	説,	怎麽樣?	若疼愛

mini	funde	gisurereo	seme.
mini	funde	gisure-reo	se-me.
1SG.GEN	代替	説-IMP	説.AUX-并列.CVB
我的	替代	請説	要。

【A】就説乏些,可怎麽樣呢?要疼愛替我説説。

【B】就説乏些,可怎樣?要疼愛替我説説。

【C】就乏些,可怎樣呢?若疼愛替我説説。

【D】求我疼他,一定替他説説。

【E】就是勞乏些兒,可怎麽樣呢?求我疼他,一定替他説説。

fisai	amala	dahalahai	aika	mimbe	sindambi
fisa-i	amala	dahala-hai	aika	mimbe	sinda-mbi
背-GEN	後邊	跟隨-持續.CVB	難道	1SG.ACC	放-PRS
背的	後	跟隨着	難道	把我	放置

sembio. mini dere daci uhuken be, si
se-mbi-o. mini dere daci uhuken be, si
説 AUX-PRS-Q 1SG.GEN 臉 原來 軟和 ACC 2SG
肯嗎? 我的 臉 起初 軟 把, 你

tengkime sarangge, weri uttu hafirabufi
tengkime sa-ra-ngge, weri uttu hafira-bu-fi
深刻 知道-IPFV-NMLZ 別人 這樣 逼迫-PASS-順序.CVB
深刻 知道的, 別人 這樣 逼迫

niyakūn hengkin i baimbi kai, ai hendume
niyakūn hengkin -i bai-mbi kai, ai hendu-me
跪下 叩頭 INS 請求-PRS INTJ 什麼 説-并列.CVB
下跪 扣頭 用 求 啊, 什麼 説

yokto akū i amasi unggimbi.
yokto akū -i amasi unggi-mbi.
趣味 NEG INS 返回 打發-PRS
趣味 没有 地 返回 打發?

【A】在背後跟着肯放嗎?我起根兒臉軟,你狠知道,人家這樣的着急跪拜央求,怎麼好意思的叫他無趣兒回去呢?

【B】在背後跟着肯放嗎?我起根兒臉軟,你狠知道的,人家這樣着了急跪拜央求,怎麼好意思教他無趣兒回去呢?

【C】在背後跟定了肯放我麼?我起根兒臉軟,你深知道的,人家這樣着急跪拜央求,怎麼好意思叫他没趣味囘去呢?

【D】在屁股後頭跟着,總不放我。我起根兒臉輭,你是深知道的,人家這麼樣兒的着急,跪着哀求,怎麼好意思呢叫他没趣兒囘去呢?

【E】在屁股後頭跟着,總不放我。我起根兒臉軟,你是深知道的,人家這麼樣兒的着急,跪着哀求,你怎麼好意思的叫他没趣兒回去呢?

【F】我起先没應承。

anatame	banjinarakū	ofi,	uttu	bi
anata-me	banjina-ra-kū	ofi,	uttu	bi
推託-并列.CVB	産生-IPFV-NEG	因爲	這樣	1SG
推脱	不産生	因爲,	這樣	我

alime	gaifi.
ali-me	gai-fi.
接受-并列.CVB	要-順序.CVB
接受	答應。

【A】因爲推脱不開,我所以應承了。

【B】因爲推脱不開,我所以應承了。

【C】因爲推托不開,所以我應承了。

【D】因爲推脱不開,所以我纔應承了。

【E】因爲推托不開,所以我纔應承了。

【F】因爲他再三的懇求,不便撂下,只得答應,代他去説。

tere	gucu	de	giyan	fiyan	i	hafukiyame
tere	gucu	de	giyan	fiyan	-i	hafukiya-me
那	朋友	DAT	道理	條理	INS	通知-并列.CVB
那	朋友	對	有條有理		地	使通曉

alaha,	gūnihakū	ini	emhun	i	baita
ala-ha,	gūni-ha-kū	ini	emhun	-i	baita
告訴-PFV	想-PFV-NEG	3SG.GEN	一人	GEN	事情
告訴,	不料	他的	一人	的	事

waka,	niyalma	geren	mayan	tatabumbi
waka,	niyalma	geren	mayan	tata-bu-mbi
不是	人	衆多	肘	拉-PASS-PRS
不是,	人	衆多	肘	拉

seme,	alime	gaihakū.
se-me,	ali-me	gai-ha-kū.
説.AUX-并列.CVB	接受-并列.CVB	要-PFV-NEG
説,	接受	不答應。

【A】明明白白的通告訴那個朋友了,不成望不是他一個人的事,説人多掣肘,没肯應承。

【B】明明白白的通徹告訴那個朋友了,想不到不是他一個人的事,説人多掣肘,没肯應承。

【C】明明白白的通告訴那個朋友了,不成望不是他一個人的事情,説人多掣肘,没肯應承。

【D】把他的事情明明白白兒的告訴了那個朋友咯,不承望不是他一個人兒的事,説是人多掣肘,没肯應承。

【E】明明白白兒的通都告訴了那個朋友咯,不承望不是他一個人兒的事,説是人多掣肘,没有肯應承。

【F】今天早上我到李三那,坐了一會,把那個人託的事告訴他,並和他討個情,他答應説:這事是大衆管的,主事者有四五位,我一個人不能作得主,不敢答應。

tede	bi	kemuni	icišame	gisureki	sembihe,
tede	bi	kemuni	iciša-me	gisure-ki	se-mbihe,
那.DAT	1SG	還	就勢-并列.CVB	説-IMP	説.AUX-PST
在那上	我	還	乘便	説	想要着,

amala	gūnifi,	joo.
amala	gūni-fi,	joo.
後來	想-順序.CVB	算了
之後	想:	罷了。

【A】因此我還要看光景説來着,後來想了一想説:罷呀。

【B】因此我還要看光景説來着,後來想了一想:罷呀。

【C】那上頭我還要看光景説來着,後來想想説:罷呀。

【D】我還要看光景再説來着,後來想了一想説:罷呀。

【E】我還要看光景説來着,後來想了一想説:罷呀。

baita	i	arbun	be	tuwaci,	maribume
baita	-i	arbun	be	tuwa-ci,	mari-bu-me
事情	GEN	樣子	ACC	看-假設.CVB	挽回-CAUS-并列.CVB
事情	的	樣子	把	若看,	挽回

muterakū,	yasa	nicu	nakū	ergeleme
mute-ra-kū,	yasa	nicu	nakū	ergele-me
能够-IPFV-NEG	眼睛	閉.IMP	之後	强迫-并列.CVB
不能,	眼睛	閉	之後	强迫

alime	gaisu	sere	kooli	geli	bio.
ali-me	gaisu	se-re	kouli	geli	bi-o.
接受-并列.CVB	要.IMP	説.AUX-IPFV	道理	又	有-Q
接受	要	教人	道理	也	有嗎?

【A】看事情樣子,不能挽回,豈有閉着眼睛壓派着叫人應的理呢?

【B】看事情的樣子,不能挽回,豈有閉着眼睛壓派着教人應的理嗎?

【C】看事的樣子,不能挽回,閉着眼睛壓派着叫人應的理有麼?

【D】看事情的樣子,是不能挽回了,必定強壓派着叫人家應允,使得麼?

【E】看事情的樣子,是不能挽回了,必定強壓派着叫人家應承,使得麼?

uttu	ofi.	bi	amasi	inde	mejige	alame
uttu	ofi.	bi	amasi	inde	mejige	ala-me
這樣	因爲	1SG	往回	3SG.DAT	消息	告訴-并列.CVB
因此		我	返回	給他	消息	告訴

genehe	de,	elemangga	ini	baita	be	efulehe
gene-he	de,	elemangga	ini	baita	be	efule-he
去-PFV	LOC	反倒	3SG.GEN	事情	ACC	破坏-PFV
去了	時,	反倒	他的	事	把	破坏

seme,	mini	baru	dere	waliyatambi,
se-me,	mini	baru	dere	waliyata-mbi,
説.AUX-并列.CVB	1SG.GEN	向	脸	撂下-PRS
説,	我	向	脸	撂,

【A】故此我回去告訴他個信,反倒説我壞了他的事,望着我撩臉子,

【B】故此我回去告訴了他一個信,反倒説壞了他的事,望着我撂臉子,

【C】故此我回去告訴他個信,反倒説我壞了他的事,望着我撩臉子,

【D】故此我囘來告訴了他個信兒,倒説我壞了他的事咯,望着我撩臉子,

【E】故此我囘來告訴了他個信兒,倒説我壞了他的事咯,望着我撩臉子,

【F】我就照這情形去回覆那個人,那知道他倒説我壞了他的事啊。

absi	koro.	saha	bici,	aiseme	gisurembihe	ni.
absi	koro.	sa-ha	bici,	aiseme	gisure-mbihe	ni.
何其	傷心	知道-PFV	若有,	爲什麼	説-PST	呢
何其	傷心。	知道	若是,	怎麼	説來着	呢?

【A】好虧心。早知道,無緣無故爲什麼去説來着呢?

【B】好虧心。早知道,爲什庅去説來着呢?

【C】好虧心。早知道,無緣無故的爲什麼來着呢?

【D】好叫人虧心哪。早知道這麼樣,我何必説來着?這是圖甚

麼呢?

【E】好虧心哪。早知道,我何必説來着? 這是圖甚麼呢?

【F】倆想,我無事的受屈,怎麼會高興? 故此來倆這坐坐,散個悶。

(【+F】倆已經回覆了他就是了,怨不怨由他。倆來,且欲酒開懷。)

34(A34 dorol Jaka bargiyarakū 不收禮物,B34,C69,D69,E70,F15 喜事送禮)

age,	si	teng	seme	uttu	mararangge,
age,	si	teng	se-me	uttu	mara-ra-ngge,
阿哥	2SG	堅决	AUX-并列.CVB	這樣	推辭-IPFV-NMLZ
阿哥,	你	堅决	地	這樣	推辭,

bi	yala	sesulame	wajirakū.
bi	yala	sesula-me	waji-ra-kū.
1SG	實在	驚訝-并列.CVB	完盡-IPFV-NEG
我	實在	驚駭	未完。

【A】阿哥,你這樣固辭的光景,我不勝駭然。

【B】阿哥,你這樣固辭的光景,我不勝駭然。

【C】阿哥,你只是這樣固辭的,我實在不勝駭然。

【D】兄台,你納這麼固辭我的東西,不肯留下,我十分不明白你的心意。

【E】大哥,你納只是這麼固辭,真我十分不明白。

【F】兄台,倆吶怎麼咯? 我送來的東西總不肯收下,我實在不知道甚麼緣故。

mimbe	jihengge	sitaha	seme,	uttu
mimbe	ji-he-ngge	sita-ha	se-me,	uttu
1SG.ACC	來-PFV-NMLZ	遲-PFV	説.AUX-并列.CVB	這樣
把我	來的	遲了	説,	這樣

arbušambio.　eici　adarameo.
arbuša-mbi-o.　eici　adarame-o.
舉動-PRS-Q　或者　怎麽樣-Q
舉動嗎？　還是　怎麽樣嗎？

【A】説我來的遲了,這們個舉動嗎？還是怎麽樣呢？

【B】説我來遲了,這們個舉動嗎？還是怎樣啊？

【C】説是我來遲了,這們個動坐呢？還是怎麽樣呢？

【D】還是因爲我來遲了,故此纔這麽樣兒待我,還是因爲别的呢？

【E】是甚麽緣故呢？還是因爲我來遲了,這麽樣兒舉動啊,還是因爲别的呢？

【F】是因爲我送的太遲呀,還是有别的事情不中𠍔的意呢？

(【+F】老弟我實在没有别的緣故,只是因爲這小喜事,不敢領這些厚賞。)

an　i　ucuri　hono　ta　seme
an　-i　ucuri　hono　ta　se-me
平常　GEN　時候　還　不斷　AUX-并列.CVB
平常　的　时候　尚且　不間斷　地
feliyembime,　sakda　niyalma　i　sain　inenggi,
feliye-mbime,　sakda　niyalma　-i　sain　inenggi,
走動-並且.CVB　老　人　GEN　好　日子
行走,　年老的　人　的　好　日子,
bi　elemangga　jiderakū　oci,
bi　elemangga　jide-ra-kū　o-ci,
1SG　反而　來-IPFV-NEG　成爲.AUX-假設.CVB,
我　反倒　不來的話,
gucu　sere　de　aibe.
gucu　se-re　de　ai-be.
朋友　説.AUX-IPFV　LOC　什麽-ACC
朋友　算是　時　如何？

【A】素常尚且不時的行走,老家兒的好日子,我倒不來,如何算是朋友呢?

【B】素常尚且不時的行走,老家兒的好日子,我倒不來,如何算是朋友呢?

【C】素常尚且不時的行走,老家兒的好日子,我倒不來,如何是朋友呢?

【D】素常我尚且長長兒的來,老家兒的好日子,倒不來,那怎麽是朋友呢?

【E】素常尚且不時的行走,老家兒的好日子,我倒不來,焉能筭是朋友呢?

【F】那兒的話!

oron	sarkūngge	tumen	yargiyan.	unenggi
oron	sar-kū-ngge	tumen	yargiyan.	unenggi
全然	知道.IPFV-NEG-NMLZ	萬	確實	果然
全然	不知	萬	真的。	果然

saci,	yala	onggolo	jici	acambihe.
sa-ci,	yala	onggolo	ji-ci	aca-mbihe.
知道-假設.CVB	實在	預先	來-假設.CVB	應該-PST
知道,	實在	提前	來	應該。

【A】實在的總不知道。果然知道,當真的該預先來。

【B】實在不知道是情實。果然知道,真該預先來。

【C】不知道是真情。若果知道,該預先來。

【D】實在是知道晚了。若是先知道,應當早來纔是。

【E】實在是總不知道。若果然知道,當真的應該先來。

【F】你這番的喜事,我實在的不知道。如果知道了,就早預備禮物送來,也早早來道喜,代儞吶陪陪客,幫個忙兒。

mini	beye	bici	fulu	akū	akū	oci
mini	beye	bi-ci	fulu	akū	akū	oci
1SG.GEN	自己	有-假設.CVB	多餘	NEG	NEG	若是
我的	自己	若有	多	不	没有	若

ekiyehun	akū	bicibe,	sini	funde
ekiyehun	akū	bi-cibe,	sini	funde
缺少	NEG	存在.AUX-讓步.CVB	2SG.GEN	代替
缺少	没有	雖然,	你	替代

antahasa	be	tuwašaci	inu	sain	kai.
antaha-sa	be	tuwaša-ci	inu	sain	kai.
客人-PL	ACC	照看-假設.CVB	也	好	INTJ
客人	把	照顧	也	好	啊。

【A】雖說是有我不多没我不少,替你待待客也好啊。
【B】雖說是有我不多没我不少,替你待待衆客也好啊。
【C】雖說是有我不多無我不少,替你待待客也好啊。
【D】雖說是有我不多没我不少,替你納待待客也好啊。
【E】雖說是有我不多没我不少,替你納待待客也好啊。

te	bicibe.	wesihun	niyaman	hūncihin	i
te	bi-cibe.	wesihun	niyaman	hūncihin	-i
現在	存在.AUX-讓步.CVB	高貴	親戚	親族	GEN
今	雖	尊貴	親	親戚	的

benjihe	sain	jaka,	ai	yadara.
benji-he	sain	jaka,	ai	yada-ra.
送來-PFV	好	東西	什麽	缺乏-IPFV
送來的	好	東西,	什麽	缺少?

【A】即如貴親戚送來的好東西,少什麽呢?
【B】即如貴親戚送來的好東西,少什広?
【C】即如貴親友送來的好東西,少甚麽?

【D】若論你納高親貴友,送來的禮物還少麼?

【E】就是高親貴友們裡頭,送來的好東西還少麼?

gūnici	jeme	wajirakū	kai.	mini
gūni-ci	je-me	waji-ra-kū	kai.	mini
想-假設.CVB	吃-并列.CVB	完盡-IPFV-NEG	INTJ	1SG.GEN
想	吃	不完	啊。	我的

ser	seme	majige	jaka	be,	geli
ser	se-me	majige	jaka	be,	geli
微小貌	AUX-并列.CVB	稍微	東西	ACC	又
微小的			東西	把,	又

dabufi	gisureci	ombio.	tuttu	seme
dabu-fi	gisure-ci	o-mbi-o.	tuttu	seme
算入-順序.CVB	説-假設.CVB	可以-PRS-Q	那様	雖然
算入	説	可以嗎?	然而	

inu	mini	emu	gūnin	kai.
inu	mini	emu	gūnin	kai.
也	1SG.GEN	一	心意	INTJ
也	我的	一	心意	啊。

【A】想來喫不了的。我這些微的一點東西,又何足掛齒?然而也是我一點心啊。

【B】想來是吃不了的。我這些微一點東西,又何足挂齒?然而也是我的一點心啊。

【C】想來喫不了啊。我這些微一點兒東西,何足掛齒?然而也是我一點心。

【D】想來是喫不了的。我這點子微物兒,又何足掛齒呢?然而也是我一點兒孝心。

【E】想來是吃不了的。我這點子微物兒,又何足掛齒呢?然而也是我一點兒孝心。

【F】我因爲知道的晚了,匆匆忙忙的備了這幾件的東西,本是粗的,不過表我的一點心。

ai	gelhun	akū	urunakū	sakda	niyalma	be	jefu
ai	gelhun	akū	urunakū	sakda	niyalma	be	jefu
什麼	怕	NEG	必定	老	人	ACC	吃飯.IMP
豈敢			一定	年老	人	把	吃

sere.	damu	majige	angga	isici,	uthai
se-re.	damu	majige	angga	isi-ci,	uthai
説.AUX-IPFV	只是	稍微	口	到達-假設.CVB	就
説?	只	略	嘴	到,	就

mimbe	gosiha,	mini	jihe	gūnin	inu	wajiha.
mimbe	gosi-ha,	mini	ji-he	gūnin	inu	waji-ha.
1SG.ACC	疼愛-PFV	1SG.GEN	來-PFV	心意	也	完結-PFV
把我	疼愛,	我的	來了	心思	也	完了。

【A】那裡敢説必定請老人家喫呢?但只畧嘗嘗,就是疼了我了,我來的意思也完了。

【B】怎敢説必定請老家兒吃呢?但只略嚐嚐,就疼了我了,我來的意思也完了。

【C】那裡敢説必定請老人家喫呢?但只略甞甞,就是疼了我了,我來的意思也完了。

【D】那兒敢必定請老人家喫呢?但只略嚐點兒,就是愛惜我了,使我的意思纔完了。

【E】那兒敢説必定請老人家吃呢?但只畧嚐嚐,就是疼我了,我來的意思也完了。

si	emdubei	bargiyarakū	oci,	bi	eici	ubade
si	emdubei	bargiya-ra-kū	oci,	bi	eici	uba-de
2SG	只管	收-IPFV-NEG	若是	1SG	或者	這裡-LOC
你	只是	不收	若,	我	還是	在這裡

tereo.	amasi	genereo.	yargiyan	i	mimbe
te-re-o.	amasi	gene-re-o.	yargiyan	-i	mimbe
坐-IPFV-Q	往回	去-IPFV-Q	確實	INS	1SG.ACC
坐吧？	返回	去吧？	實在	地	把我

mangga	de	tabuhabi.
mangga	de	tabu-ha-bi.
困難	DAT	勾住-PFV-PRS
難	對	牽扯。

【A】你只管不収,我還是在這裡坐着呀？還是回去呢？實在呌我爲難了啊。

【B】你只管不収,我或是在這裡坐着呀？还是回去呢？實在教我爲難了。

【C】你決意的不収的,我在這裡坐着呢？還是囘去呢？實在呌我爲難了。

【D】但是決意不收下,我還是在這兒坐着啊,還是囘去呢？實在叫我倒爲了難了。

【E】你絶意不收的,我還是在這兒坐着啊,還是回去呢？實在呌我倒爲了難了。

【F】兄台倆不收下,呌我狠爲難了。我有什麼臉皮,老坐着這兒呢？這怎好拿回去呢？

(【+F】老弟,倆既是多情,我只得全領了,謝謝！一點小意思,肯收下是賞我的臉。説謝不敢當。)

35(A35 julen bithe be tuwrara 看小説,B35,C8,D8,E8,F46 禁看小説,G16 看書)

bithe	be	tuwaki	seci,	hafu	buleku	be
bithe	be	tuwa-ki	se-ci,	hafu	buleku	be
書	ACC	看-IMP	説.AUX-假設.CVB	通	鑒	ACC
書	把	欲看,		通	鑒	把

tuwa.	tacin	fonjin	nonggibumbi,	julgei	baita
tuwa.	tacin	fonjin	nonggi-bu-mbi,	julge-i	baita
看.IMP	學	問	增長-CAUS-PRS	從前-GEN	事情
看。	學	問	增加,	從前的	事

be	ejeme	gaifi,	sain	ningge	be
be	eje-me	gai-fi,	sain	ningge	be
ACC	記録-并列.CVB	取得-順序.CVB	好	NMLZ	ACC
把	記録	取得,	好	東西	把

alhūdame	yabure,
alhūda-me	yabu-re,
效法-并列.CVB	行-IPFV
效法	行,

【A】要看書,看通鑑。長學問,記得了古來的事情,以好的爲法,

【B】要看書,看通鑑。長學問,記了古來的事情,以好的爲法,

【C】要看書,看通鑑。長學問,記得了古来的事情,以好的爲法,

【D】你別看小説兒這種書,若是看書,看通鑑。可以長學問,記得古來的事情,以好的爲法,

【E】若看書,看通鑑。長學問,記得古來的事情,以好的爲法,

【F】倆別看小説這種書,要看書,看通鑑。可以長得咱們自己的見識,曉得累朝的興衰、人物的好歹,把那好的爲法,

【G】你別看小説兒這種書,若是看書,看通鑑。可以長學問,記得古來的事情,以好的爲法,

ehengge	be	targacun	obure
ehe-ngge	be	targacun	o-bu-re
壞-NMLZ	ACC	警戒	成爲-CAUS-IPFV
壞的	把	警戒的	成了

oci,	beye	gūnin	de	ambula	tusangga.
o-ci,	beye	gūnin	de	ambula	tusangga.
成爲.AUX-假設.CVB	身體	心	DAT	大大地	有益
若,	身體	心裡	在	大	益處。

【A】以不好的爲戒,于身心大有益啊。

【B】以不好的爲戒,於身心大有益啊。

【C】以不好的爲戒,于身心大有益。

【D】以不好的爲戒,於身心大有益處啊。

【E】以不好的爲戒,於身心大有益處啊。

【F】把那不好的爲戒,豈不大有益處呢?

【G】以不好的爲戒,於身心大有益處啊。

julen	bithe	serengge	gemu	niyalmai
julen	bithe	se-re-ngge	gemu	niyalma-i
故事	書	説.AUX-IPFV-NMLZ	都	人-GEN
小説	書	所謂	都	人的

banjibuha	oron	akū	gisun,	udu	minggan	minggan
banjibu-ha	oron	akū	gisun,	udu	minggan	minggan
編造-PFV	影子	NEG	話語	幾	一千	一千
生出來的	影子	没有	話,	幾	一千	一千

debtelin	tuwaha	seme,	ai	baita.
debtelin	tuwa-ha	seme,	ai	baita.
册	看-PFV	即使	什麽	事情
册	看了	即使,	什麽	事?

【A】小説都是人編的没影兒的話,就是成千本的看了,中什麽用?

【B】古人詞都是人編的没影兒的話,雖然成千本的看了,中什庅用?

【C】小説俱是人編的無影兒的話,就是成千本的看了,中何用?

【D】至於看小説兒古兒詞,都是人編的没影兒的瞎話,就是整千本兒的看了,有甚麽益處呢?

【E】至於看小説兒古詞兒,都是人編的没影兒的瞎説,就是整千本兒的看了,有甚麽益處呢?

【F】儞知道麽?這小説書古兒詞,都是人編的没影兒的瞎話,就是整千本兒的看了,有什麽益處?

【G】至於看小説兒古兒詞,都是人編的没影兒的瞎話,就是整千本兒的,看了有甚麽益處呢?

(【+F】我看這小説書,不過是散悶的。儞還説起這樣,我再説把儞聽。)

niyalma	hono	dere	jileršeme	niyalma	de
niyalma	hono	dere	jilerše-me	niyalma	de
人	還	臉	恬然-并列.CVB	人	DAT
人	還	臉	恬不知耻	人	向

donjibume	hūlambi,	tere	gurun	i
donji-bu-me	hūla-mbi,	tere	gurun	-i
聽-CAUS-并列.CVB	讀-PRS	那個	國家	GEN
使人聽	念,	那	朝	的

forgon	de,	wei	emgi	udu	mudan	afaha,
forgon	de,	we-i	emgi	udu	mudan	afa-ha,
時代	LOC	誰-GEN	一起	幾	次	戰鬥-PFV
時候	在,	誰	一起	幾	次	作戰,

tere	loho	i	sacici,
tere	loho	-i	saci-ci,
那個	刀	INS	砍-假設.CVB
那	刀	以	砍,

【A】人還皮着臉念給人聽,那一國的時候,合誰上過幾次陣,那個用刀砍,

【B】人還覥着臉念給人聽,那一國的時候,誰合誰上過幾次陣,

那個用刀砍,

【C】有一等人還皮着臉念給人聽,那一朝的時候,合誰打過幾次仗,那個用刀砍,

【D】有一種人還皮着臉兒念給人家聽呢,從前那一國,誰和誰打過幾次仗,這個拏刀砍,

【E】有一種人還皮着臉子念給人家聽呢,從前那一國,誰和誰打過幾次仗,這個拿刀砍,

【F】有一種説書的人皮着臉兒在街上念給人家聽,他説,從前那一朝,誰和誰打過幾回仗,這個拿刀砍,那個使叉架,

【G】有一種人還皮着臉兒念給人家聽呢,從前那一國,誰和誰打過幾次仗,這個拿刀砍,

ere gida i sujaha, ere gida i tokoci,
ere gida -i suja-ha, ere gida -i toko-ci,
這個 槍 INS 抵擋-PFV 這 槍 INS 刺-條件.CVB
這 槍 以 支擋, 這 槍 以 刺,

tere loho i jailabuha.
tere loho -i jaila-bu-ha.
那 腰刀 INS 躲避-CAUS-PFV
那 刀 以 躲避。

【A】這個用鎗架,這個用鎗刺,那個用刀搪。

【B】這個用鎗架,這個用鎗刺,那個用刀搪。

【C】這個用鎗架,這個用鎗刺,那個用刀搪。

【D】那個使斧架,這個又拏鎗扎,那個又使棍搪。

【E】那個使斧架,這個又使鎗扎,那個又使棍搪。

【F】那個使叉架,這個拿鎗扎,那個使棍搪,這個樣那個樣的對打。

【G】那個使斧架,這個又使鎗扎,那個又使棍搪。

burulaha sehede, solime gajihangge
burula-ha se-he-de, soli-me gaji-ha-ngge
敗走-PFV 説-PFV-LOC 邀請-并列.CVB 拿來-PFV-NMLZ
失敗了 説了, 請 取來的

gemu tugi ci jidere. talman deri genere, fa
gemu tugi ci jide-re. talman deri gene-re, fa
都 雲 ABL 來-IPFV 霧 ABL 去-IPFV 法術
都 雲 從 來的 霧 從 去的 法術

bahanara enduri sa, orho hasalafi morin
bahana-ra enduri sa, orho hasala-fi morin
懂得-IPFV 神 PL 草 割-順序.CVB 馬
會 神 們, 草 剪 馬

ubaliyambi, turi sofi niyalma kūbulimbi
ubaliya-mbi, turi so-fi niyalma kūbuli-mbi
變成-PRS 豆 撒-順序.CVB 人 變-PRS
變成, 豆 撒 人 轉變。

sembi.
se-mbi.
説.AUX-PRS

【A】要説是敗了,請來的都是雲裡來霧裡去、會法術的神仙,剪草變馬,洒豆變人。

【B】要説是敗了,請来的都是雲裡来霧裡去、會法術的神仙們,剪草變馬,洒豆變人。

【C】若説敗了,請了來的俱是雲裡來霧裡去的神仙,剪草爲馬,灑豆變人。

【D】若説是敗了,請了來的都是雲裏來霧裏去的神仙,剪草爲馬,撒豆兒成兵的。

【E】若説是敗了,請了來的都是雲裡來霧裡去的神仙,剪草爲馬,撒豆兒成兵。

【F】末末了兒,有請騰雲駕霧的神仙,也有剪草爲馬,撒豆爲兵的,説得一場的懃鬧。

【G】若説是敗了,請了來的都是雲裡來霧裡去的神仙,剪草爲馬,撒豆兒成兵的。

iletu holo gisun bime, hūlhi urse
iletu holo gisun bi-me, hūlhi urse
明顯 謊言 話語 存在.AUX-并列.CVB 糊塗 人們
明顯 謊 話 雖然, 糊塗 人
yargiyan baita obufi, menekesaka
yargiyan baita o-bu-fi, menekesaka
真實 事 成爲-CAUS-順序.CVB 呆呆地
真實 事情 成爲, 呆呆地
amtanggai donjimbi.
amtangga-i donji-mbi.
有興趣-INS 聽-PRS
有滋有味地 聽。

【A】明明是謊話,糊塗人們當作真事,獃頭獃腦有滋有味的聽。

【B】明明是謊話,糊塗人們當作真事,獃頭獃腦有滋有味的聽。

【C】明明是謊話,糊塗人當作真事,獃頭獃腦有滋有味的聽。

【D】明明兒的是謊話,那糊塗人們當成真事,還獃頭獃腦有滋有味兒的聽呢。

【E】明明兒的是謊話,那糊塗人們當成真事,還獃頭獃腦有滋有味兒的聽呢。

【F】這明明的是撒謊,那糊塗人們想是真事,獃頭獃腦有滋有味的聽呢。

【G】明明兒的是謊話,那糊塗人們當成真事,還獃頭獃腦有滋有味兒的聽呢。

sara	bahanara	niyalma	sabuha	de,	basure
sa-ra	bahana-ra	niyalma	sabu-ha	de,	basu-re
知道-IPFV	懂得-IPFV	人	看見-PFV	LOC	恥笑-IPFV
知道	知曉	人	看見了	時,	恥笑

teile	akū,	yargiyan	i	eimeme	tuwambi
teile	akū,	yargiyan	-i	eime-me	tuwa-mbi
僅僅	NEG	實在	INS	厭煩-并列.CVB	看-PRS
不止,		實在	地	厭煩	看

kai.	ede	gūnin	baitalafi	ainambi.
kai.	ede	gūnin	baitala-fi	aina-mbi.
INTJ	這.LOC	心	使用-順序.CVB	做什麽-PRS
啊。	這上	心	使用	做什麽?

【A】有識見的人看見,不止笑話,實在厭煩啊。這上頭用心作什麼呢?

【B】有識見的人看見,不止笑話,實在厭煩啊。這上頭用心作什庅呢?

【C】有識見人看見,縐[皺]眉啊。這上頭用心作甚麼?

【D】有見識的人看見,不但笑話,而且懶怠瞧。你往這上頭用心做甚麼?

【E】有見識的人看見,不但笑話,而且懶怠瞧。你往這上頭用心做甚麼?

【F】有點見識的人,不但不聽,並嬾怠瞧。儞向這上頭用心做什麼?

【G】有見識的人看見,不但笑話,而且懶怠瞧。你往這上頭用心做甚麼?

36(A36 etukulere 穿衣,B36,C57,D57,E58,F65 少年務外)

age	si	donjihao.	gisun	i	ujan	šala	de,
age	si	donji-ha-o.	gisun	-i	ujan	šala	de,
阿哥	2SG	聽-PFV-Q	話語	GEN	盡頭	邊角	LOC
阿哥	你	聽見了嗎?	話	的	零碎話		對,

gemu	mimbe	hoilashūn	seme	yekeršembi.
gemu	mimbe	hoilashūn	se-me	yekerše-mbi.
都	1SG.ACC	破舊	説.AUX-并列.CVB	打趣-PRS
都	把我	破舊		打趣。

【A】阿哥你聽見了嗎? 他那話頭話尾的口氣,都刻薄我説穿的髒。

【B】阿哥聽見了広? 話頭兒裡,都刻薄我髒舊。

【C】阿哥你聽見了麼? 他那話頭話尾的口角間,都刻薄我窮。

【D】兄台你聽見了麼? 話頭話尾的,都是刻薄我穿的醃舊。

【E】大哥你聽見了麼? 話頭話尾的,都刻薄我穿的醃舊。

【F】兄台他們説的話,爾聽見麼? 説甚麼? 我總没聽見。他們説的話頭話尾,都是笑我穿這舊而不堪的衣服啊。

bi	bardanggilarangge	waka,	tere	serengge
bi	bardanggila-ra-ngge	waka,	tere	se-re-ngge
1SG	誇口-IPFV-NMLZ	不是	3SG	AUX-IPFV-NMLZ
我	誇口的	不是,	他	

teniken	juse	kai,	giyanakū	udu	inenggi
teniken	juse	kai,	giyanakū	udu	inenggi
方才	孩子.PL	INTJ	能有	幾	日子
是	小孩子家的	啊,	能有	幾	日

siteku,	ere	ceni	sara	baita	waka	mujangga.
siteku,	ere	ceni	sa-ra	baita	waka	mujangga.
尿精	這	3PL.GEN	知道-IPFV	事情	不是	確實
尿精,	這	他們的	知道	事	不是	確實。

【A】不是我誇口,他牙[呀]是個奶黄未退的小孩子,能幾日的溺精,這也果然不是他們知道的事啊。

【B】不是我誇口,他是一個奶黄未退的小孩子,能幾日的溺精,這果然不是他們知道的事。

【C】不是我誇口,猴兒們奶黄未退的小孩子,能幾日的溺精,這也果然不是他們知道的事。

【D】不是我誇口,他呀,還算是小孩子呢,能彀懂得甚麼? 這也不是他們知道的事啊。

【E】不是我誇口,他呀,還筭是小孩子呢,能有幾日的溺精? 這也實在不是他們知道的事啊。

【F】我説不是我的誇口,他們還算是小孩子呢,懂得甚麼? 説起謀生的理,"惜食得食,惜衣得衣"就是。

ice	etuku	serengge,	inu	emu	baita	sita
ice	etuku	se-re-ngge,	inu	emu	baita	sita
新	衣服	AUX-IPFV-NMLZ	也	一	事情	事務
新	衣服	所謂的,	也	一	事	事

de	etuci	acarangge,	mini	ere	bai
de	etu-ci	aca-ra-ngge,	mini	ere	bai
LOC	穿-假設.CVB	應該-IPFV-NMLZ	1SG.GEN	這	只
時	穿	應該,	我的	這	只

an	i	eturengge	kai,	uthai	majige	manaha
an	-i	etu-re-ngge	kai,	uthai	majige	mana-ha
平常	GEN	穿-IPFV-NMLZ	INTJ	就	稍微	破舊-PFV
平常	的	穿的	啊,	就	略	破的

de	geli	aibi.	majige	fereke	de	aibi.
de	geli	ai-bi.	majige	fere-ke	de	ai-bi.
LOC	又	什麼-有	稍微	變舊-PFV	LOC	什麼-有
在	又	何妨?	略	舊的	在	何妨?

【A】新衣服,該當有事情的時候穿的,我這不過是平常穿的啊,舊些何妨?就破些又何妨?

【B】新衣服,該當是有事纔穿的,我這是平常穿的呀,畧舊些何妨?就畧破些又何妨?

【C】新衣服,是偶然有事情穿的,我這不過平常穿的啊,舊些何妨?就破些又何妨?

【D】新衣裳,是偶然有事情穿的罷咧,我這不過家常穿的,舊些兒何妨呢?

【E】新衣裳,是偶然有事情穿的罷咧,我這不過家常穿的,舊些兒何妨呢?

【F】若有好的衣裳,要留得有事情的時候穿,在家常穿的,講究甚麼呢?

hahai	erdemu	akū	i	jalin,	giruci
haha-i	erdemu	akū	-i	jalin,	giru-ci
男人-GEN	才能	NEG	GEN	因爲	耻辱-假設.CVB
男子的	本事	没有		爲,	耻辱

acambidere.
aca-mbi-dere.
應該-PRS-INTJ
應當吧。

【A】因爲没有漢子的本事,可恥罷咧。

【B】因爲没有漢子的本事,可耻罷咧。

【C】漢子家當以没本事爲耻。

【D】漢子家没有本事,該當羞罷咧。

【E】漢子家没有本事,該當羞罷咧。

【F】男子漢没有本事,實在害羞的。

eture	eturakū	de	ai	holbobuha	babi.
etu-re	etu-ra-kū	de	ai	holbobu-ha	ba-bi.
穿-IPFV	穿-IPFV-NEG	LOC	什麽	相關-PFV	處-有
穿	不穿	對	什麽	關係	處有?

te	bicibe	bi	udu	sain	ningge
te	bi-cibe	bi	udu	sain	ningge
現在	存在.AUX-讓步.CVB	1SG	雖然	好	NMLZ
現	今	我	雖然	好	東西

eturakū	bicibe,	gūnin	dolo	elehun.
etu-ra-kū	bi-cibe,	gūnin	dolo	elehun.
穿-IPFV-NEG	存在.AUX-讓步.CVB	心	裡面	安逸
不穿	有即使,	心	裡面	安逸。

【A】穿不穿有甚麽關係的去處? 即如我雖不穿好的,心裡却安然。

【B】穿不穿的有甚庅関係? 即如我雖不穿好的,心裡安然。

【C】穿不穿有甚關係的去處? 我雖不穿好的,心裡卻安然。

【D】穿的有甚麽關係呢? 即如我雖不穿好的,心裡頭却比那穿好的還寬綽。

【E】穿的有甚麽關係呢? 即如我雖不穿好的,心裏頭却寬綽。

【F】只顧外面穿的衣服,有什麽體面? 就是我穿得這老様子,外面不見好看,我心裡還自在。

(【+F】不錯。)

adarame	seci.	niyalma	de	giohašame
adarame	se-ci.	niyalma	de	giohaša-me
如何	説-假設.CVB	人	DAT	乞食-并列.CVB
怎麽	説?	人	向	乞食

bairakū,	bekdun	edelerakū,	ere	uthai	gicuke
bai-ra-kū,	bekdun	edele-ra-kū,	ere	uthai	gicuke
求-IPFV-NEG	債務	欠-IPFV-NEG	這	就	可恥
不求,	債	不欠,	這	就	可恥

nasacuka	sere	ba	akū.
nasacuka	se-re	ba	akū.
可愁	AUX-IPFV	地方	NEG
可愁		處	没有。

【A】怎麼説呢?不求告人,不欠債負,這就没有可恥可愁的去處。
【B】怎広説呢?不求告人,不欠債,這就無有可耻可愁的去處。
【C】怎麼説呢?不求告人,不欠債負,這就没有可耻的去處。
【D】甚麼緣故呢?不求告人,不欠債,這就没有可恥的地方兒。
【E】甚麼緣故呢?不求告人,不欠債,這就没有可恥的去處兒。
【F】爾瞧我不求人,又不欠債,就没有一件受辱的事。

aika	ceni	gese	asihata	be	oci,
aika	ceni	gese	asihata	be	o-ci,
如果	3PL.GEN	一樣	年輕人.PL	ACC	成爲.AUX-假設.CVB,
如果	他們	樣子	少年們	把	成,

meni	yasai	hošo	de	inu	daburakū
meni	yasa-i	hošo	de	inu	dabu-ra-kū
1PL.EXCL.GEN	眼睛-GEN	角	LOC	也	算入-IPFV-NEG
我們的	眼睛	角	在	也	看不上

kai.
kai.
INTJ
啊。

【A】要像他們那樣少年,我眼脊角裡也不夾牙[呀]。
【B】要像他們少年,我眼角裡也不夾呀。

【C】若像他們那樣後生,我眼角裡也没有。

【D】若像他們這種年輕的人兒們,我眼角兒裡也没有他。

【E】若像他們這種年輕的人兒們,我眼角兒裡也没有他。

【F】祖上有産業留下,自己有本事謀生,就不到凍餓,一家人和和氣氣的過日子,豈不好呢?

damu	gincihiyan	ningge	etufi,	maimadame
damu	gincihiyan	ningge	etu-fi,	maimada-me
只是	華麗	NMLZ	穿-順序.CVB	摇擺着走-并列.CVB
只	華麗	東西	穿,	摇擺地走

gohodoro	be	sara	dabala,	hahai
gohodo-ro	be	sa-ra	dabala,	haha-i
充體面-IPFV	ACC	知道-IPFV	罷了	男人-GEN
充體面	把	知道	罷了,	男子的

erdemu	tacire	be	sambio.
erdemu	taci-re	be	sa-mbi-o.
才能	學-IPFV	ACC	知道-PRS-Q
本事	學習	把	知道嗎?

【A】只知道穿着華麗衣服,摇摇擺擺的充體面罷咧,知道學漢子的本事麽?

【B】就知穿了華麗衣服摇,摇擺擺的充體面罷咧,知道學漢子的本事広?

【C】只知道穿着華麗衣服,摇摇擺擺充體面罷咧,知道學漢子的本事麽?

【D】只知道穿鮮明衣裳,摇摇擺擺的竟充體面,能知道學漢子的本事麽?

【E】只知道穿鮮明衣裳,摇摇擺擺的充體面,知道學漢子的本事麽?

【F】看他們這種人,原是没有祖業,又没有本事,東借西欠,只知道穿好的衣服,摇摇擺擺的充體面。

tentekengge	udu	gecuheri	junggin	i	hūsibuha
tenteke-ngge	udu	gecuheri	junggin	-i	hūsi-bu-ha
那樣的-NMLZ	雖然	蟒緞	錦	INS	包裹-PASS-PFV
那樣子的	雖然	蟒緞	錦	用	包裹

seme,	ai	ferguwecuke.
se-me,	ai	ferguwecuke.
説.AUX-并列.CVB	怎樣	奇特
説,	什麼	奇特的?

【A】那個樣子的就着蟒緞錦緞裹了,有什麼奇處?

【B】那樣的就拿蟒緞裹了,有甚奇處?

【C】那樣的就着蟒緞錦緞裹了,有什麼奇處?

【D】若像他們這個樣兒的,就是叫綢緞裹到底兒,又有甚麼奇處兒呢?

【E】若像他們這個樣兒的,就是叫蟒緞錦緞裹了,有甚麼奇處呢?

【F】這就是綢緞裹一身,也没甚麼奇處。

umesi	buya	fusihūn.	yasa	faha	akū	urse.	balai
umesi	buya	fusihūn.	yasa	faha	akū	urse.	balai
非常	小	卑賤	眼睛	眼珠	NEG	人們	胡亂
很	小	卑賤。	眼睛	珠	没有	人們,	胡亂

febgiyeme,	imbe	derengge	wesihun
febgiye-me,	imbe	derengge	wesihun
説夢話-并列.CVB	3SG.ACC	高貴	光榮
説夢話,	把他	體面	尊貴

seme,	oncohon	maktafi	tuwara	dabala.
se-me,	oncohon	makta-fi	tuwa-ra	dabala.
説.AUX-并列.CVB	仰面	讚揚-順序.CVB	看-IPFV	罷了
説,	仰面	誇獎	看	罷了。

【A】極下賤。没眼珠兒的人們胡説夢話的様,説他體面尊貴,

仰望着(他)罷了。

【B】極下賤。無眼珠的人胡説夢話,説他體面尊貴,仰望罷咧。

【C】極下賤。没眼珠的人,説他體面,仰望着他罷咧。

【D】最下賤没眼珠兒的人們,混説他體面,巴結他們罷咧。

【E】最下賤没眼珠兒的人們,混説他體面,巴結他們罷咧。

bi	terebe	etuku	lakiyara	golbon	sembikai.
bi	terebe	etuku	lakiya-ra	golbon	se-mbi-kai.
1SG	3SG.ACC	衣服	掛-IPFV	衣架	稱爲-PRS-啊
我	把他	衣服	掛	衣架	説啊。

【A】我叫他是罣衣裳的架子阿。

【B】我教他是挂衣裳的衣架呀。

【C】我叫他是挂衣服的架子啊。反倒譏誚我是爲甚麼呢?

【D】若是我説,他們不過是個掛衣裳的架子。

【E】若是我説,他不過是個掛衣裳的架子。

【F】我把這種人,比個掛衣裳的架子,儞看是不是?

(【+F】狠是的。只是他們不過笑儞穿舊的,倒被儞罵作一點不中用的東西哪。)

37 (A37 bithe be gajire 拿書,B37,C9,D9,E9,F80 家僮拗癖,G19 糊塗)

tere	bithe	be	gajihao.	ganafi	kemuni
tere	bithe	be	gaji-ha-o.	gana-fi	kemuni
那個	書	ACC	取來-PFV-Q	去取-順序.CVB	還
那個	書	把	拿來了嗎?	去取了	還

gajire	unde.	webe	takūraha.	ertele	hono
gaji-re	unde.	we-be	takūra-ha.	ertele	hono
取來-IPFV	尚未	誰-ACC	派遣-PFV	至今	還
取來	尚未。	把誰	派去了?	至今	還

jiderakū.

jide-ra-kū.

來-IPFV-NEG

不來。

【A】那個書拿來了嗎?還沒取來呢。使喚誰去了?這早晚還不來。

【B】那個書拿来了庅?還沒取来呢。使喚誰去了?這早晚還不来。

【C】取那個書去了麼?取去了,没拿来呢。使誰去了?

【D】那個書取了來咯没有?取去了,還没拏來呢。使喚誰去的?至今還没來麼?

【E】那個書取了來咯没有?取去了,還没拿來呢。使喚誰去的?至今還没來麼?

【F】那個書取了來没有?去取了,還没拿來。叫誰去取?到如今還没來呢。

【G】那個書取了來咯没有?取去了,還没拿來呢。使喚誰去的?至今還没來麼?

terebe	unggifi	ganabuha.	neneme
terebe	unggi-fi	gana-bu-ha.	neneme
3SG.ACC	派遣-順序.CVB	去取-CAUS-PFV	起先
把他	派去	去拿了。	先前

be	imbe	gene	seci,	i
be	imbe	gene	se-ci,	i
1PL.EXCL	3SG.ACC	去.IMP	説.AUX-假設.CVB	3SG
我們	把他	去	教,	他

meni	gisun	be	gaimbio.	ebi habi	akū,
meni	gisun	be	gai-mbi-o.	ebi habi	akū,
1PL.EXCL.GEN	話語	ACC	取-PRS-Q	氣喪	NEG
我們的	話	把	聽取嗎?	無精打采地,	

erin	šun	be	tookabume.
erin	šun	be	tooka-bu-me.
時候	日子	ACC	耽誤-CAUS-并列.CVB
時候	日	把	耽誤

【A】打發某人取去了。先我們呌他去,他肯問(聽)我們的話嗎?没精打彩的,躭擱時候,

【B】打發某人取去了。以先我們教他去,他聽我們的話広?没精打彩的,躭擱時候,

【C】打發某人取去了。先我們呌他去,他肯聽我們的話麼?有要没緊,躭擱時候,

【D】打發那小孩子取去了。我們先叫他去,他肯聽我們的話麼?有要没緊兒的,

【E】打發他取去了。我先呌他去,他肯聽我們的話麼?有要没緊兒的,

【F】打發成兒去取了。我叫他去取,他總不肯聽我的話。挨挨拖拖的,

【G】打發那小孩子取去了。我們先叫他去,他肯聽我們的話麼?有要没緊兒的,

emdubei	jibgešembi.	amala	age	i	gisun	bi
emdubei	jibgeše-mbi.	amala	age	-i	gisun	bi
只管	延遲-PRS	後來	阿哥	GEN	話	有
只管	延遲。	之後	阿哥	的	話	有

sere	jakade	teni	ebuhu	sabuhū	genehebi.
se-re	jakade	teni	ebuhu	sabuhū	gene-he-bi.
説.AUX-IPFV	因爲	纔	急急	忙忙	去-PFV-PRS
説	因爲	纔	急急	忙忙	去了。

emu	yohi	duin	dobton	wakao.	ekšeme
emu	yohi	duin	dobton	waka-o.	ekše-me
一	部	四	套	不是-Q	急忙-并列.CVB
一	部	四	套	不是嗎?	急

saksime	genefi,
saksi-me	gene-fi,
慌忙-并列.CVB	去-順序.CVB
忙	去了,

【A】只管遲延。後來説有阿哥的話,纔急忙去。一部不是四套麼? 慌速去了,

【B】只管挨磨。後來説有阿哥的話纔急忙去了。一部不是四套麼? 慌慌速速的去了,

【C】只管遲延。後来説有阿哥的話,他纔急忙去了。一部不是四套麼? 慌慌速速的去,

【D】躭擱時候兒。後來我説有兄台的話,他纔趕忙着去了。那一部書,不是四套麼?

【E】躭擱時候兒。後來我説有哥哥的話,他纔趕忙着去了。那一部書,不是四套麼?

【F】躭擱時候。後來我説是儞吶的話,他纔趕忙着去了。那一部書,不是四套麼?

【G】耽擱時候兒。後來我説有哥哥的話,他纔趕忙着去了。那一部書,不是四套麼?

damu	ilan	dobton	gajiha,	tede	emu	dobton
damu	ilan	dobton	gaji-ha,	tede	emu	dobton
只是	三	套	取來-PFV	3SG.DAT	一	套
只	三	套	拿來,	他給	一	套

melebuha.
melebu-ha.
遺漏- PFV
遺漏了。
【A】只拿了三套來，遺漏了一套。
【B】只拿了三套來了，因此説遺漏了一套。
【C】只拿了三套来，那上頭我説遺漏了一套。我説遺漏了一套。
【D】他只挐了三套來。我們説他，你爲甚麼漏下了一套？
【E】他只拿了三套來。我們説他，你爲甚麼漏了一套？
【F】因爲他只拿了三套來。我説他，倆爲甚麼漏下一套？
【G】他只拿了三套來。我們説他，你爲甚麼漏下了一套？

si	jai	hūdun	gene,	akūci.	guwelke	age	jihe
si	jai	hūdun	gene,	akūci	guwelke	age	ji-he
2SG	再	快	去.IMP	否則	小心.IMP	阿哥	來- PFV
你	再	快	去，	不然	仔細	阿哥	來了

manggi,	si	nikcaha	seme	bodo
manggi,	si	nikca-ha	se-me	bodo
以後	2SG	吃虧- PFV	説.AUX -并列.CVB	打算.IMP
後，	你	吃虧	而且	打算

sere	de.
se-re	de.
説.AUX - IPFV	LOC
要	時。

【A】説你再快着去，不然仔細阿哥來了，你打算着要喫虧。
【B】你再快去，不然仔細着阿哥来了，你打算着吃虧。
【C】你再快取去，不然看仔細阿哥來了時，不輕完啊。
【D】若不趕着取去，等着主人回來，必不依你呀。
【E】若不趕着取去，仔細你主子回來，不輕依你呀。

【F】若不趕着去取,等着主人回來,必不依僯。

【G】若不趕着取去,仔細你主子回來,必不輕依你呀。

elemangga	meni	alahangge	hūlhi	getuken
elemangga	meni	ala-ha-ngge	hūlhi	getuken
反而	1PL.EXCL.GEN	告訴-PFV-NMLZ	糊塗	清楚
反倒	我們的	告訴的	糊塗	明白

akū,	ai	wei	seme	gasahai
akū,	ai	we-i	se-me	gasa-hai
NEG	什麼	誰-GEN	説.AUX-并列.CVB	抱怨-持續.CVB
没有,		怎長怎短的		抱怨着

genehe,	tetele	kemuni	jidere	unde.
gene-he,	tetele	kemuni	jide-re	unde.
去-PFV	至今	還	來-IPFV	尚未
去了,	至今	還	來	尚未。

【A】他倒説我們告訴的糊塗不明白,怎長怎短的抱怨着去了,至今還没來。

【B】倒説是我們告訴的糊塗不明白,怎長怎短的抱怨着去了,至今還未来。

【C】反倒説我們告訴的糊塗不明白,抱怨着去了,至今還未來。

【D】他反倒説我們告訴得糊塗不明白,抱怨着去了,至今還没回來呢。

【E】他反倒説我們告訴得糊塗不明白,抱怨着去了,至今還没回來呢。

【F】他反説我告訴的不明白,抱怨着去了,還没回來。

【G】他反倒説我們告訴得糊塗不明白,抱怨着去了,至今還没回來呢。

niyalma	takūrafi	imbe	okdonobuki
niyalma	takūra-fi	imbe	okdo-no-bu-ki
人	派遣-順序.CVB	3SG.ACC	迎接-去-CAUS-IMP
人	派	把他	迎接去

seci,	geli	jugūn	de	jurcenjere	ayoo
se-ci,	geli	jugūn	de	jurcenje-re	ayoo
說.AUX-假設.CVB	又	道路	DAT	走岔-IPFV	SBTV
要,	又	路	在	走岔	恐怕

sembi.	ere	gese	bulcakū	jaka	geli	bini.	urunakū
se-mbi.	ere	gese	bulcakū	jaka	geli	bi-ni.	urunakū
說.AUX-PRS	這	樣子	狡猾	東西	也	有-呢	一定
	這	樣	狡猾	東西	也	有嗎!	一定

yamaka	simengge	bade	efime	genehe	dabala.
yamaka	simengge	ba-de	efi-me	gene-he	dabala.
想是	熱鬧	地方-LOC	玩-并列.CVB	去-PFV	罷了
想是	熱鬧	地方	玩要	去了	罷了。

【A】要差人迎他去呢,又恐怕走岔了路。這樣的滑東西也有呢!必定往那個熱鬧地方頑去了罷咧。

【B】要差人迎他去,又恐怕走岔了路。這樣的滑東西也有呢!必定往那個熱鬧地方頑去了罷咧。

【C】要差人迎他去,又恐走岔了路。這樣的滑奴才也有呢!一定是往那個熱鬧地方頑去了。

【D】若差人迎他去罷,又恐怕走岔了道兒。這種樣兒的滑東西也有麼!一定是往那個熱鬧地方兒頑兒去咯。

【E】若差人迎他去罷,又恐怕走岔了道兒。這種樣兒的滑東西也有麼!一定是往那個熱鬧地方兒頑兒去咯。

【F】我想如今差人迎他去,又恐怕走岔了道兒。這個滑東西,一定是往城隍廟那一邊玩要去咯。

【G】若差人迎他去罷,又恐怕走岔了道呢。這種樣兒的滑東西也有麽！一定是往那個熱鬧地方兒頑兒去咯。

ciralame	jafatarakū	oci,	ainaha
cirala-me	jafata-ra-kū	oci,	aina-ha
嚴格-并列.CVB	管束-IPFV-NEG	若是	怎樣-PFV
嚴格	不管束	若,	怎樣了

seme	banjinarakū.
se-me	banjina-ra-kū.
説.AUX-并列.CVB	形成-IPFV-NEG
	不生成。

【A】要不嚴嚴的管或,斷然不行。
【B】若不嚴嚴的管約,断然行不去。
【C】若不嚴嚴的管束,斷然使不得。
【D】若不嚴嚴兒的管教,斷斷使不得。
【E】若不嚴嚴兒的管教,斷斷使不得。
【F】如不嚴嚴的管教,斷斷使不得。
【G】若不嚴嚴兒的管教,斷斷使不得。

jihe	manggi	huthufi,	niša	emu	jergi	ura
ji-he	manggi	huthu-fi,	niša	emu	jergi	ura
來-PFV	之後	捆-順序.CVB	結實	一	頓	屁股
來了	後	捆,	結實	一	頓	屁股

tūci	teni	sain,	akūci	taciha	manggi
tū-ci	teni	sain,	akūci	taci-ha	manggi
打-假設.CVB	纔	好	否則	習慣-PFV	以後
若打	纔	好,	不然	學習了	後

tuwara	ba	akū	ombi.
tuwa-ra	ba	akū	o-mbi.
看-IPFV	地方	NEG	成爲.AUX-PRS
看的	地方	無	成了。

【A】來了的時候捆起來,屁股上重重的打一頓纔好,不然慣了他就不堪了。

【B】来了的時候捆起來,屁股上重重的打一頓纔好,不然慣了就不堪了啊。

【C】来了時重重的打一頓纔好,不然慣了他就不堪了。

【D】等他回來的時候兒,把他捆上重重兒的打一頓纔好,不然慣了他就更不堪了。

【E】等他回來的時候兒,把他綑上重重兒的打一頓纔好,不然慣了他就更不堪了。

【F】等他回來的時候,把他捆上重重的打一頓纔好,若是慣了他就更不堪了。

【G】等他回來的時候兒,把他捆上重重兒的打一頓纔好,不然慣了他就更不堪了。

38 (A38 baita yandure 事情請托,B38,C82,D82,E83,F10 托人説情)

(【+F】爾吶今天怎麼這早來?不早了,已經午後了。我早上出門去,這纔回來,還認著時候早呢。)

age　de　emu　baita　yanduki,　baibi　angga　juwara
age　de　emu　baita　yandu-ki,　baibi　angga　juwa-ra
阿哥　DAT　一　事情　委托-IMP　只是　口　張開-IPFV
阿哥　向　一　事　要托,　只是　口　張開
de　manggašambi.
de　manggaša-mbi.
LOC　爲難-PRS
時　難。

【A】託阿哥一件事,只是難張口。

【B】要託阿哥一件事,只是難張口。

【C】要托阿哥一件事,只是難張口。

【D】我有一件事要託吾兄,只是怪難開口的。

【E】我要託大哥一件事,只是怪難開口的。

【F】老哥,我要託儞一件事。衹是求儞的事已經不少了,真是怪難開口的。

turgun	ainu	seci.	baiha	mudan	jaci	labdu
turgun	ainu	se-ci.	bai-ha	mudan	jaci	labdu
原因	什麼	説.AUX-假設.CVB	求-PFV	次數	太	多
原因	爲何	説?	求的	次數	太	多

ohobi.
o-ho-bi.
成爲-PFV-PRS
成了。

【A】甚麼緣故呢? 求的遭數太多了。

【B】甚庅緣故呢? 求的遭數太多了。

【C】什麼緣故呢? 像這樣求的遭数太多了。

【D】甚麼緣故呢? 實在求的事情太多了。

【E】甚麼緣故呢? 因爲求的事情太多了。

damu	sinde	bairakū	oci,	sinci	tulgiyen,
damu	sinde	bai-ra-kū	oci,	sinci	tulgiyen,
只是	2SG.DAT	求-IPFV-NEG	若是	2SG.ABL	以外
只	向你	不求	若,	除你	之外,

gūnici	mini	ere	baita	be	muteburengge
gūni-ci	mini	ere	baita	be	mutebu-re-ngge
想-假設.CVB	1SG.GEN	這個	事情	ACC	能成全-IPFV-NMLZ
想來	我的	這	事情	把	成爲的

akū.	uttu	ofi	simbe	ališabume	jihe.
akū.	uttu	ofi	simbe	ališa-bu-me	ji-he.
NEG	這樣	因此	2SG.ACC	勞煩-CAUS-并列.CVB	來-PFV
没有。	因此		把你	麻煩	來了。

【A】只是不求你,除你之外,想來没有能成全我這個事的啊。因此煩瑣你來了。

【B】只是不求你,除你之外,想来没有能成全我這事的。因此来煩瑣你来了。

【C】只是若不求你,除你之外,想來没有能成我這事情的。因此没法又煩瑣阿哥來了。

【D】但只是不求你納,除你納之外,再也没有能成全我這件事的人,因此我又煩瑣你納來咯。

【E】但只是不求你納,除你納之外,想來也没有能彀成全我這件事情的人,因此我又煩瑣你納來咯。

【F】若不説,除了儞,没有人能彀辦得妥,只好再求儞吶咯。

(【+F】儞的事不説出,我早知道了。老哥,儞説知道是什麼事,猜猜看,如果猜得着,我服儞。)

si	tere	baitai	jalin	jihengge	wakao.	inu,
si	tere	baita-i	jalin	ji-he-ngge	waka-o.	inu,
2SG	那個	事情-GEN	爲	來-PFV-NMLZ	不是-Q	是
你	那	事情	爲	來的	不是嗎?	是,

age	aide	bahafi	saha.
age	ai-de	baha-fi	sa-ha.
阿哥	什麼-LOC	得到-順序.CVB	知道-PFV
阿哥	怎麼	得到	知道的?

【A】你不是爲那一件事情來的麼?是,阿哥怎麼得知道了?

【B】你不是爲那件事来的麼?是,阿哥怎庅得知道了?

【C】你不是爲那一件事情麼?是,阿哥怎麼得知道了?

【D】你不是爲找姓張的那件事情來了麼?是啊,你納怎麼知道了?
【E】你不是爲那件事情來了麼?是啊,大哥怎麼知道了?
【F】儞不是要叫我去張三那説個情麼?是啊,儞怎麽知道這樣準?

ecimari,	sini	ahūn	uthai	minde	henduhebi.
ecimari,	sini	ahūn	uthai	minde	hendu-he-bi.
今早	2SG.GEN	兄長	就	1SG.DAT	説-PFV-PRS
今早,	你的	哥哥	就	向我	説了。

osohon	budai	erinde,	bi	emu	mudan	genehe,
osohon	buda-i	erin-de,	bi	emu	mudan	gene-he,
小	飯-GEN	時候-LOC	1SG	一	次	去-PFV
小	飯	時,	我	一	次	去了,

【A】今日早晨,你阿哥就望我説了。小飯時的時候,我去過一次,
【B】今日早晨,你哥哥就望着我説了。小飯時的時候,我去過一次,
【C】今日早晨,你哥哥就合我説了。我小飯時的時候,找我那個朋友去了,
【D】今兒早起,你們令郎就和我説了。喫早飯的時候兒,我就去了一次,
【E】今兒早起,你們令郎就和我説了。吃早飯的時候兒,我就去了一次,
【F】今天一清早,儞們令郎來和我説了。令郎走了,我就吃個點心,代儞去張家。

uksa	ini	boode	akū	de	teisulebuhe.
ụksa	ini	boo-de	akū	de	teisule-bu-he.
不料	3SG.GEN	家-LOC	NEG	DAT	遇見-PASS-PFV
意外	他的	在家	没有	與	遇見被。

ineggi	dulin	ome,	bi	geli	isinaha.
inenggi	dulin	o-me,	bi	geli	isina-ha.
日子	一半	成爲.AUX-并列.CVB	1SG	又	到達-PFV
日子	一半	成了,	我	又	去了。

【A】忽然遇見他不在家。纔交晌午,我又到去了。

【B】不意遇見他不在家。纔交晌午,我又到去了。

【C】忽然遇見他不在家。纔交晌午,我又到去了。

【D】偏偏兒的遇見他不在家。纔交晌午,我又去了。

【E】偏偏兒的遇見他不在家。纔交晌午,我又去了。

【F】偏偏的他不在家,没見着。我到别處朋友那,坐一坐又去。

cin	i	boo	de	isinara	onggolo,	uthai
cin	-i	boo	de	isina-ra	onggolo,	uthai
正面	GEN	房	DAT	到達-IPFV	之前	就
正面	的	房	往	來到	前,	就

kaka faka	injecere	jilgan	be	donjihabi,
kaka faka	inje-ce-re	jilgan	be	donji-ha-bi,
哈哈笑貌	笑-齊-IPFV	聲音	ACC	聽-PFV-PRS
哈哈笑貌	大笑	聲音	把	聽了,

tede	bi	fa	i	hoošan	be	usihibufi,
tede	bi	fa	-i	hoošan	be	usihi-bu-fi,
那.LOC	1SG	窗户	GEN	紙	ACC	濕-CAUS-順序.CVB
在那	我	窗户	的	紙	把	使濕,

sangga	deri	dosi	tuwaci.
sangga	deri	dosi	tuwa-ci.
洞	ABL	裡面	看-條件.CVB
洞孔	從	向内	看。

【A】未到他上屋以前,就聽見喧笑的声氣,我把窓上的紙濕破,從窓户眼兒往裡看。

【B】未到上屋以前,就聽見喧笑的聲氣了,我把窗牕上的紙濕破,從牕户眼兒往裡一看。

【C】未到他正房,就聽見喧笑之聲,那上頭我将窓紙濕破,從窟窿裡一瞧。

【D】剛一進院子,就聽見上房裡頭説啊笑的聲兒,我上了台階兒,悄悄的把窗户紙兒舔破了,從窗户眼兒裡往裡一瞧。

【E】没到他上房之前,就聽見裡頭説啊笑的聲兒,因爲這上頭,我把窗户紙兒舔破了,從窗户眼兒裡往裡一瞧。

【F】到了張家院子裡,聽見房裡頭説啊笑的聲音,我上了台階,悄悄兒把窓糊紙舔破,一瞧屋子裡頭。

ere	tede	darabumbi,	tere	ede	bederebumbi,
ere	tede	darabu-mbi,	bi	sinde	bedere-bu-mbi,
這個	那個.DAT	讓酒-PRS	1SG	2SG.DAT	回敬-CAUS-PRS
這	向那	讓酒,	我	向你	回敬,

jing	kūthūme	omime	wenjehebi.
jing	kūthū-me	omi-me	wenje-he-bi.
正在	攪亂-并列.CVB	喝-并列.CVB	熱-PFV-PRS
正	攪亂	喝	熱了。

【A】你給我拿酒,我給你回鍾,攪在一處喫慹了。

【B】這個讓那個酒,那個給這個回鐘,正攪在一處喝慹了。

【C】你給我斟酒,我給你囘鐘,正攪在一處喫慹了。

【D】看見這個給那個斟酒,那個給這個囘敬,正攪在一處兒喫喝慹鬧呢。

【E】看見這個給那個斟酒,那個給這個回敬,正攪在一處兒吃喝慹鬧了。

【F】大傢坐着飲酒,爾斟來他斟去的,正在那勸着,飲的高興呢。

dosiki	sembihe,	kejine	takarakū	gucu
dosi-ki	se-mbihe,	kejine	taka-ra-kū	gucu
進入-IMP	説.AUX-PST	好多	認識-IPFV-NEG	朋友
想進去	要,	很多	不認識	朋友

bisire	jakade,	weri	omire	amtan	be
bisi-re	jakade,	weri	omi-re	amtan	be
有-IPFV	因爲	别人	喝-IPFV	趣味	ACC
在	因爲,	别人	喝的	趣味	把

facabufi	ainambi.
faca-bu-fi	aina-mbi.
散亂-CAUS-順序.CVB	做什麼-PRS
衝散	做什麼?

【A】原要進去來,因有好些不認識的朋友,衝散人家喫酒的趣味作什麼呢?

【B】原要進去,因有好些不認識的朋友,衝散人家吃酒的趣味作什庅?

【C】原要進去了,因有好些不認得的朋友,衝散人家喫酒的趣味作什麼呢?

【D】我原想進去來着,因爲有好些個不認識的朋友,沖散了人家喝酒的趣兒,怪不得人意兒的。

【E】我原想進去來着,因爲有好些個不認識的朋友,沖散了人家喝酒的趣兒,作甚麼?

【F】我細細的看,有好多不認識的朋友,我不便沖進去。

tuttu	bi	beye	gocime	tucike.	booi	urse
tuttu	bi	beye	goci-me	tuci-ke.	boo-i	urse
那様	1SG	身體	抽-并列.CVB	出-PFV	家-GEN	人們
所以	我	自己	抽	出來了。	家的	人們

sabufi,	alanaki	serede,	bi
sabu-fi,	ala-na-ki	se-re-de,	bi
看見-順序.CVB	告訴-去-IMP	説.AUX-IPFV-LOC	1SG
看見,	告訴去	要,	我

ekšeme	gala	lasihime	ilibuha.
ekše-me	gala	lasihi-me	ili-bu-ha.
急忙-并列.CVB	手	揮-并列.CVB	停止-CAUS-PFV
急忙	手	擺動	阻止。

si	ume	ekšere,
si	ume	ekše-re,
2SG	不要	急-IPFV
你	不要	着急,

【A】所以我抽身出來了。家下人看見,要告訴去,我急忙擺手攔住了。你别急,

【B】所以我抽身出來了。家下人看見,要告訴去,我急忙擺手攔住了。你别急,

【C】所以我就抽身出來了。家下人要告訴去,我急忙擺手攔住了。你别急,

【D】我又就抽身出來了。他們家下人看見,要告訴去,我急忙擺手兒攔住了。你可别忙,

【E】所以我就抽身出來了。他們家下人看見,要告訴去,我急忙擺手兒攔住了。你别忙,

【F】就回頭下了台階。他的家人看見了,要進去通報他主人,我摇摇手攔住他,趕緊出來。如今纔回家叫開飯,儞就來了咯。

bi	cimari	farhūn	suwaliyame	genefi,
bi	cimari	farhūn	suwaliya-me	gene-fi,
1SG	明天	昏暗	摻和-并列.CVB	去-順序.CVB
我	明天	昏暗	摻和	去了,

tede	šanggatai	gisureci	wajiha.
tede	šangga-tai	gisure-ci	waji-ha.
3SG.DAT	完成-極盡.CVB	説-條件.CVB	完結-PFV
向他	妥當	説	完了。

【A】我明日黑早去,向他説妥當就完了。

【B】我明日黑早去,向他説妥當就完了。

【C】我明日黑早去,向他説妥就完了。

【D】明兒我起個黑早兒,和他説妥當了就完咯。

【E】明兒我起個黑早兒,和他説妥當了就完咯。

【F】儞這件事,我明天清早再去那説情,想他必是答應的。

39 (A39 kunesun i menggun 盤纏銀子,B39,C31,D31,E31,F13 借錢,G22 良言)

si	kemuni	jurara	undeo.	yamji	cimari	jurambi.
si	kemuni	jura-ra	unde-o.	yamji	cimari	jura-mbi.
2SG	還	出發-IPFV	尚未-Q	晚上	明天	出發-PRS
你	還	啓程	尚未嗎?	晚上	早晨	啓程。

【A】你還没起身麽? 早晚起身。

【B】你還無起身庅? 早晚起身。

【C】你還未起身呢麽? 早晚起身。

【D】你還没起身麽? 早晚兒就要起身了。

【E】你還没起身麽? 早晚兒就起身了。

【F】儞還没起身麽? 早晚兒就要起身了。

【G】你還没起身麽? 早晚兒就要起身了。

aciha	fulmiyen	gemu	en	jen	i	dasatame
aciha	fulmiyen	gemu	en	jen	-i	dasata-me
馱子	行李	都	現成		INS	整理-并列.CVB
馱子	行李	都	現成		地	整理

wajiha,	damu	kunesun	i	menggun	kemuni	eden.
waji-ha,	damu	kunesun	-i	menggun	kemuni	eden.
完結-PFV	只是	盤纏	GEN	銀子	還	缺少
完了,	只	盤纏	的	銀子	還	缺少。

【A】馱子行李諸凡都整理妥畢了,只是盤纏銀子還短。

【B】馱子行李都整理妥當了,只是盤纏銀子還短。

【C】馱子行李諸凢迭當,只是盤纏銀子還短。

【D】馱子行李都整理妥當了,只是盤纏銀子還短點兒。

【E】馱子行李都整理妥當了,只是盤纏銀子還短些兒。

【F】馱子行李都整頓妥當了,只是盤纏銀子還短點兒。

【G】馱子行李都整理妥當了,只是盤纏銀子還短點兒。

tasha	be	jafarangge	ja	niyalma	de
tasha	be	jafa-ra-ngge	ja	niyalma	de
虎	ACC	捉-IPFV-NMLZ	容易	人	DAT
虎	把	抓住	易	人	向

bairengge	mangga	sehe	gisun	be,
bai-re-ngge	mangga	se-he	gisun	be,
求-IPFV-NMLZ	難	説.AUX-PFV	話語	ACC
求的	難	説了的	話	把,

bi	enenggi	teile	teni	akdaha.
bi	enenggi	teile	teni	akda-ha.
1SG	今日	僅僅	纔	相信-PFV
我	今日	只	纔	相信。

【A】"擒虎易告人難"的話,我今日纔信了。

【B】"擒虎易告人難"的話,我今日纔信了。

【C】"擒虎易告人難"的話,我今日纔信了。

【D】俗語兒説"上山擒虎易、開口告人難"的話,我今兒纔信了。

【E】"上山擒虎易、開口告人難"的話,我今兒纔信了。

【F】俗語説"上山擒虎易,開口告人難"的話,我今兒纔信了。

【G】俗語兒説“上山擒虎易、開口告人難”的話，我今兒纔信了。

dere šelefi, ba bade juwen gaici,
dere šele-fi, ba ba-de juwen gai-ci,
臉 捨棄-順序.CVB 處 處-LOC 債 借取-假設.CVB
臉 捨着， 處 處 債 借，
baharakū. arga akū ofi, age i jakade
baha-ra-kū. arga akū ofi, age -i jakade
得到-IPFV-NEG 辦法 NEG 因爲 阿哥 GEN 跟前
没得到。 辦法 没有 因爲， 阿哥 的 跟前
jihe.
ji-he.
來-PFV
來了。

【A】捨着臉，各處借貸，不得。因没法兒，阿哥跟前來了。
【B】捨着臉，各處借貸，不得。無法兒，阿哥跟前來了。
【C】捨着臉，各處借貸，總没得。因不得已，阿哥跟前來了。
【D】捨着臉兒，各處兒借，總没借着。没法兒，找兄台來了。
【E】捨着臉兒，各處兒借，總没有得。没法兒，找哥哥來了。
【F】老着臉兒，各處去借，總没有借着。没法的，來找我兄台。
【G】捨着臉兒，各處兒借，總没借着。没法兒，找兄台來了。

menggun ocibe, damtun ocibe,
menggun o-cibe, damtun o-cibe,
銀子 成爲.AUX-讓步.CVB 典當物 成爲.AUX-讓步.CVB
銀子 可以， 典當 可以，
minde majige aisilarao. amasi jihe manggi,
minde majige aisila-rao. amasi ji-he manggi,
1SG.DAT 稍微 幫助-IMP 返回 來-PFV 以後
給我 略 幫助吧。 返回 來 後，

beye	madagan	be	bodome	toodame	buki.
beye	madagan	be	bodo-me	tooda-me	bu-ki.
本身	利息	ACC	算-并列.CVB	償還-并列.CVB	給-IMP
本金	利息	把	計算	償還	給。

【A】或銀子,或當頭,求幇我些。回來的時候,本利算着還罷。

【B】或銀子,或當頭,求帮我些。回來時候,本利算明還給。

【C】或銀子,或當頭,求帮我些。囘來的時候,本利全還。

【D】或銀子,或當頭,求你納借給我點兒。等我囘來的時候兒,本利一併奉還。

【E】或銀子,或當頭,求借給我點兒。回來的時候兒,本利奉還。

【F】或銀子,或當頭,求儞吶借給我點兒作盤纏。等我回來時候,本利一併奉還。

【G】或銀子,或當頭,求你給借給我點兒。等我回來的時候兒,本利一併奉還。

jabšan	de	sini	jihengge	erde,	majige
jabšan	de	sini	ji-he-ngge	erde,	majige
幸而	LOC	2SG.GEN	來-PFV-NMLZ	早	稍微
幸運	在	你的	來的	早,	略

sitabuci,	inu	amcaburakū	ombi.
sitabu-ci,	inu	amca-bu-ra-kū	o-mbi.
耽誤-假設.CVB	也	追趕-CAUS-IPFV-NEG	成爲.AUX-PRS
耽誤,	也	趕不上	可以。

【A】幸而你來的早,畧遲些,也趕不上。

【B】幸而你來的早,畧遲些,也赶不上。

【C】幸而你来的早,畧遲些,也趕不上。

【D】幸虧你來得早,若略遲些兒,就趕不上了。

【E】幸虧你來得早,畧遲些兒,也趕不上。

【F】幸得儞來的早,若略遲些兒,就趕不上了。

【G】幸虧你來得早,若略遲些兒,就趕不上了。

jakan	tokso	ci	udu	yan	menggun	gajiha,	kemuni
jakan	tokso	ci	udu	yan	menggun	gaji-ha,	kemuni
方才	村屯	ABL	幾	兩	銀子	拿來-PFV	還
方才	屯	從	幾	兩	銀子	拿來了,	還

baitalara	unde,	si	dulin	gamafi	baitala.
baitala-ra	unde,	si	dulin	gama-fi	baitala.
使用-IPFV	尚未	2SG	一半	拿去-順序.CVB	使用.IMP
使用	尚未,	你	一半	拿去	使用。

【A】方纔屯裡拿了幾兩銀子來,還没有用呢,你拿一半去使。
【B】方纔屯裡拿了幾兩銀子,還未用呢,你拿一半去使。
【C】方纔屯裡拿了幾両銀子来,還没有用呢,你拿一半去使。
【D】方纔屯裏拏了幾兩銀子來,還没用呢,你拏一半兒去使。
【E】方纔屯裡拿了幾兩銀子來,還没用呢,你拿一半兒去使。
【F】剛纔屯裡拿了幾兩銀子來,還没用呢,你拿一半兒去使。
【G】方纔屯裡拏了幾兩銀子來,還没用呢,你拏一半兒去使。

cai	omiha	manggi,	dengnefi	sinde	bukini.
cai	omi-ha	manggi,	dengne-fi	sinde	bu-kini.
茶	喝-PFV	以後	稱重-順序.CVB	2SG.DAT	給-IMP
茶	喝	後,	稱量	對你	給。

sini	ere	tuktan	mudan	bigarame	yabumbi
sini	ere	tuktan	mudan	bigara-me	yabu-mbi
2SG.GEN	這	起初	次	外出-并列.CVB	行走-PRS
你	這	起初	次	出外	行

wakao.
waka-o.
不是-Q
不是嗎?

【A】喫了茶,秤了給你。你不是初次出外麼?

【B】喝了茶,秤了給你。你不是初次出外広?

【C】喫了茶,秤了給你。你這不是初次出外麼?

【D】等喝了茶,我再稱給你。我問你,你這不是初次出門麼?

【E】喝了茶,再稱給你。你這不是初次出門麼?

【F】請歆了茶,我再稱給倆。謝謝! 好說。啊,我問倆,倆這不是初次出門麼?

【G】等喝了茶我再稱給你。我問你,你這不是初次出門麼?

inu.	bi	sinde	emu	babe	alaki,	goromime
inu.	bi	sinde	emu	ba-be	ala-ki,	goromime
是	1SG	2SG.DAT	一	情况-ACC	告訴-IMP	向遠方
是。	我	向你	一	事情把	告訴,	遠方

yabure	doro,	gucuse	de	hūwaliyasun	dele,
yabu-re	doro,	gucu-se	de	hūwaliyasun	dele,
行走-IPFV	道理	朋友-PL	DAT	和睦	爲上
行走	道理,	朋友們	對	和睦	爲上;

【A】是。我告訴你此話,遠行的道理,朋友們裡頭以和爲上;

【B】是。我告訴你一件事,遠行的道理,朋友中以和爲上;

【C】是。我告訴你些話,遠行的道理,朋友們裡頭以和爲上;

【D】是。我告訴你些個話,出遠門兒的道理,處朋友們,以和爲貴;

【E】是。我告訴你些個話,行遠道兒的道理,朋友們裡頭,以和爲貴;

【F】是。這我告訴倆幾句話,出門的人靠朋友,待朋友要和氣;說話要投機,不投機少說點;

【G】是。我告訴你些個話,出遠門兒的道理,處朋友們以和爲貴;

jai	fejergi	alban	urse	be	tuku	doko	seme
jai	fejergi	alban	urse	be	tuku	doko	se-me
再	下面	官員	人們	ACC	表	裡	說.AUX-并列.CVB
再	下面	官員	人們	把	彼此		

faksalarakū, emu adali gosi,
faksala-ra-kū, emu adali gosi,
分開-IPFV-NEG 一 樣子 疼愛.IMP
不分開, 一 樣 愛惜;

【A】待下呢,官人們不必分内外,一樣的愛惜;
【B】再底下官人們不必分内外,一樣愛惜;
【C】再待下人不必分内外,一樣的疼愛;
【D】待底下的官人們,不必分内外,都是一樣兒的疼愛;
【E】待底下的官人兒們,不必分内外,一個樣兒的疼愛;
【F】待底下的人們要體諒他,疼愛他,事事不可太嚴;
【G】待底下的官人們不必分内外,都是一樣兒的疼愛;

uthai menggun bahara jiha butara ba bihe
uthai menggun baha-ra jiha buta-ra ba bi-he
就算 銀子 得到-IPFV 錢 挣錢-IPFV 處 有-PFV
就 銀子 得到 錢 挣錢 處 有了

seme, dere oyonggo, ume gala golmin
seme, dere oyonggo, ume gala golmin
即使 臉面 重要 不要 手 長
即使, 臉 要緊, 勿 手 長

ojoro. tuttu ohode,
ojo-ro. tuttu o-ho-de,
成爲.AUX-IPFV 那樣 成爲.AUX-PFV-LOC
成爲了。 那樣 要是,

labdu gebu align de holbobumbi.
labdu gebu algin de holbobu-mbi.
多 名字 名聲 DAT 相關-PRS
多 名 聲名 在 有關係。

【A】就有得銀子挣錢財的去處,臉面要緊,别手長了。要是那樣,於聲名大有関係。

【B】就有得銀子挣錢財的去處,臉面要緊,别手長了。要是那樣,於聲名大有関係啊。

【C】就有得銀子弄錢財的去處,臉囬要緊,别手長。若是那樣,于聲名大有關係。

【D】就有可以弄銀子錢的地方兒,也該想着臉面要緊,别手長了。若是亂來,於聲名上大有關係呀。

【E】就有得銀子弄錢財兒的地方兒,臉面要緊,别手長了。若是亂來,於聲名是大有關碍的呀。

【F】就有可以弄銀錢的,也要想着顧臉面,别亂來。亂來是自己壞了聲名呀。

【G】就有可以弄銀子錢的地方兒,也該想着臉面要緊,别手長了。若是亂來,於聲名上大有關係呀。

age	i	jombuhangge	aisin	gu	i	gese	gisun
age	-i	jombu-ha-ngge	aisin	gu	-i	gese	gisun
阿哥	GEN	提醒-PFV-NMLZ	金	玉	GEN	一樣	話語
阿哥	的	提撥的	金	玉	的	一樣	話

kai,	bi	ufuhu	de	ulime	fahūn	de
kai,	bi	ufuhu	de	uli-me	fahūn	de
INTJ	1SG	肺	LOC	穿繩-并列.CVB	肝	LOC
啊,	我	肺	在	穿繩	肝	在

falime	ejeki.
fali-me	eje-ki.
結繩-并列.CVB	記住-IMP
結繩	記住。

【A】阿哥提撥的金玉一樣的話呀,我牢託肘(肝)腸罷。

【B】阿哥提白的金玉一樣的話呀,我銘記肺腑罷。

【C】阿哥提撥的話金玉一般,我心裡牢記着。

【D】兄台説的都是金玉良言,兄弟永遠記着就是咯。
【E】哥哥説的是金玉良言,兄弟永遠記着就是咯。
【F】蒙儞愛惜我,肯借我的銀子,又肯教導我,我準記牢着。
【G】兄台説的都是金玉良言,兄弟永遠記着就是咯。

40 (A40 sahaliyan turi udabure 買黑豆,B40,C32,D32,E32,F16 買豆子,G34 莊稼)

(【+F8】久違、久違,許多年没見面了。)

age	atanggi	tokso	ci	jihe.	bi	isinjifi
age	atanggi	tokso	ci	ji-he.	bi	isinji-fi
阿哥	何時	村屯	ABL	來-PFV	1SG	到來-順序.CVB
阿哥	幾時	屯	從	來了?	我	來了

kejine	inenggi	oho.
kejine	inenggi	o-ho.
好久	日子	成爲.AUX-PFV
很多	日子	有了。

【A】阿哥幾時從屯裡來的? 我到了好些日子了。
【B】阿哥幾時從屯裡來的? 我到了好些日子了。
【C】阿哥幾時從屯裡來了? 我到了好些日子了。
【D】老弟是幾兒打屯裏來的? 我到了好些日子了。
【E】您納是幾兒打屯裡來的? 我到了好些日子了。
【F8】老兄是幾兒來的? 到了好幾天。
【G】老弟是幾兒打屯裏來的? 我到了好些日子了。

age	i	jihe,	be	bi	fuhali	oron	donjihakū,
age	-i	ji-he,	be	bi	fuhali	oron	donji-ha-kū,
阿哥	GEN	來-PFV	ACC	1SG	完全	影子	聽-PFV-NEG
阿哥	的	來,	把	我	竟	影子	没聽見,

donjiha	bici,	inu	tuwanjimbihe.
donji-ha	bici,	inu	tuwa-nji-mbihe.
聽-PFV	若有	也	看-來-PST
聽見	若,	也	看來來着。

【A】阿哥來,我總没有聽見,要聽見,也來瞧來着。
【B】阿哥到来,我竟無聽見,要聽見,也来瞧来着。
【C】阿哥來,我總没聽見,要聽見,也來瞧來着。
【D】老弟來了,我總没聽見説,若是聽見,也早來瞧你來了。
【E】您納來了,我總没聽見説,若聽見,我也早來瞧來了。
【F8】儞來了,我總没聽見,若是聽見,我也早去瞧儞了。
【G】老弟來了,我總没聽見説,若是聽見,也早去瞧你去了。

musei	tehe	falga	encu,	geli	alban	i
musei	te-he	falga	encu,	geli	alban	-i
1PL.INCL.GEN	住-PFV	場所	不同	又	官員	GEN
咱們的	住的	場所	不同,	又	官員	的

beye,	donjihakūngge	giyan	dabala.
beye,	donji-ha-kū-ngge	giyan	dabala.
身體	聽-PFV-NEG-NMLZ	道理	罷了
身體,	没聽見的	道理	罷了。

【A】嗒門(們)住的方向不同,又是官身子,聽不見是該當罷咧。
【B】嗒們住的方向不同,又是官身子,没聽見的該當罷咧。
【C】自然。咱們住的地方不同,又是官身子,没有聽見該當罷咧。
【D】咱們住的地方兒窵遠,你納又是官身子,那裏聽得見呢?
【E】咱們住的地方兒窵遠,又是官身子,没聽見就罷咯。
【F8】咱們住的地方好遠,儞吶那裡聽得見呢?
【G】咱們住的地方兒窵遠,你納又是官身子,那裡聽得見呢?

suweni usin aibide bi. birai cargi ba
suweni usin aibi-de bi. bira-i cargi ba
2PL.EXCL.GEN 田地 哪裡-LOC 在 河-GEN 那邊 霸
你們 田 在哪 有？ 河 那邊 霸

jeo i harangga bade bi.
jeo -i harangga ba-de bi.
州 GEN 所轄 地方-LOC 在
州 的 所屬 處 有。

【A】你們地畝在那裡？住[在]河那邊覇州所屬的地方。

【B】你們地畝在那裡？在河那邉覇州所属地方。

【C】你們的地在那裡？在河那邉霸州所屬的地方。

【D】我問你，你們的地在那兒？在霸州所屬的地方兒。

【E】你們的地在那兒？在霸州所屬的地方兒。

【F16】我問儞，儞們的地在那兒？在霸州管的地方。

【G】我問你，你們的地在那兒？在馬山所屬的地方兒。

hunehe bira wakao. inu hunehe bira. ere aniya
hunehe bira waka-o. inu hunehe bira. ere aniya
渾 河 不是-Q 是 渾 河 這 年
渾河 河 不是嗎？是 渾河 河。這 年

tubai jeku antaka. sain, umesi elgiyen.
tuba-i jeku antaka. sain, umesi elgiyen.
那裡-GEN 莊稼 如何 好 非常 豐富
那裡的 莊稼 怎麼樣？好， 很 豐盛。

【A】不是渾河嗎？渾河。今年那裡的莊稼如何？好，狠豐盛。

【B】不是渾河嗎？是渾河。今年那裡的庄稼如何？好，狠豐盛。

【C】清河麼？不是，是渾河。今年那裡的莊稼何如？好，狠豐盛。

【D】挨着琉璃河麼？不是，是渾河那塊兒。今年那兒的莊稼好不好？好得很，

【E】黄河麼? 不是,是渾河。今年那兒的莊稼如何? 很好,豐盛。

【F16】挨着琉璃河麼? 不是,是渾河。今年那兒的莊稼好不好? 好的狠。

【G】挨着洛東江麼? 是。今年那兒的莊稼如何? 好得很。

ambula bargiyahabi. neneme bisaka sere,
ambula bargiya-ha-bi. neneme bisa-ka se-re,
大 收穫-PFV-PRS 起先 洪澇-PFV 説.AUX-IPFV
大 豐收了。 先 澇了 説,

geli hiyaribuha sere.
geli hiyaribu-ha se-re.
又 乾旱-PFV 説.AUX-IPFV
又 旱了 説。

【A】大收了。先説潦了,又説旱了。
【B】大收了。先説潦了,又説旱了。
【C】大收了。先説潦了,又説旱了。
【D】十分收成了。這奇怪咯,他們不是先説潦了,又説旱了麼?
【E】大收了。不是先説潦了,又説旱了麼?
【F16】有十分的大收成。這就奇怪了。他們不是先説水淹咯?
【G】十分收成了。這奇怪咯,他們不是先説潦了,又説旱了麼?

tere gemu yoro gisun, akdaci ojorakū.
tere gemu yoro gisun, akda-ci ojo-ra-kū.
那個 全都 謠言 言 相信-假設.CVB 可以-IPFV-NEG
那 都 謠言 言論, 信 不可以。

gūwa hacin be aisembi,
gūwa hacin be aise-mbi,
別的 項目 ACC 説-PRS
其他的 類 把 説什麼,

【A】都是謡言,信不得。何必説别的,

【B】那都是謡言,信不得。别的不用説,

【C】那都是謡言,信不得。不必説别的,

【D】那都是謡言,信不得的。别説别的,

【E】那都是謡言,信不得。别説别的,

【F16】那都是謡言,信不得的。别説别的,

【G】那都是謡言,信不得的。别説别的,

sahaliyan	turi	hūda	mujakū	ja	secina,	juwan
sahaliyan	turi	hūda	mujakū	ja	se-cina,	juwan
黑色	豆子	價格	很	便宜	説.AUX-IMP	十
黑	豆	價錢	確實	便宜,		十

udu	jiha	de	emu	moro	hiyase	bahambi,	utala
udu	jiha	de	emu	moro	hiyase	baha-mbi,	utala
幾	錢	LOC	一	升	斗	得到-PRS	這些
幾個	錢	用	一	升	斗	得到,	這些

aniya	inu	ere	gese	akū	bihe.	yargiyūn.	mujangga.
aniya	inu	ere	gese	akū	bihe.	yargiyūn.	mujangga.
年	也	這個	樣子	NEG	PST	真的.Q	確實
年	也	這	樣	没有	曾經。	真的嗎?	果然。

【A】黑豆只説着實賤罷,十幾個錢得一升,這些年也没像這們樣的。真嗎? 果然。

【B】黑豆的價錢狠賤,十幾個銭得一升,這些年也没像這們樣的。真嗎? 果然。

【C】各様的豆價着實賤啊,十幾個錢得一升,許多年也没有這様來着。真麼? 果然。

【D】黑豆的價兒就十分便宜,十來個錢一升,這有許多年没有這麼賤了。真麼? 可不是真麼?

【E】黑豆的價兒就十分便宜,十來個錢一升,許多年没有這麼

賤。真麽? 自然是真。

【F16】黑豆的價兒就狠便宜,十幾個錢一升,這有好多年没有的。是真麽? 可不是真的?

【G】黑豆的價兒就十分便宜,十來個錢一升,這有許多年没有這麽賤了。真麽? 可不是真的麽。

age jai aika booi niyalma takūraci, mini
age jai aika boo-i niyalma takūra-ci, mini
阿哥 再 如果 家-GEN 人 派遣-假設.CVB 1SG.GEN
阿哥 再 要是 家裡 人 使喚去, 我的

funde udu hule sahaliyan turi udabureo, udu
funde udu hule sahaliyan turi uda-bu-reo, udu
代替 幾 石 黑色 豆 買-CAUS-IMP 幾
替代 幾 石 黑 豆 買, 多少

yan menggun salibure babe, getukeleme
yan menggun salibu-re ba-be, getukele-me
兩 銀子 折合-IPFV 處-ACC 察明-并列.CVB
兩 銀子 折合 處, 察明

bodofi minde alakini.
bodo-fi minde ala-kini.
計算-順序.CVB 1SG.DAT 告訴-IMP
計算 向我 告訴。

【A】阿哥再要使喚家裡人去,叫替我買幾石黑豆,折多少銀子,扣算了告訴我。

【B】阿哥再要使喚家人去,替我買幾石黑豆,值多少銀子,算明白告訴我。

【C】阿哥要使喚家裡人去,叫替我買幾石料豆,值多少両銀子,作了價告訴我。

【D】若是這麽着,你再打發人去的時候兒,請替我買幾石來,用

多少銀子,算明白了告訴我。

【E】若是這麼着,再打發人去的時候兒,請替我買幾石來,多少銀子,算明白告訴我。

【F16】若是這麼着,你再打發人去的時候,請替我買幾石來,用多少銀子,算明白了告訴我。

【G】若是這麼着,你再打發人去的時候兒,請替我買幾石來,用多少銀子箅明白了告訴我。

bi	da	udaha	ton	i	songkoi	age	de
bi	da	uda-ha	ton	-i	songkoi	age	de
1SG	原本	買-PFV	數目	GEN	按照	阿哥	DAT
我	原來	買的	數	的	依照	阿哥	給

menggun	benjibure.
menggun	benji-bu-re.
銀子	送來-CAUS-IPFV
銀子	送來。

【A】我照原買的數目叫給阿哥送銀子來。

【B】我照原買的數目給阿哥送来。

【C】我照原買的數目給阿哥送銀子來。

【D】我照着原買的價兒給你。

【E】我照着原買的價兒給你。

【F16】我就拿還儞。

【G】我照着原買的價兒給你。

inu	kai.	sini	boode	ududu	morin
inu	kai.	sini	boo-de	ududu	morin
是	INTJ	2SG.GEN	家-LOC	許多	馬
是	啊。	你的	家	幾	馬

hūwaitahabi,	ere	giyan	ningge.
hūwaita-ha-bi,	ere	giyan	ningge.
拴-PFV-PRS	這個	理應	NMLZ
拴了,	這	應該	的事情。

【A】是阿。你家拴着好幾匹馬,這是該的。

【B】是啊。你家拴着好幾匹馬,這是該的。

【C】是啊。你家裡拴着好幾匹馬,若是那樣該當的。

【D】是啊。我看見你納槽上拴着好幾匹馬,買豆子餧是該當的。

【E】是啊。我看見拴着好幾匹馬,這是該當的。

【F16】是啊。我看見儞吶馬欄拴着好幾匹馬,買黑豆餧。

【G】是啊。我看見你納槽上拴着好幾匹馬,也總是要買豆子餒(餧)的。

musei	ubade	mangga	hūdai	udara
musei	uba-de	mangga	hūda-i	uda-ra
1PL.INCL.GEN	這裡-LOC	貴	價格-INS	買-IPFV
咱們的	這裡	貴	價錢	買

anggala,	tubaci	udafi	gajici,	ubui	ubu
anggala,	tuba-ci	uda-fi	gaji-ci,	ubu-i	ubu
與其	那裡-ABL	買-順序.CVB	拿來-假設.CVB	倍-INS	倍
與其,	那裡從	買	拿來,	以倍數	

jabšan	bahambikai.
jabšan	baha-mbi-kai.
便宜	得到-PRS-INTJ
便宜	得到啊。

【A】與其喒們這裡拿貴價兒買,從那裡買了拿了來,加倍的便宜阿。

【B】與其咱們這裡拿貴價兒買,從那裡買了来,加倍的便宜啊。

【C】與其在咱們這裡貴價買的,從那裡買了拿來,得幾倍的便宜啊。

【D】與其在咱們這兒買的價兒貴,不如在那兒帶了來,有減半兒的便宜呢。

【E】與其在咱們這兒買得價兒貴,何不在那兒帶了來,有加倍的便宜呢。

【F16】與其在這買的貴,不如到那帶來,連駝工都算在内,比這有減半的便宜呢。

【G】與其在咱們這兒買的價兒貴,不如在那兒帶了來,有減半兒的便宜呢。

41（A41 guwali de sargašara 郊游,B41,C92,D92,E94,F32 游玩敗興）

(【+F】 倆們前天去那里逛,好麽?)

cananggi	meni	udu	nofi	ai	sargašambi,
cananggi	meni	udu	nofi	ai	sargaša-mbi,
前日	1PL.EXCL.GEN	幾個	人	什麽	游玩-PRS
前日	我們	幾個	人	什麽	游玩,

fuhali	sui	tuwaha	kai.
fuhali	sui	tuwa-ha	kai.
全然	罪	受-PFV	INTJ
竟然	罪	受	啊。

【A】前日我們幾個人什麽是遊玩,竟受了罪了。

【B】前日我們幾個人什麽是遊玩,竟受了罪了。

【C】前日我們幾個人甚麽是遊頑,竟是受罪了。

【D】前兒我們幾個人甚麽是逛來着,竟是受了罪咧。

【E】前兒我們幾個人甚麽是逛,竟是受了罪咯。

【F】不要説哪,前天那是逛,倒是受罪咯。

(【+F】 怎麽樣的?)

hoton	tucifi,	jingkini	jugūn	be	yaburakū
hoton	tuci-fi,	jingkini	jugūn	be	yabu-ra-kū
城	出-順序.CVB	真正	路	ACC	行走-IPFV-NEG
城	出了,	正	路	把	不走

oso	nakū,	feme	mudalime	aibide
oso	nakū,	fe-me	mudali-me	aibi-de
成爲.IMP	之後	繞-并列.CVB	拐彎-并列.CVB	哪裡-DAT
既然	之後,	繞	彎	往哪裡

genere	be	sarkū.
gene-re	be	sa-r-kū.
去-IPFV	ACC	知道-IPFV-NEG
去了	把	不知。

【A】出了城,放着正經道路不走,不知混繞到那裡去了。

【B】出了城,放着正經路不走,不知混繞到那裡去了。

【C】出了城,放着正經路不走,不知遶到那裡去了。

【D】出了城兒,放着正經道兒不走,不知道繞到那兒去了。

【E】出了城兒,放着正經道兒不走,不知道繞到那兒去咯。

【F】我們幾個人早上九點鐘出了城,到城外,沿着小道走,不知道繞到那兒去。

jugūn	i	unduri	aname	fonjihai,	arkan
jugūn	-i	unduri	aname	fonji-hai,	arkan
路	GEN	沿途	依次	問-持續.CVB	剛剛
路	的	沿途	順次	問着,	好不容易

seme	kakū	de	isinaha,	jahūdai	de
se-me	kakū	de	isina-ha,	jahūdai	de
AUX-并列.CVB	閘口	DAT	到達-PFV	船	LOC
	閘口	在	來到,	船	在

tefi,	ishunde	gisurendume,	omicame.
te-fi,	ishunde	gisure-ndu-me,	omi-ca-me.
坐-順序.CVB	互相	説話-互-并列.CVB	喝-齊-并列.CVB
坐了,	相互	互相説話,	互相喝酒。

【A】沿路問着,將將的到了閘口根前,就坐上船,彼此説着話,喫着酒。

【B】沿途問着,将将的到了閘口,坐上船,彼此説着話,喝着酒。

【C】沿路問着找着,好容易到了閘口,坐上船,彼此説話飲酒。

【D】沿着路兒問着找着,剛剛兒的到了閘口的跟前兒,坐上船,彼此説着話兒,喝着酒。

【E】沿着路兒問着我[找]着,剛剛兒的到了閘口兒的跟前兒,坐上船,彼此説着話兒,喝着酒。

【F】一路問人,十二點鐘纔到了閘口。那小道狠窄,又彎彎曲曲的,再加一道的青苔又滑溜,狠不好走哪。我們就坐上船,到東花園去。説着話欲着酒的,在那逛逛。

dung	g'ao	sere	ilhai	yafan	de
dung	g'ao	se-re	ilha-i	yafan	de
東	皋	叫做.AUX-IPFV	花-GEN	園子	DAT
東	皋	叫	花的	園子	在

isinafi,	geli	amasi	kakū	de	isinjitele,
isina-fi,	geli	amasi	kakū	de	isinji-tele,
到達-順序.CVB	又	往回	閘口	DAT	到來-直至.CVB
來到,	又	返回	閘口	在	直到,

aifini	šun	dabsihabi.
aifini	šun	dabsi-ha-bi.
已經	太陽	偏斜-PFV-PRS
是已	太陽	偏西。

【A】趕到東皋花園,又回到閘口上,早已日平西了。

【B】到了東皐(皋)花園,又囬到閙口上,早已日平西了。

【C】趕到花園,又囬到閙口上,早已日平西了。

【D】到了東花園兒,又趕回閙上來,早已就日平西了。

【E】到了東花園兒,又趕回閙口兒來,早已就日平西了。

【F】雖是没多久的時候,到回來閙口,已經過了四點鐘。

buda	jeme	wajime,	bi	uthai	agesa
buda	je-me	waji-me,	bi	uthai	age-sa
飯	吃-并列.CVB	完結-并列.CVB	1SG	就	阿哥-PL
飯	吃	完了,	我	就	阿哥們

yoki.	muse	gemu	yafahan	kutule,
yo-ki.	muse	gemu	yafahan	kutule,
走-IMP	1PL.INCL	都	步行	跟馬人
走吧。	咱們	都	步行	跟馬人,

sandalabuhangge	geli	kejine	goro	seci.
sandala-bu-ha-ngge	geli	kejine	goro	se-ci.
相隔-PASS-PFV-NMLZ	又	很	遠	説.AUX-條件.CVB
相隔了的	又	很	遠	説。

【A】纔喫完了飯,我就説:阿哥們走罷。喒們都是步行家裡人,離的又狠遠。

【B】纔吃完了飯,我就説:阿哥們走罷。喒們都是步行家人,離的又狠遠。

【C】纔吃完了飯,我就説:阿哥們走罷。咱們都是步行家裡人,離的又狠遠。

【D】纔吃完了飯,我就説:衆位偺們走罷。跟的人都是步行兒,家又離得很遠。

【E】纔吃完了飯,我就説:哥哥們走罷。跟的人都是步行兒,家又離的很遠。

【F】我就説:咱們好走咯。天不早,路又遠。

fahame	te	nakū,	aššara	ba	inu	akū,
faha-me	te	nakū,	ašša-ra	ba	inu	akū,
摔-并列.CVB	坐.IMP	之後	動-IPFV	地方	也	NEG
困乏	坐着	既然,	動	處	也	没有,

amala	šun	dosire	hamika	be	sabufi,
amala	šun	dosi-re	hami-ka	be	sabu-fi,
後來	太陽	進入-IPFV	將近-PFV	ACC	看見-順序.CVB
後來	太陽	進入	將近	把	看見,

teni	morilafi,	hacihiyame	amasi	jimbi.
teni	morila-fi,	hacihiya-me	amasi	ji-mbi.
纔	騎馬-順序.CVB	急忙-并列.CVB	返回	來-PRS
纔	騎上馬,	着急	返回	來。

【A】實排排的坐着,動也不動,後來見日頭將入了,纔騎上馬,急着回來。

【B】實排排的坐着,動也不動,後來見日頭将落了,纔騎上馬,急着回來。

【C】那裡? 實排排的坐着,動也不動,後來見日頭将落了,纔騎着馬,急着回來。

【D】他們還説説笑笑的,儘自坐着,動也不動,後來看見日頭快落了,這纔上了馬,忙着往回來趕。

【E】他們都實蹶蹶的坐着,動也不動,後來看見日頭快落了,纔騎上馬,急着回來。

【F】他們還是説説笑笑的,動也不動,到太陽落了,纔騎上馬,忙着回來。

yaluhai	guwali	de	isinaha	bici,	buruhun
yalu-hai	guwali	de	isina-ha	bi-ci,	buruhun
騎-持續.CVB	郊外	DAT	到達-PFV	有-條件.CVB	朦朧
騎着	郊外	在	來到	有了,	月暗恍惚

i	biyai	elden	gemu	sabuha.	hoton	i
-i	biya-i	elden	gemu	sabu-ha.	hoton	-i
INS	月亮-GEN	光	都	看見-PFV	城	GEN
的	月亮的	光	都	看見了。	城	的

dorgici	tucike	niyalma	gemu	hasa	amcame,
dorgi-ci	tuci-ke	niyalma	gemu	hasa	amca-me,
裡面-ABL	出-PFV	人	都	急速	趕-并列.CVB
從裡面	出來	人	都	快	追趕,

duka	emu	gargan	dasihabi	sere	jakade.
duka	emu	gargan	dasi-ha-bi	se-re	jakade.
門	一	扇	閉-PFV-PRS	説.AUX-IPFV	因爲
門	一	扇	掩	説	因爲。

【A】到了關廂裡,恍惚看見月色了。城裡頭出來的人都叫快趕,掩了一扇門了。

【B】到了関廂裡,恍恍惚惚的看見月色了。城裡頭出來的人都説快赶罷,掩了一扇門了。

【C】到了關廂裡,恍恍惚惚月色都看見了。城裡頭出去的人都叫快赶,説門掩了一扇了。

【D】到了關裡的時候兒,恍恍惚惚的月亮都出來了。從城裡頭出去的人們都叫快走,説掩了一扇門咯。

【E】到了關外頭,恍恍惚惚的月亮都出來了。從城裡頭出去的人們都叫快走,説掩了一扇門咯。

【F】到關外,月亮已上來了。從城裡出來的人們都説城門已掩了一槅,要快走。

gūnin	i	dolo	ele	ekšehe,	morin	dabkime
gūnin	-i	dolo	ele	ekše-he,	morin	dabki-me
心	GEN	裡面	更	着急-PFV	馬	鞭馬-并列.CVB
心	的	裡面	更	着急,	馬	鞭馬

emu	ergen	i	feksime	amcahai,	dubeheri
emu	ergen	-i	feksi-me	amca-hai,	dubeheri
一	氣	INS	跑-并列.CVB	趕-持續.CVB	末尾
一	氣	的	跑	趕上着,	從末尾

amcabuha.	meni	beyese	arkan	dosicibe,
amca-bu-ha.	meni	beye-se	arkan	dosi-cibe,
追趕-CAUS-PFV	1PL.GEN	身體-PL	剛剛	進入-讓步.CVB
追趕。	我們的	自己	剛剛	進來了,

booi	urse	sibša	tutafi,	gemu	tule
boo-i	urse	sibša	tuta-fi,	gemu	tule
家-GEN	人們	落後	留下-順序.CVB	都	外面
家裡的	人們	落後,		都	外面

yaksibuha.
yaksi-bu-ha.
關閉-PASS-PFV
被關。

【A】心裡更着了急,加着鞭子催着馬一氣兒跑着趕,趕上了個末尾兒。我們自己雖然将将的進來了,家裡人邋在老遠的,都關在外頭了。

【B】心裡更着了急了,催着馬一氣児跑着赶,赶了個末尾。我們自己雖将将的進來了,家裡人邋在老遠的,都関在外頭了。

【C】心裡更着了急,加鞭催馬一氣兒跑着,趕了個是分兒。我們将将進來了,家裡人們落的大遠的,都關在外頭了。

【D】心裏更着了急,緊加鞭子催着馬,趕到了跟前兒,末尾兒的還是關在城外頭了。

【E】心裡更着了急,加着鞭子催着馬,趕到了臨期,末尾兒都關在城外頭了。

【F】大家心裡狠着了急,都加起鞭子跑着馬,趕到城門那,門已關了。

yala	amtangga	i	genehe,	usatala
yala	amtangga	-i	gene-he,	usa-tala
真是	有趣	INS	去-PFV	傷心失意-直至.CVB
實在	有滋味	地	去,	傷心失意

amasi	jihe	secina.
amasi	ji-he	se-cina.
往回	來-PFV	説.AUX-IMP
回	來	了。

【A】實在竟是有滋有味的去,傷心失意的回來了。

【B】真是高高興興的去了,灰心失意的回來呀。

【C】實在有興而去,失意而歸了。

【D】實在是乘興而往,掃興而回。

【E】實在是有滋有味兒的出去,無精打采的回來。

【F】好敗興的。

(【+F】我們只得掉回馬去,找個認識的朋友家借宿,昨天纔進城回家。前天幸得我没去,若去也關在城外了。叫我到人家借宿,我一的睡不着。

就是前天晚上,我也没睡着一覺,我們找到那家,已經二更了,大傢又欲着説着,到四更尾,纔躺一躺,天剛亮就走了。那裡有睡着?)

42 (A42mukdere 發迹, B42, C65, D65, E66, F63 游玩敗興)

teike	bi	yamulafi	amasi	jidere	de,
teike	bi	yamula-fi	amasi	jide-re	de,
方纔	1SG	上衙門-順序.CVB	往回	來-IPFV	LOC
方纔	我	上衙門	回	來	時,

kejine　aldangga　ci　kunggur　seme　emu
kejine　aldangga　ci　kunggur　se-me　emu
很　遠　ABL　馬跑貌　AUX-并列.CVB　一
很　遠　從　成群結隊行走　　一

feniyen　niyalma,　morilahai　ebsi　jihe.
feniyen　niyalma,　morila-hai　ebsi　ji-he.
群　人　騎馬-持續.CVB　往這邊　來-PFV
群　人,　騎着馬　往這邊　來。

【A】方纔我上了衙門回來,從老遠的轟的一羣(羣)人,騎着馬往這們來了。

【B】方纔我上了衙門回來,從老遠的轟的一羣人,騎着馬往這們來了。

【C】方纔我上衙門回來,從老遠的轟的一群人,騎着馬往這們來了。

【D】方纔我上衙門回來,從老遠的轟得一羣人,騎着馬往這邊來了。

【E】方纔我上衙門回來,從老遠的轟得一羣人,騎着馬往這邊來了。

【F】我剛纔上衙門回來,看見老遠的轟着一羣人,騎着馬望前來。

hanci　isinju　nakū　cincilame　emgeri　takaci,
hanci　isinju　nakū　cincila-me　emgeri　taka-ci,
附近　到達.IMP　之際　仔細-并列.CVB　一次　認識-假設.CVB
近處　來　既然　仔細看　一　認識,

musei　fe　adaki.　tere.
musei　fe　adaki　tere.
1PL.INCL.GEN　舊　街坊　3SG
我們的　舊　鄰居　他。

【A】到了跟前細認了一認,是喒們的舊街坊某人。

【B】到了跟前細認了一認,是咱們舊街坊某人。
【C】臨近仔細一認,是咱們舊街房那個阿哥。
【D】到了跟前兒細認了一認,原是咱們舊街坊某人。
【E】到了跟前兒細認了一認,是咱們舊街坊某人。
【F】到了跟前細認了一認,是咱們舊街坊的李小子。

etuhe	yaluhangge	absi	saikan,	tarhūn	morin.
etu-he	yalu-ha-ngge	absi	saikan,	tarhūn	morin.
穿-PFV	騎-PFV-NMLZ	非常	好看	肥	馬
穿的	騎的	非常	美麗	肥	馬

weihuken	furdehe,
weihuken	furdehe,
輕	裘
輕	裘皮,

【A】穿的騎的好壯觀,肥馬輕裘,
【B】穿的騎的好壯觀,肥馬輕裘,
【C】穿的騎的好壯觀,肥馬輕裘,
【D】穿的騎的都很體面,真是肥馬輕裘的,
【E】穿的騎的很體面,肥馬輕裘的,
【F】穿的衣服狠體面,騎的匹馬狠肥潤,

cira	šehun	šahūn,	ambula	tulejehe.	mimbe	sabure
cira	šehun	šahūn,	ambula	tuleje-he.	mimbe	sabu-re
臉色	白白	亮亮	甚	胖-PFV	1SG.ACC	看見-IPFV
臉	光	亮,	很	胖了。	把我	看

jakade,	fonjire	ba	inu	akū,	dere	casi	forofi,
jakade,	fonji-re	ba	inu	akū,	dere	casi	foro-fi,
之時	問-IPFV	處	也	NEG	臉	那邊	轉-順序.CVB
時,	問	處	也	没有,	臉	往那邊	轉,

abka	be	šame	tuwame	duleke.
abka	be	ša-me	tuwa-me	dule-ke.
天	ACC	瞧-并列.CVB	看-并列.CVB	經過-PFV
天	把	看	看	過去了。

【A】面貌軒昂,大胖了。看見我,問也不問,把臉往那們一紐[扭],望着天過去了。

【B】面貌軒昂,大胖了。看見我,問也不問,把臉徃那們一扭,望着天過去了。

【C】面貌軒昂,大胖了。瞧見我,把臉徃那們一扭,望着天過去了。

【D】面貌兒也大胖了。他看見我,連理也没理,把臉往那們一扭,望着天就過去了。

【E】面貌兒也大胖了。看見我,理也不理,把臉往那們一扭,望着天就過去了。

【F】相貌也開展,臉兒也胖了。他看見我,理也不理,把臉兒向那邊一扭,過去了。

nergin	de	bi	uthai	terebe	hūlame
nergin	de	bi	uthai	terebe	hūla-me
當時	LOC	1SG	就	3SG.ACC	叫-并列.CVB
那時	在	我	就	把他	叫

ilibufi,	umesileme	girubuki
ili-bu-fi,	umesile-me	giru-bu-ki
停止-CAUS-順序.CVB	着實-并列.CVB	恥辱-CAUS-IMP
停止,	實在	羞辱使

sembihe,	amala	gūnifi	joo,	ainambi.
se-mbihe,	amala	gūni-fi	joo,	aina-mbi.
說.AUX-PST	後來	想-順序.CVB	算了	做什麼-PRS
要來着,	後來	想:	罷了,	做什麼?

【A】彼時我就要叫住,着實的羞辱他來着,後來想了一想說:罷,作什麼?

【B】彼時我就要叫下馬來,着實的羞辱他來着,後來想了一想:罷,作什麼?

【C】彼時我就要叫住,羞辱他來着,後來想想:罷呀,作什麼?

【D】彼時我就要叫住他,很很的羞辱他來着,後來我想了一想,說:罷啊,做甚麼?

【E】彼時我就要叫住,很很的羞辱他來着,後來我想了一想,說:罷,做甚麼?

【F】我正要喊住他,問他怎麼眼睛不認得人,回想一想,若是他有要緊的公事,不及理人,也不可知。現在說他做甚麼?

i mimbe hersere de, bi uthai derengge
i mimbe herse-re de, bi uthai derengge
3SG 1SG.ACC 理睬-IPFV LOC 1SG 就 體面
他 把我 理睬 時, 我 就 體面

sembio. i gūwa be holtombi dere,
se-mbi-o. i gūwa be holto-mbi dere,
說.AUX-PRS-Q 3SG 别人 ACC 欺哄-PRS INTJ
了嗎? 他 别人 把 哄 罷了,

age si aika sarkū mujanggao.
age si aika sa-r-kū mujangga-o.
阿哥 2SG 難道 知道-IPFV-NEG 確實-Q
哥哥 你 豈有 不知 確實?

【A】他理我,我就體面了嗎?他哄别人罷咧,阿哥你豈有不知道的?

【B】他理我,我就體面了嗎?他哄别人罷咧,阿哥你豈有不知道的?

【C】他理我,我就體面了麼?只是哄别人罷咧,阿哥你不知道麼?

【D】他理我，我就體面了麼？誰那們大工夫，和他計較這些個？嗳，老兄你納不記得麼？

【E】他理我，我就體面了麼？他只哄别人兒罷咯。嗳，大哥你納不知道啊？

【F】如他就理我，我會見得怎麼高大呢？所以不和他計較。老兄，儞呐不記得嗎？

ilan	aniyai	onggolo,	muse	i	ubade	tere
ilan	aniya-i	onggolo,	muse	-i	uba-de	tere
三	年-GEN	之前	1PL.INCL	GEN	這裡-LOC	3SG
三	年的	以前，	咱們	的	這裡	他

geli	we	bihe.
geli	we	bi-he.
又	誰	存在.AUX-PFV
又	誰	是來着？

【A】三年以前，喈們這裡他又是誰來着呢？

【B】三年以前，咱們這裡他又是誰來着？

【C】三年以前，咱們這裡住着又是誰來着？

【D】三年以前，在咱們那兒住着的時候兒，那是甚麼様兒來着？

【E】三年以前，在咱們那兒住着的時候兒，又是誰來着？

【F】三年前，他在咱們那兒住着的時候，那是甚麼様兒哪？

fungsan	yadahūn	kai,	erde	jeke	manggi,
fungsan	yadahūn	kai,	erde	je-ke	manggi,
窮困	貧困	INTJ	早上	吃-PFV	之後
很窮	貧窮	啊，	早晨	吃了	後，

yamjingge	be	bodombi,	inenggidari	hergire
yamji-ngge	be	bodo-mbi,	inenggi-dari	hergi-re
晚上-NMLZ	ACC	打算-PRS	日子-每	游蕩-IPFV
晚上的	把	打算，	每日	游蕩

fayangga	adali,	omihon	be	kirime	ba
fayangga	adali,	omihon	be	kiri-me	ba
靈魂	一樣	饑餓	ACC	忍耐-并列.CVB	處
魂魄	一樣,	餓的	把	忍耐	處

bade	facihiyašame.
ba-de	facihiyaša-me.
處-LOC	着急-并列.CVB
處在	着急。

【A】窮的腥氣,早起喫了,打算晚上的,終日遊魂一樣,餓着肚子各處張羅。

【B】窮的都腥氣了,早起吃了,打算晚上的,終日家遊魂一樣,忍着餓各處張羅。

【C】窮的腥氣,喫了早晨的,没有晚上的,終日遊魂一樣,各處張羅。

【D】很窮啊,喫了早起,巴結晚上的,天天兒游魂似的,忍着餓各處兒張羅。

【E】很窮啊,吃了早起,巴結晚上,天天兒游魂似的,忍着餓各處兒張羅。

【F】窮兒窮的,吃了早飯,再打算晚飯的糧,天天的像游魂一樣,東飄西蕩。

emu	dangšan	orho	tunggiyeme	bahaci,	gemu
emu	dangšan	orho	tunggiye-me	baha-ci,	gemu
一	草芥	草	撿-并列.CVB	得到-假設.CVB	都
一	草芥	草	拾	得到,	都

hihan	ningge.
hihan	ningge.
稀罕	NMLZ
稀罕	的(東西)。

【A】拾着一根草,都是希罕的。
【B】拾着一根草,都是稀罕的。
【C】拾着一根草,都是稀罕的。
【D】拾着一根草,都是希罕的。
【E】拾着一根草,都是希罕的。
【F】到處的混。

emu	inenggi	emu	siran	i	juwe	ilan	mudan	meni
emu	inenggi	emu	siran	-i	juwe	ilan	mudan	meni
一	日子	一	連續	INS	二	三	次	1PL.GEN
一	日	一	連	地	二	三	次	我們的

boode	jifi,	erebe	bairakū
boo-de	ji-fi,	ere-be	bai-ra-kū
家-DAT	來-順序.CVB	這-ACC	找-IPFV-NEG
家向	來,	把這個	不尋找

oci,	terebe	nandambi.
o-ci,	tere-be	nanda-mbi.
成爲.AUX-假設.CVB	那-ACC	賴着要-PRS
若,	把那個	尋找。

【A】一日至少也來我們家裡兩三遍,不是尋這個,就是尋那個。
【B】一日連來我家兩三遍,不是尋這個,就是要那個。
【D】一天至不及也到我家兩三次,不是尋這個,就是要那個。
【E】一天至不及也到我家兩三次,不尋這個,就要那個。
【F】一天到我家兩三回,不是借這個,就是要那個。

miningge	i	ai	jekekū.	sabka
mini-ngge	i	ai	je-ke-kū.	sabka
1SG.GEN-NMLZ	3SG	什麼	吃-PFV-NEG	筷子
我的	他	什麼	没吃?	筷子

simibuhai	gemu	manaha.
simi-bu-hai	gemu	mana-ha.
吮咂-PASS-持續.CVB	都	破舊-PFV
被吮	都	咂亮。

【A】我的東西他什麼没喫過？快子都咂明了。

【B】我的東西什庅無吃過？筷子都咂明了。

【C】我的什麼没喫過？筷子都使明了。

【D】我的甚麼他没喫過？筷子都咂明了。

【E】我的甚麼他没吃過？筷子都咂明了。

【F】我家裡東西，他要去的也多呢。

te	niyalma	de	bairakū	oho
te	niyalma	de	bai-ra-kū	o-ho
現在	人	DAT	求-IPFV-NEG	成爲.AUX-PFV
現在	人	對	不求	成了

seme,	emu	cimari	andande	uthai	gūwaliyafi
se-me,	emu	cimari	andan-de	uthai	gūwaliya-fi
AUX-并列.CVB	一	早上	瞬間-LOC	就	改變-順序.CVB
説,	一	早[一旦]	瞬間	就	變了

fe	be	onggohobi.
fe	be	onggo-ho-bi.
舊	ACC	忘-PFV-PRS
舊	把	忘了。

【A】如今説求不着人了，一旦之間變的忘了舊了。

【B】如今説求不着人了，一旦間就變了忘了舊了。

【C】如今説求不着人了，一但(旦)間就這様改變了。

【D】如今是求不着人了，一旦之間就變了性咯，忘了舊時候兒的景况了。

【E】如今是求不着人了。一旦之間就變了，忘了舊時候兒了。

【F】如今他做了官算什麼？他纔不求人，就變了樣，不理舊朋友。

beye	beyebe	tukiyecerengge	waka,	ini
beye	beye-be	tukiyece-re-ngge	waka,	ini
自己	自己-ACC	抬舉-IPFV-NMLZ	不是	3SG.GEN
自己	自己把	抬舉	不是，	他的

tere	yabun	be,	we	geli	yasa	de	dabumbini.
tere	yabun	be,	we	geli	yasa	de	dabu-mbi-ni.
那	行爲	ACC	誰	又	眼睛	LOC	放置-PRS-呢
那	行爲	把，	誰	又	眼睛	在	放置呢？

【A】不是自己擡舉自己，他那行次，誰又把他放在眼裡呢？

【B】不是自己抬舉自己，他那行爲，誰又放在眼裡呢？

【C】不是自己擡舉自己，他那行子，誰又放在眼裡？

【D】也不是咱們自己擡舉自己，這種小人乍富的皮氣，偺們很可以不理他罷了。

【E】不是自己抬舉自己，他那行爲，誰又放在眼裡呢？

【F】這種小人，咱們狠可以不理他，儞不喊住他狠是的。

43（A43 ambarame nimarara 下大雪，B43，C97，D97，E99，F33 雪中訪友）

sikse	dobori	absi	beikuwen,	amu	tolgin	de
sikse	dobori	absi	beikuwen,	amu	tolgin	de
昨天	晚上	多麼	冷	睡眠	夢	LOC
昨日	夜	多麼	冷，	困	夢	在

beyehei	getehe.
beye-hei	gete-he.
凍-持續.CVB	醒-PFV
凍着	醒了。

【A】昨日夜裡好冷,睡夢裡凍醒了。

【B】昨日夜裡好冷,睡夢裡凍醒了。

【C】前日夜裡好冷,睡夢裡凍醒了。

【D】前兒黑下好冷啊,睡夢中把我凍醒了。

【E】昨兒黑下好冷啊,睡夢中把我凍醒了。

【F】昨天晚上好冷啊。冷的狠,我睡到五更中凍醒了。

abka	gereme,	bi	ekšeme	ilifi,	uce
abka	gere-me,	bi	ekše-me	ili-fi,	uce
天	亮-并列.CVB	1SG	急忙-并列.CVB	站-順序.CVB	門
天	亮了,	我	急着	起來,	門

neifi	tuwaci,	dule	šahūn	ambarame
nei-fi	tuwa-ci,	dule	šahūn	ambara-me
開-順序.CVB	看-條件.CVB	原來	白	大-并列.CVB
開	看,	原來	白	大

nimarambi	nikai.
nimara-mbi	ni-kai.
下雪-PRS	呢-INTJ
下雪	呢啊。

【A】天一亮,我急着起來,開了房門看,原來白花花的下了大雪了。

【B】天一亮,我急忙起來,開開房門一看,原來白花花的下大雪呢。

【C】天一亮,我急忙起來,開了房門一看,原來白花花的下了大雪了。

【D】天一亮,我急忙起來,開開房門一瞧,原來是白亮亮的下了一地的雪。

【E】天一亮,我急忙起來,開開房門一瞧,原來是白花花的下了一地的雪。

【F】天一亮,我急忙的起來,開開門一瞧,原來是下雪,下得地下都白咯。

buda	jefi	inenggishūn	oho	manggi,
buda	je-fi	inenggishūn	o-ho	manggi,
飯	吃-順序.CVB	傍午	成爲.AUX-PFV	之後
飯	吃了	傍午	成了	之後,

labsan	labsan	i	kiyalmame	ele	amba	oho.
labsan	labsan	-i	kiyalma-me	ele	amba	o-ho.
雪片	雪片	INS	鑲嵌-并列.CVB	更	大	成爲.AUX-PFV
大雪片		的	鑲嵌	越	大	成了。

【A】喫了飯傍晌午的時候,大片飄飄雪越下大了。

【B】吃了飯傍晌午的時候,飄飄大片的越下大了。

【C】喫了飯傍午的時候,大片飄飄越發大了。

【D】喫了早飯,小晌午的時候兒,那雪飄飄飖飖的,越發下起大片兒的來咯。

【E】吃了早飯,小晌午兒的時候兒,那雪飄飄飖飖的,越發下起大片兒的來咯。

【F】到吃早飯的時候,越下越大了。

bi	ere	baita	akū	de	adarame	bahafi	emu
bi	ere	baita	akū	de	adarame	baha-fi	emu
1SG	這	事情	NEG	LOC	怎麼	得到-順序.CVB	一
我	這	事情	没有	時	怎麼	得到	一

niyalma	jifi,	gisureme	teceki	serede.
niyalma	ji-fi,	gisure-me	te-ce-ki	se-re-de.
人	來-順序.CVB	説-并列.CVB	坐-齊-IMP	説.AUX-IPFV-LOC
人	來,	説	坐着。	

【A】我想着這無事的上頭怎麼得一個人來,坐着説説話兒。

【B】我想這無事怎広得一個人來,坐着説説話兒。

【C】我想着這無事之際怎麼得一個人來,坐着説説話。

【D】我心裡想着,没有事,怎麼能彀得一個朋友來,説説話兒也好啊。

【E】我心裡想着,没有事,怎麽得一個人兒來,坐着說說話兒也好啊。

【F】我心裡想着,這天氣,怎麽得有個朋友來,和他圍爐飲酒談心也好啊。

booi	niyalma	dosifi	niyalma	jihe
boo-i	niyalma	dosi-fi	niyalma	ji-he
家-GEN	人	進-順序.CVB	人	來-PFV
家裡的	人	進入	人	來了

seme,	alara	jakade,	mini	dolo
se-me,	ala-ra	jakade,	mini	dolo
說.AUX-并列.CVB	告訴-IPFV	之時	1SG.GEN	心
說,	告訴	時,	我的	心裡

se	selaha.
se	sela-ha.
很	爽快-PFV
很	爽快。

【A】家裡人進來告訴說,人來了,我心裡很爽快了。

【B】家人進來告訴說,有人來了,我心裡很爽快了。

【C】家裡人進來說,有客來了,我心裡狠爽快了。

【D】可巧家下人們進來說,有客來咯,我心裡很喜歡。

【E】家下人們進來說,有客來咯,我心裡很喜歡。

【F】正想到這,家人們進來說,儞呐來了,真是巧得狠。

(【+F】我在家,因爲下雪,悶得狠,特冒着雪,來儞這談談啊。)

emu	derei	nure	booha	be	dagilabuha,	emu
emu	dere-i	nure	booha	be	dagila-bu-ha,	emu
一	面-INS	黄酒	菜	ACC	準備-CAUS-PFV	一
一	面	黄酒	菜肴	把	整理了,	一

derei	cing	sere	emu	fileku	yaha	dabuha,
dere-i	cing	se-re	emu	fileku	yaha	dabu-ha,
面-INS	火旺貌	AUX-IPFV	一	火盆	炭	點起-PFV
面	火着起		一	火盆	炭火	點起，

tereci	deote	be	helneme	gajitala,
tereci	deote	be	helne-me	gaji-tala,
自此	弟弟	ACC	邀請-并列.CVB	拿來-直至.CVB
從那	兄弟們	把	邀請	至取來，

【A】一面叫收拾酒菜，一面點了一盆旺火，趕請了兄弟們來，

【B】一面教收拾酒菜，一面教點了一盆旺火，赶請了兄弟們來，

【C】一面叫收拾酒菜，一面叫生了一盆旺火，赶請了大阿哥三兄弟來，

【D】一面兒就叫收拾下酒菜兒，一面兒又叫爖了一盆子炭火，趕着請了弟兄們來。

【E】一面兒就叫收拾下酒菜，一面兒又叫爖了一盆子炭火，趕着請了弟兄們來。

【F】來，做點菜飲酒。把這火爐，先添點煤。(【+F】是。)

nure	booha	en jen	i	belheme	jabduha.
nure	booha	en jen	-i	belhe-me	jabdu-ha.
酒	菜	現成	INS	準備-并列.CVB	妥當-PFV
酒	菜	現成	地	準備	妥當。

tukiyefi	elhei	omicame,
tukiye-fi	elhei	omi-ca-me,
抬起-順序.CVB	慢慢地	喝-齊-并列.CVB
抬上來	緩緩	喝，

【A】酒餚早已齊備了。擡上來慢慢的喫着酒，

【B】酒菜早已齊備了。抬上來慢慢的飲着，

【C】酒肴早已預備齊了。擡上來慢慢的喫着酒，

【D】酒菜已經預備齊咯,端上來,慢慢兒的喝着酒,
【E】酒菜已經預備齊咯,端上來,慢慢兒的吃喝着,
【F】彼此同心好的狠。

hida be den fetefi tuwaci, nimanggi
hida be den fete-fi tuwa-ci, nimanggi
簾子 ACC 高 卷-順序.CVB 看-條件.CVB 雪
簾子 把 高 卷起 看, 雪
arbun yaya ci bolgo saikan.
arbun yaya ci bolgo saikan.
風景 任何 ABL 乾净 美麗
模樣 任何 比 乾净 好看。
【A】高高的捲起簾子來看,雪的光景比諸様的都清雅。
【B】卷起簾子來看,雪的光景比什広都清雅。
【C】将簾子高高的捲起来看,雪的光景比諸様清雅。
【D】把簾子高高兒的捲起來一瞧,那雪景兒比甚麼都清雅。
【E】把簾子高高兒的捲起來一瞧,那雪的景致比甚麼都清雅。
【F】兄台,把簾子高高兒的捲起來,賞那白花花的景兒怎麼様?
(【+F】狠好。)

sor sar seme nimarame, abka na tumen jaka
sor sar se-me nimara-me, abka na tumen jaka
紛紛貌 AUX-PRS 下雪-并列.CVB 天 地 萬 物
紛紛 地 下雪, 天 地 萬 物
gemu der seme šeyen oho.
gemu der se-me šeyen o-ho.
都 雪白貌 AUX-并列.CVB 白 成爲.AUX-PFV
都 潔白 地 白 成爲。
【A】紛紛的印着,天地萬物都煞白了。

【B】紛紛的下着,天地萬物都煞白了。

【C】紛紛的下着,天地萬物都煞白了。

【D】紛紛的下着,山川樹木都是雪白。

【E】紛紛的下着,山川樹木都是雪白。

tuwahai	aimaka	ele	yendefi,	sain	de
tuwa-hai	aimaka	ele	yende-fi,	sain	de
看-持續.CVB	好像	更	興盛-順序.CVB	好	LOC
看着	好像	更	興旺,	好	在

gurire	endebuku	be	halara	doro	be
guri-re	endebuku	be	hala-ra	doro	be
遷移-IPFV	過錯	ACC	改-IPFV	道理	ACC
移	錯誤	把	改變	道理	把

gisurehei,	yamji	buda	jefi,	dengjan
gisure-hei,	yamji	buda	je-fi,	dengjan
説-持續.CVB	晚	飯	吃-順序.CVB	燈
説着,	傍晚	飯	吃後,	燈

dabuha	manggi,	teni	facaha.
dabu-ha	manggi,	teni	faca-ha.
點燈-PFV	之後	纔	散-PFV
點了	後,	纔	散了。

【A】看着益發高興了,講論遷善改過的道理,直到喫了晚飯,點上燈,纔散了。

【B】看着益發高興了,講論着遷善改過的道理,吃了晚飯,點上燈,纔散了。

【C】看着益發高興了,拿過棋來下着,喫了晚飯,點上燈,纔散了。

【D】看着更高了興,拏過棋來下了兩盤,喫了晚飯,點上鐙,纔散了。

【E】看着越發高了興,拿過棋來下了兩盤,吃了晚飯,點上燈,纔散了。

44 (A41 jorime tacilbure 指教, B41, C54, D54, E55, F98 誡人計較)

simbe tuwaci, bai angga canggi, oilo getuken
simbe tuwa-ci, bai angga canggi, oilo getuken
2PL.ACC 看-假設.CVB 只是 口 僅是 表面 明白
把你 看, 只是 嘴 只是, 表面 明白

gese bicibe, dolo surhūn akū.
gese bi-cibe, dolo surhūn akū.
一樣 存在.AUX-讓步.CVB 心 清楚 NEG
樣子 雖然, 心裡 聰明 不。

【A】看起你來,只是寡觜[嘴],外面雖像明曰[白],心裡不豁亮。

【B】看起你來,竟是嘴,外面雖像明白,心裡不了亮。

【C】看起你來,只是寡嘴,外面雖像明白,心裡不了亮。

【D】看起你來,只就是嘴能幹,外面兒雖像明白,心裏却不燎亮。

【E】看起你來,只是嘴能,外面兒雖像明白,心裡却不燎亮。

【F】看起你來,只是嘴會説,外面的樣子像個明白的人,怎麼心裡這樣不了亮?

tere sinde latunjirakū oci, uthai sini
tere sinde latu-nji-ra-kū oci, uthai sini
3SG 2SG.DAT 靠近-來-IPFV-NEG 若是 就 2SG.GEN
他 對你 不來靠近 若, 就 你的

jabšan kai, si terebe necifi ainambi.
jabšan kai, si terebe neci-fi aina-mbi.
幸運 INTJ 2SG 3SG.ACC 招惹-順序.CVB 做什麼-PRS
幸運 啊, 你 把他 招惹 做什麼?

【A】他不尋趁你來,就是你的便宜,你惹他作什麼呢?

【B】他不尋趁你來,就是你的便宜,你惹他作什庅?

【C】他不尋趁你来,就是你的便宜,反倒惹他作什麽?

【D】他不尋嗔你來,就是你的便宜,你可惹他作甚麽?

【E】他不尋趁你來,就是你的便宜,你可惹他作甚麽?

【F】他不問倆任倆咯,就是倆的便宜,倆反到那去惹他,是甚麽意思呢?

sain	gisun	be	umai	donjirakū,	aimaka	cargici
sain	gisun	be	umai	donji-ra-kū,	aimaka	cargi-ci
好	話語	ACC	全然	聽-IPFV-NEG	好像	那邊-ABL
好	話	把	全然	不聽,	好像	從那邊

tokošoro	adali.	murime	genefi,	naranggi
tokošo-ro	adali.	muri-me	gene-fi,	naranggi
刺戳-IPFV	一樣	執拗-并列.CVB	去-順序.CVB	到底
戳動	一樣。	執拗	去,	到底

girucun	tuwabuhabi.
girucun	tuwa-bu-ha-bi.
羞恥	看-PASS-PFV-PRS
恥辱	被看了。

【A】總不聽好話,倒像神鬼指使的一樣。牛強着去了,倒底受了辱磨了。

【B】総不聽好話,倒像神鬼指使的一樣。牛強着去了,到底受了辱磨了。

【C】好話總不聽,倒像神鬼指使的一般。強牛着去了,到底受了羞辱了。

【D】好話總不聽,倒像神鬼指使的一個樣。強抝(拗)着去了,到底碰了釘子回來咯。

【E】好話總不聽,倒像神鬼指使的一個樣。強抝(拗)着去了,到底受了羞辱回來了。

【F】人勸的好話,你總強拗着不聽,好像有神鬼指使的一個樣。到底碰了釘子,纔知道咯。

tere	šakšan	be.	si	we	sembi.	ja akū,	gebungge
tere	šakšan	be.	si	we	se-mbi.	ja akū,	gebungge
那	狡猾人	ACC	2SG	誰	説-PRS	容易 NEG	有名的
那個	狡猾人	把	你	誰	是?	不容易,	有名的

nimecuke	niyalma	kai.
nimecuke	niyalma	kai.
厲害	人	INTJ
厲害的	人	啊。

【A】那個刁頭你説他是誰?不非輕,有名的利害人啊。
【B】那個刁頭你説他是誰?有名的利害人啊。
【C】那個刁頭你説是誰?是有名的利害人啊。
【D】那該死的你説他是誰?了不得,有名兒的利害人啊。
【E】那個該死的你説他是誰?了不得,有名兒的利害人啊。
【F】那個人哪,是有名利害,了不得的。

atanggi	niyalma	de	ba	bumbihe.	tede	daljakū
atanggi	niyalma	de	ba	bu-mbihe.	tede	daljakū
幾時	人	DAT	地方	給-PST	3SG.DAT	無涉
幾時	人	對	地方	給來着?	與他	無涉

baita	oci	ombi,	majige
baita	o-ci	o-mbi,	majige
事情	成爲.AUX-假設.CVB	可以-PRS	稍微
事情	若是	可以,	略

ušabure	tatabure	ba	bici,
uša-bu-re	tata-bu-re	ba	bi-ci,
牽連-PASS-IPFV	拉扯-PASS-IPFV	地方	有.AUX-假設.CVB
牽連	牽連	地方	若有,

yaya we de seme ba burakū kai.
yaya we de seme ba bu-ra-kū kai.
凡是 誰 DAT 雖然 地方 給-IPFV-NEG INTJ
任何 誰 給 即使 地方 不給 啊，
fakjilahai urunakū giyan be ejelefi,
fakjila-hai urunakū giyan be ejele-fi,
依靠-持續.CVB 必定 道理 ACC 霸佔-順序.CVB
依靠着 一定 道理 把 佔住，
jabšaha manggi teni nakambi.
jabša-ha manggi teni naka-mbi.
得便宜-PFV 之後 纔 停止-PRS
討便宜 之後 纔 停止。

【A】從幾時給人留分兒來着？與他無涉的則可，有一點妨碍的去處，不拘誰不給留分兒啊，叠着勁兒必要佔住理，得了便宜纔休歇。

【B】從幾時給人留分兒來着？與他無干的事則可，畧有一點牽連，不拘誰不給留分兒啊，設着計兒必要佔住理，得了便宜纔止呢。

【C】從幾時給人留分兒來着？與他無涉的事，不拘怎麼行都使得，畧有一點妨碍的去處，断然不容易完，叠着勁兒必要跕住理，得了便宜纔休歇。

【D】從不給人留分兒，與他不相干的事還可以，略有一點兒妨碍他的地方兒，不拘是誰，疊着勁兒必要站住理，得了便宜纔歇手。

【E】從不給人留分兒，與他無涉的事還可以，畧有一點兒妨碍的去處兒，不拘是誰，叠着勁兒必要占住理，得了便宜纔歇手。

【F】向來不給人留個地步，就是同他不相干的事，也要譇(插)嘴，若有一點兒礙着他的，不拘是誰，總要強辯，佔個便宜纔歇手。所以我要狠狠的拗他一頓，教他再不敢這個樣。

je ere kai. jiduji deduhe tasha be
je ere kai. jiduji dedu-he tasha be
是 這 INTJ 到底 臥-PFV 老虎 ACC
是 這 啊? 到底 臥着的 老虎 把

dekdebu nakū, kangsiri foribufi,
dekde-bu nakū, kangsiri fori-bu-fi,
起來-CAUS.IMP 之後 鼻根 打擊-CAUS-順序.CVB
起來 既然, 鼻根 使捶,

munahūn i amasi jihe. ere ai yokto.
munahūn -i amasi ji-he. ere ai yokto.
無精打采 INS 返回 來-PFV 這 什麼 趣
掃興 地 回 來。 這 什麼 趣?

【A】這不是麼? 倒底把卧着的老虎哄起來,碰了釘子,敗興回來了。這是什麼趣兒呢?

【B】這不是庅? 到底把卧着的老虎鬪起來,碰了釘子,敗興回來了。這是什麼趣兒?

【C】這不麼? 到底把卧着的老虎哄起來,碰了釘子,回来了。

【D】這不是咯? 到底把卧着的老虎哄起來了,自找喫虧,這有甚麼趣兒呢?

【E】這不是咯? 倒底把卧着的老虎掏起來了,碰了釘子回來了,這有甚麼趣兒呢?

【F】儞既知道他的心地,爲什麼把睡着的老虎又哄起來? 豈不是自己吃虧呢?

teifungge tuherakū. gebungge ufararakū
teifungge tuhe-ra-kū. gebungge ufara-ra-kū
拄拐杖的人 顛倒-IPFV-NEG 有名的人 失敗-IPFV-NEG
拐棍 不跌倒, 有名的 不失去

sehebi,	sini	emhun	saha	teile
se-he-bi,	sini	emhun	sa-ha	teile
説.AUX-PFV-PRS	2SG.GEN	一人	知道-PFV	僅僅
説的,	你的	一人	知道	僅僅

oci	aibide	isinambi.
o-ci	aibi-de	isina-mbi.
可以-假設.CVB	哪裡-DAT	到達-PRS
能	往哪裡	到達?

【A】可是説的"有拐棍不跌跤,有名望不失着",光你一個人知道能到那裡呢?

【B】可是説的"有拐棍不跌跤,有名望不失着",你一已之知能到那裡?

【C】可是説的"有拐棍不跌跤,有商量的不失着",光你一人見識能到那裡?

【D】俗語兒説的"有拐棍兒不跌跤,有商量兒不失着",光你一個人兒的見識能彀到那兒?

【E】俗語兒説的"有拐棍兒不跌跤,有商量兒不失着",光你一個人兒的見識,能到那兒?

【F】俗語説的"有拐棍兒不跌跤",儞吶没聽見麼? 儞一個人的見識,纔能彀到那裡?

ai	ocibe,	bi	sinci	lakcafi
ai	o-cibe,	bi	sinci	lakca-fi
什麽	成爲.AUX-讓步.CVB	1SG	2SG.ABL	超出-順序.CVB
什麽雖是,		我	比你	超出

udu	se	ahūn	kai.	unenggi	yabure	giyan	oci,
udu	se	ahūn	kai.	unenggi	yabu-re	giyan	oci,
幾	歲	年長	INTJ	果然	做-IPFV	道理	若是
幾	歲	年長。		果然	行的	道理	若,

【A】任憑怎麼樣,我比你長着好幾歲。要果然該行的,

【B】任憑怎麼,我比你長着好幾歲。果然是該行的,

【C】任憑怎樣,我比你年長幾歲。若果然該行的,

【D】任憑怎麼樣,我總比你長幾歲。這一層,若果然是該行的,

【E】任憑怎麼樣,我比你長幾歲。若果然該行的,

【F】任倆這麼樣,我比倆長得幾歲,多閱歷過些事情。如果倆該去的,

sini	gūnin	de	kimcime	giyangnarakū
sini	gūnin	de	kimci-me	giyangna-ra-kū
2SG.GEN	心	LOC	詳察-并列.CVB	講解-IPFV-NEG
你的	心裡	在	詳查	不講

oki	seme,	bi	hono	jombume
o-ki	se-me,	bi	hono	jombu-me
成爲.AUX-IMP	説.AUX-并列.CVB	1SG	還	提醒-并列.CVB
成了,		我	還	提撥

hacihiyame	gene	sembikai.	fudarame
hacihiya-me	gene	se-mbi-kai.	fudarame
催促-并列.CVB	去.IMP	説.AUX-PRS-INTJ	反倒
催促	去	要呢	反倒

ilibure	kooli	geli	bio.
ilibu-re	kooli	geli	bi-o.
阻止-IPFV	理由	又	有-Q
阻止	道理	還	有嗎?

【A】就是你心裡不要講究,我還提撥催着你去呢。豈有倒攔阻你的規矩馮[嗎]?

【B】就是心裡不要細究,我還提白着催你去呢。豈有倒攔阻的規矩嗎?

【C】就是你心裡不要去,我還催着你去啊。反倒攔阻的規矩有麼?

【D】就是你心裏不願意去，我還該提撥着你催着你叫你去呢。豈有倒攔着你的情理麼？

【E】就是你心裡不要去，我還提撥着你催着你呌你去呢。豈有倒攔着你的情理麼？

【F】就是倆心裡不要去，我也提撥倆催着倆去呢。那有倒攔倆不去的道理？現在倆想一想，我攔倆的話錯不錯？倆不讓他，合式不合式？

45（A45 fancara 生氣，B45，C62，D62，E63，F95 怒友無禮）

we	ini	baru	ere	tere	sehe.	ini	gisun
we	ini	baru	ere	tere	se-he.	ini	gisun
誰	3SG.GEN	向	這個	那個	説-PFV	3SG.GEN	話語
誰	他的	向	這	那	説着？	他的	話

de	bošobufi	mimbe	gisurebumbikai.
de	bošo-bu-fi	mimbe	gisure-bu-mbi-kai.
DAT	催促-PASS-順序.CVB	1SG.ACC	説-CAUS-PRS-INTJ
對	被驅趕	使我	説啊。

【A】誰望着他講長講短了？被他的話逼着呌我説呀。

【B】誰與他講長講短來着？被他的話逼着教我説呀。

【C】誰望他講長講短来着？被他的話逼着呌我説呀。

【D】誰和他説長道短了麼？本是他的話逼着叫我説啊。

【E】誰和他説長道短了麼？是他的話逼着呌我説啊。

【F】誰和他説長説短呢？是他把話來勾引我咯。

gūwa	be	daldaci	ojoro	dabala,
gūwa	be	dalda-ci	ojo-ro	dabala,
别人	ACC	隱瞞-假設.CVB	可以-IPFV	罷了
别人	把	隱瞞	可以	罷了，

sinde	gidaci	ombio.
sinde	gida-ci	o-mbi-o.
2SG.DAT	隱瞞-假設.CVB	可以-PRS-Q
對你	隱瞞	可以嗎?

【A】蒙蔽得別人罷咧,瞞藏得你嗎?

【B】矇蔽得別人罷咧,瞞得你嗎?

【C】瞞得過別人罷咧,阿哥瞞得過你麼?

【D】瞞得住別人兒,瞞得住你麼?

【E】瞞得住別人兒,瞞得住你麼?

【F】他一切的情形,怎麼瞞得過我?拉他這裡來,我指着臉兒罵他一頓,要出出氣。

aniya	araha	ci	ebsi,	i	aika	alban	de
aniya	ara-ha	ci	ebsi,	i	aika	alban	de
年	過-PFV	ABL	以來	3SG	什麼	差事	LOC
年	過	從	以來,	他	什麼	差事	在

yabuha	babio.
yabu-ha	ba-bi-o.
行走-PFV	處-有-Q
行走	處有嗎?

【A】從過年以來,還走了什麼差事了嗎?

【B】從過年以來,他還走了差使了嗎?

【C】從過年以來,他還走了什麼差使了麼?

【D】自從過年以來,他還走了甚麼差使麼?

【E】自從過年以來,他還走了甚麼差使了麼?

(【+F】倆怎麼這樣生氣?)

eneggi	aibideri	omifi	jio	nakū,
enenggi	aibi-deri	omi-fi	jio	nakū,
今天	哪裡-ABL	喝-順序.CVB	來.IMP	之際
今日	從哪裡	喝	來	時,

dosinjime	jaka,	ara,	bi	ainu	teni
dosi-nji-me	jaka,	ara,	bi	ainu	teni
進入-來-并列.CVB	剛剛	哎呀	1SG	爲什麼	纔
進來	剛剛:	哎呀,	我	怎麼	纔

simbe	sabumbi	sembi.
simbe	sabu-mbi	se-mbi.
2SG.ACC	看見-PRS	説.AUX-PRS
把你	看見	説?

【A】今日起那裡喫了酒,剛一進來説:哎呀,我怎麼纔見你啊?

【B】今日從那裡飲了酒,将一進來説:哎呀,我怎麼纔見你啊?

【C】今日從那裡喝了酒,将一進來説:哎呀,我怎麼纔見你啊?

【D】今兒是在那兒喝了酒了,剛一進門兒來就是:嗳呀,我怎麼纔瞧見你啊?

【E】今兒是在那兒喝了酒咯,剛一進門兒來就説:嗳呀,我怎麼纔見你啊?

【F】他更可惡的。今天在那兒欲了酒來,剛一進門就説:嗳呀!我怎麼纔見着倆?你幾時回來啊?

tuttu	oci,	bi	tookan	akū	daruhai	biyalame
tuttu	oci,	bi	tookan	akū	daruhai	biyala-me
那様	若是	1SG	遲誤	NEG	經常	累月-并列.CVB
那様	若,	我	遲誤	没有	經常	成月

sini	funde	alban	de	dangnahangge,
sini	funde	alban	de	dangna-ha-ngge,
2SG.GEN	代替	差事	LOC	代班-PFV-NMLZ
你的	替	差事	在	接替,

elemangga	waka	baha.
elemangga	waka	baha.
反而	錯誤	得到.PFV
反倒	不是	得到?

【A】要是那樣,我不脱空成月家的常替你當差的,倒得了不是了?

【B】若是那樣,我不脱空的成月家替你當差使,倒得了不是了?

【C】若是那樣,我不脱空常替他當差使的,反倒不是了麼?

【D】若照他那麼説,我不脱空兒的整月家替他當差使,反倒不是了麼?

【E】要照他那麼説,我不脱空兒的整月家替他當差使,反倒不是了麼?

【F】照他這樣説的話,我心裡怎麼受得去? 我倒不脱空的整月的替他當差事,那有空出去逛逛呢?

ere	gisun	de,	mini	jili	uthai	monggon	i
ere	gisun	de,	mini	jili	uthai	monggon	-i
這個	話	LOC	1SG.GEN	怒氣	就	脖子	GEN
這	話	在,	我的	怒氣	就	脖頸	的

da	deri	oho.	enenggi	aiseme	gisurembi,
da	deri	o-ho.	enenggi	aiseme	gisure-mbi,
根	ABL	成爲-PFV	今天	什麼	説-PRS
根	從	可以。	今日	做什麼	説,

cimari	jai	bolgoki.
cimari	jai	bolgo-ki.
明天	再	決勝負-IMP
明日	再	決定。

【A】這個話上,我的性子就到了脖梗兒上了。今日説甚麼,明日再決勝負罷。

【B】這個話上,我的氣就到了脖頸子上了。今日説甚広,明日再決勝負。

【D】真使我的氣就到了脖脛子上了。今兒且不必論,明兒再説罷。

【E】因這個話上,我的氣就到了脖脛子上咯。今兒且不必説,明兒再講罷。

【F】他一句不道疼,倒問我幾時回來,這明明的把話來勾引我啊。

age,	si	ainu	ini	baru	gese	sasa
age,	si	ainu	ini	baru	gese	sasa
阿哥	2SG	爲什麼	3SG.GEN	向	一樣	一起
阿哥,	你	怎麼	他的	向	樣子	一起

temšendumbi.
temše-ndu-mbi.
競争-齊-PRS
一齊争?

【A】阿哥,你怎麼望他一般一配的争啊?

【B】阿哥,你怎庅與他一般一配的争?

【C】阿哥,你是聰明人啊,爲什麼向他一般一配的争呢?

【D】老兄,不用往他較量這個,和他一般一配的争競做甚麼?

【E】大哥,你爲甚麼和他一般一配的争呢?

【F】罷喲。

tere	tuttu	yobodome	taciha	be,	si	aika
tere	tuttu	yobodo-me	taci-ha	be,	si	aika
3SG	那樣	開玩笑-并列.CVB	習慣-PFV	ACC	2SG	難道
他	那樣	説笑話	習慣	把,	你	如何

sarkū	nio.
sa-r-kū	ni-o?
知道-IPFV-NEG	呢-Q
不知	呢?

【A】他那樣頑慣了的,你有什麽不知道的呢?
【B】他那樣頑慣了的,你難道不知嗎?
【C】他那樣頑慣了的嘴,你有什麽不知道的?
【D】他一味好跟人要個嘴皮子,你有甚麽不知道的?
【E】他那頑兒慣了的嘴,你有甚麽不知道的呢?
【F】他從來好和人要個嘴皮子,你是知道的。

gūnici geli suihume omiha, damu
gūni-ci geli suihu-me omi-ha, damu
想-假設.CVB 又 酗酒-并列.CVB 喝-PFV 只是
想是 又 醉酒 喝了, 只
sabuhakū donjihakū ton okini.
sabu-ha-kū donji-ha-kū ton o-kini.
看見-PFV-NEG 聽-PFV-NEG 數 成爲-IMP
没看見 没聽見 算 是呢。
【A】想來又是飲的撒酒瘋了,只當是没看見没聽見是呢。
【B】想來又是喝醉了,只當没看見無聽見是呢。
【C】只當是没聽見没看見罷了。
【D】想來又是喝醉了,你只當是没看見,没有聽見就結了。
【E】想來又喝醉咯,只當是没看見没有聽見罷咯。
【F】又加他如今飲了酒,更是強辯,儞和這醉漢計較甚麽呢?

aiseme gisurembi. age si sarkū, ere gese
aiseme gisure-mbi. age si sa-r-kū, ere gese
什麽 説-PRS 阿哥 2SG 知道-IPFV-NEG 這 樣子
做什麽 説? 阿哥 你 不知, 這 樣
ja de mangga mangga de ja sere
ja de mangga mangga de ja se-re
容易 DAT 難 難 DAT 容易 説.AUX-IPFV
易 在 難 難 在 容易 説的

niyalma de ba buci, i taktarambi.
niyalma de ba bu-ci, i taktara-mbi.
人 DAT 地方 給-假設.CVB 3SG 得意忘形-PRS
人 與 地方 若留, 他 得意。

【A】說什麼？阿哥你不知道,像這樣丁是丁卯是卯的人,要給他留個分兒,他就高興了。

【B】說什庅？阿哥你不知道,給這樣軟的欺硬的怕的人留分兒,他就高興了。

【C】何必理他？阿哥你不知道,這樣軟的欺硬的怕的人,要給他留分兒,他越發長了價兒了。

【D】何必理他呢？老弟你不知道,這樣兒輭的欺硬的怕的東西跟前,若給他留點分兒,他更長了價兒了。

【E】何必理他呢？二哥你不知道,這樣兒軟的欺硬的怕的人跟前,若給他留分兒,他更長了價兒咯。

【F】欲酒的人狠多,没有他這個樣的。每回欲酒,每回的妝糊塗,說人笑人。儞若讓他一步,他就進了兩步。儞讓他,他認是儞怕他,儞想可氣不可氣？

si ine mene bi yobodombi, hercun akū de gisun
si ine mene bi yobodo-mbi, hercun akū de gisun
2SG 乾脆 1SG 開玩笑-PRS 知覺 NEG LOC 話語
你 索性 我 開玩笑, 不覺 没有 對 話

okjoslaha seci, niyalma embici waliyame
okjosla-ha se-ci, niyalma embici waliya-me
冒失-PFV 說.AUX-條件.CVB 人 或者 丢棄-并列.CVB
冒失 若說, 人 或者 丢棄

gamambi dere.
gama-mbi dere.
拿去-PRS INTJ
拿去 罷了。

【A】你率性説我是頑,不覺的話冐失了,人或者撩的開手罷咧。

【B】他索性説我是頑笑,不覺的話冐失了,人家或者還涵容些。

【C】你索性説我是頑,不覺的話冐失了,人家或者原諒罷咧。

【D】他索性説,我是頑兒,不知不覺的話説冐失了,人家或者可以原諒罷咧。

【E】你索性説,我是頑兒,不知不覺的話説冐失了,人家或者可以原諒你罷咧。

cira	fuhun	unenggilembi	kai,	we	inde	ombi.
cira	fuhun	unenggile-mbi	kai,	we	inde	o-mbi.
臉色	怒色	認真-PRS	INTJ	誰	3SG.DAT	可以-PRS
臉	怒色	認真	啊,	誰	對他	可以?

【A】一臉怒氣認真的説呀,誰合他過的去呢?

【B】一臉怒氣認真的呀,誰與他過得去?

【C】反倒一臉怒氣的,誰依他?

【D】反倒滿臉的怒氣,誰還怕他不成?

【E】反倒滿臉的怒氣,誰還怕他不成?

age,	si	ume	fancara.	bi	ere	suihutu	be
age,	si	ume	fanca-ra.	bi	ere	suihutu	be
阿哥	2SG	不要	生氣-IPFV	1SG	這個	醉鬼	ACC
阿哥,	你	不要	生氣。	我	這	醉鬼	把

dalda	bade	gamafi,	yasa	korime	emu
dalda	ba-de	gama-fi,	yasa	kori-me	emu
僻静	處-DAT	帶去-順序.CVB	眼睛	挖-并列.CVB	一
僻静	處往	帶去,	眼睛	剜着	一

jergi	girubume	becefi,	sinde	jili
jergi	giru-bu-me	bece-fi,	sinde	jili
番	羞恥-CAUS-并列.CVB	責備-順序.CVB	2SG.DAT	怒氣
次	侮辱	折磨,	給你	氣

fulhaki.

fulha-ki.

發散出-IMP

發出。

【A】阿哥,你别生氣。我把這醉行次帶在僻静處,剜着眼睛辱磨他一番,給你出氣罷。

【B】阿哥,你别生氣。我把這醉鬼帶在僻静去處,剜着眼辱磨他一番,給你出氣。

【C】你别生氣。這一點小事交給我,我把這醉鬼帶在僻静處,剜着眼睛辱責他一番,給你出氣罷。

【D】兄台,你别生氣。我把這個酒鬼帶在僻静的地方兒,指着臉兒罵他一頓,給你出出氣。

【E】大哥,你别生氣。我把這個酒鬼帶在僻静的地方兒,指着他臉罵他一頓,給你出出氣,如何?

【F】他現在欲了酒,是那個様的,等到明天再説罷。

46 (A46 yargiyan tašan 真假, B46, C24, D24, E24, F68 説人狠心, G5 可怕)

(【+F】儞認得那張月亭麽? 他是怎樣的人?)

tuktan imbe acahade, niyalmai baru dembei

tuktan imbe aca-ha-de, niyalma-i baru dembei

最初 3SG.DAT 會見-PFV-LOC 人-GEN 向 很

最初 把他 會見时, 人的 向 很

habcihiyan kūwalar sembi.

habcihiyan kūwalar se-mbi.

親熱 直爽 AUX-PRS

親熱 直爽貌。

【A】起初見了他,望着人很親愸響快。

【B】起初見了他,往人很親熱響快。

【C】起初見了他,望着人狠親愸響快。

【D】起初我見他的時候兒,待人兒很親愸,又很爽快。

【E】起初見了他,望着人兒很親愸,又很爽快。

【F】他這個人哪,起初我見了他,同人狠親熱,又狠爽快。

terei	banin	eldengge	fiyangga,	angga	sencehe	dacun
tere-i	banin	eldengge	fiyangga,	angga	sencehe	dacun
3SG-GEN	相貌	光彩	軒昂	口	下頜	敏鋭
他的	相貌	光亮	軒昂,	口	下巴	敏鋭

sain.	mujakū	buyeme	tuwaha.
sain.	mujakū	buye-me	tuwa-ha.
好	非常	愛慕-并列.CVB	看-PFV
好。	確實	羡慕	看。

【A】他的相貌軒昂,口齒利便。看着很羡慕了。

【B】他的相貌軒昂,口齒利便。着實羡慕了。

【C】他那相貌軒昂,口齒利便。我看着狠羡慕。

【D】相貌又體面,漢仗兒又魁偉,伶牙利齒的,真會説話兒。我看着很羡慕他。

【E】相貌又體面,漢仗兒又魁偉,伶牙俐齒的,又會説。我看着很羡慕。

【F】他相貌清秀,漢仗高大,伶伶俐俐的真會説話。我一見着就羡慕他。

【G】相貌又體面,漢仗兒又魁偉,伶牙利齒的,真會説話兒。我看着很羡慕他。

adarame	bahafi	ini	baru	guculere
adarame	baha-fi	ini	baru	gucule-re
怎麼	得到-順序.CVB	3SG.GEN	向	交朋友-IPFV
怎麼	得到	他的	向	相處

seme.	angga	ci	tuheburakū	maktambihe.
se-me.	angga	ci	tuhebu-ra-kū	makta-mbihe.
說.AUX-并列.CVB	口	ABL	離開-IPFV-NEG	讚揚-PST
想着?	嘴	從	不終結	誇獎。來着。

【A】想着怎麼合他相與呢？不住嘴的誇獎來着。

【B】怎庅得合他相交呢？不住口的誇獎來着。

【C】說怎麼得與他相與？不住口的誇獎來着。

【D】心裏說怎麼能和他相與相與纔好，不住口兒的誇獎他。

【E】心裡說怎麼和他相與相與纔好，不住口兒的誇獎他。

【F】心裡想怎麼樣能彀和他做朋友。

【G】心裡說怎麼能和他相與相與纔好，真是不住口兒的誇獎他。

(【+F】儞吶這樣羨慕他，到底和他做朋友没？)

amala	feliyefi	emu	bade,	fumerehei,	ini
amala	feliye-fi	emu	ba-de,	fumere-hei,	ini
後來	走動-順序.CVB	一	處-LOC	摻和-持續.CVB	3SG.GEN
後來	走了	一	處,	攪拌着,	他的

yabuha	ele	baita	be	kimcici,
yabu-ha	ele	baita	be	kimci-ci,
行事-PFV	所有	事情	ACC	詳察-假設.CVB
所行	所有	事	把	檢查,

【A】後走上了，一處混混着，細體察他所行的事情，

【B】後來交到一處，久長時候，細察他所行的事情，

【C】後來走上了，一處混混着，細體查他所行的事，

【D】後來交上了，一塊兒常混混，細細兒考較他所行所爲的事情，

【E】後來走上了,一處兒常混混,細細兒考較他所行所爲的事情,
【F】後來我和他相好,常在一塊兒,細細看他所做的事,
【G】後來交上了,一塊兒常混混,細細兒考較他所行所爲的事情,

dule emu tondokon niyalma waka biheni.
dule emu tondokon niyalma waka bi-he-ni.
原來 一 忠正 人 不是 存在.AUX-PFV-呢
原來 一 正經 人 不是 有。

fiyanarara mangga, holo canggi, terei yargiyan
fiyanara-ra mangga, holo canggi, tere-i yargiyan
説謊-IPFV 善於 謊言 純是 3SG-GEN 真實
扯謊 善於, 假 只有, 他的 真

tašan be aibideri nambumbi. tuttu bime gūnin
tašan be aibi-deri nambu-mbi. tuttu bime gūnin
虛僞 ACC 哪裡-ABL 拿獲-PRS 那樣 而且 心
假 把 從哪裡 撈着? 那樣 而且 心

butemji,
butemji,
陰險
陰險,

【A】原來不是一個正經人。駕虛弄空,他的真假那裡撈得着呢? 而且心裡陰險,

【B】原來不是一個正經人。好粧飾,詭大,他的真假那裡撈得着? 而且心裡陰險,

【C】原來不是一個正經人。駕虛弄空,他的真假人家從那裡撈得着呢? 而且心裡險,

【D】原來不是個正經人。虛架子弄空的,而且心裏又陰險,不給人好道兒走。

【E】原來不是個正經人。虛架子弄空的,他的真假那兒摸得着

呢？而且心裡又陰險，

【F】原來不是個正經的人。做個虛架子，全是弄空的。論起心地狠陰險，

【G】原來不是個正經人。虛架子弄空的，他的真假那兒摸得着呢？而且心裡又陰險，

niyalma	de	sain	jugūn	bahaburakū.
niyalma	de	sain	jugūn	baha-bu-ra-kū.
人	DAT	好	路	得到-PASS-IPFV-NEG
人	給	好	路	不得到。

anggai	ergide	sini	baru	banjire
angga-i	ergi-de	sini	baru	banji-re
口-GEN	方面-LOC	2SG.GEN	與	相處-IPFV
嘴的	邊在	你的	與	相處

sain	sere	gojime,	enggici	bade
sain	se-re	gojime,	enggici	ba-de
好	説.AUX-IPFV	雖然	背後	處-LOC
好	説	雖然，	背後	處 在

tuheburengge	ja	akū.
tuhe-bu-re-ngge	ja	akū.
陷害-CAUS-IPFV-NMLZ	輕	NEG
陷害的	輕	不。

【A】不給人好道兒走。口裡雖說是向你好，背地裡陷(陷)害的不輕。

【B】不給人好道兒走。口裡雖說是向你好，背地裏陷害的不輕。

【C】不給人好道兒走。口裡雖說是向你好，背地裡陷害不輕。

【D】不給人好道兒走。嘴裏雖然跟你好，背地裏害得你很不輕。

【E】不給人好道兒走。嘴裡雖然跟你好，背地裡害得你很不輕。

【F】總不給人好道兒走。嘴裡雖是說倆好，背地裡害人的了不得。

【G】不給人好道兒走。嘴裏雖然跟你好，背地裏害得你很不輕。

talude terei hūbin de dosika
talu-de terei hūbin de dosi-ka
偶然-LOC 3SG.GEN 圈套 DAT 進入-PFV
偶然 他的 圈套 在 進

sehede, sarbatala ombi.
se-he-de, sarbatala o-mbi.
説.AUX-PFV-LOC 仰面跌倒 成爲-PRS
要, 仰面跌倒 成爲。

【A】要人[入]在他的圈套兒裡,就是一個仰面觔斗。
【B】萬一要是入在他的圈套裡,就是仰面跤。
【C】要入了他的圈套兒,就是個仰面觔斗。
【D】人若是落在他的圈套兒裡,就是一個仰面的觔斗。
【E】人若是落在他的圈套兒裡,就是一個仰面兒觔斗。
【F】人若落在他的圈套,萬也出不來了。
【G】人若是落在他的圈套兒裡,就是一個仰面的觔斗。

te bicibe ini gala de jocibuha
te bi-cibe ini gala de joci-bu-ha
現在 存在.AUX-讓步.CVB 3SG.GEN 手 DAT 坑害-PASS-PFV
現在 在 他的 手 給 坑害

niyalma, aika komso sembio. simhun
niyalma, aika komso se-mbi-o. simhun
人 難道 少 説.AUX-PRS-Q 指頭
人, 怎麼 少 説嗎? 手指

bukdafi toloci wajirakū kai.
bukda-fi tolo-ci waji-ra-kū kai.
屈折-順序.CVB 算-假設.CVB 完結-IPFV-NEG INTJ
屈 數 不完 啊。

【A】即如在他手里坑害的人,还少吗? 指不胜屈啊。

【A】卽如在他手裡坑害的人,還少嗎？指不勝屈啊。
【B】即如在他手裡坑害的人,還少庅？屈指不勝数啊。
【C】即如在他手裡坑的人,還少麼？屈指數不盡啊。
【D】在他手裏坑害的人,可不少了,屈着指頭兒算不清啊。
【E】在他手裡坑害的人,可不少了,屈着指頭兒筭不清啊。
【F】暗算着他所害的人,實在不少咯。
【G】在他手裡坑害的人,可不少了,屈着指頭兒筭不清啊。

ede	gucuse	imbe	jondombihede,	gemu	emekei
ede	gucu-se	imbe	jondo-mbihe-de,	gemu	emekei
因此	朋友-PL	3SG.ACC	提起-PST-LOC	都	害怕
因此	朋友們	把他	提起時,	都	害怕

seme,	uju	fintarakūngge	akū.
se-me,	uju	finta-ra-kū-ngge	akū.
説.AUX-并列.CVB	頭	疼-IPFV-NEG-NMLZ	NEG
説是,	頭	不疼	没有。

【A】因此朋友们提起他来,都说是可怕呀。无有不头疼的。
【A】因此朋友們提起他來,都説是可怕呀,無有不頭疼的。
【B】因此朋友們提起他来,都説是可怕呀,無有不頭疼的。
【C】因此朋友們提起他來,都説是可怕啊,無不頭疼的。
【D】故此朋友們提起他來,都説是可怕,没有不頭疼的。
【E】故此朋友們提起他來,都説是可怕,没有不頭疼的。
【F】我和他做了朋友,舊朋友們聽見,都代我害怕,没有人不告訴我説這人的狠心。
【G】故此朋友們提起他來,都説是可怕,没有不頭疼的。

yarha	i	boco	oilo,	niyalmai	boco	dolo
yarha	-i	boco	oilo,	niyalma-i	boco	dolo
豹	GEN	颜色	表面	人-GEN	颜色	内裡
豹子	的	颜色	表面,	人的	颜色	内裡

sehengge,	cohome	ere	gese	niyalma	be
se-he-ngge,	cohome	ere	gese	niyalma	be
説-PFV-NMLZ	特意	這	一樣	人	ACC
的話,	特意	這	様	人	把

henduhebi.
hendu-he-bi.
説-PFV-PRS
説了。

【A】"豹的顔色在浮皮,人的成色在内裡"的話,特説的是這樣的人啊。

【B】"知人知面不知心"的話,特説的是這等人啊。

【C】"人心隔肚皮,知面不知心"的話,特説的是這樣人。

【D】這就是俗語兒説的"人心隔肚皮,知人知面不知心"的話兒,是特爲這種人們説的咯。

【E】這就是俗語兒説的"人心隔肚皮,知人知面不知心"的話兒,是特爲這種人們説的咯。

【F】俗語説"人心隔肚皮,知人知面不知心",真是不錯的。

【G】這就是俗語兒説的"人心隔肚皮、知人知面不知心"的話兒,是特爲這種人們説的咯。

(【+F】儞吶到底有受了他的害没有?)

yala	mini	jabšan,	gūnin	werišefi	aldangga
yala	mini	jabšan,	gūnin	weriše-fi	aldangga
實在	1SG.GEN	幸運	心	保留-順序.CVB	遠
實在	我的	幸運,	心	留着	疏遠

oburakū	seci,	ini	geoden
o-bu-ra-kū	se-ci,	ini	geoden
成爲-CAUS-IPFV-NEG	説.AUX-條件.CVB	3SG.GEN	騙局
不成,		他的	騙局

de	tuheneraku	biheo.
de	tuhene-ra-kū	bi-he-o.
LOC	陷入-IPFV-NEG	存在.AUX-PFV-Q
在	不落到	有嗎?

【A】實在是我的僥倖,要不留心遠着他,有不落在他的局騙裡頭的嗎?

【B】真是我的萬倖,要不留心遠着他,有不落在他的局騙裡嗎?

【C】實在是我的僥倖,若不留心遠着他,有不落在他的局騙裡頭麼?

【D】我還算是僥倖,若不留心遠着他,必定也受了他的籠絡。

【E】我還算是僥倖,若不留心遠着他,有不落在他的局裡的麼?

【F】我還算是僥倖,没有落在他的圈套。我由這纔留心離着他,少來往,不是這樣的,也被他籠絡了。可見交朋友不可不留心。

【G】我還筭是僥倖,若不留心遠着他,必定也受了他的籠絡咯。

(【+F】像他這個人,若不是儞吶留心的好,歸根受他的騙啊!)

47 (A47 fusi 賤貨,B47,C100,D99,E101,F64 議人輕浮)

tumen	jaka	ci	umesi	wesihun	ningge	be	niyalma
tumen	jaka	ci	umesi	wesihun	ningge	be	niyalma
萬	物	ABL	很	寶貴	NMLZ	ACC	人
萬	物	比	很	尊貴	東西	把	人

sembi,	niyalma	oci	sain	ehe	be
se-mbi,	niyalma	o-ci	sain	ehe	be
叫做-PRS	人	成爲.AUX-假設.CVB	好	壞	ACC
稱爲,	人	若是	好	壞	把

ilgarakū,	doro	giyan	be	faksalarakū	oci,
ilga-ra-kū,	doro	giyan	be	faksala-ra-kū	oci,
区别-IPFV-NEG	道理	規則	ACC	分開-IPFV-NEG	若是
不辨别,	禮節	道理	把	不分開	若是,

ulha	ci	ai	encu.
ulha	ci	ai	encu.
畜牲	ABL	什麽	不同
畜生	比	什麽	不同?

【A】比萬物最尊貴的呌作是人,爲人要不辡(辨)好歹,不分道理,與畜類何异?

【B】比萬物最貴的是人,爲人若不辨好歹,不分道理,與畜類何异?

【C】比萬物最尊貴的爲人,人要不辯善惡,不分道理,與畜類何异?

【D】人是比萬物最尊貴的,若不懂好歹,不明道理,與那畜牲何异啊?

【E】人是比萬物最尊貴的,若不懂好歹,不明道理,與那畜牲何异啊?

【F】人不懂得好歹,不明白東西南北,就敢在大衆裡,結結吧吧的隨意謅嘴,實在討人厭的。

te	bicibe	gucusei	doro,	si	bi
te	bi-cibe	gucu-se-i	doro,	si	bi
現在	存在.AUX-讓步.CVB	朋友-PL-GEN	道理	2SG	1SG
現在	在	朋友們的	道理,	你	我

ishunde	kunduleci,	sain	akūn.
ishunde	kundule-ci,	sain	akū-n.
互相	尊敬-假設.CVB	好	NEG-Q
彼此	恭敬,	好	不嗎?

【A】即如朋友們的道理,你我彼此相敬,豈不好麽?

【B】即如朋友們的道理,你我彼此敬重,豈不好嗎?

【C】即如朋友們裡頭,你我彼此相敬,豈不好麽?

【D】就是朋友們裡頭,你我彼此恭恭敬敬的,豈不好麽?

【E】就是朋友們裡頭,你我彼此恭恭敬敬的,豈不好麽?

【F】看那李小三就是這個樣的,我狠不喜歡他。

(【+F】他原來是這種人麽?)

jaci ohode	aidahašame	latunju	nakū,	dere	ura
jaci ohode	aidahaša-me	latu-nju	nakū,	dere	ura
動不動地	發横-并列.CVB	靠近-來.IMP	之後	臉	屁股
動不動地	發横	侵犯　來	既然,	臉	屁股

be	tuwarakū,	anggai	ici	balai	lasihidame
be	tuwa-ra-kū,	angga-i	ici	balai	lasihida-me
ACC	看-IPFV-NEG	口-GEN	順着	胡亂	摔打-并列.CVB
把	不看,	嘴	從	胡亂	攛掇

toorengge,	beyei	bengsen	arambio.
too-re-ngge,	beye-i	bengsen	ara-mbi-o.
罵-IPFV-NMLZ	自己-GEN	本事	算作-PRS-Q
罵的,	自己的	本事	算做嗎?

【A】動不動的尋了來發豪横,不顧頭尾,混摔掇,信口兒罵,算了自己的本事了嗎?是怎麽的啊?

【B】動不動的尋了来發豪横,不顧頭尾,信着口混罵,算作自己的本事嗎?

【C】動不動的尋了來發豪横,不顧頭尾,信口兒混罵的,算自己的本事麽?

【D】他如今來了的時候兒,動不動兒的就發豪横,信着嘴兒混罵人,算是自己的本事啊,還是怎麽樣呢?

【E】他如今來到的時候兒,就是我[找]着發豪横,不顧頭尾,信着嘴兒混罵人,算是自己的本事啊,還是怎麽樣呢?

【F】可不是麽?他素常輕浮不老實,件件事都靠不住的。

banjiha	demun	be	tuwacina,	hefeli	wakjahūn,	fuhali
banji-ha	demun	be	tuwa-cina,	hefeli	wakjahūn,	fuhali
生長-PFV	怪樣	ACC	看-IMP	肚子	大腹便便	竟然
長得	怪樣	把	看吧,	肚子	肚大,	竟然

beliyen	wajiha	bime,	šucileme	taci	nakū,
beliyen	waji-ha	bime,	šucile-me	taci	nakū,
呆子	完結-PFV	而且	假裝知道-并列.CVB	學.IMP	既
呆子	完了	而且,	不懂裝懂	學	既,

absi	niyalma	be	yali	madabumbi.
absi	niyalma	be	yali	mada-bu-mbi.
真是	人	ACC	肉	腫脹-CAUS-PRS
真是	人	把	肉	起疙瘩。

【A】看那長的怪樣兒是呢,噘着個大肚子,竟是個獃人,又學充懂文脉,好叫人肉麻呀。

【B】看那個長相兒呢,噘着個肚子,竟是個獃人,又學充懂文脉,好教人肉麻呀。

【C】怎麽長着呢?瞧模樣兒罷,皷着個大肚子,竟是獃人,又只管充懂文脈的,好叫人肉麻。

【D】你們瞧瞧,長得那個嘴巴骨子,噘着個大肚子,直是個傻子,還自充懂文墨的,好叫人肉麻啊。

【E】瞧瞧長得嘴巴骨,噘着個大肚子,竟是個傻子,還只是充懂文墨的,好叫人肉麻啊。

【F】儞細看他長的是甚麽樣?眼睛暴暴的,肚子大大的,真是個傻子,那有一件可取的?他没有一點才幹,還假妝着通達事理,老着臉皮的高談闊論,引證史書,那知道他所引的狠不對,大傢都背地笑他,他還不知羞。

indahūn	i	gese	ger	sere	be,	niyalma
indahūn	-i	gese	ger	se-re	be,	niyalma
狗	GEN	一樣	狗呲牙叫貌	AUX-IPFV	ACC	人
狗	的	樣子	狗叫	地	把,	人

gemu	ek	sefi	donjirakū	oho	kai.
gemu	ek	se-fi	donji-ra-kū	o-ho	kai.
都	厭煩貌	AUX-順序.CVB	聽-IPFV-NEG	成爲-PFV	INTJ
都	厭煩		不聽	成了	啊。

【A】像狗呲着牙叫的一樣,人都厭煩不聽了。

【B】像狗呲着牙的一樣,人都厭煩不聽了。

【C】像狗呲着牙叫的一般,人都厭煩不聽了。

【D】再那説話的聲兒,像狗叫啊似的,人家都厭煩得不聽咯。

【E】像狗叫的似的,人家都厭煩的不聽咯。

【F】任着嘴兒説過去,歸根不是罵官府,就是罵朋友,大傢都厭煩他,不愛聽咯。

majige	niyalmai	gūnin	bici,	inu	sereci
majige	niyalma-i	gūnin	bi-ci,	inu	sere-ci
略	人-GEN	心	有-假設.CVB	也	知覺-假設.CVB
略	人的	心	若有,	也	知覺

acambihe,	kemuni	jileršeme,
aca-mbihe,	kemuni	jilerše-me,
應該-PST	還	恬不知恥-并列.CVB
應該,	還	恬不知恥,

【A】要畧有人心的,也該知覺來着,還恬不知恥,

【B】畧有人心的,也該知覺呀,還覥不知恥,

【C】要畧有人心的,也該知覺來着,還恬不知恥,

【D】這個人若畧有一點兒人心的,也該知覺咯,還腆着臉不知恥,

【E】若畧有一點兒人心的,也該知覺咯,還腆着臉子不知恥,

【F】嗐,説起人,最難變的是心地啊。

aimaka	we	imbe	saišaha	adali,	ele
aimaka	we	imbe	saiša-ha	adali,	ele
好像是	誰	3SG.ACC	誇獎-PFV	一樣	更
反倒	誰	把他	誇獎	一樣,	更

huwekiyehenggge,	ainu.
huwekiye-he-ngge,	ainu.
發奮-PFV-NMLZ	爲什麽
奮發了的,	怎麽呢?

【A】倒像誰誇他的一樣,益發興頭起來,是怎麽説呢?

【B】倒像誰誇他的一樣,益發高興起來,是怎広?

【C】倒像是誰誇他的一樣,愈興頭起來,怎麽説呢?

【D】倒像是誰喜歡他呢,越發興頭起來咯,是怎麽説呢?

【E】倒像是誰誇他的,越發興頭起來咯,是怎麽説呢?

erei	ama	inu	emu	jalan	i	haha
ere-i	ama	inu	emu	jalan	-i	haha
這-GEN	父親	也	一	世	GEN	男人
這	父親	也	一	世	的	漢子

seme	yabumbihe	kai,	aide
se-me	yabu-mbihe	kai,	ai-de
説.AUX-并列.CVB	行事-PST	INTJ	什麽-DAT
説是	行走來着	啊,	爲什麽

sui	arafi,	ere	gese	fusi	banjiha.
sui	ara-fi,	ere	gese	fusi	banji-ha.
罪	做-順序.CVB	這	一樣	賤貨	生養-PFV
孽	做,	這	樣	賤貨	養育了。

【A】他的老子也是一輩子行走的漢子來着,那上頭作了孽,養了這樣的賤貨,

【B】他的父親也是一世上行走的漢子來着,那上頭作了孽,養

了這樣賤貨。

【C】他父親也是一輩子的漢子來着,那上頭作了孽,養了這樣賤種。

【D】他老子一輩子也是漢子來着,不知道怎麼作了孽咯,養出這個賤貨兒來。

【E】他老子一輩子也是漢子來着,不知道怎麼作了孽咯,養出這個賤貨兒來。

【F】儞知道的,他的老子狠老實明白的一個人,怎麼養出這個傀頭東西呢?

ai,	waliyaha,	hūturi	gemu	ini	amai	fayangga
ai,	waliya-ha,	hūturi	gemu	ini	ama-i	fayangga
哎	抛棄-PFV	福	都	3SG.GEN	父親-GEN	靈魂
唉,	抛棄完,	福氣	都	他的	父親的	魂魄

gamaha,	ere	uthai	ini	dube	oho
gama-ha,	ere	uthai	ini	dube	o-ho
拿走-PFV	這	就	3SG.GEN	末尾	成爲.AUX-PFV
拿走了,	這	就	他的	末尾	成了

kai,	geli	wesiki	mukdeki	seci	ainahai
kai,	geli	wesi-ki	mukde-ki	se-ci	ainahai
INTJ	又	上升-IMP	升起-IMP	説.AUX-假設.CVB	未必
啊,	又	上升	升起	要	如何

mutere.
mute-re.
可以-IPFV
能够。

【A】可嘆啊。撩了的了,福分都叫他老子的魂靈兒帶了去了,這也就是他的盡頭處了,再要想陞騰未必能了。

【B】嗳,完了,福分都教他老子魂靈帶去了,這就是他的盡頭了,又要想陞騰未必能罷。

【C】這就是他盡頭處了,再要陞騰未必能罷咧。

【D】嗳,完了,福分都叫他老子享盡了,這就是他的結果了,再想要陞騰,如何能呢?

【E】嗳,完了,福分都呌他老子享盡了,這就是他的結果了,再想要陞騰,如何能呢?

48 (A48 jiha efire kūwaran 賭場,B48,C21、D21,E21,F9 重訪舊友)

musei dolo kai, si aika gurun gūwao.
musei dolo kai, si aika gurun gūwa-o.
1PL.INCL.GEN 裡面 INTJ INTJ2SG 怎麼 國家 別的-Q
咱們的 裡頭 啊, 你 怎麼 部落 別的嗎?

mimbe tuwanjici, uthai šuwe dosimbi dere,
mimbe tuwa-nji-ci, uthai šuwe dosi-mbi dere,
1SG.ACC 看-來-假設.CVB 就 直接 進入-PRS INTJ
把我 看, 就 直接 進入 吧,

geli hafumbure de ai ganaha.
geli hafumbu-re de ai ga-na-ha.
又 通報-IPFV DAT 什麼 取-去-PFV
又 轉達 與 何必?

【A】嚙們裡頭,你還是外人麽? 瞧我,就直進來,又何必通報呢?

【B】咱們裡頭啊,你像別人広? 瞧我來,就直進來罷咧,又通報什嗎呢?

【C】咱們裡頭,你還是外人麽? 瞧我,就直進來,又何必通報呢?

【D】咱們這些人裡頭,你還是外人兒麽? 要瞧我,就一直進來,又何必先通報呢?

【E】咱們這些人裡頭,你還是外人兒麽? 要瞧我,就一直進來,又何必先通報呢？

【F】咱們這些人裡頭，儞算是外人麼？要來瞧我，就一直進來，何必先通報呢？

duka	de	isinju	nakū,	uthai	amasi	genehengge.
duka	de	isinju	nakū,	uthai	amasi	gene-he-ngge.
門	DAT	到來.IMP	之際	就	返回	去-PFV-NMLZ
門	往	到來	既然，	就	返回	去的。

booi	niyalama	mimbe	boode	akū	seme
boo-i	niyalama	mimbe	boo-de	akū	se-me
家-GEN	人	1SG.ACC	家-LOC	NEG	説.AUX-并列.CVB
家的	人	把我	在家	没有	説

jabuha	gisun	de	ushahao	ainahao.
jabu-ha	gisun	de	usha-ha-o	aina-ha-o.
回答-PFV	話語	LOC	發怒-PFV-Q	怎麼樣-PFV-Q
回答	話話	時	惱了嗎	怎麼呢？

【A】既到門口，就回去的。家裡人説我不在家的話上，惱了嗎？是怎麼樣呢？

【B】將到門口，就回去了的。不是惱了家裡人説我無在家的話了麼？

【C】到門口，就回去的，家下人説我不在家的話上，惱了麼？是怎麼樣了呢？

【D】既到了門口兒，怎麼又回去了呢？想必是我們家裡的人們説我不在家，你惱咯，是這個緣故不是啊？

【E】既到了門口兒，怎麼又回去了呢？想必是我們家裡的人們説我不在家，你惱咯，是這個緣故不是啊？

【F】既到了我門口，怎麼又回去了？想必是我家裡的人惱了儞咯。

(【+F】不是的。是儞吶跟人告訴我説，儞不在家。我想，儞不在家，我進來做什麼，所以回去了。

哎呀，是這樣呢！儞不説，我還不知道。我實在懊悔的狠，現在告罪也晚了。這是怎麼説的?)

turgun	be	tucibume	alarakū	oci,
turgun	be	tuci-bu-me	ala-ra-kū	oci,
原因	ACC	出來-CAUS-并列.CVB	告訴-IPFV-NEG	若是
原因	把	出來	不告訴	若是,

ainambahafi	sara.
ainambaha-fi	sa-ra.
怎麼得-順序.CVB	知道-IPFV
怎能	知道?

【A】若不告訴出緣故來,怎麼得知道呢?
【B】若不告訴出這個緣故來,怎得知道?
【C】若不告訴出緣故來,想来你如何得知道?
【D】我若不説出緣故來,你怎麼知道呢?
【E】我若不説出緣故來,你怎麼知道呢?
【F】這有個緣故,我若不説出來,儞怎麼知道呢?

ere	ucuri,	musei	tere	emu	feniyen	agesa,
ere	ucuri,	musei	tere	emu	feniyen	age-sa,
這	時候	1PL.INCL	那	一	群	阿哥-PL
這	時候,	咱們的	那	一	群	阿哥們,

dahūme	acafi	jiha	efire	falan
dahū-me	aca-fi	jiha	efi-re	falan
重複-并列.CVB	會合-順序.CVB	錢	玩-IPFV	場所
再	聚合	錢	玩	場所

neihebi.
nei-he-bi.
開-PFV-PRS
開了。

【A】這一向,喒們那一羣阿哥們,合着夥兒開了耍錢塲兒了。
【B】這一向,咱們那一羣阿哥們,從新會上開了耍錢塲兒了。
【C】這一向,咱們那一羣阿哥,合着夥兒開了耍錢塲兒了。
【D】這一向,咱們那羣孩子們,合着夥兒開了耍錢塲兒了。
【E】這一向,咱們那羣孩子們,合着夥兒開了要[耍]錢塲兒了。
【F】這一向,咱們那班朋前一輩友們,合着夥兒開了耍錢塲。

jakan　jifi,　gashūme　garime,　mimbe
jakan　ji-fi,　gashū-me　gari-me,　mimbe
剛才　來-順序.CVB　起誓-并列.CVB　發誓-并列.CVB　1SG.ACC
剛才　來,　起誓　發願,　把我
inu　urunakū　gene　sembi.
inu　urunakū　gene　se-mbi.
也　一定　去.IMP　説.AUX-PRS
也　一定　去　教。
【A】方纔來,起誓發愿的,也必定叫我去。
【B】方纔來,起誓發愿的,也必定[教]我去。
【C】方纔来,起誓發愿的,也必定叫我去。
【D】方纔來,起誓發願的,必定叫我去。
【E】方纔來,起誓發願的,必定叫我去。
【F】他們一定要叫我去,輪流來催着,我推説有事,不去。

mini　beye　šolo　akū　be　si　sarkū
mini　beye　šolo　akū　be　si　sa-r-kū
1SG.GEN　自己　空閑　NEG　ACC　2SG　知道-IPFV-NEG
我的　自己　空閑　没有　把　你　不知
aibi,　teike　teike　alban　isinjire　be,　ai　boljon.
aibi,　teike　teike　alban　isinji-re　be,　ai　boljon.
豈有　一會　一會　差事　到來-IPFV　ACC　什麼　約定
豈有,　一會　一會　差事　來了　把,　怎麼　約定?

【A】你豈不知道我不得空兒,一會一會兒的有差事,如何定得呢?

【B】你豈不知道我無空兒,一會一會的差使,有什庅定準?

【C】我不得空兒是你深知道的,一會一會的差事,如何定得?

【D】我不得空兒你是深知道的,一會兒一會兒的差使,如何能定呢?

【E】我不得空兒你是深知道的,一會一會兒的差使,如何能定呢?

jai	fafun	šajin	umesi	cira,	talude	emu	baita
jai	fafun	šajin	umesi	cira,	talu-de	emu	baita
再	法令	法規	很	嚴格	偶然-LOC	一	事
再	法令	法規	很	嚴格,	偶爾	一	事

tucinjici,	dere	be	absi	obumbi.
tuci-nji-ci,	dere	be	absi	o-bu-mbi.
出-來-假設.CVB	臉	ACC	怎麼	成爲-CAUS-PRS
出來,	臉	把	怎麼	成爲?

【A】再王法很緊,偶然出來一件事,把臉放在那裡呢?

【B】再法令更緊,倘然出來一件事情,把臉放在那裡呢?

【C】再王法又狠緊,偶然若出一件事,把臉放在那裡呢?

【D】而且王法又很緊,儻若鬧出一件事來,把臉放在那兒啊?

【E】而且王法又很緊,倘若鬧出一件事來,把臉放在那兒啊?

【F】説起這件事,王法是嚴的,倘有鬧出事來,把臉兒放在那裡啊?

uttu	ofi,	ushaci	hūi	ushakini,	bi	jiduji
uttu	ofi,	usha-ci	hūi	usha-kini,	bi	jiduji
這様	因爲	嗔怒-假設.CVB	任憑	嗔怒-IMP	1SG	到底
因此,		若惱	任憑	惱,	我	到底

genehekū.
gene-he-kū.
去-PFV-NEG
没去。

【A】因此,惱就憑他惱去罷,我到底没去。

【B】因此,惱就憑他惱去罷,我到底無去。

【C】因此,惱就憑他惱去罷,我到底没去。

【D】因爲這上頭,惱就由他惱罷,我到底没去。

【E】因這上頭,惱就由他惱去罷,我到底没去。

【F】因爲這個様,惱由他惱,我到底不去。

booi	urse	de	henduhengge,	yaya	we	mimbe
boo-i	urse	de	hendu-he-ngge,	yaya	we	mimbe
家-GEN	人們	DAT	說-PFV-NMLZ	凡是	誰	1SG.ACC
家的	人們	對	說的,	任何	誰	把我

baiha-nji-ci,	boode	akū	seme	jabu
baiha-nji-ci,	boo-de	akū	se-me	jabu
找-來-假設.CVB	家-LOC	NEG	說.AUX-并列.CVB	回答.IMP
來求,	在家	没有		回答

sehe,	gūnihakū	sini	beye	jihede.
se-he,	gūni-ha-kū	sini	beye	ji-he-de.
說.AUX-PFV	想-PFV-NEG	2SG.GEN	自己	來-PFV-LOC
說,	不料	你的	自己	來了。

【A】說給家裡人們,不拘誰來找我,答應不在家。不想你來了。

【B】說給家裡人的,不拘誰來找我,荅應不在家。不想你來了。

【C】說給家裡人,不拘誰来找我,答應不在家。不想你来了。

【D】告訴家裡的人們,不拘誰來找我,答應不在家。想不到你來了。

【E】告訴家裡的人們,不拘誰來找我,答應不在家。不想你來了。

【F】就吩咐了家裡的人們說,不拘誰來找我,要答應不在家。那裡想得到那一天倆來。

dulba ahasi inu songkoi jabufi, unggi
dulba aha-si inu songkoi jabu-fi, unggi
糊塗 奴才-PL 也 照樣 回答 順序.CVB 打發.IMP
糊塗 奴才們 依舊 照樣 回答, 打發

nakū, teni dosifi minde alaha.
nakū, teni dosi-fi minde ala-ha.
之後 纔 進入-順序.CVB 1SG.DAT 告訴-PFV
既然, 纔 進來 向我 告訴。

tede bi ekšeme niyalma takūrafi
tede bi ekše-me niyalma takūra-fi
因此 1SG 急忙-并列.CVB 人 派遣-順序.CVB
所以 我 急忙 人 派遣

amcabuci, amcabuhakū serede.
amca-bu-ci, amcabu-ha-kū se-re-de.
追趕-CAUS-假設.CVB 追上-PFV-NEG 説.AUX-IPFV-LOC
追趕, 没趕上 説。

【A】懵懂奴才們,也照樣的答應,打發去了,才進來告訴了我。所以我急着差人去趕,説没趕上。

【B】無知的奴才也照樣的荅應,打發去了,纔進來告訴了我。所以我急着差人去赶,説没赶上。

【C】懵懂奴才們也照樣的答應,打發去了,纔進來告訴我。那上頭我急着差人去趕,説没有趕上。

【D】糊塗奴才們也照着樣兒答應不在家,打發了去咯,纔進來告訴我。我急忙差人去趕,他回來説没趕上。

【E】糊塗奴才們也照着答應不在家,打發了去咯,纔進來告訴我。我急忙差人去趕,他説没趕上,我心裡很失望。

【F】這糊塗的奴才們也照著樣兒答應,回報儞去,纔進來告訴我呢?我急忙叫人去趕儞,也没趕上。

mini dolo labsa yala absi yabsi ojoro
mini dolo labsa yala absi yabsi ojo-ro
1SG.GEN 心 失望 實在 怎樣 好不 成爲.AUX-IPFV
我的 心裡 失望 實在 怎樣 好不 成了

be sarkū ohobi.
be sa-r-kū o-ho-bi.
ACC 知道-IPFV-NEG 成爲.AUX-PFV-PRS
把 不知 成了。

【A】我心裡着實尖[失]望,不知要怎麼樣的了。

【B】我心裡着實不知要怎広様了。

【C】我心裡實在不知要怎麼樣,着實失望了。

【D】叫我心裡很過意不去。實在我是不知道,你納千萬别計較。

【E】寔在不知道,要怎麼樣兒纔好。

【F】教我心裡狠過不去。這是我實在不知道,儞吶千萬不要怪我。

(【+F】豈敢。咱們話既説明了,那還有怪的道理呢?)

49 (A49 上墳 eifu kūwaran de genere, B49, C75, D75, E76, F29 上墳)

si cananggi yafan de waliyame genehe biheo.
si cananggi yafan de waliya-me gene-he bihe-o.
2SG 前日 園子 DAT 上墳-并列.CVB 去-PFV PST-Q
你 前日 園子 往 上墳 去 有嗎?

inu. ainu enenggi teni jihe.
inu. ainu enenggi teni ji-he.
是 爲什麼 今天 纔 來-PFV
是。怎麼 今天 纔 來?

【A】你前日往園裡上墳去來着嗎?是。怎麼今日纔來?

【B】你前日往園裡去上墳來着嗎? 是。怎麼今日纔來?
【C】阿哥前日往園裡上墳去來着麼? 怎麼今日纔來? 是。
【D】你前兒往莊子上上墳去來着麼? 是啊。怎麼今兒纔囘來?
【E】你前兒往莊子上上墳去來着麼? 是啊。怎麼今兒纔回來?
【F】倆前天往莊上去是去上墳麼? 是的。怎麼今天纔回來?

sandalabuhangge	umesi	goro,	ineku	inenggi	mudari
sandalabu-ha-ngge	umesi	goro,	ineku	inenggi	mudari
相隔-PFV-NMLZ	很	遠	相同	日子	來回
相隔的	很	遠,	相同	日子	來回

amasi	jici	muterakū	ofi,
amasi	ji-ci	mute-ra-kū	ofi,
返回	來-假設.CVB	能够-IPFV-NEG	因爲
返回	來的話	不能	因爲,

【A】相隔的很遠,因爲當日不能打來回,
【B】相隔的太遠,因爲當日不能打來回,
【C】相隔的狠遠,因而當日不能囘來,
【D】我們墳地離得很遠哪,所以當天去不能囘來,
【E】相離的很遠哪,因爲當天不能回來,
【F】我們的墳地離的狠遠,當日不能回來,

tubade	juwe	dobori	indehebi.	sucungga	inenggi,
tuba-de	juwe	dobori	inde-he-bi.	sucungga	inenggi,
那裡-LOC	二	夜	歇宿-PFV-PRS	起初	日子
在那裡	二	夜	歇了。	最初	日子,

hoton	i	duka	neire	ishun	uthai	juraka,
hoton	-i	duka	nei-re	ishun	uthai	jura-ka,
城	GEN	門	開-IPFV	迎着	就	出發-PFV
城	的	門	開	頂着	就	啓程,

yamjitala	yabufi	teni	isinaha.
yamji-tala	yabu-fi	teni	isina-ha.
晚上-直至.CVB	行走-順序.CVB	纔	到達-PFV
直到晚上	走	纔	去到。

【A】在那裡歇了兩夜。頭一日,頂着城門就起了身,直到晚上纔到去了。

【B】在那裡住了两夜。頭一日,等着城門就起了身,直走到晚上纔到去了。

【C】在那裡歇了兩夜。前一日,我頂着城門就起身,直到晚上纔到去了。

【D】又在那兒歇了兩夜。前兒個,頂城門兒就起了身,直走到晚上纔到了墳上。

【E】在那兒歇了兩夜。前兒,一頂城門兒就起了身,直到晚上纔走到了。

【F】總要歇了兩夜。我前天頂城門兒起身,直到天黑,纔走到那。

sikse	buda	dobofi,	geli	emu	dobori	indehe
sikse	buda	dobo-fi,	geli	emu	dobori	inde-he
昨天	飯	供奉-順序.CVB	又	一	夜	歇宿-PFV
昨天	飯	供奉,	又	一	夜	歇了

eneggi	alin	jakarame,	uthai	jurafi	amasi
enenggi	alin	jakara-me,	uthai	jura-fi	amasi
今天	東方	既明-并列.CVB	就	出發-順序.CVB	返回
今天	山	裂開,	就	啓程	返回

jihe.	jugūn	de	udelereci	tulgiyen,
ji-he.	jugūn	de	udele-re-ci	tulgiyen,
來-PFV	路	LOC	打尖-IPFV-ABL	以外
來。	路	在	打尖	除了,

【A】昨日供了飯,又歇了一夜今日東方明兒,就起身回來了。路上除了打尖,

【B】昨日供了飯,又歇了一夜今日東方纔亮,就起身回來了。路上除了打尖,

【C】昨日供了飯,又歇了一宿(夜)今日東方亮兒,就起身囘來了。路兒上除了打尖,

【D】昨兒個供了飯奠了酒,又歇了一夜,今兒東方亮兒,就起身往囘裡走。道兒上除了打尖,

【E】昨兒供了飯,又歇了一夜,今兒東方亮兒,就起身往回裡走。道兒上除了打尖,

【F】昨天上供燒紙,又歇了一夜,今天東邊發白,就起身回來。在道上除了打尖,

majige teyehe ba inu akū, arkan seme
majige teye-he ba inu akū, arkan se-me
略 休息-PFV 處 也 NEG 將將 AUX-并列.CVB
略 歇息了 處 也 没有, 將將 地

hoton i duka be amcabuha.
hoton -i duka be amca-bu-ha.
城 GEN 門 ACC 追上-CAUS-PFV
城 的 門 把 趕上了。

【A】也總没歇息,剛剛的趕上城門了。

【B】也總無歇息,将将的趕上城門了。

【C】也總没有歇,将将赶掩門進來了。

【D】也總没有敢歇着,剛剛兒的趕掩城門兒的時候兒,纔進來了。

【E】也總没有歇着,剛剛兒的趕掩城門兒,纔進來了。

【F】一步也没歇,趕到城門邊,剛剛兒的要關城咯,我纔進來,到家的時候天黑了。

age gorokon i bade umebume
age gorokon -i ba-de umebu-me
阿哥 稍遠 GEN 地方-LOC 掩埋-并列.CVB
阿哥 很遠 的 地方 埋葬
sindahangge, udu sain baita bicibe,
sinda-ha-ngge, udu sain baita bi-cibe,
入葬-PFV-NMLZ 雖然 好 事情 存在.AUX-讓步.CVB
放置, 雖然 好 事 是,
juse omosi de encehen akū oci, erin de
juse omosi de encehen akū oci, erin de
孩子.PL 孫子.PL LOC 才幹 NEG 若是 時候 DAT
兒子們 孫子們 對 力量 没有 若是, 時候 與
acabume waliyara de mangga.
acabu-me waliya-ra de mangga.
符合-并列.CVB 上墳-IPFV DAT 難
相合 上墳 對 難。

【A】阿哥在遠些的地方葬埋,雖是好事,要是子孫没力量,難按着時候上墳啊。

【B】阿哥你在遠處葬墳,雖是好事,要是子孫没力量,難以按時上墳啊。

【C】阿哥在遠處安葬,雖是好事,要是子孫没力量,難按着時候上墳啊。

【D】在遠地方兒立墳,雖說是好,若是到了子孫們没有力量兒,就難按着時候兒上墳了。

【E】在遠處兒葬埋,雖說是好,若是到了子孫們,没有力量兒,就難按着時候兒上墳了。

【F】在遠處葬埋,雖說是好,若到了兒孫們,没力量的,就難得按着時候去上墳哪。

eici	ainara.	fe	yafan	de	fuhali	ba	akū
eici	aina-ra.	fe	yafan	de	fuhali	ba	akū
或者	怎麼辦-IPFV	舊	園子	LOC	全然	地方	NEG
或者	怎麼辦?	舊	園子	在	竟然	地方	没有

oho.	šengsin	tuwara	urse,
o-ho.	šengsin	tuwa-ra	urse,
成爲.AUX-PFV	風水	看-IPFV	人們
成了。	風水	看的	人,

【A】可怎麼樣呢? 舊園子總没地方了。看風水的人們,

【B】可怎樣呢? 舊園子竟無穴地了。看風水人,

【C】可怎樣呢? 舊園裡總没地方了。看風水的人們,

【D】可不是麼? 舊塋地裡倒離得很近,因爲没有地方兒葬埋人口,請了看風水的人瞧,

【E】可不是麼? 舊園子裡因爲没有地方兒咯,看風水的人們,

【F】可不是麼? 我舊墳地因爲没有地方,我先父請個地師,另看風水,

gemu	tere	babe	sain	sere	jakade,	teni
gemu	tere	ba-be	sain	se-re	jakade,	teni
全都	那	地方-ACC	好	説.AUX-IPFV	因爲	纔
都	那	地方	好	説	因爲,	纔

tubade	eifu	kūwaran	ilibuha.
tuba-de	eifu	kūwaran	ilibu-ha.
那裡-LOC	墳墓	院子	建立-PFV
在那裡	墳墓	園子	立了。

【A】都説那個地方好的上頭,纔在那裡立了墳院。

【B】都説那個地方好的上頭,纔在那裡立了墳塋。

【C】都説那個地方好平安的上頭,纔在那裡立了墳塋了。

【D】照他們都説那一塊地好,故此在那兒立了墳咯。

【E】都説那塊兒好,故此纔在那兒立了墳咯。
【F】纔在那造了墳咯。

eiterecibe,	muse	bici	bisire	doro,	akū
eiterecibe,	muse	bi-ci	bisi-re	doro,	akū
總之	1PL.INCL	有-條件.CVB	有-IPFV	道理	NEG
總之,	咱們	有是	有的	道理,	没有

oci	akū	i	doro.
o-ci	akū	-i	doro.
成爲.AUX-條件.CVB	NEG	GEN	道理
若	没有	的	道理。

【A】總説了罷,喒們有呢是有的道理,没有呢是没的道理。
【B】總説了,咱們有是有的道理,没是没的道理。
【C】總而言之,咱們有呢是有的道理,没有是没有的道理。
【D】遠些是遠,總而言之,咱們有是有的道理,没有是没有的道理。
【E】總而言之,咱們有是有的道理,没有是没有的道理。
【F】就是我在日,有做有的辦理,没做没的辦理。

ai	hacin	i	hafirahūn	suilashūn	sehe	seme,
ai	hacin	-i	hafirahūn	suilashūn	se-he	seme,
什麽	種類	GEN	窮困	乏累	説.AUX-PFV	儘管
什麽	樣	的	窮苦	辛苦		憑,

yafan	de	genefi,	inu	emu	hūntahan	arki
yafan	de	gene-fi,	inu	emu	hūntahan	arki
園子	DAT	去-順序.CVB	也	一	杯	酒
園子	往	去,	也	一	杯	酒

hisalambi	dere.
hisala-mbi	dere.
祭酒-PRS	INTJ
祭奠	吧。

【A】憑他怎麼樣窄累,也往園裡去,奠一鍾酒啊。

【B】憑他怎樣的窄難,往園裡去,也奠一鐘酒啊。

【C】憑他怎樣的窄累,也步行走去,奠一鐘酒。

【D】無論是怎麼樣兒的窄,不能彀坐車,連步行兒去,也要到墳上奠一鍾酒啊。

【E】憑他是怎麼樣兒的窄,就步行兒去,也要奠一鐘酒啊。

【F】不能坐車,就走去,準要到墳上去祭掃,奠一杯酒。

juse	omosi	de	isinaha	manggi,	damu	terei
juse	omosi	de	isina-ha	manggi,	damu	terei
孩子.PL	孫子.PL	DAT	到達-PFV	以後	只是	3SG.GEN
兒子們	孫子們	往	來的	後,	只	他的

dekjire	dekjirakū	be	hendure	dabala.
dekji-re	dekji-ra-kū	be	hendu-re	dabala.
出息-IPFV	出息-IPFV-NEG	ACC	説-IPFV	罷了
有出息	没出息	把	説	罷了。

aika	tere	gese	geterakū	juse	banjiha
aika	tere	gese	gete-ra-kū	juse	banji-ha
如果	那個	樣子	長進-IPFV-NEG	孩子.PL	生長-PFV
要是	那個	樣	不長進	兒子	生了,

sehede,
se-he-de,
説.AUX-PFV-LOC

【A】到了子孫們跟前,只論有出息没出息罷咧。要是養了那樣不長進的兒子,

【B】到了子孫們跟前,只論有出息無出息罷咧。要是養了那樣不長進的子孫,

【C】到了子孫們的時候,只看有出息無出息罷咧。若是生出那

不長進的兒子來，

【D】若到了子孫們就難定了，只看他們有出息兒没出息兒就是咯。若是個没有出息兒、不惦念上墳的子孫，

【E】若到了子孫們身上，只看他們有出息兒没出息兒就是咯。若是個没有出息兒的子孫，

【F】到了子孫們，只好趁他做罷。若是不成器的子孫，

ini	beye	uthai	yafan	de	tekini,	hono	ainahai
ini	beye	uthai	yafan	de	te-kini,	hono	ainahai
3SG.GEN	身體	就	園子	LOC	住-IMP	還	未必
他的	身子	就	園子	在	住,	還	未必

emu	afaha	hoošan	jiha	deijimbini.
emu	afaha	hoošan	jiha	deiji-mbi-ni.
一	葉	紙	錢	燒-PRS-呢
一	張	紙	錢	燒呢。

【A】他的身子就住在園裡，還未必燒一張紙錢呢啊。

【B】他的身子就住在園裡，還未必燒一張紙錢呢啊。

【C】他的身子就在園裡住呢，還未必燒一張紙錢啊。

【D】就是他們住得離着墳地很近，還未必能彀燒一張紙錢呢。

【E】就是他住在園子裡，還未必能彀燒一張紙錢呢。

【F】就是他住的地方離墳地不遠，他也没心來奠酒燒紙啊。

50（A50 amba aga 大雨，B50，C94，D94，E96，F34 躲雨）

ara,	ere	gese	amba	aga	de	aibide	genehe
ara,	ere	gese	amba	aga	de	aibi-de	gene-he
哎呀	這	樣子	大	雨	LOC	哪裡-DAT	去-PFV
哎呀,	這	樣	大	雨	對	往哪裡	去

bihe. hūdun dosi.
bihe. hūdun dosi.
PST 快 進來.IMP
來着? 快 進去。

【A】哎呀,這樣大雨,往那裡去來着? 快進去。
【B】這樣大雨,往那裡去來着? 快進來。
【C】哎呀,這樣大雨,往那裡去來着?
【D】哎呀,這個樣兒的大雨,你往那兒去來着? 快進來罷。
【E】哎呀,這個樣兒的大雨,你往那兒去來? 快進來罷。
【F】哎呀,這樣大的雨,儞往那兒去? 快進來罷。

mini emu gucu akū oho, giran
mini emu gucu akū o-ho, giran
1SG.GEN 一 朋友 NEG 成爲.AUX-PFV 遺體
我的 一 朋友 不 亡故, 屍體
benefi jihe.
bene-fi ji-he.
送-順序.CVB 來-PFV
送 來了。

【A】我的一個朋友不在了,送了殯來了。
【B】我的一個朋友不在了,送了殯來了。
【C】我的一個朋友不在了,送了殯來了。
【D】我的一個朋友不在咯,送殯去來着。
【E】我的一個朋友不在咯,送殯去來着。
【F】我的一個朋友不在咯,我去送殯回來。

ecimari abka tulhušemaliyan i, agara muru
ecimari abka tulhuše-maliyan -i, aga-ra muru
今早 天 天陰-略微 INS 下雨-IPFV 模樣
今早 天 天陰陰的 地, 下雨 大約

bicibe,	inenggi	dulin	de	isinafi.
bi-cibe,	inenggi	dulin	de	isina-fi.
存在.AUX-讓步.CVB	白天	正中	DAT	到達-順序.CVB
雖然有	日	半	在	來到

gehun	gahūn	i	galakabi.
gehun	gahūn	-i	gala-ka-bi.
明亮	晴朗	INS	放晴-PFV-PRS
明亮	晴朗	地	晴朗了。

【A】今日早晨天陰陰的,雖有下雨的光景,到了晌午很晴明了。

【B】今日早起天陰陰的,雖有下雨的光景,到了晌午狠晴明了。

【C】今早天陰陰的,雖有下雨的光景,到了晌午大晴了。

【D】今兒早起天陰陰兒的,雖然有要下雨的光景,到了晌午又是嚮晴的天。

【E】今兒早起天陰陰的,雖然有要下雨的光景,到了晌午又是嚮晴的天。

【F】今天早起天狠清爽,没甚麼雲彩。

amasi	marifi	yaburede	tuwaci,	tugi	geli
amasi	mari-fi	yabu-re-de	tuwa-ci,	tugi	geli
返回	回來-順序.CVB	行走-IPFV-LOC	看-假設.CV	雲	又
返回	回來	走時	若看,	雲	又

bombonofi	yur	seme	sektehe.
bombono-fi	yur	se-me	sekte-he.
堆積-順序.CVB	悠然貌	AUX-并列.CVB	鋪-PFV
稠密雲	涓涓	地	鋪開了。

【A】回來走着看,又一片一片的鋪開稠雲了。

【B】回來走着看,又一片一片的鋪開稠雲了。

【C】将回來,復又雲氣濃聚,油然布滿了。

【D】往回裡走着的時候兒,忽然一片一片的鋪開了稠雲了。

【E】往回裏走着的時候兒,又一片兒一片兒的鋪開了稠雲了。

【F】我去送殯,到了午後回來的時候,忽然的起了一堆大黑雲,在西邊遠遠的來。

tede	bi	booi	urse	i	baru,	ere	abka	faijuma,
tede	bi	boo-i	urse	-i	baru,	ere	abka	faijuma,
那.LOC	1SG	家-GEN	人們	GEN	向	這	天	不妥當
在那	我	家的	人們		向,	這	天	不妥當,

hasa	yabu.	akūci,	muse	toktofi	aga	de
hasa	yabu.	akūci,	muse	tokto-fi	aga	de
快	行走.IMP	否則	1PL.INCL	一定-順序.CVB	雨	DAT
快	走。	不然,	咱們	一定	雨	給

amcabumbi	kai
amca-bu-mbi	kai.
趕上-PASS-PRS	INTJ
趕上	啊。

【A】那上頭我望着家裡人説,這天氣不妥當,快走。不然,喒們一定要着雨啊。

【B】那上頭我望家裡人説,這天氣不妥當,快走。不然,咱們一定要着雨啊。

【C】那上頭我向家裡人説,這天氣不妥當,快走。不然,咱們一定要着雨。

【D】我就和家裡人們説,這天氣不妥當,快走罷。不然,咱們一定要着雨咯。

【E】故此我和家裡人們説,這天氣不妥當,快走罷。不然,咱們一定要着雨咯。

【F】我就和大傢們説,這黑雲不好的,若不快走,要着雨啊。大傢就忙着走。

seme	hendutele,	uthai	šor
se-me	hendu-tele,	uthai	šor
説.AUX-并列.CVB	説-直至.CVB	就	瀟瀟貌
説	正説着,	就	下雨聲

seme	agame	deribuhe.
se-me	aga-me	deribu-he.
AUX-并列.CVB	下雨-并列.CVB	開始-PFV
地	下雨	開始。

【A】正説着,就刷刷的下起雨來了。

【B】正説着,就刷刷的下起雨来了。

【C】正説着,就刷刷的下起雨來了。

【D】正説着,就涮涮的下起來咯。

【E】正説着,就涮涮的下起來咯。

【F】只看那黑雲一片一片兒的飛來,佈的狠密。走没幾步,雨就涮涮的來咯。

age	si	hendu,	šehun	bigan	de	kai	aibide
age	si	hendu,	šehun	bigan	de	kai	aibi-de
阿哥	2SG	説.IMP	空曠	曠野	LOC	INTJ	那裡-DAT
阿哥	你	説,	空曠的	曠野	在	啊	往哪裡

jailanambi.	nereku	jangci	etume	jabduhakū
jaila-na-mbi.	nerku	jangci	etu-me	jabdu-ha-kū
躲避-去-PRS	斗篷	氈褂	穿-并列.CVB	來得及-PFV-NEG
躲避去?	雨衣	褂子	穿	没穿及時

de,	beye	gubci	šeketele	usihibuhe.
de,	beye-i	gubci	šeke-tele	usihi-bu-he.
LOC	身體-GEN	全部	淋透-直至.CVB	濕-PASS-PFV
因爲,	身體的	全部	淋濕	被濕了。

【A】阿哥你説,在漫荒地裡往那裡去躲?雨衣毡褂子没穿叠

當,渾身濕透了。

【B】阿哥你説,在漫荒野地裡往那裡去躲?雨衣毡褂没穿迭當,渾身濕透了。

【C】阿哥你説,在曠野地方往那裡去躲?雨衣毡褂子没穿叠當,渾身都濕了。

【D】兄台你説,在漫荒野地裡可往那兒去躲呢?雨衣氊褂子還没穿迭當,渾身都濕透咯。

【E】大哥你説,在曠野地裡可往那兒去躲呢?雨衣氊褂子都没穿迭當,渾身都濕透咯。

【F】倆想走到那空野的地方那兒去躲?雖是有雨傘,遮一個頭還遮不到。風是大的,雨是斜的,全洒了身上,渾身都溼透咯。

hūwanggiyarakū,	minde	etuku	bi,
hūwanggiya-ra-kū,	mini	etuku	bi,
妨礙-IPFV-NEG	1SG.GEN	衣服	有
不妨,	我的	衣服	有,

tucibufi	si	hala.
tuci-bu-fi	si	hala.
出-CAUS-順序.CVB	2SG	换.IMP
出來	你	换。

【A】不妨,有我的衣裳,拿出來你换。

【B】不妨,我有衣裳呢,拿出來你换。

【C】不妨,我有衣裳,拿出來你换上。

【D】無妨,我有衣裳,拏出來你先换上。

【E】無妨,我有衣裳,拿出來你换。

【F】不要緊,我有衣裳,拿出來給倆换上。

abka	inu	yamjiha,	cimari	jai	hoton	dosi.
abka	inu	yamji-ha,	cimari	jai	hoton	dosi.
天	也	天晚-PFV	明天	再	城	進入.IMP
天	也	晚了,	明天	再	城	進。

meni	ere	koco	wai	yafan	de,
meni	ere	koco	wai	yafan	de,
1PL.EXCL.GEN	這個	幽僻	轉彎	園子	LOC
我的	這	幽静	轉彎處	園子	在,

【A】天也晚了,明日再進城去。我們這個幽僻彎曲的園子裡,

【B】天也晚了,明日再進城去。我的這個幽僻的園子,

【C】天也晚了,明日再進城去。我這幽僻園子裡,

【D】天也晚了,明兒再進城罷。我們這個僻地方兒,

【E】天也晚了,明兒再進城去。我們這個僻地方兒,

【F】天也晚了,就在我這歇一夜,明天再進城去罷。只是儞知道的,我們這地方狠偏僻,

sain	jaka	akū	bicibe,	boode	ujihe
sain	jaka	akū	bi-cibe,	boo-de	uji-he
好	東西	NEG	存在.AUX-讓步.CVB	家-LOC	養-PFV
好	東西	没有	雖然有	家裡	養的

mihan	niongniyaha	kemuni	udu	fali	bi,
mikan	niongniyaha	kemuni	udu	fali	bi,
小豬	鵝	還	幾	個	有
小豬	鵝	還有	幾	個	有,

【A】雖然没有好東西,家裡養的小猪兒鵝還有幾個,

【B】雖無有好東西,家裡養的小猪兒鵝還有幾個,

【C】雖没甚麼好東西,家裡養的小猪子鵞還有幾個,

【D】雖然没有甚麼好東西,家裡養的小猪子雞,

【E】雖然没有甚麼好東西,家裡養的小猪子鵝,

【F】再加這大雨,没有甚麼買請㑚吃。幸得家裡有現存的好酒,燻個家裡養的雞,炒件雞雜碎,攤幾個雞子,欵欵談談。

emu	juwe	wafi	sinde	ulebure.	jetere
emu	juwe	wa-fi	sinde	ulebu-re.	jete-re
一	二	殺-順序.CVB	2SG.DAT	款待-IPFV	吃-IPFV
一	二	殺	給你	吃。	吃

be	aisembi,	damu	ere	gese	beyebe	tomoro
be	ai-se-mbi,	damu	ere	gese	beye-be	tomo-ro
ACC	什麼-説-PRS	但是	這	樣子	身體-ACC	休息-IPFV
把	什麼説,	但是	這	樣	把身體	棲息

sain	ba	bahaci,	uthai	jabšan	kai.
sain	ba	baha-ci,	uthai	jabšan	kai.
好	地方	得到-假設.CVB	就	幸運	INTJ
好	地方	若得到,	就	運氣	啊。

【A】宰一兩個給你喫罷。别説是喫,但得這樣的好地方棲身子,就是便宜了。

【B】宰一兩個給你吃罷。别説是吃,但得這樣好地方棲身子,就是便宜啊。

【C】殺了給你喫。喫説甚麼,但得這樣棲身的好地方,就是便宜了。

【D】宰一兩隻給你喫。嗳,喫還説甚麼?但得這個好地方兒棲身,就是便宜了。

【E】宰一兩隻給你吃。吃還説甚麼?但得這個好地方兒棲身,就是便宜了。

【F】吃還不要緊,㑚給我在這躲雨過一夜,已經承情了。

akūci,	aga	be	funtume	yaburakū,
akūci,	aga	be	funtu-me	yabu-ra-kū,
否則	雨	ACC	突入-并列.CVB	行走-IPFV-NEG
否則,	雨	把	突入	不能走,

oci.	aika	arga	bio.
o-ci.	aika	arga	bi-o.
成爲.AUX-假設.CVB,	什麼	方法	有-Q
若是	什麼	辦法	有嗎?

【A】不然,不冒着雨走,還有法兒嗎?

【B】不然,不冒着雨走,有法兒嗎?

【C】不然,不冒着雨走,還有法兒麼?

【D】不然,還怕不冒着雨兒走麼? 又有甚麼法子呢?

【E】不然,還怕不冒着雨兒走麼? 還有甚麼法子麼?

【F】不是,還要冒着雨走呢!

51 (A51 abalara 打圍, B51, C90, D89, E91, F42 打圍)

(【+F】人生想不到的事狠多,我這番又摊着了。甚麼事?)

tuktan	bi	abalame	genehede,	emu	suru
tuktan	bi	abala-me	gene-he-de,	emu	suru
初次	1SG	打圍-并列.CVB	去-PFV-IPFV	一	白馬
初次	我	打圍	去了,	一	白馬

morin	yalumbihebi,	katararangge
morin	yalu-mbi-he-bi,	katara-ra-ngge
馬	騎-PRS-PFV-PRS	馬慢顛-IPFV-NMLZ
馬	騎了,	馬慢顛的

necin,	feksirengge	hūdun,	jebele	ashahai,
necin,	feksi-re-ngge	hūdun,	jebele	asha-hai,
平穩	跑-IPFV-NMLZ	快	撒袋	佩戴-持續.CVB
平安,	跑的	快,	撒袋	一直帶着,

teni aba sarafi generede, orhoi dorgici
teni aba sara-fi gene-re-de, orho-i dorgi-ci
纔 圍 放開-順序.CVB 去-IPFV-LOC 草-GEN 裡面-ABL
纔 圍 放開 去了時, 草的 從裡面

emu jeren feksime tucike.
emu jerin feksi-me tuci-ke.
一 黄羊 跑-并列.CVB 出-PFV
一 黄羊 跑 出來。

【A】我初次打圍去,騎的一匹馬,顛的稳,跑的快,𧝞着撒袋,綂放開圍走着,從草裡跑出一個黄羊来了。

【B】我初次打圍去,騎過一匹白馬,顛的穩,跑的快,𧝞着撒袋,纔放圍走着,從草裡跑出一個黄羊來了。

【C】在盛京的時候,我們日日打小圍來着。那一日又打圍去,從草裡跑出一個麅子來。

【D】我們在關東的時候兒,天天兒打圍來着。這天我們打圍去,在草裡跑出個麅子來。

【E】在盛京的時候兒,我們天天兒打圍來着。這天我們打圍去,在草裡跑出個麅子來。

【F】前幾天我打圍去,在草裡跑出來一個麅子。

bi uthai morin be dabkime, beri darifi
bi uthai morin be dabki-me, beri dari-fi
1SG 就 馬 ACC 拍鞭-并列.CVB 弓 拉-順序.CVB
我 就 馬 把 鞭拍, 弓 拉開

emgeri gabtaci, majige amarilaha.
emgeri gabta-ci, majige amarila-ha.
一次 射-條件.CVB 略 落後-PFV
一次 射箭, 略 落後。

【A】我就加着馬,拉開弓射了一箭,些微邋下了些。

【B】我就加着馬,拉開弓射了一箭,些微邋下了些。

【C】我催開馬拉滿弓一射,畧落後了。

【D】我趕緊的打馬,拉開弓一射,略落了點兒後。

【E】我打着馬,拉開弓一射的時候兒,畧落了點兒後。

【F】我打着馬拉開弓,趕緊放一箭去,還是射落空了。

gala marifi niru gaire sidende, jeren i
gala mari-fi niru gai-re siden-de, jerin -i
手 回-順序.CVB 箭 取-IPFV 時候-LOC 黄羊 GEN
手 回來 箭 取 時候, 黄羊 的

uncehen dube aššame, dartai andande emu
uncehen dube ašša-me, dartai andande emu
尾巴 尖端 動-并列.CVB 瞬間 頃刻 一
尾巴 末端 擺動, 瞬間 瞬間 一

meifehe be dulefi, alin i antu ergi
meifehe be dule-fi, alin -i antu ergi
山坡 ACC 經過-順序.CVB 山 GEN 山陽面 方向
山坡 經 過去, 山 的 陽坡 方向

be baime wesihun ici genehe.
be bai-me wesihun ici gene-he.
ACC 找-并列.CVB 上去 順着 去-PFV
把 找 上去 順着 去了。

【A】回手纔要拔箭的時候,那黄羊把尾巴繞了一繞,轉眼之間就過了一個山坡子,往山陽裡去了。

【B】回手拔箭的空兒,那黄羊的尾把尖繞了一繞,傾刻間過了一個山坡子,往山陽裡去了。

【C】回手取箭的空兒,麅子的尾巴動啊動的,頃刻之間過了一個山坡,奔山的前面往上去了。

【D】回手拔箭的空兒,只見麅子的尾巴動啊動的,一轉眼就跑過了山梁兒,奔山前往上去。

【E】回手拔箭的空兒,只見麅子的尾巴動啊動的,轉眼的空兒過了山梁兒,奔山前往上去。

【F】我就是回手拔箭,也趕不上。只看見他的尾羓動阿動的去,一轉眼的已過了山梁咯。

uncehen	dahalahai	amcanaha	bici,	geli
uncehen	dahala-hai	amca-na-ha	bi-ci,	geli
尾巴	跟隨-持續.CVB	追趕-去-PFV	存在.AUX-條件.CVB	又
尾巴	跟着	趕去	若有,	又

alin	be	dabame,	boso	ergi	be	wasime
alin	be	daba-me,	boso	ergi	be	wasi-me
山	ACC	越過-并列.CVB	山陰面	方向	ACC	向下-并列.CVB
山	把	越過,	背後	方向	經	向下

genehebi.

gene-he-bi.

去-PFV-PRS

去了。

【A】我跟着尾巴赶去,過了山,又往山背裡去了。

【B】隨着尾赶去,又過了山,往陰坡裡下去了。

【C】随着尾子赶了去,又過了山,下山後頭去了。

【D】疾忙我緊跟着趕了去,又過了個山梁兒,往山後頭去了。

【E】我緊跟着趕了去,又過了個山梁兒,往山後頭去了。

【F】我加着鞭趕去,纔到了山梁,又看見他在山後跑下去。

tede	bi	morin	be	hacihiyahai,	hanci	amcanafi
tede	bi	morin	be	hacihiya-hai,	hanci	amca-na-fi
所以	1SG	馬	ACC	催促-持續.CVB	近處	趕-去-順序.CVB
所以	我	馬	把	夾緊,	近處	趕去

emgeri	gabtaci,	geli	uju	be	dabame	duleke.
emgeri	gabta-ci,	geli	uju	be	daba-me	dule-ke.
一次	射-條件.CVB	又	頭	ACC	越過-并列.CVB	經過-PFV
一次	射箭,	又	頭	把	越過	過去了。

【A】所以我加馬赶到跟前,射了一箭,又從頭上過去了。

【B】所以我催着馬赶到跟前,射了一箭,又從頭上漫過去了。

【C】那上頭我緊催着馬,赶近了一射,又從頭上過去了。

【D】這麼着麼,就緊催着馬,剛剛兒的趕上一射,箭又從他頭上過去了。

【E】因爲這麼着,我緊催着馬,剛剛兒的趕上一射,又從頭上過去了。

【F】我又放了一箭,那箭從他頭上過去。

gūnihakū	cargici	emu	buhū	feksime	ebsi
gūni-ha-kū	cargi-ci	emu	buhū	feksi-me	ebsi
想-PFV-NEG	那邊-ABL	一	鹿	跑-并列.CVB	這邊
不料	從那邊	一	鹿	跑着	這邊

jihe,	teni	alin	be	dabame.	ishun	jiderengge,
ji-he,	teni	alin	be	daba-me.	ishun	jide-re-ngge,
來-PFV	纔	山	ACC	越過-并列.CVB	迎面	來-IPFV-NMLZ
來了,	纔	山	把	越過	迎面	來的,

tob	seme	mini	gabtaha	niru	de
tob	se-me	mini	gabta-ha	niru	de
正好	AUX-并列.CVB	1SG.GEN	射-PFV	箭	DAT
正好是		我的	射	箭	用

goibufi,	kub	seme	tuheke.
goi-bu-fi,	kub	se-me	tuhe-ke.
射中-PASS-順序.CVB	倒地貌	AUX-并列.CVB	跌倒-PFV
射中,	重物倒地様		跌倒。

【A】不想一個鹿從那邉往這邉跑了來了,纔過了山迎着来,正

中在我射的箭上,撲的一聲就跌倒了。

【B】不想從那邊跑過一個鹿來了,繞過了山迎着來,正中在我的箭上,撲的跌倒了。

【C】不想從那邊跑出一個鹿來,繞過山往這邊來,正中了我的箭,實拍拍的倒了。

【D】想不到從那邊兒來了一個鹿,繞過山梁兒往這們跑着,正中了我射的那枝箭,跌倒了。

【E】想不到從那邊兒來了一個鹿,繞過山梁兒往這們跑着,正中了我射的那枝箭,跌倒了。

【F】倒中了山下上來的一隻鹿身上,就跌倒了。

yala	injeku	kai,	mayan	sain,	amcabuhangge
yala	injekū	kai,	mayan	sain,	amca-bu-ha-ngge
真是	笑話	INTJ	彩頭	好	趕上-PASS-PFV-NMLZ
實在	笑話,		彩頭	好,	被趕上的

turibuhe,	murakūngge	elemangga	nambuha.
turi-bu-he,	mura-kū-ngge	elemangga	nambu-ha.
脱手-CAUS-PFV	吹哨-NEG-NMLZ	反倒	拿獲-PFV
放跑的,	没哨的[没影兒的]	反倒	拿着了。

【A】實在是個笑話兒,彩頭好的呀,赶上的放跑了,没哨倒得了。

【B】實在是笑話,彩頭好,赶上的跑了,没哨的倒得了。

【C】實在笑話兒,可説得是彩頭了,趕的竟脱了,没影兒的倒撞着了。

【D】彩頭兒好,實在可笑,正是人家説的想不到的倒得了。

【E】寔在可笑,彩頭兒好,可是人家説的想不到的倒得了。

【F】大傢一齊趕上,捆起擡回來。射麅得鹿,誰想得到呢?

sarkū	urse	de	alaci,	aimaka	yasa
sa-r-kū	urse	de	ala-ci,	aimaka	yasa
知道-IPFV-NEG	人們	DAT	告訴-假設.CVB	好像	眼睛
不知道	人們	對	告訴,	倒像	眼睛

gehun	i	holtoro	adali.
gehun	-i	holto-ro	adali.
明亮	INS	説謊-IPFV	一様
明亮		撒謊	一樣。

【A】若要是告訴那不知道的人,倒像睁着眼睛撒謊的一樣。

【B】若告訴不知道的,倒像睁着眼撒謊的一樣。

【C】將這個告訴不知道的人,好像大睁着眼撒謊的一樣。

【D】若把這個話告訴别人兒説,好像是撒謊的似的。

【E】若把這話告訴别人兒,好像是撒謊的似的。

(【+F】人生在世,因此得彼的事狠多,算不得甚麼。)

52 (A52 Jiha efire 賭錢, B52, C46, D46, E47, F84 誆人要錢)

ara,	si	ainahabi.	muse	giyanakū	udu	biya
ara,	si	aina-ha-bi.	muse	giyanakū	udu	biya
哎呀	2SG	怎麽-PFV-PRS	1PL.INCL	能有	幾個	月
哎呀,	你	怎麽了?	咱們	能有	幾	月

acahakū,	ai	hūdun	de	salu	šarapi,
aca-ha-kū,	ai	hūdun	de	salu	šara-pi,
見面-PFV-NEG	怎麽	快	LOC	鬍鬚	變白-延伸.CVB
没見面,	什麽	快	時	鬍子	鬚髮發白,

sakd	fiyan	gaiha.
sakda	fiyan	gai-ha.
老	容颜	取得-PFV
老	面貌	得到?

【A】哎呀,你怎麼了? 喒們没見面能有幾個月,怎麽這們快鬍子白了,有了老模樣了?

【B】哎呀,你怎庅了? 喒們没見面能有幾個月,怎庅這們快鬍子白了,有了老模樣了?

【C】哎呀,你怎麼樣了?咱們能有幾個月未見,怎麼這樣快鬍鬚白白的,露了老了?

【D】哎呀,老弟你怎麼咯?咱們纔隔了幾天哪,這麼快鬍子都白咯,露出老樣兒來了。

【E】哎呀,你納怎麼咯?咱們能隔了幾天哪,怎麼這麼快鬍子都白咯,漏出老樣兒來了?

【F】哎呀,儞呐怎麼咯?纔隔了幾天,就這樣變個樣子哪。滿臉愁容,没有一點神氣,心裡有什麼不安的事啊?

(【+F】我那有不安的事,只是因爲這番天氣狠不順,心坎有點不舒服。)

age,	si	mimbe	angga	sijirhūn	seme	ume
age,	si	mimbe	angga	sijirhūn	se-me	ume
阿哥	2SG	1SG.ACC	嘴	直率	AUX-并列.CVB	不要
阿哥,	你	把我	嘴	直率	地	不要

wakašara,	urahilame	donjici,	si	te	jiha
wakaša-ra,	urahila-me	donji-ci,	si	te	jiha
責怪-IPFV	打聽-并列.CVB	聽-假設.CVB	2SG	現在	錢
責怪,	探聽	聽説,	你	現在	錢

efire	de	dosifi,	utala	bekdun	araha
efi-re	de	dosi-fi,	utala	bekdun	ara-ha
玩-IPFV	DAT	沉溺-順序.CVB	許多	債務	做-PFV
玩	在	沉溺,	許多	債	欠。

sembi.	yala	oci,	efiku	waka	kai.	majige
se-mbi.	yala	oci,	efiku	waka	kai.	majige
説.AUX-PRS	果真	若是	兒戲	不是	INTJ	略
	真的	若是,	兒戲	不是	啊。	略

bargiyaha	de	sain.
bargiya-ha	de	sain.
收斂-PFV	LOC	好
收着	時	好。

【A】阿哥,你别怪我的嘴直,风闻说,你如今顽起钱来,作了好些账,要是真,可不是顽的呀。料收着些才好呢。

【A】阿哥,你别怪我的嘴直,風聞説,你如今頑起錢來,作了好些賬。要是真,可不是頑的呀。料収着些纔好呢。

【B】阿哥,你别怪我的嘴直,風聞得,你如今頑起錢來,累下好些賬了。要是真,可不是頑的呀。畧收着些纔好。

【C】阿哥,别怪我嘴直,風聞得,説你如今上了耍,作了許多債了。若果真,不是頑的呀。畧收收兒好。

【D】你别怪我嘴直,聽見説,你如今上了耍錢場兒了,還該下許多的賬。若果然是那麼着,不是玩兒的呀。得略收收兒纔好哪。

【E】老弟,你别怪嘴直,聽見説,你如今上了耍錢塲兒了,欠了許多的賬。若果然是那麼着,不是頑兒的呀。畧收收兒好。

【F】不是的罷?儞别怪我嘴直,聽見説,你近來上了耍錢場,欠了許多的帳(賬)。若是真的,要自己收束纔好。

ere	gemu	oron	akū	gisun,	niyalmai	banjibuhangge.
ere	gemu	oron	akū	gisun,	niyalma-i	banjibuhangge.
這	全都	蹤影	NEG	話語	人-GEN	banjibu-PFV-NMLZ
這	都	影子	没有	話,	人的	編撰。

si	akdarakū	oci,	narhūšame	fujurulacina.
si	akda-ra-kū	oci,	narhūša-me	fujurula-cina.
2SG	相信-IPFV-NEG	若是	細緻-并列.CVB	訪問-IMP
你	不信	若是,	細細的	打聽吧。

【A】這全是人編造的没影兒的話。你要不信,可細細的打聽是呢。

【B】這都是没影兒的話,人編造的呀。你若不信,可細細的打聽。

【C】這都是没影兒的話,人胡編造的。你若不信,細細的詢問是呢。

【D】這都是没影兒的話,胡編造的。你納若不信,請細細兒的打聽打聽,就知道了。

【F】這都是人胡造的没影兒的話,那有這件事?儞吶若不信,請細細兒打聽,有没就知道了。

ai	gisun	serengge.	beye	i	yabuhangge
ai	gisun	se-re-ngge.	beye	-i	yabu-ha-ngge
什麽	話語	説-IPFV-NMLZ	自己	GEN	行事-PFV-NMLZ
什麽	話	説的?	自己	的	走的

be.	beye	endereo.	gucuse	gemu	simbe
be	beye	ende-re-o.	gucu-se	gemu	simbe
ACC	自己	瞞得過-IPFV-Q	朋友-PL	全都	2SG.GEN
把	自己	不知道嗎?	朋友們	都	把你

leolehe	be	tuwaci,	sinde	majige	bifi
leole-he	be	tuwa-ci,	sinde	majige	bi-fi
議論-PFV	ACC	看-假設.CVB	2SG.DAT	略	有-順序.CVB
議論	把	看,	對你	略	有

dere.
dere.
INTJ
罷了。

【A】什麽話?自己走的自己不知道嗎?看起朋友們全議論你的来,你料有些兒罷。

【B】什庅話呢?自己行的自己不知道庅?看起朋友們都議論你的上頭,你畧有些兒罷。

【C】説的是甚麽話?自己行的自己不知道嗎?看起來朋友都議論你,你必畧有些兒。

【D】哎,說的是甚麼話呢? 自己行的自己不知道麽? 看起朋友們都議論你來,想必你是有點兒罷咧。

【E】這都是甚麼話呢? 自己行的自己不知道麽? 看起朋友們都議論你的來,想是你有點兒罷咧。

【F】哎,好笑了。儞自己行的事自己不知道麽? 儞這個事已打聽得明白,朋友們都議論儞,儞瞞不得的。

jiha	efire	de	ai	dube.	lifa	dosika
jiha	efi-re	de	ai	dube.	lifa	dosi-ka
錢	要玩-IPFV	LOC	什麼	末端	深入地	沉溺-PFV
錢	要玩	在	什麼	末端?	深入地	沉溺

sehede,	ai	bihe	seme	taksimbi.
se-he-de,	ai	bi-he	se-me	taksi-mbi.
說.AUX-PFV-LOC	什麼	有-PFV	說.AUX-并列.CVB	存留-PRS
要說,	什麼	有了	就說	存留?

【A】頑錢啊那是了手? 要說是貪進去了,就說是有什麼能存得住呢?
【B】頑錢那是個夠? 要說貪進去了,有什広存得住嗎?
【C】要錢甚麼捆兒? 陷溺在裡頭,有甚麼存得住呢?
【D】這要錢有甚麼捆兒? 若是陷進去了,那是個底兒?
【E】要[耍]錢有甚麼捆兒? 若是陷進去,有甚麼存得下的?
【F】儞看耍錢贏的人有幾個? 若儞迷在裡頭,就是常贏,那肯收場?

wajima	dubede	weile	daksa	de	tuheneraků
wajima	dube-de	weile	daksa	de	tuhene-ra-kū
末尾	末端-LOC	罪	過錯	DAT	墮入-IPFV-NEG
完結	末尾	罪	罪戾	在	不落入

oci,	urunakū	majige	hede
o-ci,	urunakū	majige	hede
成爲.AUX-假設.CVB	一定	略	家底
若,	一定	略	痕跡

funceburakū, boo boigon fulahūn
funce-bu-ra-kū, boo boigon fulahūn
剩餘-CAUS-IPFV-NEG 家 家産 赤貧
不剩餘, 家 産業 一無所有
wajifi, teni nakambi.
waji-fi, teni naka-mbi.
完結-順序.CVB 纔 停止-PRS
完了, 纔 停止。

【A】終久不遭罪戾,即將産業蕩盡,毫無所存之時,纔歇手呢。

【B】終久不遭罪戾,必將産業蕩盡,毫無一點底兒的時節,纔歇手呢。

【C】臨了兒不是犯罪戾,就一點産業剩不下,精光的完了纔止。

【D】就是不犯王法,也是連一個大錢賸不下,都是家業弄個精光的,纔撂開手。

【E】臨終末了兒,就是不犯王法,也是連一個大錢剩不下,家業弄個精光的,纔撂開了手。

【F】到末了,把家産弄得精光,纔撤手咯。這倆是圖甚麽?

ere gesengge, musei šan de donjiha yasa
ere gese-ngge, musei šan de donji-ha yasa
這 樣子-NMLZ 1PL.INCL.GEN 耳朵 LOC 聽-PFV 眼睛
這 樣子的, 咱們的 耳朵 在 聽見 眼睛
de sabuhangge, labdu akū bicibe,
de sabu-ha-ngge, labdu akū bicibe,
LOC 看見-PFV-NMLZ 多 NEG 雖然
在 看見的, 多 没有 雖然,
absi akū tanggū funcembi.
absi akū tanggū funce-mbi.
怎麽 NEG 一百 剩餘-PRS
怎麽 没有 百 餘。

【A】像这样的，咱们的耳躲里听见眼睛里看见的，虽然不多，只少也有一百还多。

【A】像這樣的，喒們的耳躲裡聽見眼睛裡看見的，雖然不多，只少也有一百還多。

【B】像這樣的，咱們耳聞眼見的，雖然不多，至少也有一百多。

【C】像這樣的，咱們耳裡聽見眼裡瞧見過的，至不及有百数多了。

【D】這様兒的事情，我眼裏見的耳朵裏聽的，雖不多，也有了百數個咯。

【E】這個様兒的事情，我的眼裡見的耳朵裡聽的，雖不多，也有百數個。

si	bi	muse	saha	tuwaha	gucu	kai,
si	bi	muse	sa-ha	tuwa-ha	gucu	kai,
2SG	1SG	1PL.INCL	知道-PFV	看-PFV	朋友	INTJ
你	我	咱們	知道	看到	朋友	啊,

aika	same	tafularakū,	wei	guwanta
aika	sa-me	tafula-ra-kū,	we-i	guwanta
若是	知道-并列.CVB	勸諫-IPFV-NEG	誰-GEN	關係
要是	知道	不勸,	誰的	關係

seci,	banjire	sain	serengge	aide.
se-ci,	banji-re	sain	se-re-ngge	ai-de.
説-假設.CVB	相處-IPFV	好	説.AUX-IPFV-NMLZ	什麼-LOC
説,	相處	好	説的是	豈?

【A】喒們是知己的朋友啊，要是明知不勸，説與誰什麼相干，豈説得是相好嗎？

【B】你我咱們是知己的朋友啊，要是明知不勸，説與誰相干，什庅是相好？

【C】咱們都是知心的朋友啊，若知道不勸，説管誰是，相好之處在那裡?

【D】咱們是知己的朋友,既知道了,若是不勸,要相好的作甚麼?

【E】咱們是知己的好朋友,知道若是不勸,要相好的做甚麼?

【F】咱們算是知己的朋友,我既聽見説,不得不勸儞。

aika akū oci, sain dabala. bi fujurulafi
aika akū oci, sain dabala. bi fujurula-fi
要是 NEG 若是 好 罷了 1SG 打聽-順序.CVB
要是 没有 若, 好 罷了。 我 打聽
ainambi.
aina-mbi.
做什麼-PRS
做什麼?

【A】要是没有的事,好罷咧。我打聽作什麼呢?

【B】要是没有,好罷咧。我打聽作什庅?

【C】寧(寧)可没有,好罷咧。我訪問他作什麼?

【D】總是不賭錢纔好,我必定打聽作甚麼呢?

【E】寧可没有更好,我必定打聽作甚麼?

【F】總是儞不要錢是好,我還要細細打聽作甚麼?

53 (A53 amba edun 大風, B53, C99, D98, E100, F37 冬日大風)

(【+F】這幾天天氣冷的狠,儞有出門麽? 有。)

sikse umai edun su akū, abka hocikosaka
sikse umai edun su akū, abka hocikosaka
昨天 全然 風 絲 NEG 天氣 好好的
昨天 全然 風 絲 没有, 天 好端端

bihengge,	gaitai	eherefi,	gehun	šun
bi-he-ngge,	gaitai	ehere-fi,	gehun	šun
存在.AUX-PFV-NMLZ	突然	變壞-順序.CVB	明亮的	太陽
來着	突然	變壞,	明亮	太陽

i	elden	gemu	fundehun	ohobi.
-i	elden	gemu	fundehun	o-ho-bi.
GEN	光	都	慘白	成爲.AUX-PFV-PRS
的	光	都	慘淡	成了。

【A】昨日並没風,是好好的天氣来着,清清亮亮的日色忽然變的冷颼颼的了。

【B】昨日並没風氣,天氣好好的來着,忽然一變,把一個清清亮亮的日光都慘淡了。

【C】昨日一點風絲没有,好端端的天來着,忽然變黄了,日光都慘淡了。

【D】昨兒個在衙門的時候兒,一點風兒都没有,很晴的好天來着,忽然變了,日頭都慘淡了。

【E】昨兒一點風兒都没有,很晴的好天來着,忽然變了,日頭都慘淡了。

【F】昨天我同幾個朋友出門,早上天狠晴的,就是冷還没有一點風;到了午後,忽然的天變了,起了白雲彩。

tede	bi	faijuma,	ayan	edun	dara	isika,
tede	bi	faijuma,	ayan	edun	da-ra	isi-ka,
那.LOC	1SG	不妥	大	風	吹-IPFV	到-PFV
在那	有	不妥,	大	風	颳風	來了,

edun	dekdere	onggolo,	muse	yoki	sefi.
edun	dekde-re	onggolo,	muse	yo-ki	se-fi.
風	起-IPFV	之前	1PL.INCL	走-IMP	説.AUX-順序.CVB
風	升起	之前,	咱們	走	説。

beri beri	facafi.
beri beri	faca-fi.
紛紛	分散-順序.CVB
紛紛	分開。

【A】那個上我説：大風要来了呀，乘着風還未起，喒們走罷。所以各自各自散了。

【B】那上頭我説：不好，要刮大風了，乘着風還未起，咱們走罷。各自各自散了。

【C】那上頭我説：天不妥要刮大風，趁起風之前，咱們快走罷。各自各自散去。

【D】這麼着麼，我就説：天氣不妥，要颳大風，趁着没有颳，咱們快走罷。各人也怕是這麼樣，都散了。

【E】因爲這麼着，我説：天氣不妥，要颳大風，趁着没有颳以前，咱們快走罷。各人都散了。

【F】我就説：天色不好，要颳起風了，趁這風没有來，咱們快走回去罷。纔説完，大傢都散了。

boode	isiname,	hoo	seme	amba	edun
boo-de	isina-me,	hoo	se-me	amba	edun
家-DAT	到達-并列.CVB	刮風貌	AUX-并列.CVB	大	風
在家	去到,	氣勢	大	大	風

dame	deribuhe.	mooi	subehe	edun	de
da-me	deribu-he.	moo-i	subehe	edun	de
颳風-并列.CVB	開始-PFV	樹-GEN	梢	風	LOC
颳	開始。	樹的	樹梢	風	被

febume	lasihibure	asuki	absi	ersun.
febu-me	lasihi-bu-re	asuki	absi	ersun.
頂風-并列.CVB	摔-PASS-IPFV	聲音	好不	醜
風頂住	使摔	聲音	好不	醜

【A】将到家裡,就乱[刮]起大風來了。把樹稍刮的乱摔的聲音,吹哨子的一様响,好醜聽。

【B】将到家裡,就刮起大風來了。樹稍刮的聲音狠醜聽。

【C】纔到家,忽忽的刮起大風來了。樹梢被風刮摔的聲氣好利害,山響的。

【D】我剛到了家,就颩起來了。實在是大,樹稍兒叫風摔得那個聲兒真可怕。

【E】我剛到了家,就颩起大風來咯。樹稍兒叫風颩着摔的那個聲兒真可怕。

【F】我剛走到家,一會的時候,就颩起大風來咯。颩的那樹上呼呼的有聲音。

hūjime	dahai	dobori	dulin
hūjime	da-hai	dobori	dulin
風吹樹葉響-并列.CVB	颩風-持續.CVB	夜	一半
風吹樹葉響	隨着	夜晚	半

otolo,	teni	majige	toroko.
o-tolo,	teni	majige	toro-ko.
成爲-直至.CVB	才	稍微	定-PFV
直到,	才	稍	風停了。

【A】刮到半夜裡,綫料料的定了些。

【B】狂風大作的刮到半夜裡,才畧定了些。

【C】刮到半夜裡,纔畧定了些。

【D】直颩到三更天,纔略住了些兒。

【E】直颩到三更天,纔略住了些兒。

【F】直颩了一夜,到如今還不住的。

ecimari	ebsi	jiderede,	jugūn	giyai	de	yabure
ecimari	ebsi	jide-re-de,	jugūn	giya-i	de	yabu-re
今早	這裡	來-IPFV-LOC	路	街-GEN	LOC	走-IPFV
今早	這裏	來朝向,	路	街的	在	走

urse	gemu	ilime	muterakū,	ho ha
urse	gemu	ili-me	mute-ra-kū,	ho ha
人們	都	站-并列.CVB	能够-IPFV-NEG	喘氣貌
人們	都	站立	不能,	打寒噤聲

seme	sujumbi.
se-me	suju-mbi.
AUX-并列.CVB	跑-PRS
	跑。

【A】今日早起徃這裡来,走着見街道上的人全站不住,喝喝哈哈的跑啊。

【B】今日早起徃這們來,街道上行走的人都站不住,吸吸哈哈的跑。

【C】今日早徃這們來時,路兒上走的人都站不住,什什哈哈的跑。

【D】今兒早起往這麽來的時候兒,看見道兒上的人們都是站不住,個個兒是吸吸哈哈的跑。

【E】今兒早起往這麽來的時候兒,看見道兒上的人們都是站不住,個個兒是吸吸哈哈的跑。

bi	aika	edun	i	cashūn	bihe	bici,	hono
bi	aika	edun	-i	cashūn	bi-he	bici,	hono
1SG	若是	風	GEN	順着	存在-PFV	若是	還
我	要是	風	的	順風	有	若,	還

yebe	bihe,	geli	ishun	ojoro	jakade,
yebe	bihe,	geli	ishun	ojo-ro	jakade,
稍好	PST	又	迎面	成爲-IPFV	之時
好	來着,	又	迎面	可以	時候,

dere	ai	ulme	tokoro	adali	cak cak	sembi.
dere	ai	ulme	toko-ro	adali	cak cak	se-mbi.
臉	什麼	針	刺扎-IPFV	一樣	凜冽貌	AUX-PRS
臉	怎麼	針	扎	一樣	凍的疼。	

【A】我要是順着風来,還好来着;又是迎着風的上頭,把臉凍的像針扎的一樣疼啊。

【B】我要是順風,還好來着;又是迎風的上頭,臉上倒像針扎的一樣疼。

【C】我先順着風,還好些來着;後來迎風的上頭,臉阿什麼竟似針扎的一樣的凍的疼。

【D】我先是順着風兒走,還好些兒;後來迎着風兒走的時候兒,那臉啊顋啊就像是鍼兒扎的似的凍得疼。

【E】我先是順着風兒走,還好些兒;後來迎着風兒走的時候兒,那臉啊腮啊就像是針兒扎的似的凍得疼。

【F】我望儞這來,先是順着風兒走還好些;後首轉個彎迎着風兒走,臉腮上被風吹的好像針兒扎的一樣。

gala	simhun	beberefi,	šusiha	jafara	de	gemu
gala	simhun	bebere-fi,	šusiha	jafa-ra	de	gemu
手	指	凍僵-順序.CVB	鞭	拿-IPFV	LOC	都
手	手指	凍僵,	鞭子	抓	時	都

fakjin	baharakū	ohobi.
fakjin	baha-ra-kū	o-ho-bi.
倚靠	得到-IPFV-NEG	成爲.AUX-PFV-PRS
無能爲力		成了。

【A】手指頭凍拘了,拿鞭子的勁全没了。

【B】手指頭凍拘了,連拿鞭子都不得勁了。

【C】手指都凍拘攣了,拿鞭子都不得勁。

【D】手指頭拘攣了,連鞭子都拏不住。

【E】手指頭凍得拘攣了,連鞭子都拿不住。
【F】凍得我手拿鞭子,也拿不住。

juliyaha	cifenggu,	na	de	isinanggala	uthai	juhene,
juliya-ha	cifenggu,	na	de	isina-nggala	uthai	juhene,
吐-PFV	唾沫	地	DAT	到達-之前.CVB	就	結冰.IMP
吐	唾沫,	地	在	將到前	就	凍冰,

katak	seme	meyen	meyen	i	lakcambi.
katak	se-me	meyen	meyen	-i	lakca-mbi.
結冰貌	AUX-并列.CVB	節	節	INS	斷開-PRS
凍成的冰狀		節	節	地	斷碎。

【A】吐的唾沫,将到地下就凍成氷,跌的幾節子了。
【B】吐的唾沫,将到地下就凍成氷,跌的幾節子了。
【C】唾的唾沫,未到地下就凍成氷,一截一截的断碎。
【D】吐的唾沫,没到地兒也就凍成冰,一截兒一截兒的跌碎咯。
【E】吐的唾沫,没到地兒就凍成氷,一截兒一截兒的跌碎咯。
【F】吐的唾沫,没到地就成了冰,落到地下就碎了。

adada,	banjiha	ci	ebsi,	ere	gese	beikuwen	be,
adada,	banji-ha	ci	ebsi,	ere	gese	beikuwen	be,
哎呀	出生-PFV	ABL	以來	這	樣子	寒冷	ACC
哎呀好冷,	出生	從	以來,	這	樣	寒冷	把,

we	dulembuhe	ni.
we	dule-mbu-he	ni.
誰	經過-CAUS-PFV	呢
誰	使經歷	呢?

【A】好冷啊,有生以来,這個様的冷啊,誰經過来着呢?
【B】阿呀呀,有生以來,這樣的冷,誰經過呢?
【C】哎呀呀,有生以來,這樣大冷,誰經過來呢?

【D】嗳呀,有生以來,誰經過這個様兒的冷呢?

【E】嗳呀,有生以來,誰經過這個様兒的冷呢?

【F】真是好冷的天哪!

54(A54 doholon 瘸子,B54,C27,D27,E27,F55 試槍法)

si	sarkū,	ini	ere	gemu	se	asigan
si	sa-r-kū,	ini	ere	gemu	se	asigan
2SG	知道-IPFV-NEG	3SG.GEN	這	都	歲數	年輕
你	不知道,	他的	這	都	年紀	輕

senggi	sukdun	etuhun	i	haran,	udu	mudan	koro
senggi	sukdun	etuhun	-i	haran,	udu	mudan	koro
血	氣	力壯	GEN	緣故	幾	次	傷害
血	氣	力壯	的	緣故,	幾	次	傷害

baha	manggi,	ini	cisui	amtan	tuhembikai.
baha	manggi,	ini	cisui	amtan	tuhe-mbi-kai.
得到.PFV	之後	3SG.GEN	自然	興趣	倒-PRS-INTJ
得到	後,	他的	自然	興趣	懈怠。

【A】你不知道,這全是年青血氣強壯的過失,吃過幾遭虧,他那高興自然就去了。

【B】你不知道,這都是他年青血氣壯的過失,吃過幾次虧以後,自然就無了高興了。

【C】你不知道,這都是少年血氣壯的緣故,喫幾次虧之後,自然而然懶了。

【D】你不知道,這種好強都是年輕血氣旺的緣故,等着喫過幾次虧,自然而然的就心灰了。

【E】你不知道,這都是年輕血氣旺的緣故,吃幾次虧的時候兒,自然而然的就心瘵了。

【F】倆不知道,所有好勝的都是年輕血氣旺的緣故,等着吃過幾次虧,心就灰了,再不肯同人計較咯。

(【+F】爲甚麽?)

aide	saha	seci.	bi	daci	uthai
ai-de	sa-ha	se-ci.	bi	daci	uthai
什麽-LOC	知道-PFV	説.AUX-假設.CVB	1SG	原本	就
如何	知道?		我	原來	就

basilara	de	amuran,	mini	emu	mukūn	i
basilara	de	amuran,	mini	emu	mukūn	-i
武術	DAT	愛好	1SG.GEN	一	宗族	GEN
把式	對	喜歡,	我的	一	宗族	的

ahūn	i	emgi	inenggidari	urebumbihe.
ahūn	-i	emgi	inenggi-dari	urebu-mbihe.
兄長	GEN	一起	日子-每	練習-PST
阿哥		一起	每日	練習來着。

【A】從什麽上知道了呢?我從前就狠好鬧硬浪,我一個户中的阿哥,每日在一處演習来着。

【B】如何知道了呢?我從前就好打把勢,合我一個户中的哥哥每日家演習來着。

【C】何由得知呢?我當初就極好打把勢,日日演習來着。

【D】我這個人從前最好打把勢,天天兒演習;後來歇手,是爲甚麽呢?我們家兄也好動勁兒。

【E】我從前最好打把勢,天天兒演習。

【F】從前我同我家兄最喜歡動勁兒,天天兒演習。

mini	ahūn	i	gidalarangge	umesi	mangga,
mini	ahūn	-i	gidala-ra-ngge	umesi	mangga,
1SG.GEN	兄長	GEN	刺紮-IPFV-NMLZ	很	厲害
我的	阿哥	的	長槍	很	厲害,

juwan	udu	niyalma	sehe	seme,	ini
juwan	udu	niyalma	se-he	seme,	ini
十	幾	人	説.AUX－PFV	即使	3SG.GEN
十	多	人		即使	他的

beyede	hanci	fimeci	ojorakū.
beye-de	hanci	fime-ci	ojo-ra-kū.
身體－LOC	近處	挨近－假設.CVB	可以－IPFV－NEG
身體	近處	挨近	不可以。

【A】我阿哥的長鎗耍的狠精，就説是十幾個人，不能到他的跟前。

【B】我哥哥耍的鎗狠精，就是十幾個人，不能近他的身。

【C】我阿哥鎗扎的狠好，雖有十餘人，近他身子不得。

【D】慣使的是鎗，就有十幾個人兒，也到不了他跟前兒，這樣兒的本事。

【E】我哥哥慣使的是鎗，就有十幾個人兒，也到不了他跟前兒，這樣兒的本事。

【F】他慣使的是鎗，就有十幾個人，也到不了他跟前。

uttu	bime,	hono	emu	mangga	bata	be	ucarahabi.
uttu	bime,	hono	emu	mangga	bata	be	ucara-ha-bi.
這樣	而且	還	一	難	敵人	ACC	遇見－PFV－PRS
雖然，		還	一	厲害	對手	把	遇見。

【A】那樣的，後來還遇見一個對手呢。

【B】這樣的，尚且遇見了一個硬對兒。

【C】這樣，而且後來還遇見一個异人。

【E】而且後來還遇見了一個人，是利害過他的呢。

【F】他就自作能幹，到處去試鎗法。那知道天下還有能人，一下就敗了。

這是怎麼説的？令兄有這樣的鎗法，可以算得狠好的本事，那有一打就敗的？

nakcu i boode jihe emu toksoi niyalma,
nakcu -i boo-de ji-he emu tokso-i niyalma,
舅舅 GEN 家-LOC 來-PFV 一 屯-GEN 人
舅舅 的 家 來了 一 屯的 人,
bethe doholon, loho maksime bahanambi
bethe doholon, loho maksi-me bahana-mbi
脚 瘸 腰刀 舞動-并列.CVB 會-PRS
脚 瘸子 腰刀 耍 會
sembi, juwe niyalma emu bade ucarafi.
se-mbi, juwe niyalma emu ba-de ucara-fi.
説.AUX-PRS 二 人 一 處-LOC 遇見-順序.CVB
説, 兩 人 一 處在 遇見。

【A】徃舅舅家来的一個屯裡的人,瘸着腿子,會耍腰刀,他們二人會在一處,

【B】舅舅家來的一個屯裡人,瘸腿子,説會耍腰刀,兩個人會在一處,

【C】舅舅家來了一個屯裡人,瘸着腿,説是會耍刀,兩個人遇在一處,

【D】這一日,在我舅舅家還遇見了一個人,是從屯裏來了一個瘸子會耍刀,

【E】我舅舅家從屯裡來了一個瘸子,會耍刀,

【F】照他的本事,還算不得。有一天在我舅舅家遇見一個人,是屯裡來的一個瘸子,會耍棍的,

erdemu be cendeki seme, teisu teisu
erdemu be cende-ki se-me, teisu teisu
本事 ACC 比試-IMP 説.AUX-并列.CVB, 各自 各自
本事 把 欲比試 要, 各自 各自
agūra be gaiha manggi.
agūra be gai-ha manggi.
武器 ACC 取-PFV 之後
器械 把 取了 之後。

【A】要試試本事，各自各自拿了軍器。

【B】要試試本事，各自各自拿了器械。

【C】説是要試本事，各自各自拿了器械。

【D】他們倆説要試一試本事，各自拏了各自的兵器。

【E】他們倆説要試試本事，各自拿了各自的兵器。

【F】他和我家兄説要試試本事，就各自拿了各自的兵器對較。

mini	age	yasa	de	geli	imbe	dabumbio.
mini	age	yasa	de	geli	imbe	dabu-mbi-o.
1SG.GEN	阿哥	眼睛	LOC	又	3SG.ACC	放置-PRS-Q
我的	阿哥	眼睛	在	又	把他	放置嗎？

anahūnjara	ba	inu	akū,	uthai	gida	be	dargiyafi
anahūnja-ra	ba	inu	akū,	uthai	gida	be	dargiya-fi
謙讓-IPFV	處	也	NEG	就	長槍	ACC	舉起-順序.CVB
謙讓	處	也	没有，	就	長槍	把	顫動

niyaman	jaka	be	baime	emgeri	gidalaha.
niyaman	jaka	be	bai-me	emgeri	gidala-ha.
心臟	處所	ACC	找-并列.CVB	一次	刺紮
心臟	處所	把	找	一次	紮了。

【A】我阿哥眼裡還有他来着嗎？也不讓一讓，就顫動長鎗往心窩裡一扎，

【B】我哥哥眼裡還看得起他庅？讓也不讓，就使動長鎗照着心窩裡一扎，

【C】我阿哥眼裡那裡有他？讓也不讓，就舉起槍來照心口一扎，

【D】我們家兄心裏那兒有他呢？拏起鎗來直往他心口上就是一扎，

【E】我哥哥心裡那兒有他呢？拿起鎗來直往他心口上就是一扎，

【F】我家兄心裡那兒有他呢？拿起鎗來直往他心口上就是一扎，

tere	doholon	majige	ekšerakū,	elhe	nuhan	i
tere	doholon	majige	ekše-ra-kū,	elhe	nuhan	-i
那個	瘸子	稍微	慌忙-IPFV-NEG	安穩	從容	INS
那	瘸子	一點	不慌,	安穩	從容	地

jeyen	ešeme	emgeri	jailabume	sacime
jeyen	eše-me	emgeri	jailabu-me	saci-me
刃	斜-并列.CVB	一次	挪開-并列.CVB	砍-并列.CVB
刀	斜着	一次	挪開	砍,

ofi,	gida	i	dube	uthai	mokso	emu
o-fi,	gida	-i	dube	uthai	mokso	emu
成爲.AUX-順序.CVB	槍	GEN	尖端	就	截斷	一
	槍	的	頭端	就	折斷	一

meyen	genehe.
meyen	gene-he.
節	去-PFV
節	去了。

【A】那個瘸子也不慌也不忙,慢慢的拿刀斜磕一下,把長鎗的頭兒就磕折了一節子去了。

【B】那個瘸子不慌不忙,慢慢的拿刀斜磕一下,鎗頭兒就折了一節子去了。

【C】瘸子一點不忙,從從容容的用刀刃一攩,我阿哥的槍尖子齊槎的去了一截。

【D】那個瘸子一點兒也不忙,從從容容的使刀一架,我們家兄的鎗尖兒齊各鑓兒的斷了一截兒去了。

【E】那個瘸子一點兒不忙,從從容容的使刀一架,我哥哥的鎗尖兒齊各鑓兒的斷了一截兒。

【F】那個瘸子一點兒也不忙,從從容容的使棍一搪,就把那鎗打歪了。

gida	be	gocime	jabdunggala,	loho	aifini
gida	be	goci-me	jabdu-nggala,	loho	aifini
槍	ACC	抽-并列.CVB	來得及-之前.CVB	腰刀	早已
槍	把	抽	來不及,	腰刀	早已

monggon	de	sindaha.
monggon	de	sinda-ha.
脖子	LOC	放-PFV
脖子	在	放置了。

【A】將抽鎗時,那腰刀早已放在脖子上了。

【B】還未抽鎗時,腰刀早已放在脖子上了。

【C】槍還未抽迭當,腰刀早放在脖子上了。

【D】趕着就抽鎗,没抽迭,瘸子的刀早已放在脖子上了。

【E】趕着抽鎗,没抽迭,刀早已放在脖子上了。

【F】我家兄趕緊收鎗,還没收回,棍子已經打在腿肚上。

teni	jailaki	serede,	monggon	be	hahūra
teni	jaila-ki	se-re-de,	monggon	be	hahūra
纔	躲-IMP	説.AUX-IPFV-LOC	脖子	ACC	掐住.IMP
纔	躲避	要時,	脖子	把	纏住

nakū,	lasihime	emgeri	fahara	jakade,	ududu
nakū,	lasihi-me	emgeri	faha-ra	jakade,	ududu
之際	揮-并列.CVB	一次	摔-IPFV	之時	數次
之後,	擺動	一次	摔	之時,	若干

okson	i	dubede	maktafi,
okson	-i	dube-de	makta-fi,
步	GEN	末端-DAT	抛-順序.CVB
脚步	的	往末端	抛,

【A】纔要躲時,被刀把脖子纏住,跟着就要砍的上,倒退了好幾步,

【B】纔一要躲,被刀把脖子纏住,跟着一摔,擲出好幾步遠,

【C】纔要躲,被他夾住脖子,撂着一摔的上頭,撂出好幾步外,
【D】我們家兄要躲,叫他夾着脖子,一摔,撂出好遠的去了。
【E】纔要躲,呌他夾着脖子,一摔,撂出好遠的去咯。
【F】摔了一倒,

kub	seme	tuheke.	tereci	niyancan
kub	se-me	tuhe-ke.	tere-ci	niyancan
倒下貌	AUX-并列.CVB	倒-PFV	那-ABL	鋭氣
撲的		跌倒了。	從此	勇氣

bijafi,	jai	jai	tacirakū	oho.
bija-fi,	jai	jai	taci-ra-kū	o-ho.
折斷-順序.CVB	再	再	學-IPFV-NEG	成爲.AUX-PFV
挫折,	再	也	不學習	了。

【A】撲的一聲就跌倒了。從那個上把高興打断,再也不學了。
【B】撲的跌倒了。從此把高興打断,再也不學了。
【C】實拍拍的倒了。從那上頭狠吊了味兒,再也不學了。
【D】因爲這麼着,他很没趣兒,我也再不學了。
【E】因爲這上頭,很没味兒,再也不學了。
【F】半天爬不起來。看這個樣,狠没趣啊,我由此再也不説動勁了。

erebe	tuwaci,	abkai	fejergi	amba	kai,
ere-be	tuwa-ci,	abka-i	fejergi	amba	kai,
這-ACC	看-假設.CVB	天-GEN	下面	大	INTJ
由此	看來,	天的	下面	大	啊,

mangga	urse	ai	yadara.
mangga	urse	ai	yadara.
厲害	人們	怎麼	少
厲害	人	豈	缺少?

【A】以此看来,天下最大啊,能人岂少吗?

【A】以此看來,天下最大啊,能人豈少嗎?
【B】以此看來,天下之大,能人不少啊。
【C】看起這個來,天下大着呢,能人豈少麽?
【D】看起這個來,天下的能人還少麽?
【E】看起這個來,天下的能人還少麽?

55 (A55 genggiyen biya 明月, B55, C92, D91, E93, F31 泛月)

(【+F】爾吶這一向,有到那逛逛麽?)

cananggi	be	wargi	alin	de,	oihori	sebjelehe
cananggi	be	wargi	alin	de,	oihori	sebjele-he
前日	1PL.EXCL	西	山	DAT	何等的	歡樂-PFV
前日	我們	西	山	往,	何等的	快樂

bihe.
bihe.
PST
來着。

【A】喒們前日往西山裡去,何等的快樂来着。
【B】前日我們往西山裡去,好快樂來着。
【C】前日我們在西山裡好樂來着。
【D】前兒我們往西山裡逛去,那個樂可說得是盡了興了。
【E】前兒我們在西山裡好樂來着。
【F】前天我纔往西山逛去,狠有趣的。

inenggi	de	sargašara	efire	be,	hono	aisembi,
inenggi	de	sargaša-ra	efi-re	be,	hono	ai-se-mbi,
白天	LOC	游玩-IPFV	玩-IPFV	ACC	還	什麽-説-PRS
白天	在	玩耍	玩耍	把,	還	什麽説;

dobori	oho	manggi.	ele	se	selaha.
dobori	o-ho	manggi.	ele	se	sela-ha.
晚上	成爲.AUX-PFV	之後	更	很	爽快-PFV
夜裡	成爲	後,	越發	很	爽快了。

【A】白日裡遊頑的,説他作什麼;到了晚上,越發爽快了。

【B】白日裡遊頑,還説什嗎;到了夜裡,越發爽快了。

【C】白日裡遊玩,説甚麼;到夜晚上,更暢快了。

【D】白日裡游玩的樂啊,那是不必説的了;到了黑下的時候兒,更暢快。

【E】白日裡游頑樂啊,那是不必説的咯;到了黑下的時候兒,更暢快。

【F】别説白日裡的景致好,就是晚上的景致,説也説不到的,實在更好,大傢朋友們的興致更暢快。

(【+F】夜裡的光景怎樣更好,大傢們的游興怎樣更暢快,請説説給我聽。)

meni	udu	nofi	yamji	buda	jefi,
meni	udu	nofi	yamji	buda	je-fi,
1PL.EXCL.GEN	幾	個人	晚	飯	吃-順序.CVB
咱們的	幾	個	晚上	飯	吃,

jahūdai	de	tehe.	manggi,	goidahakū,	biya
jahūdai	de	te-he	manggi,	goida-ha-kū,	biya
船	LOC	坐-PFV	之後	久-PFV-NEG	月亮
船	在	坐了,		不久,	月亮

mukdefi,	gehun	elden	fosokongge	uthai
mukde-fi,	gehun	elden	foso-ko-ngge	uthai
出來-順序.CVB	明亮	光	照-PFV-NMLZ	就
高升,	明亮	光	照了的	就

inenggi šun i adali.
inenggi šun -i adali.
白天 太陽 GEN 一樣
白天 太陽 的 一樣。

【A】我們幾個人吃了晚飯,坐上了船,不多的時候,月已高升,光輝射照的就像白日裡一樣。

【B】我們幾個人吃了晚飯,坐上船,不多時,月已高升,光輝射照的猶如白晝[晝]。

【C】我們幾個人喫了晚飯,坐上了船,不久,月亮上來,光輝照耀就如白晝。

【D】我們幾個人喫了晚飯,坐上船,不大的工夫兒,月亮就上來了,照得如同白日一樣。

【E】我們幾個人吃了晚飯,坐上船,不久的工夫兒,月亮上來,照得如同白日的一個樣。

【F】我們到了下晚,僱小船坐着,順着水往下走,不大久的時候,月亮上來了,照得到處如晝。

elhei šurubume edun i ici wasihūn
elhe-i šuru-bu-me edun -i ici wasihūn
慢慢-INS 撐船-CAUS-并列.CVB 風 GEN 順着 向下
慢慢 周圍 風 的 方向 向下

genehei, alin i oforo be murime
gene-hei, alin -i oforo be muri-me
去-持續.CVB 山 GEN 鼻子 ACC 轉彎-并列.CVB
去了, 山嘴 把 轉過

dulefi tuwaci, abka birai boco fuhali
dule-fi tuwa-ci, abka bira-i boco fuhali
通過-順序.CVB 看-條件.CVB 天 河-GEN 颜色 竟然
過去 看, 天 河的 颜色 竟然

ilgaburakū	hūwai	sembi,	yala	alin
ilga-bu-ra-kū	hūwai	se-mbi,	yala	alin
分别-PASS-IPFV-NEG	水大貌	AUX-PRS	實在	山
不辨别	水大的樣子,		實在	山

genggiyen	muke	bolgo	seci	ombi.
genggiyen	muke	bolgo	se-ci	o-mbi.
明	水	清	説.AUX-條件.CVB	可以-PRS
明亮	水	乾净	説	可以。

【A】慢慢的撑着船順着風去,轉過山嘴子去一看,竟是天水一色幽静匪常,真可謂山青水秀。

【B】慢慢的撑着船順着風往下去,轉過山嘴一看,竟是天水一色幽静非常,真可謂山青水秀。

【C】慢慢的挣着船順流下去,轉過山嘴一瞧,天月之光竟無分别,浩浩如銀,實在是山净水清。

【D】慢慢兒的撑着船,順着水兒往下走,轉過了山嘴兒一瞧,那水和天的顔色兒上下一樣,浩浩如銀,竟無所分别,實在是水清山静。

【E】慢慢兒的撑着船,順着水兒往下走,轉過了山嘴兒一瞧,那水和天的顔色兒是一個樣,竟無所分别,浩浩如銀,實在是水清山静。

【F】我們慢慢的撑着船,轉過了山鼻一瞧,船外四面水光和那天一個樣的顔色,没甚麼分别,實在山清水秀,萬籟無聲。

selbihei,	ulhū	noho	i	šumin	bade	isinaha
selbi-hei,	ulhū	noho	-i	šumin	ba-de	isina-ha
撑船-持續.CVB	蘆葦	盡是	GEN	深	處-LOC	到達-PFV
蕩槳,	蘆葦	盡是	的	深處	處	去到

bici.	holkonde	jungken	i	jilgan	yang
bi-ci.	holkonde	jungken	-i	jilgan	yang
存在.AUX-條件.CVB	忽然間	鐘	GEN	聲音	鐘響聲
	忽然	鐘	的	聲音	鐘響聲

yang	seme	edun	i	ici	šan	de
yang	se-me	edun	-i	ici	šan	de
響聲	AUX-并列.CVB	風	GEN	順着	耳朵	LOC
悠揚		風	從	順着	耳朵	在

bahabure	jakade.
baha-bu-re	jakade.
得到-PASS-IPFV	之時
聽見	時候。

【A】又撑着船，将到了蘆葦深處，忽然從順風裡聽見嗜嗜的鍾聲。

【B】撑着船，到了蘆葦深處，忽然從順風裡聽見鐘聲悠揚的時候。

【C】趕划到蘆葦深處，忽聽見鐘聲，順風而來。

【D】趕撐到蘆葦深的去處兒，忽然聽見廟裡的鐘聲兒，順着風兒悠悠揚揚的來了。

【E】趕撑到蘆葦深的去處兒，忽然聽見廟裡的鐘聲兒，順着風兒悠悠揚揚的來咯。

【F】我們船上幾個人，飲着酒談心，船撑到蘆影子邊，忽然有點風，送來了山上古廟的鐘聲。

tumen	hacin	i	gūnin	seolen	ede	isinjifi
tumen	hacin	-i	gūnin	seolen	ede	isi-nji-fi
一萬	種類	GEN	心思	思慮	在此	到-來-順序.CVB
一萬	種類	的	思想	思慮	在此	來到

uthai	muke	de	oboho	adali.
uthai	muke	de	obo-ho	adali.
就	水	LOC	洗-PFV	一樣
就	水	用	洗	一樣。

【A】到了那個時候，竟把那萬宗的思慮付與流水，

【B】竟把萬種思慮付之流水，

【C】萬種思慮，到此就像水洗了的一樣，

【D】那時候心裡頭萬慮皆空,好像水洗了似的,

【E】然(那)時間心裏頭萬慮俱消,就好是水洗了的是一個様兒的,

【F】真是教人萬慮都消盡,心裡頭好像水洗了一樣的,

geterembuhekūngge	akū.	udu	jalan	ci
getere-mbu-he-kū-nggge	akū.	udu	jalan	ci
洗净-CAUS-PFV-NEG-NMLZ	NEG	雖然	世間	ABL
不使洗乾净的	没有。	雖然	世間	從

colgorome	tucike	enduri	sehe	seme.
colgoro-me	tuci-ke	enduri	se-he	seme.
超出-并列.CVB	出-PFV	神仙	AUX-PFV	雖然
超凡	出來的	神仙		即使,

manggai	tuttu	sebjelere	dabala.
manggai	tuttu	sebjele-re	dabala.
不過	那様	歡樂-IPFV	罷了
不過	那様	高興	罷了。

【A】無有不乾乾净净了。雖説是超凡出世的神仙,也不是那様的樂罷咧。

【B】無有不乾乾净净的了。総然超凡出世的神仙,也不過是那様樂罷咧。

【C】無不盡除的。雖説是出世的神仙,也不過這様樂罷咧。

【D】那麼乾净。就是出了世的神仙,也不過是這麼様兒樂罷咧。

【E】乾净。就是出了世的神仙,也不過是這麼様兒樂罷咧。

tuttu	ofi,	ishunde	amtanggai	omicahai,	hercun
tuttu	ofi,	ishunde	amtangga-i	omi-ca-hai,	hercun
那様	因爲	互相	有興趣-INS	喝-齊-持續.CVB	知覺
因此,		彼此	有興趣的	互相喝着,	知覺

akū	adarame	gereke	be	sarkū
akū	adarame	gere-ke	be	sa-r-kū
NEG	怎麼	亮-PFV	ACC	知道-IPFV-NEG
無	怎麼	天亮	把	不知

ohobi.
o-ho-bi.
成爲.AUX-PFV-PRS
成了。

【A】因是那樣，彼此暢飲，不知怎麼樣的天就亮了。

【B】因此上，彼此高興暢飲，不知不覺的天就亮了。

【C】因那樣，彼此高興歡飲，不覺多嗒亮了也不知道了。

【D】我們幾個人更高了興咯，直喝到天亮，也不覺醉，也不覺乏。

【E】我們幾個人更高了興咯，直喝到天亮，也不覺醉。

【F】我們幾個人更高了興，居然的酒杯不放下，直飲到天亮，也不覺醉。昨天纔回來。

niyalma	seme	jalan	de	banjifi.
niyalma	se-me	jalan	de	banji-fi.
人	AUX-并列.CVB	世間	LOC	生活-順序.CVB
人		世上	在	生活，

enteke	genggiyen	biya	sain	arbun	be
enteke	genggiyen	biya	sain	arbun	be
這樣	明亮	月亮	好	風景	ACC
那樣的	明亮的	月亮	好	風景	把

ucararangge,	giyanakū	udu.	untuhuri
ucara-ra-ngge,	giyanakū	udu.	untuhuri
遇見-IPFV-NMLZ	能有	幾次,	徒然
遇見	能有	幾遭?	徒然

dulembumbi,	hairakan	akū	semeo.
dule-mbu-mbi,	hairaka	akū	se-me-o.
過去-CAUS-PRS	可惜	NEG	説.AUX-并列.CVB-Q
度過	可惜	没有	嗎?

【A】人生在世,能遇見幾遭那様的美景明月呢? 徒然過去,不可惜嗎?

【B】人生在世,似這等明月美景能遇見幾遭? 空空的過去,豈不可惜?

【C】人生在世,這様明月好景能有多少? 空空過去,豈不可惜麽?

【D】人生在世,像這個様兒的風清月朗的景致能彀遇着幾回? 若是徒然虚度了,豈不可惜了兒的麽?

【E】爲人在世,若遇這個様兒的風清月朗的好景致能有幾回? 若是徒然虚度了,豈不可惜了兒的麽?

【F】我們出去逛,就遇着這様的好景致,有幾回呢?

(【+F】哎,可惜的,我卻不知道。若是知道,也和倆們同去逛一逛。)

56 (A56 cira 氣色, B56, C45, D45, E45, F21 失調沾病, G27 着凉)

si	ainahabi.	cira	biyabiyahūn,	kob	seme
si	aina-ha-bi.	cira	biyabiyahūn,	kob	se-me
2SG	怎麽-PFV-PRS	臉色	蒼白	完全	AUX-并列.CVB
你	怎麽了?	氣色	煞白的,	完全	地

wasifi	ere	durun	oho.
wasi-fi	ere	durun	o-ho.
消瘦-并列.CVB	這個	様子	成爲.AUX-PFV
消瘦	這	模様	成了。

【A】你怎麼了？氣色煞白的，消瘦的這樣了。
【B】你怎広了？氣色煞白的，消瘦的這樣了。
【C】阿哥怎麼樣了？面色煞白，這個樣子了。
【D】兄台你怎麼咯？臉上刷白的，冷孤丁的就瘦成這個樣兒了。
【E】大哥你怎麼咯？臉上傻白的，冷孤丁的瘦成這個樣兒了。
【F】𠈌呐怎麼咯？臉上傻白的，冷孤丁的就瘦得這個樣了。
【G】大哥你怎麼咯？臉上刷白的，冷孤丁的瘦成這個樣兒了。

age	si	sarkū,	ere	udu	inenggi	ulan
age	si	sa-r-kū,	ere	udu	inenggi	ulan
阿哥	2SG	知道-IPFV-NEG	這	幾	日子	溝
阿哥	你	不知，	這	幾	日	溝

fetere	de	wa	su	umesi	ehe,	tere	dade
fete-re	de	wa	su	umesi	ehe,	tere	dade
刨-IPFV	LOC	味道	氣味	非常	壞	那個	不但
挖	時	味道	氣味	很	壞，	而且	

geli	gaitai	šahūrun	holkonde	halhūn,	toktohon	akū,
geli	gaitai	šahūrun	holkonde	halhūn,	toktohon	akū,
又	忽然	冷	忽然	熱	定準	NEG
又	突然	冷	忽然	熱，	定準	没有，

tuttu	ofi	niyalma	gemu	beyebe	ujire	an
tuttu	ofi	niyalma	gemu	beye-be	uji-re	an
那樣	因爲	人	都	身體-ACC	養-IPFV	平常
因此		人	都	把身體	養	常規

kemun	baharakū.
kemun	baha-ra-kū.
準則	得到-IPFV-NEG
標準	不能。

【A】阿哥你有所不知，這幾日刨溝的氣味狠不好，又搭着一冷

一熱的上,没有定準,所以人不能照常的将養身子。

【B】阿哥你不知道,這幾日刨溝的氣味狠不好,又搭着一冷一熱的,没有定準,所以人都不得養身子的準則。

【C】你不知道,這一向刨溝的氣味甚不好,而且身子又畧受了些涼,不大甚好。

【D】老弟你不知道,因爲這幾天淘溝的味兒很不好,又搭着天氣乍涼乍熱的,没準兒,故此人都不能保養身子。

【E】大哥你不知道,這幾天掏溝的味兒很不好,又搭着忽然熱忽然涼的,没准兒,因爲這樣兒,故此人都不能保養身子。

【F】𠍲吶不知道,這一向掏溝的氣味狠不好聞,又加天氣忽然的熱忽然的涼,没有一點準,很難保身子。

【G】老弟你不知道,因爲這幾天淘溝的味兒很不好,又搭着天氣乍涼乍熱的,没準兒,故此人都不能保養身子。

cananggi	budai	erinde	šahūrukan	bihengge.
cananggi	buda-i	erin-de	šahūrukan	bi-he-ngge.
前天	飯-GEN	時候-LOC	凉快	存在-PFV-NMLZ
前日	飯的	時候	凉快	曾有,

gaitai	halhūn	ofi	niyalma	hamici
gaitai	halhūn	o-fi	niyalma	hami-ci
突然	熱	成爲.AUX-順序.CVB	人	忍得住-假設.CVB
忽然	熱	是	人	忍受

ojorakū.	dembei	fathašambi.	beyei	gubci
ojo-ra-kū.	dembei	fathaša-mbi.	beye-i	gubci
可以-IPFV-NEG	非常	煩躁-PRS	身體-GEN	整個
不可以,	非常	煩躁,	身體	整個

hūmbur	seme	nei	tucire	jakade.	sijigiyan
hūmbur	se-me	nei	tuci-re	jakade.	sijigiyan
汗淋淋	AUX-并列.CVB	汗	出-IPFV	之時	袍子
汗淋淋地		汗	出來	時,	袍子

be sufi. majige serguwešeki seme.
be su-fi. majige serguweše-ki se-me.
ACC 脱-順序.CVB 稍微 凉快-IMP 説.AUX-并列.CVB
把 脱下 稍微 凉快 要

【A】而且前日飯時是涼涼快快的来着,忽然熱的叫人受不得,煩燥的狠,出了通身的汗的上,把袍子脱了涼快着。

【B】前日飯時涼涼快快的來着,忽然熱的人受不得,狠煩燥,因爲出了一身的痛汗,要涼快涼快,脱了袍子。

【C】前日城外署有些事,步行去的上頭,渾身汗出透了,那上頭脱了袍子,署涼快涼快。

【D】前兒喫早飯的時候兒就很涼來着,一會兒的時候兒又熱起來了,人人都受不得,我炮燥的出了一身透汗,脱了袍子,要涼快涼快。

【E】前兒吃早飯的時候兒就很涼來着,一會兒的時候兒又熱起來了,人人兒都受不得,炮燥的出了一身透汗,纔脱了袍子,要涼快涼快。

【F】有一天吃午飯的時候狠悶熱,出了一身汗,我纔吃了飯,欲一兩碗冷茶,就脱了袍子,躺着春櫈,涼快涼快。不覺睡着了,一直到傍晚纔醒。

【G】前兒喫早飯的時候兒就很涼來着,一會兒的時候兒又熱起來了,人人都受不得,我炮燥的出了一身透汗,脱了袍子,要涼快涼快。

emu moro šahūrun cai omiha bici,
emu moro šahūrun cai omi-ha bi-ci,
一 碗 冷 茶 喝-PFV 存在.AUX-假設.CVB
一 碗 冷 茶 喝了 有,

ilihai andande uju uthai nimeme deribuhe.
ilihai andande uju uthai nime-me deribu-he.
立刻 瞬間 頭 就 痛-并列.CVB 開始-PFV
立刻 頭 就 疼 開始。

【A】喝了一碗涼茶的上,立刻的頭就疼起来了,

【B】将喝了一碗涼茶,立刻頭就疼起來了,

【C】喝了一碗涼水,頃刻間就頭疼起來,

【D】又喝了碗涼茶,立刻就頭疼起來了,

【E】又喝了碗涼茶,就立刻頭疼起來了,

【F】那知道日前暗衝了一點掏溝的臭味伏在內,這又把冷茶一飲,又一涼快,再加晝睡,立刻的頭疼,

【G】又喝了碗涼茶,立刻就頭疼起來了,

oforo	inu	wanggiyanaha,	bilha	inu	sibuha,	beye
oforo	inu	wanggiyana-ha,	bilha	inu	sibu-ha,	beye
鼻	也	傷風-PFV	喉嚨	也	沙啞-PFV	身體
鼻子	也	傷風了,	嗓子	也	啞了,	身體

tugi	de	tehe	adali	hūi	sembi.
tugi	de	te-he	adali	hūi	se-mbi.
雲	LOC	住-PFV	一様	眩暈	AUX-PRS
雲	在	住着	一様	暈。	

【A】鼻子也囔了,嗓子也啞了,渾身發冷,狠覺着昏沉了。

【B】鼻子也囔了,嗓子也啞了,身子昏沉,好似駕雲的一般。

【C】鼻子也傷了風了,嗓子也啞了,身子如坐雲中發暈。

【D】鼻子也傷了風咯,嗓子也啞了,身子像坐在雲彩上的一様,暈暈忽忽的不舒服。

【E】鼻子也傷了風咯,嗓子也啞了,身子坐在雲彩上的似的,暈暈忽忽的不舒服。

【F】鼻子也不通,嗓子也啞了,暈暈彿彿的,渾身不舒服,昨天纔瘥些。

【G】鼻子也傷了風咯,嗓子也啞了,身子像坐在雲彩上的一様,暈暈忽忽的不舒服。

sini	teile	tuttu	waka,	mini	beye	inu	asuru
sini	teile	tuttu	waka,	mini	beye	inu	asuru
2SG.GEN	僅僅	那樣	不是	1SG.GEN	身體	也	很
你的	僅僅	那樣	不是，	我的	身體	也	很

cihakū,	aššara	de	bambi.
cihakū,	ašša-ra	de	ba-mbi.
不舒服	動彈-IPFV	LOC	倦怠-PRS
不舒服，	活動	對	懈怠。

【A】並不是你一個人那樣的，我的身子也有些不舒服，懶怠動轉。
【B】不但獨你那樣，我的身子也不大舒服，懶怠動。
【C】不但你是那樣，我的身子也不甚舒服，懶怠動。
【D】不獨你是那樣兒，我的身子也不爽快，懶怠動。
【E】不獨你是那樣兒，我的身子也不爽快，懶怠動。
【F】不止儞是這樣的，我的身子也不爽快，狠嬾怠動。
【G】不獨你是那樣兒，我的身子也不爽快，懶怠動。

jabšan	de	sikse	jekengge	omihangge
jabšan	de	sikse	je-ke-ngge	omi-ha-ngge
幸運	LOC	昨天	吃-PFV-NMLZ	喝-PFV-NMLZ
幸運	在	昨天	吃的	喝的

wacihiyame	oksiha,	akūci	enenggi	inu	katunjame
wacihiya-me	oksi-ha,	akūci	enenggi	inu	katunja-me
完盡-并列.CVB	吐-PFV	否則	今天	也	挣扎-并列.CVB
全部	吐了，	否則	今天	也	挣紮

muterakū	oho.
mute-ra-kū	o-ho.
能够-IPFV-NEG	成爲.AUX-PFV
不能够	成了。

【A】幸而昨日吃了的喝了的東西全吐了，不然今日也不能免強

来着。

【B】幸而昨日吃的喝的全都吐了,不然今日也不能扎挣。

【C】幸而這幾日總没喫什麽,今日纔畧好些。

【D】幸而昨兒把所喫所喝的全吐了,不然今兒也就扎挣不住了。

【E】幸而昨兒把所吃所喝的全吐了,不然今兒也扎挣不住了。

【F】昨夜肚子裡難受,幸得把所吃飲的全吐了,纔好了。不是這樣,今天也挣不住了。

【G】幸而昨兒把所喫所喝的全吐了,不然今兒也就扎挣不住了。

bi sinde emu sain arga tacibure, damu hefeli
bi sinde emu sain arga tacibu-re, damu hefeli
1SG 2SG.DAT 一 好 方法 教導-IPFV 只是 肚子
我 給你 一 好 辦法 教, 只 肚子
be omiholobu,
be omiholo-bu,
ACC 餓-CAUS.IMP
把 餓着,

【A】我教給你一個好方法兒,把肚子餓着,

【B】我教給你一個好法子,把肚子餓着,

【C】總而言之,只餓着肚腹,

【D】我教給你法子,但只餓着肚子,

【E】我教你個法子,但只餓着肚子,

【F】儞若現在還不大好,我教儞一個法子,餓着肚子,

【G】我教給你個法子,但只餓着肚子,

komsokon i jefu, ume labdulara. tuttu
komsokon -i jefu, ume labdula-ra. tuttu
少些 INS 吃.IMP 不要 多加-IPFV 那樣
較少 地 吃, 不要 多。 那樣

ohode,	uthai	majige	šahūrkan	seme,
ohode,	uthai	majige	šahūrkan	se-me,
如果	就	稍微	冷	説.AUX-并列.CVB
若是,	就	略	冷	,

inu	ainaha	seme	hūwanggiyarakū.
inu	aina-ha	se-me	hūwanggiya-ra-kū.
也	做什麼-PFV	説.AUX-并列.CVB	妨礙-IPFV-NEG
也	做什麼		没有妨礙。

【A】少吃東西,不要多貪了。要是那樣的時候,就是着點冷兒,也是再無妨的呀。

【B】少少的吃,别多貪。若是那樣,就是畧着點涼,也断然無妨。

【C】少少的喫别多了。若是那樣的時候,就畧涼着些,也斷然無妨。

【D】少少兒的喫東西。若是那麽着,就是些微的着點兒涼,也就無妨了。

【E】少少兒的吃東西。若是那麽着,就是畧畧兒的着點兒涼,也就無妨了。

【F】少吃東西,用輕輕的藥畧表一表,就好咯。

【G】少少兒吃東西。若能那麽着,就是些微的着點兒涼,也就無妨了。

57 (A57 dabkara 鬧鬼, B57, C36, D37, E37, F39 鬼祟)

suweni	bakcin	de	bisire	tere	emu	falga
suweni	bakcin	de	bi-sire	tere	emu	falga
2PL.EXCL.GEN	對面	LOC	存在-IPFV	那個	一	座
你們	對着	在	有的	那樣	一	座

boo	antaka.
boo	antaka.
家	如何
房子	怎樣?

【A】你們對門的那一所房子怎麽樣?
【B】你們對門兒那一所房子如何?
【C】你們斜對過那一所房子何如?
【D】你們對過兒的那所房子如何?
【E】你們對過兒的那所房子如何?
【F】儞們對過的那所屋子好不好?

si	terebe	fonjifi	ainambi.	mini	emu
si	tere-be	fonji-fi	aina-mbi.	mini	emu
2SG	那個-ACC	問-順序.CVB	做什麽-PRS	1SG.GEN	一
你	那把	問	做什麽?	我的	一

tara	ahūn	udaki	sembi.
tara	ahūn	uda-ki	se-mbi.
表親	兄長	買-IMP	説.AUX-PRS
表親	兄	買。	

【A】你問那個做什麽? 我的表兄説是要買。
【B】你問他做什嗎? 我的表兄要買。
【C】你問那個作甚麽? 我一個表兄要買。
【D】你問他作甚麽? 我有個朋友要買。
【E】你問他作甚麽? 我的朋友要買。
【F】儞問那作什麽? 我有個朋友要買。

tere	boo	teci	ojorakū,	umesi	doksin.
tere	boo	te-ci	ojo-ra-kū,	umesi	doksin.
那個	家	住-假設.CVB	可以-IPFV-NEG	非常	兇殘
那	房子	住	不可以,	很	兇險。

【A】那個房子住不得,狠凶。

【B】那房子住不得,狠凶。

【C】那房子住不得,狠凶。

【D】那個房子住不得,很凶。

【E】那個房子住不得,很凶。

【F】那橍屋子住不得,常鬧鬼。

(【+F】啊,這是真的麼? 是真的。)

da	jokson	de	mini	emu	age	i
da	jokson	de	mini	emu	age	-i
原本	起初	LOC	1SG.GEN	一	阿哥	GEN
原來	當初	時	我的	一	阿哥	的

udahangge,	girin	i	boo	nadan	giyalan,
uda-ha-ngge,	girin	-i	boo	nadan	giyalan,
買-PFV-NMLZ	門面	GEN	房間	七	間
買了的,	門面	的	房子	七	間,

fere	de	isital	sunja	jergi,	umesi	icangga
fere	de	isi-tala	sunja	jergi,	umesi	icangga
照房	DAT	到達-直至.CVB	五	層	非常	舒服
照房	與	直到	五	層,	很	舒服

bolgo	sain	bihe.
bolgo	sain	bihe.
乾净	好	PST
乾净		來着。

【A】起初是我一個阿哥買的,從門房七間,到照房五層,狠舒服乾净的来着。

【B】起初是我一個哥哥買的,門房七間,到底五層,狠舒服乾净來着。

【C】起初是我一個伯祖買的,門房七間,到底五層,狠舒服乾净來着。

【D】底根兒是我們家兒住着來着,地勢很好,門面房七間,到底兒五層,住着很合樣,又乾净。

【E】底根兒我有個哥哥住着來着,門面房七間,到底兒五層,住着很平安乾净。

【F】説起來那屋子,地方狠好,門面的房檰七檰,到後面兒通共五座,每座大三檰排,住着合式,又寬敞。

mini	ahūn	i	jui	de	isinaha	manggi,	juwe
mini	ahūn	-i	jui	de	isina-ha	manggi,	juwe
1SG.GEN	兄長	GEN	孩子	DAT	到達-PFV	以後	兩
我的	侄子		到	與	去到	後,	兩

ergi	hetu	boo	be	sangsaraka	seme,
ergi	hetu	boo	be	sangsara-ka	seme,
側邊	旁邊	房	ACC	朽爛-PFV	AUX-并列.CVB
側邊	廂房		把	朽爛	因爲,

【A】到了我阿哥的兒子的手裡,因那兩邊的廂房豑爛的上,
【B】到了我哥哥的兒子手裡,因爲兩邊的廂房豑爛了,
【C】到了我叔叔的時候,説兩廂房糟爛了,
【D】後來到了我姪兒的手裡,説廂房豑爛了,
【E】後來因到了我姪兒手裡,説廂房糟爛了,
【F】本是我家兒住的,到了我姪兒手裡,説廂房糟爛了,

efulefi,	dasame	weilehe	turgunde,	holkonde
efule-fi,	dasame	weile-he	turgun-de,	holkonde
拆毁-順序.CVB	重新	修建-PFV	原因-LOC	突然
拆了,	再	修建	原因,	忽然

hutu ai dabkame deribuhe.
hutu ai dabka-me deribu-he.
鬼 什麼 作祟-并列.CVB 開始-PFV
鬼 怎麼 鬼作祟 開始。

【A】全折[拆]了。從新翻盖的上,忽然間就鬧起鬼什麼来了。
【B】拆了,從新翻盖的上頭,忽然間鬧起鬼什麼来了。
【C】拆了,從盖的上頭,忽然鬼啊什麼的作起祟來。
【D】從新葢了葢,忽然鬼啊怪的作起祟來了。
【E】從新葢了葢,想不到忽然鬼啊怪的作起祟來了。
【F】從新葢過,由這起就鬧了鬼怪咯。

sucungga daišahangge hono yebe,
sucungga daiša-ha-ngge hono yebe,
起初 亂鬧-PFV-NMLZ 還 稍好
起初 鬧的 還 好,
bihe bihei, inenggi šun de asuki
bi-he bi-hei, inenggi šun de asuki
有-PFV 有-持續.CVB 白天 太陽 LOC 聲響
久而久之, 白天 太陽 在 聲音
tucibume, arbun sabubuha.
tuci-bu-me, arbun sabu-bu-ha.
出-CAUS-并列.CVB 形象 看見-PASS-PFV
出來, 模樣 看見。

【A】起初鬧的還好,久而久之,清天白日裡就出聲色,現了形了。
【B】起初鬧的還好些,久而久之,清天白日裡就出聲氣,現了形了。
【C】始而鬧的還好,久而久之,白日裡出聲現形。
【D】起初鬧的還好些兒,久而久之的,白日裏出了聲兒咯,後來就顯了形兒了。

【E】起初鬧得還好些兒,久而久之,白日裡出了聲兒咯,後來就顯了形兒了。

【F】起初鬧的還好些,久而久的,白日裡有了聲音,又現了形。

booi	hehesi	jaci ohode	uthai	buceli	be	ucaraha
boo-i	hehe-si	jaci ohode	uthai	buceli	be	ucara-ha
家-GEN	女人-PL	動不動地	就	鬼魂	ACC	遇見-PFV
家裡	女人們	動不動地	就	鬼魂	把	遇見了

seme,	golofi	ergen
se-me,	golo-fi	ergen
説.AUX-并列.CVB	驚嚇-順序.CVB	性命
説,	害怕	生命

jocibuhangge	gemu	bi.
joci-bu-ha-ngge	gemu	bi.
喪命-PASS-PFV-NMLZ	都	有
傷害了的	都	有。

【A】家裡的女人們動不動兒的就説是遇見了鬼了,竟有怕死了的。

【B】家裡女人們動不動的就説遇見鬼了,竟有嚇死了的。

【C】家裡女人們動不動的就撞病着,驚怕的喪了命的都有。

【D】家裏的女人們動不動兒的就撞磕着,嚇的傷了性命兒的都有。

【E】家裡的女人們動不動兒的就撞磕着,嚇的傷了性命兒的都有。

【F】家裡女人們時常撞着,就嚇得死的也有。

samdaci	mekele,	fudešeci	baitakū,
samada-ci	mekele,	fudeše-ci	baita-kū,
薩滿跳神-條件.CVB	枉然	送祟-條件.CVB	作用-NEG
跳神	枉費,	送紙	無用,

tuttu	ojoro	jakade,	arga	akū,	ja	hūda
tuttu	ojo-ro	jakade,	arga	akū,	ja	hūda
那樣	成爲.AUX-IPFV	因爲	方法	NEG	便宜	價格
那樣	成爲	因爲,	辦法	没有,	便宜	價錢

de	uncaha.
de	unca-ha.
LOC	賣-PFV
以	賣。

【A】跳神呢是個白,送斎呢是無用,因那個上,没有法兒,賤賤的賣了。

【B】跳神是枉然,送紙也不中用,因爲那上頭,没法兒,賤賤的賣了。

【C】跳神送祟都不中用,因爲那樣,無法,賤價賣了。

【D】跳神也枉然,送祟也没用,没法兒,賤賤的價兒就賣了。

【E】跳神也枉然,送祟也没用,没法兒,賤賤的價兒賣了。

【F】他們求神告佛,要逐鬼拿妖,都没法兒,所以肯賤價賣了去。

(【+F】倆吶知道麼? 新蓋的房子,開門是大要緊的事,如開在鬼方,怎麼不鬧鬼? 他新蓋的廂房,一切都照舊樣子。)

age	si	sambio.	ere	gemu	forgon	ehe	i	haran.
age	si	sa-mbi-o.	ere	gemu	forgon	ehe	-i	haran.
阿哥	2SG	知道-PRS-Q	這	全都	運氣	壞	GEN	原因
阿哥	你	知道嗎?	這	都	時運	壞	的	原因。

【A】阿哥你知道嗎? 這也是運氣不好的過失。

【B】阿哥你知道嗎? 這都是運氣不好的過失。

【C】阿哥你知道麼? 這都是運氣不好的緣故。

【D】兄台你知道麼? 這都是運氣不好的緣故。

【E】大哥你知道麼? 這都是運氣不好的緣故。

【F】那就是倆姪兒運氣不好的緣故。

yaya	boo de	umai	gai	akū,	forgon	sain	oci,
yaya	boo-de	umai	gai	akū,	forgon	sain	oci,
任何	家-LOC	完全	邪氣	NEG	運氣	好	若是
無論	房子	全然	邪氣	没有,	運氣	好	若,

udu	bušuku	yemji	bihe	seme,	inu	jailatame
udu	bušuku	yemji	bi-he	seme,	inu	jailata-me
即使	狐媚	邪魅	有-PFV	雖然	也	躲避-并列.CVB
雖然	妖魅	邪魅	曾有	即使,	也	躲過

burulara	dabala,	niyalma	be	nungneme
burula-ra	dabala,	niyalma	be	nungne-me
逃走-IPFV	罷了	人	ACC	侵害-并列.CVB
驅趕	罷了,	人	把	侵害

mutembio.

mute-mbi-o.

能够-PRS-Q

能嗎?

【A】無論什麽房子裡並没緣故,運氣要好,雖有邪魅外道,也就躲開了,豈能侵害人嗎?

【B】無論什庅房子並無緣故,運氣要好,雖有邪魅外道,也就躲開了,豈能侵害人呢?

【C】若是家裡無災殃,運氣好的,雖有邪祟,也就躲避伏竄罷咧,能惹人麼?

【D】若是時運旺的時候兒,就有邪祟,他也躲避着,不能害人。

【E】若是時運好,就有邪祟,他也躲避着,能害人麼?

【F】若是運氣好,就有點邪魔鬼怪,他也趕緊的躲避了,不敢吵閙害人。

tuttu	seme.	mini	ere	ahūn	umesi	fahūn
tuttu	se-me.	mini	ere	ahūn	umesi	fahūn
那麼	説.AUX-并列.CVB	1SG.GEN	這個	兄長	非常	膽子
而且		我的	這	兄	很	膽子

ajigen,	bi	dacilaha	yargiyan	babe	inde
ajigen,	bi	dacila-ha	yargiyan	ba-be	inde
小	1SG	打聽-PFV	真實	地方-ACC	3SG.DAT
小,	我	打聽	實在	情況	向他

alaci	wajiha,	udacibe	udarakū
ala-ci	waji-ha,	uda-cibe	uda-ra-kū
告訴-假設.CVB	完結-PFV	買-讓步.CVB	買-IPFV-NEG
告訴	完了,	或買	不買

ocibe.	ini	cihai	dabala,	mimbe
o-cibe.	ini	cihai	dabala,	mimbe
AUX-讓步.CVB	3SG.GEN	任由	罷了	1SG.ACC
	他的	任由	罷了,	我把

aina	sembi.
aina	se-mbi.
怎麼	説.AUX-PRS
怎麼	教?

【A】而且我這個阿哥胆子狠小,我把打聽的實在的緣故告訴他就完了,或買與不買,由他自己定奪去罷。

【B】然而我這哥哥胆子狠小,我把打聽的實信告訴他就完了,買與不買由他罷咧,教我可怎樣?

【C】雖然那樣説,我這個阿哥狠膽小,我將打聽的實情告訴就完了,買不買由他是呢。

【D】但是我那個朋友膽兒很小,我把這個打聽的實話告訴他就完了,買不買由他罷。

【E】雖然是這麼説,我那個朋友胆兒很小,我把打聽的真情話告訴他就完了,買不買由他罷。

【F】只是我不知道,那朋友什麽主意,我從頭到尾告訴他看,買不買由他。

58(A58 jakūn hergen tuwara niyalma 算命仙,B58,C38,D39,E39,F48 辯論星士,G26 算命)

age	si	donjihakūn.	jakan	hoton	i	tule
age	si	donji-ha-kū-n.	jakan	hoton	-i	tule
阿哥	2SG	聽-PFV-NEG-Q	新近	城	GEN	外面
阿哥	你	没聽見嗎?	新近	城	的	外面

emu	jakūn	hergen	tuwara	niyalma	jihebi,
emu	jakūn	hergen	tuwa-ra	niyalma	ji-he-bi,
一	八	字	看-IPFV	人	來-PFV-PRS
一	八	字	看	人	來了,

【A】阿哥你没聽見嗎?新近城外頭來了一個筭命的,

【B】阿哥你没聽見広?新近城外頭來了一個筭命的,

【C】阿哥們不知道麽?新近城外來了一個看八字的,

【D】兄台你可聽見麽?新近城外頭來了一個算命的,

【E】大哥你没聽見説麽?新近城外頭來了一個看八字兒的,

【F】新近城外來了一個算命的,

【G】兄台你可聽見説麽?新近城外頭來了一個筭命的,

umesi	ferguwecuke	mangga	sembi,	niyalma	i
umesi	ferguwecuke	mangga	se-mbi,	niyalma	-i
很	奇特	厲害	説.AUX-PRS	人	GEN
很	出奇	厲害	説是,	人	的

alara	be	donjici	tere	niyalma	fuhali	enduri
ala-ra	be	donji-ci	tere	niyalma	fuhali	enduri
告訴-IPFV	ACC	聽-假設.CVB	那個	人	完全	神仙
告訴	把	聽	那	人	竟然	神

suwaliyame	banjihabi.
suwaliya-me	banji-ha-bi.
摻合-并列.CVB	生活-PFV-PRS
轉世	生的。

【A】狠是出奇的好啊。聽見人告訴,那個人竟是一個神仙了。

【B】説是狠出奇奥妙。聽見人告訴,那人竟像神仙了。

【C】狠靈奇。聽見人家告訴,説那個人竟像神仙是的。

【D】都説是很靈。就像神仙轉世的一個樣兒。

【E】説儞吶聽見麽?是很靈。竟是神仙轉世的一個様兒。

【F】他是狠靈。就像神仙轉世的一個様兒。

【G】都説是很靈。就像神仙轉世的一個様兒。

musei	dulekele	baita	be,	aimaka	we	inde
musei	duleke-le	baita	be,	aimaka	we	inde
1PL.INCL.GEN	過去-所有	事情	ACC	好像	誰	3SG.DAT
咱們的	過去的	事情	把,	倒像	誰	向他

alaha	adali,	jafaha	sindaha	gese	bodome
ala-ha	adali,	jafa-ha	sinda-ha	adali	bodo-me
告訴-PFV	同様	拿-PFV	放置-PFV	様子	籌算-并列.CVB
告訴了	一様,	拿着	放着	様子	掐算

bahanambi.
bahana-mbi.
算着-PRS
掐算。

【A】把噌們過去的事情,把拿着算着的到,像誰告訴了他的一様。

【B】把咱們過去的事,倒像誰告訴了他的一樣,掐算的狠準。

【C】咱們已往的事情,好像是誰告訴了他的一樣,拿得定算得出來

【D】把咱們過去的事,倒像誰告訴他的,算得極真說得準對。

【E】把咱們過去的事,倒像誰告訴過他的,手拿把穩兒的算得着。

【F】把咱們過去的事,算得都應說得狠對,好像有人告訴他一樣。

【G】把咱們過去的事,倒像誰告訴他的,筭得極真說得正對。

musei	niyalma	genehengge	umesi	labdu,
musei	niyalma	gene-he-ngge	umesi	labdu,
1PL.INCL.GEN	人	去-PFV-NMLZ	非常	多
咱們的	人	去的	很	多,

siran	siran	i	lakcarakū,	jalu	fihekebi.
siran	siran	-i	lakca-ra-kū,	jalu	fihe-ke-bi.
陸續	陸續	INS	斷绝-IPFV-NEG	滿滿	填塞-PFV-PRS
連續的			不斷,	滿滿	填滿了。

【A】喈們人去的狠多,接連不断,填的滿滿的了。

【B】咱們人去的狠多,接連不断的,擠滿了。

【C】朋友們去的狠多,絡繹不絶,擠滿了。

【D】咱們的人們去的很多,整天家接連不斷的,命棚裡都擠滿了。

【E】咱們的人們去的很多,接連不斷的,擠滿了。

【F】如今人傢們去算的狠多,整天不斷的,擠滿命棚裡,有些像看戲的熱鬧。

【G】上那兒去的人們很多,整天家接連不斷的,命棚裡都擠滿了。

ere	gese	šengge	niyalma	bikai,
ere	gese	šengge	niyalma	bi-kai,
這	樣子	神聖	人	有-INTJ
這	樣	神	人	啊,

atanggi	bicibe	muse	ahūn	deo	inu
atanggi	bi-cibe	muse	ahūn	deo	inu
何時	存在.AUX-讓步.CVB	1PL.INCL	兄	弟	也
何時	若有	咱們	兄	弟	也

inde	tuwabunaki.
inde	tuwa-bu-na-ki.
3SG.DAT	看-PASS-去-IMP
給他	看去。

【A】既有這樣的神人,多喒喒們弟兄們也去叫他瞧瞧。
【B】有這樣的神人啊,多喒咱們弟兄也去教他瞧瞧。
【C】有這樣靈人啊,幾時咱們弟兄也叫他瞧瞧去。
【D】有這樣兒的高明人,咱們何不也叫他瞧瞧去?
【E】有這個樣兒的高明人哪,到多喒咱們也叫他瞧瞧去?
【F】這樣高名的人,何不叫他算算去呢?
【G】有這樣兒的高明人,咱們何不也叫他瞧瞧去?

bi	aifini	saha,	mini	gucuse	ere	udu	inenggi
bi	aifini	sa-ha,	mini	gucuse	ere	udu	inenggi
1SG	早就	知道-PFV	1SG.GEN	朋友-PL	這個	幾	日子
我	早已	知道,	我的	朋友們	這	幾	日子

feniyen	feniyelefi	genere	jakade,
feniyen	feniyele-fi	gene-re	jakade,
人群	成群-順序.CVB	去-IPFV	因爲
人群	成群	去	的上頭,

【A】我早知道了,我的朋友們這幾日會成羣兒去的上頭,
【B】我早知道了,我的朋友們這幾日成羣打夥去的上頭,
【C】我早知道了,我們的朋友們這一向一羣一羣去的上頭,
【D】我早已知道了,我的朋友這幾天都去過,
【E】我早已知道了,我的朋友這幾天都去過,

【F】我早已知道了,倆也去算麼?

【G】我早已知道了,我的朋友這幾天都去過,

cananggi	bi	inu	tubade	isinaha,	mini	jakūn
cananggi	bi	inu	tubade	isina-ha,	mini	jakūn
前天	1SG	也	那裡-DAT	到達-PFV	1SG.GEN	八
前日	我	也	那裡往	去了,	我的	八

hergen	be	inde	tuwabuhade,
hergen	be	inde	tuwa-bu-ha-de,
字	ACC	3SG.DAT	看-PASS-PFV-LOC
字	把	給他	看時,

【A】前日我已竟到了那裡去了,把我的八個字兒給他看了,

【B】前日我也到了那裡,把我的八字教他一看,

【C】前日我也到了那裡,將我的八字給他瞧了時,

【D】前兒我也到了那兒,把我的八字兒叫他瞧了瞧,

【E】前兒我也到了那兒,把我的八字兒呌他瞧了瞧,

【F】我前兒也到了那里,把我的八字呌他瞧了,

【G】前兒我也到了那兒,把我的八字兒叫他瞧了瞧,

ama	eme	ai	aniya,	ahūn	deo	udu,	sargan	i
ama	eme	ai	aniya,	ahūn	deo	udu,	sargan	-i
父親	母親	什麼	年紀,	兄	弟	幾個,	妻子	GEN
父	母	什麼	年紀,	兄	弟	幾個,	女人	的

hala	ai,	atanggi	hafan	bahangge,
hala	ai,	atanggi	hafan	baha-ngge,
姓	什麼	何時	官	得到.PFV-NMLZ
姓氏	什麼,	何時	官	得到,

【A】他竟把父母的什麼年紀、弟兄幾個、女人什麼姓氏、多喒得的官,

【B】把父母什庅年紀、弟兄幾個、女人什庅姓氏、多喒得的官，

【C】父母屬甚麼、弟兄幾個、幾時得官，

【D】父母屬甚麼、兄弟有幾個、女人姓甚麼、多偺得的官，

【E】父母屬甚麼、兄弟幾個、女人姓甚麼、多喒得的官，

【F】父母属甚麼、兄弟姊妹幾位、老姿多少歳、兒子幾個、幾時得了官，

【G】父母屬甚麼，兄弟有幾個，女人姓甚麼，多喒得的官，

hacin	hacin	i	baita	gemu	acanaha,
hacin	hacin	-i	baita	gemu	acana-ha,
種類	種類	GEN	事情	都	符合-PFV
各種各樣		的	事情	都	對應,

heni	majige	tašaraburakū.
heni	majige	tašarabu-ra-kū.
一點	稍微	弄錯-IPFV-NEG
一點	稍微	錯誤没有。

【A】按件都算的對當，一點兒也不錯。

【B】件件都對，一點不錯。

【C】件件事都正正兒説對了，一點不差。

【D】件件兒都算得正對，絲毫也不錯的。

【E】件件兒都算的正對，絲毫也不錯。

【F】件件兒都算的對，絲毫也不錯。

【G】件件兒都筭得正對，絲毫也不錯的。

dulekengge	udu	acanaha	bicibe,
dule-ke-ngge	udu	acana-ha	bicibe,
過去-PFV-NMLZ	雖然	符合-PFV	雖
過去的	雖然	對應	雖然,

damu jidere unde i baita ainahai ini
damu jidere unde -i baita ainahai ini
只是 將來的 尚未 GEN 事情 未必 3SG.GEN
只 將來 幾個 的 事情 未必 他的

henduhe songkoi ombini.
hendu-he songkoi o-mbi-ni.
說-PFV 按照 成爲.AUX-PRS-呢
說的 依照 成爲了。

【A】已過去的雖然對了,但只未来的事未必就照他那說的呢。

【B】已過的雖然對了,但只未來的事未必就照他說的呢。

【C】已往的雖則應了,但是未來的事未必照他說的一樣呢。

【D】我想過去的事情雖然都應了,但只未來的事情怕未必能應他的話罷。

【E】過去的事情雖然都應了,但只未來的事我想未必能彀應他說的話罷。

【F】啊,倆也是個獃子哪。說是他算得過去的事都應了,到底他算倆後來到什麼地步哪?

【G】我想過去的事情雖然都應了,但只未來的事情怕未必應他的話罷。

tuttu seme muse ya bade tere
tuttu se-me muse ya ba-de tere
那樣 說.AUX-并列.CVB 1PL.INCL 什麼 地方-LOC 那個
雖然 說 咱們 什麼 地方在 那個

udu jiha fayarakū.
udu jiha faya-ra-kū.
幾 錢 花費-IPFV-NEG
幾 錢 没花過?

【A】可是那樣說,喒們那裡没花過那幾個錢?

【B】然而咱們那裡不花那幾個錢?

【C】雖然那樣説,咱們那裡不花百什個錢?

【D】雖然話是這麼説,咱們那兒花不了這幾百錢呢?

【E】雖然話是這麼説,咱們那兒不花幾百錢呢?

【F】不管他説的怎樣,咱們那兒不花了幾百錢?

【G】雖然話是這麼説,咱們那兒花不了這幾百錢呢?

eicibe,	si	geli	baita	akū,	boode	bai	tere
eicibe,	si	geli	baita	akū,	boo-de	bai	te-re
總之	2SG	又	事情	NEG	家-LOC	白白	坐-IPFV
總之,	你	又	事情	没有,	在家	白	坐

anggala,	sargašara	gese	geneci,	ai
anggala,	sargaša-ra	gese	gene-ci,	ai
與其	游玩-IPFV	樣子	去-假設.CVB	什麼
與其,	游玩	一樣	去,	什麼

ojorakū	sere	babi,	ališara
ojo-ra-kū	se-re	ba-bi,	ališa-ra
可以-IPFV-NEG	説.AUX-IPFV	處-有	煩悶-IPFV
不可以		地方有?	煩悶

be	tookabure	ton	okini.
be	tookabu-re	ton	o-kini.
ACC	解悶-IPFV	數目	當作-IMP
把	解悶	數	充作。

【A】揔説了罷,你又無事,與其在家裡白坐着,莫若閒曠的一樣消着愁悶兒去走走,人有什麼使不得的去處呢?

【B】總之,你又没事,與其白在家裡坐着,閒逛的一樣去走走,有何不可?只當是解悶。

【C】總之,你又没事,與其家裡白坐着,遊玩的是的去去,有什麼使不得的?只當是解悶的數兒罷。

【D】與其在家裏白坐着,不如去逛一逛,只當解個悶兒,又有何不可呢?

【E】與其在家裡白坐着,只當是逛去似的,權當解個悶兒,又有何不可呢?

【F】只算是去逛逛,解個悶兒。

【G】與其在家裡白坐着,不如去逛一逛,只當解個悶兒,又有何不可呢?

(【+F】原來價是這樣想,那拿八字給他算,做什麼?説起來,命的理微的狠,聖人也少得説這件事,那算命的都是走江湖的人,不過藉術數賺錢餬口,本是信不得的。就是這番來的先生,他念的書纔有幾本?學的算法纔有多少?怎麼算得人生的吉凶禍福呢?價不要迷到這裡頭咯!)

59 (A59 hūwašara tetun akū 不成器,B59,C56,D56,E57,F71 嘲癡)

ini	tere	arbušarangge	absi	yabsi.
ini	tere	arbuša-ra-ngge	absi	yabsi.
3SG.GEN	那個	舉動-IPFV-NMLZ	何等	好不
他的	那個	舉動	何等地。	

【A】你看他那行景,不知要怎麼樣的。

【B】他那個動景好難看。

【C】他的那動作甚麼樣兒?

【D】他那個動作兒是個甚麼樣兒呢?

【E】他那個動作兒是個甚麼樣兒呢?

【F】價看他這舉動,是個什麼樣兒?

neneme	sebkesaka	imbe	acaha	de,	nomhon
neneme	sebkesaka	imbe	aca-ha	de,	nomhon
起先	難得	3SG.ACC	見面-PFV	LOC	老實
原先	難得	把他	見面	時,	老實

ergide	bimbihe,	te	tuwaci	fuhali	niyalm
ergi-de	bi-mbihe,	te	tuwa-ci.	fuhali	niyalma
這邊-LOC	在-PST	現在	看-假設.CVB	完全	人
一邊	來着,	現在	看[即如今]	竟然	人

de	eleburakū,	albatu	ten	de
de	ele-bu-ra-kū,	albatu	ten	de
DAT	滿意-PASS-IPFV-NEG	粗俗	極端	DAT
與	被看不上,	粗野	極點	與

isinahabi.
isina-ha-bi.
達到-PFV-PRS
到了。

【A】原先纔見他的時候,還在老實一邊来着,近来一點呌人看不上,村粗的至極了。

【B】原先間或之間見過他,還在老實的一邊來着,近來竟教人看不上,村粗至極了。

niyalmai	juleri	bubu	baba,	absi	fonjire	absi
niyalma-i	juleri	bubu	baba,	absi	fonji-re	absi
人-GEN	前	拙沌	磕絆	怎麽	問-IPFV	怎麽
人	前	渾濁	不清,	怎麽	問	怎麽

jabure	babe	gemu	sarkū,	cici goci,
jabu-re	ba-be	gemu	sa-r-kū,	cici goci,
回答-IPFV	處-ACC	全都	知道-IPFV-NEG	畏首畏尾
回答	處把	都	不知道;	畏首畏尾,

adarame	ibere	adarame	bederere	babe	inu
adarame	ibe-re	adarame	bedere-re	ba-be	inu
怎麽	前進-IPFV	怎麽	後退-IPFV	處-ACC	也
怎麽	前進	怎麽	回來	處把	也

ulhirakū.
ulhi-ra-kū.
明白-IPFV-NEG
不懂。

【A】在人前頭磕磕絆絆的,連一問一答的話全不知道;縮頭縮腦的,連怎麽進退也不懂得。

【B】在人前磕磕絆絆的,連一問一答的話全不知道;探頭縮腦的,怎広進怎広退也不懂得。

【C】在人前結結吧吧,怎麽問怎麽答都不知道;畏首畏尾,怎麽進怎麽退全不懂得。

【D】在人家跟前兒說話結結巴巴的,怎麽問怎麽答都不知道;畏首畏尾的,怎麽進怎麽退也不懂得。

【E】在人家跟前結結巴巴的,怎麽問怎麽答都不知道;畏首畏尾的,怎麽進怎麽退也不懂的。

【F】說話結結吧吧的,怎麽問怎麽答都不知道;辦事情畏首畏尾的,怎麽進怎麽退也不懂得。

getecibe	weri	amgara	adali,	bai	niyalmai	ton
gete-cibe	weri	amga-ra	adali,	bai	niyalma-i	ton
醒-讓步.CVB	别人	睡-IPFV	一樣	白白	人-GEN	數目
雖醒着	别人	睡覺	一樣,	白	人	數

dabala,	hūlhi	lampa	i	adarame	banjihabi
dabala,	hūlhi	lampa	-i	adarame	banji-ha-bi.
罷了	糊塗	混雜	INS	怎麽	生活-PFV-PRS
罷了,	糊塗	混雜	的	怎麽	生活?

【A】醒着倒像睡覺的一樣,白一個人数兒罷咧,糊裡糊塗的怎麼活着呢?

【B】醒着像人睡着的一樣,白是個人數児罷咧,糊裡糊塗的怎広活着呢?

【C】醒着像人家睡覺是的,白是人數兒罷咧,糊裡糊塗的怎麼長着呢?

【D】醒着倒像人家睡着了一樣的,白充個人數兒,糊裡糊塗的怎麼長來着呢?

【E】醒着像人家睡着一樣,白充個人數兒,糊裡糊塗的怎麼長來着呢?

【F】看着他是醒的,還是像睡着的人一個樣,這後來怎麼好呢?

suwe	banjire	sain	kai,	tede	majige
suwe	banji-re	sain	kai,	tede	majige
2PL.EXCL	相處-IPFV	好	INTJ	3SG.DAT	稍微
你們	相處	好	啊,	給他	略

jorišaci	acambi	dere.
joriša-ci	aca-mbi	dere.
指示-假設.CVB	應該-PRS	INTJ
指示	應該	吧。

【A】你們相與的好啊,該當指撥指撥他纔是。

【B】你們相與的好啊,該當指撥指撥他呀。

【C】你們相好啊,略指撥指撥他是呢。

【D】你們相好啊,略指教指教他也就好了。

【E】你們相好啊,略指教指教他也好。

【F】你和他的先人相好,要指教指教他。

age,	suwe	emu	bade	goidame	guculehekū
age,	suwe	emu	ba-de	goida-me	gucule-he-kū
阿哥	2PL.EXCL	一	處-LOC	長久-并列.CVB	交往-PFV-NEG
阿哥,	你們	一	處在	久	不交往

ofi,	hono	tengkime	sara	unde,
ofi,	hono	tengki-me	sa-ra	unde,
因爲	還	深刻-并列.CVB	知道-IPFV	尚未
因爲	還	確實	知道	尚未,

ereci	injecuke	baita	kemuni	bikai.
ere-ci	injecuke	baita	kemuni	bi-kai.
這個-ABL	可笑	事情	還	有-INTJ
比這個	可笑	事情	還	有啊。

【A】阿哥,你們皆因並未久交,知道的不透徹,比這個可笑的事還有呢啊。

【B】阿哥,你們相交未久,知道的不透徹,比這個可笑的事還有呢。

【C】阿哥,你們没在一處久相與,還未深知道,比這可笑的事還有呢。

【D】這個人你納没在一塊兒長來往,還没有深知,比這個可笑的事還多呢。

【E】二哥,你們没在一塊兒久相與,還没有深知呢,比這個可笑的事還多呢。

【F】這個人哪儞還不知道他的細底,他比這更可笑的事還多呢。

ishunde	tecefi	gisurembihede,	erebe
ishunde	te-ce-fi	gisure-mbihe-de,	ere-be
互相	坐-齊-順序.CVB	説-PST-LOC	這個-ACC
彼此	相坐着	説話時,	把這個

gisureme　bihengge,
gisure-me　bihe-ngge,
説-并列.CVB　PST - NMLZ
説　有的,
【A】彼此一處坐着講話的時候,正説着這個,
【B】彼此對坐着説起話來,正説着這個,
【C】同他坐下説起話来,正説着這個,
【D】和他一處兒坐下,説起話兒來,正説着這個,
【E】和他一處兒坐下,説起話兒來,正説着這個,
【F】若和他一塊兒坐下,説起話來,正説着這個,

holkonde　terebe　gūninafi　leolembi.　akūci
holkonde　tere-be　gūnina-fi　leole-mbi.　akūci
突然　那個- ACC　想起-順序.CVB　談論- PRS　否則
忽然　把那個　想來　議論。　要不是
angga　labdahūn,　ergen　sukdun　akū.
angga　labdahūn,　ergen　sukdun　akū.
嘴　下垂　氣息　呼氣　NEG
嘴　垂着,　生命　氣息　没有,
【A】忽然又題起那個来了。要不是把嘴唇子搭拉着,没氣兒的一樣,
【B】忽然想起那個來談論。若不然就搭拉着嘴唇,没氣兒的一樣,
【C】忽然想到那個議論。不然就搭拉着嘴,
【D】忽然想起别的來,就説那個。不然就搭拉着嘴唇,
【E】忽然想起别的來,就説那個。不然就搭拉着嘴唇,
【F】就扯到那個,頭尾總不相符。

yasa　faha　guriburakū,　hadahai　simbe
yasa　faha　guribu-ra-kū,　hada-hai　simbe
眼睛　眼珠　挪動- IPFV - NEG　釘-持續.CVB　2SG.ACC
眼睛的　珠　不動,　直直地　把你

tuwambi, gaitai geli emu uju uncehen akū
tuwa-mbi, gaitai geli emu uju uncehen akū
看-PRS 忽然 又 一 頭 尾 NEG
看, 忽然 又 一 頭 尾 没有

beliyen gisun tucike de, niyalma be duha
beliyen gisun tuci-ke de, niyalma be duha
傻 話 出-PFV LOC 人 ACC 腸子
呆傻的 話 出來 對, 人 把 腸子

lakcatala fancame injebumbi.
lakca-tala fanca-me inje-bu-mbi.
斷-直至.CVB 憋氣-并列.CVB 笑-CAUS-PRS
直到斷 憋氣 大笑。

【A】眼珠兒也不動,直直的望着你,忽然間又説出一句没頭尾的傻話来,把人的腸子都笑断了。

【B】眼珠兒不動,直勾勾的瞧着你,忽然又説出一句無頭尾的傻話來,教人把腸子笑断。

【C】不錯眼珠兒,釘着瞅你,忽然間又説出一句無頭無尾的獃話,吽人笑斷了腸子。

【D】不錯眼珠兒的,瞅着你,猛然間又説出一句無頭無尾的獃話來,叫人笑斷了肚腸子啊。

【E】不錯眼珠兒的,瞅着你,猛然間又説出一句無頭無尾的獃話來,吽人笑斷了肚腸子啊。

【F】有時他靠着椅子,一聲兒也不響有半天,猛然的又説出没頭没尾的獃話,實在教人笑的斷了腸。

cananggi mimbe tuwame genehe, amasi
cananggi mimbe tuwa-me genehe, amasi
前天 1SG.ACC 看-并列.CVB 去-PFV 返回
前日 把我 去看 去, 回來

generede	šuwe	yaburakū,	fisa	forofi
gene-re-de	šuwe	yabu-ra-kū,	fisa	foro-fi
去-IPFV-LOC	直接	走-IPFV-NEG	後背	朝向-順序.CVB
去	直接	不走,	背	回轉

amasi	sosorome	tucimbi,	tede	bi	bokson	de
amasi	sosoro-me	tuci-mbi,	tede	bi	bokson	de
往後	倒退-并列.CVB	出-PRS	那.LOC	1SG	門檻	DAT
回來	倒退	出來,	在那	我	門檻	對

guwelke	sere.
guwelke	se-re.
小心.IMP	説.AUX-IPFV
小心	説的。

【A】前日瞧我去囬来的時候,並不一直的走,轉過脊背徃外倒退着出去,那個上我説仔細門檻子啊。

【B】前日瞧我去,回去並不直走,轉過脊背徃外倒退,那上頭我説仔細門檻子啊。

【C】前日瞧我去了,説要回家,不直出門轉過脊背倒退着走,那上頭我説阿哥小心着門檻子。

【D】前兒瞧我去來着,後來臨走的時候兒不往前直走,轉過脊梁來倒退着走,我説兄台小心門檻子。

【E】前兒瞧我去來着,後來臨走的時候兒不直走,轉過脊梁來倒退着走,我説大哥小心門檻子。

【F】前天他瞧我來,臨走的時候倒退着走出去,我看他這個樣,就説你小心着門檻。

gisun	wajinggala,	ini	bethe	tafi	saksari
gisun	waji-nggala,	ini	bethe	ta-fi	saksari
話語	完結-之前.CVB	3SG.GEN	脚	絆-順序.CVB	仰面
話	未完,	他的	脚	絆	仰面

oncohon	tuhenere	be.
oncohon	tuhe-ne-re	be.
仰卧	跌倒-去-IPFV	ACC
仰卧	跌倒去	把。

【A】話還未了,他那脚就絆在上頭仰面跌倒了。

【B】話還未完,他的脚絆住仰面跌倒了。

【C】話尚未了,絆住腿,泥了泥,仰面跌去。

【D】話没説完,絆住脚了,身子往後一歪,仰着面兒跌了去咯。

【E】話没説完,絆住脚了,身子往後一歪,仰着面兒跌了去咯。

【F】話没説完,他被門閬絆住脚,朝後一歪,仰面兒跌倒了。

bi	ekšeme	amcanafi,	hūsun	muterei	ebsihei
bi	ekše-me	amca-na-fi,	hūsun	mutere-i	ebsihe-i
1SG	忙-并列.CVB	追-去-順序.CVB	力量	能力-INS	盡力-INS
我	急忙	追去,	力量	能力	盡力地

tatame	jafara	jakade,	arkan	tamilabuha.
tata-me	jafa-ra	jakade,	arkan	tamila-bu-ha.
拉-并列.CVB	抓-IPFV	之時	剛剛	扶-CAUS-PFV
拉	抓	的上頭,	剛剛	扶住。

neneme	bi	hono	imbe	ton	akū	tafulambihe,
neneme	bi	hono	imbe	ton	akū	tafula-mbihe,
起先	1SG	還	3SG.ACC	數量	NEG	勸諫-PST
原來	我	還	他把	數量	没有	勸告來着,

【A】我急忙上前,盡力,将将的纔扶起來了。我起初還没數兒的勸過他来着,

【B】我急忙上前,儘力拉着的上頭,将将的拉起來了。起初我還没數兒的勸他來着,

【C】我急忙趕上去拉住的上頭,將將的扶住了。從前我還不時的勸他来着,

【D】我急忙趕上扶住,幾幾乎没跌倒。我還長長兒的勸他呢,

【E】我急忙趕上扶住,幾幾乎没跌倒。從前我還勸他呢,

【F】我急忙走上前把他扶起,幸得没跌破那裡。你想他這個舉動,有什麼法可治的?

amala	dasara	halara	muru	akū	be
amala	dasa-ra	hala-ra	muru	akū	be
後來	修改-IPFV	改變-IPFV	樣子	NEG	ACC
後來	修改	改變	樣子	没有	把

sarkū	be	tuwaci,	hūwašara	tetun	waka
sa-r-kū	be	tuwa-ci,	hūwaša-ra	tetun	waka
知道-IPFV-NEG	ACC	看-假設.CVB	長進-IPFV	器皿	不是
知道	把	看	長進	器物	不是

kai,	aiseme	angga	šadabume	gisurembi
kai,	aiseme	angga	šada-bu-me	gisure-mbi
INTJ	爲什麼	口	勞乏-CAUS-并列.CVB	説-PRS
啊,	爲什麼	嘴	使疲乏	説?

seme.	gashūfi	jai	imbe
se-me.	gashū-fi	jai	imbe
説.AUX-并列.CVB	發誓-順序.CVB	再	3SG.ACC
	發誓	再	把他

herserakū	ohobi.
herse-ra-kū	o-ho-bi
理睬-IPFV-NEG	成爲.AUX-PFV-PRS
理睬	成爲。

【A】後来見他没有改過的樣兒,不是個成器的東西上,爲什麼費着唇舌説呢?

【B】後來見他没有改悔的意思,不是個成器的東西,爲什広費唇舌呢?所以起下誓再不理他了。

【C】後頭看其無有更改的意思,不是有出息的器皿,何必勞乏嘴說他呢?

【D】後來知道他的皮氣不能改了,不是有出息兒的東西,何必白勞唇乏舌的勸他呢?

【E】後來知道不能改了,不是有出息兒的東西,何必白勞唇乏舌的勸他呢?

【F】我從前狠指教他,他總不覺得。現在還指教他做什麼?

60 (A60 lalanji omire 爛醉, B60, C4, C44, D44, E44, F81 罵奴酒醉, G28 責罰)

age	si	tuwa,	te	geli	isika,	lalanji	omifi,
age	si	tuwa,	te	geli	isi-ka,	lalanji	omi-fi,
阿哥	2SG	看.IMP	現在	又	充分-PFV	爛醉	喝-順序.CVB
阿哥	你	看,	現	又	充分,	爛醉	喝得,

ilime	toktorakū	ohobi.
ili-me	tokto-ra-kū	o-ho-bi.
站-并列.CVB	定住-IPFV-NEG	成爲.AUX-PFV-PRS
站立	不定	成了。

【A】阿哥你看,如今又是分兒了,喝的爛醉,連脚兒全站不住了。

【B】阿哥你看,如今又是分児了,喝的爛醉,脚兒站不住了。

【C】阿哥你瞧,如今又夠了,喝的稀爛醉,站不住了。

【D】老弟你瞧,他今兒又醉了,喝得成了泥咯,站都站不住了。

【E】大哥你瞧,如今又彀了,喝得稀爛醉的,站都站不住了。

【F】老弟儞瞧,他這個様子,今天又醉了啊。由我怎麼樣説,他總要歆到這樣的,站也站不住了。

【G】老弟你瞧,他今兒又醉了,喝得成了泥咯,站都站不住了。

bi	tere	baita	be	si	tede	alahao	akūn
bi	tere	baita	be	si	tede	ala-ha-o	akū-n
1SG	那個	事情	ACC	2SG	3SG.DAT	告訴-PFV-Q	NEG-Q
我	那	事	把	你	向他	告訴	没有

seme	fonjici,	beye	heihedeme,	yasa
se-me	fonji-ci,	beye	heihede-me,	yasa
説.AUX-并列.CVB	問-假設.CVB	身體	踉蹌-并列.CVB	眼睛
	問,	身體	醉得摇晃,	眼睛

durahūn	i,	mini	baru	gala	alibumbi.
durahūn	-i,	mini	baru	gala	alibu-ha-bi.
直瞪瞪	INS	1SG.GEN	向	手	遞送-PFV-PRS
直瞪	的,	我的	向	手	擺。

【A】我問他你把那件事情告訴他了没有,摇恍着身子,眼睛直直的,望着我遞手。

【B】我問那件事告訴他了無有,身子摇撹着,眼睛直直的,望着我遞手式。

【C】我問他那個事情你告訴了他了没有,前仰後合,直瞪着眼,向我拱手兒。

【D】我問他那個事情你告訴人家没有,他前仰兒後合的,直瞪着兩眼,一聲兒不言語。

【E】我問他那個事情你告訴了他没有,他前仰兒後合的,直瞪着倆眼,和我發愣怔。

【F】我因爲早上有吩咐他一件事,此刻問他那件事辦的怎麼樣,他都不理我的話,前撲後仰的,只瞪着眼,一聲兒不響。

【G】我問他那個事情你告訴人家了没有,他前仰兒後合的,直瞪着兩眼睛,一聲兒不言語。

dutu hele ai geli waka, jaburakūngge
dutu hele ai geli waka, jabu-ra-kū-ngge
聾子 啞巴 什麽 又 不是 回答-IPFV-NEG-NMLZ
聾子 啞巴 怎麽 又 不是, 不回答

ainu, ere gese niyalma be fancaburengge
ainu, ere gese niyalma be fanca-bu-re-ngge
爲什麽 這 樣子 人 ACC 生氣-CAUS-IPFV-NMLZ
怎麽? 這 樣 人 把 使生氣的

geli bini.
geli bi-ni.
也 有-呢
還 有呢!

【A】又不是聾子啞叭,爲什麽不答應?像這個叫人生氣的也有呢!
【B】又不是聾子啞叭,爲什庅不答應?這樣教人生氣的也有呢!
【C】又不是聾子啞叭,不答應是爲何?
【D】又不是聾子啞吧,爲甚麼不答言兒?
【E】又不是聾子啞巴,爲甚麼不答言兒?
【F】他不是個聾子聽不見,又不是個啞吧説不出,爲什麽不答應?
【G】又不是聾子啞吧,爲甚麼不答言兒?

enenggi fiyaratala tantarakū oci, bi uthai
enenggi fiyaratala tanta-ra-kū oci, bi uthai
今天 狠狠地 打-IPFV-NEG 若是 1SG 就
今日 重重 不打 若, 我 就

gashūkini.
gashū-kini.
發誓-IMP
説誓了。

【A】今日要不重重的打他的時候,我就説誓了。

【B】今日若不重重的打,我就起誓了。

【C】今日若不把這砍頭的痛痛責打,我就起誓是呢。

【D】今兒若不把這個該殺的痛痛快快的責罰他一頓,我就起個誓。

【E】今兒若不把這個該死的痛痛快快的責罰他一頓,我就起個誓。

【F】今天若不狠狠的打他,下回還是不怕的。

【G】今兒若不把這個該殺的痛痛快快兒的責罰他一頓,我就起個誓。

age,	si	joo	ume.	i	ainci	onggofi
age,	si	joo	ume.	i	ainci	onggo-fi
阿哥	2SG	算了	不要	3SG	或許	忘-順序.CVB
阿哥,	你	算了	不要。	他	或者	忘了

genehekū,	ini	waka	babe	i	endereo.
gene-he-kū,	ini	waka	ba-be	i	ende-re-o.
去-PFV-NEG	3SG.GEN	錯誤	處-ACC	3SG	瞞得過-IPFV-Q
不去,	他的	不是	處	他	瞞得過嗎?

【A】阿哥,你别。他大畧忘了没去罷,他的不是他豈不知道嗎?阿哥,你罷呀。

【B】他想是忘了没去,他的不是他不知道嗎? 阿哥,罷别。

【C】他想是忘了没去,他的不是他不知道麽? 兄台,罷喲。

【D】他想是忘了没有去,他的不是他不知道麽? 大哥,罷喲。

【E】他想是忘了没有去,他的不是他不知道麽? 兄台,罷喲。

【F】他恐怕是忘記了,不是故意的懶惰。兄台,罷喲。

【G】他想是忘了没有去,他的不是他不知道麽?

tuttu	ofi	olhome,	jabure	gisun	baharakū
tuttu	ofi	olho-me,	jabu-re	gisun	baha-ra-kū
那樣	因爲	畏懼-并列.CVB	回答-IPFV	話語	得到-IPFV-NEG
因此		畏懼,	回答	話	不會

ohobi.

o-ho-bi.

成爲.AUX - PFV - PRS

成了。

【A】皆因是那樣怕的上,没有答應的話了。

【B】所以怕的上頭,没有答應的話了。

【C】所以害怕,不答應罷咧。

【D】因爲這個心裹害怕,不敢答言兒。

【E】因爲這樣兒心裡害怕,不敢答言兒。

【F】我看他見着你的面有點害怕的樣子,那裡敢答應呢?

【G】因爲這個心裡害怕,纔不敢答言兒。

eneggi	bi	ubade	bisire	be	dahame,
enenggi	bi	uba-de	bisi-re	be	dahame,
今天	1SG	這裡-LOC	在-IPFV	ACC	由於
今日	我	在這裡	在		既然,

mini	dere	be	tuwame,	ere	mari	oncodofi.
mini	dere	be	tuwa-me,	ere	mari	oncodo-fi.
1SG.GEN	臉面	ACC	看-并列.CVB	這	次	寬恕-順序.CVB
我的	臉	把	看,	這	回	寬恕。

【A】今日遇見我在這裡,看我的臉上,饒過這一次罷。

【B】今日我既在這裡,看我的臉上,饒過這遭。

【C】今日我既然在這裡,看我的面上,饒過這次。

【D】今兒既然是我在這兒,看着我的面上,饒過這一次罷。

【E】今兒既然是在我這兒,看我的臉,饒過這一次罷。

【F】他現在醉到這個樣,聽你説的話模模糊糊的,都不明白。倆就打他,他也混混沌沌的不知道啊。今天看我的臉上饒他。

【G】今兒既然是我在這兒,看着我的臉,饒過這一次罷。

ereci	julesi	nure	omire	be	eteme
ere-ci	julesi	nure	omi-re	be	ete-me
這-ABL	以後	酒	喝-IPFV	ACC	克服-并列.CVB
從此	以後	酒	喝	把	克服

lashalakini.
lashala-kini.
斷绝-IMP
斷了。

【A】往後永遠断了酒,揔不許喝。

【B】往後來把酒永遠断了罷。

【C】自今以後,狠狠的戒了酒罷。

【D】從今以後,叫他很很心戒了酒罷。

【E】自今以後,叫他很很心戒了酒罷。

【F】從今後,我吽他狠心的戒酒罷。

【G】從今以後,吽他很很心戒了酒罷。

hendure	balama	kangnaci	eihen	ja,
hendu-re	balama	kangna-ci	eihen	ja,
說-IPFV	常言	跳上去騎-假設.CVB	驢	容易
說的	常言	若躥上去	驢	易,

bungnaci	aha	ja	sehe,	si	jingkini	soncoho
bungna-ci	aha	ja	se-he,	si	jingkini	soncoho
壓迫-假設.CVB	奴僕	容易	AUX-PFV	2SG	正是	辮子
若壓迫	奴才	易	說,	你	正是	辮子

jafaha	ejen	kai,	i	aibade	ukcambi.
jafa-ha	ejen	kai,	i	aiba-de	ukca-mbi.
抓住-PFV	主人	INTJ	3SG	哪裡-DAT	逃-PRS
抓住	主子	啊,	他	往哪裡	脱開?

【A】可是說的"驢子容易騎,奴才容易壓派",你實在是摸着頭

頂的主子啊,他可往那裡去?

【B】可是説的"驢子容易騎,奴才容易欺[俗語靴子裏摸襪子]",你是正經摸着頭頂的家主啊,他往那裡躲?

【C】可是説的"主子管奴才,靴子磨襪子"啊,他躲至那裡?

【D】俗語兒説的"主子管奴才,靴子裡摸襪子"。他能躲到那兒去啊?

【E】可是説的"主子管奴才,靴子裡摸襪子"。他躲在那兒去啊?

【G】俗語兒説的"主子管奴才,靴子裏摸襪子"。他能躲到那兒去呀?

halaci	oihori	sain,	aikabade	halarakū,
hala-ci	oihori	sain,	aikabade	hala-ra-kū,
改變-假設.CVB	何等	好	若是	改變-IPFV-NEG
若改	何等	好,	如果	不改,

kemuni	uttu	suihume	omici,	age	cingkai
kemuni	uttu	suihu-me	omi-ci,	age	cingkai
還	這樣	爛醉-并列.CVB	喝-假設.CVB	阿哥	隨意
還	這樣	爛醉	若喝,	阿哥	任意

isebu,	bi	udu	jai	ucaraha	seme,
isebu,	bi	udu	jai	ucara-ha	se-me,
懲罰.IMP	1SG	雖然	再	遇見-PFV	説.AUX-并列.CVB
懲罰,	我	雖然	再	遇見,	

inu	baire	de	mangga.
inu	bai-re	de	mangga.
也	求-IPFV	對	難
也	求	對	難。

【A】要改就改了,要是不改,還要是喝的這樣爛醉的時候,隨阿哥的意兒責發(罰)罷,我雖再遇見了,也就難求情了。

【B】要改了狠好,若是不改,還是這樣爛醉的喝,隨阿哥意兒責罰,我総再遇見了,也難求情了。

【C】改呢改了,若是不改,仍是這樣往醉裡喝,阿哥重重的責罰,我即便再遇見,也難求了。

【D】改呢更好,若是不改,仍舊還是這麼往醉裡喝,那時候兄台重重的責罰他,我就是再遇見,也不管求情了。

【E】改呢更好,若是不改,仍舊還是這麼往醉裡喝,大哥重重兒的責罰他,我即便再是遇見,也不求情了。

【G】改呢更好,若是不改仍舊,還是這麼往醉裡喝,那時候兄台重重兒的責罰他,我就是再遇見也不管求情了。

age	si	ainambahafi	sara.	banitai	emu
age	si	ainambaha-fi	sa-ra.	banitai	emu
阿哥	2SG	如何能-順序.CVB	知道-IPFV	本性	一
阿哥	你	如何能	知道?	生來	一

gusherakū	fayangga.
gushe-ra-kū	fayangga.
成器-IPFV-NEG	魂靈
不成器	魂靈。

【A】阿哥你如何知道呢? 生來是一個不成器的魂灵兒。

【B】阿哥你如何得知? 生來是一個不長進的魂。

【C】阿哥你那裡得知道? 生性這不成器的東西。

【D】老弟你不知道,他是生來不成器的東西。

【E】大哥你不知道,他是生成的不成器的東西。

【F】老弟儞不知道,他是生來不成器的東西。

【G】老弟你不知道,他是生來不成器的東西。

arki	omimbi	serede,	uthai	bucembi
arki	omi-mbi	se-re-de,	uthai	buce-mbi
酒	喝-PRS	説-IPFV-LOC	就	死-PRS
酒	喝	説,	就	死

seme	inu	gelerakū,	ini	amai
se-me	inu	gele-ra-kū,	ini	ama-i
説.AUX-并列.CVB	也	害怕-IPFV-NEG	3SG.GEN	父親-GEN
説	也	不怕,	他的	父親的

senggi	ci	hono	haji.
senggi	ci	hono	haji.
血	比.ABL	還	親近
血	比	還	親近。

【A】一説喝酒,就死也不肯放,比他阿媽脖子上的血還親。
【B】一説喝酒,就死也不怕,比他父親的血還親。
【C】若説喝酒罷,就是死罷,比他老子的血還親。
【D】若説喝酒,就捨了命,比他老子的血還親。
【E】若説喝酒,就捨了命,比他老子的血還親。
【F】若説欲酒,就捨了命,也是願意的。
【G】若説喝酒,就捨了命,比他老子的血還親。

ere	mudan	guwebuhe	de	uthai	halambi	sembio.
ere	mudan	guwebu-he	de	uthai	hala-mbi	se-mbi-o.
這	次	饒恕-PFV	LOC	就	改變-PRS	説-PRS-Q
這	次	繞過	對	就	改過	説了嗎?

manggai	oci	emu	juwe	inenggi	subuhūn
manggai	o-ci	emu	juwe	inenggi	subuhūn
無非	成爲.AUX-假設.CVB	一	二	日子	清醒
無非	是	一	二	日子	清醒不醉

dabala,	duleke	manggi.	geli	fe	an	i
dabala,	dule-ke	manggi	geli	fe	an	-i
罷了	過去-PFV	以後	還	舊	平常	INS
罷了,	過去了	之後	又	依照	平常	地

omimbi	kai.
omi-mbi	kai.
喝-PRS	INTJ
喝	啊。

【A】這一次饒過了的時候,就説是改了嗎? 也不過減等着喝一兩日罷咧,過去了又是照舊的喝啊。

【B】饒過這次就改庅? 不過醒一兩日罷咧,過去了又是照舊的喝呀。

【C】此次饒了就肯改麽? 至狠醒一兩日罷咧,過後又照舊的喝。

【D】今兒饒了他,我保他不能改。至多一兩天不喝罷咧,過了後兒必定還是照着樣兒喝。

【E】今兒饒了他,就改不成。至多一兩天不喝罷咧,過了後兒仍就還是照着樣兒喝。

【F】我今兒饒了他,恐怕過不到三四天,又是這個樣的來咯。

【G】今也饒了他,我保他不能改。至多一兩天不喝罷咧,過了但是這一次,我看老弟臉上饒了他。後兒必定還是照着樣兒喝。

(【+F】承情。我告訴俩,俩今兒醉到這個樣,把差使的事都忘記了,俩主人要打俩。若不是我説個情,斷不饒俩咯。俩從今後要狠心戒酒纔好。下去。)

61 (A61 fiyanggū 老生子, B61, C88, D87, E89, F20 羡人多子)

age,	ere	jui	sini	uducingge.	ere	mini
age,	ere	jui	sini	uduci-ngge.	ere	mini
阿哥	這個	孩子	2SG.GEN	第幾-NMLZ	這個	1SG.GEN
阿哥,	這	孩子		幾個?	這	我的

fiyanggū.	mama	eršeheo.	unde.
fiyanggū.	mama	erše-he-o.	unde.
末子	天花	出疹子-PFV-Q	尚未。
老來兒,	痘子	出疹子?	還没。

【A】阿哥個的這個孩子是弟(第)幾個的？這是我的老格兒。出了花兒了嗎？没有呢。

【B】阿哥,這個孩子是你第幾個的？這是我的老生子。出了花兒没有？没有呢。

【C】阿哥,這個孩子是你第幾個的？我的老生子。出過花兒了麽？出了花兒了。

【D】兄台,你這位令郎是第幾個的？這是個老生兒子。出了花兒了没有？去年出得花兒。

【E】大哥,你這位令郎是第幾個的？這是我的老生兒子。出了花兒了没有？

【F】老哥,儞這位令郎是第幾的？是第九的。我老年養的。出了花麽？出了。

ese	gemu	ikiri	ahūn	deo,	uyun	banjifi,	uyun
ese	gemu	ikiri	ahūn	deo,	uyun	banji-fi,	uyun
這.PL	全都	一連	兄	弟	九	生-順序.CVB	九
他們	都	一連	兄	弟,	九	生下,	九

taksiha.
taksi-ha.
存下-PFV
存下。

【A】他們全是連胎生的,弟兄九個全存下了。

【B】這都是連胎弟兄,生了九個,存了九個。

【C】這些都是挨肩的弟兄,生了九個,存了九個。

【D】都是挨肩的,生了九個,存了九個。

【E】生了九個,存了九個。

【F】我挨肩的生了九個,九個都在呢。

age,	bi	yobodorongge	waka,	aša	mergen
age,	bi	yobodo-ro-ngge	waka,	aša	mergen
阿哥	1SG	開玩笑-IPFV-NMLZ	不是	嫂子	賢慧
阿哥,	我	開玩笑	不是,	嫂子	賢慧

kai,	juse	banjibure	de	salibuhabi,
kai,	juse	banjibu-re	de	salibuhabi,
INTJ	孩子.PL	生-IPFV	LOC	掌管-PFV-PRS
啊,	孩子	生	在	善養,

omosi	mama	seci	ombi.	si	yala
omosi	mama	se-ci	o-mbi.	si	yala
子孫.PL	娘娘	叫做-假設.CVB	可以-PRS	2SG	實在
子孫	娘娘	説	可以。	你	實在

hūturi	yongkiyaha	niyalma.
hūturi	yongkiya-ha	niyalma.
福	完備-PFV	人
福氣	全備了	人。

【A】阿哥,我不是頑,嫂子好手叚(段)啊,是第一個善養孩子的呀,竟是個子孫娘娘了。你實在是個有福的人啊。

【B】阿哥,我不是頑笑,嫂子好手段啊,善養孩子,算得是子孫娘娘了。你真是有福的人。

【C】阿哥,我不是説頑話,嫂子能幹啊,慣于養孩子,可説得是子孫娘娘。你實在是福全的人。

【D】哎,真是難得的!兄台,這不是我説句頑兒話,大嫂子真能幹哪,久慣會養兒子,可以算得是個子孫娘娘了。實在是有福的人哪。

【E】大哥,不是我説句頑話兒,大嫂子真能幹哪,久慣會生兒子,可以算得是個子孫娘娘了。寔在是有福的人啊。

【F】老哥,不是我説句頑話,大嫂子真是能幹,慣會生兒子,可以算得是個子孫娘娘。實在是有福的人啊。

ainaha	hūturi.	gajiha	sui	kai.	ambakan
aina-ha	hūturi.	gaji-ha	sui	kai.	ambakan
做什麼-PFV	福	拿來-PFV	罪	INTJ	稍大
什麼	福氣?	拿來的	罪	啊。	大

ningge	hono	yebe,	ajigesi	ningge	inenggidari
ningge	hono	yebe,	ajigesi	ningge	inenggi-dari
NMLZ	還	稍好	小些	者	日子-每
的	還	好,	小	的	每日

gar miyar	sehei	banjimbi,	alimbaharakū
gar miyar	se-hei	banji-mbi,	alimbaharakū
呱哇叫貌	AUX-持續.CVB	生活-PRS	不勝
小孩哭聲	只管	生出,	不勝

yangšan,	dolo	gemu	urehebi.
yangšan,	dolo	gemu	ure-he-bi.
聒噪	心中	都	熟-PFV-PRS
嘮叨,	心裡	都	熟了

【A】未必是福,生来的孽啊。大些的還好些,小的們終日裡哭哭喊喊的,不勝嘮叨,心裡全熟了。

【B】那裡的福?命中的孽障啊。大些的還好,小些的終日裡哭哭喊喊的,不勝煩惱,心都熟了。

【C】什麼福?造了來的罪啊。大的還好些,小的日日吵吗的,不勝的心煩,心裡都熟了。

【D】甚麼福啊?前生造的罪罷咧。大些兒的還好點兒,這幾個小的兒每天吱兒喳兒的吵得我腦袋都疼了。

【E】甚麼福啊?前生造的罪罷咧。大些兒的還好點兒,小些兒的每天吱兒喳兒的吵的,連心裡都熟燙了。

【F】這算什麼福啊?我想是前生造的孽,現在來討報讐啊。大的還好點,小的幾個每天吱兒喳兒的吵鬧得不歇,好厭煩的。

jalan	i	niyalma	uthai	uttu,	juse	bayan	urse
jalan	-i	niyalma	uthai	uttu,	juse	bayan	urse
世間	GEN	人	就	這樣	孩子.PL	衆多	人們
世	的	人	就	這樣,	孩子們	衆多	人們

geli	eimeme	gasambi,	meni	ere	gese
geli	eime-me	gasa-mbi,	meni	ere	gese
都	厭煩-并列.CVB	抱怨-PRS	1PL.EXCL.GEN	這個	樣子
都	厭煩	抱怨,	我們的	這個	樣子

juse	haji	niyalma	de,	emke	bicina
juse	haji	niyalma	de,	emke	bi-cina
孩子.PL	親近	人	DAT	一個	有-讓步.CVB
孩子們	愛的	人	對,	一個	若有

seci	aba.	abka	inu	mangga	kai.
se-ci	aba.	abka	inu	mangga	kai.
說.AUX-假設.CVB	哪裡	天	也	難	INTJ
	何處?	天	也	難	啊。

【A】世上的人就是這樣的啊,孩子們多的人又厭煩埋怨,像我們這樣愛孩子的,要一個那裡有? 天就難測了啊。

【B】世上的人就是這樣,孩子多的又厭煩埋怨,像我們這樣缺少孩子的,要一個在那裡? 天也難了啊。

【C】哎,阿哥世上的人就是這樣,像你兒子多的人又厭煩報怨,像我們兒子貴氣人,說有一個罷在那裡? 天也難啊。

【D】世上的人都是這麼樣,子孫富的人們又嫌多了抱怨,像我們子孫稀少的人們,想有一個在那兒呢? 叫老天爺也難了。

【E】世上的人都是這麼樣,子孫富的人們又嫌多了抱怨,像我們子孫稀少的人們,想有一個在那兒呢? 叫老天爺也難了。

【F】世上的人大半有這癖氣,子孫多了就嫌吵鬧的聲音,我們實在不知道是甚麼意思? 像我們子孫稀的人,就要一個小孩子來吵鬧也是難的。

sini	tere	jui	waliyahakū	bici,	inu	uyun
sini	tere	jui	waliya-ha-kū	bici,	inu	uyun
2SG.GEN	那個	孩子	丢失-PFV-NEG	若是	也	九
你的	那	孩子	不丢棄	若有,	也	九

juwan	se	ohobi.
juwan	se	o-ho-bi.
十	歲	成爲-PFV-PRS
十	歲。	

【A】你那一個兒子要是不死的時候,也有九歲十歲了。

【B】你那個兒子若是不丢,也有九歲十歲了。

【C】你的那個妞妞若是不撂,也十幾歲了。七歲没的,若有,今年十歲了。

【D】你們妞兒若不丢,如今也有十幾歲了?七歲上没得,若有,今年十歲了。

【E】你們妞兒若不丢,如今也有十幾歲了?七歲上没的,若有,今年十歲了。

【F】可惜了,儞的妞兒若不丢去,已經十幾歲了?是啊。他七歲上没的,若在着,今年十歲了。

yala	emu	sain	jui,	tetele	jongko	dari,	bi
yala	emu	sain	jui,	tetele	jongko	dari,	bi
實在	一	好	孩子	至今	提起.IMP	每次	1SG
實在	一	好	孩子,	到如今	提起	每,	我

sini	funde	nasame	gūnimbi.
sini	funde	nasa-me	gūni-mbi.
2SG.GEN	代替	歎息-并列.CVB	想-PRS
你的	替代	悲痛	想念。

【A】實在是個好孩子,到如今從心裡我替你想念啊。

【B】實在是一個好孩子,至今提起來,我替你嘆息。

【C】實在是個好孩子,至今提起來,我替你傷心。
【D】那纔真是個好孩子,到如今題起他來,我都替你傷心。
【E】真是個好孩子,到如今題起來,我替你傷心。
【F】那真是個好孩子,提起他來,到如今還是傷心。

tere	banin wen	gisun	hese,	gūwa	juse	ci
tere	banin wen	gisun	hese,	gūwa	juse	ci
3SG	相貌	言語	語氣	其他 SG	孩子.GEN	ABL
他	相貌	説話	語氣[言談],	别的	孩子	比

cingkai	encu.
cingkai	encu.
迥然	相异
迥然	不同。

【A】他那模樣兒言語兒,與别的孩子們逈乎不同。
【B】他的相貌言語,與别的孩子迥異。
【C】他那相貌言語,與别的孩子們逈然异樣。
【D】那個像貌兒言語兒,比别的孩子們另外的不同。
【E】那個相貌兒言語兒,比别的孩子們另外的大不相同。
【F】相貌長的好,性情狠安静。

gur gar	etufi,	niyalma	be	sabumbihede,
gur gar	etu-fi,	niyalma	be	sabu-mbihe-de,
整潔貌	穿-順序.CVB	人	ACC	看見-PST-LOC
整潔貌	穿,	人	把	見了,

beyebe	tob	seme	obufi,
beye-be	tob	se-me	o-bu-fi,
身體-ACC	正直	AUX-并列.CVB	成爲-CAUS-順序.CVB
把自己	端正		成爲,

fir	seme	elhei	ibefi	sain	be
fir	se-me	elhei	ibe-fi	sain	be
莊重貌	AUX-并列.CVB	慢慢地	前進-順序.CVB	好	ACC
從容	地	緩緩	前進	好	把

fonjimbi.
fonji-mbi.
問-PRS
來問。

【A】穿上衣裳雄雄寔寔的,一見了人,端然正立,慢慢的進前問個好。

【B】穿的雄雄寔寔的,見了人的時候,端然正立,沉重安詳的進前來問好。

【C】穿上鮮明衣服,見了人的時候,把身子立正了,慢慢的進前問好。

【D】見了人兒的時候兒,身子端端正正兒的,安安詳詳兒的上前問好。

【E】見了人兒的時候兒,身子端端正正兒的,安安詳詳兒的上前問好。

【F】見了人的時候,端端正正的上前問好,狠有規矩。

jilakan	manggi	tere	ajige	angga,	ai	gisun
jilakan	manggi	tere	ajige	angga,	ai	gisun
可憐愛的	只是	那個	小	嘴	什麽	話語
可憐的	後	那	小	嘴,	什麽	話

bahanarakū.
bahana-ra-kū.
會-IPFV-NEG
不會?

【A】招人疼的那個小嘴,什麽話兒不會説?

【B】可憐他那個小嘴,什庅話不會説?

【C】可憐見的那個小嘴,甚麼話不會?

【D】可憐見兒的那個小嘴兒,甚麼話兒都會説。

【E】可憐見兒的那個小嘴兒,甚麼話兒都會説。

【F】那小嘴兒,什麽話都會説。

tede	emu	baita	fonjiha	de,	aimaka	we	inde
tede	emu	baita	fonji-ha	de,	aimaka	we	inde
3SG.DAT	一	事情	問-PFV	LOC	好像	誰	3SG.DAT
向他	一	事情	問	時,	反倒	誰	給他

tacibuha	adali,	daci	dube de	isitala,
tacibu-ha	adali,	da-ci	dube-de	isi-tala,
教導-PFV	一樣	本源-ABL	末端-DAT	到達-直至.CVB
教	一樣,	從頭	到末尾	直到,

hacingga	demun	i	akūmbume	alame	mutembi.
hacingga	demun	-i	akūmbu-me	ala-me	mute-mbi.
各種	行爲	INS	竭盡-并列.CVB	告訴-并列.CVB	能够-PRS
各樣的	行爲	以	盡力	告訴	能够。

【A】要問他一件事情,倒像誰教給了他的一樣,從頭至尾,各樣的情節都能彀盡情告訴。

【B】要問他一件事,倒像誰教了他的一樣,從頭至尾,各樣的情節盡情都能告訴。

【C】問他一件事,好像是誰教他的一樣,從頭至尾,各樣盡情的能告訴。

【D】若問他一件事情,倒像誰教給他的一個樣,從頭至尾的告訴,一句兒也落不下。

【E】若問他一件事情,倒像誰教他的一個樣,從頭至尾的告訴。

【F】若問他一件事,就從頭到尾的説得清清楚楚,好像大人們説的話一樣。

tentekengge emken bici, juwan de
tenteke-ngge emken bi-ci, juwan de
那樣-NMLZ 一個 有-假設.CVB 十 DAT
那樣的 一個 若有, 十 與
teherembikai. utala baitakūngge be ujifi
tehere-mbi-kai. utala baitakūngge be uji-fi
相等-PRS-INTJ 這些 没用的 ACC 養-順序.CVB
相稱啊。 這些 無用的 把 養育
ainambi.
aina-mbi.
做什麼-PRS
做什麼?

【A】那樣的要有一個,就勝強十個啊。養活着那些無用的作什麼呢?
【B】那樣的若有一個,勝強十個啊。養活許多無用的作什庅呢?
【C】像那樣的有一個,賽十個啊。養許多無用的作什麼?
【D】像那個樣兒的孩子,一個頂十個。養這許多没用的作甚麼?
【E】像那個樣兒的,一個頂十個。養這許多没用的作甚麼?
【F】真可惜的,我怎麼這樣没福氣呢?

62 (A62 sekei kurnme 貂鼠褂子,B62,C34,D34,E34,F17,買貂褂)

ere sekei kurume puseli de udahanggeo.
ere seke-i kurume puseli de uda-ha-ngge-o?
這個 貂-GEN 褂子 店鋪 LOC 買-PFV-NMLZ-Q
這 貂的 褂子 鋪子 在 買的嗎?
puselingge waka, juktehen de udahangge.
puseli-ngge waka, juktehen de uda-ha-ngge.
店鋪-NMLZ 不是 廟 LOC 買-PFV-NMLZ
鋪子的 不是, 廟 在 買的。

【A】這個貂鼠褂子在舖子裡買的嗎？不是舖子裡的，廟上買的。
【B】這個貂鼠褂子在舖子裡買的嗎？不是舖子裡的，廟上買的。
【C】這個貂鼠褂子舖子裡買的麼？不是舖子裡的，廟上買的。
【D】這件貂鼠褂子是在鋪子裏買的麼？不是鋪子裏的，是廟上買的。
【E】這件貂鼠褂子在舖子裡買的麼？不是舖子裡的，廟上買的。
【F】這件貂褂是在舖子裡買的麼？不是，是在廟上買的。

hūdai	menggun	udu.	si	tubišeme	tuwa.
hūda-i	menggun	udu.	si	tubiše-me	tuwa.
價格-GEN	銀子	多少	2SG	估量-并列.CVB	看.IMP
價錢	銀子	多少？	你	估量	看。

ere	absi	akū	ninju	yan	menggun	salimbi	dere.
ere	absi	akū	ninju	yan	menggun	sali-mbi	dere.
這個	怎麼	NEG	六十	兩	銀子	值-PRS	INTJ
這	怎麼	没有	六十	兩	銀子	價值	吧？

【A】價錢多少？你畧估畧估。這個任憑怎麼樣的也值六十兩罷？
【B】多少價錢？你估料着瞧。這任憑怎庅值六十兩銀子罷？
【C】價銀多少？你料估着瞧。這個至不及值八十兩銀子啊。
【D】多少銀子買的？你猜一猜。這件至不濟也值三百兩銀子。
【E】多少銀子買的？你白猜一猜。這件至不濟也值三百兩銀子。
【F】多少銀子？儞猜一猜。這件至少也值得三百兩銀子。

gūsin	yan	menggun	ci	nonggihai,	dehi	yan	de
gūsin	yan	menggun	ci	nonggi-hai,	dehi	yan	de
三十	兩	銀子	ABL	增加-持續.CVB	四十	兩	DAT
三十	兩	銀子	從	增添，	四十	兩	到

isinafi	uthai	uncaha.
isina-fi	uthai	unca-ha.
達到-順序.CVB	就	賣-PFV
到	就	賣了。

【A】從三十両上添,到四十兩就賣了。

【B】從三十兩上添起,到四十兩上就賣了。

【C】從五十兩銀子上添起,到六十兩上就賣了。

【D】我從二百兩上添起,添到二百五十兩,他就賣了。

【E】我從二百兩上添起,添到二百五十兩上,他就賣了。

【F】我從二百兩銀子還起,添到二百五十兩,他就賣了。

hūda	ai	uttu	wasikabi.	nenehe	forgon	de
hūda	ai	uttu	wasi-ka-bi.	nenehe	forgon	de
價格	怎麼	這樣	下降-PFV-PRS	先前	時候	LOC
價錢	怎麼	這樣	賤了?	先前	時候	在

ere	gesengge	be	jakūnju	yan	funcere	menggun
ere	gese-ngge	be	jakūnju	yan	funce-re	menggun
這個	樣子-NMLZ	ACC	八十	兩	剩餘-IPFV	銀子
這	這樣的	把	八十	兩	剩餘	銀子

baibumbi.	boco	sahaliyan,	funiyehe	luku,
baibu-mbi.	boco	sahaliyan,	funiyehe	luku,
需要-PRS	颜色	黑	毛	厚,
需要。	颜色	黑色,	毛	厚,

【A】價兒怎麼這樣的賤下来了?先前的時候,這樣的賣得八十両銀子啊。顔色黑,毛厚,

【B】價值怎庅這樣落了?先前這樣的得八十多兩銀子。顔色黑,毛厚,

【C】價值怎麼這樣賤了?先前的時候,像這樣的至平常賣百數兩來着。顔色黑,毛道厚,

【D】怎麼這麼賤哪?我想從前像這樣兒的,至平常也得五百兩銀子。你看這一件,顔色兒黑,毛道兒厚,

【E】價兒怎麼這麼賤?從前像這樣兒的,至平常得五百兩銀子。你看,顔色兒黑,毛道兒厚敦,

【F】價兒怎麼這樣賤呢？從前像這樣的，至少也要五百兩銀子纔買得來。倆看這一件，毛頭厚，

weilehengge	inu	bokšokon,	fuserekengge	inu
weile-he-ngge	inu	bokšokon,	fusere-ke-ngge	inu
製作-PFV-NMLZ	也	精致	出鋒毛-PFV-NMLZ	也
做得	也	精致，	鋒毛	也

teksin,	tuttu	bime	tuku	i	suje	jiramin,	ice
teksin,	tuttu	bime	tuku	-i	suje	jiramin,	ice
整齊	那樣	而且	衣面	GEN	緞子	豐厚	新
整齊，	因此	而且	衣面	的	緞子	厚，	新

ilhangga	erin	i	durun,	yargiyan	i	umesi	salimbi.
ilhangga	erin	-i	durun,	yargiyan	-i	umesi	sali-mbi.
花紋	時興	INS	樣子	實在	INS	非常	值-PRS
花紋	時興	的	樣子，	實在	地	很	值得。

【A】做的精緻，鋒毛兒也齊，而且面子的緞(緞)子狠好，時樣的花兒，實在狠值。

【B】做的也精緻，出的鋒毛也齊，而且面子的緞子厚實，花樣新又應時，實在狠值。

【C】做的也秀緒，而且風毛也出的齊，不但那樣，面子的緞子厚，新花樣，時興的樣子。就是合着你的身子做的，也没有這樣好。

【D】又平正，而且風毛出得齊截，面子的緞子又厚，花樣兒也新鮮，又合如今的時樣兒。就是比着你的身子做，也不過這麼樣罷咧。

【E】又平正，而且風毛出的齊截，面子的緞子又厚，花樣兒又新鮮，樣子又合時。就是比着你的身子做，也没有這麼樣兒好。

【F】又勻又平正，顏色又是紫的，狠光潤，風毛出的又齊整，面子的緞又厚又新鮮，剪裁的樣子又是時興。尺寸也和倆狠合式。就是倆去新做一件，也不過這個樣的。

mini	ejehengge	sinde	inu	emken	bihe.
mini	eje-he-ngge	sinde	inu	emken	bi-he.
1SG.GEN	記得-PFV-NMLZ	阿哥 2SG.DAT	也	一	有-PFV
我的	記得	在你	也	一個	有。

【A】我記得你也有一件来着。

【B】我記得你也有一件來着。

【C】我記得阿哥你也有一件來着。

【D】我記得你納也有一件來着。

【E】大哥你也有一件來着。

【F】我記得儞呐也有一件的貂褂。

mini	tere	ai	ton	bi.	bai	emu	kurume
mini	tere	ai	ton	bi.	bai	emu	kurume
1SG.GEN	那個	什麼	數	有	白是	一	褂子
我的	那	什麼	數	有?	白	一	褂子

sere	gebu	bisire	dabala,	funiyehe
se-re	gebu	bisi-re	dabala,	funiyehe
説-IPFV	名字	存在-IPFV	罷了	毛
説的	名稱	存在	罷了,	毛

manaha,	simen	wajiha,	tulesi	educi
mana-ha,	simen	waji-ha,	tulesi	etu-ci
磨破-PFV	精華	完結-PFV	向外	穿-假設.CVB
磨損,	精華	完了,	外	穿

ojorakū	oho.
ojo-ra-kū	o-ho.
可以-IPFV-NEG	成爲.AUX-PFV

不可以。

【A】我那個那裡算得数?白是個褂子名兒罷咧,毛也磨了,火力完了,反穿不得了。

【B】我那個算什庅数児？白是個褂子的名児罷咧，毛磨了，火力完了，反穿不得了。

【C】我那個算甚麼？白是一個名兒罷咧，毛稍兒擦了，没了油性了，反穿不得了。

【D】哎，我那個算甚麼？白有個褂子的名兒就是咯，毛稍兒也壞了，顏色兒也變了，反穿不得了。

【E】我那個算甚麼？白有個褂子的名兒就是咯，毛稍兒壞了，顏色兒變了，反穿不得了。

【F】哎，我那件算什麼？不過是貂皮的一個名兒，毛梢也壞了，顏色也退了，反穿也看不得。

fulun	baha	manggi,	giyan	i	emu	sain	ningge
fulun	baha	manggi,	giyan	-i	emu	sain	ningge
俸禄	得到.PFV	以後	道理	INS	一	好	NMLZ
俸禄	得到	後，	理應	地	一	好	東西

udaci	acambi.
uda-ci	aca-mbi-kai.
買-假設.CVB	應該-PRS-INTJ
買	應該啊。

【A】関了俸銀的時候，該買一件好的呀。

【B】関了俸銀，該買一件好的。

【C】若是那樣，關了俸禄時，再買一件好的是呢。

【D】若是那們様，等關了俸的時候兒，再買件好的就是咯。

【E】若是那們様，等關了俸的時候兒，再買件好的就是咯。

【F】若是這樣的，等領了俸銀，再買一件好的就是咯。

suweni	asihata,	jing	wesihun	ici	genere
suweni	asihata,	jing	wesihun	ici	gene-re
2PL.EXCL.GEN	青年.PL	正是	高處	順應	去-IPFV
你們的	年輕，	正是	高處	沿着	去

niyalma	kai,	yamulara	isara	bade,
niyalma	kai,	yamula-ra	isa-ra	ba-de,
人	INTJ	上衙門-IPFV	聚會-IPFV	處-LOC
人	啊,	上衙門	會面	時,

etufi	miyamici	geneci	giyan	ningge.
etu-fi	miyami-ci	gene-ci	giyan	ningge.
穿-順序.CVB	裝飾-假設.CVB	去-假設.CVB	理應	NMLZ
穿	若打扮	若去	應該	的。

【A】你們少年人,正是往高裡走的人啊,上衙門或是會齊,穿個樣子是該當的。

【B】你們少年人,正是往上走的,上衙門會齊的去處,穿上打扮上去是該當的。

【C】艾,你們少年們,正是往上去的人啊,朝會的地方穿啊打扮啊是該當的。

【D】你們是年輕的人兒們,正在往上巴結的時候兒,遇着朝會的日子,穿件好的打扮打扮是該當的。

【E】你們是年輕的人兒們,正是往上巴結的時候兒,逢朝會的日子,穿件好的打扮打扮是該當的。

【F】倆們年輕的人,正是當差的時候,遇着朝會的日子,穿件好的是應當的。

minde	geli	ai	yangse.	erin	dulekebi,	damu
minde	geli	ai	yangse.	erin	dule-ke-bi,	damu
1SG.DAT	又	什麼	樣子	時候	超過-PFV-PRS	只是
對我	又	什麼	樣子?	時	過了,	只

halukan	oci	joo	kai.
halukan	o-ci	joo	kai.
暖和	成爲.AUX-假設.CVB	罷了	INTJ
暖和	是	罷了	啊。

【A】我又要什麼樣兒？過了時候了，煖和就罷了。

【B】我又要什庅樣兒？過了景了，煖和就罷了。

【C】我喲，是過了時的人，我又講什麼樣子？只是暖和就是了。

【D】哎，我是過了時的人了，還講究甚麼樣兒呢？但只煖和就是了。

【E】哎，我是過了時的人了，還講究甚麼樣兒呢？但只煖和就好了。

【F】哎，我是過時的人，還講究甚麼？只穿在身上會暖就好了。

sain	ningge	etuci,	fiyan	tucirakū	bime,
sain	ningge	etu-ci,	fiyan	tuci-ra-kū	bime,
好	NMLZ	穿-假設.CVB	樣子	出-IPFV-NEG	而且
好	者	若穿，	顔色	没出來	而且，

elemangga	kušun.
elemangga	kušun.
反而	不舒服
反而	不舒服。

【A】就是穿上好的，不但没樣兒，反倒不舒服。

【B】穿上好的，不但不出色，反倒不舒服。

【C】若穿了好的，不得樣兒，而且不舒服。

【D】我若是穿了好的，不但不得樣兒，而且不舒服。

【E】我若是穿了好的，不但不得樣兒，而且不舒服。

【F】比不得我們有年紀的人，用不着好衣服。

tere	anggala	mini	ere	hithai	alban	de	inu
tere	anggala	mini	ere	hitha-i	alban	de	inu
那個	况且	1SG.GEN	這個	武丁-GEN	差事	LOC	也
那個	况且	我的	這	武丁	差事	在	也

teisu	akū,	ine mene	fereke	manahangge
teisu	akū,	ine mene	fere-ke	mana-ha-ngge
相稱	NEG	乾脆	變舊-PFV	磨破-PFV-NMLZ
相稱	不,	索性	舊的	破的

etuci,	elemangga	minde	fitheme	acambi.
etu-ci,	elemangga	minde	fithe-me	aca-mbi.
穿-假設.CVB	反倒	1SG.DAT	彈-并列.CVB	相符-PRS
穿,	反倒	對我	彈奏	相符。

【A】况且我這分差使也不對當,不論什麼破的舊的,到與我對裝了。

【B】况且我的這分差使也不對,索性是破的舊的,倒與我正對勁兒。

【C】况且我這兵丁差使也不對,索性舊的破爛的,倒於我狠對啊。

【D】况且我們武職差使上也用不着好衣裳,索性穿舊的破的,倒和我們很對勁兒。

【E】况且我們武職差使上也不對好衣裳,索性穿舊的破的,倒和我們很對勁兒。

【F】我又是武職官,將就點可以的。

63 (A63 jobolon de acanara 吊唁, B63, C76, D76, E77, F28 吊死)

ceni	boode	we	akū	oho.	cananggi
ceni	boo-de	we	akū	o-ho.	cananggi
3PL.EXCL.GEN	家-LOC	誰	NEG	成爲-PFV	前天
他們的	家裡	誰	没有	了?	前日

bi	tederi	duleme	yabure	de,	tuwaci
bi	tederi	dule-me	yabu-re	de,	tuwa-ci
1SG	那裡.ABL	經過-并列.CVB	走-IPFV	LOC	看-條件.CVB
我	從那	過	行走	時,	看

booi	urse	šahūn	sinahi	etuhebi.
boo-i	urse	šahūn	sinahi	etu-he-bi.
家-GEN	人們	淡白色	孝衣	穿束-PFV-PRS
家裡的	人	淡白色	孝衣	穿了。

【A】他們家裡誰死了？前日我從那裡過，看見家裡的人們穿着煞白的孝。

【B】他們家裡誰没了？前日我從那裡過，看見家裡人們穿着白花花的孝。

【C】他們家裡誰不在了？前日我從那裡過，一瞧家下人白花花的穿着孝呢。

【D】他們家裡誰不在了？大前兒我從那兒過，看見他家裡的人們都穿着孝呢。

【E】他們家裡誰不在咯？前兒我在他們那兒過，看見家裡的人們都穿着孝呢。

【F】他們家裡誰不在咯？前天我在他門口走過，看見他家裡人們都穿着孝呢。

bi	ekšeme	idu	gaime	jidere	jakade,
bi	ekše-me	idu	gai-me	jide-re	jakade,
1SG	忙-并列.CVB	值班	取-并列.CVB	來-IPFV	因爲
我	急忙	值班	接班	來	原因，

bahafi	fonjihakū.
baha-fi	fonji-ha-kū.
得以-順序.CVB	問-PFV-NEG
得以	不能問。

【A】我因急着来接班的上，没得問問。

【B】我因忙着該班來的上頭，没得問。

【C】我因忙着來接班，没得問。

【D】因爲忙着來該班兒，也没得問一問。

【E】我因爲忙着來該班兒,故此也没有得問一問。

【F】我因爲忙着去該班,没空兒,就没問。

jakan	ini	eshen	ufaraha.	banjiha	eshen	wakao.
jakan	ini	eshen	ufara-ha.	banjiha	eshen	waka-o.
新近	3SG.GEN	叔叔	亡故-PFV	親生	叔叔	不是-Q
新近	他的	叔父	失去了。	親生	叔父	不是嗎?

inu.	si	jobolon	de	acanahao	akūn.
inu.	si	jobolon	de	aca-na-ha-o	akū-n.
是	2SG	喪事	DAT	見面-去-PFV-Q	NEG-Q
是。	你	喪事	對	吊喪去了	没有啊?

【A】新近他叔叔死了。不是親叔叔嗎? 是。你道惱去来没有?

【B】新近他叔叔没了。不是親叔叔庅? 是。你探喪去了没有?

【C】適纔聽見説他叔叔死了。親叔叔麼? 是。你探喪去了没有?

【D】剛纔聽見説是他叔叔不在了。是他親叔叔麼? 不錯,是他親叔叔。你弔喪去來没有?

【E】剛纔我聽見説他叔叔不在咯。親叔叔麼? 是親叔叔。你弔喪去來没有?

【F】我聽見説是他的叔叔不在咯。他的親叔叔麼? 是他的親叔叔。儞去吊麼?

sikse	nomun	i	doocan	ararade,	bi	gulhun
sikse	nomun	-i	doocan	ara-ra-de,	bi	gulhun
昨天	經卷	GEN	道場	做-IPFV-LOC	1SG	完全
昨天	經卷	的	道場	做,	我	完全

emu	inenggi	tubade	bihe.
emu	inenggi	tuba-de	bi-he.
一	日子	那裡-LOC	在-PFV
一	日子	在那	來着。

【A】昨日念経作道場的上,我整一日在那裡来着。

【B】昨日念經作道場,我在那裡整一日來着。

【C】昨日做道場,我在那裡一整日來着。

【D】昨兒念經,我在那兒坐了一整天呢。

【E】昨兒做道場,我在那兒坐了一整天呢。

【F】明天去。

atanggi	jiranggi	tucibumbi.	donjici	biyai
atanggi	jiranggi	tuci-bu-mbi.	donji-ci	biya-i
何時	遺體	出殯-CAUS-PRS	聽-假設.CVB	月-GEN
幾時	尸體	出殯?	聽見	月的

manashūn	de	sembi.
manashūn	de	se-mbi.
月末	LOC	說.AUX-PRS
月末	時	説是。

【A】幾時出殯?聽説是月盡頭。

【B】幾時出殯?聽見説是月盡頭。

【C】幾時出殯?聽見説月盡頭。

【D】多喒出殯啊?知道不知道?説是月底呢。

【E】多喒出殯?説是月底。

【F】儞明天見着他,先替我説道惱。我下了班就去吊。他多喒出殯?不知道。

ceni	yafan	ya	ergide	bi.	meni
ceni	yafan	ya	ergi-de	bi.	meni
3PL.EXCL.GEN	園子	哪個	方向-LOC	在	1PL.EXCL.GEN
他們的	墳場	何	方	在?	我們的

yafan de hanci.
yafan de hanci.
園子 DAT 近
墳場 與 近。

【A】他們的坟園在那裡？與我們的園裡相近。
【B】他們的墳塋在那裡？與我們墳塋相近。
【C】他們的園子在那裡？與我們園裡近。
【D】他們的塋地在那兒？離我們家的墳地很近。
【E】他們塋地在那兒？離我們家的墳地很近。
【F】他們的塋地在那兒？離我家的墳地狠近。

tuttu oci, jugūn goro kai, dehi ba isimbi dere.
tuttu oci, jugūn goro kai, dehi ba isi-mbi dere.
那樣 若是 路 遠 INTJ 四十 里 將近-PRS INTJ
那樣 若， 路 遠 啊， 四十 里 到 吧。

【A】要是那樣，路遠啊，四十来的里。
【B】若是那樣，路遠啊，有四十里罷。
【C】若是那樣，路遠啊，至平常也足四十里。
【D】嗳，若是這麼着，道兒很遠哪，至少説着也有四五十里地。
【E】若是這麼着，道兒很遠哪，至少説也有四五十里。
【F】這樣説，是狠遠的路咯，至少的也有四五十里。

ere sidende, jai imbe acaci, mini
ere siden-de, jai imbe aca-ci, mini
這個 期間-LOC 再 1SG.GEN 見面-假設.CVB 1SG.GEN
這 期間， 再 把他 遇見， 我的
funde gasabuha se.
funde gasa-bu-ha se.
代替 致哀-CAUS-PFV 説.AUX.IMP
替代 吊唁 説是。

【A】這個空兒上，再要是遇見了他，説是道惱了。
【B】這個空兒裡，再若見他，替我道惱。
【C】這個空兒，如再見了他，説道惱。
【D】如果你再去見了他，可以替我説道惱啊。
【E】如果你再見了他，替我説道惱啊。

bi	idu	ci	hokoho	manggi,	simbe	guilefi
bi	idu	ci	hoko-ho	manggi,	simbe	guile-fi
1SG	值班	ABL	離開-PFV	之後	2SG.ACC	約-順序.CVB
我	值班	從	離職	後，	把你	相約

sasa	acaname	genere.
sasa	aca-na-me	gene-re.
一起	會和-去-并列.CVB	去-IPFV
一起	見面去	去。

【A】等我下了班，會着你一同去走走罷。
【B】我下了班，會了你一同去走走。
【C】我下了班，會着你一同去見。
【D】等下了班兒，再同着你去看看他，給他道煩惱。
【E】等我下了班兒，再同着你去看看他。

giran	tucibure	onggolokon	i,	minde	emu
giran	tuci-bu-re	onggolo-kon	-i,	minde	emu
遺體	出殯-CAUS-IPFV	之前-稍微	INS	1SG.DAT	一
尸體	出殯	之前，		給我	一

mejige	isibufi,	bi	uthai	ten	i	bade
mejige	isibu-fi,	bi	uthai	ten	-i	ba-de
消息	送給-順序.CVB	1SG	就	極點	GEN	地方-DAT
消息	送來，	我	就	極點	的	地方向

isiname	muterakū	okini,	hoton	i
isina-me	mute-ra-kū	o-kini,	hoton	-i
到達-并列.CVB	能够-IPFV-NEG	成爲.AUX-IMP	城	GEN
到達	不能,		城	的

tule	isibume	beneki.
tule	isibu-me	bene-ki.
外面	達到-并列.CVB	送-IMP
外面	到達	送。

【A】送殯的以前些,給我一個信兒,我就是不能到那裡,也要送到城外頭。

【B】送殯以前,給我一個信,我就不能到地土,也送到城外。

【C】出殯之前,給我一個信,我就是不能到地土,也送至城外。

【D】出殯之前,還請你千萬給我個信兒,就不能送到他墳上去,也必送到城外頭了。

【E】出殯之前,你給我一個信兒,我就不能送到他墳上去,也送到城外頭。

【F】他出殯的日期,儞知道,早點給我個信,我就是不能送到墳上去,也要送到城門外。

an	i	ucuri	be	udu	tashūme
an	-i	ucuri	be	udu	tashū-me
平常	GEN	時候	1PL.EXCL	幾	往來不斷-并列.CVB
平時	的	時候	我們	幾次	往來

feliyerakū	bicibe,	sabuhadari
feliye-ra-kū	bi-cibe,	sabu-ha-dari
來往-IPFV-NEG	存在.AUX-讓步.CVB	看見-PFV-每
走動没有	雖然,	看見每

mini baru dembei sebsihiyen.
mini baru dembei sebsihiyen.
SG.GEN 向 甚是 和氣
我的 向 很 親熱。

【A】素日雖然不常往来,一見了我狠親熱。
【B】素日我們雖不常往來,每逢見了我狠親熱。
【C】平素間我們雖然不來往,凡見了與我狠親熱。
【D】平素間我們雖没有甚麼大來往,每逢遇見的時候兒,說起話兒來就很親熱。
【E】平素間我們雖没有甚麼大來往,每逢遇見的時候兒,就很親熱。

niyalma seme jalan de banjifi, ya
niyalma se-me jalan de banji-fi, ya
人 説.AUX-并列.CVB 世間 LOC 生存-順序.CVB 誰
人 世 在 生存, 誰
gemu gucu waka.
gemu gucu waka.
都 朋友 不是
都 朋友 不是?

【A】人生在世,那個都不是朋友?
【B】人生在世,那個都不是朋友?
【C】人生在世,那個都不是朋友?
【D】況且人生在世,那個不是朋友呢?
【E】人生在世,那個不是朋友呢?

weri ere gese baita de, muse beye isinaci,
weri ere gese baita de, muse beye isina-ci,
別人 這個 様子 事情 LOC 1PL.INCL 身體 到達-假設.CVB
人家 這 様子 事情 對, 咱們 身子 到去,

gūnici	acanarakū	sere	leolere
gūni-ci	aca-ra-kū	se-re	leole-re
想-假設.CVB	應該-IPFV-NEG	説.AUX-IPFV	議論-IPFV
想來	不應該	説	議論

niyalma	akū	dere.
niyalma	akū	dere.
人	NEG	INTJ
人	没有	吧。

【A】人家有了這樣的事情,喒們的身子要是到去了,想来没有説不該當的罷。

【B】人家這樣的事情上,咱們親身到去,想來没有説不該當的話罷。

【C】人家這樣事情上,咱們身子到去,想來没有議論説上赶着走的人呢。

【D】他這樣兒的喪事,我盡個人情,想來也没有人説咱們趕着他走動的話罷。

【E】因爲這個事情上,想來也没有人説咱們趕着走動的話罷。

(【+F】等我明天去那,問了通知儞。)

64 (A64 memeren 拘泥, B64, C86, D86, E87, F89 固執不通)

ere	hojihon	de	bure	etuku	wakao.	inu.	ese
ere	hojihon	de	bu-re	etuku	waka-o.	inu.	ese
這個	女婿	DAT	給-IPFV	衣服	不是-Q	是	這些
這	女婿	與	給	衣服	不是嗎?	是。	這些

ainarangge.
aina-ra-ngge.
做什麼-IPFV-NMLZ
做什麼的?

【A】這個不是給女婿的衣裳嗎？是。這些人都是作什麼的？

【B】這不是給女婿的衣裳嗎？是。這些人是作什広的？

【C】這不是給女婿的衣服麼？是。這些人做甚麼的？

【D】這不是給女婿做的衣裳麼？是啊。這些人是做甚麼的？

【E】這不是給女壻的衣裳麼？是啊。這些人是做甚麼的？

【F】這不是給女兒做的嫁衣麼？是的。做這等衣那用多少工夫？爲甚麼叫這些裁縫來做呢？

turifi	gajiha	faksisa.	ai,	musei	fe
turi-fi	gaji-ha	faksi-sa.	ai,	muse-i	fe
雇用-順序	帶來-PFV	匠人-PL	哎	1PL.INCL-GEN	舊
雇	來	匠人們。	唉，	咱們	舊

doro	gemu	wajiha.
doro	gemu	waji-ha.
禮儀	全都	完結-PFV
規矩	都	完了。

【A】僱了來的匠人們。可嘆，嗜們的舊規矩全完了。

【B】僱來的匠人們。哎，咱們的舊規矩都完了。

【C】僱了來的匠人們。哎，咱們的舊例都完了。

【D】他們是僱了來的裁縫們。哎呀，咱們家裡的舊規矩兒，你們都忘了麼？

【E】僱了來的裁縫們呢。哎呀，咱們的舊規矩兒，都忘了麼？

【F】不叫裁縫做，怎麼了？哎呀，咱們家的規矩，倆都忘記了。

sakdasai	forgon	de,	juwan	udu	se	i	juse
sakda-sa-i	forgon	de,	juwan	udu	se	-i	juse
老人-PL-GEN	時候	LOC	十	幾	歲	GEN	孩子.PL
老的	時候	時，	十	幾	歲	的	孩子們

gemu etuku šanggabume mutembihe.
gemu etuku šangga-bu-me mute-mbihe.
全都 衣服 完成-CAUS-并列.CVB 能够-PST
都 衣服 使完成 能够來着。

【A】老時候,十幾歲的孩子們全能彀成全一件衣裳。

【B】老時候,十幾歲的孩子們都能成做衣服。

【C】老時候,十幾歲的孩子都能成做衣服來着。

【D】老時候兒的孩子們都會做衣裳來着。

【E】老時候兒的孩子們都會做衣裳來着。

【F】前一輩的女兒出嫁,所有衣裳都是家裡人自己做的。

kubun sektefi. tuku doko acabufi,
kubun sekte-fi tuku doko aca-bu-fi,
棉花 鋪-順序.CVB 衣面 衣裡 合-CAUS-順序.CVB
棉花 鋪墊 衣面 衣裡 合上,

ubašaha manggi, si adasun be ufici,
ubaša-ha manggi, si adasun be ufi-ci,
翻轉-PFV 以後 2SG 衣襟 ACC 縫-假設.CVB
翻轉 後, 你 大襟 把 縫衣服,

bi uthai jurgan gocimbi, ere oho be
bi uthai jurgan goci-mbi, ere oho be
1SG 就 行 抽-PRS 這個 腋下 ACC
我 就 行 縫出; 這 胳肢窩 把

jafaci, tere monggon hayambi,
jafa-ci, tere monggon haya-mbi,
拿-假設.CVB 那個 衣領 鑲邊-PRS
拿, 那個 衣領條 鑲;

【A】合上了裡面續上了棉花,翻過来了的時候,你縫大襟,我就行;這個拿腰肯,那個上領子;

【B】絮上棉花合上裡面,翻過來,你縫大襟,我就行繿;這個拿腰肯,那個上領子;

【C】合了裡面絮上棉花,翻過來時,你縫大襟,我就行邊子;

【D】就以做棉襖論罷,鋪上棉花,合上裡兒,都是大家動手;翻過來的時候兒,這個縫大襟,那個打繿子;這個煞胳肢窩,那個上領條兒;

【E】鋪上棉花,合上裡兒,翻過來的時候兒,這個縫大襟,那個打繿子;這個煞胳肢窩,那個上領子;

【F】剪剪的剪,縫的縫,鑲的鑲,行的行,

hethe	huwešerengge	hethe	huwešeme,	tohon
hethe	huweše-re-ngge	hethe	huweše-me,	tohon
袖口	熨-IPFV-NMLZ	袖口	熨-并列.CVB	紐扣
熨烙痕	熨烙的人	熨烙痕	熨烙,	紐扣

hadarangge	tohon	hadame,	manggai	emu
hada-ra-ngge	tohon	hada-me,	manggai	emu
釘-IPFV-NMLZ	紐扣	釘-并列.CVB	不過	一
釘的人	紐扣	釘,	不過	一

juwe	inenggi	sidende	uthai	wacihiyabumbi.
juwe	inenggi	siden-de	uthai	wacihiya-bu-mbi.
二	日子	期間-LOC	就	完成-CAUS-PRS
二	日	之間	就	完成了。

【A】烙袖子的烙袖子,釘鈕子的釘鈕子,不過一兩天的工夫就完了。

【B】烙袖子的烙袖子,釘鈕子的釘鈕子,不過一兩天的工夫做完了。

【C】釘鈕子的釘鈕子,至狠一兩日的空兒就完了。

【D】沿袖口兒的沿袖口兒,釘鈕子的釘鈕子,不過一兩天的空兒就做完了。

【E】烙袖椿兒的烙袖椿兒,釘鈕子的釘鈕子,不過一兩天的空兒就完了。

【F】上領兒,釘鈕子,倆没看見過麼?

tere anggala mahala ci aname gemu boode
tere anggala mahala ci aname gemu boo-de
這 不但 帽子 ABL 依次 全都 家-LOC
況且 帽子 從 至於 都 在家
weilembihe.
weile-mbihe.
工作-PST
做了來着。
【A】不但那樣,連帽子全是家裡做來着。
【B】況且連帽子都是家裡做來着。
【C】況且連帽子都是家裡做來着。
【D】況且連帽子都是家裡做來着。
【E】況且連帽子都是家裡做來着。
【F】就是繡花打子也是自己做。

basa bume turifi weilebure, jiha
basa bu-me turi-fi weile-bu-re, jiha
工錢 給-并列.CVB 雇用-順序.CVB 幹活-CAUS-IPFV 錢
工錢 給 雇傭 做, 錢
menggun i udafi eture oci,
menggun -i uda-fi etu-re o-ci,
銀子 INS 買-順序.CVB 穿-IPFV 成爲.AUX-假設.CVB
銀子 以 買 穿 若是,
niyalma gemu oforo deri suk
niyalma gemu oforo deri suk
人 都 鼻子 ABL 哼笑貌-PRS
人 都 鼻子 從 從鼻子裡發笑的樣子

seme injembi.
se-me inje-mbi.
AUX-并列.CVB 笑
笑。

【A】給工錢僱人做,或者拿銀錢買着穿的時候,人家全從鼻子眼裡笑的。

【B】給工銭僱人做,拿銀銭買着穿的,人都從鼻子裡笑。

【C】若是給工錢僱人做,拿銀錢買着穿,人家鼻子眼裡笑啊。

【D】若是僱人做,或是買着穿,人家都從鼻子裡見笑啊。

【E】若是僱人做,或是買着穿,人家都從鼻子眼兒裡笑話啊。

【F】那有叫過這些裁縫做這粗布衣呢?這不是多花了許多的工錢哪?

age i gisun giyangga bicibe,
age -i gisun giyangga bi-cibe,
兄 GEN 話語 有理 存在.AUX-讓步.CVB
阿哥 的 話 有道理 雖然,

damu si emken be saha gojime, juwe be
damu si emken be sa-ha gojime, juwe be
只是 2SG 一 ACC 知道-PFV 雖然 二 ACC
只 你 一 把 知道 然而, 二 把

sahakūbi.
sa-ha-kū-bi.
知道-PFV-NEG-PRS
不知道。

【A】阿哥的話雖有理,但你只知其一,不知其二。

【B】阿哥的話雖有理,你但知其一,不知其二。

【C】阿哥的話雖則有理,你但知其一,不知其二。

【D】兄台的話説的雖然有理,但你只知其一,不知其二。

【E】大哥的話説的雖然有理,但你只知其一,不知其二。
【F】倆説的話真是好笑。

tere	forgon	ere	erin	de	emu	adali
tere	forgon	ere	erin	de	emu	adali
那個	時候	這個	時候	LOC	一	同樣
那個	時候	這	時候	在	一	樣

obufi,	gisureci	ombio.
o-bu-fi,	gisure-ci	o-mbi-o.
成爲-CAUS-順序.CVB	説-假設.CVB	可以-PRS-Q
成爲,	説	可以嗎?

【A】那個時候與這個時候作爲一樣,説得麼?
【B】彼一時此一時作爲一例,説得嗎?
【C】那時候與這時候作一樣説,使得麼?
【D】那個老時候兒和如今一個樣兒,比得麼?
【E】古時候兒和如今一個樣兒,比得麼?
【F】那早年的情形和現在的不相同。

jai	gaire	inenggi	geli	umesi	hanci	oho,
jai	gai-re	inenggi	geli	umesi	hanci	o-ho,
再	娶-IPFV	日子	又	非常	近	成爲.AUX-PFV
再	娶的	日子		很	近	成了,

simhun	fatame	bodoci,	arkan	karkan	udu
simhun	fata-me	bodo-ci,	arkan	karkan	udu
指頭	掐-并列.CVB	計算-假設.CVB	將	將的	幾
指頭	掐着	算,	將	將的	幾

inenggi	šolo	bi.
inenggi	šolo	bi.
日子	空閑	有
日	空閑	有?

【A】再者娶的日子狠近，掐着指頭算來，能有幾日？

【B】再娶的日子又狠近了，掐着指頭算，将将的幾日空兒？

【C】况且娶的日子狠近了，屈指算來，将将的剩了十日。

【D】况且娶的日子眼看着就到了，掐着指頭兒算，剛剛兒的賸了十天的工夫。

【E】况且娶的日子又很近了，掐着指頭兒算，剛剛兒的十天。

【F】那時候家裡會做衣裳的人多，個個人好手段，再加女兒出嫁的日期又遠，所以大半的嫁衣自己做了。

ere	sidende	jaka	šolo	burakū,	dobori
ere	siden-de	jaka	šolo	bu-ra-kū,	dobori
這個	期間-LOC	縫隙	空閑	給-IPFV-NEG	晚上
這	其中在	空隙		不留，	夜

dulime	hacihiyame	weileci,	amcabure
duli-me	hacihiya-me	weile-ci,	amcabu-re
連夜-并列.CVB	趕緊-并列.CVB	幹活-假設.CVB	趕上-IPFV
連夜	趕緊	做，	趕

amcaburakūngge,	hono	juwe	sidenderi	bikai.
amcabu-ra-kū-ngge,	hono	juwe	siden-deri	bi-kai.
趕上-IPFV-NEG-NMLZ	還	二	期間-ABL	有-INTJ
趕不上，	還	二	從中間	有啊。

【A】這個工夫一點空兒不給，不分晝夜的赶着做了去，赶的上赶不上，還在兩可之間呢。

【B】這時候不留一點空閑，連夜的赶做，赶得上赶不上，還在兩可之間。

【C】這個空兒不留一點工夫，連夜赶着做，趕的上趕不上，還在兩可之間。

【D】如今這麽不留空兒的，叫裁縫連着夜兒做，趕得上趕不上，還不定呢。

【E】如今不留空兒的,連着夜兒做,趕得上趕不上,還尚不定呢。

【F】這番男家娶的日期迫近的狠,算起來只有十天,就是零碎的東西,家裡人漏夜的做,還怕來不及,那有做衣裳的空兒?若不叫裁縫做,誰會做得了呢?

aika	memereme	fe	kooli	sehei,	gio
aika	memere-me	fe	kooli	se-hei,	gio
要是	拘泥-并列.CVB	舊	規矩	説.AUX-持續.CVB	麅子
要是	拘泥	舊	規矩	説,	麅子

turibuhe	balama,	yasa	gehun	tookabure	de
turibu-he	balama,	yasa	gehun	tookabu-re	de
脱手-PFV	狂妄	眼睛	瞪眼	耽誤-IPFV	DAT
跑	狂妄,	眼睛	瞪眼	耽誤	

isibuci,	ai	yokto.
isibu-ci,	ai	yokto.
以至於-假設.CVB	什麼	趣味
至於,	什麼	趣兒?

【A】要是拘擬舊規矩,"旗杆底下悮了操",睁着眼睛至於悮了的時候,什麼趣兒呢?

【B】若説拘泥着舊規矩,"旗杆底下悮了操",大睁着眼睛至於悮了,什庅趣兒?

【C】若只管拘泥舊例,可是"旗杆底下悮了操"的話,大瞪着眼至於悮了,甚麼意思?

【D】若是死守着舊規矩,那可是在"旗杆底下誤了操"了,大睁着眼兒躭誤了,那成甚麼事呢?

【E】若是死守着舊規矩,那可是在"旂杆底下悮了操"了,大睁眼兒躭悮了,是個甚麼意思呢?

【F】儞這老悖的,只知道死守舊規矩,要省幾個工錢,怎麼想不到早年現在的情形不一樣哪?

65（A65 yala tolgin 若夢，B65，C29，D29，E29，F86 誡人奢侈，G11 浮生）

niyalma	ofi	tanggū	se	de
niyalma	o-fi	tanggū	se	de
人	成爲.AUX-順序.CVB	一百	歲	LOC
人	成爲	百	歲	時

banjirengge	akū	kai,	ere	taka	banjire
banji-re-ngge	akū	kai,	ere	taka	banji-re
生存-IPFV-NMLZ	NEG	INTJ	這	暫且	生存-IPFV
活着的	没有	啊,	這	暫且	活着的

beye	yala	tolgin	i	gese,	sebjelere	ba	giyanakū
beye	yala	tolgin	-i	gese,	sebjele-re	ba	giyanakū
身體	果真	夢	GEN	一樣	行樂-IPFV	地方	能有
身體	實在	夢	的	一樣,	歡喜	處	能有

udu.
udu.
幾何
幾何？

【A】人没有活一百歲的呀，這就是浮生若夢，爲歡幾何？

【B】人没有活一百歲的呀，這就是浮生若夢，爲歡幾何？

【C】爲人生百歲，暫時的一樣，這個浮生的身子，實在如夢，樂處能有幾何？

【D】人生百歲，不過一眨眼兒的光景。把銀子錢結結實實的收著，作甚麽？我想這個浮生如夢的身子，能彀樂幾天兒呢？

【E】人生百歲，不過眨眼的光景，這個浮生如夢的身子，能彀樂得幾天兒呢？

【F】人生在世，不過一場夢的情形，能彀有幾時的樂？

【G】人生百歲,不過一眨眼的光景,我想這個浮生如夢的身子,能彀樂幾天兒呢?

šun	biya	homso	maktara	gese,	geri fari,	uju
šun	biya	homso	makta-ra	gese,	geri fari,	uju
日	月	梭子	抛-IPFV	一樣	恍恍惚惚	頭
日	月	梭	抛下	一樣,	一仰一合,	頭

funiyehe	šahūn	šarapi,	eiten	de	baitakū
funiyehe	šahūn	šara-pi,	eiten	de	baitakū
頭髮	淡白色	變白-延伸.CVB	一切	LOC	無用的
毛髮	淡白	白了,	一切	在	無用

oho	manggi,	elemangga	juse	omosi	i
o-ho	manggi,	elemangga	juse	omosi	-i
成爲-PFV	以後	反倒	孩子.PL	孫子.PL	GEN
成爲	之後,	反倒	兒子們	孫子們	的

sencehe	be	šame	tuwame	banjire	dabala,
sencehe	be	ša-me	tuwa-me	banji-re	dabala,
下顎	ACC	瞧-并列.CVB	看-并列.CVB	生活-IPFV	罷了
下巴	把	瞧	看	生活	罷了,

ai	amtan.
ai	amtan.
什麼	趣味
什麼	味道?

【A】日月如梭的一樣,一仰一合,頭髮就白了,各處全不中用了,反倒望着孩子們的下頦子過日子罷咧,什麼趣兒呢?

【B】日月如梭的一樣,恍惚之間,頭髮一白,諸事不中用的時候,反倒望着孩子們的下頦子過罷咧,什広趣兒?

【C】倏忽之間就不中用了。反瞅着小孩子們的下頦子過,什麼趣?(從下文移動所致)

【D】一恍兒就不中用了。不如趁着没有老,喫點兒穿點兒。瞇着孩子們的下巴頦兒過日子,有甚麽趣兒啊?

【E】一恍兒就不中用了。趁着没有老,若不吃不穿的。反倒瞇着孩子們的下巴頦子過日子,有甚麽趣兒啊?

【F】一恍兒就不中用了。我看,咱們不如趁這没有老,吃點兒穿點兒還好。把那銀錢結結實實的收着,做什麽?

【G】一恍兒就不中用了,不如趁着没有老,吃點兒穿點兒。瞇着孩子們的下巴頦兒過日子,有甚麽趣兒啊?

jai	sube	giranggi	mangga	oho	sehede,
jai	sube	giranggi	mangga	o-ho	se-he-de,
再	筋	骨	堅硬	成爲.AUX-PFV	説.AUX-PFV-LOC
再	筋	骨	硬	成爲了	時候,

etuci	fiyan	tucirakū,	jeci	amtan
etu-ci	fiyan	tuci-ra-kū,	je-ci	amtan
穿-假設.CVB	颜色	出-IPFV-NEG	吃-假設.CVB	味道
若穿	颜色	不出,	若吃	味道

baharakū,	bihe	seme,	ai	baita.
baha-ra-kū,	bi-he	se-me,	ai	baita.
得到-IPFV-PFV	存在-PFV	説.AUX-并列.CVB	什麽	事情
得不到,	有,		什麽	事情?

【A】再者筋骨説是硬了的時候,穿的没樣兒,吃的没味兒,就是活着何用?

【B】再者筋骨老硬的時候,穿時不出樣児,吃時不得味児,総有時,何用?

【C】趁着未老若不喫不穿筋骨硬了的時候,穿呢不得樣兒,喫呢不得味兒,

【D】若到了筋骨硬的時候兒,穿呢也不成樣兒,喫呢也不得味兒,

【E】到得筋骨硬了的時候兒,穿呢不成樣兒,吃呢不得味兒,

【F】若到了年老,筋骨硬的時候,吃呢不能十分得勁,穿呢不能十分得樣,出門呢不能十分走路,在家呢不能十分做事,那只靠着兒子過日子,有甚麼趣呢?

【G】若到了筋骨硬的時候兒,穿呢也不成樣兒,喫呢也不得味兒,

te	sakdara	unde	be	amcame,	eturakū
te	sakda-ra	unde	be	amca-me,	etu-ra-kū
現在	老-IPFV	尚未	ACC	趁-并列.CVB	穿-IPFV-NEG
現在	年老	尚未	把	趁,	不穿

jeterakū	oci	jiha	menggun	be
je-tera-kū	o-ci	jiha	menggun	be
吃-IPFV-NEG	成爲.AUX-假設.CVB	錢	銀子	ACC
不吃	若	銀	錢	把

fita	seferefi,	ainambi.	si	dababume
fita	sefere-fi,	aina-mbi.	si	dababu-me
緊緊	攥-順序.CVB	做什麽-PRS	2SG	越過-并列.CVB
緊緊	攥着,	做什麽呢?	你	過度

mamgiyarakū	dere.
mamgiya-ra-kū	dere.
浪費-IPFV-NEG	INTJ
浪費不要	啊。

【A】今趂還未年老,不吃不穿把銀錢緊緊的攥着,作什麽呢?你就不過費罷咧。

【B】如今趂還未老,不穿不吃把銀錢緊緊的攥着,作什麽?你不浪費罷咧。

【C】把銀錢結結實實的揝着,作什麽?你不過於奢費就是了。

【D】只是别過逾了就是咯。

【E】把銀子錢結結寔寔的收着,作甚麽?只别過逾了就是咯。

【F】所以能樂就樂,别大過就好。

【G】把銀子錢結結實實的收着,作甚麼?只別過逾了就是咯。

bahara ufuhi be bodome, majige sebjeleci,
baha-ra ufuhi be bodo-me, majige sebjele-ci,
得到-IPFV 份額 ACC 計算-并列.CVB 略 行樂-假設.CVB
得到的 分兒 把 算, 略 行樂,
heo sembi. dabali seci, ojorakū.
heo se-mbi. dabali se-ci, ojo-ra-kū.
足以 AUX-PRS 過分 説.AUX-假設.CVB 可以-IPFV-NEG
足以。 太過 要説, 不可以。

【A】算着得的分兒,料樂些,狠彀了啊。要説是過於了,使不得啊。
【B】算着得的分児,畧樂些,却狠夠了。過分児,使不得。
【C】算計着得的分兒,樂樂,狠可以。
【D】算計着所得的分兒,樂一樂,也很使得呀。
【E】算計着所得的分兒,樂一樂兒,也很使得呀。
【F】算計着咱們所得分内的銀錢,樂一樂兒,也使得呀。
【G】筭計着所得的分兒,樂一樂兒,也很使得呀。

sini ere gisun, mimbe same
sini ere gisun, mimbe sa-me
2SG.GEN 這個 話語 1SG.ACC 知道-并列.CVB
你的 這 話, 把我 知道
gisurehenggeo, eici mimbe sarkū
gisure-he-ngge-o, eici mimbe sa-r-kū
説-PFV-NMLZ-Q 或是 1SG.ACC 知道-IPFV-NEG
説的嗎, 或者 把我 不知
tubišeme gisurehenggeo.
tubiše-me gisure-he-ngge-o.
揣測-并列.CVB 説-PFV-NMLZ-Q
推測 説的嗎?

【A】你這個話,是知道着説我的呀,或是不知道約模着説的呀?

【B】你這話,是知道我説的呀,或是不知道約模着説的呀?

【C】你這話,是知道我説的呀,或是不知道白揣度着説的呢?

【D】這個話,你是知道我的事情説的呀,還是揣摸着説的呢?

【E】這個話,你是知道我的事情説的呀,還是揣摸着説的呢?

【F】這個話,儞是暗指我説的呀,還是泛論着説的呢?

【G】這個話,你是知道我的事情説的呀,還是揣摸着説的呢?

minde	ele	mila	bici,	sebjelerengge	inu
minde	ele	mila	bi-ci,	sebjele-re-ngge	inu
1SG.DAT	更	敞開	有-假設.CVB	行樂-IPFV-NMLZ	也
在我	更	寬裕	若有,	行樂	也

giyan,	umai	gūwa	i	gese	funcen	daban	i
giyan,	umai	gūwa	-i	gese	funcen	daban	-i
理該	全然	别人	GEN	一樣	多餘	超過	INS
應該;	全然	别人	的	一樣	剩餘	超過	的

bahara	ba	akū	bade,	mimbe	adarame
baha-ra	ba	akū	ba-de,	mimbe	adarame
得到-IPFV	處	NEG	處-LOC	1SG.ACC	怎麽
得到	處	没有	地方,	把我	怎麽樣

sebjele	sembi.
sebjele	se-mbi.
歡樂	説.AUX-PRS
歡樂	教?

【A】我要手裡有些,樂也是應該的;並不像别人富富裕裕的有得的去處,呌我怎麽樂呢?

【B】我若寬裕,樂也是該當;並不像别人得項敷餘,教我怎庅樂呢?

【C】我若充足富有,樂也該當,並不似别人有富裕的産業,呌我怎麽樂呢?

【D】我果然是銀錢富富餘餘的,樂也是應當的;只是不像别人,有銀錢有産業,叫我拏甚麼樂呢?

【E】我若果然是富富餘餘的,樂也是應當的;並不能像别人兒,有銀錢有産業,呌我拿甚麼樂呢?

【F】我若果然是富富餘餘的,有銀錢有産業,樂也是應當的。只是我這等的身分,是怎麼樂呢?

【G】我若果然是富富餘餘的,樂也是應當的,並不能像别人兒有銀錢有産業,呌我拏甚麼樂呢?

bekdun	arafi	etu	sembio.	eici	boigon
bekdun	ara-fi	etu	se-mbi-o.	eici	boigon
債	做-順序.CVB	穿.IMP	説.AUX-PRS-Q	或者	財産
債	欠	穿衣	叫嗎?	或者	家産

fayafi	jefu	sembio.
faya-fi	jefu	se-mbi-o.
花費-順序.CVB	吃.IMP	説.AUX-PRS-Q
花費	吃	叫嗎?

【A】作下賬穿嗎? 或是花了産業吃呢?

【B】累下賬穿広? 或是花了産業吃広?

【C】呌作了債穿啊,或是呌賣了房子喫呢?

【D】叫我借了債穿哪,還是賣了房子喫呢?

【E】呌我借了債穿哪,還是賣了房子吃呢?

【F】你叫我借了債穿啊,還是賣了房子吃呢?

【G】叫我借了債穿哪,還是賣了房子喫呢?

sini	gisun	songkoi	ohode,	fayahai
sini	gisun	songkoi	o-ho-de,	faya-hai
2SG.GEN	話語	按照	成爲.AUX-PFV-LOC	花費-持續.CVB
你的	話	依照	若是,	花費

ulin	wajifi	manggi,	uthai	giyok	seme
ulin	waji-fi	manggi,	uthai	giyok	se-me
錢	完結-順序.CVB	以後	就	跌得乾脆貌	AUX-并列.CVB
錢	完了	時,	就	跌跤	

tuhefi	buceci	teni	sain.	talude	bucerakū,
tuhe-fi	buce-ci	teni	sain.	talude	buce-ra-kū,
摔倒-順序.CVB	死-假設.CVB	纔	好	倘或	死-IPFV-NEG
摔倒	死	纔	好。	倘若	不死,

kemuni	ergen	tafi	banjici,	tere	erinde
kemuni	ergen	ta-fi	banji-ci,	tere	erin-de
還	命	拖-順序.CVB	生存-假設.CVB	那個	時候-LOC
還	命	拖帶着	活着假如,	那	時候在

ainaci	ojoro.
aina-ci	ojo-ro.
做什麼-假設.CVB	可以-IPFV
如何	可以?

【A】要是照着你的話的時候,把財帛花盡了,一跤跌死了纔好。倘若不死,還戀着命兒活着,那個時候怎麼纔好啊?

【B】就照着你的話,花來花去財帛完了,就一跤跌死纔好。倘或不死,還留下命活着,那時候可怎樣?

【C】若照依你的話,錢財花費净了,就歎一聲死了纔好。萬一不死,還代[帯]着一口氣兒活着,那個時候,可怎麼樣?

【D】若是依你這個話行,錢財兒花盡了的時候兒,歎口氣就死了纔好。萬一不死,還有氣兒活着,可怎麼樣兒過呢?

【E】若依着你這個話行,錢財兒花净了的時候兒,嘆口氣就死了纔好。萬一不死,還有氣兒活着,可怎麼樣兒過呢?

【F】我若依着儞這個話行,把銀錢花盡了的時候,就得歎口氣死去纔好。萬一不死,還有氣兒活着,可怎樣的過日子呢?

【G】若是依你這個話行,錢財兒花净了的時候兒,歎口氣就死了纔好。萬一不死,還有氣兒活着,可怎麼樣兒過呢?

falanggū	alibume	sinde	baici,	si	ainahai
falanggū	alibu-me	sinde	bai-ci,	si	ainahai
手掌	遞送-并列.CVB	2SG.DAT	求-假設.CVB	2SG	未必
手掌心	接着	向你	求,	你	未必

hersembini.
herse-mbi-ni.
理睬-PRS-呢
理睬呢。

【A】伸着手向你要,你還未必給呢呀。
【B】伸着手求你,你未必肯理。
【C】恬着手心求你,你未必理呢。
【D】到那時候兒,就是我求你,你還理我麼?
【E】到那時候兒,就是我求你,你還理我麼?
【F】到那時候兒,就是我求儞,怕儞也不理我咯。
【G】到那時候兒,就是我求你,你理我麼?

66(A66 akdun 信實,B66,C25,D25+26,E25+26,F90 辦事太慢,G21 耽擱)

yaya	niyalma	damu	akdun	bici,	niyalma	teni
yaya	niyalma	damu	akdun	bi-ci,	niyalma	teni
任何	人	只要	忠信	有-假設.CVB	人	纔
任何	人	只	信任	若有,	人	纔

gūnin	dahambi.
gūnin	daha-mbi.
心	服從-PRS
心	得到。

【A】大凡人要有信實,人纔心服。

【B】凢人要有信實,人纔心服。

【C】你這個性情也太左,既然不能就罷咧。

【D】哎,你的性子也太疲了。

【E】你的性子也太疲了。

【F】儞的性太疲了。

【G】哎,你的性子也大疲了。

enenggi	oci	cimari	sere,	cimari
enenggi	o-ci	cimari	se-re,	cimari
今天	成爲.AUX-假設.CVB	明天	説.AUX-IPFV	明天
今天	若是	明天,		明天

oho	manggi,	geli	coro	sere,	erken
o-ho	manggi,	geli	coro	se-re,	erken
成爲.AUX-PFV	以後	又	後天	説.AUX-IPFV	這麼
成了	後,	又	後天	説,	這樣

terken	i	inenggi	anatahai,	atanggi	dube	da.
terken	-i	inenggi	anata-hai,	atanggi	dube	da.
那麼	INS	日子	推諉-持續.CVB	何時	末端	根源
那樣[推三阳四]	的	日子	耽誤,	幾時	頭緒	地方?

【A】今日推到明日,到了明日,又説後日,這樣那樣的支悞日子,幾時才是了手?

【B】今日推明日,到了明日,又説後日,儘着支吾日子,幾時是了手?

alime	gaisu	manggi,	geli	angga	aifure
ali-me	gaisu	manggi,	geli	angga	aifu-re
受-并列.CVB	取.IMP	之後	又	嘴	食言-IPFV
受	接受	後,	又	嘴	改變

oci,	niyalma	jai	adarame	sini
o-ci,	niyalma	jai	adarame	sini
成爲.AUX-假設.CVB	人	再	怎麼	2SG.GEN
若是,	人	再	怎麼	你的

gisun	be	akdambi.
gisun	be	akda-mbi.
話語	ACC	相信-PRS
話	把	相信?

【A】應允了,又要改嘴,人再怎麼信你的話呢?

【B】應允了,又改嘴,人再怎庅信你的話呢?

【C】應承了人家的事,而又不能成全,儘着這樣遲延是什麼意思? 若這樣行,朋友們再怎麼信你的話在?

【D】若是不能的事情就罷了,既然應承了,又不趕緊的辦,只是給人家躭擱着,是甚麼意思呢? 若像這麼樣兒的行事,朋友們還怎麼信你的話呢?

【E】既然不能就罷了,應承了人家的事情,又不能成,只是給人家躭擱着,是甚麼意思呢? 若這個樣兒的行事,朋友們還怎麼信你的話呢?

【F】若不會做的事情,辭他不做就是;既應承了他,不趕緊的去辦,把人家的事情躭悮着是甚麼意思呢? 啊,像儞這個樣的,人怎麼信儞的心呢?

【G】若是不能的事情就罷了,既然應承了,又不趕緊的辨[辦],只是給人家耽擱着,是甚麼意思呢? 若像這麼樣兒的行事,朋友們還怎麼信你的話呢?

ere	durun	i	ušan fašan,	kengse	lasha	akū	ojoro
ere	durun	-i	ušan fašan,	kengse	lasha	akū	ojo-ro
這個	樣子	INS	牽扯 拉扯	果斷	決斷	NEG	成爲-IPFV
這	樣子	的	拉拉扯扯,	果斷	决斷	没有	成爲

anggala,	doigonde	emu	yargiyan	babe	inde
anggala,	doigon-de	emu	yargiyan	ba-be	inde
不但	預先-LOC	一	實在	處-ACC	3SG.DAT
不但,	預先在	一	實在	處把	給他

ulhibuci,	niyalma	inu	gūnin	usafi,
ulhi-bu-ci,	niyalma	inu	gūnin	usa-fi,
明白-PASS.CAUS-假設.CVB	人	也	心	灰心-順序.CVB
知曉,	人	也	心	傷感,

jai	ereme	gūnirakū	ombi.
jai	ere-me	gūni-ra-kū	o-mbi.
再	指望-并列.CVB	想-IPFV-NEG	成爲.AUX-PRS
再	指望	不想	可以。

【A】像這樣拉拉扯扯的,不但没簡断,就是預先把實在處給他知道了的時候,人也心裡煩了,再不指望了。

【B】與其這樣拉拉扯扯的,無絶断,預先把實在去處告訴了他,人也死心塌地的,再不指望了。

【C】與其這樣顢頇躭悮着,索興把實在去處告白於他,人家也恢了心,别處打算。

【D】與其這麽顢頇着,索性把實在的光景告訴人家,他也好歇了心,另外打算哪。

【E】與其這麽顢頇着,索性把寔在的光景告訴他,人家也好歇了心,另打算哪。

【F】與其怎樣含糊,不如把實在的情形告訴他,讓他另去打算。

【G】與其這麽顢頇着,索性把實在的光景告訴人家,他也好歇了心,另外打筭哪。

waka,	bi	yamaka	bade	akdun	ufaraha
waka,	bi	yamaka	ba-de	akdun	ufa-ra-ha
不是	1SG	好像	處-LOC	信用	錯失-IPFV
不是,	我	想是	地方在	信任	錯失

babio. ai onggolo, si uttu algingga
ba-bi-o. ai onggolo, si uttu algingga
處-有-Q 什麼 之前 2SG 這樣 名聲
有去處嗎? 什麼 之前, 你 這樣 名望
jubengge i niyalma be becembi.
jube-ngge -i niyalma be bece-mbi.
張揚-NMLZ INS 人 ACC 責備-PRS
張揚 的 人 把 譭謗的。

【A】不是啊,我或者在那裡有失信的去處嗎? 你如今指出来。什麼什麼的頭裡就這樣揚聲誹謗的。

【B】不是,我或是在那裡有失信的去處嗎? 尚未怎樣,你這樣揚名打鼓的誹謗人。

【C】不是,事情還没影兒呢,就畧遲些怕怎樣麼? 況且正經事情主兒尚不着急,預先你這樣催廹,作甚麼?

【D26】這是甚麼話呢? 論事情還没有影兒呢,就略遲些兒也不要緊。正經事情的主兒尚且不着急,你先這麼催逼着,是個甚麼道理啊?

【E26】這是甚麼話呢? 論事情還没有影兒呢,就畧遲些兒也不要緊。正經事情的主兒尚且不着急,你先這麼催逼的,是個甚麼道理啊?

【F】這是甚麼話呢? 朋友們信不信我,由他去,我不管。我代人辦事,總要用心的去辦。說起這個事,就辦得畧遲些,也不要緊。何況託我的那本人,還没有着急,儞先這麼催逼着,是什麼道理啊?

baita oron unde kai, mini funde facihiyašafi
baita oron unde kai, mini funde facihiyaša-fi
事情 踪影 尚未 INTJ 1SG.GEN 代替 着急-順序.CVB
事情 影子 没有 啊, 我的 替代 着急
ainambi.
aina-mbi.
做什麼-PRS
做什麼?

【A】没影兒的事情啊,替我着什麼急?

【B】事情無影児呢,替我着什庅急?

(【+F】這不過因爲我和儞相好,看儞代人做事情這樣的疲,怕人以後不信儞,所以直言勸儞啊。不是這個様,別人託儞的事,我催逼儞,做什麼?)

eiten	baita	tunggalaha	sehede,	kimciha
eiten	baita	tunggala-ha	se-he-de,	kimci-ha
一切	事情	撞見-PFV	説.AUX-PFV-LOC	斟酌-PFV
一切	事情	面對	説,	斟酌

dade	kimcifi,	fakjin	baha	manggi	jai
da-de	kimci-fi,	fakjin	baha	manggi	jai
基礎-LOC	斟酌-順序.CVB	主意	得到.PFV	以後	再
基礎上	斟酌,	主意	得到	後	再

niyalma	be	icihiyaci,	teni	giyan	bahambi.
niyalma	be	icihiya-ci,	teni	giyan	baha-mbi.
人	ACC	辦理-假設.CVB	才	道理	得到-PRS
人	把	辦理,	才	道理	得到。

【A】遇見了各樣的事情了的時候,斟酌了又斟酌,得了主意了,再説人的不是,人也服啊。

【B】大凡遇見了事,斟酌了又斟酌,得了主意再辦,纔得當啊。

【C】若遇見事情,必定詳細了又詳細,得了主意的時候,纔可以行得罷咧。

【D26】不論甚麼事情,總要詳細了又詳細,得了正經主意,纔可以告訴人。

【E26】不論甚麼事情,總要詳細了又詳細,得了正經主意,纔可以告訴人。

【F】不論甚麼事情,總要詳細又詳細的,得了主意,纔會辦得妥當。

si umai getuken i sahakū bime,
si umai getuken -i sa-ha-kū bi-me,
2SG 全然 清楚 INS 知道-PFV-NEG 存在.AUX-并列.CVB
你 竟然 清楚 地 不知道 是,

baibi mimbe wakašarangge ai turgun.
baibi mimbe wakaša-ra-ngge ai turgun.
白白 1SG.ACC 責怪-IPFV-NMLZ 什麼 原因
白白 把我 責備 什麼 原因?

【A】你知道的不真切,白白的怪我使得嗎?
【B】你並未明白知道,白白的怪我是什麼緣故?
【C】像你們胡里嗎里的行,撈摸着就説使得麼?
【D26】若像你們糊裏麻裏的,不得准兒就説了,可以使得麼?
【E26】若像你們糊裡麻裡的,撈摸着就説,可以使的麼?
【F】像爾們糊裡糊塗的辦事,我的性兒却做不來。

tere anggala, yabuci mini ciha, yaburakū
tere anggala, yabu-ci mini ciha, yabu-ra-kū
那個 況且 走-假設.CVB 1SG.GEN 任憑 走-IPFV-NEG
那個 況且, 走 我的 任憑, 不走

oci inu mini ciha, si šorgifi
o-ci inu mini ciha, si šorgi-fi
成爲.AUX-假設.CVB 也 1SG.GEN 任憑 2SG 催-順序.CVB
若 也 我的 任憑, 你 催

ainambi.
aina-mbi.
做什麼-PRS
做什麼?

【A】況且,走也在我,不走也在我,你催我作什麼?
【B】況且,行也在我,不行也在我,你催什広呢?

bi banitai uthai uttu ca mangga. baita be
bi banitai uthai uttu ca mangga. baita be
1SG 本性 就是 這様 筋 硬 事情 ACC
我 生來 就 這様 難纏。 事情 把

yargiyalahakū de, bukdame jafafi mimbe
yargiyala-ha-kū de, bukda-me jafa-fi mimbe
核實-PFV-NEG LOC 委屈-并列.CVB 抓-順序.CVB 1SG.ACC
没明白 在, 委屈 抓 把我

uttu oso seci, bi ainaha
uttu oso se-ci, bi ainaha
這様 成爲.AUX.IMP 説.AUX-假設.CVB 1SG 怎麼
這様 成爲 叫, 我 怎麼

seme yabure ba akū.
se-me yabu-re ba akū.
説.AUX-并列.CVB 行事-IPFV 處 NEG
行事 處 没有。

【A】我生来就是這様寧折不灣的呀。把事不見真酌的時候,就寃屈着叫我這様的,我再也是不肯行的呀。

【B】我生來就是這様難纏。把事不見真,就壓派着教我這様行,我断然不行。

【C】我生性就是這様難纏。事情未見真確,壓派着叫呌我這様,我断不肯行。

【D26】我生來的性兒就是難纏。若是事情没得實兒,強壓着頭叫我行,我斷不肯。

【E26】我的生性兒就是難纏。若是事情没得寔兒,強壓着頭呌我行,我斷不肯。

adarame seci. tenteke basucun werifi,
adarame se-ci. tenteke basucun weri-fi,
如何 説.AUX-假設.CVB 那様 笑話 留-順序.CVB
怎麽 説? 那様 笑話 留下,

gisun i anakū ojoro baita be, bi
gisun -i anakū ojo-ro baita be, bi
話語 GEN 藉口 成爲.AUX-IPFV 事情 ACC 1SG
話 的 話柄 成爲 事情 把, 我

ajigan ci yabume tacihakū kai.
ajigan ci yabu-me taci-ha-kū kai.
幼小 ABL 做-并列.CVB 學-PFV-NEG INTJ
年幼 從 做 没學過 啊。

【A】怎麽説呢?留那様笑話,行那様話柄兒的事情,自幼兒没學過。
【B】怎庅説?那様留笑話,作話柄的事,我自幼兒無學慣。

i akdaci, aliya se, akdarakū
i akda-ci, aliya se, akda-ra-kū
3SG 相信-假設.CVB 等待.IMP 説.AUX.IMP 相信-IPFV-NEG
他 若信, 等; 不信

oci, cihai gūwa bade genefi encu niyalma
oci, cihai gūwa ba-de gene-fi encu niyalma
若是 隨意 别的 地方-DAT 去-順序.CVB 另外 人
若是, 任意的 地方 去 别的 人

be yandukini, we imbe aliya seheo.
be yandu-kini, we imbe aliya se-he-o.
ACC 委託-IMP 誰 3SG.ACC 等.IMP 説.AUX-PFV-Q
向 求, 誰 把他 等着 教?

【A】他要信得,就等着;要是不信,任意别處求人去罷,誰叫他等着来呢?

【B】他要信,教他等着;若不信,由他别處另求人去,誰説教他等來嗎?

【C】他若信我的話,叫他等着;若是不信,情愿的地方去另煩人罷咧,誰攔住他了麽?

【D26】若信我的話,就叫他等着;儻若不信,叫他求别人兒去辦罷咧,誰攔着他呢?

【E26】若信我的話,叫他等着;倘若不信,叫他求别人兒去辦罷,誰攔着他呢麽?

67 (A67 hutu arara 裝鬼,B67,C34,D35,E35,F40 偷兒假鬼,G24 膽大)

ere udu inenggi, gūngkame halhūn ojoro
ere udu inenggi, gūngka-me halhūn ojo-ro
這 幾 日子 悶熱-并列.CVB 熱 成爲.AUX-IPFV
這 幾 日, 悶熱 熱 成爲

jakade, fa be sujahai tulergi giyalan boode
jakade, fa be suja-hai tulergi giyalan boo-de
因爲 窗户 ACC 支撑-持續.CVB 外面 房間 屋子-LOC
因爲, 窗户 把 支着 外面 房間 屋子

amgaha bihe.
amga-ha bihe.
睡-PFV PST
睡覺 來着。

【A】這幾日,因爲悶熱的上,把窻戶支著,在外間夜裡睡覺來著。

【B】這幾日,因爲悶熱的上頭,支着窗户,在外間屋裡睡着。

【C】我的一個朋友膽子狠大,夏天的時候,夜間支着窗户正睡覺。我有個朋友膽子很大,

【D】夏天的時候兒,黑下揸着窗户睡。

【E】我有個朋友膽子很大，夏天的時候兒，黑下揹着窓户睡。

【F】我有個朋友膽子很大，夏天的時候，有一夜揹着窓子睡。

【G】我有個朋友膽子很大，夏天的時候兒，黑下揹着窗户睡。

sunjaci	forin	i	erinde	isinafi,	dosi
sunjaci	forin	-i	erin-de	isina-fi,	dosi
第五	更	GEN	時候-DAT	到達-順序.CVB	裡面
五	更	的	時候到	到了，	裡面

forofi	jing	amgame	bisirede,	šan
foro-fi	jing	amga-me	bisi-re-de,	šan
轉向-順序.CVB	正在	睡-并列.CVB	有-IPFV-LOC	耳朵
轉向	正	睡覺	時候，	耳朵

de	asuki	bahabuha,	amu	suwaliyame	yasa
de	asuki	baha-bu-ha,	amu	suwaliya-me	yasa
LOC	聲音	得到-PASS-PRS	睡眠	混合-并列.CVB	眼睛
在	聲音	得到，	困倦	摻和	眼睛

neifi	tuwaci,	uju	i	ninggude	emu
nei-fi	tuwa-ci,	uju	-i	ninggu-de	emu
開-順序.CVB	看-條件.CVB	頭	GEN	上-LOC	一
睜開	看，	頭的		上面	一

aldungga	jaka	ilihabi.
aldungga	jaka	ili-ha-bi.
奇怪	東西	站-PFV-PRS
奇怪	東西	站着。

【A】到了五更的時候，轉過去面望裡正睡著，耳朵裡聽見響了一聲，帶困睜開眼一看，頭前裡一個怪物站着呢。

【B】到了五更時候，面向裡正睡着，耳朵裡聽見响動了，帶着困睁開眼一看，頭前站着一個怪物。

【C】耳朵裡聽見有聲氣，睁開眼一瞧，月光之下見一怪物。

【D】正睡着了,覺着耳朵裡聽見有響聲兒,睁開眼一瞧,大月亮底下有一個怪物。

【E】正睡着了,覺着耳朵裡聽見有響聲兒,睁開眼一瞧,大月亮地下有一個怪物。

【F】剛要睡着没着的時候,覺得耳朵裡聽見有響聲兒,他就驚醒了,睁開眼一瞧,那窓户臺邊有一個怪物。

【G】正睡着了,覺着耳朵裡有響聲兒,睁開眼一瞧,大月亮底下有一個怪物。

dere	šanyan	hoošan	i	adali,	yasa	ci	senggi
dere	šanyan	hoošan	-i	adali,	yasa	ci	senggi
臉	白	紙	GEN	一様	眼睛	ABL	血
臉	白	紙		一様,	眼睛	從	血

eyembi,	beye	gubci	šahūn,	ujui	funiyehe
eye-mbi,	beye	gubci	šahūn,	uju-i	funiyehe
流-PRS	身體	全部	淡白色	頭-GEN	頭髮
流,	身體	全	淡白,	頭的	頭髮

lakdahun,	na	de	fekuceme	bi.
lakdahun,	na	de	fekuce-me	bi.
下垂	地	LOC	跳躍-并列.CVB	PRS
蓬着,	地	在	跳。	

【A】臉像紙一様的白,眼睛裡流血,渾身雪白的,蓬着頭髮,在地下跳呢。

【B】臉像白紙一様,從眼睛裡流血,渾身雪白的,蓬着頭髮,在地下跳呢。

【C】臉似黄紙,眼内流血,渾身淡白,頭髮蓬鬆者,在地下一跳一跳的。

【D】臉似黄紙,眼睛裏流血,渾身雪白,頭髮蓬鬆着,一跳一跳的前來。

【E】臉似黄紙，眼睛裡流血，渾身雪白，頭髮蓬鬆着，一跳一跳的前來。

【F】渾身雪白，頭髮蓬鬆着，臉色像黄紙，眼睛裡流血，一跳一跳的向前來。

【G】臉似黄紙，眼睛裡流血，渾身雪白，頭髮蓬鬆着，一跳一跳的前來。

sabure	jakade,	ambula	gūwacihiyalaha,	ara,	ere
sabu-re	jakade,	ambula	gūwacihiyala-ha,	ara,	ere
看見-IPFV	之時	大	吃驚-PFV	哎呀	這
看見	剛剛，	大	吃驚，	哎呀，	這

uthai	hutu	serengge	inu	dere.
uthai	hutu	se-re-ngge	inu	dere.
就	鬼	説.AUX-IPFV-NMLZ	是	INTJ
就	鬼	説的	是	吧？

ini	ainara	be	tuwaki	seme.
ini	aina-ra	be	tuwa-ki	se-me.
3SG.GEN	怎樣-IPFV	ACC	看-IMP	説.AUX-并列.CVB
他的	如何	把	看	説。

【A】我一見了，大吃了一驚，哎呀，這個大畧就是鬼罷？看他怎麽樣（的）。

【B】一見了，大吃了一驚，嗳呀，這大概就是鬼罷？看他怎広様。

【C】睡夢中忽然看見的上頭，他大喫了一驚，哎呀，這就是鬼啊，看他怎麽樣。

【D】我那朋友在睡夢中驚醒，忽然看見，嚇了一大跳，心裏説，哎呀，這就是鬼罷？悄悄兒的瞧着，看他怎麽樣。

【E】睡夢中忽然看見，嚇了一跳，心裡説，這就是鬼罷？悄悄兒的瞧着，看他怎麽樣。

【F】那朋友心裡説，哎呀，這就是鬼罷？悄悄兒細看他做什麽樣。

【G】我那朋友在睡夢驚醒,忽然看見嚇了一大跳,心裏説,哎呀,這就是鬼罷,悄悄兒的瞧着,看他怎麼樣。

yasa	jiberefi	tuwaci,	fekucehei
yasa	jibere-fi	tuwa-ci,	fekuce-hei
眼睛	眯縫-順序.CVB	看-條件.CVB	跳躍-持續.CVB
眼睛	眯着	看,	跳着

gūnihakū,	hithen	be	neifi,	etuku	adu
gūni-ha-kū,	hithen	be	nei-fi,	etuku	adu
長久-PFV-NEG	箱子	ACC	開-順序.CVB	衣服	衣服
没多久,	箱子	把	打開,	衣服	衣服

be	kejine	tucibufi,	oho	de	hafira	nakū,
be	kejine	tucibu-fi,	oho	de	hafira	nakū,
ACC	許多	拿出-順序.CVB	胳肢窩	LOC	夾.IMP	之後
把	好多	出來,	胳肢窩	在	夾	然後,

fa	deri	tucifi	genehe.
fa	deri	tuci-fi	gene-he.
窗户	ABL	出-順序.CVB	去-PFV
窗户	從	出去	去了。

【A】密縫着眼看時,不想他跳了一會,把箱子開了,拿了好些衣裳,脥在胳職窩裡,從窓户裡出去了。

【B】密縫着眼看時,不想他跳了一會,把箱子開了,拿出許多衣服,夾在胳職窩裡,從窓户裡出去了。

【C】密縫着眼瞧着,跳了不久,開開櫃子,拿出許多衣服,挾在胳肢窩裡,從窓間出去了。

【D】那鬼跳了不久的工夫兒,就開開了立櫃,拏出許多衣裳來,挾在胳職窩裏,從窗户裏跳出去了。

【E】那鬼跳了不久的工夫兒,開開立櫃拿出許多衣裳來,挾在胳職窩底下,從窗户裡出去了。

【F】那鬼跳了没多久，就開了櫥，拿出好多的衣裳來，挾在胳肢窩，由窓户裡要跳出去。

【G】那鬼跳了不久的工夫兒，就開了立櫃拿出許多衣裳來，挾在胳肢窩裡，從窓户裡跳出去了。

tede	bi	gaihari	ulhifi,	dolori	gūnime,
tede	bi	gaihari	ulhi-fi,	dolori	gūni-me,
那.LOC	1SG	突然	明白-順序.CVB	心裡	想-并列.CVB
在那	我	猛然	知道,	心裡	想着,

hutu	oci,	etuku	gamara	kooli	bio	seme.
hutu	oci,	etuku	gama-ra	kooli	bi-o	se-me.
鬼	若是	衣服	拿走-IPFV	道理	有-Q	説.AUX-并列.CVB
鬼	若,	衣服	拿	道理	有嗎?	

【A】因那個上我猛然明白了，心裡想着，要是鬼，也有拿衣裳的理嗎?

【B】那上頭我猛然省悟，心裡一想，要是鬼，豈有拿衣裳的理?

【C】他心裡暗想，若是鬼，有拿衣服的理麽? 正自思自想間，那個砍頭的又來了。

【D】我那朋友，心裡暗想着，若果然是鬼，有拏衣裳的理麽? 正想着的時候兒，那個該殺的又進來了。

【E】他心裡暗想着，若果然是鬼，有拿衣裳的理麽? 正想着的時候兒，那個該殺的又進來了。

【F】那朋友定了神，暗想着，這若是鬼，那有拿衣裳的理? 這是該死的。

【G】我那朋友，心裡暗想着，若果然是鬼，有拿衣裳的理麽? 正想着的時候兒，那個該殺的又進來了。

ilifi,	loho	be	tucibufi,	jabdurakū
ili-fi,	loho	be	tucibu-fi,	jabdu-ra-kū
站-順序.CVB	腰刀	ACC	拿出-順序.CVB	來得及-IPFV-NEG
站立,	腰刀	把	拿出,	來不及

de	lasihime	emgeri	gencehelere	jakade,	ara
de	lasihi-me	emgeri	gencehele-re	jakade,	ara
LOC	揮舞-并列.CVB	一次	用刀背砍-IPFV	之時	哎呀
時	揮舞	一次	用刀背砍	時候,	哎呀

sefi,	na	de	sarbatala	tuheke.
se-fi,	na	de	sarbatala	tuhe-ke.
説.AUX-順序.CVB	地	LOC	仰面跌倒	倒-PFV
叫,	地	在	伸展躺着	跌坐。

【A】跕起来,拔出腰刀,給他個湊手不及,揚着赶到跟前一砍,哎的一聲,就撲通的跌在地下来了。

【B】起来,拔出腰刀,湊手不及揚着一砍,嗳喲了一聲,四脚拉岔的跌在地下了。

【C】因此他猛然起來,拔腰刀没迭當,拿刀背砍了一下的上頭,哎呀一聲,仰面倒在地下了。

【D】我那朋友就猛然起來,拏着把腰刀,把他斫了一下兒,那個東西哎呀了一聲,倒在地下了。

【E】因此他猛然起來,拿出把腰刀來,把那個東西斫了一下兒,那個東西哎呀了一聲,倒在地下了。

【F】趕緊起來,拔出一把腰刀,随手把他砍了一下,那鬼就哎呀一聲,倒在地下。

【G】我那朋友就猛然起來,拏了把腰刀,把他斫了一下兒,那個東西哎呀了一聲,倒在地下了。

booi	ursebe	hūlame	gajifi,	dengjan
boo-i	urse-be	hūla-me	gaji-fi,	dengjan
家-GEN	人們-ACC	叫-并列.CVB	拿來-順序.CVB	燈
家的	人們把	叫	來捉拿,	燈

dabufi	tuwaci,	umesi	yobo,	dule	emu
dabu-fi	tuwa-ci,	umesi	yobo,	dule	emu
點火-順序.CVB	看-條件.CVB	非常	笑話	原來	一
點	看,	很	可笑,	竟然	一

butu	hūlha	jortanggi	hutu	arafi,	niyalma	be
butu	hūlha	jortanggi	hutu	ara-fi,	niyalma	be
竊	賊	特意	鬼	扮做-順序.CVB	人	ACC
竊	賊	故意	鬼	做,	人	把

gelebumbi	hūlharangge	nikai.
gele-bu-mbi	hūlha-ra-ngge	nikai.
害怕-CAUS-PRS	偷竊-IPFV-NMLZ	INTJ
嚇唬	偷	呀。

【A】叫了家裡的人們,點上燈看時,狠可笑,却原来是一個窃賊,裝作鬼来嚇人来了的呀。

【B】叫了家人來,點上燈一看,狠可笑,原來是一個窃賊,特裝作鬼來嚇人偷的呀。

【C】叫了家下人來,點上燈一瞧,狠可笑,原來是一個窃賊,故意的裝鬼嚇唬人來着。

【D】叫了家下人來,點上鐙一照,很可笑,原來是個賊,爲偷東西,故意兒的粧成鬼來嚇唬人來咯。

【E】叫了家下人來,點上燈一照,很可笑,原來是個賊,故意兒的粧成鬼來嚇人來咯。

【F】他家裡的人嚇醒了,都起來點燈照看,原來是個賊,爲偷東西,故意妝成鬼様。

【G】叫了家下人來,點上燈一照,很可笑,原來是個賊,爲偷東西,故意兒的粧成鬼來嚇人來咯。

(【+F】聽見儞呐説真好笑。可見做賊的人詭計多端,這不是儞朋友的膽子大,看見那個假鬼就嚇死了。)

68 (A68 salgabun 姻緣, B68, C85, D85, E86, F19 求親)

(【D】吾兄,今兒來有甚麼見教?)

feten	bifi,	be	niyaman	jafaki
feten	bi-fi,	be	niyaman	jafa-ki
緣分	有-順序.CVB	1PL.EXCL	親戚	結合-IMP
緣分	有,	我們	親戚	結交

seme	baime	jihe.
se-me	bai-me	ji-he.
説.AUX-并列.CVB	求-并列.CVB	來-PFV
要	求	來了

【A】有緣分的上,我們来求作親来了。
【B】有緣,我們求親來了。
【C】因爲有緣,我們求親來了。
【D】因爲有緣,我門(們)特來求親來咯。
【E】因爲有緣,我們求親來咯。

mini	ere	jui,	udu	colgoroko	ferguwecuke
mini	ere	jui,	udu	colgoroko	ferguwecuke
1SG.GEN	這個	兒子	雖然	超群	出奇
我的	這	孩子,	雖然	超群的	出奇

bengsen	akū	bicibe,	damu	nure	omire
bengsen	akū	bi-cibe,	damu	nure	omi-re
本事	NEG	有.AUX-讓步.CVB	但是	酒	喝-IPFV
本事		没有,	只	酒	喝

jiha efire, ehe facuhūn urse de dayanafi
jiha efi-re, ehe facuhūn urse de daya-na-fi
錢 玩-IPFV 壞 亂 人們 DAT 依附-去-順序.CVB
錢 玩耍, 壞 叛亂 人 與 依附

balai sargašara jergi baita, inde heni majige akū.
balai sargaša-ra jergi baita, inde heni majige akū.
妄自 游玩-IPFV 種類 事情 3SG.DAT 一點 稍微 NEG
胡亂 玩的 等 事情, 與他 一點 稍微 没有。

【A】我的這個兒子,雖然没有出類超羣的本事,但只喝酒耍錢,與那混賬人們胡曠等項的事情,一點也没有。

【B】我這兒子,雖没超羣出類的本事,但只喝酒耍錢,與混賬人一處攪混胡逛的事,他一點没有。

【C】我這孩子,雖無出衆超群的本事,但只喝酒耍錢,跟着混賬人們胡闖的不好事,他一點没有。

【D】我這個孩子,雖然没有超羣的才貌、奇特的本事,但只是不喫酒不賭錢,就是那些迷惑人的去處兒、胡游亂走的地方兒,也一點兒没到過。

【E】我這個兒子,雖然没有超羣的才貌、奇特的本事,但只是不吃酒不睹[賭]錢,就是迷惑人的去處兒、胡游亂走的地方兒,也從來没到過。

hatame gūnirakū oci, looye emu
hata-me gūni-ra-kū oci, looye emu
嫌棄-并列.CVB 想-IPFV-NEG 若是 老爺 一
厭惡 不想 若, 老爺 一

gosire gisun bureo. age si julesiken i
gosi-re gisun bu-re-o. age si julesiken -i
疼愛-IPFV 話語 給-IPFV-Q 阿哥 2SG 稍前面 INS
疼愛 話 請給。 阿哥 你 稍往前 地

jio,	muse	looye	de	hengkileme	baiki.
jio,	muse	looye	de	hengkile-me	bai-ki.
來.IMP	1PL.INCL	老爺	DAT	叩頭-并列.CVB	求-IMP
令來,	咱們	老爺	向	磕頭	請求。

【A】要是不嫌,老爺給句疼愛的話罷。阿哥你往前些来,喒們給老爺磕着頭求啊。

【B】要不棄嫌,老爺給一句疼愛的話罷。阿哥你往前些,咱們給老爺磕頭相求。

【C】若不棄想,老爺賜一句疼愛的話。阿哥你往前來,咱們叩求老爺們。

【D】若不棄嫌,老爺們就賞賜句疼愛的話兒。你往前些兒,咱們叩求。

【E】若不棄嫌,老爺們賞賜句疼愛的話兒。阿哥你往前些兒,咱們叩求。

looyese,	ume.	tecefi,	mini	emu	gisun	be
looye-se,	ume.	te-ce-fi,	mini	emu	gisun	be
老爺 PL	不要	坐-齊-順序.CVB	1SG.GEN	一	話語	ACC
老爺們,	别。	同坐,	我的	一	話	把

donjire.
donji-re.
聽-IPFV
聽。

【A】老爺們,别。坐下,聽我一句話。

【B】老爺們,别。請坐下,聽我一句話。

【C】老爺們,别。坐下,聽我一句話。

【D】老爺們,别。大家坐下,聽我説一句話。

【E】老爺們,别。大家坐下,聽我説一句話。

muse	gemu	fe	niyaman,	gese	sasa	i	giranggi
muse	gemu	fe	niyaman,	gese	sasa	-i	giranggi
1PL.INCL	全都	舊	親屬	一樣	一同	GEN	骨
咱們	都	舊	親戚,	一樣	一樣	的	骨

yali,	we	webe	sarkū.
yali,	we	we-be	sa-r-kū.
肉	誰	誰-ACC	知道-IPFV-NEG
肉,	誰	把誰	不知道?

【A】喒們呢全是舊親戚,而且一樣兒的骨頭肉兒,誰不知道誰的?

【B】咱們都是舊親戚,一樣的骨頭肉兒,誰不知道誰?

【C】咱們都是滿洲人,一樣的骨頭肉,誰不知道誰?

【D】咱們都是老親,一個樣兒的是骨肉,誰不知道誰呢?

【E】咱們都是老親,一個樣兒的是骨肉,誰不知道誰呢?

damu	eigen	sargan	serengge,	gemu	nenehe
damu	eigen	sargan	se-re-ngge,	gemu	nenehe
只是	夫	妻	説.AUX-IPFV-NMLZ	全都	先前
只	丈夫	妻子	是,	都	先前

jalan	i	toktobuha	salgabun,	niyalmai	cihai
jalan	-i	tokto-bu-ha	salgabun,	niyalma-i	cihai
世	GEN	决定-CAUS-PFV	姻緣	人-GEN	任憑
世	的	决定的	姻緣,	人的	願望

oci	ojorongge	waka.
o-ci	ojo-ra-ngge	waka.
成爲.AUX-假設.CVB	可以-IPFV-NMLZ	不是
成爲	可以	不是。

【A】但只夫妻啊,全是前世裡造定的啊,不是由着人的啊。

【B】但只夫妻啊,全是前世造定的,不是由着人的。

【C】但只是夫妻呀,皆是前世造定的,由不得人。

【D】但只是作夫妻這件事,都是前世裡造定的緣分,由不得人的。

【E】但只是作夫妻,都是前世裡造定的緣分,由不得人的。

juse	be	ujifi,	beye	šame	tuwame
juse	be	uji-fi,	beye	ša-me	tuwa-me
孩子.PL	ACC	撫養-順序.CVB	自己	瞧-并列.CVB	看-并列.CVB
孩子們	把	養,	自己	看	看

sain	i	juru	acabuci,	ama	eme	oho
sain	-i	juru	acabu-ci,	ama	eme	o-ho
好	INS	一對	配對-假設.CVB	父親	母親	成爲-PFV
好	的	一對	配對,	父	母	成爲

niyalma	i	joboho	suilaha	gūnin	inu	wajimbi.
niyalma	-i	jobo-ho	suila-ha	gūnin	inu	waji-mbi.
人	GEN	愁苦-PFV	困苦-PFV	心	也	完結-PRS
人	的	困苦	勞苦	心	也	完了。

【A】養活着孩子們啊,親身眼看着成雙成對的了,爲父母的那些勞苦心腸也就完了。

【B】養活孩子們,親身看着配成好對兒,爲父母的勞苦之心也就完了。

【C】養了兒女,自己瞧着看着好好的成了雙對,爲父母劬勞的心也就完了。

【D】爲父母的,自己眼瞧着孩子們,原不過盼着能彀配個好對兒,纔把苦拔苦掖的心腸,也就完了。

【E】爲父母的,自己眼瞧着孩子們,能彀配個好對兒,把苦拔苦掖的心腸,也就完咯。

tuttu	sehe	seme,	emude	oci
tuttu	se-he	se-me,	emu-de	o-ci
那樣	説-PFV	説.AUX-并列.CVB,	一-LOC	成爲.AUX-假設.CVB
雖然	説,		一則在	

minde ungga jalan bi ere age be sabure
minde ungga jalan bi ere age be sabu-re
1SG.DAT 長輩 世代 有 這個 阿哥 ACC 看見-IPFV
對我 前輩 輩 有 這 阿哥 把 看

unde, jaide oci jihe taitai sa
unde, jai-de o-ci ji-he taitai sa
尚未 二-LOC 成爲.AUX-假設.CVB 來-PFV 太太 PL
還没, 二則在 來的 太太 們

mini mentuhun sargan jui be inu majige tuwaki.
mini mentuhun sargan jui be inu majige tuwa-ki.
1SG.GEN 愚鈍 女 孩子 ACC 也 略 看-IMP
我的 傻 女兒 孩子 把 也 略 看看。

【A】雖然那們説,頭一件,我有老家兒没見這個阿哥;第二件,来的太太們也瞧瞧我的醜女兒。

【B】雖然那樣説,一則我有長輩未見這阿哥呢,再者來的太太們也瞧瞧我的醜女兒。

【C】雖則那樣説,一則我有長輩未曾看見這個阿哥,二則來的太太們也畧看看小女。

【D】話雖是這麼説,我還有長輩兒没有瞧見令郎呢,再者來的太太們把我們女孩兒也瞧瞧。

【E】話雖是這麼説,我還有長輩兒没有瞧見這位阿哥,再者來的太太們把我們女孩兒也瞧瞧。

inu, looye i gisun umesi ferguwecuke genggiyen kai.
inu, looye -i gisun umesi ferguwecuke genggiyen kai.
是 老爺 GEN 話語 非常 出奇 高明 INTJ
是, 老爺 的 話 很 出奇 高明 啊。

【A】是啊,老爺的話狠聖明。

【B】是,老爺的話狠高明。

【C】是,老爺的話狠聖明。

【D】是啊,老爺説的很有理。

【E】是呀,老爺説的很有理。

ere gisun be uthai musei jihe taitai
ere gisun be uthai musei ji-he taitai
這個 話語 ACC 就 1PL.INCL.GEN 來-PFV 太太
這 話 把 就 咱們的 來的 太太

sade hafumbu, gege be tuwaha manggi, age
sa-de hafumbu, gege be tuwa-ha manggi, age
PL-DAT 通知.IMP 小姐 ACC 看-PFV 之後 阿哥
們對 通知, 姑娘 把 看 後 阿哥

be inu hūlame dosimbufi, ubai
be inu hūla-me dosi-mbu-fi, uba-i
ACC 也 叫-并列.CVB 進入-CAUS-順序.CVB 這裡-GEN
把 也 叫 進去, 這裡的

taitai sade tuwabuki.
taitai sa-de tuwa-bu-ki.
太太 PL-DAT 看-CAUS-IMP
太太 們對 看。

【A】把這話就通知嚕們来的太太們,瞧了姑娘的時候,把阿哥也吗進去,給這裡的太太們瞧瞧。

【B】把這話就通知咱們來的太太們,看了姑娘,把阿哥吗進去,給這裡太太們看看。

【C】遮(je)。就将這個話通知裡頭,把阿哥帶進去,給這裡太太們看。

【D】就請通知裡頭太太們,把小兒帶進去,給太太們瞧瞧。

【E】把這話就通知裡頭太太們,把阿哥也帶進去,給裡頭太太們也瞧瞧。

ishunde	gūnin	acanaha	sehede,	jai
ishunde	gūnin	aca-ha	se-he-de,	jai
互相	心思	相合-PFV	説.AUX-PFV-LOC	再
彼此	心意	合	説是,	再

hengkileci	inu	goidarakū	kai.
hengkile-ci	inu	goida-ra-kū	kai.
磕頭-假設.CVB	也	遲-IPFV-NEG	INTJ
磕頭	也	不遲	啊。

【A】彼此全説是合式了,再磕頭也不遲啊。

【B】彼此合了心意,再磕頭也不遲啊。

【C】彼此都合了意的時候,再叩頭也不遲啊。

【D】彼此都合了意的時候兒,再磕頭也不遲啊。

【E】彼此都合了意的時候兒,再磕頭也不遲啊。

【+F】儞呐令郎今年多少歲? 他十九歲。親事定了麽? 還没定。痘疹都出過麽? 他三歲出痘,五歲出疹。

我有一個朋友,有個女兒,今年十六歲,生的體面,身材不高不低,性情狠柔和,會烹調,好活計。若儞令郎和這女兒結婚是狠好的。我可以做個媒麽?

姻緣本是天定的,只是我的孩子笨的狠,没有什麽本事,念書纔念完四書七經,字不過學王帖,做的詩文還不大純。去年纔出考,功名還没得,我不知道,他定了親事,將來會養得老婆麽? 再看這一兩年他是甚麽樣再説罷。

69 (A69 eigen sargan 夫妻, B69, C87, E88, F73 鰥寡聯姻)

D版没有收入。

(【+F】説起那個夫妻,真是一對。怎麽説呢?)

ceni	eigen	sargan	be	si	bacihi	sembio.
ceni	eigen	sargan	be	si	bacihi	se-mbi-o.
3PL.GEN	夫	妻	ACC	2SG	結髮夫妻	説-PRS-Q
他們	夫	妻	把	你	結髮夫妻	是嗎?

sirame	gaihangge.
sirame	gai-ha-ngge.
接續	娶-PFV-NMLZ
接續	娶的。

【A】你説他們是結髮夫妻嗎? 是继娶的啊。

【B】他們夫婦你説是結髮嗎? 是继娶的啊。

【C】他們老婆漢子你説是結髮麽? 不是啊,繼娶的。

【E】他們老婆漢子你説是結髮夫妻麽? 不是啊,是繼娶的呀。

【F】一個是填房的,一個是二婚的。那男的先娶了結髮的老婆,一年多病故了,

ere	emile	ududu	eigen	anahabi,	beye	giru
ere	emile	ududu	eigen	ana-ha-bi,	beye	giru
這個	女的	數個	丈夫	妨害-PFV-PRS	身體	樣子
這	女人	幾個	丈夫	推了,	相貌	模樣

sain	bime,	galai	weilen	inu	ombi,
sain	bime,	gala-i	weilen	inu	o-mbi,
好	并且	手-GEN	活計	也	可以-PRS
好	并且,	手藝		也	可以,

【A】這個老婆妨了好幾個漢子了,身形兒好,針指兒也好,

【B】這個母的妨了好幾個漢子了,身材好,而且針指也可以,

【C】這個雌兒妨了幾個漢子了,相貌兒也好,活計上也去得,

【E】那個女的妨了幾個漢子咯,相貌兒也還好,活計兒上也還去的,

【F】所以再娶這個。那女的相貌狠好,活計也好,

damu	emu	ba	eden,	jušun	jetere	mangga.	eigen
damu	emu	ba	eden,	jušun	jete-re	mangga.	eigen
只是	一	處	欠缺	醋	吃-IPFV	善於	丈夫
只	一	處	短,	醋	吃	喜歡。	丈夫

susai	se	tulitele,	umai	juse	enen	akū,
susai	se	tuli-tele,	umai	juse	enen	akū,
五十	歲	超期-直至.CVB	竟然	孩子.PL	後代	NEG
五十	歲	直到,	竟然	兒子們	後代	没有,

guweleku	sindambi	seme	hehe	takūraki
guweleku	sinda-mbi	se-me	hehe	takūra-ki
妾	放-PRS	说.AUX-并列.CVB	女人	使唤-IMP
妾	放		婢妾	使唤

serede,
se-re-de,
説.AUX-IPFV-LOC
説,

【A】但只一件平常,好吃醋。漢子直過了五十歲了,並沒有後,説要放妾使小,

【B】但只一件平常,好吃醋。男人過了五十歲了,並無子嗣,説是放妾使小,

【C】就只一件平常,慣喫醋。男人過了五十多歲,並没兒女,若説要放妾,

【E】就只有一件平常,好吃醋。男人過了五十多歲了,並没有兒女,説是要娶一個妾,

【F】却有一件毛病,好吃醋。他前個男人年紀五十多歲,没有兒女,因此要娶一個小老婆,

hetu dedufi ojorakū, fasime
hetu dedu-fi ojo-ra-kū, fasi-me
横 躺卧-順序.CVB 可以-IPFV-NEG 自縊-并列.CVB
横側 卧睡 不可以, 上吊
buceki sere, beyebe beye araki sere,
buce-ki se-re, beye-be beye ara-ki se-re,
死-IMP 説.AUX-IPFV 自己-ACC 自殺-IMP 説.AUX-IPFV
死 要, 把身體 自縊 要,
hacingga demun i gelebume daišambi.
hacingga demun -i gelebu-me daiša-mbi.
各種 行爲 INS 恐嚇-并列.CVB 亂鬧-PRS
各種 様 的 恐嚇 亂鬧。

【A】他就横倘(躺)着不依,要吊死,又是要自盡,各樣的嚇鬧。
【B】横攔着不依,要上吊,要抹脖子,各樣的嚇鬧。
【C】横欄[攔]着不依,要上吊,要抹脖子,各什樣兒嚇虎着鬧。
【E】他横攔着不依,要上弔抹脖子嚇諕着吵鬧。
【F】那知道他攔着不依,常時吵鬧,不是要上吊,就是要抹脖子。

fisiku aihūma geli eberi ten, sargan de
fisiku aihūma geli eberi ten, sargan de
慢性子 烏龜 又 怯懦 極致 妻 DAT
耽誤 烏龜 又 怯懦 極, 妻子 被
ergelebufi fuhali horon gaibuha,
ergele-bu-fi fuhali horon gai-bu-ha,
壓迫-PASS-順序.CVB 完全 威力 取-PASS-PFV
嚇唬 竟然 威力 被取走,
imbe umainame muterakū bime, niohon
imbe umainame mute-ra-kū bime, niohon
3SG.ACC 全然 能够-IPFV-NEG 而且 臉青
把他 全然 不能爲 而且, 暗怒

jili	banjihai,	ergen	susaka.
jili	banji-hai,	ergen	susa-ka.
怒氣	生-持續.CVB	命	斷送-PFV
怒氣	生,	生命	斷送。

【A】自己躭悞的忘八又狠軟,被女人嚇的,一點不能施威,竟把他不能怎麽樣的。而且忍着氣兒,死人一樣的。

【B】無能爲的忘八又狠軟,竟被女人拿下馬來了,把他不能怎広。囙(因)生暗氣,氣死了。

【C】無能的王八又極軟弱,被女人欺壓的竟病了,將恠(怪)淫婦並不能怎麽樣的時候,只是暗生氣,送了命了。

【E】那個無能爲忘八又很軟弱,呌女人欺負病了,又不能把那淫婦怎麽樣,自己只是生暗氣,送了命了。

【F】鬧得那男人狠怕他,再也不敢娶小,竟是鬱鬱的不樂,到底成了氣結的病死了。這還不到一年,他又嫁了那個。

erebe	tuwaci,	jalan	i	baita	teksin	akū
ere-be	tuwa-ci,	jalan	-i	baita	teksin	akū
這個-ACC	看-假設.CVB	世間	GEN	事情	整齊	NEG
把這	看若是,	世上	的	事情	整齊	没有

mujangga.
mujangga.
確實
實在。

【A】看起這個來,世上的事情實在不齊啊。

【B】看起這個來,世上的事果然不齊。

【C】看起這個來,世上的事情果真不齊啊。

【E】看起這個來,世上的事情真是不能一個樣。

【F】聽㑆這樣説,若這個女的,配了我那街坊的人,正算得真個一對呢。

(【+F】倆街坊的人怎麼樣?)

meni tubai emu age, jakan utala yan
meni tuba-i emu age, jakan utala yan
1PL.EXCL.GEN 那裡-GEN 一 阿哥 最近 許多 兩
我們的 那裡的 一 阿哥, 新近 許多 兩

i menggun baitalafi. emu hehe udafi,
-i menggun baitala-fi. emu hehe uda-fi,
GEN 銀子 使用-順序.CVB 一 女人 買-順序.CVB
的 銀子 花費 一 女人 買,

beyede gocika, fuhali ini oho i funiyehe
beye-de goci-ka, fuhali ini oho -i funiyehe
自己-LOC 拉近-PFV 完全 3SG.GE 腋下 GEN 毛
在自己 跟前, 竟然 他的 腋下 的 毛

aika faikan i gese gosime, ai seci.
aika faikan -i gese gosi-me, ai se-ci
若是 寶貝 GEN 樣子 疼愛-并列.CVB 什麼 説-假設.CVB
要是 寶貝 的 樣子 疼惜, 什麼 説

ai, gelhun akū majige jurcerakū.
ai, gelhun akū majige jurce-ra-kū.
什麼 敢 NEG 略 違背-IPFV-NEG
什麼, 敢 不 略 違背。

【A】我們那裡一個阿哥,新近用多少銀子買了個女人,收在跟前,竟像寶貝一樣疼的,要怎麼樣的就怎麼樣的,説怎麼樣的時候再也不敢錯。

【B】我們那裡一位阿哥,新近用許多銀子買了個女人,收在屋裡了,竟是活寶貝一樣的疼的使不得,説什庅是什庅,一點不敢違拗(拗)。

【C】我們那裡一個阿哥,新近買了一個女人作了妾,竟是他的無價寶,恐怕怎麼樣兒的寵愛,説甚麼是甚麼,不敢違謬一點。

【E】我們那兒有一位阿哥,新近買了一個女人作了妾,盡像是個無價寶,那個女人説甚麽,就任着他的意兒行,不敢駁回兒。

【F】我那街坊有一個人,新近買了一個小,溺愛得一刻的工夫也不肯離身,那個小要這麽樣,就依他這麽樣的;説那麽樣,就聽他那麽樣的。

ere	gese	aha	be	uju	de	hukšefi,	jingkini
ere	gese	aha	be	uju	de	hukše-he,	jingkini
這個	樣子	奴才	ACC	頭	LOC	頂-PFV	正
這	一樣	奴才	把	頭	用	頂着,	正

sargan	be	elemangga	aha	nehū	de	isiburakū	
sargan	be	elemangga	aha	nehū	de	isibu-ra-kū	
妻	ACC	反倒	奴才	婢女	DAT	以至於-IPFV-NEG	
妻子	把	反倒	奴才	婢女	用	以至於	没有

adunggiyambi,	inenggidari	tantahai,	fasime
adunggiya-mbi,	inenggi-dari	tanta-hai,	fasi-me
折磨-PRS	日子-每	毆打-持續.CVB	自縊-并列.CVB
受使唤,	終日	打着,	上吊

bucere	de	isibuha.
buce-re	de	isibu-ha.
死-IPFV	DAT	以至於-PFV
死了	用	以至於。

【A】把這個奴才拿頭頂着,反把正經女人倒不如奴才樣的折磨,每日裡打過来打過去,至於吊死了。

【B】把這樣奴才頂在頭上,正經女人反倒不如奴婢的折磨,每日裡打過來打過去,以致吊死了。

【C】將這淫婦頂在頭上,而且把正經女人反倒當奴才使唤,日日挫磨的,至於吊死了。

【E】把那個娼婦頂在頭頂兒上,倒把自己正經女人挫磨使唤,天天兒受折磨,如今弔死了。

【F】漸漸的嫌了大老婆,時常磨折的了不得,到底那個大的吊死了。

dancan i urse habšaha, tetele kemuni wajire
dancan -i urse habša-ha, tetele kemuni waji-re
娘家 GEN 人們 告狀-PFV 至今 還 完結-IPFV
娘家 的 人們 告, 到如今 還 完
unde.
unde.
尚未
没有。

【A】被他那娘家的人告了,到如今還没完呢。

【B】娘家的人告了,至今還未完呢。

【C】娘家告了,至今還没完呢。

【E】娘家告了,至今還没有完呢。

【F】她娘家人打了官司,如今還没結。

ere felehun hehe, tere doksin i haha, jing emu
ere felehun hehe, tere doksin -i haha, jing emu
這個 冒犯的 女人 那個 暴虐 GEN 男人 正好 一
這 惹禍的 女人, 那 凶惡 的 男人, 正 一
juru. abka ainu eigen sargan obume
juru. abka ainu eigen sargan o-bu-me
配對 天 爲什麽 夫 妻 成爲-CAUS-并列.CVB
配對。天 怎麽 夫 妻 成爲
holboburakū ni.
holbo-bu-ra-kū ni.
結親-CAUS-IPFV-NEG 呢
連結 没有 呢?

【A】這個惹禍的老婆,那個兇惡的男人,正是一對。老天啊怎麼就没配成老婆漢子呢?

【B】這個惹禍的女人,那個兇惡的男人,正是一對。天怎庅不配成夫婦呢?

【C】那個潑女人這個兇男人,正是一對啊。天爲甚麼不配成夫妻呢?

【E】若把那個潑婦配了這個兇漢子,正是一對兒,天爲甚麼不把他們湊成夫妻呢?

【F】若是把這個昧良的漢子,配了那個妒婦,豈不是一對好的?

70 (A70 amba jobolon 大禍,B70,C102,F99 凶漢致禍)

musei	tere	oshon	ningge,	amba	jobolon
musei	tere	oshon	ningge,	amba	jobolon
1PL.INCL.GEN	那個	凶惡	東西	大	灾禍
咱們的	那	凶惡	東西,	大	憂患

necihebi.	ainaha.	ainaha.
neci-he-bi.	aina-ha.	aina-ha.
招惹-PFV-PRS	怎麼-PFV	怎麼-PFV
招惹。	怎麼了?	怎麼了?

【A】喒們的那個野東西,惹了大禍了。怎麼了?

【B】咱們那個野東西,惹了大禍了。怎庅了?怎庅了?

【C】咱們那一個兇徒,惹了大禍了。怎麼樣了?

【F】儞認得那個兇漢,這回惹出大禍來了。怎麼樣的?

niyalma	be	tantame	waha.	turgun	adarame.
niyalma	be	tanta-me	wa-ha.	turgun	adarame.
人	ACC	打-并列.CVB	殺-PFV	緣故	怎麼
人	把	打	殺。	緣故	怎麼?

fili	fiktu	akū	kai.
fili	fiktu	akū	kai.
堅硬	嫌隙	NEG	INTJ
無緣	無故	没有	啊。

【A】把一個什麼人打死了。怎麼一個緣故?無緣無故的。

【B】打死人了。什庅緣故?無緣無故的。

【C】打死人了。緣故怎麼説?無緣無故的啊。

【F】打死人咯。爲什麼事情?無緣無故的。

ceni	emu	adaki	be	ini	dukai	dalbade
ceni	emu	adaki	be	ini	duka-i	dalba-de
3PL.EXCL.GEN	一	鄰居	ACC	3SG.GEN	門-GEN	旁邊-LOC
他們	一	鄰居	把	他的	門的	旁邊

sitehe	seme,	fonjire	ba	inu	akū,
site-he	se-me,	fonji-re	ba	inu	akū,
小便-PFV	説-并列.CVB	問-IPFV	旨意	也	NEG
小便	説,	問	話語	也	没有,

【A】把他們一個街房在他們門傍邊撒了屎了,也不問一問,

【B】説他們街房在他門旁邊撒了尿了,問也不問,

【C】説是他們一個街房在他門傍撒了尿了,不問長短,

【F】説是他們街坊的一個人在他門口邊撒了一脬尿,他碰見着,就不問長短,

fahame	tuhebu	nakū	aktalame	tefi,
faha-me	tuhe-bu	nakū	aktala-me	te-fi,
摔-并列.CVB	倒下-CAUS.IMP	之後	跨-并列.CVB	坐-順序.CVB
摔	倒坐	既然	跨	坐,

dere	yasa	be	baime	tantame	deribuhe.
dere	yasa	be	baime	tanta-me	deribu-he.
臉	眼睛	ACC	朝向	打-并列.CVB	開始-PFV
臉	眼	把	朝向	打	開始。

【A】就個仰面觔斗,拉倒,照着臉上眼睛打起来了。

【B】摔倒了騎上,照着臉上打起來了。

【C】按倒就向頭臉上打起來了。

【F】向前一抓亂打起來。

sucungga	tantara	de	hono	toome	surembihe,
sucungga	tanta-ra	de	hono	too-me	sure-mbihe,
起初	打-IPFV	LOC	還	罵-并列.CVB	喊叫-PST
起初	打	時	還	罵	喊叫來着,

amala	gudešehei,	nidure	jilgan	gemu	akū
amala	gudeše-hei,	nidu-re	jilgan	gemu	akū
後來	捶打-持續.CVB	呻吟-IPFV	聲音	都	NEG
後來	捶打着,	呻吟	聲音	都	没有

oho.

o-ho.

成爲-PFV

成了。

【A】起初打還罵着吽喊,後来只管打的上,連哼的聲兒也全没了。

【B】起初打還罵着吽喊來着,後來搥打,連哼的聲兒都没了。

【C】始而打的時候還嚷罵來着,後來打久了,哼哼的聲氣。

【F】起先那一個還會回手,他更兇了,一連氣的亂打,打得把那一個倒在地下了。爾想,誰能抵得過這等兇?可憐那一個教他打倒地下,再動也不會動,哼也不會哼了。

borhome	tuwara	urse	arbun	faijuma	oho
borho-me	tuwa-ra	urse	arbun	faijuma	o-ho
聚集-并列.CVB	看-IPFV	人們	模樣	不好	成爲-PFV
聚集	看的	人們	模樣	不好	成爲

be	safi,	tantara	be	ilibufi
be	sa-fi,	tanta-ra	be	ili-bu-fi
ACC	知道-順序.CVB	打-IPFV	ACC	歇止-CAUS-順序.CVB
把	知道,	打	把	停止

tuwaci,	aifini	ergen	yadaha.
tuwa-ci,	aifini	ergen	yada-ha.
看-條件.CVB	早就	氣息	绝-PFV
一看,	早已	氣	斷了。

【A】打攢看的人們知道光景不好了,止住了看時,早已就死了。

【B】圍着看的人知道光景不好了,止住了打一看,早已断了氣了。

【C】圍着看的人們知道勢頭不好,止住打一瞧,早已断了氣了。

【F】圍着瞧的人先要攔他幾回,也攔他不住,到了勢頭來的不好,大傢一齊的纔把他拿住,一看那一個,是已經斷了氣咯。

ede	yafagan	uksin	sa	imbe	jafafi	gamaha.
ede	yafagan	uksin	sa	imbe	jafa-fi	gama-ha.
因此	步行	甲兵	PL	3SG.ACC	抓-順序.CVB	拿-PFV
因此	步兵	披甲	們	把他	抓	拿。

【A】所以步兵們把他拿了去。

【B】所以步甲們把他拿去了。

【C】因此步甲們将他捆了去了。

【F】因此步甲們趕緊把他梱了去。

bucehe　niyalmai　booi　gubci　gemu　jifi,
buce-he　niyalma　boo-i　gubci　gemu　ji-fi,
死-PFV　人　家-GEN　全部　都　來-順序.CVB
死的　人的　家裡　全部　都　來了,
ini　boo　nagan　be　susubuki　sere,　agūra
ini　boo　nagan　be　susubu-ki　se-re,　agūra
3SG.GEN　家　炕　ACC　毀壞-IMP　AUX-IPFV　器械
他的　家　炕　把　毀壞　要,　器皿
tetun　be　hūwalame,　wase　ci　aname　gemu
tetun　be　hūwala-me,　wase　ci　aname　gemu
器皿　ACC　打破-并列.CVB　瓦　ABL　依次　都
器皿　把　打破,　瓦　從　依次　全
kolaha.
kola-ha.
揭瓦-PFV
揭瓦。

【A】死人家裡的人們全来了,把他家鬧了個七零八落,傢伙噐皿打了個净,連瓦全揭了。

【B】死人家的全來了,要把他的房子都拆了,傢伙器皿打碎了,連瓦都揭了。

【C】屍親閤家齊來,將他屋炕拆毀,噐皿打壞,連瓦都揭了。

【F】現在那屍親家的人,把他的屋子都拆毀了,傢伙一切都打壞了。

kaicara　jilgan　juwe　ilan　bai　dubede
kaica-ra　jilgan　juwe　ilan　ba-i　dube-de
喊叫-IPFV　聲音　二　三　裡-GEN　末端-DAT
喊叫的　聲音　二　三　裡的　遠處

isitala	donjihabi.	sikse	jurgan	de	isinaha,
isi-tala	donji-ha-bi.	sikse	jurgan	de	isina-ha,
到達-直至.CVB	聽-PFV-PRS	昨天	部	DAT	到達-PFV
直至	聽見。	昨天	部	往	去到,

enenggi	erun	nikebume	beidembi.
enenggi	erun	nikebu-me	beide-mbi.
今天	刑罰	責以-并列.CVB	審問-PRS
今天	刑罰	責罰	審問。

【A】喊叫的聲音直聽到二三里路遠。昨日到部裡去了,說今日上了刑了。

【B】喊叫的聲音直聽二三里路上。昨日到了部裡了,說今日要用刑審訊。

【C】喊嚷的聲兒二三里地外頭都聽見了.說是昨日過部,今日動了刑了。

【F】嚷鬧的到處都聽見知道咯。昨天送了刑部。

age	si	donjihakūn.	ehe	niyalma	de	ehe
age	si	donji-ha-kū-n.	ehe	niyalma	de	ehe
阿哥	2SG	聽-PFV-NEG-Q	惡	人	DAT	惡
阿哥	你	没聽見嗎?	惡	人	對	惡

karulan	bi	sehebi.
karulan	bi	se-he-bi.
報應	有	說.AUX-PFV-PRS
報應	有。	

【A】阿哥你没有听見説嗎?惡人自有惡報應啊。

【B】阿哥你没聽見嗎?惡有惡報。

【C】阿哥你没聽見麼?有自己害自己的話啊。

【F】俩這還没聽見麼?

ere	ini	beye	baihangge	dabala,	wede
ere	ini	beye	bai-ha-ngge	dabala,	we-de
這個	3SG.GEN	自己	求-PFV-NMLZ	罷了	誰-DAT
這	他的	自己	惹得	罷了,	與誰

ai	guwanta.
ai	guwanta.
什麼	相干
什麼	相干?

【A】這是他自己惹的罷咧,與誰什麼相干?

【B】這是他自己尋的罷咧,與誰什庅相干?

【C】這是他自己尋的,管誰甚麼相干呢?

【F】我却没聽見。只是這個事,他自作自受的,没得怨。可見人是兇,歸根自己吃了虧。我早已知道,他那樣兇,準要惹出大禍來,所以我常時遠離着他,一切的事情,總讓他幾分咯。

71 (A71 aisin i šoge 金錠子,B71,C18,D18,E18,F102 交友重义義,G14 朋友)

guculeki	seci,	julgei	guwan	jung.	boo
gucule-ki	se-ci,	julge-i	guwan	jung	boo
交流-IMP	AUX-假設.CVB	古時-GEN	管	仲	鮑
交朋友	要,	從前	管	仲	鮑

šu	be	alhūda.
šu	be	alhūda.
叔	ACC	模仿.IMP
叔	把	效法。

【A】要説是交結朋友啊,可學那古時的管仲鮑叔啊。

【B】要交朋友,效法古時的管仲鮑叔。

【C】要交朋友,效法古時的管仲鮑叔。

【D】若説相與朋友,應該學古時候兒的管仲鮑叔。

【E】若説相與朋友,應該學古時候兒的管仲鮑叔。

【F】若説交朋友的義氣,應該學古時候的管仲鮑叔。

【G】若説相與朋友,應該學古時候兒的管仲鮑叔。

ere	juwe	nofi	emu	inenggi	šehun	bigan	de	yabure
ere	juwe	nofi	emu	inenggi	šehun	bigan	de	yabu-re
這	二	個人	一	日子	空曠	原野	LOC	走-IPFV
這	二	人	一	日	空曠的	狂野	在	行走

de,	tuwaci	jugūn	i	dalbade	emu	aisin	i
de,	tuwa-ci	jugūn	-i	dalba-de	emu	aisin	-i
LOC	看-條件.CVB	道路	GEN	旁邊-LOC	一	金	GEN
時,	一看	道路	的	旁邊	一	金	的

šoge	maktafi	bi.	ishunde	anahūnjahai,	yaya	we
šoge	makta-fi	bi.	ishunde	anahūnja-hai,	yaya	we
塊	扔-順序.CVB	有	互相	讓步-持續.CVB	所有	誰
錠子	放置	有。	互相	只管謙讓着,	任何	誰

gaijarakū,	waliyafi	generede.
gaija-ra-kū,	waliya-fi	gene-re-de.
取-IPFV-NEG	拋棄-順序.CVB	去-IPFV-LOC
不拿,	拋棄	去了。

【A】這兩個人一日走到曠野地方,看見道傍邊有一個金錁子放着。彼此相讓,誰也不肯拿,撂了去了。

【B】這両個人一日在曠野地方行走,看見路旁撂着一個金錁子。彼此相讓,誰也不肯拿,撂下去了。

【C】此二人一日在曠野地方行走,看見路旁撂着一個金錁子。彼此對讓許久,都不肯拿,撂下去了。

【D】他們倆有一天在荒郊野外的地方兒逛,看見道傍邊兒有一個金元寶。他們彼此對讓,誰也不肯揀,仍撂下走咯。

【E】他們倆有一天在荒郊野外的地方兒逛，看見道傍邊兒有一個金元寶。他們倆彼此對讓，誰也不肯揀，撂下走咯。

【F】他們倆有一天在荒野地方逛逛，看見路邊有一個金元寶。他們倆彼此對讓，都不肯撿，撂下走了。

【G】他們倆有一天在荒郊野外的地方兒逛，看見道傍邊兒有一個金元寶。他們倆彼此對讓，誰也不肯揀，仍撂下走咯。

emu	usin	i	haha	be	ucarafi,	jorime
emu	usin	-i	haha	be	ucara-fi,	jori-me
一	田地	GEN	男人	ACC	遇到-順序.CVB	指示-并列.CVB
一	莊稼	的	漢子	把	遇見，	指着

hendume,	tubade	emu	aisin	i	šoge	bi,	si
hendu-me,	tuba-de	emu	aisin	-i	šoge	bi,	si
説-并列.CVB	那裡-LOC	一	金	GEN	塊	有	2SG
説，	那裡	一	金	的	錠子	有，	你

genefi	gaisu	serede.
gene-fi	gaisu	se-re-de.
去-順序.CVB	取.IMP	AUX-IPFV-LOC
去	取。	

【A】遇見一個莊稼漢子，指着説，那裡有一個金錁子，你去取来罷。

【B】遇見一個庄稼漢，指着説，那裡有一個金錁子，你去取了罷。

【C】遇見一個農夫，指着説道，那裡有一個金錁子，你去拿罷。

【D】遇見一個莊稼漢，就告訴他説，那兒有個金元寶，你去揀去罷。

【E】碰見一個莊稼漢，告訴他説，那兒有一個金元寶，你去揀去罷。

【F】走没多少路，有一個莊稼漢向前來，他們倆告訴他説，那兒有一個金元寶，儞去撿罷。

【G】碰見一個莊稼漢,告訴他説,那兒有一個金元寶,你去揀去罷。

tere	usin	i	haha	ekšeme	saksime
tere	usin	-i	haha	ekše-me	saksi-me
那個	田地	GEN	男人	急忙-并列.CVB	慌忙-并列.CVB
那	莊稼的		漢子	急忙	慌忙

genefi	gaici,	aisin	be	saburakū,	juwe
gene-fi	gai-ci,	aisin	be	sabu-ra-kū,	juwe
去-順序.CVB	取-條件.CVB	金	ACC	看見-IPFV-NEG	二
去	取,	金子	把	没看見,	二

ujungga	meihe	be	sabuha,	ambula	golofi,
ujungga	meihe	be	sabu-ha,	ambula	golo-fi,
頭的	蛇	ACC	看見-PFV	大大	驚嚇-順序.CVB
頭的	蛇	把	看見,	大	驚懼,

homin	i	meihe	be	juwe	meyen	obume
homin	-i	meihe	be	juwe	meyen	o-bu-me
鋤子	INS	蛇	ACC	二	段	成爲-CAUS-并列.CVB
鋤頭	用	蛇	把	二	節	成爲

lasha	sacime.
lasha	saci-me.
斷開	砍-并列.CVB
斷開	砍。

【A】那個莊稼漢子急忙前去取時,不見金子,見一個兩頭蛇,吃了一大驚,拿鋤頭把蛇砍爲兩段(段)。

【B】那個庄稼漢子急忙去尋時,不見金子,見了一個両頭蛇,吃了一驚,拿鋤頭把蛇砍爲両段。

【C】那個人忙去一找,並無金子,看見了一個両頭蛇,大懼,拿鋤将蛇斫爲兩段。

【D】那個莊稼漢聽了這話，趕忙着去到那兒一找，並不見金子，只見有一條兩頭兒蛇，嚇了一大跳，連忙使鋤，把蛇砍成兩截兒。

【E】那個莊稼漢趕忙着去到那兒一找，並不見金子，只見有一條兩頭蛇，嚇了一大跳，連忙使鋤，把蛇砍成兩截兒。

【F】那莊稼漢聽了這話，趕忙着去到那兒一找，並不看見金子，只看見有一條两頭蛇，嚇了一大跳，連忙使鋤頭，把蛇斫成兩截兒。

【G】那個莊稼漢趕忙着去到那兒一找，並不見金子，只見有一條兩頭兒蛇，嚇了一大跳，連忙着使鋤，把蛇砍成兩截兒。

amcanafi	jamarame	hendume,	bi
amca-na-fi	jamara-me	hendu-me,	bi
追趕-去-順序.CVB	嚷-并列.CVB	説-并列.CVB	1SG
趕回來	吵鬧	説：	我

suwende	aika	kimun	bio.	juwe	ujungga
suwende	aika	kimun	bi-o.	juwe	ujungga
2PL.EXCL.DAT	什麽	仇	有-Q	二	頭的
與你們	什麽	仇	有嗎？	二	頭的

meihe	be	ainu	aisin	i	šoge	seme
meihe	be	ainu	aisin	-i	šoge	se-me
蛇	ACC	爲什麽	金	GEN	錠子	説-并列.CVB
蛇	把	爲何	金	的	錠子	説

holtome	minde	alambi.	elekei	mini
holto-me	minde	ala-mbi.	elekei	mini
撒謊-并列.CVB	1SG.DAT	告訴-PRS	幾乎	1SG.GEN
撒謊	對我	告訴？	幾乎	我的

ergen	be	jocibuha	serede.
ergen	be	joci-bu-ha	se-re-de.
命	ACC	落下-CAUS-PFV	説.AUX-IPFV-LOC
生命	把	傷害	説。

【A】赶回來吵鬧着説：我與你們有仇嗎？把兩頭蛇怎麼哄我説是金錁子？幾乎没送了我的命啊。

【B】赶上嚷着説：我與你們想是有讐広？把両頭蛇怎広哄我説是金錁子？幾乎送了我的性命。

【C】趕了去嚷着説：我合你們有什麼讐麼？將両頭蛇謊告訴我説是金子？幾乎坑了我的命。

【D】就追趕他們倆嚷着説：我和你們有甚麼讎啊？把一條兩頭儿蛇告訴我説是金元寶，差點兒没要了我的命。

【E】就追趕他們倆嚷着説：我和你們有甚麼讐啊？把條兩頭蛇告訴我説是金元寶，差點兒没要了我的命。

【F】就趕着他們倆嚷着説：我和你們有什麼讐啊？把一條的兩頭蛇告訴我説是金元寶，差一點兒要了我的命咯。

【G】就追趕他們倆嚷着説：我和你們有甚麼讐啊？把一條兩頭蛇告訴我説是金元寶，差點兒没要了我的命。

juwe	nofi	akdarakū,	emgi	sasa	genefi
juwe	nofi	akda-ra-kū,	emgi	sasa	gene-fi
二	人	相信-IPFV-NEG	一齊	一同	去-CVB.順序
二	個	不相信，	一齊	一同	去

tuwaci,	da	an	i	aisin	šoge,
tuwa-ci,	da	an	-i	aisin	šoge,
看-條件.CVB	原本	樣子	INS	金子	块
看，	依舊	樣子	的	金	錠子，

sacibufi	juwe	dalgan	ofi	na
saci-bu-fi	juwe	dalgan	o-fi	na
切斷-PASS-順序.CVB	二	塊	成爲-順序.CVB	地
使砍	二	塊	成爲	地

de	bisire	be.
de	bi-sire	be.
LOC	有-IPFV	ACC
在	有	把。

【A】二人不信,一同前去看時,照舊還是金錁子,可吹[砍]爲兩段在地下。

【B】二人不信,同去看時,照舊是金錁子,砍作兩段在地下。

【C】兩人不信,同去一瞧,仍就是金子,被斫成両塊在地上。

【D】他們倆不信,回去一看,仍舊是金子,只是砍成兩半兒咯。

【E】他們倆不信,回去一看,仍就是金子,砍成兩半兒咯。

【F】他們倆不信,回轉去那兒一看,還是金子,只是砍成兩半了。

【G】他們倆不信,回去一看,仍舊是金子,只是砍成兩半兒咯。

guwan	jung	boo	šu	emte	dulin	gaiha,	tere	usin
guwan	jung	boo	šu	emte	dulin	gai-ha,	ere	usin
管	仲	鮑	叔	各一	一半	取-PFV	那個	田地
管	仲	鮑	叔	各	一半	取了,	那	莊稼

i	haha	an	i	untuhun	galai	amasi	genehe.
-i	haha	an	-i	untuhun	gala-i	amasi	gene-he
GEN	男人	仍舊	INS	空	手-INS	返回	去-PFV
的	漢子	仍舊	地	空	手的	回去	了。

【A】管仲鮑叔各取了一半来了,那個莊稼漢子仍舊空手去了。

【B】管仲鮑叔各取了一半,那個庄稼漢子仍舊空手去了。

【C】管仲鮑叔各取一塊,那農夫還是空手囬去了。

【D】管仲鮑叔每人拏了一半兒走咯,那個莊稼漢還是空着手兒回去咯。

【E】管仲鮑叔每人拿了一半兒走了,那個莊稼漢還是空着手兒回去咯。

【F】他們倆就一人拿一半金子走出,那莊稼漢還是空着手兒去了。

【G】管仲鮑叔每人拏了一半兒走咯,那個莊稼漢還是空着手兒回去咯。

julgei	niyalma	guculere	doro	uttu,	ere	udu
julge-i	niyalma	gucule-re	doro	uttu,	ere	udu
古時-GEN	人	交朋友-IPFV	道理	這樣	這	雖然
古時的	人	交朋友的	道理	這樣,	這	雖然

julen	i	gisun	de	hanci	bicibe,	yargiyan	i
julen	-i	gisun	de	hanci	bi-cibe,	yargiyan	-i
故事	GEN	話語	DAT	近	有-讓步.CVB	確實	INS
小説	的	話	與	近,		實在	的

tei	forgon	i	aisi	be	temšere	urse	de
te-i	forgon	-i	aisi	be	temše-re	urse	de
現在-GEN	時	GEN	利益	ACC	争奪-IPFV	人們	DAT
現在	時	的	利益	把	争奪的	人們	

durun	tuwakū	obuci	acambi
durun	tuwakū	o-bu-ci	aca-mbi.
模範	典範	成爲-CAUS-假設.CVB	應該-PRS
榜樣	典範	成爲	應該。

【A】古人交結朋友白[的]道理是這樣,這個雖與野史相近,實在可與如今争利的人作個榜樣啊。

【B】古人交朋友的道理如此,這雖與野史相近,寔與此時争利之人可作榜樣啊。

【C】古人相交的道理如此,這話雖近于古兒詞,實在可與如今見利忘義的人作得榜樣啊。

【D】古時候兒的人們相與的道理是這個樣兒啊,這話雖是小説兒上的,實在可以給如今見利忘義的人們作個榜樣兒。

【E】古時候兒的人們相與的道理是這個樣兒啊,這話雖是小説兒上的,寔在可以給如今見利忘義的人們作得榜樣啊。

【F】是的。古時候的人們交朋友的義氣都是這個樣的,這一段話雖是小説書記的,也可以給如今交朋友的人們作個榜樣啊。

【G】古時候兒的人們相與的道理是這個樣兒啊,這話雖是小説兒上的,實在可以給如今見利忘義的人們作個榜樣兒啊。

72（A72 niyalmai sukū 人皮,B72,C40,E41,F85 誡人好色）

這篇課文因爲涉及的内容與女子有關,所以,開頭部分的片段,并非所有版本都有,且個别地方 C 版也非完全對譯,D 版完全没有收録該篇。特説明。

ere	udu	inenggi	meni	tubade	absi	simengge,
ere	udu	inenggi	meni	tuba-de	absi	simengge,
這	幾	日	1PL.INCL.GEN	那裡-LOC	好不	熱鬧
這	幾	日	我們	那裡在	好不	熱鬧,

juktehen	de	hiyan	dabume	genehe	hehesi
juktehen	de	hiyan	dabu-me	gene-he	hehe-si
寺	LOC	香	燒-并列.CVB	去-PFV	女人-PL
寺	在	香	燒	去的	女人們

umesi	labdu,
umesi	labdu,
很	多
很	多,

【C】這幾日,我們那裡狠熱鬧,往廟上燒香去的女人們狠多,

【E】這幾天我們那兒正作大會呢,施主的女人們去的很多,

【F】這幾天我們那里有過會,逛會的女人們,去的狠多,

emken ci emke saikan, uyun dabkūri ci ebunjihe
emken ci emke saikan, uyun dabkūri ci ebu-nji-he
一個 ABL 一個 好看 九 重的 ABL 下-來-PFV
一個 比 一個 好看, 九 重的 從 下來的

enduri gegei adali banjihangge gemu bi.
enduri gege-i adali banji-ha-ngge gemu bi.
神仙 姑娘-GEN 一樣 生-PFV-NMLZ 都 有
神仙 姑娘 一樣 生的 都 有。

【C】一個賽一個的好,從九重天降下來的仙女一樣長的都有。
【E】一個比一個長的好,仙女似的。
【F】一個比一個長的好。

hocikon dere der seme šeyen, yacin faitan
hocikon dere der se-me šeyen, yacin faitan
俊美的 臉 潔白 AUX-并列.CVB 白 青 眉毛
俊美的 臉 潔白 白, 青 眉毛

yar seme nilgiyan, irgašara hojo yasa
yar se-me nilgiyan, irgaša-ra hojo yasa
眉毛細長 AUX-并列.CVB 光滑 媚眼-IPFV 漂亮 眼睛
眉毛細長 光滑, 媚眼 漂亮 眼睛

bolori mukei adali, sunggeljere kanggili beye
bolori muke-i adali, sunggelje-re kanggili beye
秋天 水-GEN 一樣 搖曳-IPFV 細條 身體
秋天 水 一樣, 柔軟 細條 身體

niyengniyeri fodoho i gese.
niyengniyeri fodoho -i gese.
春天 柳 GEN 一樣
春天 柳 的 一樣。

【C】雪白的臉,漆黑的眉,眼動似秋波,腰軀如春栁(柳)。

【E】雪白的臉蛋兒，漆黑的頭髮，真是眼是秋波，腰如弱柳，

【F】雪白的臉，粉紅的腮，漆黑的頭髮，纖纖的手指，眼睛像秋波，小腰像楊柳，

emgeri	oksoci,	ashaha	gu	fiyahan	kalang kiling
emgeri	okso-ci,	asha-ha	gu	fiyahan	kalang kiling
一次	邁步-假設.CVB	佩戴-PFV	玉	瑪瑙	玉相撞的聲音
一旦	若移步，	佩戴	玉	瑪瑙	玉相撞的聲音

seme	guwembi,	aššaha	dari,	šungkeri	ilha
se-me	guwe-mbi,	ašša-ha	dari,	šungkeri	ilha
AUX-并列.CVB	響-PRS	行動-PFV	每次	蘭花	花
	響，	行動	每，	蘭花	花

jarin	i	wa,	guksen guksen	i	jimbi.	suweni
jarin	-i	wa,	guksen guksen	-i	ji-mbi.	suweni
麝香	的	香	陣陣	INS	來-PRS	你們.GEN
麝香	的	香，	陣陣	地	來。	你們

gese	asihata	sabuha	sehede,	maka	absi
gese	asihata	sabu-ha	se-he-de,	maka	absi
一樣	少年.PL	看-PFV	説.AUX-PFV-LOC	不知	如何
一樣	少年們	看	説，	不知	如何

arbušara	be	sarkū	ombikai.
arbuša-ra	be	sa-rkū	o-mbi-kai.
舉動-IPFV	ACC	知道-IPFV.NEG	成-PRS-INTJ
舉動	把	不知	成嗎？

【+A】一旦移步，佩玉瑪瑙，鏗鏗鏘鏘地響，每一行动，兰花麝香的香味，一阵一阵飄。你們的樣子雖說是看來少年，要是不知如何舉動成嗎？

【C】總而言之，他那俊俏嫋娜一言難盡，狠可人的心。

【E】總而言之，他那個風流俊俏的樣兒，畫也畫不上來，很可我的心。

【F】一陣一陣的去逛,真是像個仙女,畫也畫難像的。儞怎麽不去看?

waka, bi simbe gisurerakū oci, baibi
waka, bi simbe gisure-ra-kū oci, baibi
不是 1SG 2SG.ACC 説-IPFV-NEG 若 白白地
不是, 我 把你 不説 若, 白白
dosorakū.
doso-ra-kū.
忍受-IPFV-NEG
耐不住。
【A】不是啊,我要不説你,怪受不得的。
【B】不是啊,我要不説你,怪受不得的。
【C】你且住,我若不説你,平白的受不得。
【E】你瞧你的樣兒,我若不説,你寔在受不得。
【F】儞瞧儞這樣的行爲,我那肯學儞的樣呢? 可笑啊。

hairakan niyalmai sukū, adarame sinde nerebuhe.
hairakan niyalma-i sukū, adarame sinde nere-bu-he.
可惜 人-GEN 皮 怎麽 2SG.DAT 披-PASS-PFV
可惜 人的 皮, 怎麽 給你 披上了?
【A】可惜一張人皮,給你披上了。
【B】可惜人皮,怎広給你披了?
【C】可惜了的人皮,怎麽給你披了?
【E】可惜了兒的,人皮子怎麽給你披了?

ninju se fargame genehe niyalmai kai,
ninju se farga-me gene-he niyalma-i kai,
六十 歲 追趕-并列.CVB 去-PFV 人-GEN INTJ
六十 歲 追趕 去的 人 啊,

kemuni ajigen semeo. boihon monggon deri
kemuni ajigen se-me-o. boigon monggon deri
仍舊 年少 説-并列.CVB-Q 土 脖子 ABL
仍舊 年小 説嗎? 土 脖子 由

isinjifi, saliyan i uju koika funcehebi.
isinji-fi, saliyan -i uju koika funce-he-bi.
到來-順序.CVB 剛好 INS 頭 皮 剩-PFV-PRS
來到, 稍剩 的 頭的 頭皮 剩餘。

【A】往六十歲上去的人呀,還小嗎? 土到了脖子上了,寡剩了點頭兒了。

【B】往六十歲上去的人啊,還説小嗎? 土埋了半截子,竟剩下頭皮子了。

【C】奔六十歲的人啊,還算小麼? 土到了脖頸子上,剩了一點頭皮了。

【E】奔六十歲的人了,還小麼? 把自己的死都忘了。

【F】倆這面目,現在年紀將近六十,還不老麼? 把這近死的地步都忘記了。

yasa kaikara nakū, urui hehesi feniyen de
yasa kaikara nakū, urui hehe-si feniyen de
眼睛 斜視.IMP 之後 只管 女人-PL 人群 LOC
眼睛 斜眼 既然, 只管 女人們 群 在

guweleceme, gohodorongge, adarame.
guwelece-me, gohodo-ro-ngge, adarame.
窺探-并列.CVB 賣弄-IPFV-NMLZ 怎麼
鬼祟畏縮, 充體面, 怎麼?

【A】斜着眼兒,必定在婦人們的羣裡躲躲閃閃的晃着,稀軟的身子擺浪子的,怎麼説呢?

【B】斜着眼睛,必定在女人羣裡悄悄窺視,擺浪子的,怎麼説呢?

【C】睁開眼,女人羣裡溜兒瞅兒擠槎的,甚麼意思?

【E】睁開眼睛,就到女人們羣兒裡去,玩笑調戲,算什麼能處兒呢?

【F】一開口就説看女人們的話,有熱鬧處就到那挨挨擠擠的,走近女人邊,偷着眼兒瞇一瞇,到底是什麼意思呢? 還有件狠不好的。倆看着長得好的女人們,就到他們陣裡,説説笑笑。

duibuleci	niyalma	enggici	bade,	sini	sargan	be
duibuleci	niyalma	enggici	ba-de,	sini	sargan	be
比如	人	背地裡	處-LOC	2SG.GEN	妻子	ACC
譬如	人	背後	處,	你的	妻子	把

uttu	tuttu	seme	leoleci,	sini
uttu	tuttu	se-me	leole-ci,	sini
這樣	那樣	説.AUX-并列.CVB	討論-假設.CVB	2SG.GEN
這樣	那樣	的	議論,	你的

gūnin	de	ai	sembi.
gūnin	de	ai	se-mbi.
心	LOC	什麼	説.AUX-PRS
心裡	在	什麼	説呢?

【A】譬如人在背地裡,怎長怎短的講論你的女人的時候,你心裡怎麼樣?

【B】譬如人家在背地裡,怎長怎短的談論你的女人,你心裡如何?

【C】譬如人家背地裡,議論你的女人這樣那樣,你心裡何如?

【E】别人兒若説你女人這麼長那麼短的遭塌你,你心裡怎麼樣呢?

【F】如别人們和倆家女人們這麼長那麼短的説閒話,倆心裡怎麼樣呢? 我想倆斷不肯依。

karu	de	karu,	furu	de	furu	sehebi,	sain	ehe
karu	de	karu,	furu	de	furu	se-he-bi,	sain	ehe
報應	DAT	報應	瘡疤	DAT	瘡疤	説-PFV-PRS	善	惡
報應	在	報應,	疤	在	疤	所謂,	善	惡

i	karulan	helmen	beyede	dahara	adali.
-i	karulan	helmen	beye-de	daha-ra	adali.
GEN	報應	影子	身體-DAT	跟隨-IPFV	同樣
的	報應	影子	身體與	跟隨	一樣。

【A】善有善報,惡有惡報的話呀,善惡的報應如影随形的一樣的啊。

【B】善有善報,惡有惡報啊,善惡之報如影隨形。

utala	se	unufi,	majige	butui	erdemu	be
utala	se	unu-fi,	majige	butu-i	erdemu	be
好多	歲数	背-順序.CVB	些許	隱秘的-GEN	德才	ACC
這些	年紀	背,	一点	阴的	德	把

isaburakū,	baibi	ere	gese	hamu	dundara	baita
isabu-ra-kū,	baibi	ere	gese	hamu	dunda-ra	baita
積累-IPFV-NEG	只是	這	様子	糞	喂猪-IPFV	事情
不積纍,	只	這	様	屎	喂猪	事情

yabuci,	tei	forgon	i	abka	fangkala
yabu-ci,	te-i	forgon	-i	abka	fangkala
行事-假設.CVB	現在-GEN	時候	GEN	天	低
行,	現在的	時候	的	天	低

kai,	absi	sini	funde	jobošombi	jiye.
kai,	absi	sini	funde	jobošo-mbi	jiye
INTJ	怎麽	2SG.GEN	代替	憂愁-PRS	INTJ
啊,	怎麽	你的	替代	憂愁	呀。

【A】若大的年紀了,一點陰德兒不積,寡要行這樣吃屎的事情,如今的天低啊,叫怎麽替你愁呀?

【B】若大年紀,一點陰騭不積,行這樣吃屎的事情,如今的天低啊,我好替你愁呀。

【C】若大年紀,不積一點陰騭,只管行這樣喫屎的事,如今的天低啊,我好替你憂愁。

【E】這麼大年紀兒的人咯,一點兒不按着道理行,倒行的都是些個吃屎的事,是個甚麼意思啊? 如今的時候兒天低啊,我很替你發愁呢。

【F】倆這樣老年紀的人,所行所爲自己不覺得,我實在代倆害羞啊。

73 (A73 niyengniyeri arbun 春景,B73,C90,E92,F30 游春/D、F)

ere	niyengniyeri	dubesilehe	erinde,	boode
ere	niyengniyeri	dubesile-he	erin-de,	boo-de
這	春天	將盡-PFV	時候-IPFV	家-LOC
這	春天	末	時,	在家

norohoi	teci,	absi	travšacuka.
noro-hoi	te-ci,	absi	ališacuka.
停留-持續.CVB	坐-假設.CVB	何等	煩悶
停留	坐着若是,	何等	愁悶。

【A】這是春末的時候,静坐在家裡,何等的愁悶啊。

【B】這個春末的時候,静坐在家裡,好煩悶。

【C】這暮春的時候,家裡老坐着,實在悶。

【D】這春天的時候兒,一點兒事没有,白閒着竟在家裡坐着,很覺悶得慌呵。

【E】這春天的時候兒,一點兒事没有,白閒着在家裡坐着,很悶的慌啊。

【F】這春天的時候,整天没有一點事,在家裡静坐着,實在悶的狠。

(【+F】現在春天,風和日暖,花香草緑,那兒不好逛? 誰叫倆静坐在家裡。去逛逛,也要有個伴纔好。那我明天來,同倆去。)

sikse mini deo jifi, hoton i tule
sikse mini deo ji-fi, hoton -i tule
昨天 1SG.GEN 弟弟 來-順序.CVB 城 GEN 外面
昨日 我的 弟弟 來, 城 的 外
sargašaci acambi seme mimbe
sargaša-ci aca-mbi se-me mimbe
游玩-假設.CVB 應該-PRS 説.AUX-并列.CVB 1SG.ACC
游玩 應該 把我
guilefi.
guile-fi.
約-順序.CVB
相約。

【A】昨日我兄弟来會我,往城外頭曠[逛]去。

【B】昨日我兄弟來會我,出城去逛。

【C】昨日我兄弟來説,城外頭可以遊頑得了,會着我出便門外頭去了。

【D】可不是麼? 昨兒我兄弟來了,往城外頭游玩去,約會我出城。

【E】昨兒我兄弟來,説往城外頭游頑去,約會我出城。

【F】我昨天和我兄弟到城外逛。

ildun dukai tule genehe, šehun bigan de
ildun duka-i tule gene-he, šehun bigan de
方便 門-GEN 外面 去-PFV 空曠 原野 DAT
方便 門的 外面 去了, 空曠 曠野 往
isinafi tuwaci, niyengniyeri arbun absi
isina-fi tuwa-ci, niyengniyeri arbun absi
到達-順序.CVB 看-條件.CVB 春天 風景 何其
來到 一看, 春天 景色 何等

buyecuke.

buyecuke.

可愛

可愛!

【A】所以出了便門,到了曠野地方一看,春景何等的可愛!

【B】出了便門,到了曠野處一看,春景好可愛!

【C】到了曠野的地方一瞧,春景好可愛!

【D】到了曠野的地方兒,遠遠的一瞧,春景兒真令人可愛!

【E】到了曠野的地方兒一瞧,春景兒寔在好啊!

【F】走倒[到]空野地方一瞧,春天的光景真可愛!

toro	ilha	fularjambi,	fodoho	mooi	gargan
toro	ilha	fularja-mbi,	fodoho	moo-i	gargan
桃	花	發紅-PRS	柳	樹-GEN	枝
桃	花	紅火,	柳	樹的	枝

sunggeljembi,	cecike	i	jilgan	jingjing jangjang,
sunggelje-mbi,	cecike	-i	jilgan	jingjing jangjang,
顫-PRS	小鳥	GEN	聲音	唧唧喳喳
柔軟顫動,	雀	的	聲音	群鳥争鳴,

mooi	abdaha	niowari nioweri,	niyengniyeri	edun
moo-i	abdaha	niowari niowari,	niyengniyeri	edun
樹-GEN	葉子	绿油油	春天	風
樹的	葉子	绿油油,	春天	風

falga falga,	orhoi	fa	guksen guksen.
falga falga,	orho-i	fa	guksen guksen.
一陣陣	草-GEN	香味	一陣陣
一陣陣,	草的	香味	陣陣。

【A】桃紅似火,绿梆被風擺動摇扭活軟,雀鳥児乱哨,樹葉児青青,春風兒陣陣,草味兒冲中[冲]。

【B】桃紅似火紅，梆枝甚活軟，雀鳥兒嚶嚶，樹葉兒青青，春風兒陣陣，草味兒冲冲。

【C】沿河桃花綻紅，梆枝軟顫，雀鳥群鳴，樹葉青葱，春風陣陣刮，草香陣陣來。

【D】河沿兒上的桃花兒是鮮紅，柳枝兒是碧緑，而且樹枝兒上各樣的雀鳥兒在那兒叫唤的實在好聽，一陣兒一陣兒的春風兒颳得草香撲鼻。

【E】河沿兒上的桃花兒是鮮紅，柳枝兒是碧緑，而且樹枝兒上各樣的雀鳥兒在那兒呌，一陣兒一陣兒的春風兒颳的草香在鼻子尖兒上過。

【F】河沿上的桃柳，紅緑參着；滿地的青苔青草，長的嫩緑新鮮。

bira de jahūdai bi, dalin de moo bi, jahūdai
bira de jahūdai bi, dalin de moo bi, jahūdai
河 LOC 船 有 岸 LOC 樹 有 船
河 在 船 有，岸上 在 樹 有，船

de fithere uculerengge, siran siran i
de fithe-re ucule-re-ngge, siran siran -i
LOC 彈-IPFV 唱-IPFV-NMLZ 陸續 陸續 INS
在 彈奏 唱的， 陸續

lakcarakū, mooi fejile ilgašame
lakca-ra-kū, moo-i fejile ilgaša-me
斷绝-IPFV-NEG 樹-GEN 下麵 閒逛-并列.CVB
不斷， 樹的 下面 閒逛

yaburengge, ilan sunja feniyelembi.
yabu-re-ngge, ilan sunja feniyele-mbi.
行走-IPFV-NMLZ 三 五 成群-PRS
走的， 三 五 成群。

【A】河内有船，岸上有樹，船内彈唱的，接連不斷，林内看花的，三五成羣。

【B】河內有船,岸上有樹,船內彈唱的,接連不斷,林下散逛的,三五成羣。

【C】河裡坐着船頑的過來過去,兩岸上喫酒的人三五成群,從曲徑到樹林深處。

【D】水上的小船兒也是來來往往的不斷,兩岸上的游人都是三五成羣兒的逛。

【E】水上的小船兒是來來往往的不斷的走,兩岸上的游人是三五成羣兒的逛。

【F】樹上的鳥聲,河裡的船影,狠有趣;兩岸上逛的來往不絕,真是像一幅的好圖畫。

tere	dade	geli	yen	jugūn	deri	biraga	be
tere	da-de	geli	yen	jugūn	deri	biraga	be
那	根本-LOC	又	彎曲	路	ABL	小河	ACC
那	上面	又	羊腸	小路	從	小溪	把

baime	nimaha	welmiyerengge,	yala	oihori.
bai-me	nimaha	welmiye-re-ngge,	yala	oihori.
尋求-并列.CVB	魚	釣-IPFV-NMLZ	實在	極好
尋找	魚	釣的	確實	好極了。

【A】那上頭又有從茅路上尋我[找]小河兒去釣魚的,實在好極里呀。

【B】而且又有從曲路間找小河兒去釣魚的,實在快樂。

【C】彈唱的地方都是賣茶酒的舖子,而且活魚活蝦的價又甚賤。

【D】我們倆從小道兒上曲曲灣灣的走到了樹林子多的地方兒一看,也有彈的,也有唱的,也有賣茶賣酒的,而且賣活魚活蝦的都很賤。

【E】我們倆從小道兒上灣灣曲曲的走到了樹林子多的地方兒一看,也有唱的,也有彈的,也有賣茶賣酒的,而且活魚活蝦也很賤。

【F】我們倆直走到桃柳盡處,從小路轉彎去,又走過一二里,有樹木狠多的地方，那里有個古廟，廟前頭搭幾十棡茅草棚，有賣茶的賣酒的，賣下酒菜的，賣水果和瓜子花生的，其餘彈琵琶月琴的、唱古兒詞的、説書的都有，熱鬧的狠！還有賣活魚活蝦的排在棚子外，問他價狠便宜。

šumin	bujan	i	dolo,	sebderi	de	serguwešeme,
šumin	bujan	-i	dolo,	sebderi	de	serguweše-me,
深處	樹林	GEN	裡面	樹蔭	LOC	乘涼-并列.CVB
深的	樹林	的	裡，	陰涼	在	乘涼，

nure	omici,	umesi	amtangga.
nure	omi-ci,	umesi	amtangga.
酒	喝-假設.CVB	非常	有趣
酒	喝，	很	有趣。

【A】在深林内，乘着涼，飲着酒，狠有趣。

【B】在深林内，乘着涼，飲着酒，狠有趣。

jai	terei	šurdeme	emu	falan	i	bade	ilhai
jai	tere-i	šurdeme	emu	falan	-i	ba-de	ilha-i
再	那-GEN	周邊	一	場所	GEN	處-LOC	花-GEN
再	那	周圍	一	場所	的	處	花

yafan	gemu	sain,	amba	juktehen	inu	bolgo,	tuttu	ofi
yafan	gemu	sain,	amba	juktehen	inu	bolgo,	tuttu	ofi
园	都	好	大	庙	也	干净	那樣	因爲
园子	都	好，	大	庙	也	干净，	所以	

be	eletele	emu	inenggi	sargašaha.
be	ele-tele	emu	inenggi	sargaša-ha.
1PL.EXCL	足够-直至.CVB	一	日子	游玩-PFV
我們	儘量	一	日	玩耍。

【A】再者那一帶地方的花園兒也全好，大廟也潔静，所以我們

盡量曠[逛]了一天。

【B】再那週圍一帶地方花園全好,大廟也潔净,所以我們盡興逛了一天。

【C】因那樣我們足遊了一整日。

【D】故此我們倆足足的游玩了一天。

【E】故此我們倆足足的游玩了一天。

【F】我們倆在茶棚裡坐了半天,欲茶吃點心,到下晚纔走回來。

giyan	be	bodoci	simbe	guileci	acambihe,
giyan	be	bodo-ci	simbe	guile-ci	aca-mbihe,
道理	ACC	籌算-假設.CVB	2SG.ACC	約-假設.CVB	應該-PST
道理	把	想	把你	邀請	應該,

sinde	mejige	isibuhakūngge,	umai	gūnin
sinde	mejige	isibu-ha-kū-ngge,	umai	gūnin
2SG.DAT	消息	送到-PFV-NEG-NMLZ	全然	心思
對你	消息	没送給,	全然	心

bifi	simbe	goboloki	serengge	waka,
bi-fi	simbe	gobolo-ki	se-re-ngge	waka,
有-順序.CVB	2SG.ACC	遺漏-IMP	AUX-IPFV-NMLZ	不是
有	把你	遺漏	要	不是,

erei	dorgide	sinde	acarakū	niyalma
ere-i	dorgi-de	sinde	aca-ra-kū	niyalma
這-GEN	裡面-LOC	2SG.DAT	適合-IPFV-NEG	人
這	裡面	與你	不對當	人

bifi	kai.
bi-fi	kai.
有-順序.CVB	INTJ
有	啊。

【A】論理該當會你来着,没給你信的緣故,並不是有心偏你,這

裡頭有與你不對當的人啊。

【B】論理該當會你來着,没給你信的緣故,並不是有心要偏你,這裡頭有與你不對勁的人啊。

【C】阿哥你别徃不好裡想,没給你送信的,並不是故意要偏你,這裡頭因爲有你不對的人啊。

【D】兄台可别怪我没有來約,不是瞞着你納,只怕遇見和你納有不對勁兒的人哪,所以没找你納來。

【E】大哥你納别怪我没有告訴你納説,不是瞞着,因爲怕遇見和你納有不對勁兒的人哪。

(【+F】這樣的,我明天在家等倆來,同倆去逛逛,解個悶。是的,我明天準來,和倆同去。)

74 (A74 etuku udara 買衣, B74, C70, D70, E71, F72 收養蕩子)

donjici.	muse	tere	gabula,	gacilabufi,	umesi
donji-ci.	muse	tere	gabula,	gacilabu-fi,	umesi
聽-假設.CVB	1PL.INCL	那個	饞嘴	窘迫-順序.CVB	很
聽説	咱們	那	饞鬼,	貧困,	很

oitobuha,	hešenehe	giohoto	i	adali.
oitobu-ha,	hešene-he	giuhoto	-i	adali.
窮困-PFV	衣衫襤褸-PFV	乞丐	GEN	一樣
窮困了,	衣衫襤褸	乞丐	的	一樣。

【A】聽説喈們的那個饞阿哥,衣裳狠糟濫,艱難的至極,討吃的一樣了。

【B】聽見咱們那個饞鬼,困住了,狠艱難了,討吃的花子一樣。

【C】阿哥你聽見了麼? 咱們那個嘴饞的,敗的狠,困住了,襤褸的乞丐一般。

【D】兄台你聽見了麼? 咱們那個饞嘴的東西,説是破敗得很,困住了,襤褸成個花子樣兒。

【E】大哥你聽見了麼?咱們那個饞嘴的東西,説是破敗的很,困住了,襤褸成了花子一個樣兒。

【F】儞呐聽見麼?咱們同鄉的那個饞嘴東西,説是敗的寸草都没,身上穿破爛的衣服,狠不像樣,和花子差不多,實在難過日子的。怎樣的好?

dardan	seme,	ilban	nagan	de
dardan	se-me,	ilban	nagan	de
渾身打顫貌	AUX-并列.CVB	無席之炕	炕	LOC
受凍的樣子		光	炕	在

šoyohoi,	emu	farsi	manaha	jibehun
šoyo-hoi,	emu	farsi	mana-ha	jibehun
瑟縮-持續.CVB	一	張	破爛-PFV	被子
瑟縮,	一	片	破舊的	被子

nerehebi	sembi.
nere-he-bi	se-mbi.
披-PFV-PRS	説.AUX-PRS

披着。

【A】打着戰兒,咕推在土坑上,披着一個破被窩呢。

【B】打着戰兒,跕蹲在土炕上,披着一個破被窩呢。

【C】戰抖抖的,披着一塊破被呢。

【D】戰抖抖的,披着一塊破被。

【E】戰抖抖的,披着一塊破被。

hojo	sanggū,	waburu	fusihūn	wasihūn	bethe
hojo	sanggū,	waburu	fusihūn	wasihūn	bethe
合意	稱願	砍頭的	卑下	往下	脚-PFV
合意	稱願,	砍頭的	低賤	交壞運的	

gaiha	aise.
gai-ha	aise.
要-PFV	想必
	想必。

【A】好啊呀,砍頭的豈不是走到四達運氣裡了嗎?

【B】好,該砍頭的賤東西走到敗運裡了。

【C】該稱願的砍頭的!

【D】那趁願該死的!

【E】那趁願該死的!

【F】僞説這個人,我知道本是糊塗蛋。

duleke	aniya	ai	sui	tuwahakū.	ai	gosihon
duleke	aniya	ai	sui	tuwa-ha-kū.	ai	gosihon
去	年	什麼	罪	看-PFV-NEG	什麼	困苦
過去	年	什麼	罪	没看過?	什麼	哭

dulembuhekū.	majige	niyalmai	gūnin	bici,
dule-mbu-he-kū.	majige	niyalma-i	gūnin	bi-ci,
經歷-PASS-PFV-NEG	略	人-GEN	心	有-假設.CVB
没經歷過?	略	人	心	若有,

inu	aliyame	gūnifi	halahabi.
inu	aliya-me	gūni-fi	hala-ha-bi.
也	後悔-并列.CVB	想-順序.CVB	改變-PFV-PRS
也	後悔	想	改變。

【A】去年什麼罪没受過?什麼樣的苦没經過呢?料有一點人心的時候,也改悔里呀。

【B】去年什庅罪無受過?什庅苦没經過?若略有一點人心,也後悔改過了。

【C】去年甚麼罪没受過?甚麼苦没經過?畧有一點人心,也當後悔改過了。

【D】去年甚麼罪兒他没受過?甚麼苦兒他没喫過?但分有一點兒志氣,也改悔過來了。

【E】去年甚麼罪兒没受過?甚麼苦兒没吃過?若畧有一點兒人心,也改悔過來了。

dekdeni gisun, bayan sebe amcambi sehei,
dekden-i gisun, bayan se-be amca-mbi se-hei,
諺語-GEN 話語 富人 PL-ACC 追趕-PRS 説.AUX-持續.CVB
俗語 語, 富人 們把 追趕,
bethe niohušun ombi sehebi.
bethe niuhušun o-mbi se-he-bi.
脚 赤裸 成爲-PRS 説.AUX-PFV-PRS
脚 光身子 成爲 説。

【A】俗語説的,學着富的去了的時候,必要窮的净光的呀。
【B】俗語説的,"窮的伴富的,伴的没褲子"。
【C】俗語説的,"窮的伴富的,伴的没褲子"。
【D】俗語兒説的"窮的伴富的,伴的没褲子",這話是當真哪!
【E】俗語兒説的"窮的伴富的,伴的没褲子",這話是當真哪!
【F】俗語説,"窮人學富的,學了没有袴",真是不錯的。

akaburengge, ai gūnin bifi ubai
akabu-re-ngge, ai gūnin bi-fi uba-i
受罪-IPFV-NMLZ 什麼 心 有-CVB.順序 這裡-GEN
受罪, 什麼 心思 有 這裡
nure tumin, tubai booha amtangga seme.
nure tumin, tuba-i booha amtangga se-me.
酒 濃厚 那裡-GEN 菜 好吃 説-并列.CVB
酒 稠密, 那裡 酒菜 有滋味?

【A】受着罪,還有什麼心腸説這裡的酒艶、那裡的菜好?

【B】受着罪,什庅心腸説這裡的酒釃、那裡的菜有味?

【C】該當弔味兒罷咧,又有甚麽心腸説這裡酒釃、那裡的菜有味兒?

【D】既如此,就該當回過味兒來咯,還有甚麽心腸説這兒的酒好、那兒的菜好?

【E】既如此,就該當回過味來咯,還有甚麽心腸説這兒的酒好、那兒的菜好?

【F】他從前也有多少產業,只是今天飲這兒的酒,明天吃那兒的菜,車馬要好的,衣服要時的。

bayan	urse	i	gese	sasa	babade	sargašambi,
bayan	urse	-i	gese	sasa	baba-de	sargaša-mbi,
富	人們	GEN	一樣	共同	各地-LOC	游玩-PRS
富	人們	的	一樣	一齊	各處	游玩,

tede	bi	gecuhun	i	erinde	isinafi
tede	bi	gecuhun	-i	erin-de	isina-fi
那裡.DAT	1SG	霜凍	GEN	時候-DAT	到達-順序.CVB
那裡	我	霜凍	的	時候	去到

jai	tuwara	dabala	seci,	te	yala
jai	tuwa-ra	dabala	se-ci,	te	yala
再	看-IPFV	罷了	AUX-假設.CVB	現在	真是
再	看	罷了	説,	現在	實在

kengkehebi.
kengke-he-bi.
苦-PFV-PRS
苦了。

【A】像有的人們一樣各處里去曠[逛]的上,到了那凍着的時候再瞧罷咧,如今實在苦了。

【B】像有錢的人一樣各處裡去逛,那上頭我説到了上凍時候再瞧罷,如今真苦了。

【C】合富足人一般一配的各處裡遊玩,那上頭我説到上涷的時候再瞧罷咧,如今果然了。

【D】和富貴人們一般一配的各處兒游玩,那時候兒我就説等着到了上冬的時候兒看他怎麼樣再瞧罷咧,如今果然應了我的話了。

【E】和富貴人們一般一配的各處兒游玩,那時候兒我就説等到上涷兒的時候兒看他怎麼樣再瞧罷咧,如今果然應了。

【F】和富貴人們一般一樣的各處兒去逛,那有不敗家的道理麼?當那時候兒我就説了看他到了冬天的時候怎麼樣,如今果然應了我的話。

uttu	henducibe,	eici	ainara.	yargiyan	i
uttu	hendu-cibe,	eici	aina-ra.	yargiyan	-i
這樣	説-讓步.CVB	或者	怎麼樣-IPFV	確實	INS
這樣	雖説,	或者	怎麼樣?	實在	地

tuwame	bucebumbio.
tuwa-me	buce-bu-mbi-o.
看-并列.CVB	死-CAUS-PRS-Q
看着	死嗎?

【A】雖然這樣説,或者怎麼樣呢?眼看着叫死嗎?

【B】雖然這樣説,可怎庅樣?真瞧着教死嗎?

【C】阿哥你雖這樣説,可怎麼樣?當真瞧着看着叫他死麼?

【D】老兄話雖是這樣兒説,現在他既落到這步田地,可當真的瞧着叫他死麼?

【E】大哥説雖是這樣兒説,如今可怎麼樣呢?當真的瞧着叫他死麼?

【F】爾吶話雖是這樣説,如今當真的瞧他涷死麼?

mini	gūnin	de,	muse	uhei	majige
mini	gūnin	de,	muse	uhei	majige
1SG.GEN	思念	LOC	1PL.INCL	一起	略
我的	心	在,	咱們	共同	略

šufafi	inde	aisilaci	teni	sain.
šufa-fi	inde	aisila-ci	teni	sain.
拼凑-順序.CVB	3SG.DAT	幫助-假設.CVB	纔	好
拼凑	向他	幫助	纔	好。

【A】我心裡,喒們公同攢湊攢湊纔好。

【B】我想着,咱們公同湊些幫補他纔好。

【C】我的意思,咱們大家湊些帮他纔好。

【D】我心裡想着,咱們大家畧攢湊攢湊,弄點兒銀子幫幫他纔好。

【E】我心裡想着,咱們大家略攢湊攢湊,弄點兒銀子幫幫他纔好。

【F】咱們湊點銀子幫幫他,怎麼樣?

menggun	hono	tusa	akū,	adarame	seci.
menggun	hono	tusa	akū,	adarame	se-ci.
銀子	還	利益	NEG	爲什麼	説-假設.CVB
銀子	還	益處	没有,	怎麼	説?

ini	banin	be	si	sarkū	aibi.
ini	banin	be	si	sa-rkū	ai-bi.
3SG.GEN	氣性	ACC	2SG	知道-IPFV.NEG	什麼-有
他的	性子	把	你	不知	豈有?

【A】銀子還無益,怎麼好呢? 他的毛病兒你豈不知道嗎?

【B】銀子還無益,怎庅説呢? 他的秉性你豈不知?

【C】若是那樣銀子還不妥當,怎麼説呢? 他的秉性你不知道麼?

【D】若像這麼樣兒幫他銀子還不是主意。怎麼説呢? 他的皮氣你還不知道麼?

【E】若果這樣兒辦銀子還不好。怎麼説呢? 他的脾氣你還不知道麼?

【F】這個人本來的癖氣僃還不知道?

gūnici	gala	de	isina	jeke	yadahai
gūnici	gala	de	isina	je-ke	yada-hai
想-假設.CVB	手	DAT	到達.IMP	吃-PFV	窮困-持續.CVB
想來	手	到	來到	吃	貧窮了

wajifi,	da	an	i	fulahūn	ojoro
waji-fi,	da	an	-i	fulahūn	o-joro
完結-順序.CVB	原本	平常	GEN	赤貧	成爲-IPFV
完了,	仍舊	平常	地	光光的	成爲

dabala.	ai	funcembi.
dabala.	ai	funce-mbi.
罷了	什麼	剩下-PRS
罷了,	什麼	剩餘?

【A】想来到了手裡吃完了的時候,仍就是光光的罷咧,剩下什麼呢?

【B】想來一到了手就吃完,仍然是光光的罷咧,剩什庅?

【C】想來到手之時,一哄精光,照舊赤貧罷咧,剩甚麼?

【D】一到了手就完,連一點兒浮餘也不留,全花了。

【E】一到了手就完,還有剩下的麼?

【F】有銀錢一到手,就忘記了困窮的日子,今天幫他,明天又花了。

ine mene	emu	jergi	etuku	udafi	buci,
ine mene	emu	jergi	etuku	uda-fi	bu-ci,
乾脆	一	套	衣服	買-順序.CVB	給-假設.CVB
索性	一	套	衣服	買	給,

inde	hono	tusangga	dere.
inde	hono	tusangga	dere.
3SG.DAT	還	有益	INTJ
對他	還	有益	罷了。

【A】将計就計的買一套衣裳給他,倒像有益的樣。

【B】索性買一套衣裳給他,倒與他有益罷。

【C】索性買一套衣服給他,與他有益啊。

【D】倒不如買一套衣裳給他,還有點兒益處。

【E】倒是買一套衣裳給他,還有點兒益處。

【F】不如買一套衣服給他,叫他在我這過冬,幫理我家裡零碎的事,不到凍餓就是咯。㑊看怎麽樣?

(【+F】若是這個樣,好的狠。就是他那有不感激的?感激不感激趁他,我不過求我的心安。)

75 (A75 fiyasha cecike 家雀兒,B75,C39,D40,F41 隔窗捕雀)

bi	sinde	injeku	alara.	teike	mini
bi	sinde	injeku	ala-ra.	teike	mini
1SG	2SG.DAT	笑話	告訴-IPFV.IMP	剛才	1SG.GEN
我	給你	笑話	告訴。	剛才	我的

emhun	ubade	terede,
emhun	uba-de	te-re-de,
獨自	這裡-LOC	坐-IPFV-LOC
一個	這裡在	坐着時,

【A】我告訴你一個笑話兒。将纔我自己一個在這裡坐着,

【B】我告訴你一個笑話兒。将纔我獨自在這裡坐着,

【C】我告訴你一個笑話。方纔我獨自在這裡坐着,

【D】我告訴你個笑話兒。剛纔我一個人兒這兒坐着,

【E】我告訴你個笑話兒。剛纔我獨自個兒這兒坐着,

【F】這有個笑話,我告訴㑊。剛纔我在這坐着,

fa	i	duthe	de	emu	cecike	dohabi,
fa	-i	duthe	de	emu	cecike	do-ha-bi,
窗户	GEN	窗欞	LOC	一	雀	停落-PFV-PRS
窗户	的	窗欞	在	一	雀	停落,

šun	i	elden	de	helmešeme,	emgeri	congki
šun	-i	elden	de	helmeše-me,	emgeri	congki
太陽	GEN	光	LOC	照-并列.CVB	一次	啄.IMP
太陽	的	光	在	照着,	一次	啄

emgeri	fekucembi.
emgeri	fekuce-mbi.
一次	跳-PRS
一次	蹦跳。

【A】窓欞兒上落着一個雀兒,日頭影兒上照着,一啄一跳的。

【B】窓櫺上落着一個雀兒,日頭影兒照着,一啄一跳的。

【C】窓外櫺兒上落了一個雀兒,日影兒照着,看見一嗛一跳的。

【D】看見窗户檔兒上落着一個雀兒,老爺兒照着他的影兒,一跳一跳的。

【E】看見窗户檔兒上落着一個雀兒,老爺兒照的影兒,一跳一跳的。

【F】看見那窓户檔上落着一個雀兒,太陽照着他的影兒,一跳一跳的。

ede	bi	asuki	tuciburakū,	elhei
ede	bi	asuki	tuci-bu-ra-kū,	elhe-i
此.LOC	1SG	聲音	出-CAUS-IPFV-NEG	慢慢 INS
在這	我	聲音	不出,	慢慢地

oksome	hanci	isinafi,	lab	seme
okso-me	hanci	isina-fi,	lab	se-me
走-并列.CVB	附近	到達-順序.CVB	突然貌	AUX-并列.CVB
邁步	近處	來到,	突然	地

emgeri	jafara	jakade,	fa	i	hoošan	be	fondo
emgeri	jafa-ra	jakade,	fa	-i	hoošan	be	fondo
一次	拿-IPFV	之時	窗户	GEN	紙	ACC	直透
一	拿	時候,	窗	的	紙	把	直透

hūwajafi.
hūwaja-fi.
破-順序.CVB
破碎。

【A】這個上我不出聲兒,慢慢的邁步走到跟前,忽然一拿的時候,把窓户紙抓破了。

【B】這上頭我不出聲児,慢慢的邁步走到跟前,忽然一拿,把窓户紙抓破了。

【C】因此我不出聲,慢慢的走到臨近,瞅冷子一拿的上頭,將窓户紙穿破。

【D】我慢慢兒的捻手捻脚兒的走到跟前兒,隔着窗户紙兒一抓,把窗户抓了個大窟窿。

【E】我慢慢兒的捻手捻脚兒的走到跟前兒,隔着窗户紙兒一抓,把窗户抓了個大窟窿。

【F】我在窗裡首,慢慢的攝手躡脚走到跟前,隔着窓糊紙一抓,抓了這大窟窿啊。

(【+F】僴也學那孩子們的淘氣哪? 到底是抓着没?)

lakdari	nambuha	tuwaci,	emu	fiyasha	cecike.	gala
lakdari	nambu-ha	tuwa-ci,	emu	fiyasha	cecike.	gala
恰好	拿獲-PFV	看-條件.CVB	一	家	雀	手
恰好	拿着了	看,	一	家	雀。	手

guribume,	pur	seme	deyehe.
guribu-me,	pur	se-me	deye-he.
挪動-CAUS-并列.CVB	起飛貌	AUX-并列.CVB	飛-PFV
挪動,	鳥飛起來		飛了。

【A】拿住了看時,是一個家雀兒。换手的土[上],撲拉的一聲飛了。
【B】恰巧拿住了一看,是個家雀兒。一倒手,撲拉的飛了。
【C】恰好拿住一瞧,是一個家雀。一倒手,潽的飛了。
【D】恰好抓住了一看,是個家雀兒。纔一倒手,嘈嚕的一聲飛咯。
【E】恰好抓住了一看,是個家雀兒。纔一倒手,嘈嚕的一聲飛咯。
【F】那一抓恰好抓住了。那知道纔到手就挣脱,嘈嚕的一聲飛去咯。

ekšeme	uce	dasifi	jafaci,	nambure
ekše-me	uce	dasi-fi	jafa-ci,	nambu-re
急忙-并列.CVB	房門	掩閉-順序.CVB	捉-假設.CVB	拿住-IPFV
急忙	門	掩閉	拿將,	拿住

hancikan	ome,	geli	turibuhe.
hancikan	o-me,	geli	turibu-he.
稍近	成爲-并列.CVB	又	脱落-PFV
稍近	成爲,	又	放跑。

【A】急着関上門拿時,将要拿住,又放跑了。
【B】急忙関上門拿時,将要拿住,又放跑了。
【C】急忙闗上門拿,将拿住,又脱落了。
【D】我趕緊闗上門,剛拏住,又挣脱了。
【E】我趕忙闗上門,剛拿住,又挣脱了。
【F】我趕緊闗上門。

uba	tuba	jing	amcame	jafara	sidende,	buya
uba	tuba	jing	amca-me	jafa-ra	siden-de,	buya
這裡	那裡	正	追趕-并列.CVB	拿-IPFV	期間-LOC	小
這裡	那裡	正	追趕	拿	時候,	小

juse	cecike	baha	sere	be	donjire	jakade,
juse	cecike	baha	se-re	be	donji-re	jakade,
孩子.PL	雀	得到.PFV	説-IPFV	ACC	聽-IPFV	之時
孩子們	雀	得到	説	把	聽到	時候,

uthai	kaicaha	gio	i	gese	tuhere	afara
uthai	kaica-ha	gio	-i	gese	tuhe-re	afa-ra
就	吶喊-PFV	麅子	GEN	一樣	跌倒-IPFV	踉蹌-IPFV
就	叫喊	麅子	地	一樣	跌倒	顛撅

sujume	jifi,
suju-me	ji-fi,
跑-并列.CVB	來-順序.CVB
跑着	來,

【A】喊着磕磕絆絆的跑了来了,

【B】這裡那裡正赶着拿的空兒,小孩子們聽見説是得了雀兒了,就吗喊着磕磕拌拌的跑了來,

【C】這裡那裡正趕着拿的空兒,小孩子們聽見説得了雀兒了,一齊都來到,

【D】滿屋子裏正趕着拏的時候兒,小孩子們聽見説拏住雀兒了,一齊都來咯,

【E】滿屋子裡我正趕着拿的時候兒,小孩子們聽見説拿住雀兒了,一齊都來咯,

amcarangge	amcame,	jafarangge	jafame,
amca-ra-ngge	amca-me,	jafa-ra-ngge	jafa-me,
追趕-IPFV-NMLZ	追趕-并列.CVB	捉-IPFV-NMLZ	捉-并列.CVB
追趕的	追趕,	拿的	拿,

mahala	gaifi	ungke	nakū	baha.
mahala	gai-fi	ungke	nakū	baha.
帽子	拿-順序.CVB	叩.IMP	時候	得到.PFV
帽子	取	翻扣着	時候	得到。

【A】撲着赶的赶,拿的拿,拿帽子叩着得了。

【B】赶的赶,拿的拿,拿帽子一叩得了。

【C】大家趕的趕,拿的拿,那一個拿一頂帽子一扣得了。

【D】趕的趕,拏的拏,有一個小孩子使帽子扣住了。

【E】趕的趕,拿的拿,有一個小孩子使帽子扣住了。

【F】正在趕着拿的時候,那小孩子們聽見説拿着雀兒,一齊的都推門進來,那雀兒滿屋飛躲,趕的趕拿的拿,歸根空空手都拿不着。後首有一個小孩子使帽子覆住,纔又抓着拿去。

(【+F】把他做甚麽呢?)

amala	bi,	niyalma	hono	ergengge	jaka	udafi
amala	bi,	niyalma	hono	ergengge	jaka	uda-fi
後來	1SG	人	還	有生命的	東西	買-順序.CVB
後來	我,	人	還	生的	東西	買

sindambikai,	oron	giyan	akū	muse	erebe
sinda-mbi-kai,	oron	giyan	akū	muse	ere-be
放-PRS-INTJ	蹤跡	道理	NEG	1PL.INCL	這-ACC
放,	影子	道理	没有	咱們	把這

jafafi	ainambi.	sindaki	serede.
jafa-fi	aina-mbi.	sinda-ki	se-re-de.
捉-順序.CVB	做什麽-PRS	放-IMP	説.AUX-IPFV-LOC
拿	做什麽?	放	要時,

【A】後来我説,人還要買雀兒放生呢,無故的喒們拿他作什麽?放了罷。

【B】後來我説,人還買活的放生呢,無故的咱們拿這個做什庅?要放時,

【C】後頭我説,人家還買活東西放生呢,你拿他作什麽?放了罷。

【D】後來我説,哎,人家還買雀兒放生呢,你拏他作甚麽?放了罷。

【E】後來我説,哎,人家還買雀兒放生呢,你拿他作甚麽?放了罷。

【F】我和他們説,這不過一刻的玩,人傢還買雀兒放生呢,儞們不要弄死他啊。

buceme	susame	ojorakū,	lakdahūn	i
buce-me	susa-me	o-jora-kū,	lakdahūn	-i
死-并列.CVB	殺-并列.CVB	可以-IPFV-NEG	下垂	INS
死	殺	不可以,	下垂	的

faršatai	gaji	sembi,	jiduji	buhe	manggi,
farša-tai	gaji	se-mbi,	jiduji	bu-he	manggi,
拼命-極致.CVB	拿來.IMP	説.AUX-PRS	到底	給-PFV	之後
拼命	拿	要,	到底	給	之後,

teni	urgunjefi	fekucehei	genehe.
teni	urgunje-fi	fekuce-hei	gene-he.
纔	歡喜-順序.CVB	跳躍-持續.CVB	去-PFV
纔	高興	跳着	跑去了。

【A】就死也不依,一定瓜搭着臉要,到底給了,纔喜歡着跑了去了。

【B】哭着喊着不依,盡命的拉着要,到底給了,纔喜歡跳躍着去了。

【C】抵死不依,打着墜兒要,到底給了的時候,纔喜歡跳着去了。

【D】他一定不肯,打着墜轂轆兒的要,没法兒,給了他咯,他纔跳跳鑽鑽的喜歡着去了。

【E】他一定不肯,打着墜軲轆兒的要,没法兒,給了他咯,他纔跳跳鑽鑽的喜歡着去了。

【F】他們把那雀兒關在籠子裡,玩玩會,就放他飛去。

(【+F】隔着窓糊紙拿雀,一拿就着,這是一個好手段。後來小孩子們肯放去,這是肯聽話的,都是難得的。)

76(A76 goro bodoro 遠慮,B76,C81,D81,E82,F88 誡人趨利)

這一課AB比較全,其他幾種非每句都有對譯。

sini	tere	baita	absi	oho.	bi	ede	jing
sini	tere	baita	absi	o-ho.	bi	ede	jing
2SG.GEN	那個	事情	怎樣	成爲-PFV	1SG	這.DAT	正好
你的	那	事情	怎麽	成爲?	我	這對	正

gūnin	baibumbikai.
gūnin	bai-bu-mbi-kai.
心思	用-CAUS-PRS-INTJ
心思	使尋啊。

【A】你那件事怎麽樣了? 我因爲這個正犯着思想呢。

【B】你那件事怎樣了? 我爲這個正思量呢。

yabuki	seci,	majige	holbobuha	ba	bisire
yabu-ki	se-ci,	majige	holbobu-ha	ba	bi-sire
行-IMP	説.AUX-假設.CVB	略	相關-PFV	地方	有-IPFV
行	想要,	略	關係	地方	有

gese,	te	ci	yaburakū,	aldasi	nakaci,
gese,	te	ci	yabu-ra-kū,	aldasi	naka-ci,
樣子	現在	ABL	行事-IPFV-NEG	半途	停止-假設.CVB
樣子;	現在	從	不使行,	半途	停止,

umesi	hairakan.
umesi	hairakan.
非常	可惜
很	可惜。

【A】要行呢,又像有關係的樣;不行,半途而廢罷,又狠可惜。

【B】要行,似乎畧有關係;從此不行,半途而廢罷,狠可惜。

【C】我有一件事,特來求阿哥來了。若要行,似乎畧有些關係的地方;如今若中止不行,狠可惜。

【D】我有一件事,特來求吾兄指教來咯。若要行,似乎略有點兒關係的地方兒;若是中止了不行,又很可惜了兒的。

【E】我有一件事,特意求大哥指教來咯。若要行,又似乎略有點兒關係的地方兒;若是中止了不行,又很可惜了兒的。

【F】我有一件事,特來商量,儞呐指教指教。這事若要行,有一點關系;不行,又是可惜的。

ne	je	angga	de	isinjiha	jaka	be,
ne	je	angga	de	isinji-ha	jaka	be,
現在	是[立刻]	口	DAT	到來-PFV	東西	ACC
眼看		嘴	在	到了	東西	把,

bahafi	jeterakū,	baibi	niyalma	de
baha-fi	jete-ra-kū,	baibi	niyalma	de
能够-順序.CVB	吃-IPFV-NEG	白白	人	DAT
得到	不能吃,	白白的	人	給

anabumbi.
anabu-mbi.
謙讓-PRS
謙讓了。

【A】眼看着到了嘴裡的東西了,不得吃,白白的讓給人了。
【B】眼看到了嘴裡的東西,不得吃,白白的讓給人。
【C】現成到了嘴的東西,不喫,平白讓人。
【D】現成兒的到了嘴裡的東西,不喫,平白的讓人,有這個理麼?
【E】現成兒的到了嘴裡的東西,不吃,平白的讓人麼?
【F】現成的東西,到了嘴邊,明明的讓人不吃麼?

yabuci	waka,	nakaci	geli	waka,	yargiyan
yabu-ci	waka,	naka-ci	geli	waka,	yargiyan
施行-假設.CVB	不是	停止-假設.CVB	又	不是	確實
行	不是,	停止	又	不是,	實在

i	juwe	de	gemu	mangga	ohobi.
-i	juwe	de	gemu	mangga	o-ho-bi.
INS	二	LOC	都	難	成爲-PFV-PRS
地	二	在	都	難	成爲。

【A】行罷不是,不行又不是,實在是兩下裡全難啊。
【B】行不是,止住又不是,實在兩下裡都難啊。
【C】行不是,止又不是,實在兩下裡都難了。
【D】行又不是,止又不是,實在是叫我進退兩難了。
【E】行又不是,止又不是,實在是叫我兩下裡都難了。
【F】我細細想,準没主意,實在教我進退兩難。

adarame	ohode	emu	tumen	de	yooni
adarame	o-ho-de	emu	tumen	de	yooni
如何	成爲-PFV-LOC	一	萬	LOC	全
如何	成爲	一	萬	在	全

ojoro	arga	bahaci	teni	sain.
ojo-ro	arga	baha-ci	teni	sain.
可以-IPFV	方法	得到-假設.CVB	纔	好
可以	辦法	得到	纔	好?

【A】怎麽得萬無一失的計策纔好?
【B】怎庅得一個完全之計纔好?
【C】或是怎麽樣的時候得一萬全之計纔好?
【D】怎麽能彀得一箇萬全之計纔好啊?
【E】怎麽能彀得一個萬全之計纔好啊?
【F】儞看這事怎樣去做好呢?

uttu	ofi,	cohome	sini	gūnin	baime
uttu	ofi,	cohome	sini	gūnin	bai-me
這樣	因爲	特意	2SG.GEN	想法	求-并列.CVB
因此上,		特意	向你	主意	求

jihe.	age	si	minde	hebešembi	kai.
ji-he.	age	si	minde	hebeše-mbi	kai.
來-PFV	阿哥	2SG	1SG.DAT	商量-PRS	INTJ
來了。	阿哥	你	與我	商量	啊。

【A】因這個上,特來你這裡討個主意來了。阿哥你合我商量來了。

【B】因此上,特來在你跟前討主意來了。阿哥你合我商量。

bi	ainame	ainame	ini	tamin	i	jabufi
bi	ainame	ainame	ini	tamin	-i	jabufi
1SG	草率	草草	3SG.GEN	毛梢	INS	回答-順序.CVB
我	草草		對他	順毛兒地		回答

unggici,	niyaman	serede	ai	tusa.
unggici,	niyaman	se-re-de	ai	tusa.
差遣-假設.CVB	親戚	AUX-IPFV-LOC	什麼	益處
打發,	親戚	要	什麼	益處?

【A】我要是草草了事的照着答應了去,要親戚何益呢?

【B】我撩撩草草的順口答應了去,要親戚何益?

ere	baita	iletusaka,	ai	gūnin	baharakū
ere	baita	iletusaka,	ai	gūnin	baha-ra-kū
這個	事情	明顯	什麼	主意	得到-IPFV-NEG
這	事情	明顯的,	什麼	心意	不得

sere	babi.	amaga	inenggi	urunakū	bultahūn
se-re	ba-bi.	amaga	inenggi	urunakū	bultahūn
AUX-IPFV	地方-有	後來	日子	必定	露出
	有處?	將來	日子	一定	露出

i	tucinjimbi.
-i	tuci-nji-mbi.
INS	出-來-PRS
的	出來。

【A】這個事情是明明顯顯的,有什麼不得主意的去處?日後必定是要露出來的呀。

【B】這事情顯然,有什庅不得主意的去處?日後必定是要露出來的。

【C】這事顯而易見,有甚麼不得主意的地方?

【D】這個事情是顯而易見的,有甚麼不得主意的地方兒呢?

【E】這個事情是顯而易見的,有甚麼不得主意的地方兒呢?

【F】這個事情哪,是明明白白的,有甚麼没主意?

yaburakū	oci,	sini	jabšan,	yabuha
yabu-ra-kū	oci,	sini	jabšan,	yabu-ha
行事-IPFV-NEG	若是	2SG.GEN	幸運	行事-PFV
不行	若,	你的	便宜;	行

sehede,	wei	angga	be	butuleci	ombi.
se-he-de,	we-i	angga	be	butule-ci	o-mbi.
說.AUX-PFV-LOC	誰-GEN	口	ACC	堵-假設.CVB	可以-PRS
要說,	誰的	嘴	把	掩住	可以?

【A】要是不行,是你的便易;要說是行了,掩得住誰的嘴?

【B】不行,是你的便宜;要說行,掩得住誰的口?

【C】不行,是你的造化;若是行了的時候,堵的住誰的嘴?

【D】你若是不行,是你的造化;若是行了,你能彀堵得住誰的嘴啊?

【E】你若是不行,是你的造化;你若是行了的時候兒,你能彀堵得住誰的嘴啊?

【F】儞不行,就是儞的幸處;若是行了,那能彀堵得住人的嘴不說呢?

dur	sehe	manggi,	teni	mangga	de
dur	se-he	manggi,	teni	mangga	de
議論紛紛貌	AUX-PFV	以後	纔	困難	LOC
眾人說話		後,	纔	困難	地方

ilinambikai.

ili-na-mbi-kai.

立-去-PRS-INTJ

站去呢!

【A】至於衆論的時候,那纔難了呢!

【B】閧嚷出來的時候,纔難呢!

【C】烘嚷開了,那時候你纔跕在難處呢!

【D】趕到吵嚷開了,人人都知道了,你那纔到了難處兒了呢!

【E】若是吵嚷開了,都知道了,你那纔到了難處兒了呢!

ai ocibe, enduringge niyalmai gisun sain,

ai o-cibe, enduringge niyalma-i gisun sain,

什麼 成爲-讓步.CVB 聖 人-GEN 話 好

總之, 聖 人的 話 好,

niyalma goro seolen akū oci urunakū hanci

niyalma goro seolen akū o-ci urunakū hanci

人 遠 慮 NEG 成爲-假設.CVB 必定 近

人 遠 算計 没有 若 必 近處

jobolon bi sehebi.

jobolon bi se-he-bi.

煩惱 有 説.AUX-PFV-PRS

憂慮 有。

【A】總而言之,有聖人"人無遠慮必有近憂"的話呀。

【B】総而言之,聖人的話好,"人無遠慮必有近憂"。

ere yasai juleri ajige aisi be urgun seci

ere yasa-i juleri ajige aisi be urgun se-ci

這個 眼睛-GEN 前面 小 利 ACC 喜 説-假設.CVB

這 眼睛 跟前 小 利 把 喜 算作

ombio.	tob	seme	amaga	inenggi	amba
o-mbi-o.	tob	se-me	amaga	inenggi	amba
可以-PRS-Q	正好	AUX-并列.CVB	後來	日子	大
可以嗎?	正好	是	後來	日子	大

jobolon	i	ursan.
jobolon	-i	ursan.
憂患	GEN	苗頭
憂慮	的	苗芽。

【A】把這個眼前的小利也算得喜嗎? 正是明顯着把日後的大患的根隐藏着。

【B】把這眼前的小利算作喜庅? 正是日後的大禍根由。

【C】眼前微利算得喜麼? 正是後來大禍之苗。

【D】這點兒些微的小便宜兒算甚麼? 那正是日後的禍苗呢。

【E】些微的小便宜兒算甚麼? 那正是日後的禍苗呢。

【F】我看,這一點小便宜算什麼? 倆總不要趨利,種下害身的根苗。

daldaki	sehei	iletulebumbi,	jabšaki
dalda-ki	se-hei	iletule-bu-mbi,	jabša-ki
隱藏-IMP	AUX-持續.CVB	顯露-CAUS-PRS	得便宜-IMP
隱藏	欲要	使顯露,	便宜

sehei	ufarabumbi,	aisi	bici	jobolon
se-hei	ufara-bu-mbi,	aisi	bi-ci	jobolon
AUX-持續.CVB	失誤-CAUS-PRS	利益	有-假設.CVB	憂愁
欲要	丟失,	利	有如	災害

akū	obume	muterakū	kai.
akū	o-bu-me	mute-ra-kū	kai.
NEG	成爲-CAUS-并列.CVB	能-IPFV-NEG	INTJ
無	成爲	不能	啊。

【A】總圖便易,必定是有失的呀,難保不無有利無害啊。
【B】要隐瞞必顯露,討便宜必有失,有利難保無害呀。
【C】說要瞞着顯露了,說要便宜喫了虧了,有利不能無害。
【D】有利必定有害,喫了虧的時候兒,後悔就晚了。
【E】有利必定有害,吃了虧的時候兒,後悔就晚了。

mini	gūnin	ohode,	si	ume	hebešeme
mini	gūnin	o-ho-de,	si	ume	hebeše-me
1SG.GEN	心意	成爲-PFV-LOC	2SG	不要	商量-并列.CVB
我的	心意	成爲,	你	不要	商量

gūnire,	kafur	seme	ashūci,	wajiha.
gūni-re,	kafur	se-me	ashū-ci,	waji-ha.
想-IPFV	爽快貌	AUX-并列.CVB	撤手-假設.CVB	完-PFV
想,	爽快樣子	地	撤手,	完了。

【A】我的心裡,你别想着商(商)量,爽爽快快的一摔手,就完了。
【B】若依我的主意,你不必商量,爽爽快快的摔手,就完了。
【C】若依我的主意,你别猶疑,决断不行就完了。
【D】若照着我的主意,你别猶豫不决的,拏定主意不行,就完了。
【E】若照着我的主意,你别猶疑不决的,打定主意不行,就完了。

aika	mini	gisun	be	donjirakū,	emdubei
aika	mini	gisun	be	donji-ra-kū,	emdubei
若是	1SG.GEN	話語	ACC	聽-IPFV-NEG	只管
要不	我的	話	把	不聽,	只管

jecuhunjeme	lashalarakū,	taha	manggi,	bele
jecuhunje-me	lashala-ra-kū,	ta-ha	manggi,	bele
遲疑-并列.CVB	決斷-IPFV-NEG	絆住-PFV	以後	米
遲疑	不裁决,	絆住	後,	米

baharakū	bime,	fulhū	waliyabure	balama.
baha-ra-kū	bime,	fulhū	waliyabu-re	balama.
得到-IPFV-NEG	而且	口袋	丢掉-CAUS-IPFV	輕狂
得不到	而且,	口袋	使丢棄	輕狂。

【A】要不聽我的話,僅着疑惑着不果斷,到了個絆住的時候了,不但不得米,反把口袋丢了。

【B】要不聽我的話,儘着遲疑不果断,到了絆住了,打不成米,把口袋丢了啊。

【C】倘若只管遲疑不断,拉扯住了的時候,可是"打不成米,丢了口袋"的話。

【D】儻再遲疑不斷的,拉扯住了,那就"打不成米,連口袋都丢了"。

【E】倘再只管遲疑不斷的,若是拉扯住了的時候兒,那就打不成米、連口袋都丢了。

【F】這就和"打不成米、連口袋都丢了"的一個樣。

ai	gese	bocihe	tuwabure	be	boljoci
ai	gese	bocihe	tuwa-bu-re	be	boljo-ci
什麽	樣	醜	看-CAUS-IPFV	ACC	測-假設.CVB
什麽	樣	醜	看	把	測

ojorakū	ombi.	tere	erinde	isinaha
ojo-ra-kū	o-mbi.	tere	erin-de	isina-ha
可以-IPFV-NEG	成爲-PRS	那個	時候-LOC	到達-PFV
不可以	成爲。	那	時候	到達

manggi,	mimbe	šame	tuwame	tafularakū
manggi,	mimbe	ša-me	tuwa-me	tafula-ra-kū
之後	1SG.ACC	瞧-并列.CVB	看-并列.CVB	勸-IPFV-NEG
後,	把我	瞧	看	不勸

seme	ume	gasara.
se-me	ume	gasa-ra.
説.AUX-并列.CVB	不要	抱怨-IPFV
	不要	埋怨。

【A】出什麼樣的醜，全定不得呀。那個時候，別怨我看着不勸啊。

【B】保不定出什庅様的醜呢。到了那時候，別怨我看着不勧了啊。

【C】出個不像様兒的醜啊。

【D】要出個不像事的大醜呢。

【E】要出個不像兒的大醜呢。

【F】到那時候，儞纔覺得難處咯。

77（A77 dere be mahūlara 抹轉臉，B77，C68，D68，E69，F66 受人欺詐）

sain	niyalma	sinci	cala	jai	akū	secina.	kemuni
sain	niyalma	sinci	cala	jai	akū	se-cina.	kemuni
好	人	2SG.ABL	之外	再	NEG	説-IMP	仍然
好	人	比你	除了	再	没有	説吧。	仍然

angga	ci	hokoburakū	sini	gucu	be
angga	ci	hoko-bu-ra-kū	sini	gucu	be
口	ABL	離開-CAUS-IPFV-NEG	2SG.GEN	朋友	ACC
嘴	從	不住的	你的	朋友	把

jondorongge,	jaci	nomhon	dabanahabi.
jondo-ro-ngge,	jaci	nomhon	dabana-ha-bi.
提起-IPFV-NMLZ	太	老實	超過-PFV-PRS
提起，	太	老實	過分。

【A】説比你徃那們好的人再没有的呀。還不住嘴的題説是你的朋友，太過於老實了。

【B】好人啊比你過踰（逾）的再無了啊。還不離口的提是你的朋友,太過老實了。

【C】好人再没有過於你的。還不住口的稱讃你的朋友,太老實過於了。

【D】好人再没有過於你了。還不住口兒的稱讃你那個朋友,太過於老實了。

【E】好人再没有過於你的了。還不住口兒的稱贊你那個朋友,你太過於老實了。

【F】好人再没有比儞這個様的。那個人誰不知道他的心地? 儞還有心的待他,不住口的稱賛他,真是過於老實了。

ere	nantuhūn	jaka	be	geli	ai	ton	dabufi,
tere	nantuhūn	jaka	be	geli	ai	ton	dabu-fi,
那	貪臟	東西	ACC	又	什麼	數目	算入-CVB.順序
那	混賬	東西	把	又	什麼	數目	算入,

jing	gisurembi.
jing	gisure-mbi.
正好	説-PRS
正好	説。

【A】把那個混賬東西算在那個数兒裡,僅着説呀。

【B】把那個混賬東西又算什庅数児,只管説。

【C】那行子有甚麼數兒只是提説。

【D】那混帳行子有甚麼大講究頭兒啊? 斷不可提他。

【E】那行子有甚麼捆兒啊? 只管提他。

niyalma	de	baime	yandure	ucuri	oci,
niyalma	de	bai-re	yandu-re	ucuri	o-ci,
人	DAT	求-IPFV	委託-IPFV	時候	可以-CVB.假設
人	向	請求	請托	時候	若是,

musei	ai	seci	ai	gisun,	hese	be
musei	ai	se-ci	ai	gisun,	hese	be
1PL.INCL.GEN	什麽	説-假設.CVB	什麽	話語	旨意	ACC
咱們的	什麽	説	什麽	話語,	旨意	把

dahame	yabumbi.
daha-me	yabu-mbi.
依照-并列.CVB	踐行-PRS
依照	踐行。

【A】求人的時候,嗒們怎麽説就怎麽樣的,照着樣兒的行呀。

【B】他求人的時候,咱們説什庅是什庅,遵着話語行。

【C】若是求人煩人的時候,咱們説甚麽就是甚麽,照樣跟着行。

【D】他若有求煩人的事情,别人説甚麽話,他就照様兒依着行。

【E】他若有求煩人的地方兒,别人説甚麽,他就照着様兒跟着行。

【F】倆看他若有求人的事,人要怎麽様,就怎麽様的。

ini	baita	be	wacihiyame	jaka,	dere	be
ini	baita	be	wacihiya-me	jaka,	dere	be
3SG.GEN	事	ACC	完成-并列.CVB	才剛	臉	ACC
他的	事情	把	完成	剛剛,	臉	把

emgeri	mahūla,	yaya	webe	seme
emgeri	mahūla,	yaya	webe	se-me
一次	抹轉.IMP	任何	誰.ACC	説.AUX-并列.CVB
一	抹轉,	任何	把誰	

yooni	herserakū	ohobi.
yooni	herse-ra-kū	o-ho-bi.
全	理睬-IPFV-NEG	成爲-PFV-PRS
全	不理睬	是。

【A】他的事情一完了,把臉一抹,任憑是誰全不理了。

【B】把他的事一完,就把臉一抹,任憑是誰全不理了。

【C】他的事情一完,把臉一抹,不論是誰全不理。

【D】他的事情一完,把頭一轉,是人全不認得。

【E】他的事情一完,把頭一轉,是誰全不認得。

【F】到事情完了,把頭一轉,全認不得人了。狠不是個好東西。倆斷不要和他常在一堆。

(【+F】啊,他是這樣人,真的麼?)

duleke	aniya	aide	hafirabuha	nerginde,
dule-ke	aniya	ai-de	hafira-bu-ha	nergin-de,
通過-PFV	年	什麼-DAT	逼迫-PASS-PFV	時候-LOC
過去	年	什麼與	被逼	彼時在,

we	inde	aika	gaji	sembiho.	ini
we	inde	aika	gaji	se-mbihe-o.	ini
誰	3SG.DAT	什麼	拿來.IMP	AUX-PST-Q	3SG.GEN
誰	與他	什麼	取	要來着嗎?	他的

gisun	inde	sain	bithe	bi,	age	tuwaki
gisun	inde	sain	bithe	bi,	age	tuwa-ki
話語	3SG.DAT	好	書	有	阿哥	看-IMP
話語	在他	好	書	有,	阿哥	看

seci,	bi	benebure	seme.
se-ci,	bi	bene-bu-re	se-me.
AUX-假設.CVB	1SG	送-CAUS-IPFV	并列.CVB
想要,	我	使送去。	

【A】去年不知被什麼逼着了,彼時誰還合他要來着?自己説有好書,阿哥要瞧,我送去。

【B】去年爲什広上頭被逼着了的時候,誰向他要來着広?他説他有好書,阿哥要看,我送去。

【C】去年窄住了的時候,誰説要合他親近來着麼?他自己説他有好書,阿哥要看,我送去。

【D】他去年窄住的時候兒，求到我跟前。誰問他有甚麼來着？他自己説他有好書，你納要看，我送來。

【E】他去年窄住的時候兒，誰和他要甚麼了麼？他自己説他有好書，你納要看，我送來。

【F】是真的，我向來不説假話。去年他來求我一件事，他就説有部好書，要送給我看。還説如送上，必要賞臉收下，不要嫌薄。這他自己説出，我本没有要他什麼酬謝。

minde	angga	aljaha,	amala	baita	wajiha	manggi,
minde	angga	alja-ha,	amala	baita	waji-ha	manggi,
1SG.DAT	口	答應-PFV	後來	事情	完-PFV	之後
對我	口	答應，	後來	事情	完了	之後，

jondoro	ba	inu	akū	oho.
jondo-ro	ba	inu	akū	o-ho.
提起-IPFV	地方	也	NEG	成爲.AUX-PFV
提起的	地方	也	没有。	

【A】怎長怎短的許了我了，後來事情完了，也不題了。

【B】這們向我許下了，後來事完了，一字不提了。

【C】怎長怎短的應許了我，後頭事情完了，提也不提了。

【D】像這麼樣兒的應許我，後來事情完了，書連提也不提了。

【E】這麼那麼的應許我，後頭事情完了，提也不提了。

【F】那知道，到後來事情代他做完了，不但不提起那部書，並不道謝一句。儞想好笑不好笑？

tuttu	ofi	jakan	bi	dere	tokome,	age	si
tuttu	ofi	jakan	bi	dere	toko-me,	age	si
那樣	因爲	剛剛	1SG	臉	指-并列.CVB	阿哥	2SG
因此		剛剛	我	臉	指着，	阿哥	你

minde	bumbi	sehe	bithe	absi	oho
minde	bu-mbi	se-he	bithe	absi	o-ho
1SG.DAT	給-PRS	説-PFV	書	怎樣	成爲-PFV
與我	給	説了	書	怎麼樣	成爲

seme.	fonjiha	de,	dere	emgeri	šahūn.
se-me.	fonji-ha	de,	dere	emgeri	šahūn
説.AUX-并列.CVB	問-PFV	LOC	臉	一下	白色
説?	問	時,	臉	一陣	白

emgeri	fulahūn.
emugeri	fulahūn.
一下	紅色
一陣	紅。

【A】所以将纔我指着臉説:阿哥你給我的書怎麼樣了? 問的上,臉就一陣白一陣紅的了,

【B】所以将纔我指着臉説:阿哥你説給我的書怎庅樣了? 問的上頭,臉一陣白一陣紅的,

【C】方纔我覿面説:阿哥你説給我之書怎麼樣了? 問的上頭,臉一紅一白的,

【D】日子久没信兒,那一天我遇見他,説你許給我那部書怎麼樣了? 誰知當面兒一問,他臉上一紅一白的,

【E】因爲那樣兒,我説你許給我的書怎麼樣咯? 因爲當面兒一問,臉上一紅一白的,

【F】有一天,我路上遇着他,我故意説,儞許給我的書,怎麼樣咯? 他臉上紅了一陣,

damu	hetu	gisun	i	tookabume	gūwa	be
damu	hetu	gisun	-i	tooka-bu-me	gūwa	be
只是	旁的	話語	INS	耽擱-CAUS-并列.CVB	别的	ACC
只	横	話	以	使耽擱	别的	把

gisurere	dabala,	fuhali	karu	jabume
gisure-re	dabala,	fuhali	karu	jabu-me
説-IPFV	罷了	到底	回應	回答-并列.CVB
説	罷了,	畢竟	回	答

muterakū	ohobi.
mute-ra-kū	o-ho-bi.
能够-IPFV-NEG	成爲-PFV-PRS
得不到	成了。

【A】寡支支吾吾的説别的罷咧,總不得答應的話了。

【B】就只岔着説别的話罷咧,竟對答不來了。

【C】只拿傍話乂(叉)着説别的罷咧,断不能回答了。

【D】只是支吾,説不出甚麼缘故來咯。

【E】只是支吾,總答應不出來咯。

【F】只是含糊的説,那部書還没找着,記不得來咯。是誰借去看,還没送還。等着收回來,再送給我。

te	bicibe	emu	yohi	bithe	giyanakū	ai	hihan.
te	bi-cibe	emu	yohi	bithe	giyanakū	ai	hihan.
如今	有-讓步.CVB	一	套	書	能有	什麼	稀罕
即如		一	套	書	能有	什麼	稀罕?

buhede	adarame,	burakū	ohode	geli
bu-he-de	adarame,	bu-ra-kū	o-ho-de	geli
給-PFV-LOC	如何	給-IPFV-NEG	成爲-PFV-LOC	又
給了時	如何,	不給	是	又

adarame,	damu	turgun	akū	niyalma	be
adarame,	damu	turgun	akū	niyalma	be
如何	只是	原因	NEG	人	ACC
怎麼樣,	只	原因	没有	人	把

holtorongge,　jaci　ubiyada.
holto-ro-ngge,　jaci　ubiyada.
哄騙-IPFV-NMLZ　很　討人嫌
哄騙,　太　討人嫌。

【A】即如一套書什麼惜罕?給是怎麼樣的,不給又是怎麼的,但只無緣無故的哄人的,狠討人嫌。

【B】即如一部書什庅稀罕?給了怎樣,不給又是怎樣,但只無故的哄人,狠討人嫌。

【C】一部書甚麼稀罕?給了怎麼樣,不給又怎麼樣,但只無故的哄人的,太討人嫌。

【D】這一部書有甚麼稀罕啊?給我不給我,也不要緊,竟是無故的哄人,未免太討人嫌了。

【E】一部書有甚麼稀罕啊?給了怎麼樣,不給又怎麼樣?但只是無故的哄人,未免太討人嫌了。

【F】這又是一篇的假話。儞想他那有這部書?只是騙騙我,代他做那件事啊。

78（A78 holtoro 撒謊,B78,C58,D58,E59,F69 謊言禦詐）

sini　ere　absi.　weri　gingguleme　sinde
sini　ere　absi.　weri　ginggule-me　sinde
2SG.GEN　這個　怎麼説　别人　尊敬-并列.CVB　2SG.DAT
你的　這　怎麼説?　别人　恭敬　向你
baimbikai.　saci　sambi　se,
bai-mbi-kai.　sa-ci　sa-mbi　se,
求-PRS-INTJ　知道-假設.CVB　知道-PRS　説.IMP
請求啊,　若知道　知道　説,

sarkū	oci	sarkū	seci
sar-kū	oci	sa-r-kū	se-ci
知道.IPFV-NEG	若是	知道-IPFV-NEG	説-假設.CVB
不知道	若	不知道	説

wajiha,	holtofi	ainambi.
waji-ha,	holto-fi	aina-mbi.
完結-PFV	欺騙-順序.CVB	做什麼-PRS
完了,	撒謊	做什麼?

【A】你這是怎麼説?人家恭恭敬敬的來求你,要是知道就説知道,要不知道就説是不知道就完了,撒的是什麼謊呢?

【B】你這是怎庅説?人家恭恭敬敬的求你呀,知道説知道,不知道説不知道就完了,撒什庅謊?

【C】你這是怎麼説?人家恭恭敬敬向你討主意,若知説知道,若不知道説不知就完了,撒謊作什麼?

【D】你這麼冤他,是甚麼道理?人家恭恭敬敬的,你跟前討個主意,知道就説知道,不知道就説不知道罷了,撒謊作甚麼?

【E】你這是怎麼説?人家恭恭敬敬的,在你跟前討主意,知道説知道,不知道説不知道,撒謊作甚麼?

【F】儞這麼冤他,是甚麼道理呢?人家恭恭敬敬的,在儞跟前討儞的主意,儞可以告訴的就告訴他,不可告訴的就不告訴他,爲甚麼這麼那麼的撒謊騙他?

talude	ini	baita	be	tookabuha
talu-de	ini	baita	be	tooka-bu-ha
偶然-LOC	3SG.GEN	事情	ACC	耽誤-CAUS-PFV
偶爾時	他的	事	把	耽誤

sehede,	aimaka	si	gūnin	bifi
se-he-de,	aimaka	si	gūnin	bi-fi
説.AUX-PFV-LOC	好像	2SG	心	有-順序.CVB
	好像	你	心	有

imbe	tuhebuhe	adali.
imbe	tuhe-bu-he	adali.
3SG.ACC	倒下-CAUS-PFV	一樣
把他	陷害	一樣。

【A】倘要悮了他的事情的時候,倒像你有心陷害他的一樣。
【B】倘要悮了他的事的時候,倒像你有心陷害他。
【C】萬一悮了他的事情的時候,好像是你有心陷害他的一樣。
【D】倘若把人家的事情躭誤了,倒像你有心害他似的。
【E】儻若把人家的事情躭悮了,倒像你有心害他的。
【F】我在旁邊聽着,倒像儞有心害他的樣兒哪。

i	aika	emu	usun	seshun	niyalma	bici,
i	aika	emu	usun	seshun	niyalma	bi-ci,
3SG	要是	一	可憎	厭惡	人	存在-假設.CVB
他	要是	一	可惡的	可厭的	人	若,

bi	inu	gisurerakū	bihe.
bi	inu	gisure-ra-kū	bihe.
1SG	也	説-IPFV-NEG	PST
我	也	不説	來着。

【A】他要是一個攪攪弄弄的厭惡人,我也不説來着。
【B】他要是一個囉嗦厭惡人,我也不説來着。
【D】他若是個可惡的人,也就不怪你這麼樣兒待他。
【E】他若是可惡的人,我也不説來咯。
【F】他若不是個好人,我也不説儞。

tere	emu	nomhon	niyalma,	jilakan	manggi	fišur
tere	emu	nomhon	niyalma,	jilakan	manggi	fišur
3SG	一	老實	人	可憐	時	磨蹭貌
他	一	老實	人,	可憐	時	磨蹭樣子

seme banjiha muru be tuwaci
se-me banji-ha muru be tuwa-ci
AUX-并列.CVB 生活-PFV 模樣 ACC 看-假設.CVB
表現出的 模樣 把 看

endembio.
ende-mbi-o.
瞞得過-PRS-Q
瞞得過嗎。

【A】他是一個老實可憐的呀,看起他那個賴怠樣兒來就知道了。

【B】他是一個老實人,看他那可憐見遲慢的樣兒就知道了。

【C】況且他是個老實人啊。

【D】我看他那個人很老實,一睄(瞧)就知道是個慢性子。

【E】那是一個老實人,怪可憐見兒的,一睄就知道是個慢皮性兒的人。

【F】倆倒把這老實人作這等玩法,怪可憐的。

gūwa niyalma uttu imbe tuwaci, muse hono
gūwa niyalma uttu imbe tuwa-ci, muse hono
别的 人 這樣 3SG.ACC 看-假設.CVB 1PL.INCL 尚且
别人 人 這樣 把他 看, 咱們 尚且

tafulaci acara bade, si elemangga ere
tafula-ci aca-ra ba-de, si elemangga ere
勸告-假設.CVB 應該-IPFV 處-LOC 2SG 反而 這
勸告 應該 處; 你 反倒 這

gese keike baita be yabuhangge, ambula
gese keike baita be yabu-ha-ngge, ambula
樣子 刻薄 事情 ACC 行事-PFV-NMLZ 大
樣 刻薄 事情 把 行使的, 大

tašarahabi.	yala	mini	gūnin	de	dosinarakū.	
tašara-ha-bi.	yala	mini	gūnin	de	dosina-ra-kū.	
錯-PFV-PRS	實在	1SG.GEN	心	DAT	進入-IPFV-NEG	
錯了。	實在	我的	心	往	進入	没有。

【A】别人看他是這樣,喒們該勸的罷咧;你反倒行這個樣的刻薄事情,大錯了啊。實在不入我的意啊。

【B】别人這樣看他,咱們還該勸罷咧;你反倒行這樣刻薄事,太錯了啊。真不如我的意。

【C】别人若如此待他,咱們尚且該當勸;你反倒行這樣刻薄事,大錯了。實在我心裡進不去。

【D】别人若是這麼欺負他,咱們還當攔勸呢;你反倒這樣兒的刻薄,太錯了。真真的我心裡過不去。

【E】倘别人若這麼行,咱們尚且還該攔勸呢;你反倒行這個樣兒的刻薄事,太錯了。真真的我心裡過不去。

【F】若别人是這個樣,咱們怎麼擱下去?那知道儞先這麼刻薄寃他,是甚麼道理呢?

age	si	dule	imbe	sarkū,	tede
age	si	dule	imbe	sa-r-kū,	tede
阿哥	2SG	原來	3SG.ACC	知道-IPFV-NEG	3SG.DAT
阿哥	你	原來	把他	不知,	被他

eiterebuhe	nikai.
eitere-bu-he	ni-kai.
欺騙-PASS-PFV	呢-INTJ
詐騙	呢啊。

【A】阿哥你却原來不知道他,被他哄了啊。

【B】阿哥你原來不知道他,被他哄了呀。

【C】阿哥你原来不知道,被他哄了啊。

【D】兄台你原來不知道,可要叫他誆哄了啊。

【E】大哥你原來不知道,呌他騙了啊。

【F】兄台倆原是不知道他的心地,可要被人騙了咯。

tere	niyalma	oilorgi	de	nomhon	gese	bicibe,
tere	niyalma	oilorgi	de	nomhon	gese	bi-cibe,
那個	人	表面	LOC	老實	樣子	有-讓步.CVB
那個	人	表面	在	愚笨	樣子	雖然,

dolo	ja	akū.	ini	ehe	nimecuke	babe,	si
dolo	ja	akū.	ini	ehe	nimecuke	ba-be,	si
裡面	平常	NEG	3SG.GEN	壞	利害	處-ACC	2SG
裡面	平常	不。	他的	惡	利害	處在,	你

cendehekū	be	dahame,	sarkūngge	inu	giyan.
cende-he-kū	be	dahame,	sa-r-kū-ngge	inu	giyan.
試-PFV-NEG	ACC	依照	知道-IPFV-NEG-NMLZ	也	合理
没試驗	把	依照,	不知道的	也	應該。

【A】那個人外面雖像老實,心裡不平常啊。他的利害不好處,你没有試過不知道,也是應該的。

【B】那人外面雖像老實,心裡不平常啊。他那利害不好處,你既無試過,不知道的也是該當。

【C】他外面雖似糊塗愚笨,心裡不輕啊。他的不好利害處,你既没試過,不知道也該當。

【D】那宗東西外面皮兒雖像愚蠢,心裡却了不得。他那性情險惡之極,你没試過,就不知道他的壞處兒了。

【E】那個臟東西,外面皮兒雖像愚蠢,心裡却了不得。他的那個窮兇極惡利害的地方兒,你没試過,不知道罷咧。

【F】他並不是個好東西,外面看着像渾渾的樣子,心裡却了不得,算計人。倆没試過,不知道他的險詐。

arga labdu, hūbin amba, niyalmai baru ten gaire
arga labdu, hūbin amba, niyalma-i baru ten gai-re
計策 多 圈套 大 人-GEN 向 把柄 要-IPFV
辦法 多, 圈套 大, 人 向 把柄 要

mangga.
mangga.
擅長
喜好。

【A】計策多,圈套大,好與人要實據。
【B】計策多,圈套大,善與人討實據。
【C】法術多,圈套大,慣向人要把病[柄]。
【D】法子多,圈套兒大,慣會和人討憑據。
【E】法子多,圈套兒大,很會和人討憑據。
【F】他的法子多,圈套大。

yaya baita bici, afanggala gisun i
yaya baita bi-ci, afanggala gisun -i
大凡 事情 有-假設.CVB 預先 話語 INS
大凡 事情 若有, 預先 話語 以

yarume geodeme, niyalmai gūnin be
yaru-me geode-me, niyalma-i gūnin be
誘導-并列.CVB 哄騙-并列.CVB 人-GEN 心思 ACC
誘導 哄騙, 人的 心思 把

murušeme baha manggi.
muruše-me baha manggi.
大致-并列.CVB 能够.PFV 時候
大致 得到 時候。

【A】凢事將到,拿話詎着,把人的心料得了一點規模的時候,
【B】大凢有事,先拿話詎引着,把人的心意估模[摸]着了,

【C】凡有諸樣的事，預先拿話引誘着，約模着知道了人家的主意了時候，

【D】不論甚麼事，預先拏話勾引你，把你的主意套了去，

【E】不論甚麼事，預先拿話兒勾引你，把你的主意套了去，

【F】不論甚麼事，預先把話勾引人，討了人的主意去，

amala	tuwašame	aliyakiyame	sini	eden	babe
amala	tuwaša-me	aliyakiya-me	sini	eden	ba-be
後來	瞧-并列.CVB	等候-并列.CVB	2SG.GEN	欠缺	處-ACC
後來	瞧着	等候	你的	短	處

hiracambi,	majige	jaka	ba	bici,	dahalame
hiraca-mbi,	majige	jaka	ba	bi-ci,	dahala-me
窺視-PRS	略	縫隙	處	有-假設.CVB	跟隨-并列.CVB
偷窺，	略	縫隙	處	有，	跟着

dosi	nakū	uthai	emgeri	ura	tebumbi.
dosi	nakū	uthai	emgeri	ura	te-bu-mbi.
進入.IMP	之後	就	一次	屁股	坐-CAUS-PRS
進入	既然	就	一次	屁股	坐下去。

【A】後來纔看着等着瞧你的短處，料有了一點破綻，就跟進去就給一個湊手不及。

【B】後來看着等着瞧你的短處，畧有一點破綻，跟進去就是一個湊手不及。

【C】然後觀望着等着瞅你的空子，畧有點空兒，跟進去就給你窟窿橋兒走。

【D】然後遠遠兒的觀望着瞧你的空子，稍微有點兒破綻，跟進去就給你一個兜屁股將。

【E】然後遠遠兒的觀望着瞧你的空子，若些微的有一點兒破綻，跟進去就給你一個兜屁股將。

【F】遠遠的看着，若有一點兒空子，就從中作弄，壞了人的事。

age	si	gūnime	tuwa,	ere	baita	minde
age	si	gūni-me	tuwa,	ere	baita	minde
阿哥	2SG	想-并列.CVB	看.IMP	這個	事情	1SG.DAT
阿哥	你	想着	看,	這	事情	與我

holbobuha	ba	bikai.
holbobu-ha	ba	bi-kai.
相關-PFV	處	有-INTJ
關係	處	有啊。

【A】阿哥你想著瞧,這個事情與我有關係啊。

【B】阿哥你想,這個與你有關係呀。

【C】阿哥你想,這個事情有於我關碍的地方啊。

【D】兄台你想,這個事情原有關礙我的地方兒啊。

【E】大哥你想,這個事情有關碍我的地方兒啊。

adarame	tondokosaka	fere	gūnin	be	inde
adarame	tondokosaka	fere	gūnin	be	inde
怎麼	正直	底下	心思	ACC	3SG.DAT
怎麼	正經實在	底	心	把	與他

alaci,	ombini.	ede	mimbe
ala-ci,	o-mbi-ni.	ede	mimbe
告訴-假設.CVB	可以-PRS-呢	因此	1SG.ACC
告訴,	可以嗎?	因此	把我

wakašaci,	bi	sui	mangga	akū	semeo.
wakaša-ci,	bi	sui	mangga	akū	se-me-o
責備-假設.CVB	1SG	罪	厲害	NEG	説.AUX-并列.CVB-Q
職責,	我	冤枉		不是	説嗎?

【A】怎麼把實實在在的心腸告訴他,使得嗎?因這個怪我的不是,我豈不屈嗎?

【B】怎庅直直正正的把徹底的意思告訴他,使得呢?因此怪我,我豈不委屈嗎?

【C】如何將本心實大實的告訴他,使得呢?因此責備我,我不冤枉麼?

【D】若是把徹底子的主意告訴他,如何使得呢?你這麼怪我,我不委屈麼?

【E】若是把徹底子的主意告訴他,如何使得呢?您這麼怪我,我不委曲麼?

【F】兄台,你說那是我刻薄冤他,若我把徹底的主意告訴他,我豈不是自投虎穴哪?你因這件事怪我,是你的錯咯。

79(A79 sain morin 好馬,B79,C32,D33,F18 買馬,G23 買馬)

udaci,	sain	morin	udacina,	hūwaitame	ulebure
uda-ci,	sain	morin	uda-cina,	hūwaita-me	ulebu-re
買-假設.CVB	好	馬	買-IMP	拴-并列.CVB	餵養-IPFV
若買,	好	馬	買吧;	拴着	餵養

de	inu	amtangga,	eicibe	orho	turi	fayambikai,
de	inu	amtangga,	eicibe	orho	turi	faya-mbi-kai,
LOC	也	有趣	總之	草	豆	花費-PRS-INTJ
時	也	有趣,	總之	草	豆	費啊,

ere	gese	alašan	be	hūwaitafi	ainambi.
ere	gese	alašan	be	hūwaita-fi	aina-mbi.
這	樣子	駑馬	ACC	拴-順序.CVB	做什麼-PRS
這	樣子	平常馬	把	拴着	做什麼?

【A】要買,買一匹好馬啊;拴着喂着也有趣兒,總說是要費草料的呀,拴着這個樣的平常馬作什麼呢?

【B】要買,買一匹好馬;拴着也有趣兒,総是要費草料啊,拴養笨馬作什庅?

【C】若買,買一個好馬是呢;拴着也有趣,總是費草料啊,拴這樣夯笨駑馬作甚麼?

【D】若買,就買匹好馬;拴着看也有趣兒,費草費料的,拴着這麼匹傀頭馬作甚麼?

【E】若買,就買匹好馬;拴着看也有趣兒,横竪費草費料的,拴着這麼匹傀頭馬作甚麼?

【F】我看倆若買馬,就買一匹好的拴着;横着竪着總要草料餧他,買這樣傀頭的馬做什麼?

【G】若買,就買匹好馬;拴着看也有趣兒,横竪費草費料的,拴着這麼匹傀頭馬作甚麼?

age,	si	sarkū,	sikse	gajime	jaka,
age,	si	sar-kū,	sikse	gaji-me	jaka,
阿哥	2SG	知道.IPFV-NEG	昨天	取來-并列.CVB	纔剛
阿哥,	你	不知,	昨日	拿來	剛剛,

bi	uthai	hoton	i	tule	gamafi	cendehe,
bi	uthai	hoton	-i	tule	gama-fi	cende-he,
1SG	就	城	GEN	外面	拿-順序.CVB	試驗-PFV
我	就	城	的	外面	拿	試驗,

yaluci	ombi.
yalu-ci	o-mbi.
騎-假設.CVB	可以-PRS
騎	可以。

【A】阿哥,你不知道啊,昨日拿了來,我就拿到城外頭試驗了,可以騎得。

【B】阿哥,你不知道,昨日将拿來,我就拿到城外試驗了,可以騎得。

【C】阿哥,你不知道,昨日拿到,我就拿去城外試過了,騎得。

【D】兄台,不知道,這匹馬昨兒牽了來,我就拉到城外頭試過了,可以騎得。

【E】大哥,不知道,昨兒牽了來,我就拉到城外頭試過了,可以騎得。

【F】老哥,儞你不知道,這匹馬這個月頭牽了來,我就拉到城外試過了,可以騎得。

【G】兄台,不知道,這匹馬昨兒牽了來,我就拉到城外頭試過了,可以騎得。

katararangge	necin,	feksirengge	tondo,
katara-ra-ngge	necin,	feksi-re-ngge	tondo,
馬慢顛-IPFV-NMLZ	平穩	跑-IPFV-NMLZ	正
馬慢顛	平穩,	跑的	正,

niyamniyaci,	majige	dosire	milara	hacin
niyamniya-ci,	majige	dosi-re	mila-ra	hacin
騎射-假設.CVB	略	往裡進-IPFV	往外捌開-IPFV	毛病
射馬箭若是,	略	進入	捌	毛病

akū,	buhi	dahame,	galai	ici	jabdubumbi.
akū,	buhi	daha-me,	gala-i	ici	jabdu-bu-mbi.
NEG	膝蓋	跟隨并列-CVB	手-GEN	順着	得當-CAUS-PRS
没有,	膝蓋	隨着,	手	順應	使適當。

【A】顛的稳,跑的正,要是射馬箭,一點往裡踏往外捌的毛病兒没有,随着膊洛盖兒順着手兒動轉。

【B】顛的稳,跑的直,射馬箭,一點張裹的毛病無有,跟着馬面,順着手得勁。

【C】顛的稳,跑的快,射馬箭,一點張褁的毛病没有,随手迭當。

【D】顛得穩,跑得又快,射馬箭,一點兒張裹的毛病兒都没有,又隨手又妥當。

【E】顛的穩,跑的又快,射馬箭,一點兒張裹的毛病兒都没有,又隨手又妥當。

【F】鞍身還穩,跑的又快,射馬箭的時候,一點兒不慌張,還過得去。

【G】顛得穩,跑得又快,射馬箭一點兒張裹的毛病兒都没有,又

隨手又妥當。(張裹,動搖貌)

uttu seci, si dule takarakū nikai. sain
uttu seci, si dule taka-ra-kū ni-kai. sain
這樣 若説 2SG 原來 認識-IPFV-NEG 呢-INTJ 好
這樣 若是, 你 原來 不認識 呢啊。 好
morin serengge, bethe akdun on dosombi,
morin se-re-ngge, bethe akdun on doso-mbi,
馬 説.AUX-IPFV-NMLZ 腿 結實 路途 耐得住-PRS
馬 所謂, 腿 結實 路程 耐得住,

【A】要是這樣,你原來不認得啊。好馬啊,腿子結實奈得長,

【B】這樣説起來,你原來不認得呢。好馬呀,腿子結實耐長,

【C】若是這樣,你原來不認得呢啊。説起好馬來,腿子結實耐途程,

【D】看起這個來,你原來不認得馬。若是好馬,骽子必定結實,耐得勞苦,

【E】看起這個來,你原來不認得馬。若是好馬,腿子結寔,耐得勞苦,

【F】這樣看起來,儞原來是不認得馬。若是好馬,腿必定結實,耐得辛苦,

【G】看起這個來,你原來不認得馬。若是好馬,骽子必定結實,耐着勞苦,

aba saha de ureshūn, gurgu de mangga, giru
aba saha de ureshūn, gurgu de mangga, giru
圍獵 狩獵 LOC 熟練 野獸 LOC 擅長 模樣
打圍 時 熟練, 獸 對 喜好, 模樣
sain bime ildamu.
sain bime ildamu.
好 而且 敏捷
好 而且 敏捷。

【A】圍場上熟,牲口上親,樣児好而且良善。

【B】圍場上熟，牲口上親，樣兒好且伶便。

【C】圍場上熟，慣跟牲口，樣子好而伶便。

【D】圍場上又熟，樣兒好，又伶便。

【E】圍場上熟，樣兒好，又伶便。

【F】圍場上又熟，又伶便。

【G】圍場上又熟，樣兒好，又伶便。

yebken	asihata,	kiyab	seme	jebele
yebken	asihata,	kiyab	se-me	jebele
俊俏	年輕人.PL	整齊	AUX-并列.CVB	箭袋
俊俏	年輕人，		急速樣子	弓箭袋

ashafi	yalumbihede,	nacin	šongkon	i
asha-fi	yalu-mbihe-de,	nacin	šongkon	-i
佩戴-順序.CVB	騎-PST-LOC	鴉鶻	海東青	GEN
佩戴	騎馬的時候，	鴉鶻	海清	的

gese	ombi.
gese	o-mbi.
樣子	成爲-PRS
一樣	成爲。

【A】俊俏年青的人，繫上一副俏皮撒袋騎上了的時候，仰着臉兒就像鶯一樣的呀。

【B】俊俏少年們，繫上撒袋騎上的時候，鷂子鴉鶻是的。

【C】英俊少年，繫着可身的撒袋騎上了，被他抬舉的海青鴉鶻一般。

【D】那種好的，就是英雄少年們，繫上撒袋騎着，像飛鷹一般，真可觀。

【E】像英雄少年們，繫上撒袋騎上跑，就像飛鷹似的，真可觀。

【F】少年們繫上撒袋，騎着那種好的，就像飛鷹一樣，真好看。

【G】那種好的，就是英雄少年們，繫上撒袋騎上跑，就像飛鷹一般，真可觀。

ere ai. se jeke, sencehe gemu labdahūn
ere ai. se je-ke, sencehe gemu labdahūn
這 什麼 年歲 吃-PFV 下顎 都 下垂
這 什麼? 歲數大, 下顎 都 下垂
oho,
o-ho,
成爲-PFV
成了,
【A】这是什麼? 老了,嘴唇子全搭拉了,
【B】這是什広? 口老了,嘴唇子都搭拉了,
【C】這是甚麼? 口老了,下頦都搭拉了,
【D】你這馬是甚麼? 口也老了,下巴都搭拉了,
【E】這馬是甚麼? 口也老了,下巴都搭拉了,
【F】儞這匹馬是甚麼呢? 口也老了,下吧頦也搭拉了,
【G】你這馬是甚麼? 口也老了,下巴都搭拉了,

bethe ujen, buldurire mangga, sini beye geli
bethe ujen, bulduri-re mangga, sini beye geli
腿 重 馬失前蹄-IPFV 容易 2SG.GEN 身體 又
腿 重, 打前失 容易; 你的 身體 又
laju, labdu acarakū.
laju, labdu aca-ra-kū.
笨重 很 相符-IPFV-NEG
重, 多 不相符。
【A】腿子沉了,好打前失;你的身子又重,狠不對當。
【B】腿子沉,慣打前失;你的身子又笨,狠不對。
【C】腿子軟,慣打前失;你的身子又笨,狠不相宜。
【D】腿也輭,肯打前失;況且你的身子又笨,與你不大相宜呀。
【E】腿又軟,肯打前失;你的身子又笨,與你很不相宜。

【F】腿也輭,會前失;再加倆的身子笨,這那兒用得呢?
【G】腿也輭,肯打前失;況且你的身子又笨,與你不大相宜呀。

te	ainambi	ojoro.	emgeri	udame	jabduha
te	aina-mbi	ojo-ro.	emgeri	uda-me	jabdu-ha
現在	怎麼-PRS	可以-IPFV	已經	買-并列.CVB	妥當-PFV
現	怎麼?		已經	買	來得及

kai,	ainame	bikini	dabala.
kai,	aina-me	bi-kini	dabala.
INTJ	做什麼-并列.CVB	有-IMP	罷了
啊,	何必	有呢	罷了。

【A】如今可怎麼樣呢? 業已買了麼,任他有着去罷咧。
【B】如今可怎樣呢? 已竟買妥當了啊,不拘有着去罷咧。
【C】如今可怎麼樣? 已經買就了,将就着有着罷咧。
【D】哎,可怎麼樣呢? 如今已經買定了,只得將就着養活罷咧。
【E】如今可怎麼樣呢? 已經買定了,將就着養着罷了。
【F】哎,可怎麼樣呢? 已經買定了,只得將就養着。
【G】哎,可怎麼樣呢? 如今已經買定了,將就着養活罷咧。

eicibe,	minde	ujen	alban	akū,	geli	goro
eicibe,	minde	ujen	alban	akū,	geli	goro
總之	1SG.DAT	沉重	公務	NEG	又	遠
總之,	我與	重	公務	没有,	又	遠

takūran	akū.
takūran	akū.
派遣	NEG
派遣	没有。

【A】揔而言之,我並沒什麼重差使,又沒有遠差遣。
【B】総而,我也沒什庅重差使,又沒有遠差遣。

【C】總之,我並無重差使,又無遠差使。
【D】我並沒有緊差使,又沒有甚麼遠差使。
【E】我並沒有緊差使,又沒有遠差使。
【F】好得我沒有要緊的事情,又沒有遠路的差使。
【G】我並沒有緊差使,又沒有甚麼遠差使。

damu	nomhon	oci	uthai	minde
damu	nomhon	o-ci	uthai	minde
只是	老實	成為.AUX-假設.CVB	就	1SG.DAT
只是	老實	若是	就	與我

teherembi,	yafahalara	ci	ai	dalji.
tehere-mbi,	yafahala-ra	ci	ai	dalji.
相等-PRS	步行-IPFV	ABL	什麼	相關
對當,	步行	比	什麼	相關?

【A】但只老實就與我對當,比步行走的何如?
【B】就只老實就對我的勁兒,比步行何如啊?
【C】但只老實就與我對,究竟比步行強啊?
【D】但是老實,就和我對勁兒。究竟比步行兒強啊。
【E】但只老寔,就和我對勁兒。究竟比步行兒強啊。
【F】只用這種老實的,就是了。
【G】但是老實就和我對勁兒,究竟比步行兒强啊。

80 (A80 jolhocoro 盛怒, B80, C53, D53, F97 诫人怒氣, E54)

weri	imbe	gisurembi	kai.	sinde	ai	dalji.
weri	imbe	gisure-mbi	kai.	sinde	ai	dalji.
別人	3SG.ACC	説-PRS	INTJ	2SG.DAT	什麼	相關
別人	把他	説	啊,	與你	什麼	相關?

ele tafulaci ele nukcihangge, šosiki bai.
ele tafula-ci ele nukci-ha-ngge, šosiki bai.
愈發 勸諫-假設.CVB 愈發 激怒-PFV-NMLZ 急躁 罷了
越 勸説 越 發怒了的, 急躁 罷了?

【A】人家説他呢呀,與你什麼相干?越勸越發惱了的急燥了罷?

【B】人家説他呢呀,與你何干?越勸越發怒的,太急燥了罷?

【C】人家説他呀,與你甚麼相干?越勸你怒越盛,太急躁罷?

【D】别人説他,與你何干呢?怎麼我這麼勸你,越勸越生氣?哎,太急燥了罷。

【E】别人説他,與你何于(干)呢?越勸越生氣?太急燥了罷。

【F】别人説他,和儞什麼相干?儞倒先不依了。我勸儞儞越生氣,反怪了我,這是甚麼道理呢?

antaha facaha manggi. jai gisurecina, urunakū ere
antaha faca-ha manggi jai gisure-cina, urunakū ere
客人 散-PFV 以後 再 説-IMP 一定 這個
客人 散去 後 再 説, 一定 這
erinde getukeleki sembio.
erin-de getukele-ki se-mbi-o.
時候-LOC 察明-IMP 説.AUX-PRS-Q
時在 查明 要嗎?

【A】等客散了的時候再説罷咧,一定要這個時候見個明白嗎?

【B】客散了再説是呢,必定要這時候明白嗎?

【D】等客散了,再説罷,必定此刻要分辨明白麽?

【E】等客散了,再説罷,必定此刻要弄清了麽?

age, sini ere gisun fuhali mini gūnin de
age, sini ere gisun fuhali mini gūnin de
阿哥 2SG.GEN 這個 話語 完全 1SG.GEN 心 DAT
阿哥, 你的 這 話 畢竟 我的 心思 在

dosinarakū,

dosi-na-ra-kū,

進入-去-IPFV-NEG

不入,

【A】阿哥,你這個話揔不入我的意思,

【B】阿哥,你這話竟不如我的意,

【C】阿哥,你這說不是了,

【D】兄台你說得這個話,我心裡竟聽不進去。

【E】大哥你說的這個話,我心裡聽不進去。

【F】倆說的這個話,我耳朵裡總聽不上。

muse	emu	jahūdai	i	niyalma	kai,	ere	baita
muse	emu	jahūdai	-i	niyalma	kai,	ere	baita
1PL.INCL	一	船	GEN	人	INTJ	這個	事情
咱們	一	船	的	人	啊,	這	事情

sinde	dalji	akū	seci,	heni	majige
sinde	dalji	akū	se-ci,	heni	majige
2SG.DAT	相關	NEG	說.AUX-假設.CVB	一點	稍微
與你	相關	没有,		一點	略

goicuka	ba	akū	sembio.
goicuka	ba	akū	se-mbi-o.
妨礙	處	NEG	說.AUX-PRS-Q
關係	處	没有	說嗎?

【A】喒們是一個船上的人啊,這個事情與你也不甚爽利,說一點關碍沒有嗎?

【B】咱們是一個船上的人啊,這個事若說與你無干,連一點関碍也沒有庅?

【C】咱們是一個船上人啊,這個事情與你也不清楚,可說就沒一點妨碍麼?

【D】咱們是一個船兒上的人哪！這個事也與你有點兒牽連，難道沒有一點兒罣礙麼？

【E】咱們是一個船兒上的人哪！這個事也與你有點兒牽連，難道沒有一點兒罣礙麼？

【F】他不是一個船上的人麼？那這個事，同我也有點兒牽連，難道沒有罣礙呢？

imbe	leoleci,	muse	be	inu	dabuhabi.
imbe	leole-ci,	muse	be	inu	dabu-ha-bi.
3SG.ACC	議論-假設.CVB	1PL.INCL	ACC	也	算入-PFV-PRS
把他	議論，	咱們	把	也	算入了？

【A】要議論他，也帶着喒們啊。

【B】議論他，為什広帶上咱們呢？

【C】議論他，把咱們也算在數內了。

【D】他們議論他，連咱們也稍上了，

【E】議論他，連咱們也稍上了，

【F】何況他們說的話，暗暗指着我的不少，我怎麼忍得住啊？

si	dangname	gisurerakū	oci
si	dangna-me	gisure-ra-kū	o-ci
2SG	代替-并列.CVB	說-IPFV-NEG	成爲.AUX-假設.CVB
你	代替	不說	若

okini	dere,	fudarame	ananšukin	i	niyalmai
o-kini	dere,	fudarame	ananšukin	-i	niyalma-i
可以-IMP	INTJ	反倒	順次	INS	人-GEN
可以	罷了，	反倒	依順	的	人的

ici	tamin	i	gisurerengge,	ai	gūnin.	bi
ici	tamin	-i	gisure-re-ngge,	ai	gūnin.	bi
順應	毛梢	INS	說-IPFV-NMLZ	什麼	心思	1SG
順應	毛梢	用	說的，	什麼	心意？	我

yala	simbe	urušerakū.
yala	simbe	uruše-ra-kū.
實在	2SG.GEN	贊成-IPFV-NEG
實在	把你	不是。

【A】你不替說說就罷了,反倒一溜神氣的随着人家的意思說的,什麼心?我實在不說你的是。

【B】你不攔擋着說使得,反倒順着人家說的,是什庅心意?我實在難說你的是。

【C】你不代替說說罷咧,反順着人的口氣說的是甚麼主意?

【D】你不攔着,反倒随着他們的口氣兒說,這是甚麼意思?我心裡眞有點兒不服。

【E】你不攔着,反倒這様兒随着人家的口氣兒說,這是甚麼意思呢?我眞不服。

【F】爾不先攔他們,反倒跟着他們的口氣,轉過來說我,這是什麼意思?我眞有點不服。

tuttu	waka,	gisun	bici	elhe	nuhan	i	giyan
tuttu	waka,	gisun	bi-ci	elhe	nuhan	-i	giyan
那様	不是	話	有-假設.CVB	平穩	從容	INS	道理
那様	不是,	話	若有	平和	從容	的	道理

be	baime	gisure,	šara	fancaha	de	wajimbio.
be	bai-me	gisure,	šara	fanca-ha	de	waji-mbi-o.
ACC	找-并列.CVB	說.IMP	極	生氣-PFV	LOC	完結-PRS-Q
把	找	說,	極	生氣	時	完了嗎?

【A】不是那們,有話慢慢的找着理說是呢,生氣就完了嗎?

【B】不是那們着,有話慢慢的找着理說是呢,生大氣就完嗎?

【C】不是那樣,有話慢慢的拿着理說,生了大氣算完麼?

【D】不是那麼着。若有話,從從容容兒的說,你這麼急綳綳的,難道就算完了事咯麼?

【E】不是那麽着。若有話,從從容容的説,急繃繃的,就完了麽?

【F】我有甚麽意思呢?若倆有話,從從容容的説,豈不好?怎麽這樣的性急,山嚷怪叫的鬧,

si	tuwa	ubade	tehe	ele	niyalma,	gemu
si	tuwa	uba-de	te-he	ele	niyalma,	gemu
2SG	看.IMP	這裡-LOC	坐-PFV	所有	人	全都
你	看	這裡在	坐着	所有	人,	都

sini	baita	de	jihengge,	si	cingkai	uttu
sini	baita	de	ji-he-ngge,	si	cingkai	uttu
2SG.GEN	事情	DAT	來-PFV-NMLZ	2SG	任意	這樣
你的	事	向	來的,	你	任意	這樣

jolhocome	jilidaci,	aimaka	gūnin	bifi
jolhoco-me	jilida-ci,	aimaka	gūnin	bi-fi
怒氣上沖-并列.CVB	動怒-假設.CVB	好像	心思	有-順序.CVB
怒氣上沖	生氣,	反倒	心	有

webe	bošome	unggire	adali.
we-be	bošo-me	unggi-re	adali.
誰-ACC	驅逐-并列.CVB	差遣-IPFV	一樣
把誰	驅趕	派遣	一樣。

【A】你看這裡坐着的人們,全為你的事情來的,你總要這樣掙躍生氣,倒像有心攆誰的一樣。

【B】你看這裡坐着的人,全是為你的事來的,你只管這樣挣跳生氣,倒像有心赶逐誰的一樣。

【C】你瞧這裡所有坐着的人,都是為你的事情來的,你只管這樣怒冲冲的生氣,好像是有心催逐誰走的是的。

【D】你看這兒在坐的人,都是爲你的事情來的,你只管這麽怒氣冲冲的,倒像要把誰攆出去的似的。

【E】你看這兒所坐的人,都是為你的事情來的,你只管怎麽怒

氣冲冲的,倒像要把誰攆出去的似的。

【F】倆看在座的這些人,都是為倆的事來的,倆這個樣的,好像要攆人出去的樣子。

jihe	niyalma	ai	yokto	tembi.	boode	yoki
ji-he	niyalma	ai	yokto	te-mbi.	boo-de	yo-ki
來-PFV	人	什麽	趣味	坐-PRS	家-DAT	去-IMP
來了	人	什麽	趣味	坐?	往家	去

seci,	dere	de	eterakū,	ubade
se-ci,	dere	de	ete-ra-kū,	uba-de
説.AUX-假設.CVB	臉面	LOC	克服-IPFV-NEG	這裡-LOC
説若,	臉	在	過不去;	這裡

biki	seci,	si	geli	uttu	ek tak
bi-ki	se-ci,	si	geli	uttu	ek tak
在-IMP	説.AUX-假設.CVB	2SG	又	這樣	叱喝貌
在	若要,	你	又	這樣	呵斥聲

seme	nakarakū,
se-me	naka-ra-kū,
AUX-并列.CVB	停止-IPFV-NEG
	不止,

【A】來的人有什麽趣兒呢?往家裡去罷,臉上又過不去;在這裡罷,你又威喝的不止,

【B】來的人什庅趣兒?家去罷,臉上又下不來;在這裡罷,你又這樣怒氣不息,

【C】來的人甚麽意思坐着?若要家去,臉上下不來;若要存在這裡,你又咤叱的不住聲,

【D】這些人,怎麽好意思坐着呢?要走罷,又恐怕你臉上下不來;若在這兒多坐會兒,你又山嚷怪叫的叫喊,

【E】這些人,怎麽好意思坐着呢?要回家去,臉上下不來;要在

這兒坐着,你又山嚷怪叫的叫喊,

【F】他們臉上怎麼下得去?

tucici	dosici	gemu	waka,	teci
tuci-ci	dosi-ci	gemu	waka,	te-ci
出去-假設.CVB	進入-假設.CVB	都	不是	坐-假設.CVB
出去	進來	全	不是,	坐

ilici	gemu	mangga	kai.	gucuse	jai	sini
ili-ci	gemu	mangga	kai.	gucu-se	jai	sini
站-假設.CVB	全都	難	INTJ	朋友-PL	再	2SG.GEN
站	全	難的	呀。	朋友們	再	你的

boode	absi	feliyembi	jiye.
boo-de	absi	feliye-mbi	jiye.
家-LOC	怎麼	來往-PRS	INTJ
家	怎麼	來往走	呢?

【A】出去進來全不是,坐着站着全是難的呀。朋友們再怎麼往你家來往走呢?

【B】進退都不是,坐立也是難啊。朋友們再怎庅往你家來往走呢呀?

【C】出入都不是,坐立都難了啊。朋友們再怎麼往你家行走呢?

【D】這就叫人進退兩難了啊!以後朋友們,還怎麼和你來往呢?

【E】這就進退兩難了啊!以後朋友們,還怎麼往你行走呢?

【F】我勸㑚是為㑚好,那知道㑚反怪了我!

81(A81 sui mangga 委屈,B81,C66,D66,E67,F91 朋友泄事)

jalan	i	niyalma	ejesu	akūngge	sinci	cala	jai
jalan	-i	niyalma	ejesu	akū-ngge	sinci	cala	jai
世間	GEN	人	記性	NEG-NMLZ	2SG.ABL	之外	再
世上	的	人	記性	没有的	比你	除了	再

akū secina.

akū se-cina.

NEG 説.AUX-IMP

没有 呢。

【A】世間上比你沒記性的人再也沒有了呀。

【B】世上人無記性的比你那們再無有了呀。

【C】世上的人沒記性的,再沒有過於你的。

【D】嗳,世上沒有記性的人,再沒有比你過逾的了!

【E】世上沒有記性的人,再沒有過於你的了!

【F】世上嘴快的人,再沒有比偏這個樣的。

canaggi bi adarame sini baru henduhe.

canaggi bi adarame sini baru hendu-he.

前天 1SG 怎麽 2SG.GEN 向 説-PFV

前日 我 怎麽 你的 向 説了?

ere baita be, yaya wede seme, ume

ere baita be, yaya we-de se-me, ume

這 事情 ACC 任何 誰-DAT 説.AUX-并列.CVB 不要

這 事情 把, 任何 誰, 不要

serebure seci,

sere-bu-re se-ci,

發覺-CAUS-IPFV 説.AUX-假設.CVB

知覺 教,

【A】我前日怎麽向你説來着?把這個事情,任憑是誰,不要叫知覺了,

【B】前日我怎庅向你説了?把這事情,任憑是誰,别教知覺了,

【C】前日我怎麽向你説了?這事情,不論誰,别叫知道,

【D】前兒我怎麽囑咐你來着?這件事情,任憑他是誰,總不可叫人知道了。

【E】前兒我怎麼說來着？這件事情，憑他是誰，別叫人知道。

【F】前兒我對儞怎麼說着呢？這樣事情，不管是誰，總別給他知道。

si	naranggi	firgembuhebi,	musei
si	naranggi	firge-mbu-he-bi,	muse-i
2SG	到底	洩漏-CAUS-PFV-PRS	1PL.INCL-GEN
你	到底	洩露了，	咱們的

weilume	hebešehe	gisun	be,	te	algišafi,
weilu-me	hebeše-he	gisun	be,	te	algiša-fi,
隱瞞-并列.CVB	商議-PFV	話語	ACC	現在	張揚-順序.CVB
瞞藏	商量	話	把，	現	張揚，

ba	ba	i	niyalma	gemu	saha	kai.
ba	ba	-i	niyalma	gemu	sa-ha	kai.
處	處	GEN	人	都	知道-PFV	INTJ
處	處	的	人	都	知道	啊。

【A】你到底漏了風聲了，把噜們瞞着商議的話，如今傳揚出去了，各處的人們全知道了啊。

【B】你到底洩露了，把咱們瞞着人商量的話，如今傳揚的，各處的人全知道了。

【C】你到底洩露了，咱們瞞着人商量的話，如今傳揚的，各處的人都知道了。

【D】你到底兒洩漏了。咱們倆，悄悄兒商量的話，如今吵嚷的，處處兒、沒有人沒聽見過了！

【E】你到底洩漏了。咱們悄悄兒的商量的話，如今吵嚷的，處處兒人都知道了！

【F】儞還是漏了風聲，把咱們悄悄兒商量的話，教處處的人都知道了。

ce	bahafi	donjirakū	ainaha.	ese
ce	baha-fi	donji-ra-kū	ainaha.	ese
3PL.EXCL	能够-順序.CVB	聽見-IPFV-NEG	如何	這些人
他們	得到	未聽	如何?	他們

talude	yertehe	ibagan	inenggi	šun	de	maksire
talude	yerte-he	ibagan	inenggi	šun	de	maksi-re
萬一	羞愧-PFV	鬼怪	白天	太陽	LOC	跳舞-IPFV
倘若	羞愧	妖怪	白天	太陽	在	舞蹈

balama,	muse	de	eljeme	iselere
balama,	muse	de	elje-me	isele-re
妄行妄言	1PL.INCL	DAT	抗拒-并列.CVB	反抗-IPFV
妄行妄言,	咱們	對	抗拒	反抗

oci,	saiyūn.
o-ci,	saiyūn.
成爲.AUX-假設.CVB	好.Q
若,	好嗎?

【A】他們豈沒聽見?他們倘若羞惱變成怒,抗拒我們,好嗎?

【B】他們豈有聽不見的?這些人倘或羞惱變成怒,向咱們抗拒,好嗎?

【C】他們不得聽見罷怎的?這些人萬一羞惱變成怒的話,向咱們動手抗拒起來,可怕呀。

【D】他們這些人,倘若羞惱變成怒了,望咱們不依,動起手脚兒來,咱們得了甚麼便宜了麼?

【E】他們豈聽不見麼?這些人,倘若羞惱變成怒了,望咱們不依,動起手脚兒來,得了甚麼便宜了麼?

【F】他們那些人,若有惱起來不依,動了手脚,咱們那兒打得過?

hocikosaka	emu	baita	be	ondohoi	i	ere	ten
hocikosaka	emu	baita	be	ondo-hoi	-i	ere	ten
好端端	一	事情	ACC	亂來-持續.CVB	INS	這個	極端
好端端	一	事情	把	亂丢		這	極

de	isibuhangge,	wacihiyame	si	kai.
de	isibu-ha-ngge,	wacihiyame	si	kai.
DAT	達到-PFV-NMLZ	盡是	2SG	INTJ
	到達,	完全	你	啊。

【A】把一件好好的事情弄的到了這個地步,全是你啊。
【B】把一件好好的事情弄到這個地步,全是你啊。
【C】好端端的一件事情鬧到這個極處,全是你啊。
【D】把好好兒的事情倒弄壞了,全都是你呀!
【E】把好好兒的事情如今弄到這個田地,全都是你呀!
【F】這一件好好的事,倒弄壞了。全是儞呀!

age,	si	mimbe	wakašaci,	bi	yala	sui
age,	si	mimbe	wakaša-ci,	bi	yala	sui
阿哥	2SG	1SG.ACC	責備-假設.CVB	1SG	實在	罪
阿哥,	你	把我	指責,	我	實在	罪

mangga.	damu	baita	emgeri	uttu	oho,
mangga.	damu	baita	emgeri	uttu	o-ho,
爲難	但是	事情	已經	這樣	成爲.AUX-PFV
委屈。	只	事情	已經	這樣	成爲,

【A】阿哥,你怪我,我實在委屈。但只事已至此,
【B】阿哥,你怪我,我實在委屈。但只事已至此,
【C】阿哥,你責備我,我實在寃屈。但只事情已經這樣了,
【D】老兄,像你這麼樣兒怪我,我眞委屈。現在事情已經這樣兒了,
【E】大哥,你怪我,我眞委曲。如今事情已經這樣兒了,
【F】老兄,儞為這件怪我,真是委曲了。只是事情已經到了這個樣,

bi	te	jayan	jušutele	faksalame	gisurehe
bi	te	jayan	jušu-tele	faksala-me	gisure-he
1SG	現在	牙關	酸-直至.CVB	分辨-并列.CVB	說-PFV
我	現	牙齒	直到酸	分析	說了,

seme,	si	akdambio.
se-me,	si	akda-mbi-o.
說.AUX-并列.CVB	2SG	相信-PRS-Q
	你	相信嗎?

【A】我如今就分晰着說到嘴酸了,你信嗎?

【B】我如今就分晰到嘴酸了,你信嗎?

【C】我如今分辯就說至牙酸,你信麽?

【D】我縱然分辨個牙清口白的,你肯信麽?

【E】我縱然分辯個牙青口白的,你肯信麽?

【F】我就辯得唇焦舌乾,你也是不信的。

ere	gūnin	be	damu	abka	sakini.	mini	beye
ere	gūnin	be	damu	abka	sa-kini.	mini	beye
這個	心	ACC	只有	天	知道-IMP	1SG.GEN	自己
這	心	把	只	天	知道呢。	我的	自己

biheo	waka	biheo,	goidaha	manggi	ini
bi-he-o	waka	bi-he-o,	goida-ha	manggi	ini
有-PFV-Q	錯誤	有-PFV-Q	長久-PFV	以後	3SG.GEN
有嗎	不是	有嗎,	久了	之後	他的

cisui	getukelembi	kai.
cisui	getukele-bu-mbi	kai.
自然	察明-CAUS-PRS	INTJ
自然	顯明	啊。

【A】這個心就只天知道罷。我的是與不是,久而自明。

【B】這個心就只有天知道罷。是我嗎不是嗎,久而自明啊。

【C】這個心天知道是呢。是我來着不是來着,久而自明。

【D】我的心,就是老天爺看得眞! 是我說來着,不是我說來着,久而自明。

【E】我的心,是惟天可表了! 是我說來着,不是我說來着,久而自明。

【F】我的心只有老天爺曉得,眞是我說的,不是我說的,以後自然的明白。

mini	gūnin	ohode,	si	gasara	be	joo,
mini	gūnin	o-ho-de,	si	gasa-ra	be	joo,
1SG.GEN	心意	成爲-PFV-LOC	2SG	抱怨-IPFV	ACC	算了
我的	心意	成了,	你	抱怨	把	免了,

ine	mene	sarkū	i	gese	bisu,	ceni
ine	mene	sa-r-kū	-i	gese	bisu,	qeni
乾脆	誠然	知道-IPFV-NEG	GEN	一樣	有.IMP	3PL
索性		不知	的	一樣	有,	他們

ainara	be	tuwaki.
aina-ra	be	tuwa-ki.
怎麼樣-IPFV	ACC	看-IMP
怎樣	把	看。

【A】我的心裡,你也別埋怨,就那們不知道的一樣有着去罷,看他們怎麼樣。

【B】依我心裡,你別埋怨,索性粧作不知道,看他們怎樣。

【C】我的主意,阿哥你如今不必報怨,索興粧個不知道,看他們怎麼樣。

【D】依我的主意,你先不必抱怨,索性粧個不知道,看他們的動靜。

【E】依我的主意,你別抱怨,索性粧個不知道,看他怎麼樣。

【F】儞別先抱怨,現在依我的主意,且妝個不知道,看他們怎麼樣。

oci	oho,	hon	ojorakū
o-ci	o-ho,	hon	ojo-ra-kū
可以-假設.CVB	成爲.AUX-PFV	很	可以-IPFV-NEG
若可以	成了,	很	不可以

ohode,	jai	acara	be	tuwame
o-ho-de,	jai	aca-ra	be	tuwa-me
成爲.AUX-PFV-LOC	再	適合-IPFV	ACC	看-并列.CVB
成爲,	再	適合	把	看

belheci,	inu	sitaha	sere	ba	akū	kai.
belhe-ci,	inu	sita-ha	se-re	ba	akū	kai.
準備-假設.CVB	也	遲-PFV	説.AUX-IPFV	處	NEG	INTJ
預備,	也	遲慢		處	没有	啊。

【A】依了罷了,至於狠不依的時候,再酌量着預備,也不至於晚啊。
【B】依呢罷了,狠不依的時節,再酌量着預備,也不至於遲啊。
【C】依呢依了,若狠不依的時候,再酌量預備,也無遲了的去處。
【D】依呢就依了,如果不依的時候兒,再作道理,預備也不遲啊。
【E】依呢依了,如果不依的時候兒,再看光景,預備也不遲啊。
【F】他依呢,就罷了;如有不依的時候,再作道理,也不遲啊。

82 (A82 sotara 亂撒米糧, B82, C27, D28, F83 暴殄天物, G10 奢侈)

sain	jaka	be	hairame	malhūšaci,	teni
sain	jaka	be	haira-me	malhūša-ci,	teni
好	東西	ACC	愛惜-并列.CVB	節省-條件.CVB	纔
好	東西	把	愛惜	節省,	纔

banjire	were	niyalmai	doro.
banji-re	we-re	niyalma-i	doro.
過日子-IPFV	生活	人-GEN	道理
過日子的	生活	人的	道理!

【A】把好東西惜罕着儉省的時候,纔是過日子人的道理呢!

【B】把好東西愛惜儉省,纔是過日子人的道理!

【C】將諸樣東西愛惜儉省,纔是過日子人的道理!

【D】哎你太奢侈了! 各樣兒的東西上,必得愛惜儉省,纔是過日子的道理呀!

【E】要各樣兒的東西上,愛惜省儉,纔是過日子的道理呀!

【F】哎,倆大蹧蹋東西了。我說倆,怕倆嫌我太多事。

【G】哎你太奢侈了,各樣兒的東西上必得愛惜儉省,纔是過日子的道理呀。

simbe　gisurerakū　oci,　bi　eicibe　ojorakū.
simbe　gisure-ra-kū　oci,　bi　eicibe　ojo-ra-kū.
2SG.ACC　説-IPFV-NEG　若是　1SG　總是　可以-IPFV-NEG
把你　不説　若,　我　總　不可以。

【A】要不説你,我總是不舒服。

【B】要不説你,我総不舒服。

【C】若不説你,我又忍不住。

【D】我若不説你,我又忍不住。

【E】我若不説你,我又忍不住。

【F】若不説倆,我也忍不住啊。

【G】我若不説你,我又忍不住,

jeme　wajirakū　funcehe　buda　be
je-me　waji-ra-kū　funce-he　buda　be
吃-并列.CVB　完結-IPFV-NEG　剩下-PFV　飯　ACC
吃　未完　剩餘　飯　把
booi　urse　de　ulebuci,　inu　sain　kai,　gūnin
boo-i　urse　de　ulebu-ci,　inu　sain　kai,　gūnin
家-GEN　人們　DAT　使吃-假設.CVB　也　好　INTJ　心思
家的　人　給　若使吃,　也　好　啊;　心思

cihai wacihiyame ko sangga de doolahangge
cihai wacihiya-me ko sangga de doola-ha-ngge
任憑 完全-并列.CVB 水溝 窟窿 LOC 倒-PFV-NMLZ
任意 全 陽溝 在 傾倒的
ainu. sini gūnin de inu elhe sembio.
ainu. sini gūnin de inu elhe se-mbi-o.
爲什麼 2SG.GEN 心 LOC 也 平安 説.AUX-PRS-Q
怎麼? 你的 心 在 也 安 嗎?

【A】吃剩下的飯給家裡的人們吃,也好啊;任着意兒全倒在洋溝裡是怎麼的? 你心裡也安嗎?

【B】吃不了剩下的飯給家裡人吃,也好啊;任意全倒在陽溝裡是怎庅? 你心裡也安嗎?

【C】喫不完的剩下的米飯給家下人喫,也好啊;任意兒全倒在溝眼裡是為甚麼? 你心裡亦得安麼?

【D】若是把喫不了的飯,給家下人們喫,那不好麼? 你竟任着意兒倒在溝眼裡,是為甚麼呢? 心裡也安穩麼?

【E】把吃不了的飯,給家下人們吃,不好麼? 任着意兒倒在溝眼裡,是為甚麼呢? 你心裡也安穩麼?

【F】你把那吃不了的剩飯,給花子們吃不好麼? 就任意的倒在溝眼裏,是什麼意思呢?

【G】若是把喫不了的飯給家下人們喫,那不好麼? 你竟任着意兒倒在溝眼裡,是為甚麼呢,心裡也安穩麼?

si damu buda jetere be sara gojime, bele
si damu buda jete-re be sa-ra gojime, bele
2SG 只是 飯 吃-IPFV ACC 知道-IPFV 雖然 米
你 只 飯 吃 把 知道 卻, 米

jeku	i	mangga	babe	sahakūbi.
jeku	-i	mangga	ba-be	sa-ha-kū-bi.
食物	GEN	困難	處-ACC	知道-PFV-NEG-PRS
糧食	的	難	處	不知。

【A】你雖然知道吃飯,但只未知米糧的艱難處啊。
【B】你只知吃飯,不知米糧的艱難。
【C】你只知道喫飯,不知道米穀的難處。
【D】你這個人,只知道喫飯,並不知道米的艱難。
【E】你只知道吃飯,不知道米的難處呢。
【F】儞只知道吃飯,不知道耕田人的辛苦。
【G】你只知道吃飯,並不知道米的艱難。

tarire	niyalma	juwere	urse	ai	gese
tari-re	niyalma	juwe-re	urse	ai	gese
種地-IPFV	人	販運-IPFV	人們	什麼	樣
耕種的	人	販運的	人們	什麼	樣

jobome	suilafi,	teni	ubade	isinjiha,
jobo-me	suila-fi,	teni	uba-de	isinji-ha,
艱難-并列.CVB	勞苦-順序.CVB	纔	這裡-DAT	到來-PFV
憂愁	辛苦,	纔	到這裡	來到,

emu	belge	seme	ja	de	bahangge
emu	belge	seme	ja	de	baha-ngge
一	粒	雖説	容易	LOC	得到.PFV-NMLZ
一	粒	雖説	容易	在	得到的

semeo.
se-me-o.
AUX-并列.CVB-Q
嗎?

【A】耕種的與那販運的人們是怎麼樣的心苦勞碌,纔到了這裡來了,就是一粒是輕易得的嗎?

【B】耕夫運糧的人是怎樣辛苦勞碌,纔到這裡,就是一粒是輕易得的嗎?

【C】種地的挽運的人們何等勞苦,方纔到了這裡,就說一粒是易得的麼?

【D】種地的,拉摔的,受的都是甚麼樣兒的辛苦,纔到得這兒,就是一個米粒兒,也不是容易得的啊!

【E】種地的,拉縴的,受得都是甚麼樣兒的辛苦,纔到了這兒,就是個米粒兒,也不是容易得的啊!

【F】雖是一粒米兒,那容易來的?俗語常說的"惜衣得衣,惜食得食",儞沒聽見過麼?

【G】種地的,拉縴的,受的都是甚麼樣兒的辛苦,纔到得這兒,就是一個米粒兒也不是容易得的啊。

tere	anggala	muse	ai	bayan	mafa.	erebe
tere	anggala	muse	ai	bayan	mafa.	ere-be
那	況且	1PL.INCL	什麼	富貴	祖先	這-ACC
那	況且	咱們	什麼	富貴	祖輩?	把這

jeme,	terebe	kidume,	gūniha	gūnihai,
je-me,	tere-be	kidu-me,	gūni-ha	gūni-hai,
吃-并列.CVB	那-ACC	想-并列.CVB	想-PFV	想-持續.CVB
吃着,	把那	想着,	想來	想去,

uthai	udafi,	waliyan	gemin	i	mamgiyambi.
uthai	uda-fi,	waliyan	gemin	-i	mamgiya-mbi.
就	買-順序.CVB	丟棄	靡費	INS	浪費-PRS
就	買,	抛抛	撒撒	地	花費了。

【A】況且喒們又是什麼富翁呢?吃着這個,想着那個,想來想去,就買了來,抛抛撒撒的花費了。

【B】況且咱們又是什庅富翁?吃着這個,想着那個,想來想去,就買了來,拋拋撒撒花費了。

【C】況且咱們算甚麼富翁? 喫着這個,想着那個,由性兒就買了不惜費的奢用呢。

【D】況且咱們,不能像那些個財主人家兒,喫着這個、想着那個。有的是現成的銀子錢,

【E】況且咱們,不能像那些個財主人家兒,吃着這個、想着那個的。不希奇的銀子錢,

【F】不拘甚麼必得愛惜省儉纔好。那有任意倒去的理?

【G】況且,咱們不能像那些個財主人家兒,吃着這個、想着那個,有的是現成的銀子錢。

angga	de	ai	kemun,	jetere	de	ai	dube.
angga	de	ai	kemun,	jete-re	de	ai	dube.
嘴	LOC	什麼	規矩	吃-IPFV	LOC	什麼	盡頭
嘴	在	什麼	規矩,	吃	時	什麼	盡頭?

【A】嘴有什麼規矩,吃有什麼盡休啊?

【B】嘴有什庅規模,吃有什庅盡休?

【C】嘴有甚麼捆呢,喫上有甚麼盡?

【D】嘴有甚麼捆兒呢? 喫有甚麼盡頭兒呢?

【E】嘴有甚麼捆兒呢? 吃有甚麼盡頭兒呢?

【G】嘴有甚麼捆兒呢? 吃有甚麼盡頭兒呢。

cingkai	uttu	oci,	hūturi	ekiyembumbi	sere
cingkai	uttu	oci,	hūturi	ekiye-mbu-mbi	se-re
只管	這樣	若是	福	減少-CAUS-PRS	說.AUX-IPFV
任意	這樣	若,	福	減少	

anggala,	ai	bihe	seme	wajirakū	ni.
anggala,	ai	bi-he	se-me	waji-ra-kū	ni.
不但	什麼	有-PFV	說.AUX-并列.CVB	完結-IPFV-NEG	呢
不但,	什麼	有了		不完	呢?

【A】一味的要是這樣的時候,不但折福啊,就有什麼不完呢?

【B】只管這樣的,不但折福,就有什庅不完的呢?

【C】若只管任着這樣,豈但折福,有甚麼不完呢?

【D】若是這麼慣了,不但折福,而且要破家呀!

【E】若是這麼慣了,不但會破家,而且也折福。

【G】若是這麼慣了,不但折福,而且要破家呀。

sakdasa	i	gisun	hairame	jeci
sakda-sa	-i	gisun	haira-me	je-ci
老人-PL	GEN	話語	愛惜-并列.CVB	吃-假設.CVB
老人		話	愛惜	吃

jekui	da,	hairame	etuci	etukui
jeku-i	da,	haira-me	etu-ci	etuku-i
食物-GEN	根本	愛惜-并列.CVB	穿-假設.CVB	衣服-GEN
糧食	本源,	愛惜	穿	衣服

da	sehebi.	sini	hūturi	giyanakū	udu.
da	se-he-bi.	sini	hūturi	giyanakū	udu.
根本	説-PFV-PRS	2SG.GEN	福	能有	幾個
本源	説。	你的	福	能有	多少?

【A】有老家兒們說的“惜食長飽,惜衣長煖”的話呀。你能有多大福啊?

【B】老家兒們的話“惜食得食,惜衣得衣”。你能有多大福田?

【C】老人家的話“惜食得食,惜衣得衣”。你帶了來的福田能有多少?

【D】有年紀兒的人們常說:惜衣得衣,惜食得食。你的福田能有多大呢?

【E】有年紀兒的人們說的話兒:惜衣得衣,惜食得食。你的福田能有多大?

【F】倆想一想,我們的福有多大呢?

【G】有年紀兒的人們常説，惜衣得衣，惜食得食。你的福田能有多大呢？

ere	durun	i	sotaci,	beyede	sui	ai
ere	durun	-i	sota-ci,	beye-de	sui	ai
這	樣子	INS	抛散-假設.CVB	自己-DAT	罪	什麽
這	樣子	的	抛撒糧食，	身體對	罪	什麽

isifi	omihon	de	amcabuha	erinde,
isi-fi	omihon	de	amca-bu-ha	erin-de,
到達-順序.CVB	饑餓	LOC	追趕-PASS-PFV	時候-LOC
到	饑餓	時	趕到	時候，

aliyaha	seme	amcaburakū	kai.
aliya-ha	se-me	amcabu-ra-kū	kai.
後悔-PFV	説.AUX-并列.CVB	趕得上-IPFV-NEG	INTJ
後悔		趕不及	啊。

【A】這樣的抛撒五谷，到了折受的受餓的時候，纔悔之不及呢呀。

【B】這樣的抛撒，到了受罪挨餓的時候，悔之不及矣。

【C】若這樣不節儉花費，仔細啊，罪作久了，自己挨上餓的時候，後悔也不及了。

【D】若是這麽樣兒的不會過，隄防着日子久了，自己捱上了餓，那時候兒纔後悔，也就遲了啊！

【E】若是這麽樣兒不省儉，小心着久了的時候兒，自己捱上餓了，你後悔，也就遲了啊！

【F】若儞都照這個樣，慣了癖氣，我怕儞折了福，自己捱上餓啊。到那時候，後悔已遲了。

【G】若是這麽樣兒的不會過隄防着，日子久了，自己捱上了餓，那時候兒纔後悔，也就遲了啊。

(【F】儞吶説的狠是，這是我沒留心處，並不是有心蹧蹋東西啊。從今後我一定回頭改過。)

83 (A83 nimeku facuhūn bade dosire 病入膏肓, B83, C50, D50, E51, F26 重探友病, G32 添病)

juwari	forgon	de,	kemuni	katunjaci	ombihe,
juwari	forgon	de,	kemuni	katunja-ci	o-mbihe,
夏天	季節	LOC	還	勉強支撐-假設.CVB	可以-PST
夏天	季節	時,	還	勉強	可以來着,

bihe	bihei,	ulhiyen	i	nimeku
bi-he	bi-hei,	ulhiyen	-i	nimeku
存在.AUX-PFV	存在.AUX-持續.CVB	逐漸	INS	病
久而久之,		漸漸	的	病

nonggibufi,	fuhali	maktabuhabi.
nonggi-bu-fi,	fuhali	makta-bu-ha-bi.
增加-CAUS-并列.CVB	竟然	抛-PASS-PFV-PRS
增加,	竟然	病倒了。

(【F】昨兒倆叫我再去看看那朋友的病,我回家纔吃了飯,就去了。他的病怎麼様?)

【A】夏天的時候,還可以勉強來着,久而久之,越發添了病,竟撩倒了。

【B】夏令時候,還可以勉強來着,久而久之,添了病,竟撂倒了。

【C】夏天的時候,還可以扎挣來着,久而久之,漸漸的添了病,竟撂到了。

【D】夏天的時候兒,他還可以扎掙着走來着,近來這些日子添了病,竟躺下了。

【E】夏天的時候兒,還可以扎掙着走來着,近來這幾天添了病,竟躺倒了。

【F】他起先還可以扎掙着,對我們談談。我怕他的身子過疺,不敢和他多說話,就退出外頭,和他家裡人說話。那知道,到了晚上定更的時候,他變了症,竟躺倒了。

【G】夏天的時候兒,他還可以扎掙着走來着,近來這些日子添了病,竟躺下了。

erei	turgunde,	booi	gubci	buran	taran,	mašan
ere-i	turgun-de,	boo-i	gubci	buran	taran,	mašan
這-GEN	理由-LOC	家-GEN	全部	亂	亂哄哄	主意
這	原因,	家的	全	亂	亂哄哄,	主意

baharakū,	sakdasai	cira	gemu	wajiha.
baha-ra-kū,	sakda-sa-i	cira	gemu	waji-ha.
得到-IPFV-NEG	老人-PL-GEN	容颜	都	完結-PFV
得不到,	老人們	容颜	都	瘦了。

booi	dolo	facaha	sirge	i	gese
boo-i	dolo	faca-ha	sirge	-i	gese
家-GEN	裡面	亂-PFV	絲	GEN	一樣
家的	裡面	散亂的	絲	的	一樣

ohobi.
o-ho-bi.
成爲.AUX-PFV-PRS
成了。

【A】因此,合家全乱乱轟轟的,不得把病醫治了,老家兒們全熬的瘦了。家裏就像乱絲一樣了。

【B】因此上,闔家亂亂轟轟的,不得主意,老家兒們容顏都減了。家裡成了亂絲了。

【C】因此,闔家亂亂烘烘不得主意,老人家們憂愁的肉都完了。心裡如同亂絲是的了。

【D】闔家子亂亂烘烘的,沒主意,老家兒們,愁得都瘦了。

【E】闔家子亂烘烘的,不得主意,老人家們,心裡愁得都瘦了。

【F】一家人亂紛紛的沒主意,他的雙親愁的皺着眉,只說:"這病怎麼好?"請我進去看他。

【G】闔家子亂亂烘烘的,沒主意,老家兒們愁得都瘦了。

imbe tuwaci gebserefi giranggi teile
imbe tuwa-ci gebsere-fi giranggi teile
3SG.ACC 看-條件.CVB 瘦-順序.CVB 骨頭 僅僅
把他 看 很瘦 骨頭 只
funcehebi, nagan de dedu nakū, ergen
funce-he-bi, nagan de dedu nakū, ergen
剩-PFV-PRS 炕 LOC 躺.IMP 之後 生命
剩餘, 炕 在 卧睡 之後, 生命
hebtešembi.
hebteše-mbi.
喘氣-PRS
挣命。

【A】看起他瘦的寡剩了骨頭了,倘在坑上,挣命呢。
【B】看他瘦的竟剩下骨頭了,躺在炕上,挣命呢。
【C】看赳他來病瘦如柴,竟剩下骨頭了,卧在炕上絢氣。
【D】那一天,我去瞧他,見他瘦得不成樣兒了,在炕上倒氣呢。
【E】那一天我去瞧他,我看見他瘦得一點肉沒有,竟剩下骨頭咯,在炕上倒氣兒呢。
【G】那一天我去瞧他,見他瘦得不成樣兒了,在炕上倒氣兒呢。

tede, bi elhei hanci ibefi, si majige
tede, bi elhei hanci ibe-fi, si majige
那.LOC 1SG 慢慢地 近 上前-順序.CVB 2SG 略
在那, 我 慢慢 近處 來到, 你 略
yebeo seme fonjire jakade, yasa
yebe-o se-me fonji-re jakade, yasa
病好-Q 說.AUX-并列.CVB 問-IPFV 之時 眼睛
好嗎 問 時候, 眼睛

neifi	mini	gala	be	jafašafi	geli
nei-fi	mini	gala	be	jafaša-fi	geli
開-順序.CVB	1SG.GEN	手	ACC	拉住-順序.CVB	又
開	我的	手	把	抓	又

jafašame,
jafaša-me,
拉住-并列.CVB
抓緊,

【A】那個上,我慢慢的到跟前,"你好些兒了嗎"問時,睁開眼睛拉着我的手不放,

【B】那上頭,我慢慢的到跟前,問"你好些嗎",睁開眼拉着我的手攥了又攥,

【C】那上頭我慢慢的進到跟前說:"你署好些了麼?"問的上頭,睁開眼,将我的手揝了又揝说,

【D】我慢慢兒的走到他跟前兒,說:你如今好了些兒麼?他睜開眼瞧見我,把我的手緊緊的揝住说,

【E】我慢慢兒的走到跟前說:你如今好了些兒了麼?他睜開眼瞧見我,把我的手緊揝住说,

【F】我慢慢走到他跟前,問他說:"儞如今好些麼?"他睜開眼瞧見我,把我的手緊緊揝住说,

【G】我慢慢兒的走到他跟前兒說:你如今好了些兒麼?他睜開眼瞧見我,把我的手緊緊的揝住说:

ai,	ere	mini	gajiha	sui,	nimeku	facuhūn	bade
ai,	ere	mini	gaji-ha	sui,	nimeku	facuhūn	ba-de
唉	這	1SG.GEN	取-PFV	罪過	病	紊亂	處-DAT
唉,	這	我的	取	罪,	病	紊亂	處

dosifi,	ebsi	duleme	muterakū	be,
dosi-fi,	ebsi	dule-me	mute-ra-kū	be,
進入-順序.CVB	以後	痊愈-并列.CVB	能够-IPFV-NEG	ACC
進入,	以來	痊愈	不能够	把,

bi	endembio.
bi	ende-mbi-o.
1SG	欺瞞-PRS-Q
我	瞞得過嗎?

【A】嘆着說:這也是我作的罪,病已況(沉)了,不能彀脱離,我豈不知嗎?

【B】嘆着說:這是我造下的罪,病入膏肓,過不來的,我豈不知?

【C】哎,阿哥,這是我帶來的罪蘖(孽),病入膏肓,不能好過來的,我不知道麽?

【D】哎,我的兄台,這是我的罪呀! 病到這個分兒上,大料是不能好了。我不知道麽?

【E】噯,哥哥呀,這是我的罪啊! 如今這樣是不能好了。我不知道麽?

【F】噯,又勞老哥來看我。我這病不能好咯。今天會見老哥一面,是我的幸處。

【G】哎,我的兄台,這是我的罪呀。病到這個分兒上,大料是不能好了,我不知道麽。

nimeku	bahaci	ebsi,	ya	oktosi	de
nimeku	baha-ci	ebsi,	ya	oktosi	de
病	得到-假設.CVB	以來	什麽	醫生	DAT
病	得到	以來,	什麽	醫生	往

dasabuhakū.	ai	okto	omihakū.	yebe
dasa-bu-ha-kū.	ai	okto	omi-ha-kū.	yebe
治療-PASS-PFV-NEG	什麽	藥	喝-PFV-NEG	病好
没治過?	什麽	藥	没吃過?	痊愈

ojorolame, geli gonjahangge,
ojo-ro-lame, geli gonja-ha-ngge,
成爲.AUX-IPFV-伴隨.CVB 又 病反復-PFV-NMLZ
將, 又 病犯了,
uthai hesebun.
uthai hesebun.
就是 命運
就是 命。

【A】自從得病以來,什麼醫生沒治過?什麼藥沒吃過?将好了,又犯了,就是命了。

【B】自從得病以來,什庅大夫沒教治過?什庅藥沒吃過?将好些,又犯了,就是命。

【C】自病以來,那個大夫沒治過?甚麼藥沒吃過?将好,又重落了的,就是命。

【D】自從有病,那個大夫沒治過?甚麼様兒的藥沒喫過?纔好了一好兒,又重落了。這是我命該如此。

【E】自從有病,那個大夫沒治過?甚麼様兒的藥沒吃過?纔好了一好兒,又重落了。就是我的命了。

【F】我由得病來,那個大夫沒治過?甚麼様的藥沒吃過?只是好了兩三天,又變重了,纏綿到如今。這是我的命該這様。

【G】自從有病,那個大夫沒治過,甚麼様兒的好藥沒吃過,纔好了一好兒,又重落了,這是我命該如此,

ede bi umai koro sere ba akū, damu
ede bi umai koro se-re ba akū, damu
這.DAT 1SG 全然 怨恨 説.AUX-IPFV 處 NEG 只是
因此 我 全然 怨恨 處 没有, 只

ama eme se de oho, deote geli ajigen,
ama eme se de o-ho, deu-te geli ajigen,
父親 母親 歲數 DAT 成爲-PFV 弟弟-PL 又 幼小
父親 母親 歲 在 成了, 兄弟們 又 小,

jai niyaman hūncihin giranggi yali gemu mimbe
jai niyaman hūncihin giranggi yali gemu mimbe
再 親人 親族 骨頭 肉 都 1SG.ACC
再 親人 親戚 骨頭 肉 都 把我

tuwahai bikai, bi mangga mujilen i ya
tuwa-hai bi-kai, bi mangga mujilen -i ya
看-持續.CVB 有-INTJ 1SG 硬 心 INS 誰
看着 啊, 我 狠 心 以 誰

emken be lashalame mutere seme.
emken be lashala-me mute-re se-me.
一個 ACC 斷開-并列.CVB 能够-IPFV 説.AUX-并列.CVB
一個 把 斷開 能?

【A】這個我一點兒也沒有委屈處,但只父母年老了,兄弟們又小,再親戚與骨肉全不過白看着我罷咧,我就狠着心可離得開誰呢?

【B】這個我並不委屈,但只父母年老了,兄弟們又小,再者親戚骨肉都看着我,我硬着心捨得誰?

【C】這上頭我並沒虧處,但只父母都有年紀了,兄弟們又小,再親戚骨肉都在這裡瞧着我,我狠心能割的斷那一個?

【D】我並不委屈。但只惦記,父母上了年紀,兄弟又小,再者親戚骨肉都在這兒,我能撂得下誰呢?

【E】我並不虧心。但只父母上了年紀兒了,兄弟又小,再者親戚骨肉都在這兒,我能撂下誰呢?

【F】我沒有什麼放不下,所罣在心頭的,只是我的兩老上了年紀,兄弟還小,我死,誰能彀伺候兩老呢?

【G】我並不委屈,但只惦記父母上了年紀,兄弟又小,再者親戚

骨肉們都在這兒,我能撂得下誰呢?

gisun wajinggala, yasai muke fir
gisun waji-nggala, yasa-i muke fir
話語 完結-之前.CVB 眼睛-GEN 淚水 哭泣貌
話 將完, 眼睛 水 痛哭的樣子

seme eyehe. ai, absi usacuka, udu sele
se-me eye-he. ai, absi usacuka, udu sele
AUX-并列.CVB 流-PFV 哎 何其 可歎 雖然 鐵
流。 唉, 多麼 可歎, 雖然 鐵

wehei gese niyalma sehe seme
wehe-i gese niyalma se-he se-me
石-GEN 一樣 人 說.AUX-PFV 說.AUX-并列.CVB
石頭的 樣 人 說。

terei gisun de mujilen efujerakūngge
tere-i gisun de mujilen efuje-ra-kū-ngge
3SG-GEN 話語 DAT 心 受損-IPFV-NEG-NMLZ
他的 話 對 心 不受損的

akū kai.
akū kai.
NEG INTJ
沒有 啊。

【A】話将完了,眼淚直流。哎,何等的可嘆,就說是鉄石人心,聽見那個話沒有不動心的呀。

【B】話将完,眼淚直流。嗳,好可嘆,就是鉄石人,他那話上沒有不傷心的呀。

【C】話尚未完,眼淚直流下來了。哎,好傷心,就是鐵石人,聽他那個話沒有不傷心的啊。

【D】話沒說完,眼淚直流下來。好傷心哪! 就是鐵石的人,聽了他的那個話,也沒有不慘得慌的。

【E】話沒說完,眼淚直流下來。好傷心哪!就是鐵石的人,聽了他說的那個話,也沒有不慘得慌的啊。

【F】說到這,他眼淚汪汪的直流下,累得我也實在難過了。我只好得安慰他,就回來了。

【G】話沒說完,眼淚直流下來,好傷心哪。就是鐵石的人,聽了他那個話也沒有不慘得慌的。

(【F】哦,他的病竟然變成這個樣的啊。)

84（A84 abkai ari 天生的惡人,B84,C42,D42,E43,F78 家僮淘氣　G30 討嫌）

ai	fusi	geli	bini.	niyalmai	deberen	waka,
ai	fusi	geli	bi-ni.	niyalma-i	deberen	waka,
什麼	下賤的	也	有-呢	人-GEN	崽子	不是
什麼	賤貨	又	有呢!	人的	崽子	不是,

ini	amai	gese	urehe	banjihabi,
ini	ama-i	gese	ure-he	banji-ha-bi,
3SG.GEN	父親-GEN	一樣	熟-PFV	生長-PFV-PRS
他的	父親	一樣	生變熟	生長了,

【A】什麼下賤東西也有呢!不是人猝子,生的活像他阿媽一樣,實在是他阿媽的種兒,

【B】什庅下贱東西也有呢!竟不是人崽子,生的活像他父親,

【C】甚麼賤貨也有呢!不是人種,長的活托像他老子,

【D】你看這種賤貨,竟不是個人哪!長得活脫兒的,像他老子一個樣,

【E】甚麼賤貨兒啊,竟不是個人哪!長得活脫兒的,像他老子一個樣,

【F】儞看世上再沒有這種賤骨頭的,眞個不中用的東西!就是

長得像個様，

【G】你看這種賤貨，竟不是個人哪，長得活脱兒的，像他老子一個様，

absi	tuwaci	absi	ubiyada.	yaya	bade
absi	tuwa-ci	absi	ubiyada.	yaya	ba-de
怎麽	看-假設.CVB	怎麽	討人厭	任何	地方-LOC
怎麽	看	怎麽	討人厭。	任何	處

takūršaci,	yasa	nicušame,	eiten
takūrša-ci,	yasa	nicuša-me,	eiten
派遣-假設.CVB	眼睛	一直閉眼-并列.CVB	一切
若使唤，	眼睛	眨眼，	一切

saburakū,	balai	cunggūšambi.
sabu-ra-kū,	balai	cunggūša-mbi.
看見-IPFV-NEG	胡亂	撞頭-PRS
看不見，	胡亂	撞頭。

【A】怎麽看怎麽討人嫌啊。大凡使了去的地方，閉着眼睛，什麽看不見，混撞啊。

【B】怎庅看怎庅討人嫌。使唤了那裡去，閉目合眼，什庅看不見，混撞。

【C】怎麽瞧怎麽討人嫌。不論使到哪裡，眼睛擠顧擠顧的，諸様看不見，亂撞。

【D】越瞧越討人嫌。不論是到那兒，兩隻眼睛，擠顧擠顧的，任甚麽兒看不見，混撞。

【E】越瞧越討人嫌。不論是到那兒，兩個眼睛，擠擠顧顧的，任甚麽兒看不見混撞。

【F】心地倒沒有一點兒明白。不拘到那里，只是混撞，任甚麽都看不見；不拘做甚麽，只是瞎抓。

【G】越瞧越討人嫌。不論倒那兒，兩隻眼睛擠顧擠顧的，任甚麽兒看不見，混撞。

anggai	dolo	ulu wala	seme,	aimaka	niyalma
angga-i	dolo	ulu wala	se-me,	aimaka	niyalma
口-GEN	裡面	話不明白貌	AUX-并列.CVB	好像	人
嘴的	裡面	言語不清	地,	反倒	人

be	nioboro	adali,	we	ini	gisun	be	ulhimbi.
be	niobo-ro	adali,	we	ini	gisun	be	ulhi-mbi.
ACC	戲弄-IPFV	一樣	誰	3SG.GEN	話語	ACC	懂得-PRS
把	戲弄	一樣,	誰	他的	話	把	明白?

【A】嘴裡打唔嚕倒像戲弄人的一樣,誰懂得他的話呢?

【B】嘴裡說的總不清楚,倒像戲弄人是的,誰懂得他的話?

【C】嘴裡咕咕噥噥的,好像是漚人是的,誰懂他的話?

【D】嘴裏磕磕巴巴的,實在是漚人。

【E】嘴裡痾痾巴巴的,竟是漚人似的。

【G】嘴裡痾痾巴巴的,實在是漚人。

jingkini	bade	umai	baitakū	bime,	efimbi
jingkini	ba-de	umai	baitakū	bime,	efi-mbi
正經	處-LOC	全然	無用	然而	玩-PRS
正經	處在	全然	無用處	而且,	玩要

sere	de	jergi	bakcin	akū,
se-re	de	jergi	bakcin	akū,
説.AUX-IPFV	LOC	同等	對手	NEG
說起	時	同等	對手	没有,

【A】正經地方狠無用,一說頑起來沒有對兒。

【B】正經地方狠不中用,說起頑兒來沒有對兒,

【C】正經地方毫不中用,說是頑罷無對兒,

【D】正經(的)事情上,絲毫不中用。若是陶氣很能。

【E】正經事情上,絲毫不中用。若說陶氣很能。

【F】是不是總不知道啊?若說淘氣狠能幹。

【G】正經事情上絲毫不中用,若是說陶氣,很能。

jaka	šolo	burakū,	hanci	eršebuci
jaka	šolo	bu-ra-kū,	hanci	erše-bu-ci
縫隙	空閒	給-IPFV-NEG	附近	服侍-CAUS-假設.CVB
縫隙	空閒	不給,	近處	使侍奉

hono	yebe,	majige	aljabuha de,	taji	tuwara
hono	yebe,	majige	alja-bu-ha-de,	taji	tuwa-ra
還	好些	略	離開-CAUS-PFV-LOC	淘氣	看-IPFV
還	好,	略	離開 時候,	淘氣	看

ba	akū.	fuhali	emu	abkai	ari.
ba	akū.	fuhali	emu	abka-i	ari.
地方	NEG	全然	一	天-GEN	難纏的人
處	没有。	竟然	一	天的	難纏的人。

【A】一點空兒不給,叫在跟前服侍着使喚還好,料離了些的時候,陶氣的狠不堪。竟是個天生的惡人。

【B】一點空兒不給,教在跟前伺候着還好些,畧離開一會兒,啕氣的狠不堪。竟是一個鑚天猴。

【C】若是一點空兒不給,叫在跟前伏侍還好些,離開一點,啕氣的看不得。竟是通天鬼。

【D】一點兒空兒不給,常叫他在跟前兒服侍,還好些兒;若不然,就陶氣的了不得,眞是個鬧事精!

【E】一點兒空兒不給,常叫在跟前兒服侍,還好些兒;若不然,就陶氣得不堪咯,竟是個通天鬼!

【F】離開我身邊,就是玩耍。

【G】一點兒空兒不給,常叫他在跟前兒服侍,還好些兒;若不然就陶氣得了不得,眞是個鬧事精。

terebe	gaisu,	erebe	sinda,	majige	andande
tere-be	gaisu,	ere-be	sinda,	majige	andan-de
那個-ACC	取.IMP	這個-ACC	放.IMP	一點	時間-LOC
把那	取，	把這	放置，	略	瞬間

seme	ekisaka	banjirakū,	kūwak cak
se-me	ekisaka	banji-ra-kū,	kūwak cak
說.AUX-并列.CVB	安静	産生-IPFV-NEG	棍棒相打貌
	寂静	不産生，	棍棒相打聲

seme	moniocilambi.	bi	jili
se-me	moniocila-mbi.	bi	jili
AUX-并列.CVB	猴子一樣蹦躂-PRS	1SG	怒氣
	猴子樣　跳。	我	性子

nerginde	oci,
nergin-de	o-ci,
頃刻-LOC	成爲.AUX-假設.CVB
臨時	若是，

【A】拿起那個來，放下這個去，一會兒不閒着，猴兒一樣的跳足答。一時性子上来了，

【B】拿起那個來，放下這個去，一會兒也不閒着，跳足荅着粧猴兒。我一時性子上來，

【C】拿起這個，放下那個，一會也不安静，撃定鼓動的跳猴兒。若是氣頭兒上，

【D】撂下這個、拏起那個，猴兒似的一様，唧叮咕咚的不安靜。我若是氣上來，

【E】拿起那個，撂下這個，猴兒似的不安靜，唧叮咕咚的鬧。我若是氣上來，

【F】實在教人可氣的。我一天氣起來，

【G】撂下這個拏起那個，猴兒似的一様唧叮咕咚的不安靜。我若是氣上來，

ere	lehele	i	hefeli	be	saciha	de,	teni	gūnin
ere	lehele	-i	hefeli	be	saci-ha	de,	teni	gūnin
這	雜種	GEN	肚子	ACC	切開-PFV	LOC	纔	心意
這	雜種	的	膛	把	使開了	時,	纔	心意

de	kek	secibe.
de	kek	se-cibe.
LOC	稱心	AUX-讓步.CVB
在	稱意。	

【A】把這個褋種的膛開了,纔稱心入意罷咧。

【B】雖說是把這褋種開了膛,纔稱心。

【C】将這雜種的腸子擰了,纔趁心。

【D】眞得把他打死了,纔解恨。

【E】把那個雜種的腸子擰斷了,纔解恨。

【F】一時要打死他。

【G】把那個雜種的腸子擰斷了,纔解恨。

duleke	manggi,	geli	gūnici	ainara	jiye.
dule-ke	manggi,	geli	gūni-ci	aina-ra	jiye.
過去-PFV	之後	又	想-假設.CVB	做什麽-IPFV	INTJ
過去	後,	又	想	怎麽樣	呢?

yargiyan	i	imbe	wambio.
yargiyan	-i	imbe	wa-mbi-o.
實在	INS	3SG.ACC	殺-PRS-Q
實在	地	把他	殺嗎?

【A】過去了的時候,又想着可怎麽樣呢? 實在的殺他嗎?

【B】過去了,又想着可怎樣呢? 任眞的殺他嗎?

【C】過後想起来可怎麽樣? 當真的殺他麽?

【D】過了氣兒又一想,可怎麽樣呢? 當眞的打殺他罷,又怪不忍得。

【E】過了氣兒想起來,可怎麼樣呢?當眞的殺了他罷?

【F】回頭想,他老子在我家幾十年,狠勤慎的辦事,他嬤現在服事我內眷,還照舊。

【G】過了氣兒又一想,可怎麼樣呢?當眞的打殺他罷,又怪不忍得。

uju de oci, foholon taimin galaci
uju de o-ci, foholon taimin gala-ci
第一 LOC 成爲.AUX-假設.CVB 短 撥火棍 手-ABL
第一 在, 短 撥火棍 比手

ai dalji, jai de oci, booi
ai dalji, jai de o-ci, boo-i
什麼 相干 第二 LOC 成爲.AUX-假設.CVB 家-GEN
什麼 干涉; 第二 在 是, 家的

ujin jui seme, bahara jetere bade,
ujin jui seme, baha-ra jete-re ba-de,
奴僕 孩子 雖然 得到-IPFV 吃-IPFV 地方-LOC
家生子 雖然, 得到 吃的 地方,

geli esi seci ojorakū imbe
geli esi se-ci ojo-ra-kū imbe
又 自然 說.AUX-假設.CVB 可以-IPFV-NEG 3SG.ACC
又 自然 雖然 不可以[不由得] 把他

fulu majige gosimbi..
fulu majige gosi-mbi.
多餘 略 疼愛-PRS
多 略 疼愛。

【A】第一件,火棍雖短倒比手強;第二件,是家生子兒,所得的與吃的去處,又不由的多疼他些兒。

【B】頭一件是,火棍短強如手撥拉;再者,是家生子兒,得的吃的地方兒,又由不得多疼他些兒。

【C】一則是家生子,二則火棍短強如手巴拉。想着這個,凡有得項有喫喝的地方,不由的偏疼他些兒。

【D】而且是家生子兒。火棍兒短,強如手撥咯。遇着我有一點兒得項,或是有點兒喫喝兒的地方兒,倒偏疼他些兒。

【E】而且是家生子兒。撥火棍兒短,強如手撥咯。因為這上頭,我畧有點兒得項,有吃喝兒的地方兒,倒偏疼他些兒。

【F】我若眞用這辣手,叫他嬷怎麼過得去?所以這番饒他去罷。

【G】而且我家生子兒,火棍兒短,強如手撥咯,遇着我有一點兒得項,惑(或)是有點兒喫喝兒的地方兒,倒偏疼他些兒。

(【F】是呀。他年紀纔十三歲,還小呢。又是倆的家生子,倆可以看他爹嬷分上,耐心教導他。他爹死了後,只剩下這個兒子,倆要體諒點啊。)

85 (A85 beilecilere 拿腔, B85, C63, D63, E64, F96 朋友口角)

ai	guwejihe	tatabuhabi.	mimbe
ai	guwejihe	tata-bu-ha-bi.	mimbe
什麼	胃	拉扯-CAUS-PFV-PRS	1SG.ACC
什麼	心腸	使拉?	把我

weihukelerengge	ja	akū.
weihukele-re-ngge	ja	akū.
輕視-IPFV-NMLZ	容易	NEG
輕視的	容易	不[至極了]。

【A】安的是什麼心腸?把我輕視的至極了。

【B】安着什広心腸呢?把我輕視的至極了。

【C】壞了肚子了,小看我不輕啊。

【D】壞了腸子咯,把我輕慢得了不得!

【E】壞了腸子咯,把我輕慢的了不得!

【F】哎,眞是個老臉皮的,爾算是甚麽人啊?就把我輕慢的了不得!

bi	sini	baru	gisun	gisureci,	teisu	akū
bi	sini	baru	gisun	gisure-ci,	teisu	akū
1SG	2SG.GEN	向	話語	説-假設.CVB	本分	NEG
我	你的	向	話	説,	本分	不是

semeo.	jime	ohode
se-me-o.	ji-me	o-ho-de
AUX-并列.CVB-Q	來-并列.CVB	成爲.AUX-PFV-LOC
嗎?	來	成了

uthai	faksi	gisun	i	mimbe	yekeršerengge,
uthai	faksi	gisun	-i	mimbe	yekerše-re-ngge,
就	巧妙	話語	INS	1SG.ACC	譏誚-IPFV-NMLZ
就	巧	言	以	把我	刻薄,

beye	beyebe	ai	obuhabi.
beye	beye-be	ai	obu-ha-bi.
自己	自己-ACC	什麽	當作-PFV-PRS
自己	把自己	什麽	作爲?

【A】我望你説話,不是分内的嗎?來了就用巧言苛薄我,倒算個什麽?

【B】我望你説話,不對身分嗎?來時就用巧言打趣我,自己把自己算作什庅了?

【C】我向你説話,不對麼?動不動的拿巧話兒譏誚我的,把自己當作甚麽了?

【D】我和你説話,都不配麽?動不動兒的,就拏巧話兒譏誚我,把自己當成甚麽咯?

【E】我和你説話，不配麼？來動了就拿巧話兒譏誚我，把自己當成甚麼咯？

【F】儞和我説話，還不配呢！儞敢把巧言冷語來笑我，實在可恨的。

dere	yasa	emu	bade	fumereme	ofi,	bi	damu
dere	yasa	emu	ba-de	fumere-me	ofi,	bi	damu
臉	眼睛	一	處-LOC	攪拌-并列.CVB	因爲	1SG	只是
臉	眼	一	處	攪拌	成了，	我	只

gisurerakū	dabala,	da	sekiyen	be
gisure-ra-kū	dabala,	da	sekiyen	be
説-IPFV-NEG	罷了	原本	根源	ACC
不説	罷了，	原本	根源	把

tucibuhede,	geli	mimbe	fetereku	sembi.
tuci-bu-he-de,	geli	mimbe	fetereku	se-mbi.
出-CAUS-PFV-LOC	又	1SG.ACC	刨根問底	説-PRS
出來，	又	把我	刨根	説。

【A】常在一處攪混，我不過不説罷咧，要把根子説出来的時候，又説我刨根子了。

【B】因為鼻子臉在一處攪混，我只不説罷咧，要把根源説出來，又説我揭根子。

【C】日日因為鼻子臉子在一塊兒混混，我只不説罷了，我若説出根底來，又説我揭根子。

【D】每日裡，鼻子臉子的，常在一塊兒混混，我只不説罷咧，我若説出根子來，未免又説我揭短了。

【E】每日裡，鼻子臉子的，常在一塊兒混混，我只不説罷咧，我若説出根子來，未免又説我揭短了。

【F】我只是留個臉面給儞不説呢。若説出儞的根底來，儞有甚麼臉皮？

sini	da	gašan,	mini	fe	susu,	webe	we
sini	da	gašan,	mini	fe	susu,	we-be	we
2SG.GEN	原本	家鄉	1SG.GEN	舊	原籍	誰-ACC	誰
你的	原	家鄉,	我的	舊	籍貫,	誰把	誰

sarkū.
sa-r-kū.
知道-IPFV-NEG
不知?

【A】他的(ini)家鄉,我的住處,誰不知道誰的呢?

【B】你的家鄉,我的住處,誰不知道誰?

【C】你的本鄉,我的處所,誰不知道誰?

【D】你的家鄉,我的住處,誰不知道誰呢?

【E】你的家鄉,我的住處,誰不知道誰呢?

【F】儞的家鄉,我的住處,誰不知道誰的細底?

niyalma	de	monjiršaburakū	oci
niyalma	de	monjirša-bu-ra-kū	o-ci
人	DAT	揉搓-PASS-IPFV-NEG	成爲.AUX-假設.CVB
人	對	不使揉搓	

giyanakū	udu	goidaha.
giyanakū	udu	goida-ha.
能有	幾	長久-PFV
能有	幾	多久?

【A】不叫人揉措能有幾年了?受着罪到如今,望着我拿起腔來了。

【B】不教人揉搓能有幾時了?

【C】不叫人揉挫的,能有幾時了?受罪不拉的,如今又要望我粧胖。

【D】你不受人家的揉挫,纔有幾天兒啊?如今賤貨兒,這就和我作起足來了,是甚麽意思呢?

【E】你不吗人家揉挫的,能有幾天兒呀?如今賤貨兒,就敢和我粧起胖兒來咯,是甚麽意思呢?

【F】儞如今纔到這個地步,就這樣待我,不知道,後來還要怎樣的輕慢呢!

ine	mene	gisun	okjosalaha	seci,
ine	mene	gisun	okjosala-ha	se-ci,
乾脆	誠然	話語	冒犯-PFV	説.AUX-假設.CVB
乾脆	誠然[索性]	話語	冒失	説,

mini	dolo	hono	yebe.
mini	dolo	hono	yebe.
1SG.GEN	心裡	還	好些
我的	心裡	還	好。

【A】索性説話説錯了,我心裡還過得去。

【B】索性説話冒失了,我心裡還好些。

【C】索性説失了口,我心裡還好些。

【D】索性説失了言兒咯,那個還可以恕得過去;

【E】索性説失了言兒咯,那個我還恕得過去;

【F】這回不和儞計較,我不算個好漢。

muritai	ini	gisun	be	uru	arafi,	ainaha
muritai	ini	gisun	be	uru	ara-fi,	aina-ha
執意	3SG.GEN	話語	ACC	正確	做-順序.CVB	做什麼-PFV
强迫的	他的	話	把	正確	做,	做什麼

seme	waka	be	alime	gairakū	kai,
seme	waka	be	ali-me	gai-ra-kū	kai,
雖然	不是	ACC	受-并列.CVB	取-IPFV-NEG	INTJ
雖然[必然]	不是	把	受	不受	啊,

ede,	niyalma	be	esi	hūr	seci,
ede,	niyalma	be	esi	hūr	se-ci,
這.LOC	人	ACC	自然	發怒貌	AUX-假設.CVB
因此,	人	給	自然	發火樣子,	

mimbe	adarame	ja	i	tuwahabi.
mimbe	adarame	ja	-i	tuwa-ha-bi.
1SG.ACC	怎麼	容易	INS	看-PFV-PRS
把我	怎麼	輕易	地	看?

【A】一定要強着說他的話是,任憑怎麼的不認不是,因那個上,不由的叫人生氣啊。怎麼把我看容易了?

【B】強說是你的話是,任憑怎広不認不是,因此,不由的教人生氣。怎広把我藐視?

【C】強繆着把他的話為是,不肯應不是啊,那個人自然氣上來。你把我瞧輕的。

【D】偏死扭着說你的話是了,一口咬定了,不肯認錯,能不叫人更生氣麼?你太把我看輕咯!

【E】死扭着說他的話是,一口咬定了,不肯認不是,自然是更叫人氣上來咯?他太把我看輕咯!

【F】儞且試試看我的手段。我有什麼短處?儞有話只管說。

enenggi	teile	gala	elkime	mimbe	jio
enenggi	teile	gala	elki-me	mimbe	jio
今天	只有	手	招呼-并列.CVB	1SG.ACC	來.IMP
今日	只有	手	招手	把我	來

sembi,	wei	fiyanji	de	ertufi.
se-mbi,	we-i	fiyanji	de	ertu-fi.
說.AUX-PRS	誰-GEN	保障	LOC	依靠-順序.CVB
叫,	誰的	依靠	向	依靠。

【A】伏(仗)着誰的威勢,今日招呼特意叫我來的呀。

【B】仗着誰的勢頭,今日點着手叫我來。
【C】不知仗着何人,而今如此動作。
【D】實在不知道你仗着甚麽,能彀有這個樣兒的舉動兒?
【E】實在不知道他仗着甚麽,能彀有這個樣兒的舉動兒?
【F】為甚麽吞吞吐吐的,教人疑惑呢?

yala	we be	we	ainambi.	we	wede	gelembi.
yala	we-be	we	aina-mbi.	we	we-de	gele-mbi.
實在	誰-ACC	誰	怎麽樣-PRS	誰	誰-DAT	怕-PRS
實在	誰	把誰	怎麽樣?	誰	對誰	害怕?

meke	ceke	cendeki	seci,
meke	ceke	cende-ki	se-ci,
背面	表面	試驗-IMP	説.AUX-假設.CVB
高低	上下	試驗	要,

【A】實在誰把誰怎麽樣呢? 誰怕誰呢? 要見個高低上下,
【B】實在是誰能把誰怎樣? 誰怕誰呢? 要見個高低上下,
【C】實在誰把誰怎麽樣? 誰怕誰? 若果然要見個高低兒,
【D】誰也不能殺了誰,誰還怕誰麽? 若果然要見個高低兒,
【E】誰也不能殺誰,誰還怕誰麽? 儞有手段,儘管使出來。

mini	gūnin	de	kek	sehe	dabala.	majige
mini	gūnin	de	kek	se-he	dabala.	majige
1SG.GEN	意念	LOC	稱心貌	AUX-PFV	罷了	略
我的	心意	在	稱心	地	罷了。	略

tathūnjaci,	inu	haha	waka.
tathūnja-ci,	inu	haha	waka.
猶豫-假設.CVB	也	男人	不是
若遲疑,	也	漢子	不是。

【A】倒狠稱我的心罷咧。要是料料的遲疑的時候,也就不是漢

子了啊。

【B】纔稱了我的心意罷咧。若要遲疑些,就不是漢子了啊。

【C】你若要見個高低,狠合我的心罷咧。若畧打一個遲兒,也不是漢子。

【D】很合我的式。若略打一個磴兒,也不是好漢子!

【E】很合我的式。若略打一個各磴兒,也不是好漢子!

【F】我若怕儞,也不算個好漢咯。哎,太放肆了!

(【F】儞們倆不要動氣,儞們本是同鄉,又同庄住的,張家長李家短,兩下計較,也不好意思。又加儞們既做了朋友,不可因這些說笑,彼此生氣翻了臉,給別人笑。儞倆請看我的臉,消了氣罷。這就算我的錯,小兄弟這裡賠禮咯。)

86 (A86 amba uran 巨響,B86,C96,D95,E97,F36 久雨)

utala	inenggi	ta ti	seme	sirkedeme
utala	inenggi	ta ti	se-me	sirkede-me
這些	日子	滴答下雨貌	AUX-并列.CVB	連綿-并列.CVB
這些	日子	滴滴答答		連綿

agara	jakade,	dolo	gemu	urehe.
aga-ra	jakade,	dolo	gemu	ure-he.
下雨-IPFV	因爲	心	都	熟-PFV
下雨着	因爲,	心裏	都	熟了。

【A】滴滴搭搭的連霪了這些日子了,心裡全熟了。

【B】這些日滴滴搭搭的連陰下雨的上頭,心裡煩極了。

【C】許多的日子滴滴搭搭的下連陰雨,心裡都熟了。

【D】這許多日子的連陰雨,下得我心裡都熟咯!

【E】許多日子連陰着下雨,我心裡都熟咯!

(【+F】這番雨下的狠久,今天纔晴,儞吶就出門了。一向好呀?)

【F】罷了。這番雨，不住點的下了許多天，

uba	sabdaha,	tuba	usihihe,	amgara	ba	gemu	akū
uba	sabda-ha,	tuba	usihi-he,	amga-ra	ba	gemu	akū
這裡	漏-PFV	那裡	濕-PFV	睡-IPFV	處	都	NEG
這裡	漏了，	那裡	濕了，	睡覺	處	都	没有

ohobi.
o-ho-bi.
成爲.AUX-PFV-PRS
成了。

【A】這裡漏了，那裡濕了，睡覺的地方全沒了。

【B】這裡漏了，那裡湿了，睡覺的地方全沒了。

【C】這裡漏了，那裡濕了，連睡覺的地方兒都沒了。

【D】這兒也漏了，那兒也溼了，連個睡覺的地方兒都沒有！

【E】這兒也漏了，那兒也濕了，連個睡覺的地方兒都沒有！

【F】下得我那，就變了滿屋子的雨，這裡漏那裡漏，連睡覺的地方，也有點積水。我沒法的，使兩塊板了，搭一個鋪，在堂屋睡。

ere	dade	wahūn	umiyaha	suran	ai	jergi
ere	da-de	wahūn	umiyaha	suran	ai	jergi
這	基礎-LOC	臭	蟲子	跳蚤	什麽	等物
這	起初	臭	蟲	跳蚤	什麽	之類

umiyaha	šufarangge,
umiyaha	šufa-ra-ngge,
蟲子	叮咬-IPFV-NMLZ
蟲子	叮咬的，

【A】又搭着那個臭虫虼蚤咬的，

【B】又搭着臭虫虼蚤等咬的，

【C】而且蚊子嗅虫虼蚤什麽叮的，

【D】而且又是蚊子、臭虫、虼蚤叮得，

【E】而且又是蚊子、臭蟲、虼蚤叮得,
【F】又是蚊子臭蟲虼蚤,叮的咬的,

fuhali	hamici	ojorakū.	kurbušehei
fuhali	hami-ci	ojo-ra-kū.	kurbuše-hei
全然	忍耐-假設.CVB	可以-IPFV-NEG	翻身-持續.CVB
竟然	忍耐	不可以。	翻來覆去

tanggū ging	tulitele,	amu	isinjirakū.
tanggū ging	tuli-tele,	amu	isinji-ra-kū.
百更[亮鐘]	超過-直至.CVB	睡眠	到來-IPFV-NEG
亮鐘	直到過了,	困倦	没來到。

【A】狠受不得。反來覆去的直到亮鍾以後,睡不着。
【B】狠受不得。翻來覆去直到亮鐘以後,沒有困。
【C】實在受不得。翻來覆去過了亮鐘,困仍不來。
【D】實在難受。翻來覆去的過了亮鐘,並沒有睏,
【E】實在難受。翻來覆去的過了亮鐘,並沒有睏,
【F】實在難受。只好坐着聽雨看書,到痃了纔去睡。

katunjame	yasa	nicubufi,	geli	majige
katunja-me	yasa	nicu-bu-fi,	geli	majige
勉強-并列.CVB	眼睛	閉-CAUS-順序.CVB	又	略
勉強	眼睛	閉眼,	又	略

kiriha	bici,	arkan	teni	buru	bara	amu
kiri-ha	bi-ci,	arkan	teni	buru	bara	amu
容忍-PFV	有-假設.CVB	恰好	纔	朦朦	朧朧	睡覺
忍着	有了,	恰好	纔	恍惚		

šaburaha.	jing	sereme	amgara	de,
šabura-ha.	jing	sere-me	amga-ra	de,
困倦-PFV	正	發覺-并列.CVB	睡覺-IPFV	LOC
困倦。	正	知覺	睡覺	時

【A】把眼睛強閉着,又忍着的上,将将的纔恍恍惚惚的睡着了。正睡着的時候,

【B】強閉着眼睛,又畧忍了一會,将将的纔恍恍惚惚的困來了。正似睡不睡的,

【C】強閉着眼睛,又畧忍了一會,好容易恍恍惚惚的困來了。正似睡不睡的,

【D】把眼睛強閉着,又忍了一會兒,剛剛兒的恍恍惚惚的睏上來咯。正似睡不睡的,

【E】把眼睛強閉着,又忍了一會兒,剛剛兒的恍恍惚惚的睏上來咯。正似睡不睡的,

【F】這一躺下就着了。前兩天晚上,我剛睡着,

gaitai wargi amargi hošo ci uthai alin ulejehe na
gaitai wargi amargi hošo ci uthai alin uleje-he na
突然 西 北 角 ABL 就 山 崩-PFV 地
忽然 西 北 角 從 就 山 崩塌 地

garjaha adali, kunggur seme emgeri guwere
garja-ha adali, kunggur se-me emgeri guwe-re
裂-PFV 一様 雷鳴貌 AUX-并列.CVB 一次 鳴響-IPFV
裂 一様, 響亮地 一次 響

jakade, tar seme dokdoslafi getehe.
jakade, tar se-me dokdosla-fi gete-he.
之時 驚嚇貌 AUX-并列.CVB 吃驚-順序.CVB 醒-PFV
時, 恐懼様子 嚇一跳 醒了。

【A】忽聽得西北角上就像山磞地烈(裂)的一様,響的上,戰兢兢的驚醒了。

【B】忽聽得西北角上就像山崩地裂的一様,大嚮的上頭,猛然嚇了一跳驚醒了。

【C】忽然西北角上就像山崩地裂的一様,一大响的上頭,戰戰

兢兢的嚇醒了。

【D】忽然從西北上,就像山崩地裂的是一個樣,響了一聲,把我陡然間嚇醒了。

【E】忽然從西北上,就像山崩地裂的是一個樣,響了一聲,把我戰戰兢兢的嚇醒了。

【F】忽然的一聲,像山崩地裂的,把我嚇醒了。

kejine oho manggi, beye kemuni šurgeme
kejine o-ho manggi, beye kemuni šurge-me
許久 成爲.AUX-PFV 之後 身體 還 戰慄-并列.CVB
許久 之後, 身體 還 戰慄
dargime, niyaman jaka tuk tuk sembi.
dargi-me, niyaman jaka tuk tuk se-mbi.
顫抖-并列.CVB 心臟 之處 突突跳貌 AUX-PRS
打戰, 内心 裏 突突 心跳樣。

【A】好些工夫,身子打戰,心還跳呢。
【B】遲了好一會,身子還是亂戰,心窩裡亂跳。
【C】遲了好一會,身子還是打戰,心口忐忑的跳。
【D】過了好一會子,身上還是打戰兒,心裡還是突突的跳,
【E】過了好一會子,身上還是打戰,心裡還是忑忑的跳,

yasa neifi tuwaci, boo nagan agūra tetun
yasa nei-fi tuwa-ci, boo nagan agūra tetun
眼睛 開-順序.CVB 看-條件.CVB 家 炕 器具 器皿
眼睛 睁開 看, 家 炕 器具 器皿
umainahakū,
umainahakū,
無恙
無恙,

【A】睁眼一看,屋裏坑上以切噐具並沒怎麼樣的,
【B】睁開眼一看,房炕噐具並沒怎樣,
【C】睁開眼看時,房屋噐皿並無怎樣,
【D】睜開眼一瞧,屋裡所有的東西,都沒有損壞一點兒,
【E】睜開眼一瞧,屋裡所有的東西,都沒有損壞一點兒,
【F】我趕緊起來一瞧,堂前屋裡,所有的東西都好。

ekšeme	niyalma	be	takūrafi
ekše-me	niyalma	be	takūra-fi
慌忙-并列.CVB	人	ACC	派遣-順序.CVB
急忙	人	把	派出

tuwanabuci,	adaki	boo	i	fiyasha	aga	de
tuwa-na-bu-ci,	adaki	boo	-i	fiyasha	aga	de
看-去-CAUS-條件.CVB	鄰居	家	GEN	山牆	雨	DAT
看去,	鄰居	家	的	山牆	雨	與

šekebufi	tuheke	sembi.
šeke-bu-fi	tuhe-ke	se-mbi.
濕-PASS-順序.CVB	倒-PFV	説.AUX-PRS
被淋濕	塌陷	説。

【A】急忙使人去看,說是間壁的房山墻被雨濕透倒下來了。
【B】忙使人去看,說是間壁家的山墻被雨濕透倒了。
【C】忙使人去瞧,說是鄰家的山墻被雨淋透倒了。
【D】叫人出去一看,說是街坊家的山牆,叫雨淋透了倒咯。
【E】呌人出去一看,說是街坊家的山牆,呌雨淋透了倒咯。
【F】就叫人出去門外瞧,說是街坊上人家的山牆,被雨淋透了倒咯。

tere	asuki	be,	amu	tolgin	de	donjihangge,	uran
tere	asuki	be,	amu	tolgin	de	donji-ha-ngge,	uran
那	聲音	ACC	睡眠	夢	LOC	聽-PFV-NMLZ	聲音
那個	聲音	把,	困倦	夢	在	聽,	聲音

ainu	tuttu	amba	ni.
ainu	tuttu	amba	ni.
爲什麼	那樣	大	呢
怎麼	那樣	大	有呢?

【A】那個响聲,在睡夢中聽見的上,聲音怎麼那樣的大呢?

【B】那個聲氣,在睡夢中聽着,聲音怎麼那樣大呢?

【C】阿呦,睡夢之中,那個聲氣如何那樣大呢?

【D】噯呀,睡夢之中,那兒經得起那麼大的响聲兒震哪?

【E】噯呀,睡夢之中,那兒經得起那麼大的响聲兒震哪?

【F】我睡夢裡,那兒當得起那麼大的一震,嚇的那一跳,好半天的心裡還是跳的,又是睡不着。

(【F】由這番下雨到如今,沒有一天睡得好覺,就想來倆這,竟半步走不出門,這算是什麼好呢?)

87 (A87 emu jemin wasibure okto 一服打藥,B87,C48,D48,E49,F22 熬夜生病,G33 熬夜)

ere	udu	inenggi	baita	bifi,	emu	siran	i
ere	udu	inenggi	baita	bi-fi,	emu	siran	-i
這	幾	日子	事情	有-順序.CVB	一	連續	INS
這	幾	日	事情	有了,	一	連續	的

juwe	dobori	yasatabuha	turgunde,
juwe	dobori	yasatabu-ha	turgun-de,
二	晚	熬夜-PFV	原因-LOC
二	夜	熬眼睛	原因上,

【A】這幾日因為有事,一連兩夜熬了眼睛的緣故,

【B】這幾日因為有事,一連熬了兩夜的緣故,

【C】這幾日因為有事,一連熬了兩夜的上頭,

【D】我這幾天有事,一連熬了兩夜,

【E】這幾天因為有事，一連熬了兩宿眼，

【F】這幾天因為有事情，連熬了兩夜，

【G】我這幾天有事，一連熬了兩夜，

（【F】這是不要緊的。只要早早的睡個整夜，養足了精神，就好了。）

beye　gubci　fakjin　akū,　liyar　sembi.　sikse
beye　gubci　fakjin　akū,　liyar　se-mbi.　sikse
身體　全部　依靠　NEG　稀黏　AUX-PRS　昨天
身體　全　依靠　没有，　黏糊　地。　昨日
yamjishūn　erinde,　bi　uthai　amgaki　sembihe.
yamjishūn　erin-de,　bi　uthai　amga-ki　se-mbihe.
傍晚　時候-LOC　1SG　就　睡-IMP　説.AUX-PST
傍晚　時候，　我　就　睡覺　欲想來着。

【A】渾身不得主意，悉軟的了。昨日晚上，我就要睡覺來着。

【B】渾身無力，稀軟的了。昨日傍晚時，我就要睡來着。

【C】渾身不得勁兒，稀軟的了。昨日晚上時，我就要睡來着。

【D】渾身很乏，沒有勁兒。昨兒晚上，要早睡來着。

【E】渾身沒勁兒，很軟的。昨兒晚上，我就要早睡來着。

【F】渾身狠疺，沒有一點勁兒。昨兒晚上，我要早些去睡。

【G】渾身很乏，沒有勁兒。昨兒晚上，要早睡來着。

niyaman　hūncihin　leksei　ubade　bisire　jakade,　bi
niyaman　hūncihin　leksei　uba-de　bisi-re　jakade,　bi
親人　親族　完全　這裏-LOC　在-IPFV　因爲　1SG
人　親戚　完全　這裏在　在　因爲，　我
ai　hendume　waliyafi　amganambi.
ai　hendu-me　waliya-fi　amga-na-mbi.
什麼　説-并列.CVB　拋棄-順序.CVB　睡-去-PRS
什麼　説　丢棄　睡覺去？

【A】因為親戚們全在這裡的上頭,我怎麽說撂了睡覺去呢?

【B】因為親戚全在這裡,我怎広說撂下睡去呢?

【C】因親戚普裡在這裡,我說甚麽撂下睡覺去?

【D】只因親戚們,普裡普兒的,都在這兒會齊兒,我怎麽撂下去睡呢?

【E】因為親戚們,全都在我這兒,我怎麽撂下去睡覺呢?

【F】那知道,那親戚們,普裡普兒走來這坐,我怎麽撂下他去睡覺呢?

【G】只因親戚們普裡普兒的,都在這兒會齊兒,我怎麽撂下去睡覺呢?

tuttu	ofi	katunjara	dade	geli	katunjame,
tuttu	ofi	katunja-ra	da-de	geli	katunja-me,
那樣	因爲	勉强-順序.CVB	基礎-LOC	又	勉强-并列.CVB
那樣	因	勉强	上頭在	又	勉强,

beye	udu	simen	arame	tececibe,
beye	udu	simen	ara-me	te-ce-cibe,
身體	雖然	趣味	做-并列.CVB	坐-齊-讓步.CVB
身體	雖然	精神	打着	坐着,

【A】因為那樣,雖然勉強着又勉強,打着精神坐着,

【B】所以扎挣了又扎挣,身子雖然強打着精神坐着,

【C】因那樣,扎挣了又扎挣,身子雖然湊趣坐着,

【D】身子雖然強扎掙着,還在那兒陪着坐;

【E】因為這上頭,身子雖然強扎掙着,陪着坐着;

【F】就是強勉扎掙陪他坐坐,

【G】身子雖然強扎掙着,還在那兒陪着坐。

yasa	esi	seci	ojorakū	debsehun,
yasa	esi	se-ci	ojo-ra-kū	debsehun,
眼睛	自然	AUX-假設.CVB	可以-IPFV-NEG	下垂
眼睛	自然地		不可以[不由得]	耷拉下來,

murhu farhūn	ome	genembi.
murhu farhūn	o-me	gene-mbi.
恍惚	成爲.AUX-并列.CVB	去-PRS
恍惚	成了	去。

【A】眼睛不由的媽搭下來，恍恍惚惚的去了。

【B】眼睛不由的下垂，恍惚着睡去了。

【C】眼睛平白的使不得，搭拉着眼皮只覺昏昏的，

【D】哎，眼睛却十分受不得了，眼皮子也搭拉了，心裏也糊塗了。

【E】眼睛十分受不得了，眼皮子也搭拉了，心裡也糊塗了。

【F】眼睛十分酸疼澁，眼皮也搭拉了，要打盹。所談的話，心裡都是不知道。

【G】哎，眼睛却十分受不得了，眼皮子也搭拉了，心裏也糊塗了，

amala	antaha	facame,	bi	uthai	emu	cirku
amala	antaha	faca-me,	bi	uthai	emu	cirku
後來	客人	散-并列.CVB	1SG	就	一	枕頭
後來	客人	散開，	我	就	一	枕頭

sindafi,	etuku	nisihai,	uju	makta	nakū	hiri
sinda-fi,	etuku	nisi-hai,	uju	makta	nakū	hiri
放-順序.CVB	衣服	穿-持續.CVB	頭	扔.IMP	隨即	睡熟
放置，	衣服	穿着，	頭	倒下	隨即	睡熟

amgaha.	jai	ging	otolo	teni	getehe.
amga-ha.	jai	ging	o-tolo	teni	gete-he.
睡-PFV	第二	更	成爲-直至.CVB	纔	醒-PFV
睡覺。	第二	更	到	纔	醒。

【A】後來客們将散了，我就放了一個枕頭，穿着衣裳，把頭一倒竟自睡熟了。到了第二更的時候纔醒了。

【B】後來客一散，我就放了一個枕頭，穿著衣裳，把頭一倒就睡熟了。直到二更纔醒了。

【C】後頭客一散,我就放了一個枕頭,渾衣将頭一撂睡沉了。直到二更纔醒。

【D】沒法子,等到客一散,就抓了個枕頭,穿着渾身的衣裳睡着了,直到四更天纔醒。

【E】之後客一散,我就抓了個枕頭,穿着渾身的衣裳睡着了,直到三更天纔醒。

【F】等到客散,我就隨手抓個枕頭,連身衣服躺在炕上,就睡着了,一直的到了四更天纔醒。

【G】沒法子等到客一散就抓了個枕頭,穿着渾身的衣裳睡着了,直到四更天纔醒。

tede	majige	šahūraka	ainaha	be	sarkū,
tede	majige	šahūra-ka	aina-ha	be	sa-r-kū,
那.LOC	略	受凉-PFV	怎麼樣-PFV	ACC	知道-IPFV-NEG
在那	略	受凉	怎麼	把	不知,

dolo	umesi	kušun	ping	sembi,	beye	i	gubci
dolo	umesi	kušun	ping	se-mbi,	beye	-i	gubci
腹中	狠	不舒暢	膨悶貌	AUX-PRS	身體	GEN	全部
腹中	很	煩悶	膨脹,		身體		全

wenjerengge,	uthai	tuwa	de	fiyakūbuha	adali.
wenje-re-ngge,	uthai	tuwa	de	fiyakū-bu-ha	adali.
發熱-IPFV-NMLZ	就	火	DAT	烤-PASS-IPFV	一樣
發熱,	就	火	與	被烤	一樣。

【A】那個上也不知涼着了些或者怎麼樣的了,心裡狠悵悶,渾身發慹,就像火烤的一樣。

【B】那上頭也不知是涼着了怎樣了,心裡狠膨悶發脹,渾身發燒,就像火烤的一樣。

【C】那上頭畧着了些涼,也不知是怎樣,心裡不舒服膨悶,渾身發燒,就像火烤的一樣。

【D】不知道是怎麼着了點兒涼，覺着腹中膨悶，渾身發燒，就像火烤的一樣，

【E】因為這上頭，着了點兒涼，不知道是怎麼這們心裡不舒服膨悶，渾身發燒，就像火烤的是一個樣，

【F】因此招點涼，覺着肚子不舒服，就渾身的發燒，好像火烤的一樣。

【G】不知道是怎麼着了點兒涼，覺着腹中膨悶，渾身發燒就像火烤的一樣。

ere	dade	šan	i	fere	sulhume	ofi,
ere	da-de	šan	-i	fere	sulhu-me	ofi,
這	基礎-LOC	耳朵	GEN	耳底	疼-并列.CVB	因爲
而且		耳朵	的	耳根	疼	因，

tatabufi	jayan	gemu	suksurekebi,
tata-bu-fi	jayan	gemu	suksure-ke-bi,
拉-PASS-順序.CVB	牙關	都	腫-PFV-PRS
拉	牙關	都	腫了，

jeci	omici	amtan	akū,	tecibe
je-ci	omi-ci	amtan	akū,	te-cibe
吃-假設.CVB	喝-假設.CVB	味道	NEG	坐-讓步.CVB
吃	喝	味道	没有，	坐着

ilicibe	elhe	akū.
ili-cibe	elhe	akū.
立-讓步.CVB	安穩	NEG
立着	安穩	没有。

【A】又搭着耳底疼，拉扯的牙花子全腫了，吃飯喝茶全沒味兒，坐着站着也不安。

【B】又搭着耳底疼，拉扯的牙花子全腫了，吃喝沒味，坐着站着不舒服。

【C】而且又害耳朵底子,又疼又癢帶累的牙關一邉都腫了,飲食無味,坐立不安。

【D】又搭上害耳朵底子,疼得連顋頰都腫了,飲食無味、坐臥不安。

【E】而且又害耳朵底子,疼的連腮帮子都腫了,飲食無味、坐卧不安。

【F】耳朵底疼,鼻子根也腫疼,又吊起來牙疼,飲食沒味,坐臥不安。

【G】又搭上害耳朵底子,疼得連顋頰都腫了,飲食無味,坐臥不安。

bi ere ainci jeku taksihabi aise seme.
bi ere ainci jeku taksila-ha-bi aise se-me.
1SG 這 想是 食物 存住-PFV-PRS 或是 説.AUX-并列.CVB
我 這 想是 糧食 存住?

emu jemin wasibure okto omire jakade,
emu jemin wasi-bu-re okto omi-re jakade,
一 一劑 下降-CAUS-IPFV 藥 喝-IPFV 之時
一 一服 下降 藥 吃 時候,

hefeli de bisirele sain ehe jaka gemu
hefeli de bisi-re-le sain ehe jaka gemu
肚子 LOC 有-IPFV-所有 好 壞 東西 都
肚子裏 所有的 好 壞 東西 都

wasinjiha. tede teni majige sulakan oho.
wasi-nji-ha. tede teni majige sulakan o-ho.
降-來-PFV 那.LOC 纔 略 鬆快 成爲.AUX-PFV
使下來。 那個上 纔 略 寬心 成了。

【A】我説這想必是存住食了罷?吃了一付打藥的時候,把好歹的東西全打下来了。那個上纔料料的鬆閒了些了。

【B】我説這必是存住食了罷?吃了一付打藥,把肚子裡所有的好歹東西都打下來了。那上頭身子纔畧鬆快了些兒。

【C】我說這個想是停住食了,服了一劑打藥的上頭,好歹的東西都下來了,那上頭纔畧鬆快了些了。

【D】我想是停住食了,就服了一劑打藥。把內裏所有好啊歹的東西,都打下來了,這心裡纔覺着鬆快些兒。

【E】因為那樣兒,我說這想是停住食了,服了一劑打藥。內裡所有的好啊歹的東西,都打下來了,心裡覺着纔畧鬆快些兒。

【F】我想這是風火的病,吃一劑畧表散的藥就是。若風能退散,那火自然的會平了。

【G】我想是停住食了,就腹了一劑打藥,把內裏所有的好啊歹的東西都打下來了,這心裏纔覺着鬆快些兒。

(【F】這個藥吃了麼? 我自己纔擬一個方子去抓藥,還沒回來呢。)

88 (A88 erihe 念珠,B88,C37,D38,E38,F14 乞惠素珠)

age	sini	tere	erihe	be	bi	gamaki
age	sini	tere	erihe	be	bi	gama-ki
阿哥	2SG.GEN	那個	念珠	ACC	1SG	拿-IMP
阿哥	你的	那	珠	把	我	拿

sehei,	jiduji	bahafi	gamahakū.
se-hei,	jiduji	baha-fi	gama-ha-kū.
說.AUX-持續.CVB	到底	能够-順序.CVB	拿去-PFV-NEG
說要,	到底	得到	拿去没有。

【A】阿哥你的那盤朝珠,我說要拿了去,到底沒得拿了去。

【B】阿哥你那盤数珠,我說要拿去,到底沒得拿去。

【C】阿哥你的那個素珠,我要拿去,到底沒得拿去。

【D】兄台,你那盤誦珠兒,我說要拏去,到底沒有拏了去。

【E】大哥,你那盤數珠兒,我說要拿去,到底沒有拿了去。

【F】大哥,㑳那掛素珠,我起先要,㑳肯了;後來遇不着順便,沒拿去。

turgun	ai	seci.	jihe	dari,	si	uthai
turgun	ai	se-ci.	ji-he	dari,	si	uthai
原因	什麼	説.AUX-假設.CVB	來-PFV	每	2SG	就
原因	什麼	?	來	每次,	你	就

boode	akū,
boo-de	akū,
家-LOC	NEG
在家	没有,

【A】什麼緣故呢? 每逢來了,你全不在家,

【B】什庅緣故? 每逢來了,你就不在家,

【C】什麼緣故呢? 來動了,你不在家,

【D】甚麼緣故呢? 我遭遭兒來了,你都沒在家,

【E】甚麼緣故呢? 我遭遭兒來了,你都沒在家,

【F】倆來這好幾回呢,為什麼不拿去? 我回回來找倆,倆都不在家,

simbe	acahakū	de,	ai	hendume	sini
simbe	aca-ha-kū	de,	ai	hendu-me	sini
2SG.ACC	見面-PFV-NEG	LOC	怎麼	説-并列.CVB	2SG.GEN
把你	没見面	時,	什麼	説	你的

jaka	be	buksuri	gamambi.
jaka	be	buksuri	gama-mbi.
東西	ACC	含糊	拿去-PRS
東西	把	含糊	拿去?

【A】沒見你的面,怎麼説糊裡糊塗的把你的東西拿了去呢?

【B】不見你,怎庅説悄悄的把你的東西拿去?

【C】沒會見你,説什麼含糊拿你的東西去?

【D】沒見你,含糊着拏你的東西去,有這個理麼?

【E】因沒有見你,含糊着拿你的東西去,有這個理麼?

【F】沒有見着。那敢糊裡糊塗拿倆的東西去呢?

uttu	ofi	bi	enenggi	cohome	jifi	sinde
uttu	ofi	bi	enenggi	cohome	ji-fi	sinde
這樣	因爲	1SG	今天	特意	來-順序.CVB	2SG.DAT
所以		我	今日	特意	來	與你

acafi,	alaha	manggi,	gamaki	sembi.
aca-fi,	ala-ha	manggi,	gama-ki	se-mbi.
見面-順序.CVB	告訴-PFV	以後	拿去-IMP	説.AUX-PRS
見面,	告訴	以後,	拿去	要。

【A】所以我今日特來找見你,告訴了,好拿了去。
【B】所以我今日特來見了你,告訴了,拿了去罷。
【C】因此我今日特來見你,告訴了,要拿去。
【D】因為這麼着,我今兒特來見你,告訴了,我好拏了去。
【E】因為這麼着,我今兒特來見你,告訴了,我好拿了去。
【F】今天來,幸得見着你,告訴你了,我纔好領了去。

tede	teherebume,	si	ai	jaka	gaji
tede	tehere-bu-me,	si	ai	jaka	gaji
那.DAT	對等-CAUS-并列.CVB	2SG	什麼	東西	拿來.IMP
在那	相稱,	你	什麼	東西	拿來

seci,	bi	urunakū	sini	gūnin	de
se-ci,	bi	urunakū	sini	gūnin	de
説.AUX-假設.CVB	1SG	一定	2SG.GEN	心	DAT
説要,	我	一定	你的	心	與

acabume	udafi	hūlašaki.
acabu-me	uda-fi	hūlaša-ki.
符合-并列.CVB	買-順序.CVB	交换-IMP
符合	買	交换。

【A】對着那個置的,你說要什麽,我就照着你的心買了來換啊。

【B】比着那個值的,你說要什庅,我必合着你的心買了來換。

【C】比着那個,你說要什麽東西,我合着你的意思買了来換。

【D】你要甚麽東西,合着你的意思,我買了來補你的情。

【E】除了數珠兒,你要甚麽東西,合着你的意思,買來給你。

uthai	puseli	de	uncarangge	sain	ningge	akū
uthai	puseli	de	unca-ra-ngge	sain	ningge	akū
就	鋪子	LOC	賣-IPFV-NMLZ	好	東西	NEG
就	鋪子	在	賣	好	東西	没有,

seme,	bi	inu	urunakū	babade	ulame
se-me,	bi	inu	urunakū	baba-de	ula-me
説.AUX-并列.CVB	1SG	也	一定	各處-LOC	傳達-并列.CVB
	我	也	一定	各處在	到處轉

baifi	sinde	bure.	si	gūnin	de	antaka.
bai-fi	sinde	bu-re.	si	gūnin	de	antaka.
找-順序.CVB	2SG.DAT	給-IPFV	2SG	心	LOC	如何
找	與你	給。	你	心	在	怎麽樣?

【A】就是舖裡賣的沒有好的,我也必定在各處轉找了来給你。你心裡怎麽樣?

【B】就是舖子裡賣的沒有好的,我也必在各處裡轉找了來給你。你心裡如何?

【C】就是舖子裡賣的沒有好的,我也必各處轉尋了給你。阿哥心下何如?

【D】就是鋪子裡沒有賣的,我也必定想着法子,各處兒尋了來給你,你心下如何?

【E】就是舖子裡沒賣的,我也必定想着法兒,各處兒尋了來給你,你心下如何?

si kemuni jondofi ainambi. ine mene
si kemuni jondo-fi aina-mbi. ine mene
2SG 還 提起-順序.CVB 做什麼-PRS 乾脆 誠然
你 還 提 做什麼? 索性
gamaha bici sain bihe, ainahai
gama-ha bi-ci sain bi-he, ainahai
拿去-PFV 存在.AUX-假設.CVB 好 存在.AUX-PFV 怎麼能
拿 着 好 來着, 如何
waliyabumbini.
waliya-bu-mbi-ni.
丢棄-PASS-PRS-呢
丢棄呢?

【A】你還題什麼?不論怎麼拿了去也好來着,如何至於丢了呢?

【B】你還提什庅?索性拿了去好來着,如何得丢呢?

【C】你提作甚麼?索性拿了去好來着,怎麼様了?丢了。

【D】索性你頭裡拏了去,倒好了。怎麼咯?丢咯!

【E】索性你頭裡拿了去,倒好來着。怎麼咯?丢咯!

【F】唝,率性倆前手拿了去,倒好了。怎麼的?丢了。

hairakan. bodisu ningge ai yadara. damu tede
hairakan. bodisu ningge ai yada-ra. damu tede
可惜 菩提子 東西 什麼 稀少-IPFV 只是 那.DAT
很可惜。 菩提子 的東西 什麼 少? 只 在那
isirengge umesi komso.
isi-re-ngge umesi komso.
達到-IPFV-NMLZ 非常 少
來的 很 少。

【A】普提子的豈少嗎?可惜赶上那個的狠少啊。

【B】可惜。普提子的豈少呢?但只跟上那個的狠少。

【C】可惜。普提子的值什麼?但只如那樣的狠少。
【D】嗐!可惜了兒的!菩提誦珠兒雖多,像那個樣兒的却很少啊。
【E】可惜了兒的!菩提數珠兒雖多,像那個樣兒的就很少啊。
【F】可惜了兒。菩提子的素珠雖是多,像那個樣的,就狠少啊。

waka	oci	ai.	inenggidari	jafašahai,
waka	o-ci	ai.	inenggi-dari	jafaša-hai,
不是	成爲.AUX-假設.CVB	什麽	日子-每	拿住-持續.CVB
不是	若	什麽,	每日	抓着,

gemu	siberi	daha,	umesi	nilgiyan	ohobi.
gemu	siberi	da-ha,	umesi	nilgiyan	o-ho-bi.
全都	汗	浸透-PFV	非常	光滑	成爲.AUX-PFV-PRS
都	手足汗	浸透,	很	光潤	成了。

【A】可不是什麽?每日拿着的上,汗全浸透的狠光潤了。
【B】可不是什嗎?每日拿的,汗浸透了,狠光潤了。
【C】可不是那樣是甚麽?日日拿的汗漚的,狠光亮了。
【D】天天的拏來拏去,汗漚透了,很光滑了。
【E】每天拿來拿去的,汗浸透了,很光滑了。
【F】倆天天兒拿來拿去的,汗漚透了,狠光潤滑溜的,眞可愛。

an	i	ucuri	gūwabsi	genembihede,
an	-i	ucuri	gūwabsi	gene-mbihe-de,
平時	GEN	時候	往别處	去-PST-LOC
平常	的	時候	往别處	去時候,

terebe	horho	de	asarambihe.
tere-be	horho	de	asara-mbihe.
那個-ACC	櫃子	LOC	收藏-PST
把那	箱子	在	存在呢。

【A】不拿了往别處去的時候,把他裝在箱子裡来着。

【B】平素間往別處去的時候，把那個收在櫃子裡來着。
【C】往別處去動了，將他掛在牌插上來着。
【D】不拏的時候兒，該收在櫃子裏，就好了。
【E】不拿的時候兒，放在櫃子裡，就好了。
【F】倆不拿的時候，為甚麼不收在櫃裡啊？

inu	waliyabure	giyan	ofi.	manaha
inu	waliyabu-re	giyan	o-fi.	manaha
也	丢失-IPFV	應該	成爲.AUX-順序.CVB	已過-PFV
也	丢棄	應該	成。	上

biyade	be	yafan	de	generede,	huwejen
biya-de	be	yafan	de	gene-re-de,	huwejen
月份-LOC	1PL.EXCL	園子	DAT	去-IPFV-LOC	屏風
月裏在	我們	園子	往	去，	屏風

de	lakiyafi,	onggofi	bargiyahakū,
de	lakiya-fi,	onggo-fi	bargiya-ha-kū,
LOC	掛-順序.CVB	忘記-順序.CVB	收斂-PFV-NEG
在	掛，	忘了	沒收起來，

【A】也是該丟的上。去月裡往園裡去的時，忘了沒收起来，
【B】也是該丟。上月我們往園裡去，挂在牌插上，忘了沒有收起來，
【C】也因是該當丟，去月我們往園裡去的時候，忘了沒有收，
【D】哎，也是該丟。上月我往園子裏去，在排牐兒上掛着，忘了沒收。
【E】也是該丟。上月我往園子裡去，在排牐兒上褂着，忘了沒收，
【F】那是該丟的。上月我到園子裡去，在排插上掛着，忘記了沒收起，

amasi	jifi	baici,	aba.	arun	durun
amasi	ji-fi	bai-ci,	aba.	arun	durun
返回	來-順序.CVB	找-條件.CVB	在哪裏	蹤影	樣子
返回	回來	找，	在哪裏？	蹤影	樣子

saburakū　　oho.
sabu-ra-kū　　o-ho.
看見-IPFV-NEG　　成爲.AUX-PFV
没有見　　成爲。

【A】囬来找時,那裡有?連影児也不見了。
【B】回來找時,那裡?連踪影兒也不見了。
【C】回來找時,在那裡?竟沒影響了。
【D】回來一找,那兒還有呢?連踪影兒都不見了,
【E】回來一找,那兒還有呢?連蹤影兒都不見了,
【F】回來找,那兒還有呢?連個影兒都不見了。

wede　　hūlhabuha　　be　　inu　　sarkū.
we-de　　hūlha-bu-ha　　be　　inu　　sa-r-kū.
誰-DAT　　偷-PASS-PFV　　ACC　　也　　知道-IPFV-否
被誰　　偷竊　　把　　也　　不知。

merkime　　baiha　　seme,　　fuhali
merki-me　　bai-ha　　se-me,　　fuhali
回憶-并列.CVB　　找-PFV　　説.AUX-并列.CVB　　完全
回憶　　找,　　　　竟然

bahakū,　　bai　　waliyaha.
baha-kū,　　bai　　waliya-ha.
得到.PFV-NEG　　白白地　　丢失-PFV
没得到,　　白白地　　丢了。

【A】也不知被誰偷了去了。想着找了個彀,揔沒我着。
【B】也不知被誰偷了去了。想着找了個夠,竟無有得,白白丢了。
【C】被誰偷了去也不知道,找遍了竟沒有得。
【D】不知道叫誰偷了去咯。
【E】不知道叫誰偷了去咯,竟找不着咯。
【F】不知道是誰偷去了。實在對不住儞呐。(【+F】既丢了,有

什麼法？這是倆我的時運都不好呢。就是這件不要緊的東西，彼此留不住。可不是的！）

89（A89 hūktame halhūn 燥熱，B89，C94，D93，E95，F87 诫人懒惰）

enenggi	absi	nimecuke.	juwari	dosika	ci	ebsi,
enenggi	absi	nimecuke.	juwari	dosi-ka	ci	ebsi,
今天	何其	厲害	夏天	進入-PFV	ABL	以來
今日	好不	厲害。	夏天	進入	從	以來，

ujui	uju	halhūn	seci	ombi.
ujui	uju	halhūn	se-ci	o-mbi.
第一	頭等	熱	説-假設.CVB	可以-PRS
頭的	頭	熱	算是	可以。

【A】今日好利害。自從立夏以來，可算得頭一個慹天了啊。

【B】今日好利害。自從立夏以來，算得是頭一個熱天。

【C】今日好利害。自立夏以來，可説得是頭等頭的慹天。

【D】今兒好利害呀！自從立夏之後，可以說得起，是頭一天兒的慹咯！

【E】今兒好利害呀！自從立夏之後，可以說得起，是頭一天兒的慹咯！

【F】今天是好利害的慹呀！由夏至起到如今，可算得今天是頂利害的。

majige	edun	su	akū,	ludur	sembi
majige	edun	su	akū,	luduri	se-mbi.
一點	風	絲	NEG	黏糊貌	AUX-PRS
一點	風	絲	没有，	潮熱	地。

【A】一點風兒沒有，潮慹的狠啊。

【B】一點風絲児沒有的,潮懃。

【C】一點風沒有,潮懃。

【D】一點兒風絲兒也沒有。

【E】一點兒風絲兒也沒有。

eiten agūra tetun, gemu gala halame halhūn, ele
eiten agūra tetun, gemu gala halame halhūn, ele
一切 器械 器皿 都 手 燙 熱 更加
所有 器具 器具, 都 手 燙 熱, 越
juhe muke omici ele kangkambi.
juhe muke omi-ci ele kangka-mbi.
冰 水 喝-假設.CVB 更加 渴-PRS
冰 水 喝 越 口渴。

【A】各樣的噐具,全燙手的懃,越喝氷水越渴啊。

【B】各樣的噐具,全燙手的懃,越喝氷水越渴。

【C】諸樣噐皿,都是盪手的懃,越喝氷水越渴。

【D】所有的傢伙,都是燙手兒的懃,越喝涼水越渴。

【E】所有的傢伙,都是燙手兒的懃,越喝氷水越渴。

【F】逼的椅桌也都是懃的。我肚裡狠煩燥的,去欱氷水,只是越欱越渴的不住。

arga akū, ebišefi. mooi fejile kejine
arga akū, ebiše-fi. moo-i fejile kejine
方法 NEG 洗澡-順序.CVB 樹-GEN 下面 好久
辦法 没有, 洗澡。 樹的 下面 好些時
sebderilehe manggi, teni majige tohoroko.
sebderile-he manggi, teni majige tohoro-ko.
乘凉-PFV 以後 纔 略 安定-PFV
乘凉 之後, 纔 略 安定。

【A】沒法兒的上，洗澡去。在樹底下涼快了許久，心裡纔料料的定了些。

【B】沒法兒，洗了澡。在樹底下涼快了許久，纔略定了些。

【C】沒法兒，洗了澡。在樹底下趂了會涼，纔略安定些。

【D】沒了法兒咯，我洗了個澡，在樹底下乘了會涼兒，心裡頭纔略好了些兒。

【E】沒了法兒咯，我洗了個澡，在樹底下乘了會涼兒，心裡頭纔畧好了些兒。

【F】我又到河裡去洗個澡，隨後在大樹底下，乘了一會涼。心裡纔覺得爽快點。

ere	gese	hūktame	halhūn	de,	weri	beye
ere	gese	hūnta-me	halhūn	de,	weri	beye
這	樣子	燥熱-并列.CVB	熱	LOC	别人	身體
這	樣	悶熱	熱	時，	别人	身體

niohušun	bai	tehede,	hono	halhūn	de
niohušun	bai	te-he-de,	hono	halhūn	de
赤身	平白	坐-PFV-LOC	還	熱	LOC
光身體	平白	坐着時，	還	熱	在

calirahū	sembikai.	si	ainahabi,
cali-rahū	se-mbi-kai.	si	aina-ha-bi,
中暑-恐怕.SBJV	説.AUX-PRS-INTJ	2SG	做什麼-PFV-PRS
恐要中暑	啊。	你	怎麼了，

【A】這樣的燥熱，人家光着身子，閒坐着還怕受熱中暑呢。你怎麼了？

【B】這樣的燥熱，别人光着身子坐着，還怕受熱中暑呢。你怎広了，

【C】這樣蒸熱天，别人光着身子，白坐着還怕中暑啊。你怎麼了，

【D】嗐，這樣兒的燥熱天，别人兒都是光着脊梁坐着，還怕中暑呢。你怎麼？

【E】這個樣兒的燥熱天,別人兒都是赤身露體的坐着,還怕中暑呢。你怎麼?

【F】這樣熱的天,人光脊梁坐着還怕熱。儞怎樣的?

ere	durun	i	uju	gidahai	hergen	ararangge,
ere	durun	-i	uju	gida-hai	hergen	ara-ra-ngge,
這	模樣	GEN	頭	壓低-持續.CVB	文字	寫-IPFV-NMLZ
這	樣子	的	頭	壓着	字	寫,

ai	sui.	ergen	haji	akū	semeo.
ai	sui.	ergen	haji	akū	se-me-o.
什麼	罪	生命	愛惜	NEG	AUX-并列.CVB-Q
什麼	罪?	命	愛惜	没有	嗎?

【A】揔低着頭寫字,受什麼罪呢? 不惜命嗎?

【B】這樣低着頭寫字,是什麼罪? 命不要緊嗎?

【C】低着頭只管寫寫字,甚麼罪孽? 不要命了麼?

【D】只是低着頭寫字? 是甚麼罪孽啊! 不要命了麼?

【E】只是低着頭寫字呢? 是甚麼罪孽啊! 不要命了麼?

【F】在這穿着小衫,低着頭的寫字,豈不是受罪呢? 何不去乘涼?

si	alban	cagan	akū,	baisin	i	jirgame
si	alban	cagan	akū,	baisin	-i	jirga-me
2SG.GEN	差事	書籍	NEG	閒暇	INS	安逸-并列.CVB
你	差事	書籍	没有,	白白	的	受用

taciha	dabala.
taci-ha	dabala.
學習-PFV	罷了
學習	罷了,

【A】你沒有差事,白閒着受受用用的學罷咧,

【B】你沒差使,白閒着受用慣了的,

【C】你這都是沒官差,白閒着安逸慣了的話,

【D】你這都是沒官差、白閒着、安閒慣了的話。

【E】你這都是沒官差、白閒着、安閒慣了的話。

【F】哎,倆是沒有事的閒人哪。總不曉得人生的本分。

duibuleci hūdai urse okini, haijung
duibuleci hūdai urse o-kini, haijung
比如 買賣 人們 成爲.AUX-IMP 負載甚重
譬如 買賣 人 做, 載得很重的樣子

sere ujen damjan be damjalafi, monggon
se-re ujen damjan be damjala-fi, monggon
AUX-IPFV 沉重 擔子 ACC 挑-順序.CVB 脖子
地 沉重 擔子 把 挑着, 脖子

sampi, ba bade šodome hūlahai,
sa-mpi, ba ba-de šodo-me hūla-hai,
伸-延伸.CVB 處 處-LOC 奔走-并列.CVB 叫-持續.CVB
伸着, 處 處在 奔忙 叫着,

nei taran waliyatala,
nei taran waliya-tala,
汗 大汗 抛-直至.CVB
汗 渾身汗 流灑着,

【A】譬如買賣人們,挑着沉重的東西,伸着脖子,往各處奔走吆呼,壓的渾身是汗,

【B】譬如買賣人們,挑着狠重的担子,伸着脖子,往各處奔走吆喝着,壓的渾身是汗,

【C】比如買賣人,挑着狠重的擔子,伸着脖子各處跑着吗喚,汗下如雨,

【D】譬如小買賣人兒們,挑着很重的擔子,壓着肩髈、伸着脖子,各處兒跑着吆喝、汗流如雨的,

【E】譬如小買賣人兒們,挑着很重的担子,伸着脖子,各處兒跑着吽喚、汗下如雨的,

【F】儞看,那做小買賣的人們,這樣天氣,挑着重擔子,各處的跑着吆喝,

arkan	teni	tanggū	jiha	funceme	butafi,
arkan	teni	tanggū	jiha	funce-me	buta-fi,
剛剛	纔	一百	錢	剩餘-并列.CVB	挣錢-順序.CVB
剛剛	纔	一百	錢	剩餘	挣錢,

ergen	hetumbumbikai.
ergen	hetumbu-mbi-kai.
生命	度日-PRS-INTJ
生命	糊口啊。

【A】将将的剩個一百多錢養命。

【B】将将的賺一百來的錢,度命啊。

【C】将挣百余錢度命啊。

【D】纔能賰得百數錢兒度命。

【E】纔能賰得百數錢兒度命兒。

【F】一天賰得幾百個錢纔度活,比我們怎樣的辛苦?

mini	adali	beleningge	be	jefi,	elehun	i
mini	adali	beleningge	be	je-fi,	elehun	-i
1SG.GEN	一樣	現成東西	ACC	吃-順序.CVB	泰然	INS
我的	一樣	現成的	把	吃,	安静	的

hergen	araki	seci	bahambio.
hergen	ara-ki	se-ci	baha-mbi-o.
文字	寫-IMP	説.AUX-假設.CVB	能够-PRS-Q
字	寫	要	能得到嗎?

【A】像我吃着現成的,安安静静的寫字能彀得嗎?

【B】像我吃了現成的,安安静静的寫字能夠得嗎?

【C】要像我這樣喫現成的,從從容容的寫字能得麼?

【D】若像我這個樣兒的,喫現成兒的,從從容容的寫字,他能彀麼?

【E】若像我這個樣兒的,吃現成兒的,從從容容的寫字,他能彀麼?

【F】我們在家裡坐着,有現成的吃穿,就有寫字看書,還是快活的。怎麼倆說,是受罪呢?

tere　anggala,　tuweri　beikuwen　juwari　halhūn
tere　anggala,　tuweri　beikuwen　juwari　halhūn
那個　況且　冬天　寒冷　夏天　熱
況且,　冬天　冷　夏天　熱
ojorongge,　julgeci　ebsi　halaci
ojo-ro-ngge,　julge-ci　ebsi　hala-ci
成爲.AUX-IPFV-NMLZ　古代-ABL　以來　改變-假設.CVB
成爲,　自古代　以來　變化
ojorakū　toktoho　doro.
ojo-ra-kū　tokto-ho　doro.
可以-IPFV-NEG　確定-PFV　道理
不可以　一定的　道理。

【A】況且,冬天冷夏天熱,自古不移一定的理啊。

【B】況且,冬天冷夏天熱,自古定而不可移的理啊。

【C】況且,冬冷夏熱,自古至今,不易之定理。

【D】況且冬冷夏熱,是自古至今不易之理。

【E】況且冬冷夏熱,是自古至今不易之理。索性靜靜兒的耐着,或者倒有爽快的時候兒。

【F】本來冬冷夏熱,是陰陽的變遷。

ine mene	ekisaka	dosobuci	embici
ine mene	ekisaka	doso-bu-ci	embici
乾脆	肅静	忍耐-CAUS-假設.CVB	或者
索性	安静	耐得住	或者

serguwen	ombidere,	fathašaha	seme
serguwen	o-mbi-dere,	fathaša-ha	se-me
涼快	可以-PRS-INTJ	焦躁-PFV	説.AUX-并列.CVB
涼快	可以吧,	焦躁	

ai	baita.	bahafi	guweci	ombio..
ai	baita.	baha-fi	guwe-ci	o-mbi-o.
什麽	事情	能够-順序.CVB	避免-假設.CVB	可以-PRS-Q
什麽	事?	得到	避免	可以嗎?

【A】要是不論怎麽樣的静静的受去也可以涼快罷咧,煩燥會子何用呢?能夠免得嗎?

【B】索性静静的忍耐着或者倒涼快罷,急燥會子何用?能夠脱得過嗎?

【C】索性静静的耐着,或有涼爽之時,就着會子急,能免麽?

【D】索性靜靜兒的耐着,或者倒有爽快的時候兒。俗語兒説得:心定自然涼。若竟着會子急,還能脱了麽?

【E】若竟着會子急,還能夠免了麽?

【F】趁他去耐守的慣了,自然而然的,也不見得什麽冷熱啊。倆本是沒練過的,署慹點就受不住,這可不是沒有事的閒人麽?

90(A90 usun dakūla 討人嫌的,B90,C77,D77,E78,F74 厭客久坐)

i	jidere	fonde	bi	hono	amgaha	bihe,	gaitai
i	jide-re	fonde	bi	hono	amga-ha	bihe,	gaitai
3SG	來-IPFV	時候	1SG	還	睡-PFV	PST	突然
他	來的	時候	我	還在	睡覺	來着,	突然

sek	seme	getefi,	donjici.	cin
sek	se-me	gete-fi,	donji-ci.	cin
驚醒貌	AUX-并列.CVB	醒-順序.CVB	聽-條件.CVB	正面
驚		醒了,	一聽	正向

i	boode	niyalma	jifi	den	jilgan	i
-i	boo-de	niyalma	ji-fi	den	jilgan	-i
GEN	房-LOC	人	來-順序.CVB	高	聲	INS
的	屋在	人	來	高	聲音	的

gisun	gisuremebi.
gisun	gisure-mbi.
話語	説-PRS
話	説。

【A】他來的時候我還睡覺來着,驚醒了,聽見上屋裡有人高聲説話呢呀。

【B】他來的時候我還睡着來,猛然驚醒,一聽上屋裡有人來高聲説話呢。

【C】他來的時候我還睡覺來着,猛然醒了,一聽正房裡來了人高聲的説話呢。

【D】他來的時候兒我在家裡正睡覺呢,猛然驚醒了,一聽上房裡來了客了,在那兒説話兒呢。

【E】他來的時候兒我正睡覺呢,猛然驚醒了,一聽上房裡來了客咯,説話兒呢。

【F】我剛纔躺在坑上,正要睡着,耳朵聽見,是叫倒茶。

we	jiheni.	ai	uttu	konggolode	den.	ainci	tere
we	ji-he-ni.	ai	uttu	konggolo-de	den.	ainci	tere
誰	來-PFV-呢	怎麽	這樣	嗓子-LOC	高	也許	那
誰	來呢?	怎麽	這樣	嗓子	高?	想是	那

usun	dakūla	jihe	aise	seme.
usun	dakūla	ji-he	aise	se-me.
可惡	東西	來-PFV	想是	説.AUX-并列.CVB
可惡	東西	來了	想是。	

【A】誰來了？怎麼這樣的嗓子大？大畧是那個討人嫌的来了罷。

【B】誰來了呢？怎庅這様嗓子大？大約是那個厭惡的東西來了罷。

【C】誰來了呢？怎麼這樣嗓子大？想是那個厭物揣貨来了。

【D】想是誰來了呢？説話這麼大嗓子，必是那個討厭的來了罷？

【E】我想是誰來了呢？這麼嗓子大，想是那個厭物來了罷？

【F】我趕緊起來走去，花廳裡有好大嗓的説話聲音，就知道那討厭的來了。

(【+F】討厭的是甚麼人？我想不出。)

genefi	tuwaci,	waka	oci	ai.
gene-fi	tuwa-ci,	waka	o-ci	ai.
去-順序.CVB	看-條件.CVB	不是	成爲-假設.CVB	什麼
去	看,	不是	若	什麼？

godohon	i	te	nakū,	jing	amtanggai	leoleme
godohon	-i	te	nakū,	jing	amtangga-i	leole-me
直挺挺	INS	坐.IMP	之後	正在	有趣-INS	談論-PROG
直挺挺	的	坐	既然,	正	有滋有味	議論

bi.	jiheci	angga	majige	mimihakū.
bi.	ji-he-ci	angga	majige	mimi-ha-kū.
PRS	來-PFV-ABL	嘴	稍微	閉-PFV-NEG
着。	自從來了	嘴	稍微	没住嘴。

【A】去看時，可不是什麼？直梃梃的坐着，正有資有味的講論呢。自從來了総無閉口，

【B】走去一看，可不是什庅？直挺挺的坐着，正有滋有味的談

論呢。自來總没住嘴,

【C】走去一瞧,不是是誰? 直挺挺的坐着,正議論的高興呢。自來了總没有住嘴兒,

【D】走進去一瞧,果然是他。直挺挺的坐着,議論不斷的。自來到總没有住嘴兒,

【E】走進去一瞧,果然是他。直挺挺的坐着,議論不斷的。他來了總没住嘴的,

【F】是李四爺。到我端茶進去,一瞧果然是他。

(【+F】他坐了多久去?)

uttu tuttu sehei, juwe erin i buda jefi,
uttu tuttu se-hei, juwe erin -i buda je-fi,
這樣 那樣 説-持續.CVB 二 頓 GEN 飯 吃-順序.CVB
這樣 那樣 説着, 二 頓 的 飯 吃,

gerhen mukiyetele, teni genehe.
gerhen mukiye-tele, teni gene-he.
光亮 入暮-直至.CVB 纔 去-PFV
黄昏 到天黑, 纔 去。

【A】怎長怎短的説着吃了兩頓飯,至到黄昏,纔去了。

【B】怎長怎短的説着,吃了兩頓飯,直到黄昏,纔去了。

【C】這樣那樣的説直喫了兩頓飯,到了黄昏時候,方纔去了。

【D】這樣兒那樣兒的直説了兩頓飯的工夫兒,到了黄昏的時候兒,他纔走了。

【E】這樣兒那樣兒的直説了兩頓飯的工夫兒,到了黄昏的時候兒,纔回去了。

【F】説這説那,一直説了有兩頓飯的工夫,到下半晚纔去。

(【+F】他有説甚麽事麽? 那裡有?)

haha niyalma baita akū de, weri boode

haha niyalma baita akū de, weri boo-de

男 人 事情 NEG LOC 别人 家-LOC

漢子 人 事情 没有 時, 别人 在家

šuntuhuni teme, dosombio.

šuntuhun-i te-me, doso-mbi-o.

整天-INS 坐-并列.CVB 受得住-PRS-Q

一整天 坐着, 受得了?

【A】漢子人家没事的時候,在人家裡坐到日落,也受得嗎?

【B】漢子人家無事,在别人家裡整坐一日,受得広?

【C】漢子家無事,在人家坐一整日,受得麽?

【D】漢子家又没有甚麽事情,就在人家家裡整天家坐着説話,這也受得麽?

【E】漢子家没有事,在人家家裡整天的坐着,受得麽?

aibi onggoho šadaha baita be gisurehei,

aibi onggo-ho šada-ha baita be gisure-hei,

哪裏 忘-PFV 疲乏-PFV 事情 ACC 説-持續.CVB

哪裏 忘了 疲乏 事情 把 説着,

niyalmai fehi gemu nimehe.

niyalma-i fehi gemu nime-he.

人-GEN 腦子 都 疼-PFV

人的 腦子 都 疼。

【A】把那裡忘了的事情説的,叫人腦子全疼。

【B】把那裡已過的事説的,人的腦子全疼了。

【C】把那裡陳了餿了的事情儘只説的,人都腦子疼了。

【D】他那個東西不但把些個陳穀子爛芝蔴、人家講究餿了的事情儘自説,聽得人家的腦袋都疼了。

【E】把那些個陳穀子爛芝蔴、餿了的事情儘自説,聽得人家腦袋都疼了。

【F】他坐了半天,說的都是閒話,没一點聽頭。

damu	uttu	oci	ai	baire,	yaya	jaka	be	hono
damu	uttu	oci	ai	bai-re,	yaya	jaka	be	hono
只是	這樣	若是	什麼	求-IPFV	任何	東西	ACC	還
只	這樣	若	什麼	求,	任何	東西	把	還

inde	sabubuci	ojorakū,
inde	sabu-bu-ci	ojo-ra-kū,
3SG.DAT	看見-PASS-假設.CVB	可以-IPFV-NEG
給他	看見	不可以,

【A】寡要是這樣的還罷了,不論什麼東西不可給他看見,

【B】就只這樣還罷了,不論什庅東西不可教他看見,

【C】若就只這樣説甚麼? 無論甚麼東西還叫他看見不得,

【D】還有一様可惡的,每逢他來,不拘甚麼好啊歹啊的還得先藏起來,叫他瞧見不得,

【E】不拘甚麼好啊歹啊的東西,還是叫他見不得,

【F】一刻的要茶,一刻的要火,累的我一刻走不開,我站了半天,腿都瘆了。

emgeri	yasalabuha	sehede,	fonjin	hese
emgeri	yasala-bu-ha	se-he-de,	fonjin	hese
一次	經眼-PASS-PFV	説.AUX-PFV-LOC	問	問題
一	經眼	説時,	問	話語

akū,	nambuha	be	tuwame,	uthai	deleri	deleri
akū,	nambu-ha	be	tuwa-me,	uthai	deleri	deleri
NEG	拿獲-PFV	ACC	看-并列.CVB	就	早	早
没有,	撈着	把	看,	就	早	早

seme	gamambi.
se-me	gama-mbi.
AUX-并列.CVB	拿走-PRS
地	拿走。

【A】一説搭上了眼,問也不問,撓着了,早早的就拿了去。

【B】一經他的眼,問也不問,撈着了,就随便拿去。

【C】若一經眼撒着的時候,問也不問,撈摸着就拿了去。

【D】儻若叫他看見了,連問也不問,撈摸着拏着就走。

【E】倘若呌他看見了,問也不問,撈摸着拿着就走。

【F】真是個討人厭的!

yala	beye	dubetele	damu	gaji	sere	be
yala	beye	dubetele	damu	gaji	se-re	be
實在	自己	至末端	只是	拿來.IMP	説.AUX-IPFV	ACC
實在	自己	終身[到最後]	只	拿過來	要	把

sambi,	gama	sere	mudan.	inde	fuhali
sa-mbi,	gama	se-re	mudan	inde	fuhali
知道-PRS	給.IMP	説.AUX-IPFV	次數	3SG.DAT	全然
知道,	給[拿走]	説	次數	他從	竟然

akū	secina.
akū	se-cina.
NEG	説-IMP
没有	説。

【A】實在一輩子寡知道要人家的東西,給人家的遭数兒説是没有的。

【B】寔在終身只知拿來的話,拿去的話他総没有啊。

【C】實在終身再没説給人的遭數兒。

【D】實在他這一輩子,也没有甚麽説頭兒了。

【E】寔在是這一輩子,再没有可以告訴人家説的話咯。

enteke	niyalmai	duha	do	absi	banjiha	be	bi
enteke	niyalma-i	duha	do	absi	banji-ha	be	bi
這樣	人-GEN	腸	内臟	怎樣	生長-PFV	ACC	1SG
這樣	人	腸子	内臟	怎麽	生長	把	我

yargiyan	i	sarkū.
yargiyan	-i	sa-r-kū.
實在	INS	知道-IPFV-NEG
實在	地	不知道?

【A】像這樣人的五臟怎麽長着？我實在不知道啊。

【B】這樣人的五臟我是不知怎庅長着呢？

【C】這樣的人雜碎怎麽長着呢？

【D】像這種樣兒的雜碎都壞盡了。

【E】這種樣兒人的雜碎都壞盡了。

imata	si	jabšambio.	si	bahambio.	abka	de
imata	si	jabša-mbi-o.	si	baha-mbi-o.	abka	de
都	2SG	便宜-PRS-Q	2SG	得到-PRS-Q	天	LOC
都是	你	便宜嗎?	你	得到嗎?	天	在

yasa	bikai.	ainahai	sinde	ombini.
yasa	bi-kai.	ainahai	sinde	o-mbi-ni.
眼睛	有-INTJ	未必	2SG.DAT	成爲-PRS-呢
眼睛	有啊。	未必	是你	成爲呢。

【A】都是你便易你得嗎？天有眼睛啊，未必容他(inde)呢。

【B】儘着你便宜嗎？你得嗎？天有眼睛啊，未必依你罷。

【C】只是你占便宜麽？只是你得麽？天未必依你呢。

【D】就是你這麽愛便宜，能彀獨自得麽？

【E】只是你占便宜麽？能獨自得麽？

(【+F】作客的没有事坐得太久，又是一刻茶一刻火的，真是討厭。)

91（A91 šenggin hiterere 愁眉，B91，C59，D59，E60，F23 積鬱成病）

muse	tere	gucu	ainahabi.	ere	ucuri	šenggin
muse	tere	gucu	aina-ha-bi.	ere	ucuri	šenggin
1PL.INCL	那個	朋友	怎麼樣-PFV-PRS	這	一段時期	額頭
咱們	那	朋友	怎麼樣？	這	幾天	額頭

hitere	nakū	munahūn	i	jobošorongge,
hitere	nakū	munahūn	-i	jobošo-ro-ngge,
皺眉.IMP	既然	無聊	INS	擔心-IPFV-NMLZ
皺眉	既然	無聊	的	憂愁的，

【A】喒們的那個朋友怎麼樣了？這一向皺着眉愁悶的，

【B】咱們那個朋友怎庅了？這一向皺着眉煩悶憂愁，

【C】咱們那個朋友怎麼樣了？這一向他那無聊的憂愁，

【D】咱們那個朋友是遭甚麼爲難的事麼？這幾天看他那個愁容滿面、無聊無賴的樣兒，

【E】咱們那個朋友怎麼樣咯？這幾天他那個愁容滿面、無聊無賴的樣兒，

【F】咱們那個朋友遭了甚麼事咯？這幾天總不出門，愁容滿面，狠無聊的樣子，

maka	ai	turgun	bisire	be	sarkū.	an
maka	ai	turgun	bisi-re	be	sa-r-kū.	an
到底	什麼	理由	有-IPFV	ACC	知道-IPFV-NEG	平常
反倒	什麼	緣故	有	把	不知。	平常

i	ucuri	aga	labsan	inenggi	oci,	kirihai
-i	ucuri	aga	labsan	inenggi	oci,	kiri-hai
GEN	時候	雨	雪	日子	若是	不動彈-持續.CVB
的	時候	雨	雪	日子	若是，	保持

boode	bisire	dabala.
boo-de	bisi-re	dabala.
家-LOC	有-IPFV	罷了
在家	有	罷了。

【A】倒像有什麽緣故的樣。素常下雨下雪的天道,在家裡罷咧。

【B】不知有什広事。素常下雨下雪的日子,忍着在家罷咧。

【C】不知道敢是有甚麽緣故。平素間下雨雪的日子,在家罷咧。

【D】是有甚麽緣故呢?不知道。他素來没一天不在街上,下雨下雪的日子,他纔在家裡。

【E】有甚麽緣故麽?不知道。平素間下雨下雪的日子他在家裏,除此以外,是地方兒他就間(閑)闖去。

【F】儞知道麽?是有甚麽緣故?不知道。他素常的没一天不在街上,就是有下雨下雪的日子,也少的在家裡。

tereci	tulgiyen	murakū	bade	gemu	šodombikai.
tere-ci	tulgiyen	murakū	ba-de	gemu	šodo-mbi-kai.
那-ABL	除外	不該去	地方-LOC	都	逛-PRS-INTJ
那從	除了	不該去	處	都	逛到啊,

baibi	boode	teme	dosombio.
baibi	boo-de	te-me	doso-mbi-o.
白白	家-LOC	坐-并列.CVB	受得住-PRS-Q
白白	在家	坐着	受得住嗎?

【A】除了那個無緣無故的地方全去到,白白的在家裡坐着也受得嗎?

【B】除此不論那裡全都去的呀,豈是白在家裡坐着的人?

【C】除此之外是地方都閑闖去啊,家裡白坐着受得麽?

【D】除此以外是地方兒他就去逛,叫他在家裡白坐着,那兒坐得住呢?

【E】在家裡白坐着,他那兒坐得住呢?

【F】何況這時候叫他在家閒坐,他那兒坐得住? 這是有個緣故,我却不知道。

ere	udu	inenggi	umai	uce	be	tucikekū,	boode
ere	udu	inenggi	umai	uce	be	tuci-ke-kū,	bou-de
這	多少	日子	全然	門	ACC	出-PFV-NEG	家-LOC
這	多少	日子	全然	門	把	出去没有,	在家

norohoi	tehebi.
noro-hoi	te-he-bi.
留住-持續.CVB	坐-PFV-PRS
只管定住	坐着。

【A】這些日子不出房門,総在家裡坐着呢。
【B】這幾日竟没出房門,在家裡悶坐着呢。
【C】這一向没有出房門,牢[老]在家裡坐着呢。
【D】這一向因没出大門兒,竟在家裡呢。
【E】這一向没出房門兒,在家裡呢。
【F】因爲他這一向總不出門。

sikse	bi	tuwaname	genehede,	tuwaci
sikse	bi	tuwa-na-me	gene-he-de,	tuwa-ci
昨天	1SG	看-去-并列.CVB	去-PFV-LOC	看-條件.CVB
昨日	我	去看	去了,	看

cira	ai,	kemuni	nenehe	adali	sembio.
cira	ai,	kemuni	nenehe	adali	se-mbi-o.
臉	什麽	仍	以前	一樣	說-PRS-Q
臉	什麽,	仍	從前	一樣	說嗎?

serebume	wasika.
sere-bu-me	wasi-ka.
發覺-CAUS-并列.CVB	瘦-PFV
使覺得	瘦了。

【A】昨日我去瞧的上,看那氣色什麼,還說像先嗎? 明顯着瘦了。
【B】昨日我去看去,瞧那氣色,還像先庅? 顯着瘦了。
【C】昨日我去看時一瞧,臉面甚麼還像先麼? 狠露瘦了。
【D】昨兒我去瞧他。啊,臉面兒還像先麼?
【E】昨兒我去瞧他。臉面兒還像先麼?
【F】我昨天纔去瞧他。儞瞧他,他是怎麼樣?

tucime	dosime	fuhali	teme
tuci-me	dosi-me	fuhali	te-me
出去-并列.CVB	進入-并列.CVB	完全	坐-并列.CVB
出去	進入	总	坐

toktorakū,	ebsi	casi	akū	secina.
tokto-ra-kū,	ebsi	casi	akū	se-cina.
確定-IPFV-NEG	往這	往那	NEG	說-IMP
不定,	往這	往那	没有[疑惑不定]	說呢。

【A】出去進来,揔没定準,不知要怎麼樣的。
【B】走出走進的竟坐不安,不知要怎樣的。
【C】出來進去,竟坐無定,無定向啊。
【D】很瘦了,竟是坐不安、睡不寧似的。
【E】很瘦了,竟是坐不安、睡不甯的樣兒。
【F】他臉兒狠瘦,神氣也不像從前,有點坐不安走不定的樣子。

tede	bi	labdu	kenehunjeme,	ere	ainaha
tede	bi	labdu	kenehunje-me,	ere	aina-ha-bi
那.LOC	1SG	非常	疑惑-并列.CVB	這	做什麼-PFV-PRS
在那	我	多	疑惑,	這	怎麼了

ni	seme.	teni	fonjiki	serede,
ni	se-me.	teni	fonji-ki	se-re-de,
呢	說.AUX-并列.CVB	纔	問-IMP	說.AUX-IPFV-LOC
呢?		纔	問	想要時,

ini	niyamangga	niyalma	jio	nakū,	hiyahalabuha.
ini	niyamangga	niyalma	jio	nakū,	hiyahala-bu-ha.
3SG.GEN	親戚的	人	來.IMP	既然	牽扯-PASS-PFV
他的	親戚的	人	來	既然,	被絆住。

【A】那個上我狠疑惑,他怎麼了呢? 纔要問時,他的一個親戚去了的上,隔開了。

【B】因此我狠疑惑,這是怎庅了呢? 纔要問時,他的親戚來了的上頭,隔断了。

【C】那上我着實疑惑,説這是怎麼樣了呢? 纔要問,又来了一個親戚,打住了。

【D】我瞧着很疑惑,纔要問他,可巧又來了一個親戚,把話打住了。

【E】因爲這上頭我很疑惑,纔要問他,可巧又來了一個親戚,把話打住了。

【F】我看着狠疑惑,剛要問他,又來了他的一個親戚,因這我又不便問了。

ara,	bi	bodome	baha,	ainci	tere	baita	de
ara,	bi	bodo-me	baha,	ainci	tere	baita	de
哎呀	1SG	算-并列.CVB	得到.PFV	想是	那	事情	DAT
哎呀,	我	算	出來,	想是	那	事情	在

lahin	tafi	gūnin	farfabuha	aise.
lahin	ta-fi	gūnin	farfa-bu-ha	aise.
繁瑣	絆住-順序.CVB	心	混亂-PASS-PFV	想是
煩瑣	絆住	心	被混亂	想是?

【A】哎喲,我算着了,大料被那個事情絆住心全糊塗了罷?

【B】哎呀,我算着了,大概被那個事情絆住心亂了罷?

【C】哎呀,我算出來了,想是爲着那事情羈絆住心亂了。

【D】嗳呀,若依你這麼説,大約是叫那件事絆住心亂了。

【E】嗳呀,我知道了,大約是叫那件事絆住心亂了。

【F】啊,我知道了,大約的因那件事絆住心亂了。

tuttu seme aga de usihibuhe niyalma silenggi
tuttu seme aga de usihi-bu-he niyalma silenggi
那樣 雖然 雨 DAT 淋濕-PASS-PFV 人 露
雖 然 雨 與 被淋濕 人 露水
de gelerakū sehe kai.
de gele-ra-kū se-he kai.
DAT 怕-IPFV-NEG 説.AUX-PFV INTJ
對 不怕 的話 啊。
【A】但有"被雨湿的人不怕露水"的話呀。
【B】然而有"被雨濕的人不怕露水"的話呀。
【C】雖然那樣説,有"經過大難的不怕小煩"的話啊。
【D】雖是那麽説,然而有"經過大難不怕小煩"的話啊。
【E】雖然是那麽説,有"經過大難不怕小煩"的話啊。

seibeni antaka antaka mangga baita be i gemu
seibeni antaka antaka mangga baita be i gemu
從前 如何 如何 困難 事情 ACC 3SG 都
從前 怎麽 怎麽 困難 事情 把 他 都
dartai andande, uthai giyan fiyan i wacihiyaha
dartai andande, uthai giyan fiyan -i wacihiya-ha
突然 之間 就 事理 條例 INS 完成-PFV
突然 之間, 就 有條有理 地 完成
bade. ere giyanakū ai holbobure seme.
ba-de. ere giyanakū ai holbobu-ha se-me.
處-LOC 這 能有 什麽 相關-PFV 説.AUX-并列.CVB
處? 這 能有 什麽 關係?

jing	uttu	jobošombini.
jing	uttu	jobošo-mbi-ni.
只管	這樣	憂愁-PRS-呢
竟	這樣	憂愁?

【A】先前他怎么把什么样的难事情,全能够霎时间办理完结?这有什么关系,这样的愁闷呢?

【B】先前他怎麼把什麼樣的難事情,全能彀霎時間辦理完結?這有什麼関係?這樣的愁悶呢?

【C】先前把什庅樣的事,霎時間即有條有理的辦完了。這能有什庅関係?竟自這樣愁悶呢?

【D】從前何等何等樣的難事,他尚且都有决有斷的完結了。這能有甚麼闗係?就憂愁的那樣呢?

【E】他那個人,從前甚麼樣兒的難事,都清清楚楚兒的辦完了。這些細故又算甚麼要緊的呢?也值得那麼憂愁麼?

【F】從前甚麼樣兒的難事,都清清楚楚兒的辦完了。若説他遇着狠難的事,他從前都會辦得清楚了。這又算甚麼要緊的事呢?也值得憂愁成那個樣兒麼?

【G】那件事是什麼要緊呢?他並不愁到這個樣,想是那裡頭還有别的緣故啊。

92 (A92 kokirabure 傷損,B92,C49,D49,E50,F25 探病,G31 保養)

(【+F】那個人的病,如今怎麼樣子?)

daci	ai	etuhun	beye.	tere	dade	geli	beyebe
daci	ai	etuhun	beye.	tere	da-de	geli	beye-be
原來	什麼	强壯	身體	那	原本-LOC	又	身體-ACC
本來	什麼	强壯	身體?	那	原本在	又	身體把

ujire be sarkū,
uji-re be sa-r-kū,
養-IPFV ACC 知道-IPFV-NEG
保養 把 不知道,

【A】原先是什麼強壯身子呢? 還搭着不知道養法,
【B】原先就不是強壯身子? 而且不知養法,
【C】起初甚麼壯身子? 而且又不知保養,
【D】他本是個弱身子,又不知道保養,
【E】本是弱身子,而且又不知道保養,
【F】他身子本是弱的,又不知道保養,
【G】他本是弱身子,又不知道保養,

nure boco de dosifi, balai kokirabure
nure boco de dosi-fi, balai kokira-bu-re
酒 色 DAT 進入-順序.CVB 胡亂 損傷-PASS-IPFV
酒 色 在 進入, 胡亂 損傷

jakade, te nimeku de hūsibufi,
jakade, te nimeku de hūsi-bu-fi,
因爲 現在 病 DAT 纏住-PASS-順序.CVB
因爲, 如今 病 與 被纏住,

dembei sirge ohobi.
dembei sirge o-ho-bi.
着實 細條兒 成爲-PFV-PRS
極度 消瘦 成了。

【A】進于酒色,混被傷損的過失,如今被病包着,瘦的一條兒了。
【B】竟進于酒色,混傷損身子的上頭,如今被病拿住,瘦的一條兒了。
【C】貪于酒色,胡虧損的上頭,如今被病纏住了,狠延纏。
【D】過貪酒色,所以氣血虧損了,如今的病很延纏。

【E】偏又過貪酒色,所以身子虧損了,如今叫病纏住了,很延纏。

【F】過貪酒色,氣血虧了,如今病纏綿的了不得,恐怕不能復原。

【G】過貪酒色,所以氣血虧損了,如今的病很延纏。

sikse	bi	tuwanahade,	kemuni	katunjame	cin
sikse	bi	tuwa-na-ha-de,	kemuni	katunja-me	cin
昨天	1SG	看-去-PFV-LOC	還	勉強-并列.CVB	正
昨日	我	看去,	仍舊	勉強	正向

i	boode	jifi,	mini	baru,	age	jime
-i	boo-de	ji-fi,	mini	baru,	age	ji-me
GEN	房-LOC	來-順序.CVB	1SG.GEN	向	阿哥	來-并列.CVB
的	屋	來,	我們	向:	阿哥	來

joboho	kai,	ere	gese	hūktame	halhūn	inenggi
jobo-ho	kai,	ere	gese	hūkta-me	halhūn	inenggi
辛苦-PFV	INTJ	這	樣子	燥熱-并列.CVB	熱	日子
憂愁	啊,	這	樣	燥熱	熱	日子

de	ta	seme	tuwanjire,	ton	akū	jaka
de	ta	se-me	tuwa-nji-re,	ton	akū	jaka
LOC	頻繁	AUX-并列.CVB	看-來-IPFV	數	NEG	東西
時	頻繁		來看,	數	没有	東西

benjiburengge,	ambula	šadaha,	umesi	baniha.
benji-bu-re-ngge,	ambula	šada-ha,	umesi	baniha.
送來-CAUS-IPFV-NMLZ	非常	疲乏-PFV	很	感謝
送來的,	大	疲乏,	很	謝謝。

【A】昨日我瞧去的時候,還勉強着来上屋裏來,說:阿哥勞乏了,這個樣的燥慹的時候常常的来瞧,而且没遍数的送東西来,狠乏了,着實的費心了。

【B】昨日我瞧去,還勉強着到上屋裡來,向我說:阿哥來的辛苦了,這樣燥熱天氣常常的來看,没遍数的送東西,狠乏了,着寔生受了。

【C】昨日我們去瞧,還扎挣着到上房裡來,向我説:阿哥太乏了,這樣炎熱天氣常來瞧,不時的𠯗送東西來,狠乏了,着實生受了。

【D】昨兒我們去瞧的時候兒,他還扎挣着來到上房,和我們説,這樣兒的熱天氣常勞動兄台們來瞧,太勞乏了,我實在不敢當,又不住的送東西,過於費心。

【E】昨兒我們去瞧的時候兒,他還扎挣着來到上房,和我們説,哥哥們,太勞乏了,這個樣兒的熱天氣常來瞧,而且又不時的送東西,太費心了。

【F】昨兒我們去瞧的時候,他還扎挣着來到外頭,他和我們説:這樣熱的天氣勞動兄弟們來瞧我,實在不敢當,又不時的送東西來,多情的狠。

【G】昨兒我們瞧他去的時候兒,他還扎挣着來到上房,和我們説:這樣兒的熱天氣常勞動兄台們來瞧,太勞乏了,我實在不敢當,又不住的送東西,過於費心。

inu niyaman hūncihin i dolo tatabume
inu niyaman hūncihin -i dolo tata-bu-me
也 親戚 親族 GEN 裡面 牵拉-CAUS-并列.CVB
也 親戚 親戚 的 裡面 使牵掛

ofi uttu dabala, halba dalba oci geli
ofi uttu dabala, halba dalba oci geli
因爲 這樣 罷了 不相干 若是 又
因爲 這樣 罷了, 不相干 若 又

uttu mimbe gūnire mujanggao.
uttu mimbe gūni-re mujangga-o.
這樣 1SG.ACC 想-IPFV 確實-Q
這樣 把我 想 確實嗎?

【A】也是親戚裡頭這樣的罣心罷咧,要是不相干的還想着我嗎?

【B】也因爲是親戚裡頭罣心這樣罷咧,若是不相干還這樣想着我嗎?

【C】也因是親戚裡頭關切這樣罷咧,若是傍不相干的還想到我麼?

【D】我十分感情不盡。總還是親戚們關心想着我,若是傍不相干兒的人,能彀這麼惦記我麼?

【E】十分感情不盡了。也因其是親戚關心想着我,若是傍不相干兒的人,還結記着我麼?

【G】我十分感情不盡,總還是親戚們關心想着我,若是傍不相干兒的人,能彀這麼惦記我麼?

bi	labdu	hukšembi.	damu	gūnin	de	hadahai
bi	labdu	hukše-mbi.	damu	gūnin	de	hada-hai
1SG	非常	感激-PRS	只是	心	LOC	釘-持續.CVB
我	多	感激。	只	心	在	牢記

ejefi,	yebe	oho	erinde,	jai
eje-fi,	yebe	o-ho	erin-de,	jai
記住-順序.CVB	好	成爲-PFV	時候-LOC	再
記住,	好	成	時候,	再

hengkišeme	baniha	buki,	baili
hengkiše-me	baniha	bu-ki,	baili
叩頭-并列.CVB	感謝	給-IMP	恩惠
叩頭	謝	給,	恩情

jafaki	seme.
jafa-ki	se-me.
拿-IMP	説.AUX-并列.CVB
報答	要。

【A】我狠感激啊。不過寡緊記在心裡,等好了的時候,再叩謝盛情罷。

【B】我狠感激啊。就只牢記心懷,好了的時候,再磕頭道謝,報答盛情罷。

【C】我多說甚麽？惟有牢記在心，好了的時候，再叩頭道謝罷，報恩罷。

【D】我也没有甚麽説的，只是記在心裏，等着病好了，再磕頭道謝罷。

【E】我也没有多餘的説的了，只有記在心裏，病好了的時候兒，再道謝磕頭罷。

【F】我記在心裡，不敢忘了，等我的病好，必要登堂叩謝。

【G】我也没有甚麽説的，只是記在心裡，等着病好了，再磕頭道謝罷。

angga	de	uttu	gisurecibe,	beye	serebume
angga	de	uttu	gisure-cibe,	beye	sere-bu-me
嘴	LOC	這樣	説-讓步.CVB	身體	發覺-CAUS-并列.CVB
嘴	在	這樣	説，	身體	使覺得

katunjame	muterakū.
katunja-me	mute-ra-kū.
勉强-并列.CVB	能够-IPFV-NEG
勉强	不能。

【A】嘴裡雖然這樣説着，身子顯着勉強不住。
【B】嘴裡雖然這樣説着，身子明顯着扎挣不住。
【C】嘴裡雖則這樣説，自己覺得扎挣不住。
【D】他嘴裏雖然是這麼説，身子可露出扎挣不住的樣兒來了。
【E】嘴裡雖然是這麼説，身子露出扎挣不住的樣兒來了。
【F】他嘴裡雖是這樣説，身子却露出扎挣不住的樣子來咯。
【G】他嘴裡雖然是這麼説，身子可露出扎挣不住的樣兒來了。

tuttu	ofi	bi,	age	si	sure	niyalma	kai,	mini
tuttu	ofi	bi,	age	si	sure	niyalma	kai,	mini
那樣	因爲	1SG	阿哥	2SG	聰明	人	INTJ	1SG.GEN
因此		我，	阿哥	你	聰明	人	啊，	我的

fulu gisurere be baibumbio.
fulu gisure-re be baibu-mbi-o.
多餘 説-IPFV ACC 需要-PRS-Q
多 説 把 求嗎?

【A】所以那個上,我説:阿哥你是個明白人啊,用我多説嗎?
【B】所以我説:阿哥你是明白人啊,還用我多説嗎?
【C】因那樣,我説:阿哥你是聰明人啊,還用我多説麽?
【D】我們就説:老弟你是個很聰明的人,不用我們多説。
【E】我們説:大哥你納是聰明人哪,不用我們多説。
【F】好得我們説:老弟儞是個聰明的人,不必我們多説話。
【G】我們就説:老弟你是個很聰明的人,不用我們多説。

beyebe saikan ujikini, hūdun yebe okini. šolo
beye-be saikan uji-kini, hūdun yebe o-kini. šolo
身體-ACC 好好 養-IMP 快 好 成爲-IMP 空閒
把身體 好好 養呢, 快 好 成呢。 空閒

de bi jai tuwanjire sefi. amasi jihe.
de bi jai tuwa-nji-re se-fi. amasi ji-he.
LOC 1SG 再 看-來-IPFV 説-順序.CVB 往回 來-PFV
時 我 再 看來 説。 回 來。

【A】把身子好好的着,快好罷。有了空兒我再來瞧罷。説了回來了。
【B】好好的養着身子,快好罷。得了空兒我再來瞧罷。説了回來了。
【C】好好的養着身子罷,快好罷。得空兒再來瞧你。説完回來了。
【D】好好兒的養着身子,快好了罷。我們得空兒再來瞧你。説完就回來了。
【E】好好兒的養着身子,快好罷。得空兒我們再來瞧你。説完回來了。
【F】要好好的調養身子,早點好了罷。我們有空兒再來瞧儞。説完大傢一齊回來了如今怎麽樣,我不知道。

【G】好好兒的養着身子,快好了罷。我們得空兒再來瞧你。説完就回來了。

(【+F】老哥,儞若有空,煩勞儞吶等刻再去看看他今天是怎麽様。是。等我吃完了飯,再走去瞧瞧他。)

93（A93 ahasi 奴才們,B93,C43,D43,E44,F79 家丁相争）

sikse	bi	gūwabsi	genere	jakade,	fatan	ahasi	uthai
sikse	bi	gūwabsi	gene-re	jakade,	fatan	aha-si	uthai
昨天	1SG	向别處	去-IPFV	之時	下賤	奴僕-PL	就
昨日	我	往别處	去	時候,	臭	奴才們	就

cihai	balai	emu	falan	daišaha.
cihai	balai	emu	falan	daiša-ha.
任意	胡亂	一	場	亂鬧-PFV
任意	胡亂	一	場	亂鬧。

【A】昨日往别處去的上,臭奴才們就任意鬧了一塲。

【B】昨日因我往别處去,臭奴才們就混鬧了一地。

【C】昨日我們往别處去的上頭,賤奴才們就任意胡吵鬧了一場(場)。

【D】昨兒個我往别處兒去的時候兒,這賤奴才們就任着意兒辯嘴吵鬧。

【E】昨兒我往别處兒去了的時候兒,賤奴才們就任着意兒辯嘴吵鬧。

【F】我昨兒出門去,這賤奴們就任意的辯嘴。

bi	amasi	jihe	erinde,	monio	sa	jing	ge ga
bi	amasi	ji-he	erin-de,	monio	sa	jing	ge ga
1SG	往回	來-PFV	時候-LOC	猴子	PL	正	吵嚷貌
有	回	來	時候,	猴子	們	正	咤叱

seme	curginduhai	bi.
se-me	curgindu-hai	bi.
AUX-并列.CVB	喧嘩-持續.CVB	PRS
地	喧嘩着	有。

【A】我囬来了的時候,猴兒們正還争嚷喧嘩呢。

【B】我回來的時候,猴兒們正在净[争]嚷喧嘩呢。

【C】我回來的時候,猴兒們正咤叱喧嚷呢。

【D】趕到我囘來,那猴兒們正吵嚷呢。

【E】及至我回來,那猴兒們正吵嚷呢。

【F】到我回來,正在大嚷大吵呢。

tede,	bi	kak	seme	emgeri	bilha
tede,	bi	kak	se-me	emgeri	bilha
那.LOC	1SG	咳嗽貌	AUX-并列.CVB	一次	咽喉
在那,	我	咳嗽喀	地	一次	咽喉

dasafi	dosika	bici,	leksei	jilgan
dasa-fi	dosi-ka	bi-ci,	leksei	jilgan
清理-順序.CVB	進入-PFV	有-假設.CVB	一齊	聲音
治理	進入	若有,	一齊	聲音

nakafi,	si	bi	ishunde	kūlisitame.
naka-fi,	si	bi	ishunde	kūlisita-me
停止-順序.CVB	2SG	1SG	互相	驚慌-并列.CVB
停止,	你	我	互相	驚慌

yasa	arafi.
yasa	ara-fi.
眼睛	做-順序.CVB
使眼色,	

【A】那個上,我喀的一聲,打掃着嗓子進去的上,一齊住了聲,彼此互相作着眼色兒,

【B】那上頭,我喀的一聲,咳嗽着進去,一齊住了聲,彼此偷看着,

【C】那上頭,我喀的咳嗽了一聲走進來,一齊都住了聲,你我彼此使眼色,

【D】我咳嗽了一聲走進來,一齊都住了聲咯,賊眉鼠眼的使眼色兒,

【E】我咳嗽了一聲走進去,一齊都住了聲咯,賊眉鼠眼的使眼色兒,

【F】我咳嗽了一聲走進去,他們一齊的都歇了聲,

son son	i	melerjeme	yoha.	mini
son son	-i	melerje-me	yo-ha.	mini
紛紛	INS	躲避-并列.CVB	走-PFV	1SG.GEN
分散	地	躲避	走了。	我的

jihengge	inu	goidaha,	beye	inu	šadaha
ji-he-ngge	inu	goida-ha,	beye	inu	šada-ha
來-PFV-NMLZ	也	遲久-PFV	身體	也	疲勞-PFV
來的	也	遲久了,	身體	也	疲乏

turgunde,	umai	sehekū,	kirifi	amgaha.
turgunde,	umai	se-he-kū,	kiri-fi	amga-ha.
因爲	全然	説-PFV-NEG	忍耐-順序.CVB	睡-PFV
因爲,	全然	不説,	忍着	睡覺。

【A】各自各自畏避了。我来的也晚了,身子也乏的上,什麽没説忍着,睡了覺了。

【B】各自各自躲去了。我來的也晚了,因身子也乏了,任什麼没説,忍着睡了。

【C】一個個躲避走了。我來的也遲了,身子也乏了的上頭,並未説甚麽,忍着睡了。

【D】一個個的躲避着走咯。

【E】一個個的躲避着走咯。

【F】一個一個的躲避走了。我要罵他們一頓,因爲他們有點害怕,我纔不作聲,看他們怎麼樣。

ecimari	ilifi	tucikede,	waburu	sa	gemu
ecimari	ili-fi	tuci-ke-de,	waburu	sa	gemu
今早	起來-順序.CVB	出去-PFV-LOC	砍頭的	PL	都
今早	起來	出去時,	砍頭的	們	都

jihe,	ahasi	meni	bucere	giyan	isika
ji-he,	aha-si	meni	buce-re	giyan	isi-ka
來-PFV	奴僕-PL	1PL.EXCL.GEN	死-IPFV	理應	到-PFV
來了,	奴才們	我們	死	理應	到了

seme.	emu	teksin	godohon	i	niyakūrafi,
se-me.	emu	teksin	godohon	-i	niyakūra-fi,
説-并列.CVB	一	整齊	挺直身	INS	下跪-順序.CVB
説。	一	整齊	挺直身	地	下跪求的,

【A】今日早起起來出去,砍頭的們全来了,説奴才們該死。一齊的直蹶蹶的跪着,

【B】今日一早起來出去,砍頭的們都來了,説奴才們該死了。一齊兒直蹶蹶的跪着,

【C】今早起來一瞧,砍頭的們都來了,説奴才們該死。一齊直蹶蹶的跪着,

【D】今兒早起剛起來,該殺的們都來咯。直橛兒的跪着,

【E】今兒早起起來一瞧,該殺的們都來咯。直撅撅兒的跪着,

bairengge	baire	hengkišerengge	hengkišere
bai-re-ngge	bai-re	hengkiše-re-ngge	hengkiše-re
求-IPFV-NMLZ	求-IPFV	叩頭-IPFV-NMLZ	叩頭-IPFV
求的人	求	磕頭的人	磕頭

jakade,	mini	jili	teni	majige	nitaraka.
jakade,	mini	jili	teni	majige	nitara-ka.
之時	1SG.GEN	怒氣	纔	略	平息-PFV
的時候,	我的	怒氣	纔	略	平息。

【A】求的求磕頭的磕頭的上,我的性子纔料料的消了些。

【B】求的求磕頭的磕頭,我的氣纔畧消了些。

【C】求的求叩頭的叩頭的上頭,我的氣纔畧回了些。

【D】説奴才們該死。求的求磕頭的磕頭,這樣兒的哀求,我的氣纔略平了些兒。

【E】説奴才們該死。求的求磕頭的磕頭,因爲這上頭,我的氣纔畧平了些兒。

【F】今天早起,他們都來跪在我面前磕頭,哀求寬容他,我看他自己知錯,不和他們動氣。

tede	bi,	suwe	ainahabi.	taifin	i
tede	bi,	suwe	aina-ha-bi.	taifin	-i
那.LOC	1SG	2PL.EXCL	怎麽-PFV-PRS	平安	INS
在那	我:	你們	怎麽了?	太平	的

banjirakū,	yali	yoyohošombio.	urunakū	emu	jergi
banji-ra-kū,	yali	yoyohošo-mbio.	urunakū	emu	jergi
生活-IPFV-NEG	肉	癢-PRS-Q	必定	一	次
不生活,	肉	癢癢了嗎?	一定	一	次

nimebume	tantabure	de	ai	bahambi.
nime-bu-me	tanta-bu-ha	de	ai	baha-mbi.
疼-CAUS-并列.CVB	打-CAUS-PFV	LOC	什麽	得到-PRS
使疼	使打	在	什麽	得到?

【A】那個上我説:你們怎麽了?不太太平平的過日子,肉癢癢了嗎?一定叫打一頓得什麽好鬆的?

【B】那上頭我説:你們怎庅了?不安静着過,肉癢癢了嗎?必定教重重的打一頓得什庅呢?

【C】那上頭我説:你們怎麼樣了?不平平安安的過,肉癢癢了麼?必定叫打了得甚麼?

【D】我説你們怎麼咯?不好好兒的,肉癢癢了罷?必定叫我打一頓,有甚麼便宜呢?

【E】我説你們怎麼咯?不好好兒的,肉癢癢了麼?必定叫打了的時候兒,得了甚麼好處兒了麼?

fede,	ereci	julesi	geli	ere	gese	mudan	bici,
fede,	ere-ci	julesi	geli	ere	gese	mudan	bici,
上心.INTJ	這-ABL	以後	再	這	様子	次數	若有
用心,	從這	以後	又	這	様子	次數	若有,

yasai	faha	guwelke.
yasa-i	faha	guwelke.
眼睛-GEN	珠	小心.IMP
眼睛的	珠	仔細。

【A】徃後再有這様的次数,提防着眼珠子。

【B】好生着,以後再若有這個遭数,隄防眼珠子。

【C】此後若再有這様的遭数,小心着眼珠子。

【D】從今兒以後再要這麼着,小心你們那皮肉。

【E】自此以後再要這麼行,小心眼珠子。

【F】只告訴他們説,這回我饒爾,爾們要小心着,好好的守規矩。

fita	jokjarakū	oci,	suwe	inu	iserakū
fita	jokja-ra-kū	oci,	suwe	inu	ise-ra-kū
結實	狠狠打-IPFV-NEG	若是	2PL	也	怕-IPFV-NEG
結實	重打	若,	你們	也	不怕!

sehe	manggi.
se-he	manggi.
說.AUX-PFV	之後

【A】要不往死裡重打的時候,想来你們也不怕啊!
【B】要不往結寔裡打,你們也不怕!
【C】若不結結實實的打,想來你們也不知道怕啊!
【D】若不結結實實的打你們,也不知道怕呀!
【E】若不結結寔寔的打你們,也不知道怕呀!
【F】如以後我再撞着𠈌們吵鬧辯嘴,定也不饒𠈌啊。現在可以下去。

gemu	je	sefi	genehe.
gemu	je	se-fi	gene-he.
都	喳	說.AUX-順序.CVB	去-PFV
都	是	説	去了。

【A】全"咢"的一聲答應了去了。
【B】都答應"是"去了。
【C】説畢,都"遮"的答應了去了。
【D】説完,都"喳"的一聲答應着出去了。
【E】説完,都"喳"的一聲答應著去咯。
【F】大傢"喳"一聲起來,走去了。

94(A94 ulha i duha 畜生心腸,B94,C64,D64,E65,F70 用長去短)

tere	kesi	akūngge	be,	si	absi	tuwahabi.
tere	kesi	akū-ngge	be,	si	absi	tuwa-ha-bi.
那	恩惠	NEG-NMLZ	ACC	2SG	怎么	看-PFV-PRS
那	福氣	没有的	把,	你	怎麼	看?

【A】你把那個沒福的,怎麼看了?

【A】你把那個没福的,怎麼看了?
【B】你把那個無福的,怎庅看了?
【C】那個不長進的,你怎麼瞧了?
【D】那是個没出息兒的東西,你怎麼瞧上他來着呢?
【E】那是個没出息兒的東西,你怎麼瞧上了?
【F】那是個不中用的東西,儞怎麼瞧上眼了?

udu	niyalmai	sukū	nerecibe,	ulha	i	duha
udu	niyalma-i	sukū	nere-cibe,	ulha	-i	duha
雖然	人-GEN	皮	披-讓步.CVB	獸	GEN	心腸
雖	人的	皮	披着,	畜生	的	心腸

kai.	jailame	yabuha	de	sain.
kai.	jaila-me	yabu-ha	de	sain.
INTJ	躲避-并列.CVB	行走-PFV	LOC	好
啊。	躲着	走	時	好。

【A】雖然披的是人皮,是畜牲的心啊。躲着走好啊。
【B】雖然披着人皮,寔在是畜牲的心腸。躲着走好啊。
【C】雖披着人皮,牲口的腸子啊。躲着些走好。
【D】雖是個人身子,却是牲口腸子。總是躲着他些纔好呢。
【E】雖是個人身子,却是牲口腸子。畧躲着些兒走好。
【F】儞不知道,他長的相貌就是好看,心裡却險詐的狠。

fuhali	baita	akū	de	baita	dekdere	emu	facuhūn
fuhali	baita	akū	de	baita	dekde-re	emu	facuhūn
竟然	事情	NEG	LOC	事情	引起-IPFV	一	混亂
畢竟	事情	没有	在	事情	引起	一	紊亂

da	secina.
da	se-cina.
源頭	説.AUX-IMP
源頭	竟是。

【A】於無事的裡頭,生事作乱的頭兒啊。

【B】竟是一個無事生非、作亂的頭兒啊。

【C】無事生事的一個混賬行子。

【D】你把我這句話,你擱在心上,他原是個無事生事的混帳行子啊。

【E】真是個無事生事的混賬行子啊。

gūnin	i	dolo	butemji	oforodoro	mangga,	yala
gūnin	-i	dolo	butemji	oforodo-ro	mangga,	yala
心	GEN	裏面	陰險	挑唆-IPFV	善于	實在
心		裏面	陰險	挑唆	善于,	實在

sabuha	de	saksari	donjihade	dokdori.
sabu-ha	de	saksari	donji-ha-de	dokdori.
看見-PFV	LOC	仰面跌倒	聽見-PFV-LOC	猛然站起
看	時	仰面摔	聽見	抖露起来。

【A】心苦善用讒間,實在叫他眼睛看見的就是一個仰面觔斗,聽見了的就抖露起来。

【B】心裡陰險善用讒言,真是聽見風児就是雨児。

【C】心裡黑慣挑托子,實在是聽見風兒就是兩(雨)兒。

【D】心眼子又黑,常是聽見風兒就是雨兒的。

【E】心眼子黑,並且是聽見風兒就是雨兒的。

cihe	use	i	gese	majige	baita	bici,	ini
cihe	use	-i	gese	majige	baita	bi-ci,	ini
虱子	蟣子	GEN	一樣	微小	事情	若有	3SG.GEN
虱子	蟣子		一樣	微小	事情	有,	他的

angga	de	isinaha	sehede,
angga	de	isina-ha	se-he-de,
嘴	DAT	到達-PFV	說.AUX-PFV-LOC
嘴	與	到	的時候,

【A】有像虮子一樣的小事兒,到了他的嘴裡的時候,

【B】有像虱子蟣子一樣的小事,要到了他嘴裡,

【C】若畧有些須一點小事情,到了他嘴裡的時候,

【D】人家略有點兒細故,叫他聽見,他就滿處兒混嚼説,

【E】若畧有點兒小事情兒,呌他聽見的時候兒,就混嚼説,

【F】人家若有點兒小事,教他聽見,他就無風作浪。

algišahai	fikatala	genembi.	ubai	baita	be
algiša-hai	fikatala	gene-mbi.	uba-i	baita	be
誇張-持續.CVB	繞遠	去-PRS	這裏-GEN	事情	ACC
誇張	繞遠	去。	這裏的	事情	把

tubade	ulaname,	tubai	gisun	be
tuba-de	ula-na-me,	tuba-i	gisun	be
那裏-DAT	傳達-去-并列.CVB	那裏-GEN	話語	ACC
那裏到	傳去,	那裏的	話	把

ubade	alanjime,	juwe	ergide	šusihiyehei
uba-de	ala-nji-me,	juwe	ergi-de	šusihiye-hei
這裏-DAT	告訴-來-并列.CVB	兩	方面-LOC	挑撥-持續.CVB
這裏	告訴來,	二	方	挑撥

kimun	jafabu	nakū.
kimun	jafa-bu	nakū.
仇	結-CAUS.IMP	却又
仇	使結	却又。

【A】説到一個離乎了。把這裡的事情告訴那裡去,那裡的話兒告訴這裡來,把兩下裡成了仇了,

【B】張揚到離乎了的去處。把這裡的事傳到那裡,把那裡的話告訴這裡,兩下裡調唆的成了讐,

【C】嚼説張揚的不堪啊。把這裡的事情傳在那裡去,那裡的話告訴這裡來,呌兩邉成了讐,

【D】張揚個不堪啊。把這兒的事情傳在那兒,把那兒的信兒告

訴這兒,叫兩下裏成了讎的時候兒,

【E】爛張揚個不堪啊。把這兒的事情傳在那兒,把那兒的信兒告訴這兒,叫兩下裡成了仇的時候兒,

【F】播弄是非。把這兒的事情告訴那兒,把那兒的事情傳到這兒,叫兩下裡不和,

i	ikiri	tatame	sidenderi	sain	niyalma	arambi.
i	ikiri	tata-me	siden-deri	sain	niyalma	ara-mbi.
3SG	一連	拉-并列.CVB	中間-ABL	好	人	做-PRS
他	一連	拉	從中間	好	人	做。

mini	gisun	be	temgetu	akū	seci,
mini	gisun	be	temgetu	akū	seci,
1SG.GEN	話語	ACC	憑據	NEG	若説
我們的	話	把	憑據	没有	説,

【A】他一溜神氣的從中間作好人。要説我的話没憑據,

【B】他一路神氣的從中間作好人。要説我的話無憑據,

【C】他在中間做好人。若説我的話無憑據,

【D】他可從中作好人兒。你看我説的話信不得,

【E】他可從中作好人兒。你若説我説的話信不的,

【F】隨後他又從中假作好人,兩邊來排解,兩邊倒感了他的情。那知道原來是他種下的根苗,佔個自己的便宜。

si	tuwa	ini	baru	guculere	niyalma	akū
si	tuwa	ini	baru	gucule-re	niyalma	akū
2SG	看.IMP	3SG.GEN	向	交朋友-IPFV	人	NEG
你	看	他	向	交朋友	人	没有

sere	anggala,	fisa	jorime	toorakū
se-re	anggala,	fisa	jori-me	too-ra-kū
説.AUX-IPFV	不但	背	指-并列.CVB	罵-IPFV-NEG
	不但,	背	指着	不罵

oci,	uthai	ini	jabšan.
o-ci,	uthai	ini	jabšan.
成爲-假設.CVB	就	3SG.GEN	幸運
若是,	就	他	幸運。

【A】你看不但没人合他交結,不指着脊背罵,就是他的便易。

【B】你看不但無人合他交結,不指着脊背罵,就是他的便宜。

【C】你瞧不但與他没有相與的人,若不指着脊背罵,就是他的造化了。

【D】你瞧不但没有一個人兒和他相好的,若不指着他的脊梁罵他,那就是他的便宜了。

【E】你瞧不但没有一個人兒和他相好的,若不指着他的脊梁罵他的,那就是他的造化了。

ai	nasacuka.	erei	ama	eme	fili	fiktu	akū.
ai	nasacuka.	ere-i	ama	eme	fili	fiktu	akū.
哎	可歎	這-GEN	父親	母親	結實	因由	NEG
哎	可歎。	他的	父	母	結實	緣故	没有[無緣無故]

ere	fusi	de	ušabufi	niyalma	de
ere	fusi	de	uša-bu-fi	niyalma	de
這	下賤	DAT	拖-PASS-順序.CVB	人	DAT
這	下賤	與	被拉扯	人	被

tooburengge,	ai	sui	gajiha	ni.
too-bu-re-ngge,	ai	sui	gaji-ha	ni.
罵-PASS-IPFV-NMLZ	什麽	罪	拿來-PFV	呢
罵,	什麽	罪	拿來	呢?

【A】何等可嘆啊。他的父母無緣無故的被這個下賤東西拉扯的叫人罵的,怎麽様的一個冤枉呢?

【B】哎可嘆啊。他的父母無緣無故的被這個下賤東西連累的教人罵,作了什庅孽呢?

【C】哎可嘆。父母無原無故被這賤貨連累了叫人家罵的,是何罪孽?

【D】嗳,他父母生下這種樣兒的賤貨兒來討人家的厭,也實在是没德行咯。

【E】嗳,他父母生下這種樣兒的賤貨兒來叫人家罵,真也是没德行咯。

(【+F】這樣的人,儞還信用他,我真不解了。

老弟,用人狠難的。我看他長的狠像個樣,辦事也快當,説話也了亮,所以信用他。我向來的癖氣,用人不疑,疑人不用,如這等人,要來全才,那里有?只好用長去短就是咯,何必苛求。儞吶的度量大,叫我就不能。老弟,儞用人必求全才,所以半年中換的人,差不多有十幾個人哪。没有這樣多。老弟儞不信,算算看。)

95 (A95 aiture 復原, B95, C51, D51, E52, F27 死者回陽)

bucure	giyan	waka	oci,	ini	cisui	emu	nashūn
bucu-re	giyan	waka	oci,	ini	cisui	emu	nashūn
死-IPFV	道理	不是	若是	3SG.GEN	自然	一	機會
死	應該	不是	若,	他的	自然	一	機會

ucarambi.	i	tere	dobori	de	ujelehe.
ucara-mbi.	i	tere	dobori	de	ujele-he,
相遇-PRS	3SG	那	夜晚	LOC	沉重-PFV
出來。	他	那	夜	時	沉重,

【A】要不該死,自然就出一個機會啊。那一晚上昏的狠沉,

【B】要是不該死,自然遇着一個機會。他那夜裡着了重,

【C】若是不該死,自然而然有機會出來。那一夜沉重了,

【D】人若是不該死,自然而然的有救星兒。他那一夜病得很沉重,

【E】若是不該死,他自然而然的有救星。那一夜沉重了,

【F】凡人有病,若是不該死的,自然而然的有解救。我有一個朋友,病了幾天,醫藥都不見效,

farapi	kejine	oho	manggi,	teni	aituha.
fara-pi	kejine	o-ho	manggi,	teni	aitu-ha.
發昏-延續.CVB	許久	成爲-PFV	之後	纔	復原-PFV
昏	很久	因,		纔	復原。

angga	de	bi	hūwanggiyarakū,
angga	de	bi	hūwanggiya-ra-kū,
嘴	LOC	1SG	妨礙-IPFV-NEG
嘴	在	我	無妨,

【A】遲了許久,纔蘇醒過來了。嘴裡説我不相干,

【B】昏沉了許久,纔甦醒過來。嘴裡説我無妨,

【C】發昏,将能着救過來着。我嘴裡雖説無妨,

【D】昏過去了,等了好一會子,纔甦醒過來。我嘴裏雖然是安慰老人家,説:

【E】昏過去,好一會子纔甦醒過來了。我嘴裡雖然説:無妨無妨,

【F】越變越重,有一夜竟然死了。

suwe	gūnin	sulakan	i	sinda	seme,
suwe	gūnin	sulakan	-i	sinda	se-me,
2PL.EXCL	心	輕鬆	INS	放.IMP	説.AUX-并列.CVB
你們	心	輕鬆	地	放,	

niyalma	be	necihiyembihe.
niyalma	be	necihiye-mbihe.
人	ACC	安慰-PST
人	把	安慰來着。

【A】你們把心放的寬寬的,不叫人慌来着。
【B】你們把心放寬,安撫人來着。
【C】請放心,寬慰老人家,心裡實在無指望,心恢了。
【D】請放心,無妨無妨,心裡實在是没指望兒了。
【E】請放心,這樣安慰老人家,心裡實在是没了指望兒了。

yala ini mafari i kesi booi gubci hūturi,
yala ini mafari -i kesi boo-i gubci hūturi,
實在 3SG.GEN 祖輩 GEN 恩典 家-GEN 整個 福分
實在 他的 祖輩 的 恩典 家裏的 整個 福,
【A】實在托祖上的恩典閤家的福上,
【B】寔在是他祖上的德行闔家的福田,
【C】實在是他祖父恩澤,也是他的福,
【D】誰想那老人家的福氣大,病人的造化好,
【E】那兒知道兩位老人家福氣大,他的造化好,

jai inenggi encu emu oktosi be halafi
jai inenggi encu emu oktosi be hala-fi
再有 日子 另外 一 醫生 ACC 改變-順序.CVB
第二 日子 别的 一 醫生 把 改變
dasabure jakade, yasa tuwahai emu
dasa-bu-re jakade, yasa tuwa-hai emu
治療-CAUS-IPFV 之時 眼睛 看-持續.CVB 一
醫治 時, 眼睛 看着 一
inenggi emu inenggi ci yebe oho.
inenggi emu inenggi ci yebe o-ho.
日子 一 日子 ABL 病癒 成爲-PFV
日子 一 日子 比 病癒 成爲。
【A】第二日另請一個醫生来一治,眼看着一日比一日好了。

【B】第二日另換了一個大夫醫治,眼看着一日比一日好了。

【C】第二日另請了一個大夫治的上頭,眼瞧着一日比一日好了。

【D】到了第二天另請了一個大夫治了治,眼看着一天比一天的好了。

【E】第二天另請了一個大夫治,眼瞧着一天比一天的好了。

【F】(他家人們趕緊請大夫,還怕來不及。正當這時候,他有一個好朋友出外纔回來看他,聽見這個樣,就同他的老子娘進房裡去看他,説:"不要緊,我按他的脈不是絶脈,只是暈過去的樣子,心坎還熱,我開一個藥方給你,快快抓藥來煎,一服就好。"他家裡人就打發人去抓藥來,那朋友説:"這個藥不過煎着預備,不多久的時候他自己要醒回來。"正説着,他的老子娘由房裡走出來説:"我的孩子手足都回熱了,鼻子裡有一點氣,好像回過來了。"話纔説完,他的老婆和小老婆又趕出來説:"他這嗜回陽了,説口渴得狠,不知道可以欲得什麼湯?請這位大爺指教指教!"那朋友又進去一瞧,説:"只要剛纔抓的藥,熬好一欲就是。)他服這藥精神就定一天比一天的好了。"

(【+F】由這是怎麼樣呢?)

cananggi	bi	genefi	tuwaci,	udu	da	beye
cananggi	bi	gene-fi	tuwa-ci,	udu	da	beye
前日	1SG	去-順序.CVB	看-條件.CVB	雖然	原本	身體
前日	我	去	看,	雖然	原本	身體

bahara	unde	bicibe,
baha-ra	unde	bi-cibe,
得到-IPFV	尚未	存在-讓步.CVB
得到	尚未	雖然,

【A】我前日去看了一看,雖然没還原,

【B】前日我去看時,雖然没復元,

【C】前日我們去瞧去,身子雖未能復元,

【D】前兒我去看他,見他的身子雖然没有還元兒,

【E】前兒我去看,見身子雖没有還元兒,

【F】前十幾天我去看他,他雖是身子還没有復原,

cira	majige	aituha,	yali	inu	majige	nonggiha,	jing
cira	majige	aitu-ha,	yali	inu	majige	nonggi-ha,	jing
臉色	稍微	恢復-PFV	肉	也	略	增加-PFV	正在
臉色	稍微	復原,	肉	也	略	增加,	正

cirku	de	nikefi	jaka	jeku	jeme	bi.
cirku	de	nike-fi	jaka	jeku	je-me	bi.
枕頭	LOC	靠-順序.CVB	東西	食物	吃-PROG	PRS
枕頭	在	靠	東西	食物	吃	正在。

【A】氣色也轉過来了,也長了點兒肉了,正在枕頭上靠着坐着吃東西呢。

【B】氣色畧轉過來了,也長了點肉了,正在枕頭上靠着吃東西呢。

【C】臉面轉過來了,也畧長了些肉了,正靠着枕頭坐着喫東西呢。

【D】臉上的氣色兒可轉過來了,也略長了點兒肉了,在那兒靠着枕頭喫東西呢。

【E】臉面却轉過來了,也畧長了點兒肉了,靠着枕頭吃東西呢。

【F】臉色狠好了,靠着枕頭吃東西。

tede	bi	si	jabšan	kai	urgun	kai.	ere
tede	bi	si	jabšan	kai	urgun	kai.	ere
那.LOC	1SG	2SG	幸運	INTJ	喜慶	INTJ	這
在那	我	你的	幸運	啊	喜慶	啊。	這

nimeku	de	buce-he-kū	bicibe,	sukū
nimeku	de	buce-he-kū	bi-cibe,	sukū
病	LOC	死-PFV-NEG	存在.AUX-讓步.CVB	皮
病	在	不死	雖然,	皮

emu	jergi	kobciha	serede.	mini
emu	jergi	kobci-ha	se-re-de.	mini
一	層	脱落-PFV	説.AUX-IPFV-LOC	1SG.GEN
一	層	脱落。		我

baru	ijaršame	injembi.
baru	ijarša-me	inje-mbi.
向	笑嘻嘻-并列.CVB	笑-PRS
向	笑嘻嘻	笑。

【A】那個上我説：你僥倖大喜啊。這一遭雖然没死，可脱落一層皮啊。望着我瞎嘻瞎嘻的笑。

【B】那上頭我説：你僥倖啊大喜啊。這病上雖然没死，可脱了一層皮啊。望着我嘻嘻的笑呢。

【C】那上頭我説：萬幸啊大喜啊。此次雖未死，也脱了一層皮了。他向着我嘻嘻的笑。

【D】我説：好啊，大喜咯。這一場病可不輕，雖然没死，也脱了一層皮呀。他和我笑嘻嘻的説。

【E】我説：好啊，大喜呀。這一場病雖没死，也脱了一層皮呀。他和我笑嘻嘻的説。

【F】我説：恭喜，好了。他和我笑嘻嘻的説。

yala	ini	booi	gubci	i	hūturi,	akūci
yala	ini	boo-i	gubci	-i	hūturi,	akū-ci
實在	3SG.GEN	家-GEN	全	GEN	福	NEG-假設.CVB
實在	他	家的	全	的	福，	不然

ede	uthai	ergen	jocibuha	sehede.
ede	uthai	ergen	joci-bu-ha	se-he-de.
這.LOC	就	生命	敗-CAUS-PFV	説.AUX-PFV-LOC
這上頭	就	生命	喪失。	

ini booi eiten baita be wede akdafi
ini boo-i eiten baita be we-de akda-fi
3SG.GEN 家-GEN 一切 事情 ACC 誰-DAT 仰賴-順序.CVB
他的 家 一切 事情 把 誰 對 依仗着

icihiyambi, juse omosi yade nikebuci
icihiya-mbi, juse omosi ya-de nike-bu-ci
辦理-PRS 孩子.PL 孫子.PL 誰-DAT 依靠-CAUS-假設.CVB
辦理, 兒子們 孫子們 何人 靠着

tuwašatame kadalabumbini.
tuwašata-me kadala-bu-mbi-ni.
照看-并列.CVB 管理-CAUS-PRS-呢
照看 管理呢?

【A】實在可是攥着把汗過来了。

【B】真是他閤家的福,不然這上頭就喪了命。他的一切家務仗着誰辨,子孫們靠着何人照管呢?

【C】實在是出了災大好了啊。

【D】托着大家的福! 如今出了災咯,可大好了。

【E】如今出了災了,可大好了。

【F】如今都好了,就是身子還輭弱,嬾怠動。我這番病,好得我那朋友來救我。儞知道麼? 他本是上好的醫生,那個病症没治過? 他多的出外,誰曉得纔回來? 只是難得這來的巧,給我救命。這算我的運氣還好呢。説這説那,坐好久兒,到天晚我纔出來。他向我拱拱手道痠。

(【+F】可見人生在世,都是看運氣的。)

96 (A96 sofin akū 没坐性, B96, C55, D55, E56, F77 誡弟多言)

si ainu uttu sofin akū. doronggo yangsanggai
si ainu uttu sofin akū. doronggo yangsangga-i
2SG 怎麽 這樣 坐性 没有 規矩 儀態端莊-INS
你 怎麽 這樣 坐性 没有? 規矩 文采
teci, we simbe moo šošon sembio.
te-ci, we simbe moo šošon se-mbi-o.
坐-假設.CVB 誰 2SG.ACC 木頭 墩子 説-PRS-Q
坐若是, 誰 把你 木頭 墩子 説嗎?

【A】你怎麽這樣没定準? 規規矩矩的坐着,誰説你是個木頭墩子嗎?

【B】你怎広這樣無作樣? 規規矩矩的坐着,誰説你是木頭墩子広?

【C】你怎麽這樣輕佻不定? 若稳稳重重的坐着,誰把你説是木偶麽?

【D】你怎麽這麽樣兒不穩重? 若是體體面面兒坐着,誰説你是木雕泥塑的廢物麽?

【E】你怎麽這麽樣兒的不穩重? 若是體體面面兒坐着,誰説你是木彫坭塑的廢物麽?

【F】儞怎麽這樣的不穩重? 若是儞端端正正的坐着,誰説儞泥塑木雕的?

gisun hese akū oci, ya simbe hele hempe
gisun hese akū oci, ya simbe hele hempe
言語 旨意 NEG 若是 誰 2SG.ACC 啞巴 結巴
話 旨意 没有 若, 誰 把你 啞巴 結巴

sembio.
se-mbi-o.
說-PRS-Q
說嗎?

【A】不說話,誰說你是個啞吧嗎?
【B】不言不語的,誰說你是啞吧庅?
【C】若不言不語的,誰說你是啞叭麼?
【D】你若不言不語的,誰說你是啞吧麼?
【E】你若不言不語的,那個說你是啞吧麼?
【F】若是儞不言不語的,誰說儞是啞吧子?

aimaka	wede	yobo	arara	adali,	erebe	neci
aimaka	we-de	yobo	ara-ra	adali,	ere-be	neci
好像	誰-DAT	玩笑	做-IPFV	一樣	這個-ACC	招惹.IMP
反而	給誰	兒戲	當	一樣,	把這	惹

manggi,	geli	terebe	nungnerengge,
manggi,	geli	tere-be	nungne-re-ngge,
既	又	那個-ACC	招惹-IPFV-NMLZ
後,	又	把那	招惹,

【A】倒像給誰作笑的一樣,惹惹這個,招招那個,
【B】倒像與誰取笑的一樣,惹了這個,又招那個,
【C】好像給誰湊趣兒的一樣,把這個招了惹那個,
【D】倒像在人跟前兒故意兒鬬笑兒似的,惹了這個,又招那個,
【E】倒像在誰跟前兒鬬笑兒似的,惹了這個,又招那個,
【F】儞纔見着人,就開口說玩笑,惹了這個,又招那個,

ai	sebjelere	babi.	si	sererakū	dere.
ai	sebjele-re	ba-bi.	si	sere-ra-kū	dere.
什麼	快樂-IPFV	處-有	2SG	發覺-IPFV-NEG	INTJ
什麼	快樂	有地方?	你	不覺得	罷了,

dalbaki	niyalma	gemu	dosorakū	ohobi.
dalbaki	niyalma	gemu	doso-ra-kū	o-ho-bi.
旁邊	人	都	耐得住-IPFV-NEG	成爲.AUX-PFV-PRS
旁邊的	人	都	耐不住	成了。

【A】有什麼樂處？你不覺罷咧，傍人全受不得啊。

【B】有什庅樂處？你不覺罷咧，旁人全受不得啊。

【C】甚麼樂？你自己不覺罷咧，傍邉的人都受不得了。

【D】有甚麼樂處兒呢？你自己不覺罷咯，傍邊兒的人都受不得了。

【E】有甚麼樂處兒呢？你自己不覺罷咯，傍邊兒的人都受不得了。

【F】有甚麼樂處呢？儞自己不覺得這不像樣的樣子。

atanggi	bicibe	si	emu	jekšun	kecu	niyalma
atanggi	bi-cibe	si	emu	jekšun	kecu	niyalma
什麼時候	有-讓步.CVB	2SG	一	刻薄	兇狠	人
什麼時候	有	你	一	刻薄	兇狠	人

be	ucarafi,	koro	baha	manggi,	si	teni
be	ucara-fi,	koro	baha	manggi,	si	teni
ACC	遇見-順序.CVB	傷害	得到.PFV	之後	2SG	纔
把	遇見，	吃虧		後，	你	纔

ara,	dule	uttu	nimecuke	ni	sembikai.
ara,	dule	uttu	nimecuke	ni	se-mbi-kai.
哎呀	原來	這樣	厲害	呢	説-PRS-INTJ
哎，	原來	這樣	厲害	呢	説啊。

【A】多喒你遇見一個狠刻薄的人，碰了丁子了的時候，你纔說：哎喲，原來這樣的利害呀啊。

【B】多喒你遇見一個刻薄討嫌的人，吃了虧的時候，你纔説：哎呀，原來這樣利害呀。

【C】不拘幾時遇見一個利害人，吃了虧，纔知道呢。

【D】多喒遇見一個利害人，喫了虧的時候兒，你纔知道有關係呢。

【E】幾兒遇見一個利害人,吃了虧的時候兒,你纔知道呢。

【F】多咱遇着嘴尖利害的人,吃了虧,纔知道呀。

(【E】哎呀,原來這樣兒的利害麼?)

age,	sini	ahūn	i	gisun	inu.	hetu	daljakū
age,	sini	ahūn	-i	gisun	inu.	hetu	daljakū
阿哥	2SG.GEN	兄長	GEN	話語	正確	别的	不相干
阿哥,	你的	兄	的	話	正確。	别的	不相干

niyalma	uttu	gisurere	aibi.
niyalma	uttu	gisure-re	aibi.
人	這樣	説-IPFV	豈有
人	這樣	説	豈有?

【A】阿哥,你兄長的話是啊。要是傍不相干的人豈肯這樣説嗎?

【B】阿哥,你兄長的話是。要是旁不相干的人豈肯這樣説?

【C】老弟呀,你哥哥的話是啊。若是傍不相干的人爲甚麼這樣説?

【D】老弟,你令兄的話實在是不錯。若是傍不相干兒的人肯這麽説得關切麼?

【E】阿哥,你哥哥説的話很是。若是傍不相干兒的人肯這麽説麽?

【F】老弟,儞令兄説的話實在是不錯。他若不是你的令兄那背[肯]這樣説呢?儞必要留心改了罷。

efin	serengge	becen	i	deribun	kai,
efin	se-re-ngge	becen	-i	deribun	kai,
玩笑	説.AUX-IPFV-NMLZ	拌嘴	GEN	開始	INTJ
頑	所謂	拌嘴	的	開始	啊,

bihe	bihei,	ai	sain	banjinara.
bi-he	bi-hei,	ai	sain	banjina-ra.
存在-PFV	存在-持續.CVB	什麽	好	發生-IPFV
久而久之,		怎麽	好	生來?

【A】頑啊是拌嘴的引子啊,久而久之,怎麼能彀出好呢?
【B】頑啊是辦嘴的因由啊,久而久之,生出什庅好來?
【C】頑啊是伴嘴的由頭,久兒久之,生出甚麽好来?
【D】頑笑是辯嘴的由頭,久而久之,生出甚麽好事來呀?
【E】頑笑是拌嘴的由頭,久而久之,生出甚麽好事來呀?
【F】玩笑是辯嘴的根苗,久而久的,就生出是非來。

eiterecibe, ini beye udu hahardaha gojime, se
eiterecibe, ini beye udu haharda-ha gojime, se
總之 3SG.GEN 身體 雖然 成年-PFV 雖然 歲數
總之, 他的 身體 雖然 長大 雖然, 歲
oron unde.
oron unde.
影子 尚未
影子 尚未。

【A】摠而言之,他的身子雖然長成大漢子了,歲數没到呢。
【B】総而言之,他的身子雖然成了丁,歲数早呢。
【C】總而言之,你身子雖成了丁,心還未開。
【D】你寡長了身量,歲數兒還早呢。務必要留心改了啊!
【E】你寡長了個身子,歲數兒還早呢。

muse tere fon ci dulembuhekū nio. jing
muse tere fon-ci dulembu-he-kū ni-o. jing
1PL.INCL 那 時候-ABL 經歷-PFV-NEG 呢-Q 正
咱們 那 從時候 不過來 呢嗎? 正
efin de amuran erin kai, esi uttu kai.
efin de amuran erin kai, esi uttu kai.
玩笑 DAT 愛好 時候 INTJ 自然 這様 INTJ
玩耍 與 喜好 時候 啊, 自然 這様。

【A】喈們没從那個時候過嗎？正是好頑的時候啊，自然是這樣的。

【B】咱們没從那時候過庅？正是貪頑的時候啊，自然是這樣的。

【C】阿哥别儘自責備他。咱們没有從這個時候過麼？正是好頑的時候啊，自然是這樣。

【D】咱們没有從那個時候過過麼？正是貪頑兒的時候兒呀。

【E】哎，誰没有從這個時候兒過過麼？正是好頑兒的時候兒呀。

【F】兄台咱們雖是這樣説，當年輕的時候也是貪玩的。現在是過來的人，纔知道這是不好。

ere sidende, damu gebungge sefu be solifi
ere siden-de, damu gebungge sefu be soli-fi
這個 期間-LOC 只是 有名的 師父 ACC 聘請-順序.CVB
這 中間， 只 有名的 師父 把 邀請

bithe be tacibukini, doro be urebukini.
bithe be tacibu-kini, doro be urebu-kini.
書 ACC 教導-IMP 道理 ACC 練習-IMP
書 把 教啊， 道理 把 熟練。

【A】這個時候這樣，可請個有名的先一[生]教書啊，演習規矩啊。

【B】這個空兒，只可請有名的師傅教書，演習道理。

【C】這個空兒，只請了名師教他念書學禮罷。

【D】我的意見，不如趁這個空兒，趕緊請一位名師教他念書。

【E】這個空兒，就只請一位名師教他念書。

【F】我看，倆不如請一位名師傅教倆兄弟學問。

inenggi goidaha manggi, cun cun i ulhicun
inenggi goida-ha manggi, cun cun -i ulhicun
日子 經歷-PFV 之後 漸漸 INS 心智
日子 經歷了 後， 漸漸 地 心智

neibufi, emu cimari andande jalan i
nei-bu-fi, emu cimari andan-de jalan -i
開-CAUS-順序.CVB 一 早上 瞬間-LOC 世間 GEN
打開, 一 早晨 瞬間在 世上 的

baita be getukelehe sehede, ini
baita be getukele-he se-he-de, ini
事情 ACC 清楚-PFV 説.AUX-PFV-LOC 3SG.GEN
事情 把 清楚 説, 他的

cisui dasabumbi kai. hūwašarakū niyalma
cisui dasa-bu-mbi kai. hūwaša-ra-kū niyalma
自然 改正-PASS-PRS INTJ 成長-IPFV-NEG 人
自然 修改 啊。長成 人

ojorakū jalin aiseme jobombi jiye
ojo-ra-kū jalin aiseme jobo-mbi jiye.
可以-IPFV-NEG 因爲 爲何 煩惱-PRS INTJ
不可 因爲 怎麼 憂愁 呢?

【A】日子久了,一歷一歷懂得了,一朝要説是知道了世間上的事情的時候,自然就改了。何愁不能成人呢?

【B】日子久了,漸漸的知識開了,一旦間説把世事明白了,自然就改了啊。何愁不出息不成人呢?

【C】日子久了,漸漸的懂得了,一旦間把世事知道了的時候,自然而然改過出息啊。

【D】漸漸兒的知識開了,明白了世務的時候兒,自然而然的就改好了。又愁甚麼没出息呢?

【E】漸漸兒的知識開了,明白了世務的時候兒,自然而然的就改好了。又愁甚麼没出息呢?

【F】若是學問上進,明白了世務,就自然而然的會變了穩重咯。㑚想是不是呢?

97（A97 oliha 怯弱，B97，C60，D60，E61，F12 托人謝罪）

eiten	baita	dulembuhekū,	oliha	ten.
eiten	baita	dulembu-he-kū,	oliha	ten.
所有	事情	經歷-PFV-NEG	怯弱	極點
所有	事情	没經過，	怯弱	極點。

gisun	bici	aiseme	dolo	gingkambi.
gisun	bi-ci	aiseme	dolo	gingka-mbi.
話語	有-假设.CVB	爲什麽	心中	鬱悶-PRS
話	有若	怎麽	心裡	悶？

【A】什麽事情没有經過，怯弱的狠。有話爲什麽悶在肚裡？

【B】没經過什庅事，怯的狠。有話爲什庅悶在肚裡？

【C】你好没經過事，怯極了。有話爲甚麽悶在心裡？

【D】你太没有經過事，怯極了。有話爲甚麽放在心裏？

【E】你太没有經過事，怯極了。有話爲甚麽放在心裡？

【F】儞太没有經過事的，這怕他做甚麽？有話就説，怎麽存在心裡？

šuwe	genefi,	ini	baru	getuken	šetuken	i
šuwe	gene-fi,	ini	baru	getuken	šetuken	-i
直接	去-順序.CVB	3SG.GEN	向	明白	清楚	INS
直	去，	他的	向	明白	明白	地

neileme	gisurecina.
neile-me	gisure-cina.
敞開-并列.CVB	説-IMP
往開	説吧。

【A】一直的去了，向他明明白白的往開裡说啊。

【B】一直的去了,向他明明白白的往開裡說是呢。
【C】直去向他明大明的說開是呢。
【D】直去和他講明說開就完了。
【E】直去和他明說開就完咯。
【F】可以的,儞直去和他明說開就完咯。

tere inu niyalma dabala, doro giyan be
tere inu niyalma dabala, doro giyan be
3SG 也 人 罷了 規矩 道理 ACC
他 也 人 罷了, 規矩 道理 把
baime yaburakū mujanggao.
bai-me yabu-ra-kū mujangga-o.
求-并列.CVB 踐行-IPFV-NEG 確實-Q
求 不施行 確實嗎?
【A】他也是人罷咧,有不遵着道理行的嗎?
【B】他也是一個人罷咧,有不遵道理行的嗎?
【C】他也是人罷咧,不按道理行麼?
【D】他也是個人罷咧,能穀不按着道理行麼?
【E】他也是個人罷咧,不按着道理行麼?
【F】他也是個人,能不說道理麼?

turgun be tucibume daci dube de isitala
turgun be tucibu-me da-ci dube de isitala
緣故 ACC 顯露出-并列.CVB 頭-ABL 末端 DAT 直到
緣故 把 顯露出 頭從 尾 到 具體
sume faksalaha de, simbe ainarahū
su-me faksala-ha de, simbe aina-rahū
解-并列.CVB 分析-PFV LOC 2SG.ACC 怎麼樣-SBJV
解釋 分析 時, 把你 怎麼樣 恐怕

sembio.	warahū	sembio.	eici	jeterahū
se-mbi-o.	wa-rahū	se-mbi-o.	eici	jete-rahū
AUX - PRS - Q	殺 - SBJV	AUX - PRS - Q	或者	吃 - SBJV
嗎?	殺　恐怕	嗎?	或者	吃恐怕
sembio.				
se-mbi-o.				
AUX - PRS - Q				
嗎?				

【A】把緣故從頭至尾分晰明白了的時候,怕把你怎麼樣嗎? 怕殺嗎? 或者怕吃嗎?

【B】把緣故説出來從頭至尾分晰明白了,怕把你怎庅樣嗎? 怕殺庅? 或是怕吃嗎?

【C】説出緣故来從頭一一分解開的時候,怕把你怎麼樣? 怕殺麼? 還是怕吃了呢?

【D】説出緣故來,你就從頭至尾的一一的分解開了,怕他能彀把你怎麼樣麼? 怕殺呀? 或是怕喫了你呢?

【E】説出緣故來,從頭至尾的一一的分解開了就完了,他能彀把你怎麼樣麼? 怕殺呀? 是怕吃了你呢?

【F】如儞説出緣故來,從頭到尾的一一的分解明白,他能彀把儞怎麼樣呢? 儞怕甚麼? 儞怕他吃了儞呀? 還是怕他打死呢?

(【+F】儞是知道,膽小的人再没有像我的,不拘甚麼事,我是不能出主意,如今怎麼的好,請教儞吶指點指點。)

tere	anggala,	weri	tubade	umai	asuki	wei	akū
tere	anggala,	weri	tuba-de	umai	asuki	wei	akū
那	而且	别人	那裏 - LOC	全然	動静	微小	NEG
	況且,	别人	那裏在	全然	聲音	微小	没有

bade,	afanggala	kūlifi	fekun	waliyabu	nakū,
ba-de,	afanggala	kūli-fi	fekun	waliyabu	nakū,
處-LOC	預先	唬住-順序.CVB	跳一下	丢失.IMP	之後
處,	預先	唬住	跳	丢棄	既然,

uttu	tuttu	seme	tosorongge,	aika
uttu	tuttu	se-me	toso-ro-ngge,	aika
這樣	那樣	説.AUX-并列.CVB	防範-IPFV-NMLZ	什麼
這樣	那樣	的	防範,	什麼

haha	i	wa	bio.
haha	-i	wa	bi-o.
男人	GEN	味道	有-Q
漢子	的	味道	有嗎?

【A】况且,人家那裡並没什麽聲色,就怕的吞聲失了主意,這們那們逆畧預備的,還有個漢子的味兒嗎?

【B】况且,人家那裡並無聲色,你先怕的亡魂喪膽,這們那們的預備,還有個漢子的味児嗎?

【C】况且,人家那裡並没有動静,来不来驚怕的喪胆亡魂,這樣那樣的防備,還有個漢子味兒麽?

【D】况且别人都没動静兒,你來不來的先這麽怕,這樣兒那樣兒的防備着,還有個漢子的味兒麽?

【E】况且别人都没動静兒,你來不來的先這麽怕,這樣兒那樣兒的防備着,你還有個漢子的味兒麽?

【F】儞事情到了,總不想去辦妥,只是害怕,就算了哪?

hūwanggiyarakū,	si	damu	gūnin	be	sulakan	sinda.
hūwanggiya-ra-kū,	si	damu	gūnin	be	sulakan	sinda.
妨礙-IPFV-NEG	2SG	只是	心	ACC	輕鬆	放.IMP
無妨,	你	只	心	把	寬	放。

tere	unenggi	ojorakū,	ainaki	seci,
tere	unenggi	o-jora-kū,	aina-ki	se-ci,
3SG	果真	可以-IPFV-NEG	怎麼樣-IMP	AUX-假設.CVB
他	真	不可以,	怎麼	要,

sinde	dere	banjimbio.
sinde	dere	banji-mbi-o.
2SG.DAT	臉	生長-PRS-Q
給你	臉	生嗎?

【A】無妨啊,你只管把心放寬罷。他要是當真的不依,要說是怎麼樣的,給你留臉嗎?

【B】無妨,你只管把心放寬。他若當真不依,要怎樣的,給你留臉嗎?

【C】不妨,你只管放寬心。他若果然不依,要怎麼樣,還給你留情麼?

【D】依我勸你,也放寬了心罷。他果然不依你,若和你見個高低兒,還給你留情麼?

【E】不妨,你放寬心罷。他若果然不依你,要和你見個高低兒,還給你留情麼?

【F】儞放寬了心罷!他若果然不依儞,要和儞分個高低,見個輸贏,他那肯慢慢的?還給儞留情麼?

si	uttu	gelehe	de,	uthai	bahafi	bolgosaka
si	uttu	gele-he	de,	uthai	baha-fi	bolgosaka
2SG	這樣	怕-PFV	LOC	就	得以-順序.CVB	乾净
你	這樣	害怕	時,	就	得到	乾乾净净

i	ukcara	mutembio.
-i	ukca-ra	mute-mbi-o.
INS	逃脱-IPFV	能够-PRS-Q
地	逃脱	能够嗎?

【A】你就是這們那們的怕了的時候,豈能彀乾乾净净的脱離了嗎?
【B】你就這樣怕了,就能夠乾乾净净的脱了嗎?
【C】你就這樣怕了,能彀乾乾净净的脱開麼?
【D】你如今就是這麼樣兒的怕了,能彀乾乾净净兒没事兒麼?
【E】你如今就是這麼樣兒的怕了,能彀乾乾净净兒的没事兒麼?

tetele	umai	mejige	akū	be	tuwaci,
tetele	umai	mejige	akū	be	tuwa-ci,
至今	全然	消息	NEG	ACC	看-假設.CVB
到如今	全然	音信	無	把	看,

gūnici	aifini	hū	i	da	i	amala
gūni-ci	aifini	hū	-i	da	-i	amala
想-假設.CVB	早就	枕骨	GEN	根	GEN	後邊
想是	早已	枕骨	的	根	的	後

maktafi	onggohobi.
makta-fi	onggo-ho-bi.
扔-順序.CVB	忘記-PFV-PRS
抛	忘記。

【A】看起到如今没有音信来,想來早已擱在脖子後頭忘了。
【B】看起來至今没有音信,想來早已擱在脖子後頭了。
【C】看起至今並没音信来,想来早已擱在脖子後頭忘了。
【D】我看起來到而今也没個音信,想是他早已忘了。
【E】看起至今並没音信,想來是他早已忘了擱開手了。
【F】到如今並没有消息,想是他早已擱下了。

hon	akdarakū	oci,	jenduken	i	mejigeše,
hon	akda-ra-kū	oci,	jenduken	-i	mejigeše,
很	相信-IPFV-NEG	若是	悄悄	INS	探聽.IMP
很	不信	若,	悄悄	地	打聽,

bi	akdulafi	hūwanggiyarakū	obure.
bi	akdula-fi	hūwanggiya-ra-kū	o-bu-re.
1SG	保證-順序.CVB	妨礙-IPFV-NEG	成爲-CAUS-IPFV
我	保證	妨礙　没有	成爲。

【A】狠要不信,悄悄的打聽信去,我管(保)你無妨啊。

【B】若不狠信,悄悄的打聽,我管保無妨。

【C】若狠不信,暗暗的探個信兒,我管保無妨啊。

【D】你若不信,悄悄的探聽個信兒,管保你無妨無礙的呀。

【E】你若不信,悄悄兒的探聽信兒,我管保你無妨無碍的呀。

【F】儞若不信,悄悄的叫人去打聽,我敢保儞不礙的。儞還是這樣那樣的害怕,空度了日子,歸根是没了結,難保後來不變局。儞想我的話錯不錯?

(【+F】承儞吶指教,狠是的。只是我寡交,知心的朋友少,就託儞吶代我打聽,順便替我説開罷。我感情不盡。)

98(A98 okto omire 吃藥,B98,C52,D52,E53,F24 病不服藥)

(【+F】儞現在怎麼這樣瘦呢? 我身上有些病。儞病了有多久哪? 有了半個多月。有了病既是這樣久,何不請個大夫來看看,吃幾劑藥就好了。不吃藥怎麼會好咧?)

sini	tafularangge	sain	gisun	waka	oci	ai.
sini	tafula-ra-ngge	sain	gisun	waka	oci	ai.
2SG.GEN	勸諫-IPFV-NMLZ	好	話語	不是	若是	什麼
你的	勸的	好	話	不是	若	什麼?

damu	minde	emu	encu	gūninjara	babi.
damu	minde	emu	enqu	gūninja-ra	ba-bi.
只是	1SG.DAT	一	不同的	考慮-IPFV	處-有
只	在我	一	不同	考慮	處　有。

【A】你勸的可不是好話什麼？但只我另有個心事啊。

【B】你勸的不是好話是什庅？但只我另有一個想頭。

【C】你勸的何嘗不是好話？但只我另有一個想頭。

【D】你勸我喫藥,何曾不是好話？但只是我另有一個心思。

【E】你勸我的何曾不是好話？但只我另有一個想頭。

【F】倆勸我吃藥,可不是好話？只是我另有一個想頭。

uneggi	okto	omici	acaci,	bi	moo
unenggi	okto	omi-ci	aca-ci,	bi	moo
果然	藥	喝-假設.CVB	應該-假設.CVB	1SG	木頭
果真	藥	吃	應該,	我	木頭

šolon	waka	kai,	jiha	menggun	be	hairame
šolon	waka	kai,	jiha	menggun	be	haira-me
墩子	不是	INTJ	錢	銀子	ACC	愛惜-并列.CVB
墩子	不是	啊,	錢	銀子	把	珍惜

beyebe	dasarakū	doro	bio.
beye-be	dasa-ra-kū	doro	bi-o.
身體-ACC	治療-IPFV-NEG	道理	有-Q
把身體	不治	道理	有嗎?

【A】若果應該吃藥,我又不是個木頭墩子,有捨不得銀錢不治自己身子的理嗎?

【B】若果該當吃藥,我不是木頭墩子啊,有爱惜銀錢不治身子的理嗎?

【C】若果然該當服藥,我不是木頭啊,有個愛惜銀錢不治身子的道理麼?

【D】若果然該當服藥,我又不是看財奴,有愛惜銀錢不愛惜身子的理麼?

【E】若果然該當服藥,我不是木頭啊,有愛惜銀錢不愛身子的道理麼?

【F】若是我大病，自然要請好大夫，該當吃藥；我不是個傻人，愛惜銀錢不愛自己的身體哪。

adarame	seci.	cara	aniya	bi	okto	de
adarame	se-ci.	cara	aniya	bi	okto	de
怎麼	說-假設.CVB	前	年	1SG	藥	DAT
怎麼	說？	前年	年	我	藥	被

endebufi,	elekei	ergen	jocibuha,	tetele
endebu-fi,	elekei	ergen	jocibu-ha,	tetele
失誤-順序.CVB	差點	性命	傷害-PFV	至今
失誤，	差點	生命	傷害，	到如今

gūnihadari	silhi	meijembi.
gūni-ha-dari	silhi	meije-mbi.
想-PFV-每	膽	碎-PRS
每想起	膽	碎。

【A】怎麼說呢？前年我被藥傷着了，差一點兒没有傷了命，至到如今想起来還胆戰呢。

【B】怎広說呢？前年我吃錯了藥，幾乎傷了命，至今想起胆都碎了。

【C】怎麼說呢？前年我錯喫了藥，幾幾乎喪了命，至今想起來心膽俱碎。

【D】都因爲前年我喫錯了藥，幾幾乎没有喪了命，到今兒想起來心裡還跳呢。

【E】甚麼緣故呢？前年我吃錯了藥，幾幾乎没有傷了命，至今想起來心裡還跳呢。

【F】因爲前年我有點病，吃錯了藥，差一點傷了命，到如今想起來還是怕的。

te bicibe oktosi sei dorgi de, sain
te bi-cibe oktosi se-i dorgi de, sain
現在 存在-讓步.CVB 醫生 PL-GEN 裏面 LOC 好
現今 醫生 們 裏面 在, 好

ningge fuhali akū seci, ce inu sui mangga.
ningge fuhali akū seci, ce inu sui mangga.
NMLZ 全然 NEG 説-假設.CVB 3PL 也 罪 厲害
者 竟然 没有 説, 他們 也 冤屈。

bici bi dere, damu musei tengkime
bi-ci bi dere, damu musei tengkime
有-假設.CVB 有 INTJ 只是 1PL.INCL.GEN 切實
若有 有 吧, 只 咱們 切實

sarangge tongga.
sa-ra-ngge tongga.
知道-IPFV-NMLZ 稀少
知道 稀少。

【A】既如醫生們裡頭,説是摠没有好的,他們也寃屈。有只有罷,但只喒們知道真切的稀少啊。

【B】譬如大夫們裡頭,若説竟没有好的,他們也委屈。有是有啊,但是我們深知的稀少。

【C】譬如今醫生們裡頭,好的雖也有,

【D】如今的醫生,好的雖有,

【E】如今的醫生們裡頭,好的雖有,

【F】儞是知道的,世上的大夫好的狠少,

tere anggala, nikeci ojorongge inu damu
tere anggala, nike-ci ojo-ro-ngge inu damu
那 而且 依靠-假設.CVB 可以-IPFV-NMLZ 也 只是
那 况且, 依靠 可以 也 只是

talude emke juwe bisire dabala. tereci
talu-de emke juwe bisi-re dabala. tere-ci
偶然-LOC 一個 兩個 有-IPFV 罷了 那-ABL
偶爾時 一 二 有 罷了。 從那

funcehengge gemu jiha menggun butara
funce-he-ngge gemu jiha menggun buta-ra
剩餘-PFV-NMLZ 都 錢 銀子 挣錢-IPFV
剩餘的 都 錢 銀子 挣錢

be sambi,
be sa-mbi,
ACC 知道-PRS
把 知道,

【A】況且,靠得的也有一兩個罷。其餘的寡知道爲銀錢啊,

【B】況且,靠得的也不過偶而有一両個罷咧。其餘的都知道爲銀錢,

【C】偶然有一二個罷咧。其餘只知道挣銀錢,

【D】百裡也不過挑一。其餘的只知道挣銀子錢,

【E】百個裡頭也不過有一兩個罷咧。其餘的只知道挣銀子錢,

【F】一百位裡頭不過有一兩個好的。大半的只曉得騙錢,

sini bucere banjire be i bodombio.
sini buce-re banji-re be i bodo-mbi-o.
2SG.GEN 死-IPFV 生-IPFV ACC 3SG 顧慮-PRS-Q
你的 死 生 把 他 想着嗎?

akdarakū oci, si cendeme tuwa,
akda-ra-kū oci, si cende-me tuwa,
相信-IPFV-NEG 若是 2SG 試-并列.CVB 看.IMP
不相信 若, 你 試驗 看,

【A】你的生死他顧嗎? 要不信,你試問着瞧,

【B】你的生死他還算計庅?要不信,你試着瞧,

【C】他還管你的死活麽?若是不信,試試看,

【D】他那兒管人家的性命死活呢?你若不信,請一個醫生來試一試,

【E】他那兒管人家的性命兒呢?你若不信,請一個醫生試試,

【F】那管人家的性命咯?醫書全没有看過,

okto	i	banin	be	sahao,	uthai	amban	i
okto	-i	banin	be	sa-ha-o,	uthai	amban	-i
藥	GEN	性	ACC	知道-PFV-Q	就	超常	INS
藥	的	性	把	知道嗎,	就	超常	着

maname,	niyalma	i	nimeku	be	dasambi.
mana-me,	niyalma	-i	nimeku	be	dasa-mbi.
糊弄-并列.CVB	人	GEN	病	ACC	治療-PRS
處理[糊塗馬虎]	人	的	病	把	治理。

【A】知道藥性了没有,就是大方脉兒的,治人的病啊。

【B】知道藥性了没有,就大大方方的,治人的病。

【C】藥性不知知道了没有,就大膽湯兒給人治病。

【D】藥性他還不定懂得了没有,就大着膽子給人家治病。

【E】藥性還不一定知道了没有,就大着胆子給人家治病。

【F】藥性還不知道,膽大的就給人家治病。

ekšeme	saksime	sini	boode	jifi,
ekše-me	saksi-me	sini	boo-de	ji-fi,
急忙-并列.CVB	慌忙-并列.CVB	2SG.GEN	家-LOC	來-順序.CVB
急忙	慌忙	你的	家中	來,

sudala	jafambi	seme,	gala	simhun	i	balai
sudala	jafa-mbi	se-me,	gala	simhun	-i	balai
脉	拿-PRS	説.AUX-并列.CVB	手	指頭	INS	胡亂
脉	拿	説,	手	指頭	用	胡亂

emu	jergi	bišume,	ainame	ainame	emu	dasargan
emu	jergi	bišu-me,	ainame	ainame	emu	dasargan
一	遍	撫摸-并列.CVB	如何	如何	一	藥方
一	次	撫摸,	如何	如何	一	藥方

ilibu	nakū.
ili-bu	nakū.
立-CAUS.IMP	之後
立	之後。

【A】急急忙忙的来你家裡来,説是拿脉,把手指頭混抹了一會子,草草了事的立一個方子,

【B】急急忙忙的來到你家,説是拿脉,用手指頭混摸一會子,草草了事的立一個方子,

【C】急急忙忙來至你家,説是拿脈,用指頭混摩一番,糊裡嗎裡立一藥方,

【D】慌慌張張的來到家裡,説是診脈,其實不過使指頭混摩一回,胡哩嗎哩的開個藥方兒,

【E】慌慌張張來到你家,説是診脈,使手指頭混摩一回,胡哩嗎哩的開個藥方子,

【F】説是診脈,也不過使手指頭做個樣子,開了方,

uthai	morin	i	jiha	be	gaifi	yoha.	yebe
uthai	morin	-i	jiha	be	gai-fi	yo-ha.	yebe
就	馬	GEN	錢	ACC	要-順序.CVB	走-PFV	病好
就	馬	的	錢	把	取	走。	病好

oci	ini	gungge,	endebuci		sini	hesebun
oci	ini	gungge,	endebu-ci		sini	hesebun
若是	3SG.GEN	功績	失誤-假設.CVB		2SG.GEN	命運
若	他的	功勞,	失誤	若是	你的	命,

se-me,	inde	fuhali	daljiakū.
se-me,	inde	fuhali	daljakū.
AUX-并列.CVB	3SG.DAT	完全	無關
	與他	完全	不相干。

【A】要了馬錢去了。好了是他的功,死了是你的命,與他毫無相干。

【B】就要了馬錢去了。好了是他的功,死了是你的命,與他毫無相干。

【C】拿了馬錢走了。若是好是他的功勞,錯了説是你的命,與他毫不相干。

【D】拏上馬錢去了。若是好了,算是他的力量兒;若是不好,説是你的命定,與他毫不相干。

【E】拿上馬錢去了。若是好了,算是他的力量大;若是不好,説是你的命定,與他絲毫無干。

【F】就拿車馬錢去了。人家吃好,説是他的工夫;吃死,説是人家的壽數。

beye	beyei	nimeku	be	endembio.	hacinggai
beye	beye-i	nimeku	be	ende-mbi-o.	hacingga-i
自己	自己-GEN	病	ACC	瞞得過-PRS-Q	各種-GEN
自己	自己的	病	把	瞞過嗎?	各種

okto	baitalabure	anggala,	beye	ekisaka
okto	baitala-bu-re	anggala,	beye	ekisaka
藥	使用-CAUS-IPFV	與其	自己	安静
藥	使用	與其,	自己	静静

ujirengge	dele.
uji-re-ngge	dele.
養-IPFV-NMLZ	爲上
調養的	爲貴。

【A】自己不知道自己的病嗎？與其用各項的藥材，不如自己静静的養育爲貴啊。

【B】自己不知自己的病広？與其用各樣的藥，不如自己静養爲高。

【C】自己的病自己不知道麼？與其用各樣的藥，不如自己静養。

【D】我這個病我不知道麼？與其喫各樣兒的藥不見效，不如自己静静兒的養着倒好。

【E】我的病我不知道麼？與其吃各樣兒的藥，不如自己静静兒的養着倒好。

【F】都是這樣的，我請他做什麼？像我現在的病，我頗知道，不如自己慢慢的調養倒好。

(【+F】這也是個道理。)

99（A99 arki omire 喝酒，B99，C47，D47，E48，F82 誡人耽酒）

simbe	tuwaci,	arki	nure	de	haji,	dartai
simbe	tuwa-ci,	arki	nure	de	haji,	dartai
2SG.ACC	看-假設.CVB	燒酒	黄酒	LOC	親近	頃刻
把你	看，	燒酒	黄酒	與	親近，	瞬間

andande	seme	aljabuci
andan-de	se-me	alja-bu-ci
瞬間-LOC	説.AUX-并列.CVB	離開-CAUS-假設.CVB
在瞬間		離開 若是

ojorakū,	yumpi	dosikabi.
ojo-ra-kū,	yumpi	dosi-ka-bi.
可以-IPFV-NEG	沉浸	進入-PFV-PRS
不可以，	沉浸	進去了。

【A】看起你来，與焼(燒)黄酒上狠親啊，一時離不得。

【B】看起你來，燒黄酒上狠親，一會兒離不得，深貪進去了。

【C】看你酒上狠親,頃刻間離不得,深進去了。

【D】我看你酒上很親,一時也離不開,貪得過逾了。

【E】我看你酒上很親,一時也離不得,深進去了。

【F】我看倆和酒大[太]親慹,一刻的工夫也離不開。是怎麼呢?

omihadari.	urui	lalanji	heperefi,	ilime
omi-ha-dari.	urui	lalanji	hepere-fi,	ili-me
喝-PFV-每	經常	爛醉	醉-順序.CVB	站-并列.CVB
每喝酒	常常	爛醉	醉,	站立

toktorakū	oho	manggi	teni	nakambi.	sain
tokto-ra-kū	o-ho	manggi	teni	naka-mbi.	sain
穩定-IPFV-NEG	成爲-PFV	之後	纔	停止-PRS	好
不定	成爲	之後	纔	停止。	好

baita	waka	kai,	majige	targaha	de	sain.
baita	waka	kai,	majige	targa-ha	de	sain.
事	不是	INTJ	略	戒-PFV	LOC	好
事情	不是	啊,	略	戒	在	好。

【A】每逢喝酒一定要乱醉如泥,站不住脚了的時候,纔撂開手。不是好事啊,料戒一戒児好啊。

【B】每逢喝必定要濫醉如泥,站不住脚了纔止住。不是好事啊,畧戒一戒好。

【C】每喝動只管喝的稀爛醉,跕不住的時候纔住。不是好事啊,畧戒一戒好。

【D】每逢喝酒必要喝得很醉,到站不住脚兒的時候兒纔算了。這不是好事啊,少喝點兒不好麼?

【E】每喝動了必定喝到很醉,站不住脚兒的時候兒纔住。這不是好事啊,略戒一戒兒好。

(【+F】我的性子和酒頂有緣,見了酒不欲,心裹狠忍不住。手自然的會拿酒杯,嘴白然的接着欲了。現在有酒瘾,若一天没有酒,就覺得不舒服，同害病的一樣。那時候，趕緊叫人去買點，欲欲纔爽快。這怎麼不欲呢？）

sarin	yengsi	oci	ai	hendure.	baita	sita
sarin	yengsi	oci	ai	hendu-re.	baita	sita
宴會	筵席	若是	什麼	說-IPFV	事情	事務
筵席	筵席	若	怎麼	說？	事情	事務

bici,	saligan	i	omiha	de	aibi.
bici,	saligan	-i	omi-ha	de	ai-bi.
有-假設.CVB	略少	INS	喝-PFV	LOC	什麼-有
有，	稍微	的	喝	時	豈有？

【A】要是筵席上，可怎麼說不喝呢？有事故的時候可怎麼樣呢？拿着喝些兒有什麼？

【B】筵席上說什嗎？有事時，量着些喝有什嗎？

【C】若是筵席，有何說處？若有事情可怎麼樣？稍畧喝些何妨？

【D】若是赴席，有喜事呢，多喝點兒還無妨。

【E】若是赴席，有喜事呢，畧喝多些何妨呢。

baita	akū	de,	terebe	baita	obume,
baita	akū	de,	tere-be	baita	o-bu-me,
事情	NEG	LOC	3SG-ACC	事情	成爲-CAUS-并列.CVB
事情	没有	時，	把他[喝酒]	事情	成爲，

hūntahan	jafašahai	angga	ci	hokoburakū
hūntahan	jafaša-hai	angga	ci	hoko-bu-ra-kū
杯子	總抓-持續.CVB	口	ABL	停下-CAUS-IPFV-NEG
杯子	總抓着	嘴	從	不停下

omici,	ai	sain	ba	banjinara.
omi-ci,	ai	sain	ba	banjina-ra.
喝-假設.CVB	什麼	好	處	産生-IPFV
喝，	什麼	好	處	生出？

【A】無事的時候,把他當一件事情,拿着鐘子不肯放,稱賛起来,有什麽好處?

【B】没事的時候,拿他爲事,拿着鐘子不離嘴的喝,生出什庅好處來?

【C】無事當事的,拿着鍾子不離口的喝,有甚麽好處生出來?

【D】若不論有事没事,只管拏着盅子不離嘴的喝,生出甚麽好事來呀?

【E】不論有事没事,只管拿着盅子不離嘴的喝,生出甚麽好事來呀?

【F】飲酒本是解悶,飲也不可過量,倆怎麽不顧自己的量,每回飲酒,就飲到大醉呢?

damu	ungga	dangga	de	waka	baha,	amba	jobolon
damu	ungga	dangga	de	waka	baha,	amba	jobolon
只	長輩	前輩	DAT	不是	得到.PFV	大	灾禍
只	長輩	前輩	對	不是	得,	大	灾禍

necihe,	oyonggo	baita	sartabuha	be	sabuha
neci-he,	oyonggo	baita	sarta-bu-ha	be	sabu-ha
犯-PFV	重要	事情	耽誤-CAUS-PFV	ACC	看見-PFV
侵犯,	重要	事情	耽誤	把	看見

dabala.
dabala.
罷了
罷了。

【A】只看見得罪老家兒,犯大罪,躭悮要緊的事情罷咧。

【B】就只看見得罪了長上,惹了大禍,躭悮要緊的事罷咧。

【C】只見惹妻子厭煩,長輩跟前得不是,惹出大禍,躭悮要緊的事罷咧。

【D】不過是討女人兒子厭煩,在長輩兒們跟前得不是。輕着躭誤了要緊的事情,重着要惹出大禍來咯。

【E】不過是討女人兒子的厭煩，在長輩兒們跟前得不是，惹出大禍來，躭悮了要緊的事情罷咯。

【F】儞若有酒癮，不能除得去，總要留心少飲點，不要不離嘴的飲。

umai	omiha	amala,	tenteke	bengsen	taciha,	erdemu
umai	omiha	amala,	tenteke	bengsen	taci-ha,	erdemu
全然	喝-PFV	之後	那樣	本事	學-PFV	才能
竟然	喝	之後，	那樣	本事	學習，	德行

nonggibuha,	niyalma	de	kundulebuhe,	jingkini
nonggi-bu-ha,	niyalma	de	kundule-bu-he,	jingkini
增加-CAUS-PFV	人	DAT	尊敬-PASS-PFV	正經
增加，	人	被	恭敬，	正經

baita	be	mutebuhengge	be	fuhali	donjiha
baita	be	mute-bu-he-ngge	be	fuhali	donji-ha
事情	ACC	成就-CAUS-PFV-NMLZ	ACC	完全	聽-PFV
事情	把	使成就，	把	完全	聽見

ba	akū.
ba	akū.
地方	NEG
處	没有。

【A】實在没聽見會喝酒，算學了那樣本事，長了才學，叫人恭敬，成就了正經事情的呀。

【B】並没聽見酒後，那樣學了本事，長了藝，教人恭敬，成了正經事情的。

【C】由此學了本事，長了才幹，致人敬，成了正經事的，實在聽見的狠少。

【D】若説是藉着酒，學了本事，長了才幹，成了正經事情的，叫人家敬重，那個可少啊。

【E】因酒學了本事，長了才幹，至於人敬，成了正經事情的，很稀少。

【F】儞不知道,儞自己的那醉樣子,瞪着眼,硬了舌,含糊的説話,歪歪的走路,不拘什麼地方,一躺就睡着,這纔没事了。那時候任人罵儞笑儞打儞,儞都不知道。

yala banin be facuhūrara beyebe kokirabure

yala banin be facuhūra-ra beye-be kokira-bu-re

實在 性子 ACC 混亂-IPFV 身體-ACC 損傷-CAUS-IPFV

實在 性子 把 混亂 把身體 損傷

ehe okto kai.

ehe okto kai.

壞 藥 INTJ

壞 藥 啊。

【A】乱了性,傷了身子,是不好藥啊。

【B】寔在是亂性傷身的毒藥啊。

【C】總而言之,是亂性傷身子毒藥啊。

【D】總而言之,酒就是亂性傷身子的毒藥。

【E】總而言之,酒是亂性傷身的毒藥。

【F】俗語説的"一斤人欲酒,二斤酒欲酒,過此酒欲人",看儞那個樣,就被酒欲去了。

cingkai omici ombio. akdarakū oci,

cingkai omi-ci o-mbi-o. akda-ra-kū oci,

只管 喝-假設.CVB 可以-PRS-Q 相信-IPFV-NEG 若是

任意 喝 可以嗎? 不信 若,

si bulekušeme tuwa,

si bulekuše-me tuwa,

2SG 照鏡子-并列.CVB 看.IMP

你 照鏡子 看,

【A】長喝使得嗎? 要是不信,你照着鏡子看看,

【B】只管喝使得嗎？若不信，你照鏡子看，

【C】只管喝去使得麼？你若不信，照照鏡子瞧，

【D】任着意兒喝，萬萬使不得。你若不信，照着鏡子瞧一瞧，

【E】任着意兒喝，使得麼？大哥你若不信，照照鏡子瞧瞧，

【F】豈不可惜？倆若不信，拿鏡子照看，

oforo gemu ibtenehebi. ubu waliyabure niyalma
oforo gemu ibtene-he-bi. ubu waliya-bu-re niyalma
鼻子 都 糟-PFV-PRS 身份 撂-CAUS-IPFV 人
鼻子 都 糟了。 身份 撂 人

waka kai, inenggi dobori akū uttu bešeme
waka kai, inenggi dobori akū uttu beše-me
不是 INTJ 白天 晚上 NEG 這樣 浸透-并列.CVB
不是 啊， 日 夜 没有 這樣 往糟

omici, beye beyebe hūdularangge wakao.
omi-ci, beye beye-be hūdula-ra-ngge waka-o.
喝-假設.CVB 自己 自己-ACC 催命-IPFV-NMLZ 不是-Q
喝， 自己 自己把 催命着 不是嗎？

【A】鼻子全糟了。不是撂分児的人啊，不分晝夜的如此往糟裡喝去，不是自己叫自己快着嗎？

【B】鼻子全糟了。不是撂分児的人啊，不分晝夜往糟裡喝，不是自己催自己呢嗎？

【C】鼻子都喝糟了。不是没分兒的人啊，無晝夜這樣過飲，豈不是自己催自己麼？

【D】鼻子臉都叫酒糟透了。你又不是平常的人兒，不分晝夜的這麼喝，這不是自己害了自己麼？

【E】鼻子臉都叫酒糟透了。你不是平常人兒啊，不分晝夜的這麼喝，豈不是自己害自己麼？

【F】鼻子臉都教酒糟透了。倆不是平常的人，不分晝夜的這様

欲酒,豈不是自己害了自己麼?

(【+F】承儞吶的勸,我明天起每頓少欲些,看這酒癮怎麼樣再說。)

100 (A101 jombure 提拔,B100,C41,D41,E42,F76 責兒力學,G29 壞學)

age	si	tuwa,	ai	sui	geli	biheni.	niyalma
age	si	tuwa,	ai	sui	geli	bi-he-ni.	niyalma
阿哥	2SG	看.IMP	什麽	罪	又	有-PFV-呢	人
阿哥	你	看,	什麽	罪	又	有?	人

uttu	tuttu	seme	sinde	jomburengge,
uttu	tuttu	se-me	sinde	jombu-re-ngge,
這樣	那樣	説.AUX-并列.CVB	2SG.DAT	提點-IPFV-NMLZ
這樣	那樣		與你	提拔的,

【A】阿哥你看,受什麽罪呢?人家這們那們題駁你的,

【B】阿哥你看,什庅孩子也有呢?人家這們那們提白他,

【C】阿哥你瞧,甚麽孩子也有呢?人家這樣那樣提白你的,

【D】兄台你納瞧,這種樣兒的壞孩子可有麽?别人這樣兒那樣兒的勸他,

【E】大哥你納瞧,甚麽樣兒的壞孩子都有啊。别人兒這樣兒那樣兒的勸他,

【F】儞吶瞧,世上還有這樣的壞孩子麽?我這樣那樣的勸他,

【G】兄台你納瞧,這種樣兒的壞孩子可有麽?别人這樣兒那樣兒的勸他,

ineku	simbe	sain	okini,	ehe	tacirakū
ineku	simbe	sain	o-kini,	ehe	taci-ra-kū
本是	2SG.ACC	好	成爲-IMP	壞	學-IPFV-NEG
也是	把你	好	成爲,	壞	不學

sere	gūnin	kai.	hūlaha	bithe	be	majige
se-re	gūnin	kai.	hūla-ha	bithe	be	majige
說.AUX-IPFV	想法	INTJ	讀-PFV	書	ACC	略
教	心意	啊。	讀的	書	把	略

urebuci,	bahanara	de	gelembio.
urebu-ci,	bahana-ra	de	gele-mbi-o.
温習-假設.CVB	學會-IPFV	DAT	怕-PRS-Q
温習,	學會	對	怕嗎?

【A】也是叫你好,不叫教你學不好的心啊。把念的書温習温習,怕會了嗎?

【B】也是教他好,怕學不好的意思。把念過的書温習,怕會了嗎?

【C】也是叫你好,恐怕學壞了的意思。把念過的書畧温習温習,不會麼?

【D】不過是要他好,恐怕他學壞了的意思。

【E】不過是要他好,恐怕他學壞了的意思。把念過的書畧温温兒,不好麼?

【F】不過是要他好,他總不肯聽話。

【G】不過是要他好,恐怕他學壞了的意思,他倒不願意了。

jingkini	bengsen	be	tacirede	umesi	mangga,	ehe
jingkini	bengsen	be	taci-re-de	umesi	mangga,	ehe
正經	本事	ACC	學-IPFV-LOC	很	難	壞
正經	本事	把	學時	很	難,	壞

demun	inde	nokai	ja.
demun	inde	nokai	ja.
怪樣	3SG.DAT	很	容易
樣子	與他	很	容易。

【A】學正經本事狠難,不好的事情於他狠容易。

【B】學正經本事狠難,壞習氣於他狠容易。

【C】學正經本事上狠難,不好道兒于他甚易。

【D】人都是這樣兒,往正經本事上學很難,若往壞處兒學就很容易。

【E】人若是往正經本事上學就很難,若往壞處兒學就很容易。

【G】人都是這樣兒,往正經本事上學很難,若往壞處兒學就很容易。

ai	hacin	i	angga	hūwajatala	gisurehe	seme,
ai	hacin	-i	angga	hūwaja-tala	gisure-he	seme,
什麽	種類	GEN	嘴	破碎-直至.CVB	説話-PFV	雖然
什麽	樣	的	嘴	直到破碎	説話	説,

i	donjici	ai	baire.
i	donji-ci	ai	bai-re.
3SG	聽-假設.CVB	什麽	求-IPFV
他	聽若	什麽	求?

【A】任憑怎麽樣的把嘴説破了,他要是聽了求什麽?

【B】任憑怎庅説破了嘴,他若肯聽可説什庅呢?

【C】你就各什樣兒説破了嘴,他聽説什麽?

【D】到如今我就是説破了嘴,他也不肯聽。

【E】如今我就説破了嘴,他也不肯聽。

【F】由我怎麽樣,他還是那個老樣子。

【G】到如今我就是説破了嘴,他也不肯聽。

nememe	ebi	habi	akū,	angga	mongniohon	i,
nememe	ebi	habi	akū,	angga	mongniohon	-i,
愈加	呆	迷	NEG	嘴	噘嘴	INS
愈加	無精打彩,			嘴	噘嘴	的,

dere	yasa	waliyatambi,	tede,	bi	tuwahai	dolo
dere	yasa	waliyata-mbi,	tede,	bi	tuwa-hai	dolo
臉	眼睛	丢-PRS	那.DAT	1SG	看-持續.CVB	内心
臉	眼	丢,	因此,	我	看	心裏

dosorakū,	fancafi,	hiyang	seme
doso-ra-kū,	fanca-fi,	hiyang	se-me
耐得住-IPFV-NEG	生氣-順序.CVB	叱責貌	AUX-并列.CVB
耐不住,	生氣,	厲聲	地

emgeri	esukiyere	jakade.
emgeri	esukiye-re	jakade.
一次	叱責-IPFV	因爲
一次	斥責	因爲。

【A】越發怠兒慢兒的,撅着嘴,搯鼻子臉子的上,我看不過,生了氣,大聲的呵叱了一頓。

【B】反倒無精打彩的,撅着嘴,搯臉子,因此,我狠看不過,生了氣,大聲的吆喝一聲。

【C】反倒無精打彩,撅着嘴,搯臉子,那上頭,我瞧着受不得,動了氣,着實的么嚇了一聲的時候。

【D】反倒無精打彩的,噘着嘴,搯着臉子,剛纔我心裡實在受不得,動了氣,很很的打了他一頓。

【E】反倒無情打彩的,噘着嘴,搯臉子,因爲這上頭,我心裡受不得,動了氣,很很的打了他一頓。

【F】念過的書,不肯再來温温;寫過的字,不肯再去練練;只顧玩耍,挨過了日子。昨天我實在的忍不住,狠狠的打了他一頓。

【G】反倒無精打彩的噘着嘴,搯着臉子,剛纔我心裡實在受不得,動了氣,很很的打了他一頓。

dere	fulara	nakū,	fudarame	mini	baru,	si
dere	fulara	nakū,	fudarame	mini	baru,	si
臉	發紅.IMP	之後	反倒	1SG.GEN	向	2SG
臉	臉紅	既然,	反倒	我	向:	你

mimbe	cihalafi	ainambi	seme.	yasa
mimbe	cihala-fi	aina-mbi	se-me.	yasa
1SG.ACC	尋釁-順序.CVB	做什麼-PRS	説.AUX-并列.CVB	眼睛
把我	尋缺點	做什麼	説?	眼睛

muke	gelerjembi.	ai,	hūlhi	kesi	akū	dabala.
muke	gelerje-mbi.	ai,	hūlhi	kesi	akū	dabala.
淚水	淚汪汪-PRS	哎,	糊塗	幸運	NEG	罷了
淚水	淚水汪汪。	哎,	糊塗	福氣	没有	罷了。

【A】把臉紅了,反望着我説:你尋我的空子作什麼呢?眼淚汪汪的。何等的糊塗啊,没福的罷咧。

【B】把臉一紅,倒望着我説:你尋趁我作什庅呢?眼淚汪汪的。哎,糊塗没造化罷咧。

【C】反向我説:你尋趁我作什麼?眼淚汪汪的。何等糊塗,無造化罷咧。

【D】他臉上一紅,和我説:只是找我的錯縫子作甚麼?眼淚汪汪的走了。真是個糊塗没造化的人哪。

【E】他臉上一紅,和我説:只是找我的錯縫子作甚麼?眼淚汪汪的。竟是個糊塗没造化的人哪。

【F】他雖是哀求,眼淚汪汪的走了,到今天又記不住。這種壞孩子,將來大了怎麼好呢?

【G】他臉上一紅,和我説:只是找我的錯縫子作甚麼?眼淚汪汪的走了。真是個糊塗没造化的人哪。

(【+F】哎,他現在就是長個身材高大的,年紀還小呢。若到大了,自然的會變好,高興念書寫字的事咯。儞本是管的嚴,倒説小孩子壞。我問儞,那個小孩不喜歡玩耍呢?儞動氣打他作什麼?我看儞的孩子還是好的。)

hendure	balama,	sain	okto	angga	de	gosihon,	tondo
hendu-re	balama,	sain	okto	angga	de	gosihon,	tondo
説-IPFV	俗語	好	藥	口	LOC	苦	忠
説的	俗語:	好	藥	嘴	在	苦,	忠

gisun	šan	de	icakū	sehebi.
gisun	šan	de	icakū	se-he-bi.
話語	耳	LOC	不適	説.AUX-PFV-PRS
言	耳朵	在	不符合	。

【A】可是説的"良藥苦口,忠言逆耳"的話呀。

【B】可是説的"良藥苦口,忠言逆耳"啊。

【C】俗語説的"良藥苦口,忠言逆耳"。

【D】俗語兒説的"良藥苦口,忠言逆耳"。

【E】俗語兒説的"良藥苦口,忠言逆耳"。

【G】俗語兒説的"良藥苦口,忠言逆耳"。

aika	giranggi	yali	waka	oci,	bi	damu	ainame
aika	giranggi	yali	waka	oci,	bi	damu	ainame
要是	骨頭	肉	不是	若是	1SG	只是	怎麼
要是	骨	肉	不是	若,	我	只	怎麼

hoššome	urgunjebuci	wajiha	kai,
hoššo-me	urgunje-bu-ci	waji-ha	kai,
哄騙-并列.CVB	高興-CAUS-假設.CVB	完-PFV	INTJ
哄騙	高興	完了	啊,

urunakū	inde	eimeburengge,	ai	hala.
urunakū	inde	eime-bu-re-ngge,	ai	hala.
一定	3SG.DAT	厭煩-PASS-IPFV-NMLZ	什麼	要緊
一定	與他	厭煩,	什麼	要緊?

【A】要不是骨肉,我寡哄着他吗他喜歡就完了啊,爲什麼一定吗他厭煩呢?

【B】要不是骨肉,我只可哄着教他喜歡就完了,必定教他厭煩是何苦來?

【C】若不是骨肉,我只随便哄着呌喜歡就完了,必定討你厭煩,爲甚麽?

【D】若不是一家兒,我巴不得兒的哄着叫他喜歡呢,必定討他的厭煩,作甚麽?

【E】若不一族,我巴不得的哄着呌他喜歡呢,必定討他的厭煩,作甚麽?

【F】老哥這樣説,是没瞧見他那個様子呢;若瞧見那,就是儞也不饒他咯。

【G】若不是一家兒,我巴不得兒的哄着叫他喜歡呢,必定討他的厭煩,作甚麽?

下　　篇

《清文指要》及其諸改編本异文研究

第一章　《清文指要》及其諸改編本异文彙編

引　言

（一）我們收集的《清文指要》及其改編本共有7個版本，如《上篇》所呈現的文獻依次標爲A、B、C、D、E、F、G版（統稱《指要》各版）：

A. 嘉慶十四年夏（1809）三槐堂重刻本。

B. 嘉慶二十三年（1818）西安將軍署重刻本。

C. 道光十年（1830）五雲堂刻本《三合語録》中的《清文指要》（百章）。

D. 1867年倫敦特納公司出版威妥瑪編《語言自邇集·談論篇》（百章）。

E. 1879年小石川清山堂社出版日本人廣部精編《亞細亞言語集》，含《談論篇》。

F. 1880年力水書屋藏版出版日本人福島九成編《參訂漢語問答篇國字解》。

G. 1921年德興書林出版韓國宋憲奭編著《自習完璧支那語集成》（含《談論》34篇）。

這7個版本之間在内容上具有傳承關係，基本相同，差异主要在篇章百篇排列順序、口語詞彙的不同表達，或者句式的減省等方面。從各版异文差异看，這些口語詞彙偏重在常用詞的同義异文表達方面，即不同版本（含原本與修訂本）造成了同一概念在詞彙上的用詞差异。因而同一概念可以用不同詞表達，形成大量异文中同義替換關係、新舊成分并存等現象。

就《清文指要》及其改編本共有7個版本的詞彙差异而言,A、B、C三版還保存了部分清代早期通語底層的南方官話成分,而D、E、G三版主要是以北方官話詞彙爲主的,且相隔年代不遠,基本面貌變化不大。F版變化略大,個性特點較明顯。不過通過各版异文收集整理可以發現,早期版本所含通語裏南方官話詞逐漸被北方官話代替,尤其是在D版威妥瑪編撰的《語言自邇集·談論篇》中變化显著。這種變化正如實地反映了清末漢語官話從南京官話向北京官話轉變的歷程。

F版《參訂漢語問答篇國字解》也叫《參訂漢語問答篇日語解》(1880),是日本人福島九成依據英國人威妥瑪《語言自邇集》中《談論篇》的中文内容改編而成的一本專門供日本人學習漢語口語的會話型教材,共103章。在中文句子下,逐句用日文作了注解。因而書名中的“問答篇”實際就是《語言自邇集》的“談論篇”,“國字”即日文。《問答篇》103章中的99章與《談論篇》的100章一一對應,第90章對應《談論篇》第25、26兩章,其餘的第44、73、85、99章等四章爲新增内容。《問答篇》還將《談論篇》中的44章獨白體課文(其餘56章爲對話體)全部改爲對話體,但不再標明説話者的身份;給各章添加了章名,并按内容相關程度將各章重新排序。我們發現《問答篇》在改編過程中弱化了《談論篇》詞彙方面的北京話口語特徵,而且增加了部分非北京話特徵,如南方話詞彙與表達,甚至還有編者受母語日語影響的痕跡。

總之,這些同義异文既有同義替换關係,又表現了清代新舊詞彙成分并存現象,以此爲視角,我們可以看出清代漢語常用詞的演變面貌和地域分佈特點。

(二)本章的主要内容

1. 將按詞類收集這些异文,我們採用表框式對每個詞按ABCDEFG七個版本的順序分列它們的异文使用情況,同時標示其在A版中的篇次名,以便查檢篇章。在此基礎上擬簡述探討清代漢語常用詞的表現特點。框式如下:

A	B	C	D	E	F	G	A版篇次

2. 如果有的版本没有出現异文,則用空格表示。注出在A版中的篇次。而特別的高頻詞就不一一標示在A版中的篇次,僅注“高頻”,如“阿哥、你納”等。有些詞在《彙校》中已經注出,没有特殊情況不再陳列。

3. 有些詞條以脚註的形式加以解釋説明;有些詞條直接在詞條下有説明論述。

4. 按詞類排列,再以語義加以排列。

(三) 所列詞語大概的宗旨

(1) ABCDEFG各版异文比較明顯整齊,能顯示同義詞的异文表達。

(2) 具有某類特點的詞語:或用詞及語義有時代特點(如D版的“你納”“兄台”),或某版用詞表義具有個性特點(如F版、G版),或版本間的對比特點(如ABC與DEF)。

(3) 所收詞條如屬於多義詞,則在詞的右下脚用數字標示(如擺$_1$、擺$_2$);所收詞條右方并列標示的數位爲該詞在某篇目中出現的頻率次數。

(4) 我們大致按詞類加以分類呈現。

(一) 名　　詞

1. 稱謂類詞等

1.1.1

你/阿哥	你/阿哥	你/阿哥	你納	你納	你吶	你納	高頻

按:“你納(吶)”一詞,目前發現最早的用例是1867年出版的D版裏。

1.1.2

阿哥	阿哥	阿哥	兄台	阿哥		阿哥	ABC 高頻

按：阿哥，滿語詞。ABC 三版頻繁使用，EG 版有個別用例。

阿哥 ABC——兄台 D、大哥 EG

阿哥 3	阿哥 3	阿哥 3	兄台 3	大哥 3			A5
阿哥 2	阿哥 2	阿哥 2	老兄 2	大哥 2			A5
			老兄 1	大哥 1			A5
阿哥 2	阿哥 2	阿哥 2	老弟 2	老弟 2			A6
阿哥 2	阿哥 2	阿哥 2	老兄 1/兄台 1	大哥 2			A6
我阿哥	我阿哥	我阿哥	我們族兄	我們族兄			A6
阿哥	阿哥	阿哥	兄台	大哥	老兄		A8
阿哥	阿哥		兄台	大哥	老兄		A8
阿哥 2	阿哥 2	阿哥 2	兄台 2	大哥 2			A10/A12
阿哥	阿哥	阿哥	老兄	大哥	儞吶		A10
阿哥	阿哥	阿哥	兄台	大哥	儞吶	大哥 1	A13
阿哥 2	阿哥 2	阿哥 2	兄台 2	大哥 2	儞 2		A14
阿哥 2	阿哥 2	阿哥 2	你納 2	大哥 2	儞吶		A15

按："大哥"可以作爲親屬稱謂，也可以作爲社會稱謂。尤其是到了明、清時期，作爲社會稱謂使用很普遍。《老乞大集覽》："人有數兄，則呼長曰'大哥'"；"非同胞，而見儕輩可推敬者，則亦呼爲'哥'。或加'大'字，或加'老'字，推敬之重也'"。所以在 E 版中特別多。

"大哥"主要在 E 版用，偶有幾例在 G 版中。又《老乞大》之《舊本老乞大》《翻譯老乞大》(1507—1517)、《老乞大新釋》(1761)、《重刊老乞大》(1795)四版本(按：下文簡稱《老乞大》四版本)有"伴當""大哥"與"阿哥"的异文。如："舊：伴當，恁從那裡來？　飜：大哥，你

從那裡來? 新:阿哥你打那裡來? 重:大哥你從那裡來?"四本中"阿哥""大哥"的資料如下:

	舊	𩟔	新	重
阿哥	0	0	4	0
大哥	1	21	19	22

1.1.3

阿媽	父親	老子	老子	老子		老子	A60
阿媽	父親	老子	老子	老子		老子	A60
老子	父親	父親	老子	老子	老子		A47
老子	老子		老子	老子			A47

按:"阿媽",滿語詞,只會出現在A版中。"父親",較書面語,在B版,而"老子"口語,各版均用,尤以DEFG版爲多。

1.1.4

父母	父母	父母	老子娘	老子娘	老子娘	老子娘	A9
					老子娘		A9
					老子娘 2		A95

母親	母親		母親	母親	娘 2	母親	A30

老爺們	阿哥們	老爺們	爺們	爺們			A12

按:"爺們"一詞,較早用例見於小說《醒世姻緣傳》。

老家兒	老家兒		老家兒	老家兒	父母		A7
			老家兒			老家兒	A31

(續表)

老家兒	老家兒	老家兒	老家兒	老家兒			A34
老人家	老家兒	老人家	老人家	老人家			A34
老家兒	長輩	長輩	長輩兒	長輩兒			A68
老家兒們	老家兒們	老人家	有年紀兒的人們	有年紀兒的人們		有年紀兒的人們	A82
老家兒們	老家兒們	老人家們	老家兒們	老人家們	雙親	老家兒們	A83
老家兒	長上						A99

按：DEFG都用"有年紀(兒)的人"，各版都有"有/上(了)年紀(兒)"。

1.1.5

弟兄	弟兄	弟兄	弟兄們	弟兄們	兄弟們	弟兄們	A30

按：以"弟兄(們)"稱"哥哥和弟弟"是帶有北方話特點的用法。在《現代漢語詞典》釋義中，弟兄(dìxiong)即指弟弟和哥哥(不包括本人或包括本人)。陝西户縣話(屬北方話中原官話)中，也以"弟兄(們)"稱"哥哥和弟弟"，以"兄弟"(xiōngdi)稱"弟弟"，不説"兄弟們"。日本明治時期北京話口語教材《伊蘇普喻言》(1878)、《京語會話》中也有"弟兄們"的用例。如：他就緊緊的捆上(那一捆兒柴)，吩咐説，照這樣兒折了他罷。小弟兄們就輪流着用手用脚，折也折不了。(轉引自張美蘭2007)

又《老乞大集覽》指出："只呼弟曰'兄弟'，并舉兄及弟曰'弟兄'。"可見"兄弟"和"弟兄"有區别：可以用"弟兄"表示同輩之間的稱謂。《老乞大》《樸通事》這種用例共18次。"兄弟"很少作爲社會稱謂，主要稱"弟弟"，也可以自稱自己曰"兄弟"。如：

不過是一點心，能有什麽好東西？阿哥們就着吃些。你這樣盛設了麽，我們自然吃，不飽也不放快子。要那樣有什麽説的？疼了兄弟了。(A12)

1.1.6

		妞妞	妞兒	妞兒	妞兒		A61
醜女兒	醜女兒	小女	女孩兒	女孩兒			A68

按:"妞",女孩兒,北京方言。清・郝懿行《證俗文》卷四:"今京師謂女曰妞……若大曰大妞,次曰二妞,又次曰三妞。"清俞正燮《癸巳存稿補遺・妞》:"孃者,少女之謂,亦作娘,轉作妞。北人稱妞妞,南人稱娘娘是也。"

1.1.7

老婆子	老婆子	老婆子	老媽兒	老媽媽兒	老媽媽		A24
			老媽兒		老媽媽		A24
					老媽媽		A24

按:"老媽兒",又作"老媽子"。女傭人。《北平風俗類徵》:供給太太小姐役使的女僕,在平津一帶稱爲"老媽"。《北京話詞語》(增訂本)也收有該詞。

1.1.8

人家	人家	人家	别人	别人	别人		A80
人家	别人	别人	别人兒	别人兒	人		A88

按:景盛軒(2006)指出,漢語旁稱代詞"别人"在南北朝譯經中已見用例,隋唐時期,用例逐漸增多。到元明清時期,"别人"已在口語中取代了"他人"的位置。"别人"成爲旁稱代詞系統主要成員後,漢語旁稱代詞系統出現了由"别人、他人、人家、旁人"構成的新格局。這種格局一直延續到現代漢語中。旁稱代詞"人家"從魏晉南北朝開始出現,唐宋逐步發展起來,到明清時期口語中使用頻率幾乎和"别人"相當。現代口語中"别人"和"人家"在出現頻率、分佈區域等方面大致相當。景盛軒(2006)對《漢語方言詞彙》20 個方言點

的旁稱代詞調查發現,使用"别人"的有 12 個,官話、吴語、湘語、閩語、客家話中都有,"人家"除了閩語、粤語不用外,其他方言區都見使用。(詳見景盛軒:旁稱代詞"别人"的産生和發展,《浙江師範大學學報》2006 年第 6 期)

對手	硬對兒	异人		能人			A54

按:各版都有"能人"一詞。

路人——外人

路人	路人	不相干的人	外人兒	外人兒		外人兒	A31

1.1.9

富翁	富翁	富翁	財主人家兒	財主人家兒		財主人家兒	A82

1.1.10 醫生(通語)——大夫(北方話)

醫生	大夫	大夫	大夫	大夫	大夫	大夫	A83
醫生	大夫	大夫	大夫	大夫	大夫		A95
					醫生		A95
醫生	大夫	醫生	醫生	醫生	大夫		A98
			醫生	醫生			A98
					大夫 2		A98

按:《官話類編》第 92 課揭示了這組詞的南北地域特點,如:"請大夫/醫生/郎中怎麼請得及?"(P.249)【自注】大夫 is used in the North for physician, but not in the South. It is heard in Western, but not in Eastern Shantung. How it came to supplant the more regular and proper term. 醫生 is not certainly known. 郎中 is the common term in the South, and is also found in books. It probably came into use in the same way as 大夫.(P.249)

《語言自邇集》:"自從有病,那'個大夫没治過?【注】大 tai[4],只在'大夫 tai-fu'一詞裡這麼讀,醫生。"(249 頁)

《伊蘇普喻言》: 有一個土大夫,包治一個病,還是照常的本事。【注】曰:"大,音待。"

(北京官話版)《官話指南》用 23 例,除 2 例外,其餘有 10 例在九江版《官話指南》中改爲"郎中",11 例改爲"醫生"。例如:

(1) 有一個出名的大夫/郎中姓方。

(2) 我們的大夫/醫生都是行本地的醫道,不通外國的醫術。(參見張美蘭 2011)

1.1.11

翻譯	翻譯	筆帖式	筆帖式	筆帖式	筆帖式	筆帖式	A3

1.1.12 詈詞,以物蔑稱人。相對而言,清代南方官話多用"東西"

賤貨	賤貨	賤種	賤貨兒	賤貨兒	傀頭東西		A47
下賤東西	下賤東西	賤貨	賤貨	賤貨兒	賤骨頭	賤貨	A84
			賤貨兒	賤貨兒			A85
下賤東西	下賤東西	賤貨	賤貨兒	賤貨兒			A94

按:晚明開始用"東西"一詞特指人或動物(多含厭惡或喜愛的感情)。F 版不用"貨"。

1.1.13

行次	賤氣	行子	行子	行子			A32
行次	行爲	行子	小人/皮氣	行爲	小人		A42
醉行次	醉鬼	醉鬼	酒鬼	酒鬼	醉漢		A45

按:“行子”,是個貶義詞。《語言自邇集》兩處作注:“行子 hang-tzŭ;字面上是,一類,一夥兒;但通常用於貶義。”“行子 hang-tzŭ,輕蔑地駡人的話。”

1.1.14

孽障	孽障		猴兒	猴兒	猴兒		A23
				猴兒		猴兒	A25
		猴兒					A36
猴兒	猴兒	猴兒	猴兒	猴兒		猴兒	A84
猴兒	猴兒	猴兒	猴兒	猴兒			A93

按:猴兒,比喻那些舉動頑皮、動作敏捷的人。清代北方用詞,多含厭惡的感情。《紅樓夢》中戲稱頑皮的小孩爲“猴頭”。第 24 回:“賈芸進入院内,把脚一跺,説道:‘猴頭們淘氣,我來了。’”

1.1.15

獃人	獃人	獃人	傻子	傻子	傻子		A47

1.1.16

刁頭	刁頭	刁頭	該死的	該死的			A44
		砍頭的	該殺的	該死的		該殺的	A60
		砍頭的	該殺的	該殺的	該死的	該殺的	A67
砍頭的	該砍頭的	該稱願的砍頭的	趁願該死的	趁願該死的	糊塗蛋		A74
砍頭的	砍頭的	砍頭的	該殺的	該殺的			A93

1.1.17

間壁	間壁	間壁	隔壁兒	隔壁兒	隔壁		A24
間壁	間壁家	鄰家	街坊家	街坊家	街坊上人家		A86

(續表)

街坊	街坊		街坊	街坊	街坊		A7
街坊	街坊	街房	街坊	街坊	街坊		A42
街房	街房	街房			街坊		A70

按:“街坊”清代多用於北方話。北京官話《官話指南》共7例,九江版《官話指南》均改爲“鄰舍”(南方官話詞)。

2. 人體類詞等

1.2.1

脖梗子	脖梗子	脖梗子	脖頸子	脖頸子			A17
脖梗兒	脖頸子		脖脛子	脖脛子			A45
脖子	脖子	脖子	脖子	脖子			A54
脖子	脖子	脖子	脖子	脖子			A54
脖子							A60
脖子		脖頸子					A72
脖子	脖子	脖子	脖子	脖子			A89
脖子	脖子	脖子					A97
自盡	抹脖子	抹脖子		抹脖子	抹脖子		A69

按:“脖梗子”一詞,屬於北方話詞,除了F版外,諸本都在使用。表“頸脖”義名詞,曾經歷過“領、頸、項、脖”的歷史演變。“頸”和“項”從戰國起直到宋金元,一直佔據主要地位;而“脖”見於元代,明末“脖”開始替代“頸”和“項”,明清以後北方官話區中“脖”是主導詞,而南方官話區主導詞則是“頸”。《清文指要》諸本反映了清代北方話的特點,用“脖子”,“頸”只爲詞素出現。

1.2.2

脊背	脊背	脊背	脊樑	脊樑			A59
脊背	脊背	脊背	脊樑	脊樑	脊樑		A94

1.2.3

口裡	口裡	口裡	嘴裡	嘴裡	嘴裡	嘴裡	A46
嘴裡	嘴裡	嘴	嘴裡	嘴裡	嘴邊		A76
			嘴巴骨子	嘴巴骨			A47

按：各版都有"嘴裡",僅 F 版有 1 例"嘴邊"。明代"嘴"基本替代"口"成爲主導詞。按:《清文指要》中"嘴"普遍使用,可獨用,而"口"只作爲構詞語素在複合詞中存在。

1.2.4

臉面	臉面	臉面	臉面	臉面	臉面	臉面	A39

明代"臉"基本替代"面"成爲主導詞。按:《清文指要》中"臉"普遍使用,可獨用,而"面"只作爲構詞語素在複合詞中存在。

1.2.5

腦子	腦子	腦子	腦袋	腦袋			A90

按：先秦時期,"首"占绝對優勢,兩漢時期,"頭、首"競争激烈,西漢時"頭"稍占上風,東漢時"頭"占绝對優勢,但"首"還未完全隱退。到了魏晉時期,替换就完全完成了。(參見吴寶安,小議"頭"與"首"的詞義演變,《語言研究》2011 年第 2 期)"腦袋",北方話詞,清代出現。《清文指要》反映了清末北方話特點。

1.2.6

(手)足	(手)足	(手)足	(手)腳	(手)腳	(手)足	(手)腳	A30

1.2.7

手指頭	手指頭	手指	手指頭	手指頭	手		A53
					手指		A72
手指頭	手指頭	指頭	指頭	指頭	手指頭		A98

大拇指頭	大拇指頭	大拇指頭	大拇指頭	大拇指頭	大拇指頭	大拇指頭	A13
指	指	指	指頭兒	指頭兒		指頭兒	A46
指頭	指頭	指	指頭兒	指頭兒			A64

1.2.8

腿子	腿子	腿子	骽子	腿子	腿	骽子	A79

按:"腿",唐代開始出現,明代以後才成爲常用詞。

1.2.9

下頦子	下頦子	下頦子	下巴頦兒	下巴頦子		下巴頦兒	A65
嘴唇子	嘴唇子	下頦	下巴	下巴	下吧頦	下巴	A79
			嘴巴骨子	嘴巴骨			A47

1.2.10

牙花子	牙花子	牙鬭	顋頰	腮幫子	鼻子根	顋頰	A87

1.2.11

眼皮子	眼皮子	眼皮	眼皮子	眼皮子	眼皮		A32

眼睛	眼睛	眼睛 眼皮	眼皮子	眼皮子	眼皮	眼皮子	A87

1.2.12

面貌	面貌	面貌	面貌兒	面貌兒	相貌		A42
面貌	面貌	面貌					A15
長像兒	長像	長像兒	様兒	様兒	様		A23
模様	模様		様兒	様兒			A52

（續表）

模樣兒	相貌	相貌	像貌兒	相貌兒	相貌		A61
樣兒	長相児	模樣兒			樣		A48

按：各版都有："相貌"一詞。《老乞大》四版本有："樣範"與"模樣"之替換。"像貌兒"一詞在《語言自邇集》第二版又作："相貌兒"。

1.2.13

			漢仗兒	漢仗兒	漢仗		A19
			漢仗兒	漢仗兒	漢仗	漢仗兒	A46
身量	身量	身子	相貌	像貌	相貌		A23
身子	身子	身子	身量	身子			A96
身形兒	身材	相貌兒		相貌兒	相貌		A69
					身材		A68
					身材		A100

按：各版都有"身子"。"身子""身量"《北京話語詞彙釋》收有該詞。

1.2.14

尾巴	尾把尖	尾巴	尾巴	尾巴	尾巴		A51

1.2.15

五臟	五臟	雜碎	雜碎	雜碎			A90

1.2.16

話音	話韻		聲兒	聲兒	口音	聲兒	A2
聲氣	聲氣	聲	聲兒	聲兒	聲音		A38

（續表）

聲音	聲音	聲氣	聲兒	聲兒	聲音		A53
聲色	聲氣	聲	聲兒	聲兒	聲音		A57
					聲音		A61/A90

1.2.17

響了一聲	響動	聲氣	響聲兒	響聲兒	響聲兒	響聲兒	A68
聲兒	聲兒	聲氣					A70
聲音	聲音	聲兒					A70
響聲/聲音	聲氣/聲音	聲氣	響聲兒	響聲兒			A86

1.2.18

毛病兒	秉性	秉性	皮氣	脾氣	癖氣		A74
			皮氣				A59
					癖氣		A30/A61
					癖氣		A82/A94
毛病	毛病	毛病	毛病兒	毛病兒		毛病兒	A13
			毛病兒	毛病		毛病兒	A13
病	病	毛病	毛病兒	毛病兒	病		A14
			毛病兒	毛病兒			A19
					毛病		A69
毛病兒	毛病	毛病	毛病兒	毛病兒		毛病兒	A79

按:《近代漢語大詞典》也收有“皮氣”詞條,例見《躋春台東瓜女》《施公案》。

3. 空間處所類詞等

1.3.1

A	B	C	D	E	F	G	A 版篇次
			房子				A5
屋裡	屋裡	房裡	屋裡	屋裡	屋子裡		A18
上屋	上屋	正房	上房	上房	房、屋子		A38
房子	房子	房子	房子	房子	屋子		A57
房子	房子	房子	房子	房子	屋子		A57
					屋子		A57
					房子、廂房		A57
					房子、廂房		A57
房子裡	房子						A57
產業	產業	房子	房子	房子	房子	房子	A65
他家	他的房子	他屋			屋子		A70
			滿屋子裏	滿屋子裡	滿屋		A75
					滿屋子堂屋		A86
屋裡	房	房屋	屋裡	屋裡	屋裡		A86
上屋	上屋	上房	上房	上房		上房	A91

1.3.2

學房	學房	學房	學房	學房			A6
			學房	學房	學堂		A6
					學堂		102

按：學堂,《明清吴語詞典》(2005：683)：學校。好似學堂門相對子箍桶匠,一邊讀字一邊箍(山歌 3 卷)。我格啊哥未到子學堂裡

去哉(江蘇新字母13章)。他與羅氏女幼年同學堂,到今寄著物件往來,必是他兩情相愛。(拍案驚奇29卷)《官話類編》:"學房/學堂"多次並行使用。如:學房/學堂有好些個學生。P.3【注】曰:Both 學房 and 學堂 are intelligible anywhere, but the former prevails in the North and the latter in the South. (P.4)可見"學堂"是偏南方話的詞。F版的南方話傾向,此可爲一個佐證。

1.3.3

窗户眼兒	窗户眼兒	(窗户) 窟窿	窗户眼兒	窗户眼兒			A38
窗欞兒	窗櫺	窗外櫺兒	窗户檔兒	窗户檔兒	窗户檔		A75

按:"窗户眼兒""窗洞兒",《兒女英雄傳》有用例,如:

(1) 咱們從這窗户眼兒裡瞧瞧,别叫九公、褚姑奶奶合你公婆白費了心。(第27回)

(2) 安太太大家卻關了風門子,都躲在破窗户洞兒跟前望外看。(第31回)

(3) 何小姐從東邊的窗洞兒裡見這兩個也過來了,心裡倒有些忐忑。(第31回)

1.3.4

地畝	地畝	地畝	田地	田地	田地		A18
地畝	地畝	地	地	地	地	地	A40

1.3.5

地下	地下	地下	地兒	地兒	地		
地下	地下	地下	地兒	地兒	地下		A53
地下	地下	地下					A67
地下	地下	地下	地下	地下	地下	地下	A67
地下	地下	地上					A71

		月光之下	大月亮底下	大月亮地下		大月亮底下	A67

1.3.6

東方	東方	東方	東方	東方	東邊		A49
方近左右	方近左右	方近	左近	左近	左右鄰近		A6

對兒	對兒		對兒	對兒	對兒	對兒	A2
對兒	對兒	對兒					A84
對門	對門児	斜對過	對過兒	對過兒	對過		A57

按:"對門"一詞,宋代始見,原爲動詞;"對過",明代始見。"對門""對過",《紅樓夢》《兒女英雄傳》都用。"對門"一詞,宋代始見,原爲動詞;"對過",明代始見。

1.3.7

跟前	跟前	臨近	跟前兒	跟前兒	跟前		A42/A75
前頭	前	前	跟前兒	跟前			A59

按:C版也有"跟前"一詞。

1.3.8

路	路	地方	道兒	道兒			A7
路	路	路	道兒	道兒	道兒	道	A37
道路	路	路	道兒	道兒	小道		A32
路上	路上	路兒上	道兒上	道兒上	道上		A49
路	路	路	道兒	道兒	路		A63
街道	街道	路兒	道兒	道兒			A53

表"道路",ABCF用"路",DEG多用"道"。似乎"DEG"三版存書面語味兒。

按：用“道”和“路”來表示“通行的地方”“道路”，先秦文獻中都已出現。從先秦到漢，自漢到隋，“道”一直占主導地位，而“路”用例逐漸增加，且多見於口語資料。唐朝之前，“道”爲主，到唐朝時候，“路”取代“道”成爲該語義場的常用詞。

1.3.9

道傍邊	路旁	路旁	道傍邊兒	道傍邊兒	路邊	道傍邊兒	A71
		路傍	道傍邊兒	道傍邊兒	路旁邊	道傍邊兒	101

邊——頭兒

西邊	西邊	路西	西頭兒	西頭兒	西頭兒		A24
轉彎	轉彎	轉灣	拐灣兒	拐灣兒	拐彎		A24

1.3.10

園裡	園裡	園裡	莊子	莊子	莊上		A49
園裡	墳塋	園裡	墳地	墳地	墳地		A49
園子	園子	園裡	塋地裡	園子裡	墳地		A49
園裡	園裡	園裡	墳地	園子裡	墳地		A49
墳園	墳塋	園子	塋地	塋地	塋地		A49

1.3.11

枝杈	枝杈	枝杈	杈兒	杈兒	杈兒	杈兒	A11
樹稍	樹稍	樹梢	樹稍兒	樹稍兒	樹		A53

1.3.12

山嘴子	山嘴	山嘴	山嘴兒	山嘴兒	山鼻		A55

1.3.13

去處	去處	去處	事情	去處兒	事	事情	A1
去處	事	去處	地方兒	地方兒	地方		A7
去處	去處	去處	地方兒	地方兒	地步	地方兒	A14
去處	去處	去處					A15
去處		去處	話	話			A17
去處	去處	去處	時候兒	時候兒	時候兒		A27
去處	去處	去處	地方兒	地方兒	地方	地方兒	A28
去處	去處	去處	地方兒	地方兒	地方	地方兒	A28
去處		去處					A36
去處	去處	去處	地方兒	去處兒	事		A36
去處	去處	去處	地方兒	地方兒		地方兒	A39
去處		去處	地方兒	去處兒			A44
處	去處	處	地方兒	地方兒			A45
處	處	處	去處兒	去處兒			A55
去處							A58
去處	得項	産業	銀錢産業	銀錢産業	銀錢産業	銀錢産業	A65
	去處	地方	日子	日子	日子		A62
去處	去處						A66
			去處兒	去處兒			A68
			地方兒	地方兒			A68
去處	去處	地方	地方兒	地方兒			A76
		去處					A81
去處	地方兒	地方	地方兒	地方兒	地方兒		A84
處	去處	去處	光景	光景	情形	光景	A66
	去處						A94

去處 ABC——(1) 地方兒(處所)/(2) 事情(抽象事物)/(3) 得項(收入)/(4) 日子(時間)/(5) 話(言語)

按:"去處"元明時期北方話多用,通語用"地方"。明代小説《西遊記》用"去處"多於"地方"。至清代該詞在北方話還常用,甚或抽象表事情發展的趨向等抽象意義。但同時與通語詞"地方"競争,"地方"仍通用。清車王府曲本《西遊記鼓詞》則多用"地方"。如:《西遊記》第73回:"徒弟,你看那是個甚麽去處?"該句在清車王府曲本《西遊記鼓詞》中作:"悟空,你看那前邊是個什麽地方?"又《西遊記》第98回:"此是甚麽去處,你還撒野放刁!"該句在清車王府曲本《西遊記鼓詞》中作:"這是什麽地方?你還敢撒野放刁!"體現了"去處"與"地方"兩詞的時代特點。

1.3.14

地步	地步	地步	地步兒	地步兒	地步	地步兒	A2
	好地步		高等兒	高等兒	高等	高等兒	A11
					地步		A14
地步	地步	地步					A21
留分兒	留分兒	留分兒	留分兒	留分兒	留個地步		A44
					地步		A58
					地步		A72
地步	地步	極處	田地				A81
					地步		A85

1.3.15

心裡	心裡	心裡	心裡	心裡	心地	心裡	A46
					心地		A19
心裡	心裡	心地	心裡	心裡		心裡	A27
					心地		A28

（續表）

					心地		A44
					心地		A47
					心地		A77
					心地		A78
					心地		A84

"心裡"各版都有，"心地"僅 CF 版有。

4. 時間類詞等

1.4.1

—	—	—	工夫兒	工夫兒	工夫	工夫兒	A3
—	—	—	工夫	空兒	工夫	—	A7
f	費力	費力	費了勁兒	費了勁兒	費了工夫1	費了勁兒	A20
工夫	工夫	工夫	空兒	空兒	空兒	—	A24
	—	—	—	—	工夫	—	A25/A64
					工夫		A69
			工夫兒	工夫兒			A31
			工夫				A42
時候	時		工夫兒	工夫兒	時候		A55
工夫	工夫	空兒	空兒	空兒			A64
工夫	時候	空兒					A64
空兒	空閒	工夫	空兒	空兒	空兒		A64
一會	一會	不久	不久的工夫兒	不久的工夫兒	没多久	不久的工夫兒	A67
好些工夫	好一會	好一會	好一會子	好一會子			A87
			工夫兒	工夫兒	工夫		A90
功	功	功勞	力量兒	力量	工夫 1		A98

(續表)

一時	一會兒	頃刻間	一時	一時	一刻的工夫		A99
得空兒	得空兒	抽空兒	抽空兒	抽空兒	抽點空兒	抽空	A1
			抽點空兒				A16
空兒	空兒	空兒	空兒	空兒	時候	空兒	A2
空兒	空兒		空兒	空兒	時候	空兒	A3
			没空兒				A5
没有空兒	無有空兒	没空兒	没空兒	没空兒	没空兒		A6
匀著空兒	匀著空兒	匀著空兒	匀著空兒	匀著空兒	匀著空兒		A6
		空兒					A8
		空兒	有空兒	有空兒	有空		A16
空兒	空兒	空兒	空兒	空兒	空兒		A16
	空兒						A18
空兒	時候		空兒	空兒			A18
空兒	空兒	空兒	空兒	空兒	空兒	空兒	A20
脱空	脱空	脱空	脱空兒	脱空兒	脱空		A45
		不得空兒					A29
不得空兒	無空兒	不得空兒	不得空兒	不得空兒			A48
有了空兒	得了空兒	得空兒	得空兒	得空兒	有空兒	得空兒	A92
時候	空兒	空兒	空兒	空兒			A51
					没空兒		A63
這個空兒上	這個空兒裡	這個空兒					A63
的上	的空児	的空兒	的時候兒	的時候兒	的時候		A75
那上頭		那上頭	那時候兒	那時候兒	當那時候兒		A74
空兒	空兒	空兒	空兒	空兒		空兒	A84

（續表）

時候	空兒	空兒	空兒	空兒			A96
一仰一合	恍惚之間	倏忽之間	一恍兒	一恍兒	一恍兒	一恍兒	A65
抽身	抽身	抽身	抽身	抽身			A38
抽鎗	抽鎗	抽鎗	抽鎗	抽鎗	收鎗		A54

1.4.2

晚上	晚上	晚上	晚上	晚上	晚飯		A42
夜裡	夜裡	夜裡	黑下	黑下	晚上		A43
晚上	夜裡	夜晚上	黑下	黑下	晚上		A55
					夜裡		A55
夜裡		夜間	黑下	黑下	有一夜	黑下	A67
					晚上		A83
					晚上		A86
晚上	傍晚	晚上	晚上	晚上	晚上	晚上	A87
					天黑		A18
晚上	晚上	晚上	晚上	晚上	天黑		A49
晝夜	晝夜	晝夜	黑下白日	黑下白日	黑夜白日	黑下白日	A13
那一晚上	那夜裡	那一夜	那一夜	那一夜	有一夜		A95
					下晚		A55
					下晚		A73
半夜裡	半夜裡	半夜裡	三更天	三更天	一夜		A53
黄昏	黄昏	黄昏	黄昏	黄昏	下半晚		A90
					傍晚		A56
不分晝夜	連夜	連夜	連著夜兒	連著夜兒	漏夜		A64
不分晝夜	不分晝夜	無晝夜	不分晝夜	不分晝夜	不分晝夜	不分晝夜	A99

1.4.3

		後來	後來	後來	後首		A53
後來	後來	後頭	後來	後來			A59
後來	後來	後頭	後來	後來			A75
					後首		A75
後來	後來	後頭	後來	後來	後來		A77
後來	後來	後頭					A87

1.4.4

					末末了兒		A35
末尾兒	末尾	是分兒	末尾兒的	末尾兒			A41
終久	終久	臨了兒		臨終末了兒	到末了		A52

頭裡							A66
			頭裏	頭裡	前手		A88
		老時候	頭裡時候兒	老時候兒		頭裡	101
老時候	老時候	老時候	老時候兒	老時候兒	前一輩		A64

1.4.5

這早晚	這早晚	至今	至今	到如今	至今		A37

1.4.6

盡頭處	盡頭	盡頭處	結果	結果			A47
月盡頭	月盡頭	月盡頭	月底	月底			A62

1.4.7

起初	起初	起初	底根兒	底根兒	本		A57
原	原	原	底根兒	底根兒			A24
起初	起初	起初	起初	起初	起初		A7
起初	起初	當初	當初	當初			A29
從前	從前	當初	從前	從前	從前		A54
起初	起初	起初	起初	起初	起初	起初	A46
起初	起初	始而	起初	起初	起初		A57
起初	起初	起初		從前	從前		A59
起初	起初	始而			起先		A70
原先	原先	起初	本	本	本	本	A92
原先	原先						A59
先	先	先	從前	前	從前	從前	A13
夙昔	從前						A23
先前	先前	先前	從前	從前	從前		A62
先前	先前	從前	從前	從前	從前		A91

按:“起先”一詞,F版獨有,共5例。

1.4.8

清早	清早	早晨	清早兒	清早兒	清早		A18
早起	早起	早晨	早起	早起	早起	早起	A20
					早上		A33
早晨	早晨	早晨	早起	早起	一清早		A38
黑早	黑早	黑早	黑早兒	黑早兒	清早		A38
					早上		A38
					早上		A41

(續表)

早起	早起	早晨	早起	早起			A42
早晨	早起	早	早起	早起	早起		A50
早起	早起	早	早起	早起			A53
					早上		A53
					早上		A60
早起	一早	早	早起	早起	早起		A93
		頃刻間	一時	一時	一刻		A99

按:"早起"一詞,在敦煌變文中已見,如:你是王法罪人,鳳凰命我責問。明日早起過案,必是更著一頓。"早上"一詞《朱子語類》已見,用例較多。還較多用於明代文獻,如:《三寶太監西洋記》《今古奇觀》《初刻拍案驚奇》《醒世恒言》等,《金瓶梅》(崇禎本)也有用例。"黑早"似爲明代始見,明清多見,如用於《今古奇觀》《喻世明言》《警世通言》《醒世恒言》《乾隆南巡記》《官場現形記》《小八義》《彭公案》《海公大紅袍傳》《紅樓夢》《續濟公傳》《老殘遊記》《鏡花緣》等;現在也是北京話口語詞,《北京土語辭典》收有該詞。

1.4.9

交晌午	交晌午	交晌午	交晌午	交晌午			A38
傍晌午	傍晌午	傍午	小晌午	小晌午兒			A43
晌午	晌午	晌午	晌午	晌午	午後		A50

過去了	過去了	過後	過了後兒	過了後兒	過不到三四天	過了後兒	A60

1.4.10

今日	今日	今日	今兒	今兒	今天		A10
從今日起	從今起	從今日起	從今兒起	從今兒起	從今後		A14

(續表)

今日	今日	今日	今兒	今兒	今天		A16
今日	今日	今日	今兒		今天		A18
今日	今日	今日	今兒	今兒	今天	今兒	A20
今日	今日	今日	今兒	今兒	今日		A23
今日	今日	今日	今兒	今兒	今天		A38
今日	今日	今日	今兒	今兒	今兒	今兒	A39
今日	今日	今日	今兒	今兒	今天		A45
今日	今日		今兒	今兒			A45
今日	今日	今日	今兒	今兒	今天		A49
今日	今日	今日	今兒	今兒	今天		A49
今日	今日	今	今兒	今兒	今天		A50
今日	今日	今日	今兒	今兒			A53
今日	今日	今日	今兒	今兒	今天	今兒	A56
今日	今日	今日	今兒	今兒	今天	今兒	A60
今日	今日	今日	今兒	今兒	今天	今兒	A60
今日	今日						A66
今日	今日	今日					A70
今日	今日	而今					A85
今日	今日	今日	今兒	今兒	今天		A88
今日	今日	今日	今兒	今兒	今天		A89
今日	今日	今	今兒	今兒	今天		A93
		今日	今兒	今兒		今兒	101
明日	明日	明日	明兒	明兒			A12
明日	明日	明日	明兒	明兒	明天		A38
明日	明日		明兒	明兒			A45

（續表）

明日	明日	明日	明兒	明兒	明天		A50
明日	明日						A66
明日	明日						A66
前日	前日	前日	前兒	前兒	前天		A41
前日	前日	前日	前兒	前兒	前天		A49
前日	前日	前日	前兒	前兒	前天		A55
前日	前日	前日	前兒	前兒	有一天	前兒	A56
前日	前日	前日	前兒	前兒	前兒	前兒	A58
前日	前日	前日	前兒	前兒	前天		A59
前日	前日	前日	大前兒	前兒	前天		A63
前日	前日	前日	前兒	前兒	前兒		A81
前日	前日	前日	前兒	前兒	前十幾天		A95
頭一日	頭一日	前一日	前兒個	前兒	前天		A49
					前兩天		A86
昨日	昨日	昨日	昨兒	昨兒	昨兒		A10
昨日	昨日	昨日	昨兒	昨兒	前天		A18
昨日	昨日	昨日	昨兒	昨兒	昨天	昨兒	A22
昨日	昨日	昨日	昨兒	昨兒	前幾天		A24
昨日	昨日	昨日	昨兒	昨兒	昨兒		A29
昨日	昨日	昨日	昨兒	昨兒			A32
昨日	昨日	前日	前兒	昨兒	昨天		A43
昨日	昨日	昨日	昨兒個	昨兒	昨天		A49
昨日	昨日	昨日	昨兒個	昨兒	昨天		A53
昨日	昨日	這幾日	昨兒	昨兒	昨夜	昨兒	A56
昨日	昨日	昨日	昨兒	昨兒			A63

（續表）

昨日	昨日	昨日			昨天		A70
昨日	昨日	昨日	昨兒	昨兒	昨天		A73
昨日	昨日	昨日	昨兒	昨兒	這個月頭	昨兒	A79
昨日	昨日	昨日	昨兒	昨兒	昨兒	昨兒	A87
昨日	昨日	昨日	昨兒	昨兒	昨天		A91
昨日	昨日	昨日	昨兒	昨兒	昨兒	昨兒	A92
昨日	昨日	昨日	昨兒個	昨兒	昨兒		A93

按：張美蘭(2011)指出，北京官話《官話指南》中有類似現象，如：今兒(個)共49例，除2例外，其餘43例九江版改爲“今天”，4例改爲“今日”。“明兒(個)”共15例，11例改爲“明天”，4例改爲“明日”。“昨兒(個)”共21例，13例改爲“昨天”，7例改爲“昨日”。“前兒(個)”共3例，2例改爲“前幾天”，1例改爲“前天”。《官話類編》也有類似用法，並英文作注：“今兒 or 今兒個、明兒 or 明兒個、昨兒 or 昨兒個 These are colloqnial forms in constant use. The addition of 個 is peculiar to Pekingese.”P.40“前兒 or 前兒個、後兒 or 後兒個，The addition of 個 is peculiar to Pekingese.”(P.40)

劉寶霞(2012)對《紅樓夢》程甲本與程乙本的异文對勘中發現有“前日—前兒、明日—明兒、今日—今兒、明日—明兒”的差异。

5. 具體名詞等

1.5.1

金錁子	金錁子	金錁子	金元寶	金元寶	金元寶	金元寶	A71
金錁子	金錁子	金錁子	金元寶	金元寶	金元寶	金元寶	A71
金錁子	金錁子	金子	金子	金子	金子	金子	A71

按：錁子，見於明《醒世姻緣傳》、清《紅樓夢》、《俠女奇緣》、《七俠五義》。金錁子，就是“金元寶”，《紅樓夢》有用例；在中國貨幣史

上,正式把金銀稱作“元寶”,始於元代。不過,早在唐初開元通寶行世時,民間就有取其碩大、貴重之意,旋讀爲“開通元寶”的。“金元寶”一詞,元代已出現,清代小説《濟公全傳》《野叟曝言》有用。

1.5.2

肴饌	肴饌	肴饌	菜蔬	菜蔬	菜		A12

1.5.3

衣服	衣服	衣					A31
衣服	衣服	衣服	衣裳	衣裳	衣裳		A36
衣服	衣服	衣服	衣裳	衣裳	衣服		A36
衣裳	衣裳	衣服	衣裳	衣裳	衣裳		A36
					衣服 2		A36
					衣服		A42
衣裳	衣裳	衣裳	衣裳	衣裳	衣裳		A50
衣裳		衣服					A61
			衣裳	衣裳			A62
					衣服		A62
衣裳	衣服	衣服	衣裳	衣裳	衣裳	衣裳	A67
衣裳	衣裳	衣服	衣裳	衣裳	衣裳	衣裳	A67
衣裳	衣裳	衣服	衣裳	衣裳	嫁衣		A64
衣裳	衣服	衣服	衣裳	衣裳	衣裳		A64
					衣裳 2		A64
衣裳	衣裳	衣服	衣裳	衣裳	衣服		A74
衣裳					衣服		A74
					衣服		A74
衣裳	衣裳	衣	衣裳	衣裳	衣服	衣裳	A87

按：明清時期，雙音詞“衣服”、“衣裳”獲得廣泛應用，成爲主導詞。在當時的口語文獻中“衣裳＞衣服”，在書面語文獻中，“衣服＞衣裳”(《元典章·刑部》：衣服∶衣裳＝26∶2)。《訓世平話》白話文中衣裳11例、衣服5例，“衣裳”＞“衣服”，説明明初《訓世平話》白話口語中選擇趨向於使用“衣裳”一詞。張慶慶(2007)對近代漢語“衣服”義名詞的演變進行了研究指出，“衣裳”在清代文獻中應用非常多，總體用例超過了“衣服”；辛永芬(2010)通過對《四部叢刊》中的一些文獻進行考察，發現在較爲正統的書面語文獻中，“衣服”的用例遠遠多於“衣裳”。劉寶霞(2012)指出：《紅樓夢》程甲本中有25處“衣服”，在程乙本則用爲“衣裳”。現代漢語普通話“衣裳”不再使用，可是在現代漢語80％的方言中“衣裳”還是作爲“衣服”的通稱。

1.5.4

雨衣氈褂子	雨衣氈褂子	雨衣氈褂子	雨衣氈褂子	雨衣氈褂子	雨傘		A50

1.5.5

針指兒	針指	活計		活計兒	活計		A69

1.5.6

被窩	被窩	被	被	被			A74

1.5.7

盤纏	盤纏	盤費	盤纏	盤纏	盤纏	盤纏	A39

1.5.8

東西	東西	東西	物兒	物兒	東西		A34

按：在表"物品、東西"這個意義上,"物""事""事物""物事""東西"是同義詞。"東西"一詞泛指各種具體或抽象的事物,宋時已見。如：

殷勤猶勸玉東西。不道使君,腸斷已多時。(周紫芝《南柯子》,特指"酒")

元代漸漸成爲南北的通用詞,明清時"東西"的使用頻率漸超過"物事",發展到現代漢語而與"事物"并用,成爲表"物品、東西"的常用詞。據陳江(1996)《買東西考》一文統計,《古今小説》出現"物事"28次,"東西"50次;《警世通言》"物事"34次,"東西"52次;《拍案驚奇》"物事"16次,"東西"112次。(参見陳江《買東西考》,《歷史研究》1996年第6期。)

1.5.9

傢夥器皿	傢夥器皿	器皿			傢伙		A70
噐具	噐具	噐皿	傢夥	傢夥	椅桌		A89
軍噐	噐械	噐械	兵器	兵器	兵器		A54

1.5.10

日頭、老爺兒：北方方言口語詞,太陽,通語詞。

日光	日光	日光	日頭	日頭			A18
日頭	日頭	日頭	日頭	日頭	太陽		A41
日色	日光	日光	日頭	日頭			A53
日頭影兒	日頭影兒	日影兒	老爺兒	老爺兒	太陽		A75
日(平西)	日(平西)	日(平西)	日(平西)	日(平西)	日(西)		A10
日(平西)	日(平西)	日(平西)	日(平西)	日(平西)	過了四點鐘		A41

月色/月——月亮

月色	月色	月色	月亮	月亮	月亮		A41
月	月	月亮	月亮	月亮		月亮	A55

月光——(大)月亮

(頭前裡)	(頭前)	月光之下	大月亮底下	大月亮地下	窓户臺邊	大月亮底下	A67

按:"月亮"詞彙化爲一個常用詞,整個詞表示"月"的意義之後,"亮"的意義也就消蝕了。從主謂關係的"月＋亮"變爲"月之名"的"月亮",其成詞時代約在明末清初。蔣紹愚(2012)指出:到了清代,"月亮"指"月"大量出現,在很多作品中"月亮"都是指"月"。如《醒世姻緣傳》3 例,《儒林外史》1 例,《紅樓夢》5 例,《歧路燈》1 例,《兒女英雄傳》3 例,全是指"月"。但從主謂關係的"月＋亮"變爲"月之名"的"月亮",有一個中間環節:即出現"月亮＋處所詞(處/裡/地裡)"這種偏正結構的用例。這個中間環節很重要,這種做定語的"月亮",結構凝固得比較緊了,意義也有變化;這就爲"月亮"進一步演變爲一個詞,意義演變爲"月之名"創造了條件。這一論證頗有見地。《清文指要》A67 有詞組"大月亮＋底下"其"月亮"似爲主謂關係的"月＋亮",但因受"大"修飾,"月亮"應爲"月之名"之"月亮"了。《清文指要》A41、A55 "月色/月"與"月亮"對應,也可説明"月亮"一詞的口語性。

1.5.11

帑銀	帑銀	帑銀	錢糧	錢糧銀子	錢糧銀子		A21

1.5.12

作下賬	累下賬	作了債	借了債	借了債	借了債	借了債	A65
作賬	累賬	作債	該賬	欠賬	欠帳		A52

按:"帳",早見於"賬";到了清代,才從"帳"中分化出"賬"字來,用於賬簿、賬目、債務等義。《正字通·巾部》:"今俗會計事物之數曰帳。"又由帳目義引申出債務、債權義,如:放帳、欠帳、還帳。清人翟灝《通俗編·貨財》:"今市井或造賬字用之,諸字書中皆未見。"(參見蘇培成,"帳"與"賬",《中國語文》,1997 年第 3 期)

1.5.13

箱子	箱子	櫃子	立櫃	立櫃	橱	立櫃	A67

按:"立櫃"一詞,清代始見。

1.5.14

小利	小利	微利	小便宜兒	小便宜兒	小便宜		A76

1.5.15

				小説兒	小説	小説兒	A35
小説	古人詞	小説	小説兒、古兒詞	小説兒、古詞兒	小説書、古兒詞	小説兒、古兒詞	A35
					小説書		A35
野史	野史	古兒詞	小説兒	小説兒	小説書	小説兒	A71
		小説	古兒詞	古兒詞	古兒詞	古兒詞	101

1.5.16

讒言	讒言	讒言	讒言	讒言	挑唆的話	讒言	A30

1.5.17

傻話	傻話	獃話	獃話	獃話	獃話		A59

獃人	獃人	獃人	傻子	傻子	傻子		A47

1.5.18

畜類	畜類	畜類	畜牲	畜牲			A47
牲口	牲口	牲口					A79
畜牲	畜牲	牲口	牲口	牲口			A94

表示“牲畜”義:“牲口”一詞多見。

按:夏鳳霞(2005)指出:表示“牲畜”義的“頭匹”“頭口”“牲口”都是近代才産生的。“頭匹”和“頭口”多指大型牲畜,元代及明初使用較多。明清以後只在少數方言,如山東方言裡才有使用,主要表示供人乘騎的脚力。代替它的詞是“牲口”。據夏鳳霞(2005)統計,《紅樓夢》裡只用“牲口”,有5例;《緑野仙蹤》也是只用“牲口”,共23例。《歧路燈》和《兒女英雄傳》儘管使用了“頭口”,但與“牲口”的用例相比,就懸殊了。前者“頭口”和“牲口”的用例比爲10∶40;後者爲2∶73。而清末作品,如《孽海花》《官場現形記》《二十年目睹之怪現狀》等就全部使用“牲口”,不再用“頭口”了。《清文指要》諸版的用例也顯示了這一特點。《老乞大》四種版本裡,《原老》和《老諺》裡使用“頭口”“頭匹”。

“頭口”分别有9例和10例,“頭匹”分别有2例和1例。而《老新》和《重老》一律使用。

“牲口”,分别有11例。可見清代《老乞大》的兩個改寫本所反映的情況與《清文指要》所顯示的用詞現象是一致的。

1.5.19

					産業		A36/A74
		産業	産業	産業	産業	産業	A65
産業	産業	房子	房子	房子	房子	房子	A65
産業	産業	産業	産業	産業	家産	産業	A30
産業	産業	産業	家業	家業	家産		A52
家私	家私	家産	家産	家産		家産	A30

6. 抽象名詞等

1.6.1

行動	行動	動作	行動兒	行動兒	行止舉動		A19
舉動	舉動	動坐		舉動			A34

(續表)

					舉動		A59
		動作	舉動兒	舉動兒			A85
行景	動景	動作	動作兒	動作兒	舉動		A59

1.6.2

識見	識見	識見	見識	見識	見識	見識	A35

1.6.3

邪魅外道	邪魅外道	邪祟	邪祟	邪祟	邪魔鬼怪		A57
想頭	想頭		心思	心思	心思		A8
心思	心	心思	心思	心			A21
心事	想頭	想頭	心思	想頭	想頭		A98

1.6.4

引子	因由	由頭	由頭	由頭	根苗		A96

1.6.5

品行	品行		行事	行事	行事		A15

1.6.6

趣味	趣味	趣味	趣兒	趣兒			A38

1.6.7

短處	短處	空子	空子	空子			A78
					短處		A85

（續表）

破綻	破綻	空兒	破綻	破綻	空子		A78
空子			錯縫子	錯縫子		錯縫子	A100

按：錯縫子，北京話詞，《紅樓夢》、《兒女英雄傳》亦見。

1.6.8

傻話	傻話	獃話	獃話	獃話	獃話		A59

1.6.9

定準	定準		凖兒	凖兒	准	凖兒	A56

定準（文言詞）——凖兒（口語詞）

1.6.10

行動	行動	動作	行動兒	行動兒	行止舉動		A19
舉動	舉動	動坐		舉動			A34
		動作	舉動兒	舉動兒			A85
行景	動景	動作	動作兒	動作兒	舉動		A59

恩惠	恩典	恩惠	克食	克食			A29

1.6.11

			法兒	法兒	法子	法兒	A20
法兒	法兒	法兒	法子	法子			A50
方法兒	法子		法子	法子	法子	法子	A56
計策	計策	法術	法子	法子	法子		A78
			法子			法子	A88
			法子	法兒			A88

1.6.12

肐星	肐星	疙星	肐星兒	肐星兒	肐星兒	肐星兒	A3

1.6.13

關係	關係	關係	關係	關礙		關係	A39
有關係	有関係	關礙	關礙	關礙			A78
關礙	關礙	妨礙	罣礙	罣礙	罣礙		A80
			牽連	牽連	牽連		A80
妨礙	牽連	妨礙	妨礙	妨礙	礙著		A44
關係	關係	關係	關係	關係			A36
關係	關係	關係	關係	關係	關係		A76
關係	關係	關係					A19

1.6.14

光景$_1$：情形。

光景$_1$	形景$_1$	光景$_1$	光景$_1$	光景$_1$			A17
光景$_1$	光景$_1$	光景$_1$	光景$_1$	光景$_1$			A33
光景$_1$	光景$_1$						A34
光景$_1$	光景$_1$	光景$_1$	光景$_1$	光景$_1$			A50
景	景	景	景致	景致	景致		A55
			光景$_1$	光景$_1$	情形	光景$_1$	A65
光景$_1$	光景$_1$	勢頭			勢頭		A70
				光景$_1$			A81

光景$_2$：風景。

光景 2	光景$_2$	光景$_2$	景兒	景致	景兒		A43
景	景	景	景兒	景兒	光景$_2$		A73

（續表）

					景致2		A55
					光景2		A55

1.6.15

規模	模兒	規模	規模兒	規模兒	腔調	規模兒	A4
規模							A78
規矩	規模	捆	捆兒	捆兒		捆兒	A82

了手	够	捆兒	捆兒	捆兒			A52
數兒	數兒	數兒	大講究頭	捆兒			A77

1.6.16　話柄(把/靶)兒

話柄兒	話把兒		話把	話靶兒	話柄兒		A15
話柄兒	話柄						A66

按:“話把兒”“話靶兒”。見《北京話詞語》P.114

要實據	討實據	要把病	討憑據	討憑據			A77
憑據	憑據						A21
憑據	憑據	憑據					A94

1.6.17

魂靈	魂靈	魂	靈魂兒	魂靈兒	靈魂	魂靈兒	A31
魂靈兒	魂靈						A47
魂靈兒	魂	東西	東西	東西	東西	東西	A60
		魂靈兒					101

1.6.18

了手	够	捆兒	捆兒	捆兒			A52
數兒	數兒	數兒	大講究頭	捆兒			A77

(二) 量 詞

2.1 動量詞

遭,宋代始見。元明清在北方話文獻中多見,清末以後少見了。

每逢	每逢		遭遭兒	遭遭兒	回回		A88
幾遭	幾遭		幾回	幾回	幾回		A55

兩三遍	兩三遍		兩三次	兩三次	兩三回		A42

2.2 名量詞

一個	一個	一個	一個	一個	一個		A51
一個	一個	一個	一個	一個	一隻		A51
一個	一個	一個	一條	一條	一條	一條	A71
一付	一付	一劑	一劑	一劑	一劑	一劑	A87
一塊	一塊	一個	個	一個	一個		A12
一片一片	一片一片		一片一片	一片兒 一片兒	一堆		A50
					在一堆		A77
一個	一個	一塊	一塊	一塊			A74
一半	一半	一塊	一半兒	一半兒	一半	一半兒	A71
幾節子	幾節子	一截一截	一截兒 一截兒	一截兒 一截兒			A53

（續表）

一節子	一節子	一截	一截兒	一截兒			A54
兩段	兩段	兩段	兩截兒	兩截兒	兩截兒	兩截兒	A71
	半截子						A72
那一羣	那一羣	那一羣	那羣	那羣	那班		A48
鐘	鐘	鐘	鐘	鐘	杯		A49
一百還多	一百多	百數多	百數個	百數個			A52

（三）代　　詞

3.1　倆：兩個。清代初年始見

你跟前	你跟前	你跟前	咱們倆	你跟前	咱們	你跟前	A1
你們	你們	你們	你們	你們	你們倆		A15
兩個人	兩個人	兩個人	倆人	倆人	兩位客		A23
我們兩個人	我們兩個人	我們兩個人	我們倆	我們倆			
					倆本不分彼此		A32
他們二人	兩個人	兩個人	他們倆	他們倆	他和我家兄		A54
眼睛	兩眼睛	眼	兩眼	倆眼	眼	眼睛	A60
這兩個人	這兩個人	此二人	他們倆	他們倆	他們倆	他們倆	A71
彼此	彼此	彼此	他們彼此	他們倆彼此	他們倆彼此	他們倆彼此	A71
					他們倆		A71
			他們倆	他們倆	他們倆	他們倆	A71
二人	二人	兩人	他們倆	他們倆	他們倆	他們倆	A71

（續表）

管仲鮑叔	管仲鮑叔	管仲鮑叔	管仲鮑叔	管仲鮑叔	他們倆	管仲鮑叔	A71
			我們倆	我們倆	我們倆		A73
我們	我們	我們	我們倆	我們倆	我們倆		A73
喒們	咱們	咱們	咱們倆	咱們	咱們		A81
					你們倆 你倆		A85

3.2 反身代詞：各自、自己、自家

"各自"在清朝時期已經比較常見了。

各自	各	各	各自各兒	各自各兒		各自各兒	A30
各自各自	各自各自	各自各自	各人	各人	大家		A53
各自各自	各自各自	各自各自	各自	各自	各自		A54
各自各自	各自各自	一個個	一個個的	一個個的	一個一個的		A93
每人	各	各人	每人	每人	每人		A23
各	各	各	每人	每人	一人	每人	A71
					個個		A29
			個個兒	個個兒			A53
					個個人		A64
自己一個	獨自	獨自	一個人兒	獨自個兒			A75
我	我	自己	我自家	我自家	我自己	我自家	A4
我們	我們	我們	我們自家	我們自家			A12

按：元明以來，北方官話反身代詞在反身代詞的主要形式是從"自家"演變爲"自己"的。到清代中後期，北方官話的主要形式是"自己""各自(各兒)"。"自家"用例較少，且主要在南方話中多用。《官話指南》僅用"自己"不用"自家"；《兒女英雄傳》588 例"自己"，僅

8例"自家"。"獨自",唐五代已有。先有"唯獨;單單"義,後有"自己一個人;單獨"義。"獨自個",《老朴諺解》中也有。

3.3

這們	這樣	這樣	這麽	這麽		這麽	A1
這們	這樣	這麽					A2
這們樣子的	這樣的	此等人	這一種人	這一種人	這一種的人	這一種人	A9
這們	這們	這樣	這麽	這麽	這樣	這麽	A11
這們	這樣	這們					A22
這們個	這們個	這們個	這麽樣兒	這麽樣兒			A34
這個	這個	這個	這麽個	這麽個		這麽個	A4
這們樣的	這們樣的	這樣	這麽	這麽		這麽	A40
這們	這們	這樣	這麽	這麽	這樣		A52
怎長怎短的	這們	怎長怎短的	像這麽樣兒的	這麽那麽的			A77
				這們			A87
這們那們	這們那們	這樣那樣	這樣兒那樣兒	這樣兒那樣兒			A97
這們那們	這樣	這樣	這麽樣兒	這麽樣兒			A97
這們那們	這們那們	這樣那樣	這樣兒那樣兒	這樣兒那樣兒	這樣那樣	這樣兒那樣兒	A100

這們——這樣——這麽——這種 《老朴諺解》中也有:這們、那們。

3.4

那們説	那們著	那樣	這麽著	這麽著	這樣著	這麽著	A1
那們	那們	那樣	這麽	這麽	這樣		A5
那們	那們	那樣	這麽	這麽			A7

(續表)

那樣	那樣	那樣	那們著	那們著			A8
那樣	那樣	那樣	那們著	那們著	這麼著		A12
		那樣	那們樣	那們樣	這樣的		A62
那們	那樣	那樣	這麼	這麼			A68
那們	那們著	那樣	那麼著	那麼著			A80
那樣	那樣	那樣	那麼著	那麼著		那麼著	A56
那們							A81
			那麼著	那麼著			A52

這們	這們	這們	這邊	這邊	前		A42
這邊		這邊	這們	這們			A51
			那們	那們	那	那們	A25
(往)那們	(往)那們	(往)那們	(往)那們	(往)那們	(向)那邊		A42
			那們				A42
(往)那們好							A77

因此上	因此上	因此	因爲這麼著	因爲這麼著	因爲這麼著	因爲這麼著	A1
這樣	這樣	這樣	這麼著	這麼著			A5
那樣	那樣	那樣	這麼著	這麼著	那		A5
		這樣	這麼著	這麼著	這麼著		A6
那上頭	那上頭	那上頭	看他們這麼著	因爲這上頭		看他們這麼著	A20
			這麼著	這麼著	這麼著	這麼著	A40
所以	所以	那上頭	這麼著麼	因爲這麼著			A51

（續表）

那個上	那上頭	那上頭	這麽著麽	因爲這麽著			A53
從那個上	從此	從那上頭	因爲這麽著	因爲這上頭	看這個樣		A54
那樣	那樣	那樣	這麽著	這麽著	這樣		A63
所以	所以	因此	因爲這麽著	因爲這麽著			A88
這樣	這個	這樣	這麽著	這麽			A93
若大	若大	若大		這麽大	這樣		A72

由指示代詞"這""那"與"般""等""樣"等同義語素組合而成的指代某個假定情況或既定情況的狀態指示代詞有："這般""那般""那們""這麽""那麽""這樣"等。在《老乞大》四個版本中，狀態指示代詞使用情況："這般""那般"最常用，特别在元代版本中常見；"這們""那們"一般在明代常用，到了清代版本中，一部分保留，一部分被改爲"這麽""那麽""這樣"等詞。

元代："那般"只出現在《舊刊》中。明代：由"那般"替换爲"這們"共有 26 次，替换爲"那們"僅 2 次。"那般"在《諺解》本替换爲"那們""這們"以後，在《新釋》和《重刊》中又替换爲"這麽""那麽"。且以"這麽"的替代更爲常見.

清代："這們"26 次，"那們"2 次都是從《諺解》本中開始出現的。

"這樣"14 次，只出現在清以後的《新釋》和《重刊》中。

其中，"這般"大約始見於晚唐五代，最初主要用於指示樣態，宋代之後才既可以用於指示，又可以用於稱代。

"這樣"始見於宋代，但是用例罕見，且以用於指示爲主。元明時期漢語文獻"這樣"的例證少見（參見王永超，2009）。清代"這樣"的使用已經相當頻繁，總量上同"這等"不相上下，已經大大多於元明時期最多使用的樣態指示詞"這"。

3.5

這裡	這裡	這裡	那邊兒	那邊兒	那邊		A5
這裡	這裡	這裡	這左近	這			A5
這裡	這裡	這裡	這兒	這兒			A5
這裡	這裡	這裡	這兒	這兒	這(疑例)		A5
這們	這們	這裡	這兒	這兒	這裡		A6
					這裡		A8/A9
我這裡	我這裡	我這裡	我家裡	我家裡	我這		A10
我這裡	我這裡	我家	我這兒	我那兒	我這兒		A16
這裡	這裡	這裡					A16
這裡	這裡	這裡	這個場處	這個場處		這個場處	A31
這裡	這裡	這裡	這兒	這兒	這兒		A34
這裡	這裡	這裡	這兒	這兒	這	這兒	A40
這裡	這裡	這裡	那兒	那兒	那兒		A42
					這裡		A45
這裡	這們	這們	這麽	這麽	這		A53
這裡	這裡	這裡	這兒	這兒		這兒	A60
這裡	這裡	這裡		裡頭			A68
這裡	這裡	這裡	這兒	這兒	這兒		A74
這裡	這裡	這裡	這兒	這兒	這		A75
這裡	這裡	這裡	滿屋子裡	滿屋子裡			A75
這裡	跟前						A76
這裡	這裡	這裡	這兒	這兒			A80
這裡	這裡	這裡	這兒	這兒			A80
這裡	這裡	這裡	這兒	這兒		這兒	A82

（續表）

		這裡	這兒	這兒		這兒	A83
					這裡		A85
這裡	這裡	這裡	這兒	這兒	這裡		A86
這裡	這裡	這裡	這兒	這兒	這	這兒	A87
這裡	這裡	這裡	這兒	這兒	這兒		A94
這裡	這裡	這裡	這兒	這兒	這兒		A94

3.6

那個地方	那個地方	那個地方	那一塊地	那塊兒	那		A49
			那塊兒				A40
			那兒				A10
那裡	那裡	那裡	這兒	這兒	這兒		A12
			那兒	那兒	那裡		A24
					那裡		A24
那裡	那裡	那裡	那兒	那兒	那兒	那兒	A40
那裡	那裡	那裡	那兒	那兒	那	那兒	A40
					那裡		A41
那裡	那裡	那裡	那兒	那兒			A49
那裡	那裡	那裡	那兒	那兒	那		A49
那裡	那裡	那裡	那兒	那兒	那裡	那兒	A58
那裡	那裡	那裡	那兒	那兒			A63
那裡	那裡	那裡	那兒	那兒			A63
那裡							A63
那裡	那裡	那裡		那兒	那?		A69
那裡	那裡	那裡	那兒	那兒	那兒	那兒	A71

（續表）

		那裡		那兒	那裡		A72
					那裡		A73
那裡	那裡	那裡	那兒	那兒	那兒		A74
那裡	那裡	那裡	那兒	那兒	那裡		A86
那裡	那裡	那裡	那兒	那兒	那兒		A94
那裡	那裡	那裡	那兒	那兒	那兒		A94
那裡	那裡	那裡					A97

3.7

兩下裡	兩下裡	兩頭	兩下裡	兩下裡	兩下裡	兩下裡	A1
					兩下裡		A2/A30
兩下裡	兩下裡	兩下裡		兩下裡			A76
兩下裡	兩下裡	兩邊	兩下裡	兩下裡	兩下裡	兩下裡	A94
					兩邊 2		A94

3.8

各處	各處	各處各處	各處兒 各處兒	各處兒 各處兒		各處兒 各處兒	A1
各處	各處	各處	各處兒	各處兒	各處		A18
各處	各處	各處	各處兒	各處兒	各處	各處兒	A39
各處	各處	各處	各處兒	各處兒	到處		A42
各處	諸事						A65
各處裡	各處裡	各處裡	各處兒	各處兒	各處兒		A74
各處	各處	各處	處處兒	處處兒	處處		A81
					處處		A26

（續表）

各處	各處裡	各處	各處兒	各處兒			A88
各處	各處	各處	各處兒	各處兒	各處		A89
					到處		A54
					到處		A55
					到處		A70

3.9

這些	這個	此等去處	這些個	這些個			A30
好些	好些	好些	好些個	好些個	好多		A38
些話		些	些個	些個	幾句	些個	A39
			這些個				A42
			這些個	這些個			A61
			那些個	那些個		那些個	A82
			些個	那些個麻			A90
			這些個		這樣大		102

3.10

有了些	有些	有些	有點兒	有點兒	有些	有點兒	A4
有些	有些	有些	有一點兒	有一點兒	有點		A13
有些		有些	有點兒	有點兒	有點		A15
有些	有些						A17
些	些	些	一點兒	一點兒	點		A17
些	些		點兒	點兒			A51
有些兒	有些兒	有些兒	有點兒	有點兒			A52
有一點	有一點	有一點	有一點兒	有一點兒	有一點兒		A44

（續表）

有一點	有一點	有一點	有一點兒	有一點兒			A74
		有些					A56
好些	好	好些	好點兒	好點兒	好點		A57
有些							A56/A65
					有些		A58/A98
		有些	有點兒	有點兒	有一點		A76
		有些須一點	有點兒	有點兒	有點兒		A94
那(哪)一塊兒	那一點	那一塊兒	那點兒	那點兒	那點兒	那點兒	A2
這些微的一點	這些微一點	這些微一點兒	這點子	這點子	這幾件		A34
這個	這		這點兒		這一點		A76
		這一點					A45

F獨有：這回。老乞大四版本有：如今一這回兒。

3.11

					幾時		A8
幾時	幾時	幾時	幾兒	幾兒	幾時		A16
幾時	幾時	幾時	不久	不久	不久		A19
幾時	幾時	幾時	多偺	多喒		多喒	A20
幾時	幾時	幾時	幾兒	幾兒	幾兒	幾兒	A40
幾時	幾時	幾時					A44
					幾時 2		A45
		多喒					A55
多喒	多喒	幾時		多喒			A58

（續表）

多喒	多喒	幾時	多偺	多喒	幾時	多喒	A59
幾時	幾時	幾時	多喒	多喒	多喒		A63
幾何	幾何	幾何	幾天兒	幾天兒	幾時	幾天兒	A65
幾時	幾時						A66
幾年	幾時	幾時	幾天兒	幾天兒			A85
多喒	多喒	幾時	多喒	幾兒	多喒		A96

3.12

那(哪)格	那個	那裡	那兒	那兒	那兒	那兒	A3
那一塊兒	那一點	那一塊兒	那點兒	那點兒	那點兒	那點兒	A2
那裡	那裡						A2
那格	那個	那裡	那兒	那兒	那兒	那兒	A3
那裡	那裡	那裡	那兒	那兒	那兒	那兒	A4
那裡	那裡	那裡	那兒	那兒		那兒	A4
					那裡		A5
		那裡					A5
那裡	那裡	那裡	那兒	那兒	那		A5
那裡	那裡	那裡	那兒	那兒	那裡		A6
那裡	那裡	那裡	那兒	那兒			A6
豈	豈	也	那兒		那裡		A8
那裡	那裡	那裡	那塊兒	那塊兒	那裡	那塊兒	A9
那裡	那裡	那裡			那裡		A10
	那裡	那裡					A10
那裡 2	那裡 2	那裡 2	那兒 2	那兒 2	那裡 2	那兒 2	A13
		那裡					A15

（續表）

					那裡		A15
那裡	那裡	那裡	那兒	那兒	那兒		A16
那裡	那裡	那裡	那兒	那兒	那		A18
					那裡		A19 A22
					那裡		A26 A32
那裡					那		A25
那裡	那裡	那裡	那兒	那兒	那		A23
那裡	那裡	那裡	那塊兒	那塊兒			A33
那裡	怎	那裡	那兒	那兒			A34
			那裡		那裡	那裡	A40
那裡	那裡	那裡	那兒	那兒	那兒	那兒	A40
那裡	那裡	那裡	那兒	那兒	那兒		A41
		那裡					A41
					那裡		A41
那裡	那裡	那裡	那兒	那兒	那裡		A44
那裡	那裡	那裡	那兒	那兒	那兒		A45
那裡	那裡	那裡		那兒		那兒	A46
那裡	那裡	那裡	那兒	那兒	那裡		A48
					那裡		A48
那裡	那裡	那裡	那兒	那兒	那兒		A50
那裡	那裡	那裡	那兒	那兒	那兒		A50
		那裡					A52
		那裡	那兒	那兒	那兒		A54
那裡	那裡	那裡	那兒	那兒	那兒	那兒	A58

（續表）

					那裡		A59
					那裡		A60
那裡	那裡	那裡					A60
如何	如何	那裡					A60
	那裡	什麼	甚麼	甚麼	什麼		A61
那裡	那裡	那裡	那兒	那兒			A61
那裡							A62
那裡	那裡	那裡	那兒	那兒	那兒		A63
那裡	那裡						A66
	那裡	那裡	那兒	那兒	那裡	那兒	A84
那裡	那裡	那裡	那兒	那兒	那兒		A88
					那裡		A90
那裡	那裡	那裡					A90
		那裡					A91
			那兒	那兒	那兒		A91
					那裡		A94

3.13

山子石	山子石兒什麼	山子石	山子石兒	山子石兒			A8
飯啊什麼	飯啊什嗎	飯啊什麼	飯哪甚麼的	飯哪甚麼的			A12
		臉阿什麼	那臉啊題啊	那臉啊題啊			A53
		鬼啊什麼的	鬼啊怪的	鬼啊怪的			A57

(四)動　　詞

4.1 動作動詞

4.1.1

擺$_1$手	擺$_1$手	擺$_1$手	擺$_1$手兒	擺$_1$手兒	搖$_1$搖手		A38
			擺$_1$手兒	擺$_1$手兒	擺$_1$手	擺$_1$手兒	A101
擺$_1$浪子	擺$_1$浪子						A72
擺$_1$動							A73

擺$_1$動：擺 ABCDEFG——搖(F)

4.1.2

保薦	保薦	保舉	保舉	保舉		保舉	A21
					保舉		A27
薦舉	舉薦	薦舉	保舉	保舉	保舉	保舉	A27

4.1.3

奔忙	奔忙	奔忙	奔波	奔波			A16

4.1.4

吃酒	吃酒	吃酒	喝酒	喝酒	欱酒		A38
吃著酒	吃著酒	飲酒	喝著酒	喝著酒	欱著酒		A41
喝酒	喝酒	喝酒	喝酒	喝酒	欱酒	喝酒	A60
喝酒	喝酒	喝酒	喫酒	吃酒			A68
飲著酒	飲著酒	喫酒					A73
吃了一鐘茶	吃了一鐘茶	吃了一鐘茶	喝了盅茶	喝了鐘茶	欱鐘茶		A18

（續表）

喝 2(茶)	喝 2(茶)	喝茶 2(茶)	喝 2(茶)	喝 2(茶)	歆 1(茶)	喝 2	A25
吃	喝	吃	喫喝	喫喝	歆		A38
吃了茶	喝了茶	喫了茶	喝了茶	喝了茶	歆了茶	喝了茶	A39
喝了一碗涼茶	喝了一碗涼茶	喝了一碗涼水	喝了碗涼茶	喝了碗涼茶	歆一兩碗冷茶把冷茶一歆	喝了碗涼茶	A56

各版本"飲"類動詞中"喝"多"吃"少,"吃"多在 ABC 版。F 版只用"歆"。

4.1.5

刺	刺	刺	紮	紮	紮	紮	A35

刺紮：ABC 刺——DEFG 紮

4.1.6

攢湊(錢財)	湊	湊	攢湊	攢湊	湊		A74

4.1.7

打瞪兒	打瞪兒						A4
遲疑	遲疑	打一個遲兒	打一個磴兒	打一個各磴兒			A85
打磕拌	打磕拌						A20
格蹬格蹬	格蹬格蹬						A20
打唔嚕	説的總不清楚	咕咕噥噥的	磕磕巴巴的	屙屙巴巴的		屙屙巴巴的	A84
磕磕絆絆	磕磕絆絆	結結吧吧	結結巴巴	結結巴巴	結結吧吧		A59
磕磕絆絆	磕磕絆絆	圭腰	走不動	走不動	走不動		A24
磕磕絆絆	磕磕拌拌						A75

打＋V：打瞪＝遲疑；打磕拌＝磕絆；形容言語的結巴或動作的磕絆或思維的遲疑。

4.1.8

帶	帶		稍	稍			A80

"順便將物件帶給別人"："捎、帶"。

按：從義域而言，"帶"大於"捎"。從使用範圍而言，"帶"可以帶領人、攜帶物，可以自己隨身攜物，也可以順便幫人捎物。而"捎"字或作"稍、梢"，主要指順便把物品、信件等帶給別人。從産生時間上看，"帶"（概爲魏晉以後）早於"捎"（元代）。從使用地域而言，"帶"是通語層面的，地域廣泛，南北官話都用，而"捎"主要用於北方官話中。在清代表現爲北方官話多用"捎"，南方官話多用"帶"。（詳見張美蘭 2010）

4.1.9

耽擱	耽擱	耽誤	耽誤	耽誤	耽誤	耽誤	A1
					耽擱		A5/A25
			耽誤				A17
悮	耽擱、誤	誤	悮	悮	悮		A20
耽擱	耽擱	耽擱	耽擱	耽擱	耽擱	耽擱	A37
悮	悮	悮	耽誤	躭悮			A64
		耽誤	躭擱	躭擱	耽誤	耽擱	A66
耽誤							A69
悮	悮	悮	躭誤	躭悮			A78
耽誤	耽誤	耽誤	躭誤	躭悮			A99

各版"耽擱（12 例）、耽誤（10 例）、誤"三詞均見，偶用"耽擱"。

4.1.10

到去	到	到去	到	到	去		A10
到去	到去	到去	去	去	去		A38
到去	到去	到去	到	到	到		A49
到去	到去	到去					A63

前往：到(古今通用,產生早)——“去”(產生晚,一直使用)

4.1.11

對茶	對茶	對茶	沏茶	倒茶	换茶	沏茶	A25
取茶	取茶	取茶	倒茶	倒茶	沏茶		A5
					倒茶		A90

“用開水冲泡”:“沏、對、倒、取”

4.1.12　罣(掛)心(AB)——惦記(DG)、“惦記”(清代新詞)

表示“心裏總是想着放不下”,上古用“念”,六朝始用“懸”,唐宋“掛”“牽”興起,元明始用“記掛”,清代新詞“惦”產生。(參見劉寶霞 2012)《中華大字典 · 心部》:“惦,俗以思念爲惦記,或云惦念。”陸澹安《小説詞語彙釋》:“俗稱‘掛念’爲‘惦記’。‘惦’是‘惦記’的簡詞。”(P.503)《品花寶鑒》《兒女英雄傳》等北方方言作品以使用“惦(記)”爲常。

			惦記		罣在心頭	惦記	A83
想	想	想	惦記	結記		惦記	A93
罣心	罣心	關切	關心	關心		關心	A93
			惦念				A49

4.1.13

頑慣了	頑慣了	頑慣了的嘴	耍個嘴皮子	頑兒慣了的嘴	耍個嘴皮子		A45

耍,見於元代。頑(通語)——耍(北方詞)

4.1.14

			賭錢		耍錢		A52
頑錢	頑錢	耍錢	耍錢	耍錢	耍錢		A52
頑起錢	頑起錢	上了耍	上了耍錢場兒	上了耍錢場兒	上了耍錢場		A52
耍錢	耍錢	耍錢	賭錢	賭錢			A68

耍錢:賭錢。清代才見。《紅樓夢》、《兒女英雄傳》中等北方文獻有用例。

A48 六版均有:耍錢場(兒)。

4.1.15

點旺火	點旺火	生旺火	攏炭火	攏炭火	添煤		A43

4.1.16

(唾沫)跌	跌		跌	跌	落		A53
(人)跌	跌	倒	倒	倒	倒		A67

CF 版也有:跌;各版都有:跌跤、跌倒。此處,“跌”表示一般的墜落,體現了從人跌倒到事物墜落的語義泛化。

4.1.17

定	定	定	住	住	住		A53

按:此處“住”是“停”義;“住”各版都有“停”義。

4.1.18

(病)犯	犯	重落	重落	重落	變重	重落	A83

4.1.19

(1)

放桌子	放棹子	放桌子	放桌子	放桌子	擺$_2$桌子 2		A12
					擺$_2$		A31
		擺$_2$	放	放	排	放	101

擺$_2$放：放——擺(F)

(2)

放下臉	放下臉	放下臉	沉下臉	放下臉			A17
撂鼻子臉子	撂臉子	撂臉子	撂臉子	撂臉子		撂臉子	A100

撂分兒	撂分兒	没分兒	平常	平常	平常		A99

擺下：放$_1$——撂$_1$——沉(臉)——擲

(3)

離得開	捨得	割的斷	撂得下	撂下		撂得下(人)	A83
					撂下(事情)		A33/ A78
放下(實物)	放下	放下	撂下	撂下		撂下	A84
撂了(實物)	撂下	撂下	撂下	撂下	撂下	撂下	A61
		撂著(實物)	撂著				A61
撂了(人)	撂下	撂下	撂下	撂下	撂下	撂下	A87
撂(事情)	撂	撂					A97
撩開手	涵容	原諒	原諒	原諒			A45

（續表）

				撂開手	撂下（事情）		A97
撂開手	止	止住	住	算了	住		A99
撩了的了	完了		完了	完了			A47
		擲	撂	撂	撂		A54

放棄，扔丢：放$_2$——撂$_2$，"撂"在清《紅樓夢》、《兒女英雄傳》多見。

4.1.20

撩	撂	撂	軅	躺	躺	躺	A83
倘	躺	臥					A83
（人）倒	倒	撂					A87

撂[撩]——躺[倘]（F版"躺"最多，共有8例）。

按：倘，即"躺"，劉君敬（2011：48—49）指出，"倘"元代《古今雜劇》已見，明代至清初一直是記録"躺"的慣用字，《清文啟蒙》（1730）、《清文指要》（1789年/1809年）仍用。但大致以乾隆時期爲界，義符從"亻"變成"身"，"倘"變成"躺/軅"，《指要》B、C、D、E、F、G版即用新寫法。

4.1.21

風聞説	風聞得	風聞得	聽見説	聽見説	聽見説		A52

聞（舊詞）——聽（新詞）

4.1.22

趕回來	趕上	趕了去	追趕	追趕	趕著	追趕	A71
攆	趕逐	催逐	攆	攆	攆		A80

趕（常用詞）——追（古今通用）——攆（清代新見）

4.1.23

割	片	片	剮	剮			A12

割(一般動作)——片[剮](削成片)

4.1.24

瓜搭							A75
媽搭	下垂	搭拉	搭拉	搭拉	搭拉	搭拉	A87

表"下垂"：瓜搭、媽搭、搭拉。其中瓜搭、媽搭，具有北方話特點。

按："瓜搭"，眼皮下垂，撅嘴巴，或板起(臉)。"媽搭"，也作"抹搭"。如：你若是似賈誼困在長沙，我敢似孟光般顯賢達。休想我半星兒意差，一分兒[抹搭]。(《倩女離魂》)"搭拉"，又作"搭剌""答剌"，元代已有。也作"耷拉"。

4.1.25

掛帶	連累	連累	連累	連累	連累	連累	A30
拉扯	拉扯	帶累					A87
拉扯	連累	連累					A94

4.1.26

管保	管保	管保	管保	管保	敢保		A97

4.1.27

遊玩	遊玩	遊頑	逛	逛	逛		A41
			逛去		逛去		A55
閑曠(逛)	閒逛	遊玩	逛一逛	逛去	逛逛	逛一逛	A58
曠	逛	闖					A68

(續表)

	行走	行走	逛	逛	逛逛	逛	A71
曠去	去逛	遊頑	遊玩去	遊頑去	逛		A73
			逛	逛	逛		A73
曠	逛	遊	遊玩	遊玩			A73
曠	逛	遊玩	遊玩	遊玩	逛		A74
去到	去	闖	逛	闖			A91
		遊玩	逛	遊玩	逛	逛	A101

按:在表"閒遊、外出散步、遊覽"這一意義上,"逛、遊(玩)"是一對同義詞。從義域而言,"遊"大於"逛"。從産生時間上看,"遊"(自古有之)早於"逛"(元明之間已見),從使用地域看,"遊"是通語層面的,在清代表現爲北方官話更多用"逛",南方官話用"遊"。(參見張美蘭 2010)

4.1.28

會齊	會齊	朝會	朝會	朝會	朝會		A62
			會齊兒			會齊兒	A87

4.1.29

揀選	揀選	揀選	揀選	挑選	挑選	挑選	A22
			揀選	揀選	挑選	揀選	A22

選(上古已見)—揀(上古已見)—挑("挑"之"挑選"義唐代始見,"挑選",元代才見)

4.1.30

儉省	儉省	儉省	儉省	省儉	省儉	儉省	A82
		節儉花費		省儉			A82

儉省(北方話)——省儉(南方話)

4.1.31

截斷	截斷	截斷	攔住	止住	攔住		A12
攔住	攔住	攔住	攔住	攔住	攔住		A38
攔阻	攔阻	攔阻	攔	攔	攔		A44
		攔住	攔著	攔著			A66
横倘	横攔	横欄		横攔	横攔		A69
	攔擋		攔	攔	攔		A80

"攔[欄]"概在明清才逐漸成爲"攔截"義的主導詞

4.1.32

浸	浸	漚2	漚	浸	漚		A88

浸(通語)——漚(古詞/方言詞)

4.1.33

磕	磕	攩	架	架	搪		A54
搪	搪	搪	搪	搪	搪	搪	A35

磕：碰擊;搪：擋,抵拒。架(各版都用)

4.1.34

撈得著(抽象義)	撈得著	撈得著		摸得著		摸得著	A46
		撈摸著	不得準兒	撈摸著			A66
撓	撈	撈摸	撈摸	撈摸(實義)			A90

按："撈摸",宋代已有。宋·朱熹《與林擇之書》："未去之間,亦且試撈摸看,若幸指撥得一二人,亦是一方久遠利害也。"

4.1.35

勞神	操心	遭心	分心	糟心	費心		A29
			費心	費心	費心		A5
					費心		A8/A17
費心	生受	生受	費心	費心	多情	費心	A92
					多情		A29/A34
費心	費心	費心	費事	費事			A17

按：生受，元代新見。《元語言詞典》：艱難，辛苦；受到别人幫助或請求别人幫助時説的感謝話，猶言麻煩，難爲。“費心”，通語詞，指操心，勞神。

4.1.36

拉拉扯扯	拉拉扯扯	顢頇	顢頇	顢頇		顢頇	A66

按：顢頇，指糊塗，不明事理。清代常用。李翰章《曾文正公全集》首卷國史本傳："外官辦事通病有二：曰'敷衍'；曰'顢頇'。"《官場現形記》："信上隱隱間責他辦事顢頇，幫著上司，不替百姓伸冤。"

4.1.37

邋	邋	落					A41
邋下	邋下	落後	落後	落後	落空		A51
			落不下				A61

4.1.38

立産業	立産業	立産業	置産業	置産業	買家産	置産業	A30

4.1.39

立了墳院	立了墳塋	立了墳塋	立了墳	立了墳	造了墳		A49
葬埋	葬墳	安葬	立墳	葬埋	葬埋		A49

4.1.40

免強	紮挣		紮挣	紮挣	挣	紮挣	A56
勉強	勉強	紮挣	紮挣	紮挣	紮挣	紮挣	A83
勉強 2	紮挣 2	紮挣 2	強紮挣	強紮挣	強勉紮挣	強紮挣	A87
勉強	勉強	紮挣	紮挣	紮挣	紮挣	紮挣	A92
勉強	紮挣	紮挣	紮挣	紮挣	紮挣	紮挣	A92

紮挣，清代北方官話常用，義同“免強”“勉強”。

4.1.41

拿$_1$（拾取義）	拿	拿	揀	揀	撿	揀	A71
取	取	拿$_{1拾取義}$	揀	揀	撿	揀	A71
取	取	取	拏	拿	拿	拏	A71
取	取	拿	拏	拿	拿	拿	A37
拿	拿	取	取	取	取	取	A37

拾取義：取——揀/撿/拿$_1$

拔	拔	拔	拏	拿$_{2抽取義}$	拔	拏	A67
拔	拔	取	拔	拔	拔		A51

抽取義：拔——拿$_2$

拿$_3$（擒義）	拿	拿	抓	抓	抓		A75
拿$_3$（擒義）	拿	拿	抓	抓	抓		A75

擒拿義：抓——拿$_3$

按：隋唐至宋這一階段作爲表“用手或其他方式抓住或搬動”義的動詞“拿（拏）”開始出現，多數不帶賓語，很少見出現在“拿＋N＋

V"的連動格式中;宋到元明這一階段"拿"作爲動詞已經大量使用,並且出現了"拿+N+V"的連動格式。

4.1.42

使	使	用	有	使	使		A21
將	將	將	拿	拿	拿	拿	A31
用 3	用 3	用 3	拏 2/使 2	拿 1/使 3	拿 2/使 2	拿 1/使 3	A35
使	使	使	使	使	使	使	A39
用	用	用	用	用	用	用	A39
耍(鎗)	耍(鎗)	紮(鎗)	使(鎗)	使(鎗)	使(鎗)		A54
顫動	使動	舉起	拏起	拏起	拏起		A54
拿	拿	用	使	使	使		A54
拿	拿	拿	使	使	使	使	A71
拿	拿	拿	使	使	使		A75
用	用	拿	拏	拿	把		A85

使用:拿/使>用/將。用,古今通用;將,中古,最少;拿,明清特色,南北均用;使,帶有北方話色彩。拿、使,變成了泛義動詞。

按:用,古今通用;將,中古,最少;拿,明清特色,南北均用;使,帶有北方話色彩。拿、使,變成了泛義動詞。又《老乞大》《樸通事》裡,"將"在元、明代本中廣泛使用。可是到清代本中大部分都被改動。作爲連動句中動詞的"將",到清代本中被改爲"拿""帶""拉""取"等詞,如:

(1) 大嫂,將槁薦席子來,與客人每鋪。(《舊老》)

(1a) 大嫂,拿草薦席子來,與客人們鋪。(《老新》)

4.1.43

拿脈	拿脈	拿脈	診脈	診脈	診脈		A98
					按脈		A95

4.1.44

拿(腰肯)	拿(腰肯)	煞(胳肢窩)	煞(胳肢窩)	煞(胳肢窩)			A64

4.1.45

攮塞	攮塞	攮塞	饢搡	饢搡		饢搡	A31

4.1.46

鬧硬浪	打把勢	打把勢	打把勢/動勁兒	打把勢	動勁兒		A54

打把勢：練武術。也作打把式。

按：動勁兒，主動跟人較量力氣。《新編北京話詞典》、《北京土語辭典》均收。

4.1.47

出	出	鬨	鬧出	鬧出		鬧出	A30
出來	出來	出	鬧出	鬧出	鬧出		A48

"鬧"表"滋生事端"出現較晚。

4.1.48

學	學	念	學	學	學	學	A1
念	念	念	念	念	學	念	A1
念	念	念	念	念	念書	念	A2
念書	念書	念	念	念	學	念	A3
念清書	念清書	學繙譯	學滿洲書	學滿洲書	練滿洲文	學滿洲書	A3
念清書	念清書	念清書	念滿洲書	念滿洲書	念書		A6
念書	念書	念書	念	念	學		A6
看書	看書	看書	看書	看書	念書		A7

(續表)

讀書	念書	讀書	念書	念書	念書		A8
讀書	讀書	讀書	念書	念書	念書	念書	A9
讀書	讀書	讀書	念書	念書	念書	念書	A9
念清書	念清書	念書	念滿洲書	念滿洲書	念書	念滿洲書	A20
讀書	讀書	念書	讀書	讀書	讀書		A21

按:“念”廣泛用於“學習”義應是清代的事。(參見劉寶霞 2012)

4.1.49

刨溝	刨溝	刨溝	淘溝	掏溝	掏溝	淘溝	A56

4.1.50

欠債負	欠債	欠債負	欠債	欠債	欠債		A36
					東借西欠		A36
作下賬	累下賬	作了債	借了債	借了債	借了債	借了債	A65
作賬	累賬	作債	該賬	欠賬	欠賬		A52

4.1.51

商議	商量	商量	商量	商量	商量		A81

商量,各版都有。“商議”僅此 1 例。

按:整個近代漢語時期,“商量”和“商議”是並行發展的,且語義發展軌跡一致,所不同的是,“商量”在唐代便已身兼數職,成爲當時的高頻詞,剛剛引申出的“交换意見”一義得以迅速流行,但到清代再度成爲主導詞時,“商量”已經逐漸失卻了其餘的義項,專職表示“交换意見”,且沿用至今。“商議”從唐代産生開始,明代使用比例有所增加,清代以後漸漸少見,但並未全面退出,仍取得了在正式公文中的使用權,且在部分方言中仍有留存,表達“交换意見”。(參見劉寶霞 2012)

4.1.52

剩	賺	挣	賥	賥	賥		A89

賥,“賺”之异體。“賺”明清多用。“挣”之“挣錢”義出現較晚。

4.1.53

事奉	事奉	事奉	孝敬	孝敬	孝敬	孝敬	A31

4.1.54

捽掇人	捽掇人	捽掇人	捽搭人	捽搭人	説閒話		A32

從“捽掇”到“捽搭”可以看出第二個音節的語音弱化軌跡。

按:捽掇,也是從物理行爲到言語行爲。

4.1.55

睡	困	困	睏	睏	睡		A86
睡	困	困	睏	睏	著		A86

困(睏),俗語詞。睡,通語詞。

4.1.56

死	丢	撂	丢(II作“扔”)	丢	丢去		A61
		没	没	没	没		A61
死	没	不在	不在	不在	不在		A63
死	没	死	不在	不在	不在		A63
失閃	亡故	死	死	死	死	死	A30

“死”之委婉説法。

按:各版都還有“丢”作“丢失”義,此處之“丢”爲避諱用法作“丢棄”義。

4.1.57

抬	抬	抬	端	端			A43
					抬		A51
					端茶		A90

按：表示“端(飯食)”義的“端”在明代已有用例，偏江淮官話，如《西遊記》。晁瑞(2009)指出：漢語表示“端(飯食)”義的詞是“搬”，清代“端”替换了“搬”。並且在這個過程中，兩者産生了新的分工。在“搬移”意義上，“搬”適用於大的物體，“端”適用於小的物體。兩詞的替换方式不是一個代替另一個，而是在競争過程中雙方義域都有變化(詳見晁瑞 2009)。本文用的是“抬”與“端”的同義變文。

4.1.58

體察	察	體查	考較	考較	看	考較	A46

4.1.59

受了辱磨	受了辱磨	受了羞辱	碰了釘子	受了羞辱	碰了釘子		A44
硼了釘子	碰了釘子	硼了釘子	自找喫虧	碰了釘子	自已吃虧		A44

4.1.60

痛責	責備	痛責	數落	數落			A17
辱磨	辱磨	辱責	罵	罵			A45

辱磨，元明清北方文獻常用。

4.1.61

吐唾沫	吐唾沫	唾唾沫	吐唾沫	吐唾沫	吐唾沫		A53
吐唾沫	唾	啐	啐吐沫(吐，II 作“唾”)	啐吐沫			A14

4.1.62

往裡踏 往外拶	張裹	張裹	張褁	張裹	慌張	張裹	A79

4.1.63

爲難	作難	爲難	粧假	粧假	妝假	粧假	A25
粧假	粧假	裝假	作客	作客	作客	作客	A25
假粧	假粧	假粧		假	假	假	A31
充	充	充	充	充	假妝		A47

F也用：充。(A36)

4.1.64

戲弄人	戲弄人	漚人1	漚人	漚人		漚人	A84

4.1.65

獻好	獻好	獻好	要獻勤兒	要獻勤兒		要獻勤兒	A27

4.1.66

行	行盪	行邊子	打盪子	打盪子	行		A64

4.1.67

休歇	止	休歇	歇手	歇手	歇手		A44
歇手	歇手	止	撂開 (了)手	撂開 (了)手	撒手		A52

各版都有“歇手”。

4.1.68

尋我的 空子	尋趁	尋趁	找錯縫子	找錯縫子		找錯縫子	A100

（續表）

尋趁	尋趁	嘴碎	找錯縫子	找錯縫子		找錯縫子	A20
尋趁	尋趁	尋趁	尋嗔	尋趁			A44
嘴碎	嘴碎	嘴碎					A20

找茬兒，尋不是。

4.1.69

尋$_1$	尋	尋	借	借	借		A24
尋	要	尋	尋	尋	要		A32
尋	尋		尋	尋	借		A42
尋	要		要	要	要		A42

尋$_1$：尋求。

4.1.70

尋$_2$	尋	尋		找			A47
取	尋	找	找	找	找	找	A71
尋找	找						A73
找	找	尋	尋	尋			A88
惹	尋	尋					A70

尋$_2$：尋找。唐宋後成爲“尋找”義主導詞；明代産生了“找”，清代中葉以後逐漸取代“尋”，成爲此義位的核心詞。

按：各版都有“惹”，但大都爲“招惹”義，該義也用“招”，各版情況是“惹＞招”。如：

惹/招	惹/招	惹/招	惹/招	惹/招	惹/招		A96
犯	惹	惹	惹	惹			A99
惹	惹	惹	惹	惹			A17

要	討	要	討	討			A78

晚唐五代《祖堂集》中有“討”之“索要”義用例;宋代南戲《張協狀元》有了較明確的“討”表示“索要”義的用法,其中“討”既可以跟賓語,也可以單獨使用。較多在南方使用,明以前少見北方文獻,至明代“討”和“要”在南北方文獻中都常見。“討”和“要”在明清時期存在一個相互競争的過程,結果是“要”最終勝出,至遲到《紅樓夢》時代,“要”已經成爲表示“索取”義的主導詞。“討”從核心詞退居次要地位,在南部方言中存在。(參見劉雯 2011)

4.1.71

語言	言語		説話	説話	説話		A15
			不言語		不響	不言語	A60

動詞“言語”,元明北方文獻常用;説,元明後逐漸成爲“言語”類主導詞。

按:鄭玄注《禮記》:“發端曰言,答難曰語。”“言,言己事,爲人語曰語。”朱熹《論語集注》:“答述曰語,自言曰言。”

4.1.72

眼看著	眼看著	眼看著	眼瞧著	眼瞧著	眼瞧著	眼瞧著	A11
望	瞧	釘著瞅	瞧	瞧			A59
望	望	瞅	瞧	瞧	瞧		A65
眼看著	看著	瞧著看著	眼瞧著	眼瞧著			A67
瞅	瞧	瞧	瞧	瞧			A78
	窺視	溜兒瞅兒			瞧一瞧		A72

表“看”這一意義,“瞧、看、瞅(瞧)”是一組同義詞。從産生時間上看,“看”早於“瞧”(元明期間新産生的)、“瞧”(明代);從使用地域看,“看”是通語層面的,在清代表現爲北方官話更多用“瞧”“瞅

(瞜)”,南方官話用“看”。

4.1.73

		掩門	掩城門兒	掩城門兒	關城		A49

按：各版都有“掩門”。

4.1.74

掩嘴	掩口	堵嘴	堵嘴	堵嘴	堵嘴		A76

4.1.75

央求	央求	央求	哀求	哀求	求		A17
央求	央求	央求	哀求	哀求	懇求		A33

“央求”,多見於北方話。

4.1.76

應允	應允	應承	應承	應承	應承	應承	A66
應承	應承	應承	應承	應承	應承/答應		A33
應承	應承	應承	應承	應承			A33
應	應	應	應允	應承			A33
答應	答應	答應	答言兒	答言兒	答應	答言兒	A60
答應	答應	答應	答言兒	答言兒	答應	答言兒	A60

“答應”,作“回答”講,各版都用;“應承”,多見於北方話,故F版偶見。

4.1.77

遇見	遇見	撞$_2$屙	撞$_2$磕	撞$_2$磕	撞$_2$著		A57
					碰見著		A70

（續表）

遇見	遇見	遇見	遇見	碰見		碰見	A71
		撞₂著					A51
					撞₂著		A93
撞₁	撞₁	撞₁	撞₁	撞₁	抓	撞₁	A84
遇見	遇見	遇見	遇見	遇見	遇著	遇見	A4

遇見(76例)＞遇著(24例)＞撞／碰見。F版：遇著(12例)＞遇見(1例)。

4.1.78

遭罪戾	遭罪戾	犯罪戾	犯王法	犯王法			A52

4.1.79

		暫時	一眨眼兒	眨眼	一場夢	一眨眼	A31
展眼之間	展眼之間	展眼之間	一眨眼兒的工夫兒	眨眼兒的工夫兒			A65
轉眼之間	傾刻間	頃刻之間	一轉眼	轉眼的空兒	一轉眼的		A51

4.1.80

開(口)	開(口)	開(口)	開(口)	開(口)	開(口)	開(口)	A1
張(口)	張(口)	張(口)	開(口)	開(口)	開(口)		A38
			開(口)	開(口)	開(口)	開(口)	A39
					開(口)		A72／A96
張著嘴	張著(口)	張著嘴	張著嘴	張著嘴	張著嘴	張著嘴	A20

按：7種版本裡，單音詞，“嘴＞口”；複合詞構詞語素，口＞嘴。

4.1.81

折	折	折	折	折	斷	折	A30
折	折	去	斷	斷			A54

4.1.82

折磨	折磨	挫磨		挫磨	磨折		A69

4.1.83

斟酌 2	斟酌 2	詳細 2	詳細 2	詳細 2	詳細 2		A66

4.1.84

挣命	挣命	絢氣	倒氣	倒氣兒		倒氣兒	A83

4.1.85

主張	主張	主張	作主	作主兒	作主		A32

4.1.86 表示"警告告誡、提醒注意"之義：仔細——隄防

仔細	仔細	仔細	小心	仔細		仔細	A14
細	細	仔細	細	細	細		A42
仔細	仔細	小心	小心	小心	小心		A59
		仔細	隄防	小心		隄防	A82
提防	隄防	小心	小心	小心	小心		A93

仔細，表示"警告告誡、提醒注意"之義，元明清常見，多用於北方文獻。《紅樓夢》用例較多，如：

(1) 賈赦道："你别哄我，我明兒還打發你太太過去問鴛鴦。你們説了，他不依，便没你們的不是。若問他，他再依了，仔細你的腦袋！"

(2) 寶玉吃一大驚,又聽那邊有人喊道:“藕官,你要死,怎弄些紙錢進來燒? 我回去回奶奶們去仔細你的肉!”

(3) 連丫頭們都說:“天老爺有眼,仔細雷要緊!”

(4) 你還不好好的呢,這幾日生氣,仔細他捶你。

(5) 賈母問:“你往那裡去! 外頭爆竹利害,仔細天上吊下火紙來燒了。”

清末“小心”一詞漸漸多用,之後逐漸替代“仔細”。

4.1.87

涼著了些	涼著了	著了些涼	著了點兒涼	著了點兒涼	招點涼	著了點兒涼	A87

著涼——招涼,“招”“著”: 遭受。

4.1.88

支	支	支	搘	搘	搘	搘	A67

支,“搘”之俗寫形式。

4.1.89

知道	知道	知道	知道	知道	曉得		A98

按: 表“對事物有所瞭解、認識、知曉”這一意義,“知道、曉得”是一對同義詞。從産生時間上看,“知道”(唐代已見,《祖堂集》“知道”已凝固成詞。)早於“曉得”(北宋)。從使用地域而言,“知道”是通語層面的,地域廣泛,南北官話都用。在清代表現爲北方官話更多用“知道”,南方官話偏重用“曉得”。

4.1.90

拉	攥 2	揝 2	揝	揝	揝	揝	A83

揝,“攥”之异體。義同“抓、握、拉”。

4.2 言語動詞

4.2.1

拌嘴	辦嘴	拌嘴	辯嘴	辯嘴	辯嘴	辦嘴	A30
			辯嘴	辯嘴	辯嘴		A93
					辯嘴		A93
拌嘴	辦嘴	伴嘴	辯嘴	拌嘴	辯嘴		A96

手部動詞“拌”有“拌嘴”之義。如：兩口子拌起來,就説咱們使了他家的銀錢。(曹雪芹《紅樓夢》第一百回)“拌嘴”字亦寫作“辯(辦/伴)嘴”。

4.2.2

恥笑	恥笑	恥笑	笑話	笑話		笑話	A31

4.2.3

答應	答應	答應	答言兒	答言兒	答應	答言兒	A60
答應	答應	答應	答言兒	答言兒	答應	答言兒	A60

4.2.4

道惱	探喪	探喪	弔喪	弔喪	吊		A63
説是道惱	道惱	説道惱	説道惱	説道惱	道煩惱		A63

4.2.5

譭謗	譭謗	譭謗	蹧塌	蹧塌	蹧塌		A15

蹧塌：從物理行爲到言語行爲。

4.2.6

誆騙人	誆人	誆騙人	誆騙人的錢財				A26

（續表）

哄	哄	哄	誆哄	騙	騙		A78
誆	誆引	引誘	勾引	勾引	勾引		A78
供人	給人	哄人					A21
哄別人	哄別人	哄別人		哄別人兒			A42
哄我説	哄我説	謊告訴我説	告訴我説	告訴我説	告訴我説	告訴我説	
哄人	哄人	哄人	哄人	哄人			A77

4.2.7

喊叫	喊叫	喊嚷			嚷鬧		A70
罵著叫喊	罵著叫喊	嚷罵					A70
吵鬧	嚷	嚷	嚷	嚷	嚷	嚷	A71

按："嚷"各版都有。《中華大字典》："讀如壤，大聲也，北人稱喧鬧爲嚷。"可見"嚷"爲北方話用詞。

4.2.8

提	提	提	題	題	説		A23
題	想	想	想	想	扯		A59
	提	提	題	題	提		A61
題説	提	稱讚	稱讚	稱贊	稱賛		A77
題	提	提 2	提 2	提 2	提		A77
説	説	提説	提	提			A77
題	提	提					A88
		提動	提起話兒來	提起話兒來	説起話來	提起話兒來	101

按：表"言説"義有"提""題"。從元代開始，動詞"題""提"表"言説"義十分常見。據王麗玲(2011)調查，清代以前文獻中"言説"義"題"的使用頻率總體上明顯高於"提"，明代小説中"題"的比例仍很高，"提"在元明時期的用例逐漸增加，"提"的産生和普遍使用可能還要晚一些，要到清代"提"的用例才明顯超過並最終吞併了"題"。

4.3 心理動詞

4.3.1

辨	辨	辨	懂	懂	懂得		A47
懂文脈	懂文脈	懂文脈	懂文墨	懂文墨	通達事理		A47

"懂"，明代已見，多爲否定"不懂"。(明以前只有連綿詞"懵懂"之"懂"形體)

4.3.2

不成望	想不到	不成望	不承望	不承望			A33
不略	想不到	不想	不想	不想	不想著		A24
不想	不想	不想	想不到	不想	那裡想得到		A48

不成(承)望，北方文獻常用。

4.3.3

		稱願	趁願	趁願			A74
稱心入意	稱心	趁心	解恨	解恨		解恨	A84

4.3.4

吃了一大驚	吃了一驚	大懼	唬了一大跳	唬了一大跳	唬了一大跳	唬了一大跳	A71

4.3.5

估量	估量	算來	算計	算計	想		A10
打算	算	計	算計	算計	算計	算計	A22
打算	算計	打點	小心	小心		小心	A27
打算	打算						A37
打算	打算		巴結	巴結	打算		A42
		打算	打算	打算	打算	打算	A66
算	算	算計	算計	算計	算計	算計	A65
					算計		A78
顧	算計	管	管	管	管		A98

料	估模(摸)	約模	套	套	討		A78
畧估 2	估料	料估	猜一猜	猜一猜	猜一猜		A62
約模	約模	揣度	揣摸	揣摸	泛論	揣摸	A65

4.3.6

A	B	C	D	E	F	G	篇次
氣悶	氣悶	氣悶	生氣	生氣		生氣	A15
憤懣	憤懣	生氣	生氣	生氣	鬱氣	生氣	A31
生氣	生氣	生氣	生氣	生氣			A45
忍著氣兒	生暗氣	暗生氣		生暗氣	氣		A69
惱	怒	怒	生氣	生氣	生氣		A80
生氣 2	生氣 2	生氣 2	怒氣衝衝	怒氣衝衝			A80
生氣	生氣	生氣	氣上來	氣上來			A84
惱	惱		惱	惱			A15

(續表)

A	B	C	D	E	F	G	篇次
羞惱變成怒	羞惱變成怒	羞惱變成怒	羞惱變成怒	羞惱變成怒	惱		A81
惱(得罪)3	惱 3	惱 3	惱 3	惱 3	惱 3		A48

張慶慶(2007:128)指出:唐代到元代,表示"憤怒"義的主導詞是"怒","憤、忿、忿怒、憤怒"偶見用例,多出現于文言書面語中。明代"怒"仍然主要用作表示"憤怒"意義,且廣泛應用,但多與副詞"大"("大怒")組合出現。"惱"表示"憤怒、生氣"義是在明代以後開始應用的,前代作品中比較少見。"氣"和"生氣"在明代也先後産生並大量應用,搭配成分各有特色。《清文指要》各版多用"生氣""氣";"惱"除表"生氣"外,還表示"得罪人"。

4.4 否定表達

没得	没	没得	没得	没得			A24
没得	無得	没得	没	没	没有		A24
没得	没得	没得	没得	没有得	没		A63
					没得		A70
没得	没得	没得	没有	没有	没		A88

没得——没有

没聽見	未聽見	没聽見	聽不見	聽不見	不聽見		A24
					没聽見		A32
					没聽見		A36
聽不見	没聽見	没有聽見	那裡聽得見	没聽見	那裡聽得見	那裡聽得見	A40
没有聽見	無聽見	没聽見	没聽見説	没聽見説	没聽見	没聽見説	A40

（續表）

					没聽見		A44
没聽見	無聽見		没聽見	没有聽見	没有聽見		A45
没聽見	没聽見	不知道	聽見	没聽見	聽見	聽見説	A58
					聽不見		A60
					没聽見		A70
					没聽見		A70
没有聽見説	没聽見	没聽見			没聽見		A70
没聽見	聽不見	不得聽見	没聽見	聽不見			A81
					没聽見		A82
没聽見	没聽見						A99

没聽見——聽不見

（五）助 動 詞

					應該		A8
					應該		A8
當	當	當	應該	應該	該		A26
該當	該當	當	應該	該當	應該	應該	A31
該	該	該	應當	應該			A34
應該	該當	該當	應當	應當	應當	應當	A65
			應該	應該	應該	應該	A71
應該	該當	該當					A78
應該	該當	該當	該當	該當	該當		A98
該當	該當	該當	該當	該當	應當		A62

（續表）

當	該	該當	該當	該當		該當	A11
該當	該	該當	該當	該當		該當	A25
		該當	該當	該當	該當		A29
該當	該當						A36
		當	該當	該當			A36
該當	該當	該當					A40
該	該	該當	該當	該當			A40
該當	該當				要		A59
不該當	不該當						A63
該當	該當						A73
		該當	該當	該當			A74
該	該	該當	當	該			A78
該	該	該當	該	該	該		A88

當（該當）——應該（應當）——要

按：七版總體使用情況：該當＞應該＞應當。

（六）形容詞

安然	安然	安然	寬綽	寬綽	自在		A36
安	安	安	安穩	安穩		安穩	A82
					安安穩穩		102
		沉重安詳的	安安詳詳兒的	安安詳詳兒的			A61

便當	便當	富庶	充足	充足	充足	充足	A28

無妨	無妨	無妨					A5
不妨	不妨	不妨	無妨	無妨	不要緊		A50
無妨	無妨	無妨	無妨	無妨		無妨	A56
不相干	無妨	無妨	無妨 2	無妨 2			A95
無妨	無妨	不妨		不妨			A97
無妨	無妨	無妨	無妨無礙	無妨無礙	不礙		A97
		何妨	何妨	無妨			A99
何妨	何妨	何妨	何妨	何妨			A12
					何妨		A33
何妨	何妨	何妨	何妨	何妨			A36
何妨	何妨	何妨					A36

骳	骳舊	窮	膌舊	膌舊	舊而不堪		A36
骳爛	骳爛	糟爛	骳爛	糟爛	糟爛		A57

		延纏	延纏	延纏	纏綿	延纏	A92

悵悶	膨悶發脹	膨悶	膨悶	膨悶			A87

沉	沉	沉重	沉重	沉重	重		A95
沉重	狠重	狠重	狠重	狠重	重		A89

(腿)沉	(腿)沉	(腿)軟	(腿)軟	(腿)軟	(腿)軟	(腿)軟	A24

(耳)沉	(耳)沉	(耳)沉	(耳)聾	(耳)聾	(耳)聾		A24

(睡)熟	(睡)熟	(睡)沉	(睡)著	(睡)著	(睡)著	(睡)著	A87

沉静	(睡)熟	安静	安静	安静			A19

			窵遠	窵遠	好遠	窵遠	A40
好幾步	好幾步遠	好幾步外	好遠	好遠			A54
					老遠		A5
老遠	老遠	老遠	老遠	老遠			A8
老遠	老遠	大遠					A41
老遠	老遠	老遠	老遠	老遠	老遠		A42

按：窵遠，形容遠。宋·李綱《再乞招撫曹成奏狀》："雖已具奏道依近降聖旨，踏逐軍馬，道路窵遠，見今阻隔，卒難辦集。"

疊當	疊當	疊當	迭	迭		迭	A30
疊當	迭當	疊當	迭當	迭當			A50
妥畢	妥當	迭當	妥當	妥當	妥當	妥當	A40
		迭當	迭	迭			A54
	得勁	迭當	妥當	妥當		妥當	A80

	不得勁	不得勁					A53
没味兒	不得味兒	不得味兒	不得味兒	不得味兒	不能得勁	不得味兒	A65
不得主意	無力	不得勁兒	没有勁兒	没勁兒	没有勁兒	没有勁兒	A87

對當	對	對	正對	正對	對	正對	A58
對當	對	對					A62
對裝	對勁兒	對	對勁兒	對勁兒			A62
對當	對勁	對	對勁兒	對勁兒			A73
對當	對	相宜	相宜	相宜		相宜	A79
對當	對勁	對	對勁兒	對勁兒		對勁兒	A79

乏乏的	乏乏的	乏乏的	乏乏的	乏乏的	辛苦的		A8
		乏乏的					A25

煩燥	煩躁		炮燥	炮燥		炮燥	A56

按：炮燥，有兩義：1. 灼熱。《西遊記》第四一回："這大聖一身煙火，炮燥難禁，徑投於澗水内救火。"2. 由於心中煩躁而感到身上燥熱。《紅樓夢》第二十回："何嘗不穿著，見你一惱，我一炮燥就脱了。"

急燥	急燥	急躁	急燥	急躁			A80
					煩躁		A89
煩燥	急燥	著急	著急	著急			A89

燥熱	燥熱	蒸熱	燥熱	燥熱	熱		A89
燥熱	燥熱	炎熱	熱	熱	熱	熱	A92
					悶熱		A56
悶熱	悶熱						A56

富富裕裕	寬裕得項敷餘	充足富有	富富餘餘	富富餘餘	富富餘餘	富富餘餘	A65

			各别另樣的	各别另樣的	另做一個樣兒	各别另樣的	A11

高興	高興	長了價兒	長了價兒	長了價兒			A45
興頭	高興	興頭	興頭	興頭			A47

厚重	厚重	厚重	厚道	厚道	厚道	厚道	A28
					厚道		A19/A28
厚	厚實	厚	厚	厚敦	厚		A63

許多	許多	好些	許多	許多	許多		A8
好些	好些	許多	許多	許多	許多		A52

(續表)

好些	好些	好些	好些次	好些次			A32
好些	許多	許多	許多	許多	好多	許多	A67
好些	好些	好些	好些	好些	好幾	好些	A40
這些年	這些年	許多年	許多年	許多年	好多年	許多年	A40
					好多		A21
					好多		A32

按:"許多",各版都用,獨有F版偏用"好多",F版獨無表示數量的"好些"。"好幾",各版都用。

豁亮	了亮	了亮	燎亮	燎亮	了亮		A44

話粘	話嘮叨	話粘	剌剌不休	話粘			A12

有幸	僥倖	有幸	萬幸	萬幸	造化		A8
僥倖	萬幸	僥倖	僥倖	僥倖	僥倖	僥倖	A47
僥倖	僥倖	萬幸					A95

愧恨	羞愧	羞愧	害羞	害羞	害羞	害羞	A9
可恥	可恥	恥	羞	羞	害羞		A36
	羞愧	害羞	害羞	著急	害羞		A66
愁	愁	憂愁		發愁	害羞		A72
羞惱	羞惱	羞惱	羞惱	羞惱	惱		A81

按:栗學英(2002)指出:唐代開始"害(病)"之用法出現。《唐五代語言詞典》"害"條:患(病);蒙受(某種痛苦)。收有"害風""害凍""害痛"等詞;宋代開始出現"害……病"之説法。"害"在宋代産生了表示"生病"的義項,之後還引申出表"産生某種不適之感,感覺

到”的用法，如有“害渴”“害饑”“害疼”等，進而引申爲表示感覺到或産生某種情緒，如“害怕”“害慌”“害臊”等，這個“害”和表示一種情緒的“羞”結合，産生了“害羞”。元明用例較多。如元·無名氏《桃花女》第一折：“如今這青天白日，關著鋪門，象什麼模樣！便好道一日不害羞，三日吃飽飯，我們靠手藝的買賣，怎害得許多羞？”《訓世評話》白話文共用 9 例“害羞”，對應于文言詞“恥、慚、愧、羞愧、慚愧、羞、憫然”，這種“羞”指一種程度較重的“羞恥”“羞愧”情緒，不同於“難爲情”義。如：

(1) 鳥聞其言慚愧。——野雀兒聽他説，害羞，教這老鴉看一看他，便飛去了。(第 32 則)

(2) 皆有慚色。——眾人聽得這話，都害羞退去了。(第 35 則)

(3) 而伯夷、叔齊恥之，義不食周粟——伯夷、叔齊害羞，説不當吃周粟。(第 13 則)

可恥	可恥	可恥	可恥	可恥	受辱		A36

招人疼的	可憐	可憐見的	可憐見兒的	可憐見兒的			A61

	可憐見			可憐見兒			A77
可惜	可惜	可惜	可惜了兒的	可惜了兒的			A55
可惜	可惜	可惜了的		可惜了兒的			A72
可惜	可惜	可惜	可惜了兒的	可惜了兒的	可惜		A76
可惜			可惜了兒的	可惜了兒的	可惜了兒		A88
簡斷	簡斷直説	剪剪決決	簡簡決決	簡簡決決	簡直快快	簡簡決決	A4
簡決	快	簡決	簡決	簡決	快		A12

謹慎	謹慎	謹慎	勤謹	勤謹	留心		A7
勤謹	勤謹	勤謹	勤謹	勤謹	勤慎	勤謹	A11
勤	勤	勤謹	勤謹	勤謹		勤謹	A27
					勤慎		A7/A84

勤謹,《北京話詞語》收有該詞。

盡	完	净	盡	净	盡	净	A65
打了個净							A70
净光 光光	光光	精光 赤貧					A74
蕩盡	蕩盡	精光	精光	精光	精光		A52

精熟	精熟	精熟	熟習	熟習		熟習	A4
精熟	精熟	精熟	精熟	精熟	好	精熟	A2

精緻	秀緖						
俊俏	俊俏	英俊	英雄	英雄	英雄		A79
俏皮		可身					A79

按:“俏皮”,形容人時只用于説女人漂亮。《語言自邇集》第二版第六章《踐約傳》(秀才求婚):“現在單提鶯鶯和他的丫頭紅娘,兩個人名雖主僕、情同手足。那紅娘原是長得俏皮,幹事情麻利,説話又伶牙利齒的。”“看他(鶯鶯)的模樣兒倒比從前越發俏皮似的,不由得更加愛慕了。”《清文指要》:“繫上一副俏皮撒袋”,形容“撒袋”之合適可愛。

			魁偉	魁偉	高大	魁偉	A46

口齒利便	口齒利便	口齒利便	伶牙利 齒的	伶牙利 齒的	伶伶俐 俐的	伶牙利 齒的	A46

艻苦	艻苦	劬艻	苦拔苦掖	苦拔苦掖			A68

老悖晦	老悖晦		老背晦	老背晦	老悖	老背晦	A31
					老悖		A64

臉軟	臉軟	臉軟	臉軟	臉軟			A33

冷颼颼	慘澹	慘澹	慘澹	慘澹			A53

冷落	冷落	冷落	冷清	冷清	冷静		A8

良善	伶便	伶便	伶便	伶便	伶便	伶便	A79
良善	良善	良善	良善	良善			A7

懵懂	無知	懵懂	糊塗	糊塗	糊塗		A48

猛	猛	猛	高	高	高		A23

(天)亮	亮	亮	亮	亮	亮		A18
(東方)明兒	亮	亮兒	亮兒	亮兒	發白		A49

老乞大四版本也有：明一亮。

明明白白	明明白白	明大明	明	明	明		A97

"明大明"同"實大實"形容十分"明白清楚"。

嚷	嚷	傷了風	傷了風	傷了風	不通	傷了風	A56

年青	年青	少年	年輕	年輕	年輕		A54

按：相對而言AB版用“年青”；“年輕”CG版偶用，DEF版較多，尤以F版爲多。劉君敬（2011：94—95）指出，“年青”，大致在明代較多出現，起初主要用來説明對青年官員的評價，帶有一定的價值判斷，而非僅僅爲了説明某人處於青年時期；到了明代晚期，一些通俗文獻中也開始使用，往往是指女子年齡小。“年輕”，見於明嘉靖年間文獻中，使用上遠不如“年青”普遍；入清以後，逐步取得了主導地位。“年青”的使用頻次則大幅降低。《指要》AB版用“年青”，CDEFG版都用“年輕”，反映了“年輕”對“年青”的競争。

皮臉	皮臉	皮臉	皮臉	皮臉		皮臉	A20
皮著臉	覨著臉	皮著臉	皮著臉兒	皮著臉子	皮著臉兒	皮著臉兒	A35
			腆著臉	腆著臉子			A47

“皮臉”，《近代漢語大詞典》收有該詞。

平常	笨	夯笨駑	㞞頭	㞞頭	㞞頭	㞞頭	A79

“㞞頭”，官話方言特徵詞，官話及晉語5區並與少數東南方言共有。（劉曉梅、李如龍 2003）

			奇怪		奇怪	奇怪	A40
					奇怪 3		A101

齊備	齊備	預備齊	預備齊	預備齊			A43

		齊槎的	齊各鐩兒的	齊各鐩兒的	齊各鐩兒的		A54
齊	齊	齊	齊截	齊截	齊整		A62

很明	狠明	大晴	響晴	響晴	狠清爽		A50

窮的腥氣	窮的腥氣	窮的腥氣	很窮	很窮	窮兒窮的		A42

瘸著腿子	瘸腿子	瘸著腿					A54
瘸子	瘸子	瘸子	瘸子	瘸子	瘸子		

活軟	活軟	軟顫					A73
悉軟	稀軟	稀軟					A87
		稀爛醉					A99

煞白	煞白	煞白	雪白	雪白			A43
煞白	煞白	煞白	刷白	傻白	傻白	刷白	A56
煞白	白花花	白花花					A63

實排排	實排排	實排排		實蜧蜧			
實實在在	直直正正	實大實	徹底子	徹底子	徹底		A78

實排排：山東方言、《醒世姻緣傳》也有。"實大實"同"明大明"形容十分"實"。

時樣	應時	時興	合時樣兒	合時	時興		A62

時興：到第二天打扮得整整齊齊的。剛要戴帽子，琴童説：那是老樣兒的帽子，不大興時，何不换一頂時樣兒的呢？【注】興時，或"時興 shih hsing[1]"，合於時尚：興 hsing[1]，符合需要，時髦的；例如："這會兒不興窄袖口兒"，現在窄袖口不時髦。(305 頁)

方臉兒鞋現在不興時了。(《清語》)

大花樣兒的現在不興時了。(《官話篇》)

並且這幾年洋貨很興時。(《官話篇》)

受用	舒服	舒服	舒服	舒服	喜歡		A15
受用受用	受用受用	受用	歇歇兒	歇歇兒	歇歇	歇歇兒	A20
受受用用	受用	安逸	安閒	安閒			A89

受用,劉寶霞(2012)指出《紅樓夢》程甲本與程乙本也有:"受用"與"舒服"一詞的同義异文表達現象。

爽快	爽快	爽快					A43
爽快	爽快	暢快	暢快	暢快	暢快		A55
					暢快		A55
舒服	舒服	舒服	爽快	爽快	爽快	爽快	A46
響快	響快	響快	爽快	爽快	爽快	爽快	A56
鬆閒	鬆快	鬆快	鬆快	鬆快		鬆快	A87

爽快:爽快>暢快>響快。

響快:CCL語料庫中只見于《朱子語類》和《紅樓夢》,疑與"爽快"一聲之轉。

	碎	壞			壞		A70
破	破	破爛	破	破			A62
					破爛		A74
		破壞	破爛	破爛	破壞	破爛	A101
		斷碎	碎	碎	碎		A53
	碎	碎					A98

血氣強壯	血氣壯	血氣壯	血氣旺	血氣旺	血氣旺		A54

討人嫌的	討人嫌的	討人嫌的	討人嫌的	討人嫌的	討人厭的		A12
討人嫌的	討人嫌的	討人嫌的	討人嫌的	討人嫌的			A77
討人嫌的	討人嫌的	討人嫌的	討人嫌的	討人嫌的		討人嫌的	A84

外道	外道	外道	外道	外道			A16

		稀罕					A22
异樣	异樣	异樣	稀罕	稀罕	稀罕		A32

(續表)

希罕	稀罕	稀罕	希罕	希罕			A42
惜罕	稀罕	稀罕	稀罕	稀罕			A77

惜罕	愛惜	愛惜	愛惜	愛惜	愛惜	愛惜	A82

絮煩	絮煩		絮煩	絮煩			A32

軒昂	軒昂	軒昂	體面	體面	清秀	體面	A46
軒昂	軒昂	軒昂			開展		A42

幽僻彎曲	幽僻	幽僻	僻	僻	偏僻		A50

昏沉	昏沉	發暈	暈暈忽忽	暈暈忽忽	暈暈彿彿	暈暈忽忽	A56

長	長	長	長進	長	長進	長進	A3
長進	長進	長進	長進	長進		長進	A4
成器的	成器的	有出息的	有出息兒的	有出息兒的			A59
不成器	不長進	不成器	不成器	不成器	不成器	不成器	A60
不長進	不長進	不長進	没有出息兒	没有出息兒	不成器		A49
没福的	無福的	不長進的	没出息兒的	没出息兒的	不中用的		A93

按:"有出息",口語詞,各版都用。但相對而言 CDE 三版偏多,F 只有 1 例。"不中用",口語詞,各版都用。

怎長怎短的	怎長怎短的	怎長怎短的	這麼長、那麼短的	怎麼長、怎麼短的	説長説短的		A12
怎長怎短的	怎長怎短的	這般那般的	這麼長那麼短的				A26

（續表）

怎長怎短的	怎長怎短的						A37
怎長怎短的	怎長怎短的	這様那様		這麼長那麼短的	這麼長那麼短的		A72
怎長怎短的	怎長怎短的	這様那様的	這様兒那様兒的	這様兒那様兒的	説這説那		A90

草草了事	草草了事	糊裡嗎裡	胡哩嗎哩	胡哩嗎哩			A98
		胡裡嗎裡	糊裏麻裏	糊裡麻裡	糊裡糊塗		A66

雄雄寔寔	雄雄實實						A61
窄累	窄難	窄累	窄	窄			A49
成人	長俊	成人	成人	成人	成人		A8
直挺挺	直挺挺	直挺挺	直挺挺	直挺挺			A88

（七）副　　詞

7.1 範圍副詞

單	止	只	寡	寡		寡	A22
寡	竟						A72
寡		只管					A72
寡	就只	只	只是	只是	只是		A77
寡	竟	竟					A83
寡	就只	就只					
寡	只						A90

（續表）

寡	就只	惟有	只是	只有		只是	A92
			寡	寡			A96
寡	都	只	只	只	只		A98
寡	只	只					A100
光		光	光	光			A44

單、止、只、寡、惟、光——“寡”在逐漸少用，“只”在增加

全	全	普裡	普裡普兒的	全	普裡普兒	普裡普兒的	A87

公同	公同						A74
					共總		A61

至少			至不及	至不及			A42
只少	至少	至不及					A52
任憑怎麼樣的	任憑怎麼	至不及	至不濟	至不濟	至少		A62
至狠	大不多	至狠	至多	至多	至多	至多	A4
		至狠	至多	至多		至多	A60
		至狠					A3/A64

7.2 時間副詞

剛	將$_2$	將	剛	剛	剛		A45
既	將		既	既	既		A48
將							A55/A87
	將						A56/A79
將	將	將	才	才	只是	才	A83

（續表）

將	將	才	剛	剛	剛		A53
才	才	將能著	纔	纔			A95
才要	才一	才要	纔要	纔要	剛要		A12
					剛		A12
方才	方才	方才	方才	方才	剛才		A14
					剛		A23
方才	方才		方才	方才	剛才		A29
				剛	剛剛		
方才	如今	方才		此刻			A32
			剛				A38
方才	方才	方才	方才	方才	剛才	方才	A39
					剛		A41
方才	方才	方才	方才	方才	剛才		A42
方才	方才	方才	方才	方才			A48
新近	新近	适才	剛纔	剛纔			A63
					剛要		A67
將才	將才	方才	剛纔	剛纔	剛才		A75
將要	將要	將	剛	剛			A75
將才	將才	方才					A77
才	才	方才	才	才		才	A82
					剛		A86
才	才	方才	才	才	才		A90
才要	才要	才要	纔要	纔要	剛要		A91
			剛				A93
					剛才		A90/A95

(續表)

			剛才			剛才	A100
		要	剛要	剛要	剛要		A101
將 1	將	將	快	快			A41
將 1	將	未	没	没	没		A53

"即將"義：將、才、剛、快(少見)——方才、剛才、剛要、將要新近，各版都有，共 27 例。

7.3　程度副詞

		實在	十分	十分	實在		A34
			十分		十分	十分	A40
著實	狠	著實	十分	十分	狠	十分	A40
					十分 4		A65
不由的	不由的	平白的	十分	十分	十分	十分	A87
狠	狠		十分	十分		十分	A92
		平白的					A16
怪	怪	平白的		寔在			A72
白白的	白白的	平白	平白的	平白的	明明的		A76
白白的	白白的						A66
	白白						A88
白白的	白	白	白	白	閑		A91
著實	著實	著實	很	很	很		A7
著實	著實	著實	很	很			A15
作定	著實	實實的	實實在在的	寔寔實在的			A33
著實的	著實的		很很的	很很的			A42

(續表)

很	著實	狠	很	很		很	A46
著實	著實	實在 著實	實在	寔在	實在		A48
狠	狠	著實	很	很	狠		A91
著實的	著實	著實	過於	太	的狠	過於	A92
大聲的	大聲的	著實的	很很的	很很的	狠狠的	很很的	A100
重重的	重重的	痛痛	痛痛快 快的	痛痛快 快的	狠狠的	痛痛快 快兒的	A60
頭等頭	頭等頭	頭等頭	頭一宗兒	頭一宗兒	頭一宗	頭一宗兒	A1
頭等頭	頭等頭	第一	頭一件	頭等頭兒		頭一件	A9
					頂		A13
頭一個	頭一個	頭等頭	頭一天兒	頭一天兒	頂		A89
					頂		A99

按：實在，用例非常多，未全文檢索。“平白、白白、十分、著實”都已全文檢索。十分，DEFG版可以用作程度副詞或範圍副詞，分别修飾形容詞和動詞(短語)。《朱子語類》中“十分”已有程度副詞和範圍副詞用法。唐賢清(2004：24)認爲其程度副詞用法萌芽于唐代。著實，“踏實，切實，實在”之義，唐代亦見用例。但到《朱子語類》，還没有程度副詞義項。參見陳明娥(2011：260—261)。

王老二的身量頂/挺高。《官話類編》P.38【注】頂 less used in Southern than in Northern Mandarin. P.37 這些藥頂/挺利害，至多一點鐘吃一回。P.38

副詞“頂”太田辰夫(1991：244)推測“好像本是南方方言”，《兒女英雄傳》未見確例(“頂高細長”)，但《紅樓夢》《品花寶鑒》《老殘遊記》都有用例；《兒女英雄傳》中清代新産生的副詞副詞“挺”卻較多。

《漢語大詞典》副詞“頂”，《朱子語類》《二十年目睹之怪現狀》。

楊榮祥(2005：346)也認爲“頂”帶有明顯的南方方言色彩，《新編五代史平話》《金瓶梅詞話》均不見用例。現代漢語中,“頂”仍在一些南方方言如湘方言中使用。

越	越	越發	越發	越發	越…越		A43
益發	益發	益發	更	越發			A43
		越發	更	更			A45
益發	益發	愈	越發	越發			A47
越發	越發	更	更	更	更		A55
越…越…	越…越…	越…越…	越…越…	越…越…	越…越…		A80
越發							A83/A100

剛剛的	剛剛的	好容易	剛剛兒的	剛剛兒的			A17
				剛	剛剛		A29
			剛剛兒的	剛剛兒的			A51
將將的	將將兒的	將將的	剛剛兒的	剛剛兒的			A16
將將的 2	將將的 2	好容易 2	剛剛兒的 2	剛剛兒的	才		A41/A86
將將的	將將的	將將					A41
剛剛的	將將的	將將	剛剛兒的	剛剛兒的	剛剛兒的		A49
將將的	將將的	將將的	幾幾乎没	幾幾乎没	幸得没		A59
	將將的	將將的					A64
將將的	將將的	將	才	才	才		A89
			冷孤丁的	冷孤丁的	冷孤丁的	冷孤丁的	A56
料料	畧	畧	畧	畧			A53
料料	畧		略	略			A85
料料	畧	畧		畧	畧		A87
料料	畧	畧	略	畧			A89
料料	畧	畧	略	畧			A93

(續表)

料	略	畧	但分	畧			A74
些微	些微	略	略	略			A51
些微	些微	些微					A34
	略	略	些微	略略兒	略	些微	A56
			些微	些微			A76
料	略	略	稍微	些微			A78
料	略	略	略	略			A52
料	略	略					A52
料	略						A65
料	略						A99
料	畧	畧		略			A99
		稍略					A99
					稍		A16

料料，各版都有“略”，但只有A版有“料/料料的”。

幾乎没有	幾幾乎	幾乎没有	差一點兒没有	差一點兒没有	差一點		A12
幾乎没有	幾乎	吸呼	差一點兒没有	差一點兒没有	差一點兒		A23
			幾幾乎	幾幾乎	幸得没		A59
幾乎没	幾乎	幾乎	差點兒没	差點兒没	差一點兒	差點兒没	A71
差一點兒没有	幾乎	幾幾乎	幾幾乎没有	幾幾乎没有	差一點		A98

			從不	從不	向來不		A44
	從新						A48
從新	從新	從	從新	從新	從新		A57
大凡	大凡	隨便	但凡	但凡		但凡	A4

没數兒的	没數兒的	不時的	長長兒的				A59
不時的	不時的	不時的	長長兒的	不時的			A34
常常的	常常的	常	常	常		常	A92
没遍數的	没遍數的	不時的	不住的	不時的	不時的	不住的	A92
					不住點的		A86

7.4　語氣副詞

7.4.1

必定	必定	必定	料想	料想		料想	A2

總説	総是	總是		横竪	横著竪著	横竪	A79

7.4.2

	想是						A1
想來	想來	想來	想著	想著		想著	A4
想來	想來	想來	想著	想著			A6
想是	想來	想是	想必	想必			A12
			想是	想是			A15
想來	想來	想來	想來	想來			A16
想來	想來	想來	想來	想來	想是		A18
想是	想是			想是			A18
想是	想是	想是	想是	想是		想是	A22
想是	想是	想是	想必是	想必是	想必是	想必是	A25
			想來	想來		想來	A27
想來	想來	想來	想來	想來			A34
想來	想來	想來		想來			A38

(續表)

想來	想來		想來	想來			A45
		想來					A48
			想必是	想必是	想必是		A48
		必	想必	想是			A52
想來	想來	想來	想來	想來			A63
		想是	想來	想是		想來	A66
	想是						A71
想來	想來	想來					A74
想必是	必是	想是		想是			A87
想來		想來					A93
想來	想來	想來	想是	想來是	想是		A97
大畧	想是	想是	想是	想是	恐怕是	想是	A60
大畧	大概						A67
			大料			大料	A83
大畧是	大約是	想是	必是	想是			A90
大料	大概	想是	大約是	大約是	大約的		A91
					想是		A91
想來	想來	想來	想是	想來	想是		A95

7.4.3

恐怕	不定	定不得	保不定	保不定			A14
定不得	保不定						A76

7.4.4

	恰巧	恰好	恰好	恰好	恰好		A57
			可巧	可巧			A90

7.5 情狀方式副詞

7.5.1

撲倒身子	撲倒身子	撲倒身子	一撲納心兒	一撲納心兒	盡心盡力	一撲納心兒	A11
撲倒身子	撲倒身子	撲倒身子	盡力	巴結	盡力		A19
一拿步兒	一拿步兒	誠心	一撲納心兒	一撲納心兒	用心	一撲納心兒	A20
一拿步兒	一拿步兒	一拿步兒					A19
一朴心兒	一撲心兒	一撲心	一撲納心兒	一撲納心兒			A19

7.5.2

			偏偏兒	偏偏兒	偏偏		A38
偏	偏	偏	瞞	瞞			A73

7.5.3

挨著次兒	一氣兒	次第	挨著次兒	挨著次兒	挨次兒	挨著次兒	A3
一氣兒	一氣兒	一氣兒					A41

7.5.4

動不動的	動不動的	動不動的	動不動兒的				A47
動不動的	動不動的	動不動的	動不動兒的	動不動兒的	時常		A57
來了	來時	動不動的	動不動兒的	來動了			A85

7.5.5

從新	從新	從	從新	從新	從新		A57

7.5.6

			平常				A4
平常	平常	平常	家常	家常	家常		A36
素常	素常	素常	素常	素常	素常		A7
					素常		A26/A47
素常	素常	素常	素常	素常			A34
素日	素日	平素間	平素間	平素間			A63
	平素間						A88
素常	素常	平素間	素來	平素間	素常		A91

素常＞平素間(6 例)＞平常(4 例)＞素日(2 例)＞素來(僅 1 例)。各版中"平常"多作形容詞。

7.5.7

幸而	幸而	幸而	幸虧	幸虧	幸得	幸虧	A39
					幸得		A41
					幸得		A50
幸而	幸而	幸而	幸而	幸而	幸得	幸而	A56
					幸得		A88
幸而	幸而	幸而	幸而	幸而			A21
					幸得		A16

幸而＞幸得＞幸虧。

7.5.8

一處	一處	一處	一塊兒	一處兒	在一塊兒	一塊兒	
			一塊兒	一塊兒	一塊兒	一塊兒	A22
			在一塊兒	在一塊兒	在一塊	在一塊兒	A30

（續表）

			一塊兒	一塊兒	一塊	一塊兒	A30
		在一處	在一塊兒	在一塊兒			A59
一處			一處兒	一處兒	一塊兒		A59
在一處	在一處	在一塊兒	在一塊兒	在一塊兒			A85
					一連氣的		A70

各版都有：一連。

7.5.9

			趕緊		趕緊	趕緊	A66
		猛然	猛然	猛然	趕緊	猛然	A67
急著	急忙	急忙	趕緊	趕忙	趕緊		A75
急忙	急忙	急忙	急忙	急忙	趕緊		A38
急忙	急忙	急忙	趕忙著	趕忙著	趕忙著	趕忙著	A37
急忙	急忙	忙	趕忙著	趕忙著	趕忙著	趕忙著	A71
			趕緊		趕緊		A51
			疾忙				A51
			趕著	趕著	趕緊		A54
					趕緊		A57/A70
					趕緊		A86/A90
					趕緊		A95/A99
			趕緊				A96
			連忙	連忙	連忙	連忙著	A71
上緊	上緊	趕著	趕著	趕著	趕著	趕著	A3
趕著	趕著	趕著	趕著	趕著		趕著	A4

（續表）

快著	快	快	趕著	趕著	趕著	趕著	A37
趕	趕	趕	趕著	趕著			A44
		上趕著	趕著	趕著			A63
趕著做	趕做	趕著做					A64
趕著	趕著	趕著	趕著	趕著	趕著		A75

7.5.10

儘力兒	盡力	儘力	儘著力兒	儘著力兒	盡力兒	儘著力兒	A28
盡力	儘力						A59
儘量	儘量	儘量	儘著量兒	儘著量兒			A17
			儘自				A41
這樣那樣的	儘著	儘著					A66
僅著	儘著	只管		只管			A76
僅著説	只管	只是		只管			A77
					儘管		A85
		儘只	儘自	儘自			A90
都是	儘著	只是	就是	只是			A90
		儘自					A96

7.5.11

		怪	怪	怪		怪	
			怪	怪	怪		A38
			怪				A38

（續表）

怪	怪	平白的		寔在			A72
				怪	怪		A78
			怪			怪	A84
					難怪		A19

7.5.12

		索興	索性	索性		索性	A66
率性	索性	索性	索性	索性			A45
不論什麼	索性	索性	索性	索性			A62
將計就計	索性	索性					A74
	索性	索興	索性	索性			A81
索性	索性	索性	索性	索性			A85
不論什麼	索性	索性	索性	索性	率性		A88
不論什麼樣	索性	索性	索性	索性			A89

7.5.13

專心	專心		用心	用心	用心	用心	A2
專心	專心	耑心	專心	專心	專心	專心	A3
					專心		A20
專心	專心		鑽著心兒	鑽著心兒	鑽著心兒		A21
					專心 2		102
					准		A30/ A39
					准		A49/ A70
					准		A73/ A76

(八) 介 詞

8.1 表所起起點：由、打、解、從、自從

從	從	從	從	在	由		A6
隨他	隨他	由他	由他	由他			A12
		從老遠	在老遠	在老遠			A8
從	從	從	從	從	從		A14/A51
從	從	從	從	從	從		A62
從	從		從	從	從		A73
從	從	從	從	從			A21/A38
從	從	從	從	從			A42/A51
從	從	從	從	從			A96
起	從	從	從	從	從		A23
從	從	從	打	打			A24
從	從	從	在	在	在	在	A25
從	從	從	在	在			A33
從	從	從	打	打		打	A40
從	從	從	在	在	到	在	A40
			從	從	從		A41
從幾時	從幾時	從幾時	從不	從不	向來不		A44
從	從	從	自從	自從			A45
起	從	從	在	在	在		A45
從	從	從	在	在	在		A51
從什麼上		何由					A54

（續表）

從那個上	從此	從那上頭	因爲這麼著	因爲這上頭	看這個樣		A54
往西山裡	往西山裡	在西山裡	往西山裡	在西山裡	往西山		A55
往後	往後來	自今以後	從今以後	自今以後	從今後 2	從今以後	A61
					從今後		A82
					從頭到尾		A57
從頭至尾	從頭至尾	從頭至尾	從頭至尾	從頭至尾	從頭到尾		A61
從頭至尾	從頭至尾	從頭	從頭至尾	從頭至尾	從頭到尾		A97
從	從	從	從	在	在		A63
從	從	從	從	從	由	從	A67
自從	自從	自	自從	自從	由	自從	A83
自從	自從	自	自從	自從	由		A89
自從	從	自	自	自			A90
往後	以後	此後	從今兒以後	自此以後			A93
		從	在	在		在	101

8.2 表示遵從方式：按、照、據、依、憑、以

8.2.1

按著理	按著理						A20
按著時候	按時	按著時候	按著時候兒	按著時候兒	按著時候		A49
				按著道理			A72
遵著道理	遵道理	按道理	按著道理	按著道理			A97

8.2.2

照	照著	依	照著	照著	照	照著	A11
照著	照著	照依	依	依著	依著	依	A65

(續表)

	依	依	照著	照著			A76
	遵著	跟著	依著	跟著			A77
	依		依	依	依		A81
			依				A91/A97

8.2.3

憑	憑	憑	任憑	任憑	任	任憑	A2
			任憑	任憑			A17
任憑	任憑	任憑	任憑	任憑	任		A26
任憑	任憑	任憑	任憑	任憑		任憑	A31
任憑	任憑	任憑	任憑	任憑	任		A44
任憑	任憑	不論					A77
任憑	任憑	不論	任憑	憑	不管		A81
任憑	任憑						A85
任憑怎麼樣的	任憑怎麼	就各什樣兒	就是	就	由我怎麼樣	就是	A100
憑	憑	憑	由	由	由		A48
憑	憑	憑	無論	憑			A49
就	就	就	任憑	任憑	任		A21
就	就	任憑	就是	就		就是	A31

8.2.4

趂著	趂著	趁著	趁著	趁著	趁著		A31
乘著	乘著	趁	趁著	趁著	趁		A53
趁	趁	趁著	趁著	趁著	趁	趁著	A65
					趁他做		A49

8.3　引進受益者：替——代

替	替	替	替	替	替		A6
替	替	替	替	替	替		A6
替	替	替	替	替	替	替	A9
替	替	替	替	替	替		A19
替	替	替	替	替	替	替	A22
替	替	替	替	替	代	替	A30
替	替	替	替	替	代		A33
替	替	替	替	替	代		A34
替	替	替	替	替	替	替	A40
替	替	替	替	替	替		A45
替	替	替	替	替			A61
	替		替	替	替		A63
替	替	替	替	替	替	替	A66
替	替	替		替	代		A72
					代		A17/A97
					代 2		A31
					代		A38/A46
					代 2		A66
					代 2		A77
替		代替					A80

8.4　表所向目標方向：朝、往、到、望[1]、向[1]

8.4.1

		到	往	往		往	A4
往	往	往	往	往	往		A5

（續表）

往	往	往	往	往	往		A5
往	往	往	往	往			A5/A12
往	往	往	往	往			A16/A50
往	往	往	往	往			A51/A54
往	往	往	往	往			A93
往	往	往	往	往	往		A16
往	往	往	往	往	往	往	A37
往	往	往	往	往	往		A49/A50
往	往	往	往	往	到		A10
			往我行走				A15
			往回來趕				A41
			往	往	往		A21
			往	往	向		A21
往	往	往			到		A24
往	往	往	往	往	向	往	A28
			往	往	向	往	A35
往	往	往	往	往	望		A42
往	往	往	往	往	向		A42
			往回裡	往回裡			A49/A50
往	往		到		到		A49
往	往		往	往	在		A51
往	往	往	往	往	望		A53
往	照著	照	往	往	往		A54
往	往	在	往	在	往		A55
	往下去		往下走	往下走	往下走		A55

（續表）

往外	往外		往前				A59
			往後	往後	朝後		A59
		往醉裡	往醉裡	往醉裡		往醉裡	A60
往高裡走	往上走	往上去	往上巴結	往上巴結			A62
往前	往前	往前	往前	往前			A68
往			往	往	到		A73
		往不好裡					A73
往	往	往	和	往			A80
往	往	往	往	往	到		A88
往死裡	往結實裡						A93
往開裡說	往開裡說	說開	講明說開	明說開	明說開		A97
往糟裡	往糟裡						A99
			往正經本事上	往正經本事上		往正經本事上	A100
			往壞處兒	往壞處兒		往壞處兒	A100

往這們	往這們	往這們	往這邊	往這邊	望前		A42
往這邊		往這邊	往這們	往這們			A51

按："往"在元代已經虛化，主要作介詞使用。而且，時間越往後，它慢慢取代同類其他介詞，介詞的作用更強化。到清代本中介詞"往"的用例更多，成爲"往"是南北通用介詞。周一民（2002：150）："往，在北京話裡使用頻率較高。"邵宜（2004）認爲："望"與"往"的介詞功能在"望"和"往"在明清時期功能上確實重合了，根據語言節省原則，功能重疊定會導致其中一個逐漸淡出，另外一個最終成爲主要的甚至可能是唯一的功能承載者。"望"與"往"的競爭中以"往"的勝利而告終。《清文指要》也揭示了這一概貌。

8.4.2

望著	照著	望	往	在			A14
望著	望著	向$_1$	望	望	望		A23
望著	望著	望著	望著	望著			A33
望著	望著	望著	望著	望著			A42
照著	照著	向$_1$					A70
面望裡	面向裡						A67

望$_1$——照、向$_1$

8.4.3

向你要							A65
向$_1$	向$_1$	向$_1$			對		A81
					向$_1$墳上		A101
					向$_1$前來		A67/A71
					向$_1$前		A70

8.5　表“與同”義：望$_2$、向$_2$、和、合、與

8.5.1

望	望著	合	和	和	和		A38
望著	與	望	和	和	和		A45
望	與	向$_2$	往(Ⅱ版作望)	和			A45
望著	望	向$_2$	和	和	和		A50
望著	望著	向$_2$		和			A60
望著		望	和	和			A85
望著	望著	向$_2$著	和	和	和		A95

（續表）

望著	望著	向$_2$	和	和		和	A100
望	望	向$_2$	和	和	和		A85
望著人	往人	望著人	待人兒	望著人兒	同人	待人兒	A46

望$_2$——向$_2$、和、合

8.5.2

		向$_2$	和	和		和	A4
		向$_2$	在	在	在		A7
向$_2$	向$_2$		和	和	和		A17
向$_2$	向$_2$	向$_2$	和	和	和		A32
向$_2$	向$_2$	向$_2$	和	和			A33
向$_2$	向$_2$	向$_2$	和	和			A38
向$_2$	向$_2$	向$_2$	跟	跟		跟	A46
			跟		和		A45
	向$_2$我						A77
		向$_2$你					A78
	向$_2$咱們	向$_2$咱們					A81
	向$_2$	向$_2$	和	和	和	和	A92
					向$_2$我		A95
向$_2$	向$_2$	向$_2$	和	和	和		A97

8.5.3

合$_{介詞}$	合	和	和	和	和	和	A20
合$_{介詞}$	合	合	和	和	和	和	A22
合$_{介詞}$	合	合	和	和	和	和	A35

(續表)

合介詞	合	與	和	和	和	和	A46
合介詞	合	與	和	和			A94
合介詞	合	在	在	在	在		A24
合	與						A45
合	向	合		和			A77
合	合						A76
和	和	合	和	和	和		A10

8.5.4

與	與	與	與	與	同		A44
	合				同		A54
與	與	與	比	比			A61
與	與	於	和	和			A62
與	與	與	離	離	離		A63
與		與	和	和	和		A64
與誰	與誰	管誰					A70/A52
與	與	合	和	和	和	和	A71
與	與	與	給	給	給	給	A71
與	與		和	和			A73
像	像	合	和	和	和		A74
與	與	向	和	和			A78
與	與	於					A78
與		與	和	和		和	A79
			與	與		與	A79

（續表）

與	與	與	與	與	和		A80
與	與	與	與	與	同		A80
與			或是			或是	A84
給	與	給					A96

（九）連　　詞

9.1　遞進連詞

A	B	C	D	E	F	G	A版篇次
又搭著	又搭著	又搭著	又搭著	又搭著			A10
又搭著	再搭著	又兼	還又搭著	還又搭著		還又搭著	A13
又搭著	又搭著	而且	又搭著	又搭著	又加	又搭著	A56
又搭著	又搭著	而且	而且又是	而且又是	又是		A86
又搭著	又搭著	而且又	又搭上	而且又		又搭上	A87
還搭著	而且	而且又	又	而且又	又	又	A92

9.2　條件連詞

不(1809:別)論	別論	別論	無論	無論	無論		A1
不拘	不拘	不拘	無論	無論	不拘	勿論	A9
凡	凡	凡	無論	無論	不論	無論	A27
無論	無論						A57
不論	不論	無論	不拘	不拘			A90

9.3 假設連詞

要	要	要	若是	若	若是	若是	A3
		若	要	若	要	要	A3
要	要	若	若	若	若	若	A3
要	若	若	若	若	若	若	A3
要	要	若	若		若	若	A4
要是	要是	若是	若是	若是			A5
要是	要是	寧可	總是	寧可	總是		A52
要是	要是	若	若				A52

按：在《清文指要》中有兩個常用的“要”：要$_1$是表示“做某件事的意志”或“須要”義的助動詞。助動詞“要”從元代到清代一直沿用，而且越往後，其出現次數越多，在清代基本替代了元明以來常用的助動詞“待”。《清文指要》只用“要$_1$”；要$_2$是連詞，“要”作爲假設連詞，最早約在明代。《清文指要》還處於與“若”并用的狀態。

（十）助　詞

10.1

A	B	C	D	E	F	G	A版篇次
是呢	是呢						A80
就完了	就完了	就完了	就是了	就是了	就是了		
就罷了							
			就完咯				
			就是咯				
				就罷咯			A40

（續表）

A	B	C	D	E	F	G	A版篇次
就完了	就是了	就完了	就得了	就完了	就是了		A12
是呢	是呢	罷了	就結了	罷咯			A45

10.2

A	B	C	D	E	F	G	A版篇次
罷了	罷了	罷了	罷了	罷了	罷了	罷了僅1例	
罷咧	罷咧	罷咧	罷咧	罷咧	罷咧僅1例	罷咧	A20
罷咧	罷咧	罷咧	罷咧	罷了		罷咧	A79
罷咧	罷咧	罷咧	罷咧	罷咧			A18
來著	來著	來著	來著	來著			A7
來著	來著	來著	來著	來著			A15
來著	來著	來著	來著	來著			A16
來著	來著	來著	來著	來著		來著	A62
來著	來著	來著	呢	呢			A63

按:“來著”清代始見,典型的北方話用詞。早期用法作時體助詞,常瀛生《北京土話中的滿語》(1993: 171)指出:“來著”不同於“了”。“來著”是滿語 bihe 動詞過去完成進行時態,曾經如何。後來“來著”還作語氣詞,往往隱含有說話人“想不起來”等等意義。

10.3

了	了	了	咯	咯	咯		A24
		了	咯	咯	了	咯	A27
了	了	了	了	咯	咯		A29
了	了	了	咯	咯	咯		A24

10.4

		是的	的一個樣兒	的一個樣兒	的一個樣兒	的一個樣兒	A58
的一樣	的一樣	的是的		似的			A58
的一樣	的一樣	是的	一樣的	一樣	一個樣		A59
一樣的	是的	一般	一般	似的	一樣	一般	A79
的一樣	的一樣	的是的	的似的	的似的	的樣子		A80
一樣		是的					A83
的一樣	是的	是的					A84

按：比擬助詞有"一樣""是的""似的""一般"四個。"一般"唐宋已用，"似的"元代已見，"一樣"偶用，明代始用"是的"。相對而言，BC版傾向於用"是的"，DEG版傾向於用"似的"。ABDEF版不同程度地用"一樣"。"一樣"是清代較多使用者。

第二章　《清文指要》諸改編本常用詞替换與地域差异

清代中後期滿漢雙語教材《清文指要》(百章)及其改編本(下文統稱《清文指要》諸版,以 A、B、C、D、E、F、G 標示)相互之間相隔不過數十年,但語言尤其是詞彙方面卻出現了較大的變化,如上文第一章"异文彙編"所示。本節在對《清文指要》(百章)兩個版本及五個改編本進行逐句對比的基礎上,結合第一章"异文彙編",將其中能反映各本异文所體現語體差异、常用詞歷時先後使用傾向、南北地域分佈等方面的語言變化加以總結,以詞目爲綱,加以分析。

一、《清文指要》原本與諸改編本之間常用詞

(一) 語 體 差 异

1. 總體看來,D、E、F、G 四個版口語性強於 A、B、C 三版,表現在詞彙方面就是 ABC 版使用書面語詞多處被 DEFG 版四個版本中不同程度地改爲口語詞。下面我們以七個版本依次排列,以 A 版編次爲例舉例加以分析:

1.1

A	B	C	D	E	F	G	A 版篇次
毛病兒	秉性	秉性	皮氣	脾氣	癖氣		A74

毛病兒 A—秉性 BC——脾(皮/癖)氣 DEF

按:"秉性",中古已有,屬書面語詞。"毛病",原指"牲畜的毛色有缺陷"。引申泛指"缺點,差錯",口語詞,宋代已有。《朱子語類》

卷一三一:"先生曰:'便是如此。有才者又有些毛病,然亦上面人不能駕馭他。'"《紅樓夢》《兒女英雄傳》等有用例。該詞在各版都用。"脾氣",清代新出口語詞。原指"脾臟之氣",引申指人的習性,見於《紅樓夢》《兒女英雄傳》等。"皮氣""癖氣"都是"脾氣"的同音异寫,也都是清代始見。"皮氣"見於《躋春台》《施公案》;"癖氣"見於清人何剛德筆記《春明夢録》。

1.2

定準	定準		準兒	準兒	准	準兒	A56

定準 AB——准(兒)DEFG

"定準",中古已有,早先用於文言文,後世亦見於白話作品。如:

(正旦唱)則兀那龜兒卦無定準、枉央及,喜蛛兒難憑信,靈鵲兒不誠實,燈花兒何太喜。(元鄭光祖《倩女離魂》第三折)

"準兒",約在清代才有。北京大學中國語言學研究中心(CCL)語料庫中只見於《野叟曝言》。

1.3

攆	趕逐	催逐	攆	攆	攆		A80

攆 ADEF—逐 BC—趕 B

"逐",上古"驅逐"義語義場主導詞之一,後世口語作品中較少單用,多爲雙音節詞内成分,如"追逐、趕逐、催逐"等。"趕(趕)"之"驅逐"義在《宣和遺事》前集已見,口語中多單用。攆,"驅逐"義,宋代辭書已見。《集韻》:"蹨(按:即攆),逐也。"元代開始用例漸多,多用於口語作品,如:元·關漢卿《杜蕊娘智賞金線池》第一折:"俺這妮子,一心待嫁他,那廝也要娶我女兒;中間被我不肯,把他攆出去了。"至今,"攆"也是官話方言特徵詞。

1.4

父母	父母	父母	老子娘	老子娘	老子娘	老子娘	A9

ABC 父母——DEFG 老子娘

“父母”,上古已有,古今通語。“老子娘”,早期用例見於《醒世姻緣傳》,《紅樓夢》中多達 18 例,《官場現形記》、《二十年目睹之怪現狀》各有 1 例,清末北京話教材《官話指南》(1881 年)亦見,如:他老子娘也不管他麼。這麼由著他的性兒鬧到多咱是個了手啊。(《官話指南》1—33,即卷一第三十三節)由此可見,“老子娘”不僅產生時間晚,且口語性很強。

(二)常用詞新舊詞替換傾向

《清文指要》各版相互之間相隔不過數十年,但 ABC 三版與 DEFG 四版之間有一部分常用詞歷史替換變化。具體表現爲:ABC 版使用舊詞,DEFG 版傾向於用新詞替換。

2.1

這們	這們	這樣	這麼	這麼	這樣	這麼	A11

指代詞:這們、那們(ABC)——這麼、那麼(DE)——這樣(F)

“這麼/那麼”元代始見,遲至《紅樓夢》時代才大量使用,並取代了金代以來就有的“這/那們”(參見吕叔湘 1985:268—269、66)。《清文指要》ABC 版“這們(個)”用得較多,DE 版分别有 1 例和 2 例;ABC 版“這們”多被 DEG 版以“這麼”替换,F 版則像 ABC 版一樣也較多使用“這樣”。ABCDEG 版都有“那們”,BDE 版還有“那們著”。ABC 版的“那們”或被 DEG 版改爲“這麼/那麼”。《指要》各版的差异也反映了這組代詞的新舊替换過程。

2.2

有了些	有些	有些	有點兒	有點兒	有些	有點兒	A4
有些	有些	有些	有一點兒	有一點兒	有點		A13

(續表)

有些		有些	有點兒	有點兒	有點		A15
些	些	些	一點兒	一點兒	點		A17
些	些		點兒	點兒			A51
有些兒	有些兒	有些兒	有點兒	有點兒			A52
好些	好	好些	好點兒	好點兒	好點		A57
		有些	有點兒	有點兒	有一點		A76
		有些湏一點	有點兒	有點兒	有點兒		A94
這些微的一點	這些微一點	這些微一點兒	這點子	這點子	這幾件		A34
這個	這		這點兒		這一點		A76
		這一點					A45

表"不定量"義：ABC 有些(兒)——DEF(G)有點(兒)

吕叔湘(1985：366/400)指出："些"早先的用法比現在廣，其中一部分用法逐漸爲"點"所取代，尤其是在口語裡。吕叔湘(1985：390)也提到了"有些"對"有點"的替代，所舉例證均爲清代及現代。按："些"到"點"的變化，在清代已經比較明顯。如《紅樓夢》裡有程甲本作"些"而程乙本改"點"的例子。如：

也教老爺少生些氣在人前也好説嘴(庚辰本《紅》第 19 回)

也叫老爺少生些氣在人前也好説嘴(程甲本《紅》第 19 回)

也叫老爺少生點兒氣在人跟前也好説嘴。(程乙本《紅》第 19 回)

在《指要》ABC 版的"有些(兒)"，大多被 DEFG 替换爲"有點(兒)"，只有 F 版還偶用"有些"。這也可以提供清代"有些"對"有點"替代的例證。

當然，《指要》各版中都有"有一點(兒)""没有一點(兒)"，但是相對而言 ABC 三版使用得少一點。如：

那(哪)一塊兒	那一點	那一塊兒	那點兒	那點兒	那點兒	那點兒	A2
有一點	有一點	有一點	有一點兒	有一點兒	有一點兒		A44
有一點	有一點	有一點	有一點兒	有一點兒			A74

2.3

刺	刺	刺	紮	紮	紮	紮	A35

"刺紮"義：ABC 刺——DEF 紮

按：表示"用有尖的東西插入","刺"上古已有,"紮"(也作"劄/劄")我們見到的最早書例是唐代,如:《酉陽雜俎》卷九:"有頃,布筵具蒸犢,犢劄刀子十餘,以韲餅環之。"這一組詞有產生時間早晚之别,是否有興替關係,待進一步研究。

2.4　招惹義:"鬧、闖"

出	出	闖	鬧出	鬧出		鬧出	A30
出來	出來	出	鬧出	鬧出	鬧出		A48

按:"闖"之"惹起"義,明代已見。如:

(1) 帝君道:"你這猴子,不管一二,到處裡闖禍。"(《西遊記》第二十六回)

鬧,表"搞,招惹"之義。概清代才見,如:

(2) 賭錢喝酒,鬧小旦,還接了外頭的媳婦兒到宅裡來,這不是爺嗎?(《紅樓夢》第一一九回)

(3) 欠我的四百多錢,總要還我的,不用鬧這個軟局子。(《三俠五義》第五回)

"鬧"是漢魏時期產生的會意字。《説文新附鬥部》:"鬧,不静也。從市、鬥。"後漢竺大力共康孟詳譯《修行本起經》卷上:"太子在宫,不樂憒鬧,志思閑燕。"唐《寒山詩》第 243 首:"看取開眼賊,鬧事集人决。"(王雲路 2010: 523)

2.5

得空兒	得空兒	抽空兒	抽空兒	抽空兒	抽點空兒	抽空	A1

"抽空"義：得空兒——抽空兒

按：元代有"不得空便、不得空閒"，"得空"見於明《初刻拍案驚奇》《二刻拍案驚奇》、《今古奇觀》等，如：

(1) 他們昨日得空兒就使，怎麼怪的？(《醒世姻緣傳》第二二回)

抽空，清代始見。如：

(2) 我們姑娘好意待香菱，叫他在一塊兒住，他倒抽空兒藥死我們姑娘！(《紅樓夢》第一〇三回)

CDEFG 諸本傾向於用"抽空兒"。

2.6

拿	拿	拿	揀	揀	撿	揀	A71
取	取	拿	揀	揀	撿	揀	A71

表"拾取"義：拿、取 ABC——揀、撿 DEFG

表"拾取"義，"拿、取"是一般的泛指。而"撿、揀"大概是清代才多見。如《醒世姻緣傳》"揀"106 例、"撿"2 例，没有"拾取"義確例。

"揀"本義是"挑選"。(也用同"撿"。)表"拾取"義，《紅樓夢》、《兒女英雄傳》有用例，如：

(1) 湘雲道："必定是外頭去掉下來，不防被人揀了去，倒便宜他。"(《紅樓夢》第二十一回)

(2) 那禿子便説道："誰把這東西扔在這兒咧？這准是三兒幹的，咱們給他帶到廚房裡去。"説著，彎下腰去揀那鏇子起來。(《兒女英雄傳》第六回)

"撿"，本義是約束。《西遊記》曾用同"揀(揀)"。表"拾取"義《紅樓夢》已有，如：

(3) 劉姥姥便伸箸子要夾，那裡夾的起來，滿碗裡鬧了一陣好的，好容易撮起一個來,才伸著脖子要吃,偏又滑下來滾在地下,忙放下箸子要親自去撿,早有地下的人撿了出去了。(《紅樓夢》第四十回)

(4) 有人撿了送去,就給一萬兩銀子,送信的還給五千呢。(《紅樓夢》第九十五回)

按:《漢語大詞典》引例爲現代漢語,年代過晚,可補充。

2.7 標記工具範疇的介詞:ABC 將——DEFG 拿(拏)

將	將	將	拿	拿	拿	拿	A31

在標記工具範疇的介詞中,"以"和"用"產生最早,在上古漢語中即有用例。其次是萌芽於西漢時期的"持"。中古漢語階段,出現了"取、捉、著、將"四個介詞。隨後在唐五代出現了介詞"把"。"使"和"拿"在唐宋時期才出現,相對較晚。介詞"將"主要在中古漢語階段有了廣泛應用,尤其在虛化的早期(唐代,8 世紀間)用於工具式(參見蔣紹愚 2005: 206),宋元明時期達到高潮,在清代呈現出衰落趨勢,清代後期基本見不到使用了。介詞"拿"主要活躍在近代漢語階段,從宋代萌芽,到明清時期得到充分發展,至今仍活躍在某些方言中。相對而言"將"較書面語,"拿"較口語。從《清文指要》還可得到資訊,ABC 三版"將"較書面語,DEFG"拿"則較口語。如:

【A】養兒原爲防備老,爲人子的要想著父母勤勞養育的恩,該當趂(趁)著父母未老之前,將好衣服美食物事奉,和言悦色的叫喜歡。

【D】養兒原爲防備老,爲人子的應該想著父母的勞苦養活的恩,就趁著父母在著,拏好穿的好吃的孝敬他,和顏悦色的叫老家兒喜歡。

因此,標記工具範疇的介詞 ABC 版中的"將"在 DEFG 版中被元明後起的"拿"字替換。

"拿"的這種用法至今仍活躍在某些方言中。

2.8

拿(擒義)	拿	拿	抓	抓	抓		A75
拿	拿	拿	抓	抓	抓		A75

"擒獲"義：ABC 拿——DEFG 抓

肖紅(2007)指出，明清時期在"捕捉"義語義場中，"拿"使用頻率最高，而"抓"也在近代漢語時期發展出了"捕捉"義，用例不及"拿"。《清文指要》各版中，ABC 版用"拿"、DEF 版用"抓"，DEF 版是用後起新詞替换了前代舊詞"拿"。

2.9

抬	抬	抬	端	端			A43
					抬		A51
					端茶		A90

"雙手平舉捧物"：抬——端

按："抬"："舉，往上托。"該義東漢已有。玄應《一切經音義》卷十七引東漢服虔《通俗文》"舉振謂之擡。"(《漢語大詞典》)但"抬"的文獻用例大量出現是在唐代以後，如：

(1) 爪擡山脈斷，掌托石心拗。(唐·周繇《題東林寺虎掊泉》)

後也引申指肩挑，也引申出"捧物"(體積小)。郭曉妮(2010)指出："抬"，在唐五代口語中流行。最早用於頭、手，至元代用法始有發展。至明、清超越"舉"而成爲主導詞。

"端"，雙手平舉捧物。明代始出，晁瑞(2006：78—80)指出，明代表示"端(飯食)"義的詞，《水滸傳》用"搬"32 例，未見"端"；《西遊記》用"端"，未見"搬"；元雜劇和《水滸傳》裡也没有"端"表示"移動物體"義。《漢語大詞典》最早引例爲《西遊記》：

(2) 你看那衆和尚，搬箱抬籠，搶桌端鍋，滿院裡叫苦連天。(《西遊記》第十六回)

此後發展迅速，《醒世姻緣傳》中"端"適用範圍廣泛，可以是體積或大或小的具體事物，也可以是飯食。DEF 版以"端"取代 ABC 版"抬"，反映了新詞"端"在清代的繼續發展。

2.10

轉彎處	轉彎處	轉灣處	拐灣兒	拐灣兒	拐彎的地方		A24
					轉彎動詞		A73

ABC 轉彎(灣)——DEF 拐彎(灣)

按:"轉彎、轉灣",宋元已有,如:

(1) 征帆一棲轉彎斜。驚鷺起汀沙。點點隨風逆上,滿江飛破殘霞。(《全宋詞》第一百一十八卷趙長卿《朝中措(和)》)

"拐",《清平山堂話本・簡帖和尚》已有"轉彎"義;"拐彎、拐灣",概清代才有,如:

(2) 兄長,我本是勝英敗兵之將,我在頭裡等候,你在拐彎地方等候,亮匕首刀紮死一個;再有人就不敢追趕了。(《三俠劍》第一回)

DEF 版以新詞"拐彎/灣(兒)"代替舊詞"轉彎/灣"。

2.11

A	B	C	D	E	F	G	A版篇次
氣悶	氣悶	氣悶	生氣	生氣		生氣	A15
憤懣	憤懣	生氣	生氣	生氣	鬱氣	生氣	A31
生氣	生氣	生氣	生氣	生氣			A45
忍著氣兒	生暗氣	暗生氣		生暗氣	氣		A69
惱	怒	怒	生氣	生氣	生氣		A80
生氣	生氣	生氣	怒氣衝衝	怒氣衝衝			A80
生氣	生氣	生氣	氣上來	氣上來			A84
惱	惱		惱	惱			A15
羞惱變成怒	羞惱變成怒	羞惱變成怒	羞惱變成怒	羞惱變成怒	惱		A81
惱(得罪)	惱	惱	惱	惱	惱		A48

"憤怒"義：怒 BC——惱 ABDE——生氣 ABCDEFG

張慶慶(2007：128)指出：唐代到元代，表示"憤怒"義的主導詞是"怒"，"憤、忿、忿怒、憤怒"偶見用例，多出現于文言書面語中。明代"怒"仍然主要用作表示"憤怒"意義，且廣泛應用，但多與副詞"大"("大怒")組合出現。"惱"表示"憤怒、生氣"義是在明代以後開始應用的，前代作品中比較少見。"氣"和"生氣"在明代也先後産生並大量應用，搭配成分各有特色。

《清文指要》各版多用"生氣""氣"；"惱"除表"生氣"外，還表示"得罪人"。

2.12

一仰一合	恍惚之間	倏忽之間	一恍兒	一恍兒	一恍兒	一恍兒	A65

按："一恍兒"，清代才見。如：

(1) 回到店中，在門口略爲小坐，卻好那城武縣已經回來，進了店門，從玻璃窗裡朝外一看，與老殘正屬四目相對。一恍的時侯，轎子已到上房階下，那城武縣從轎子裡出來，家人放下轎簾，跟上臺階。(《老殘遊記》)

"一恍"之該義項當從動詞"恍(晃)"之"一閃而過"義虛化而來。如：

(2) 鳳姐兒此時心跳神移，急急的向秋爽齋來。已將來至門口，方轉過山子，只見迎面有一個人影兒一恍。(《紅樓夢》第一百零一回)

2.13

與	與	與	給	給	給	給	A71

介詞"與——給"：ABC 與——DEFG 給

"與""給"引介動作物件、目的，相當於"爲""替"。《清文指要》各版都有介詞"給"，只有這一組 ABC 版用"與"，DEFG 版改爲新詞"給"。引進動作的承受者的"與"上古已有，如：《孟子·離婁上》：所欲，與之聚之；所惡，勿施。《史記·陳涉世家》：陳涉少時，嘗與人傭耕。"給"替代"與"主要在清代,《紅樓夢》正處於"給"對"與"的"詞彙更替"階段。從《紅樓夢》前 80 回到《兒女英雄傳》,"給"無論作動詞、介詞還是作弱化動詞整體上都呈現出不斷發展壯大的趨勢,"與"則在整體上都後退萎縮。到了《紅樓夢》後 40 回時"與"已全面喪失了與"給"的競争能力,到了《兒女英雄傳》時"與"已基本上被"給"取代。在此之後動詞、介詞"與"就從現代白話口語中全面消失了(詳見李煒(2002)從《紅樓夢》《兒女英雄傳》看"給"對"與"的取代,《蘭州大學學報》,第 4 期 P.135—140)。狄考文《官話類編》中也指出清末口語中介詞"與"同"給"的地域特點:"In the South *替*, *把* and *與* largely supersede *給*, which is, however, the regular and recognized mandarin form." P.62 "*與* To, the wen-li equivalent for *給* as a sign of the dative. Colloqually it is not so used in the North, but is used to some extent in the South, especially in the region of Hankow (漢口)."

2.14

合介詞	合	合	和	和	和	和	A22/ A35

"與同"義介詞"合——和": ABC 合——DEFG 和

介詞"和"表示與同、協同,産生于宋代,南北通用,一直沿用至今。而"合",明末清初小説《醒世姻緣傳》中常用,《清文啟蒙》(1730)、《紅樓夢》均有。如:

《清文啟蒙》十:"都像阿哥,合朋友們好的能有幾個!"但清代以後鮮見。

《清文指要》各版都有"和",ABC 版也有幾組用"合",DEFG 版都改爲"和"。因此後出 DEFG 版以更爲通用的"和"代替。

(三)北方官話的地域傾向

《清文指要》各版本語言之間的地域差异有兩種情況:一是相較 ABC 版而言,DEG 版年代稍晚,更傾向於使用更具北方話色彩的新詞;二是相較於其他版的北方話色彩而言,F 版具有明顯的南方話色彩,傾向於使用南方話詞或通語詞。

3.1

今日	今日	今日	今兒	今兒	今天	今兒	A20
今日	今日	今日	今兒	今兒	今天	今兒	A56
明日	明日	明日	明兒	明兒	明天		A38
昨日	昨日	昨日	昨兒	昨兒	昨天	昨兒	A22

ABC 今日、明日、前日、昨日——DEG 今兒、明兒、前兒、昨兒
——F 今天、明天、前天、昨天

太田辰夫(1991: 242)、王福堂(1999: 105)指出,北京話"今兒、昨兒"等是由"今日、昨日"等音變而來的。太田辰夫(2003: 89)指出這種音變是從清初開始的,他列舉了記録清初北京話作品《韃靼漂流記》中"今日"寫作"今兒個"(日語記音作キウルカ)的例子。他還指出在現代方言中,西安和山西、山東的一部分地區,有把"日"念作"二"的。的確,在今天西安户縣話中"日頭""日子""日本"等詞中的"日"的確念作"二"。

但"今兒、昨兒"等替换"今日、昨日"等看來發生在 18 世紀前後的北方話作品中。"今日"變成"今兒"以後,元代以來就有的"今日個"也就變成了"今兒個"(參見太田辰夫 2003: 8)。劉寶霞(2012)指出《紅樓夢》程甲本、程乙本雖兩者都會出現"今日""今兒"並用,但程甲本和程乙本之間出現改動的异文也反映了這種用詞差异,如"今日(24 例)—今兒(15 例)、明日—明兒(9 例)、前日—前兒(10 例)、昨日—昨兒(8 例)"。

《清文指要》ABC 版只用舊詞"今日、明日、前日、昨日",AB 版還有"後日";DEG 版只用"今兒、明兒、前兒、昨兒",D 版還用"前兒個、昨兒個"。

太田辰夫(1991: 300)認爲"今天、昨天"等可以認爲是從南方引

進的,但在《小額》(1908)中已能看出普通話化的傾向。我們調查了民國時期的北京話作品《春阿氏》(1920)、《二馬》(1931)中“X天”與“X日”、“X兒(個)”並用,《北京》(1924)則只用“X天”(參見太田辰夫1991: 320),印證了太田辰夫的論斷。

岩田禮(2009: 15/19/87)通過對現代漢語方言的調查,也認爲“今天、明天、昨天”等詞是江淮起源的。據岩田禮(2009)地圖6、7、9-2、13、11顯示: 現在“今天、明天、昨天”還多數分佈于長江流域,而在淮河以北分佈得較爲分散;而“前天、後天”除了長江流域,在南北其他地區也分佈較多。張美蘭(2011)指出“今兒(個)、明兒(個)”等與“今天、明天”等的北方話與南方話差异,在清末域外漢語教材《官話指南》《官話類編》(1902)中也有顯著反映。九江書局版《官話指南》(1893)對北京官話原版(1881)這組詞的改動如下(按:“原版用詞及用例數—九江書局版用詞及用例數”):

今兒(個)(49)—今天(43)、今日(4);明兒(個)(15)—明天(11)、明日(4);前兒個(3)—前幾天(2),前天(1);昨兒(個)(21)—昨天(13)、昨日(7)。

《官話類編》也有類似情況,如:

今兒/今天是初三,明兒/明天是初四。P.40【注】:“今兒 or 今兒個、明兒 or 明兒個、昨兒 or 昨兒個 These are colloquial forms in constant use. The addition of 個 is peculiar to Pekingese.” P.40“前兒 or 前兒個、後兒 or 後兒個,The addition of 個 is peculiar to Pekingese.” P.40

再如: 他昨兒個/天還好好兒的,今兒個/天就病了嗎? P.331【注】昨兒個、今兒個、明兒個、後兒個 These terms are local, being largely confined to the city of Peking. P.330

《清文指要》F版偶用“今日”“今兒”“前兒”“昨兒”,主要用“今天、明天、前天、昨天”。“今天、明天、前天、昨天”,這一用詞現象反映了F版在改編中偏重南方話的傾向。

ABC日(每日、改日、一日)——DEG天(天天、改天、一天)

關於表示“一晝夜”之“天”開始取代“日”之大概時間，蔣紹愚(2012)指出，“今天、昨天”等詞中的“天”是從表示“一晝夜”的“天”發展而來的，後者清代開始取代“日”；而“今/昨/明天”最早見於南方話作品《花月痕》(1858年序)。但是我們在《清文指要》之A本嘉慶十四年夏(1809)三槐堂重刻本“天”代替“日”的用例，這大概是我們目前找到的較早資訊材料。共4例。特别指出的是C本道光十年(1830)五雲堂刻本《三合語録》中之《清文指要》(百章)這4例仍用“日”。如：

(1) A. 另日特來，坐著説一天的話兒罷。

B. 另日再特來，坐著説一整天的話児罷。

C. 改日再來，坐著説一日話兒罷。

D. 改日再來，咱們坐著説一天的話兒。今兒實在没空兒，告假了！

E. 改天我再來，咱們坐著説一天的話兒罷。

(2) A. 烙袖子的烙袖子，釘鈕子的釘鈕子，不過一兩天的工夫就完了。

B. 烙袖子的烙袖子，釘鈕子的釘鈕子，不過一兩天的工夫做完了。

C. 缘領子的缘領子，釘鈕子的釘鈕子，至狠一兩日的空兒就完了。

D. 沿袖口兒的沿袖口兒，釘鈕子的釘鈕子，不過一兩天的空兒就做完了。

E. 烙袖椿兒的烙袖椿兒，釘鈕子的釘鈕子，不過一兩天的空兒就完了。

(3) A. 所以我們儘量曠了一天。

B. 所以我們盡興逛了一天。

C. 因那様我們足遊了一整日。

D. 故此我們倆足足的遊玩了一天。

E. 故此我們倆足足的遊玩了一天。

F. 我們倆在茶棚裡坐了半天,歆茶吃點心,到下晚纔走回來。

(4) A. 竟等到日平西總没有來,算是徒然等了一天。

B. 那裡? 竟等到日平西總没有來,白等了一天啊。

C. 等著,那裡? 直等到日平西並没來,算是白等了一日啊。

D. 誰知道等到日平西也不見來,算是白等了一天哪。

E. 竟等到日平西也不見來,我算是白等了整一天哪。

F. 等到日西還不見倆來,累我白等了一天。

相對而言,ABC 三版以用“日”爲主,如“終日、一日、當日、日日、每日、幾日、日子、改日”,而在 DEFG 版中則分别改寫爲“天天兒、一天(整天)、當天、天天(每天)、幾天、改天”等。如:

(4) A. 每日家念話就記得了。

B. 每日家念話就記得了。

C. 每日家學話就記得了。

D. 天天兒看書記話。

E. 天天兒看書記話。

F. 天天談今説古。

G. 天天兒看書記話。

3.2 ABC 阿哥——DEFG 你納/吶

“你納、你吶”,即“您”,北京話特徵詞。也作“你呢”(見於《華音啟蒙諺解》《你呢貴姓》《學清》《京語會話》)、您納(見於《伊蘇普喻言》《語言自邇集》)。張美蘭(2011)指出,《語言自邇集》(1867 年,第一版)多用“你納”、“您納”、您,反映的資訊似最早。基本同時的本土文獻《兒女英雄傳》中才有“你那/納”2 例。據劉雲(2009)調查,20 世紀初《小額》中,“您”的用例已達 414 例,還有“你/您哪”8 例。威妥瑪(2002: 15.5)曾對“您”作過注解,如: ① 你老 ni lao: 先生;是“你老先生 ni lao hsien-shêng”的縮略。……在北京説“您 nin”比用“你老”更常見。② 您 nin², 更普遍的是説: 你納 ni-na,這又是你老人家 ni lao jên chia 的縮略形式;文雅的説法,“你納我的老人家”,對先生或女士都可以用。吕叔湘(1985)認爲“您”的成詞路徑爲: 你老

(nǐlǎo)＞您(nín)＞您納(nína),劉雲(2009)"北京話敬稱代詞'您'考源",則認爲是"你老(nǐlǎo)＞你/您納(ni-na)＞您(nín)"。我們看到清末文獻大多是"你/您納"多於"您",説明"你/您納"在前,"您"在後。

《清文指要》第二人稱敬語稱謂,ABC版主要使用滿語詞"阿哥",EG版也有少量沿用;DEFG版主要使用"你納/呐",其中DEG版作"你納",F版作"你呐"("你納"僅1例)。E版還有"您"1例、"您納"2例。D版用"兄台",而D版在1886第二版改2例"兄台"爲"您"。E版用"大哥/哥哥"用例多於"你納"。可見DEFG版使用後出北京話特徵詞,體現了鮮明的北方話色彩和時代特點。

3.3

這裡	這裡	這裡	這兒	這兒	這	這兒	A40
那裡	那裡	那裡	那兒	那兒	那	那兒	A40
各處	各處	各處	各處兒	各處兒	各處	各處兒	A39

ABC這裡——DEG這兒、ABC那裡——DEG那兒、

ABC那(哪)裡——DEG那(哪)兒

ABC版只用"這裡""那裡""那(哪)裡",DEG版除DG版各有1例"那(哪)裡"外,只用"這兒""那兒""那(哪)兒",F版兼用以上兩組詞以及"這、那、那(哪)"。

"這裡、那裡、那(哪)裡"唐代已有;太田辰夫(2003:89)指出:從清代後期起,代名詞後的"裡"變爲"兒"。同期北京話作品《紅樓夢》(1792)和《兒女英雄傳》(1878)主要用"這/那/那(哪)裡",後者有少量"這/那/那(哪)兒",説明上述歷時替换是在19世紀後期發生的,印證了太田辰夫的論斷。《清文指要》各版的差异正反映了這一歷時替换。

按:ABC版的"各處(裡)"多被DEFG版改爲"各處兒",或被DE版改爲"處處兒",F版僅有1例"各處兒",還獨用"到處"4例。也反映了上述"裡"到"兒"的音變所引起的詞形變化。

3.4

			漢仗兒	漢仗兒	漢仗		A19
			漢仗兒	漢仗兒	漢仗	漢仗兒	A46
身量	身量	身子	相貌	像貌	相貌		A23

AB 身量——DEFG 漢仗(兒)

按：A19 中 DEFG 版有“漢仗(兒)”，ABC 版没有相應内容，但在其他篇章用“身子/身量/身材/身形兒”等近義詞。

“漢仗”，也作“漢丈”，即“身材”，是清代北京話新詞。也見於《兒女英雄傳》《緑野仙蹤》《官話類編》，如：

(1) 放著你這樣一個漢仗，這樣一分膂力，去考武不好？爲甚麼幹這不長進的營生呢？(《兒女英雄傳》第十五回)

(2) 他的漢丈大而且胖。(《官話類編》第 138 課，P.400)

3.5

晚上	夜裡	夜晚上	黑下	黑下	晚上		A55
晝夜	晝夜	晝夜	黑下白日	黑下白日	黑夜白日	黑下白日	A13

ABC 夜、晚——DEFG 黑下

各版都用“晚上”，“晚上”至今也是普通話核心詞；ABCF 版還用“夜裡”，DEG 版還用“黑下”。從時代先後看，“夜裡”(唐)早於“晚上”(元)和“黑下”(清)，如下例所示：

(1) 故杜以爲“將主與軍相失”，謂夜裡迸散相失耳。(《春秋左傳正義》孔穎達疏)

(2) 我在學中讀書，晚上睡不著，便思想人有生死，不能逃的。(《老莊周一枕蝴蝶夢》第一折)

(3) 我黑下睡覺，别驚動我！(《彭公案》四)

“黑下”最晚，且是北京話詞，《官話指南》《北京官話伊蘇普寓言》、《官話類編》亦見。如：

(4) 白日拉車,黑下套碾子,竟是受苦。(《伊蘇普喻言》)

《官話指南》北京官話版中"黑下"2 例,被九江書局版改爲"黑夜"和"晚上"。如:

(5) 鋪子裡那些個夥計們,見天黑下/晚上往外偷煙土。(《官話指南》2—23)

(6) 總得/要找一個人,黑下/黑夜白日在園子裡看著才行哪。(《官話指南》)

《官話類編》中也有類似現象,如:

(7) 西國的狗白天/天裡最老實,到了黑下/下黑才利害。(第15 課)並英文作注:"下黑 or 黑下,Both forms are used in the North, the one in some places, the other in other places. In the South 夜裡 is chiefly used, 黑下 being heard in some places."

今《北京土話》《北京話詞語》(2001: 359)亦收"黑下"。

3.6

下頦子	下頦子	下頦子	下巴頦兒	下巴頦子		下巴頦兒	A65
嘴唇子	嘴唇子	下頦	下巴	下巴	下吧頦	下巴	A79
			嘴巴骨子	嘴巴骨			A47

ABC 下頦(子)——DEFG 下巴頦(兒/子)、下巴

按:"下巴",元代已有。如:

(1) (正末云)我吃個木瓜。(郭云)哎喲,好大口也,吊了下巴!我説道你吃個甚茶,説道我吃個木瓜。(馬致遠《吕洞賓三醉岳陽樓》第二折)

"下頦",宋元已有,如:

(2) 至今俗諺以人喜過甚者,云:"兜不上下頦",即其意也。(周密《齊東野語 · 紹興禦府書畫式》)

"下巴頦","頦"亦作"脴",清代始見,《紅樓夢》、《兒女英雄傳》亦見。如:

(3) 别説那書上那些大家子,如今眼下拿著咱們這中等人家説起,也没那樣的事。别叫他謅掉了下巴子膀罷!(《紅樓夢》五十四回)

今《北京話詞語》(增訂本: 873—874)亦收。

3.7

遇見	遇見	撞$_2$屙	撞$_2$磕	撞$_2$磕	撞$_2$著		A57
					碰見著		A70
遇見	遇見	遇見	遇見	碰見		碰見	A71

ABCD 遇見——EFG 碰見——DEF 撞$_2$磕

《清文指要》各版表“遇見,碰見”義以“遇”爲主,且“遇見”多於“遇著”;CF 版還用“撞著”,EFG 版還用“碰見(著)”,CDE 版還有“撞屙/磕”與 AB 版“遇見(鬼)”、F 版“撞著”對應。如果不計“撞屙/磕”3 例,則“遇見”義“碰”“撞”用例相當,都是 3 例。劉寶霞(2012)指出,“撞”和“碰”的“遇見”義分别始于宋代和清代,《紅樓夢》程乙本(1792)中已能看出“碰”對“撞”的優勢。

但在《指要》各版中,尚未看到二者的消長變化。

“撞磕”,《朱子語類》第四九卷即有“撞頭磕腦”,比喻時常遇見。該詞也寫作“撞客”,《紅樓夢》亦見,表示遇到鬼怪。今收於《北京土語辭典 · 舊京土語》: 撞客,動詞,迷信的人把一時精神錯亂而胡言亂語的人叫“撞客”(P.598)。也見於《北京土話中的滿語》“北京話裡的滿語詞”: jangkūlambi,撞磕(P.56)。

3.8

好些	好些	好些	好些個	好些個	好多		A38
些話	一件事	些話	些個話	些個話	幾句話	些個話	A39

ABCF 些——DEG 些個(北方話)

吕叔湘(1985: 399)指出《紅樓夢》程甲本常用“些”,而北方話色彩更濃的程乙本改爲“些個”。同時期北京話教材也可作爲佐證。

北京官話版《官話指南》中的“些個”(19 例)被九江書局版《官話指南》(南方官話)改爲“好多”(1 例)、“許多”(5 例)、“些微”(1 例)、“些”(4 例)、“些的”(8 例),如:

(1) 趕/等明年春天再遣/打發家人來接家眷去,倒方便些個/好多。(《官話指南》4—11)

在《官話類編》中,“些個”也被視爲北京話詞,“一大些”是南方話表達。如:

(2) 這個地方有好些個/一大些人。(《官話類編》P.6)

按:“些個”在《老乞大》諸版本中僅見于《原本老乞大》(25 例)和《老乞大諺解》(20 例)中,而在《老乞大新釋》《重刊老乞大》中大部分被換爲“些”(13 例)。如:

(3) 舊: 俺草料麵,都是你家裡買來的,你減了些個如何?
　　飜: 我草料麵,都是你家裡買來的,你減了些個如何?
　　新: 這草料麵,都是你家裡賣出來的,減少些錢如何?
　　重: 這草料麵,都是你家裡賣出來的,減少些錢如何?

(4) 舊: 不揀怎生,恁與俺做些個粥如何?
　　飜: 不揀怎麼,你與我做些個粥如何?
　　新: 不嫌煩勞麼,你就給我做些粥來吃如何?
　　重: 不嫌煩勞麼,你就做些粥來與我吃如何?

(5) 舊: 胡吃的過去,有甚麼好菜蔬,將些個來。
　　飜: 將就吃的過,有甚麼好菜蔬,拿些個來。
　　新: 將就吃的過,有甚麼好下酒菜,拿些來。
　　重: 將就吃的過,有甚麼好下酒菜,拿些來。

《原本老乞大》《老乞大諺解》所用語言是元明的北方話,這説明當時“些個”已經是北方話詞。而《老乞大新釋》《重刊老乞大》似乎傾向於當時清代的通語表達。

3.9

這兩個人	這兩個人	此二人	他們倆	他們倆	他們倆	他們倆	A71

ABC 兩個——DEFG 倆(北方)

DEFG 版"倆"頗多見,ABC 版則以上例"(這)兩個人"以及"咱們、我們"等複數代詞相應。

"倆","兩個"的合音詞。太田辰夫(2003:132):"(倆)可能是從清初開始使用的。"見於蒲松齡《磨難曲》,不見於《紅樓夢》,但在《兒女英雄傳》及《老殘遊記》中都很常用。《官話指南》北京官話版"倆"(16 例)均被九江書局版替换爲"兩個",如:

他那個人,我管保/包管你們倆/兩人准可以對勁。(《官話指南》2—24)

説明清末"倆"是一個典型的北京官話口語詞。今天"倆"已經分佈在銀川、西寧、烏魯木齊、太原、哈爾濱、北京、濟南、牟平、萬榮、西安、洛陽、徐州等北部官話(參見張美蘭 2011)。此外,南方官話(如西南官話、江淮官話)和各非官話方言均不用。

3.10

幾時	幾時	幾時	多偺	多喒		多喒	A20
幾時	幾時	幾時	幾兒	幾兒	幾兒	幾兒	A40
多喒	多喒	幾時	多偺	多喒	幾時	多喒	A59

ABCF 幾時——多喒、幾兒 DEFG

"幾時"是中古以來的舊詞,只有 ABCF 版用。"多喒"是元代以來的詞,各版都有。從元代起,詢問時間的"早晚"説成"多早晚",其後,"早晚"變成合音字"喒/偺/咱"。C 版還有 1 例"多早晚",也是北京話詞。"多喒"一詞的使用體現了各版的北方話色彩,《官話指南》北京官話版"多咱(3 例)、多喒(18 例)"被九江書局版改爲"多早(14 例)、麼早(3 例)、幾早(3 例)、多時(1 例)"。

DEFG 版用"幾兒",該詞清代始出,是北京話詞,其中"兒"是"日"音變而來的(參見吕叔湘 1985:364)。"幾兒"也見於《紅樓夢》(後 40 回)和《官話急就篇》《京語會話》《官話類編》等清末北京話教材,《官話類編》中還用英文對這組詞的地域屬性作了注解:"幾兒 Northern, and strongly colloquial. 多喒 When, a widely used term, but not entirely t'ung hsing (通行). 多早晚兒 How much sooner or later, a Peking expression."(P.231)

3.11

答應	答應	答應	答言兒	答言兒	答應	答言兒	A60
答應	答應	答應	答言兒	答言兒	答應	答言兒	A60

答覆、回答: ABCF 答應——DEG 答言兒(地域色彩)

"答言",中古《三國志》、《百喻經》等已有,也見於《聊齋志异》《紅樓夢》等。"答應",早期用例見於《醒世恒言》《喻世明言》《初刻拍案驚奇》《二刻拍案驚奇》等。DEG 版"答言"加"兒"尾,更具口語色彩和北方話色彩。

3.12

攜帶: AB 帶——DE 捎(稍)

"帶"的"攜帶"義中古已有。《世説新語 · 德行》:"遺已聚斂得數鬥焦飯,未展歸家,遂帶以從軍。""捎"字亦作"稍",其"攜帶"義元代才有,如:《元典章 · 兵部三 · 使臣》:"今後出使人員除隨身衣服鋪蓋雨衣外,别不得捎帶其餘物件。"《樸通事》(a 版)和《樸通事諺解》(b 版)均寫作"稍"。如:

(1) a 我家裡書信有麽? 稍將來了。——b 我家有書信帶來麽? 有書稍來。

從使用地域而言,"帶"是通語層面的,地域廣泛,南北官話都用,而"捎"主要用於北方官話中。在清代表現爲北方官話多用"捎",南方官話多用"帶"。(詳見張美蘭 2010)

《官話類編》南北官話异文"捎一帶(6 例)、捎一寄(4 例)、捎一打(1 例)"(按:"北方官話詞一南方官話詞"),也揭示了這一資訊。如:

(2) 請王先生明天捎/帶我的綿(棉)衣裳來。……丁先生的兒子,從關東捎了/寄了信來。【注】捎 means to bring, take or send

along with, the implication being that the purpose of going is aside from the matter in question. It is not used in Southern Mandarin, where 帶 takes its place, although 帶 only serves to replace it in part. (P.27 第 10 課)

AB 版用“帶”,DE 版用“稍(捎)”,可見 DE 版更加突出的北方話色彩。

3.13

			惦記		罣在心頭	惦記	A83
想	想	想	惦記	結記		惦記	A93
罣心	罣心	關切	關心	關心		關心	A93
			惦念				A49

掛念、牽掛：ABF 罣心——DEG 惦記

表示“心裡總是想著(人或事物),放不下心”,有“掛念”類和“惦記”類兩組詞的新舊替換。六朝以來,“掛”可表“掛念,牽掛”義,既可單用,也可組成并列式或補充式複合詞使用,後者如“掛心(田/腸/頭/情/懷/間/中)”,唐代寒山詩、敦煌變文已有,後世一直沿用。到現代漢語中,“罣/掛心”保留於南方方言。

“惦記”是清代出現的新詞,一直沿用,是現代漢語常用詞。“惦”來源不詳,我們在《清文啟蒙》(1730)發現了 1 例,寫作“墊”。劉寶霞(2012)指出:“惦”不能單用,或跟“著”,或構成複合詞“惦記”。“惦記”在程甲本後 40 回中已有較多用例,到北方話色彩更濃的程乙本中,不管是前 80 回還是後 40 回,該詞已成爲唯一主導詞,其中有 25 例改自程甲本“記掛”。在其後的北方話作品中也有較多用例(如《京語會話》)。

《清文指要》AB 版用“罣心”,F 版有類似的“罣在心頭”,ABC 版或用“想”,C 版還用“關切”,DEG 版用“關心”,DG 版用“惦記”,E 版用“結記”,D 版還用“惦念”。

D版獨用的"惦念"屢見於清代作品,如《兒女英雄傳》。至今"惦""惦記""惦念"等詞也只在部分北方官話區使用,不見於南方方言。

"記"從宋代開始表"掛念"義,"結記"CCL語料庫中只見於《綠野仙蹤》。因此,ABF版所用"罣心""罣在心頭"都是舊詞。DG版用"惦記",E版用"結記",D版"惦念",都是帶有北方話的新詞。

3.14

(病)犯	犯	重落	重落	重落	變重	重落	A83

AB犯(病)——重落CDEG

"重落",《語言自邇集》第二版(2002: 249)即注爲:"重落 ch'ung lo,一個勁兒地病;再次前往,舊病復發。"北京官話版《官話指南》也用。如:"我那天看見你病才好,臉上氣色還没復原兒哪,怕是你出到外邊兒去,又重落了。"該詞是北京話詞,今收於《北京土語辭典》P.60,謂病已漸好卻又因故加重,讀作"chong² lao"。

3.15

掙命	掙命	絢氣	倒氣	倒氣兒		倒氣兒	A83

爲了生存而掙扎: AB掙命——CDEG倒氣

"掙命",指爲了生存而掙扎,元代已有,續有沿用,也見於《紅樓夢》等清代作品。如:

(1)(正末云)那三件信物?(曳剌云)要你那衣衫襟、刀子有血、掙命的土刻灘子。你與我這三件兒,你便去。(馬致遠《半夜雷轟薦福碑》第二折)

今收於《北京土語辭典》P484、《北京話語詞彙釋》P.826。

"倒氣",也作"捯dao²氣兒",指生命垂危之際急促困難地呼吸,清代才見,如:

(2)小丫頭道:"回來説:晴雯姐姐直著脖子叫了一夜,今日早起就閉了眼,住了口,世事不知,也出不得一聲兒,只有倒氣的分兒了。"(《紅樓夢》第七十八回)

今《北京話詞語》P.58、《北京話語詞彙釋》P.156、《新編北京方言詞典》P.104 均收有該詞。

3.16

沉	沉	沉	聾	聾	聾		A24

形容聽力：ABC 沉(北方話)——DEF 聾(古今通語)

按：沉,《北京話詞語》(增訂本：249)"耳朵沉 er[3] tou chen[2]",又作"耳沉",聽力差。《清文指要》可以提供較早用例。按：《漢語大詞典》:"沉：方言,謂聽覺失靈。"列舉兩個例證有,老舍《四世同堂》十六："四大媽的眼神兒差點事,可是耳朵並不沉。"河北梆子《佘塘關》第四場:"親公,山王耳沉了,未曾聽見。"此兩例偏晚。又"耳沉"還可説成"耳重"。如：誰想有了年紀的人,外面受了這一向的辛苦勞碌,心裡又加上這番的煩惱憂思,次日便覺得有些鼻塞耳重,胸悶頭暈,懨懨的就成了一個外感内傷的病。(《兒女英雄傳》第一回,唯一的一例)

形容物體重量：ABC 沉(北方話)——F 重(南方話)

沉	沉	沉重	沉重	沉重	重		A95
沉重	狠重	狠重	狠重	狠重	重		A89

按：沉,北方話。南方話多用"重"。通語多用複合詞"沉重"。

3.17

猛	猛	猛	高	高	高		A23

形容身高：ABC 猛(北方話)——DEF 高

ABC:"一個胖子,比阿哥畧猛些。"——DEF:"一個是胖子,比你納略高些兒。"

按:《漢語大詞典》未收"猛"該義項。《漢語方言大詞典》(2002:3961)：猛子,南昌,高個子：一個猛子,一個矮子。猛拉,濟南,(人)稍高：他長的比你猛一點(多用於比較句)。陝西户縣話比較句亦如此説。《新編北京方言詞典》: 猛重 zhong,形容詞,兩相比較,個頭兒略大或分量略重: 弟弟比哥哥顯得個頭兒猛重(頁 317)。《北京話語詞彙釋》猛,富餘,大一些的意思。例: 我看你把這些紙先裁猛著點兒,寬打窄用出不了錯(頁 484)。

3.18

平常	笨	夯笨	傀頭	傀頭	傀頭	傀頭	A79

形容詞: 夯笨 BC——傀頭 DEFG

"傀頭",也作"孱頭",清代才見,如:

他放了人、搶了東西,還敢稱名道姓的嚇唬我! 我今夜拿不住算孱頭! (《孽海花》)

"傀(孱)頭",北方官話方言特徵詞(劉曉梅、李如龍 2003)。可見 DEFG 的北方話傾向。

3.19

齊	齊	齊	齊截	齊截	齊整		A62

副詞: ABC 齊——DEF 齊截、齊整

按:"齊截": 齊全,整齊。明清已見。如:

(1) 然以銅鍬壓灰,究難齊截,且非一鍬二鍬可了。(李漁《閒情偶寄》)

(2) 大娘嬸子們可憐我罷! 我上頭捱了好些説,爲的是你們不齊截,叫人笑話,明兒你們豁出些辛苦來罷。(《紅樓夢》第 110 回,一本作"齊集")

(3) 行李都齊截了没有? (《清語教科書》)

(4) 你這兩天先把我的東西都歸著齊截了,好交代給新手兒,把外頭首尾的事情,也都要算清了。(《官話指南》)

(5) 你就把他們姐兒倆的衣裳都齊截齊截,就這春季就把他們都送入學堂就是喇。(《京語會話》)

"齊截",今收於《北京話詞語》(2001: 671)《北京話語詞彙釋》

P.543(也作"齊集"、"齊齊")、《北京土語辭典》P.317、《新編北京方言詞典》P.364,讀作"qi²ji"。"齊整",中古已見,通語詞。

3.20

起初	起初	起初	底根兒	底根兒	本		A57
原	原	原	底根兒	底根兒			A24
起根兒	起根兒	起根兒	起根兒	起根兒			A33

副詞: ABC 起初——DE 底根兒、ABCDE 起根兒(北方話)

按:"底根兒",也作"蒂/地/坐/就+根兒",元代已有,如:

(1) (柳云)師父,你怎生識的小聖來。(正末唱)我底根兒把你來看生見長。(元馬致遠《岳陽樓》第一折)

今《北京話詞語》P.65、《北京土語辭典》P.105、《北京話語詞彙釋》P.169 分别收有該詞。

"起根兒"。該詞見於《清語教科書》、《官話類編》等,如:

(2) 起根兒很乾净,現在醃髒了。(《清語教科書》)

今《北京話詞語》P192、《北京土語辭典》P318、《北京話語詞彙釋》P544、《新編北京方言詞典》P365 收有該詞。

F 版不用"起根兒""底根兒",獨用"起先"。該詞《醒世姻緣傳》已見,也見於《語言自邇集》其他部分。

(3) 後兒他來了,你可以把我起先説的那話告訴他。【注】起先 ch'i hsien,開始的時候兒。(《語言自邇集》頁 199)

3.21

草草了事	草草了事	糊裡嗎裡	胡哩嗎哩	胡哩嗎哩			A98
		胡裡嗎裡	糊裡麻裡	糊裡麻裡	糊裡糊塗		A66

形容詞: AB 草草了事——CDEF 胡裡嗎裡

"胡裡嗎裡"及其异寫在清末口語材料有用,如:

(1) 他是糊裡麻裡的人。(《清語教科書》)

(2) 若像你們糊裡麻裡的,撈摸著就説,可以使的麼?(《清語教科書》續編)

《語言自邇集》注:"糊裡麻裡的 hu²-li-ma²-li-ti,雜亂無章的樣子。"

3.22

全	全	普裡	普裡普兒	全	普裡普兒	普裡普兒	A87

範圍副詞: ABE 全——CDFG 普裡普兒

"普哩普兒",北京地方口語詞。《北京方言詞典》(1985: 220): "譜裡譜兒,按全數來説,估計全數。"《語言自邇集》有注解:"只因親戚們,普裡普兒的,都在這兒會齊兒,我怎麼撂下去睡呢?【注】: 普裡普兒 p'u³-li-p'u³-'rh,全部,整族;指人或指物。"(247 頁)

《伊蘇普喻言》:"忽然來到一顆大樹底下,見又若許的猴兒普哩普兒的在那兒會齊兒哪。"

3.23

了	了	了	咯	咯	咯		A24
		了	咯	咯	了	咯	A27
了	了	了	了	咯	咯		A29
了	了	了	咯	咯	了	咯	A30
了	了	了	了	了	了	咯	A45

事態標記助詞: ABC 了$_2$——DEFG 咯

ABC 版動態助詞(記爲"了$_1$")和事態助詞(記爲"了$_2$")都用"了",DEFG 版有些地方則將事態助詞"了$_2$"改爲"咯"。威妥瑪和高本漢在各自的著作中也對"了$_1$"和"了$_2$/咯"的語音差异作了標注,如:

了 liao³,咯 lo¹(*to end*, or *be ended*),跟在動詞後面,表示動作完成,表示事件出現。也許,把它稱爲過去時的一個標誌(*a sign of the past tense*) 更爲確切。它還自由地充當句尾語助詞(*a final expletive*)。口語句尾多用"咯"(*as a colloquial termination*)。(語言自邇集二版練習一答案之後 31)

按:即威妥瑪認爲"了$_1$"多讀作"了 liao^3","了$_2$"或"了$_1$+了$_2$"多讀作"咯 lo^1"。

高本漢《北京話語音讀本——含一篇介紹發音的文章》(A Mandarin Phonetic Reader in The Pekinese Dialect 1918)對北京話語音進行了描寫及研究,選了二十篇含民間故事、笑話、會話交談的中文口語材料,用隆德爾方言字母逐字進行標音轉寫。對"了"進行了語音標注,其中動詞尾碼"了$_1$"標作"-liau",句尾語氣詞"了$_2$"(體詞性成分之後)多標爲"la","了$_1$+了$_2$"則多標爲"-la"(參見艾溢芳 2011)。由此可見,威妥瑪(1886)和高本漢(1918)對清末民初北京話中"了$_1$""了$_2$(了$_1$+了$_2$)"語音差异的記録和區分基本一致。

而《清文指要》DEFG 版則從字形上區分了這種差异,實在可貴。

二、F 版《參訂漢語問答篇國字解》常用詞的南方話特徵

——《清文指要》ABCDEG 諸版與 F 版常用詞比較

(一) ABCDEG——F(6:1)

2.1

弟兄	弟兄	弟兄	弟兄們	弟兄們	兄弟們	弟兄們	A30

表"哥哥和弟弟":弟兄(們)ABCDEG——兄弟 F

按:F 版獨不用"弟兄"。以"弟兄(們)"稱"哥哥和弟弟"是帶有北方話特點的用法,在《現代漢語詞典》釋義中,弟兄(dìxiong)即指弟弟和哥哥(不包括本人或包括本人)。陝西户縣話(屬北方話中原官話)中,也以"弟兄(們)"稱"哥哥和弟弟",以"兄弟"(xiōngdi)稱"弟弟",不説"兄弟們"。日本明治時期北京話口語教材《伊蘇普喻

言》(1878 年)、《京語會話》中也有"弟兄們"的用例。如:他就緊緊的捆上(那一捆兒柴),吩咐説,照這様兒折了他罷。小弟兄們就輪流著用手用脚,折也折不了。(轉引自張美蘭 2011)

2.2

處	去處	去處	光景	光景	情形	光景	A66
			光景	光景	情形	光景	A65
光景	光景	勢頭			勢頭		A70

表"情形"義:光景 ABCDEG——情形/勢頭 F

七版均有"光景",其中 ABCDEG 都表"情形"義,F 版即以"情形/勢頭"對應(如 A65、A66、A70)。而 F 版的"光景"卻表"風景、景致"義(如 A55、A73)。"光景"作"情形,狀況"義是清末北京話的用法,屢見於當時北京話教材,如《官話急就篇》《北京官話談論新篇》《士商叢談便覽》、北京官話版《官話指南》《京語會話》等(張美蘭 2011)。如:

在路上打尖住宿怎麼個光景呢?有店的地方住酒店,没店的地方住燒鍋。(《官話急就篇》)

他瞧這光景不妥,一想半路途中的止了工罷,真頜磣,往下蓋罷,眼看著錢是接不上了,心裡真著了急了,找我來給他想法子。(《談論新篇》)

2.3

老家兒	老家兒		老家兒	老家兒	父母		A7
老家兒們	老家兒們	老人家們	老家兒們	老人家們	雙親	老家兒們	A83

父母自稱或子女對父母之尊稱:老家兒 ABCDEG——父母/雙親 F

除 F 版外,都用北京話詞"老家兒"(《北京土話》P.56)。該詞還見於《兒女英雄傳》。除 F 版外,也用"老人家",該詞宋元以來小説戲曲中大量使用。相應之處,F 版用"父母"/"雙親"各 1 例。

2.4

日光	日光	日光	日頭	日頭			A18
日頭	日頭	日頭	日頭	日頭	太陽		A41
日色	日光	日光	日頭	日頭			A53
日頭影兒	日頭影兒	日影兒	老爺兒	老爺兒	太陽		A75

日頭 ABCDE——老爺兒 DE——太陽 F

"日頭",金董解元《西廂記》已有。主要用於北方話中。清人李光庭《鄉言解頤》一書追憶故鄉(今天津寶坻)鄉語,其卷一《日》:"又曰日頭爺,曰老爺兒。"《官話類編》記録了該詞的南北地域差异表達:

雨也淋/灑不著,日頭/太陽也曬不著。並自注: In Nanking, 日頭 is hardly ever used, 太陽 being almost always used instead. (P.227)

"老爺兒",也作"老陽兒",今《北京話詞語》(1986: 148)、《北京話語詞彙釋》P.407、《北京土語辭典》P.239、《新編北京方言詞典》P.268 分别收有該詞。據岩田禮(2009):"太陽"擬人稱呼"+爺",現代北方方言仍有,今陝西户縣話就有"日頭爺"。"日頭"在南方用得更密更多;"太陽"在北方零散使用,在南方用得更多,江淮地區最密集。

2.5

晌午	晌午	晌午	晌午	晌午	午後		A50

晌午 ABCDE——午後 F

"午後",中古已見。"晌午",元代已有,清代《紅樓夢》、《兒女英雄傳》有用,是清末北京話詞,見於《官話指南》、《京語會話》、《官話類編》等,如:

我去的時候,他們正在地裡鋤地了,趕晌午的時候,他們就都回去吃晌飯去了。(《官話指南》)

晌午/中時/中上買的銀子是八件,你數了没有?《官話類編》P.68【注】晌午 is the form used in the North, While 中時 and 中上 are used in the South. P.68

2.6

學房	學房	學房	學房	學房			A6
			學房	學房	學堂		A6

學房 ABCDE——學堂 F

"學房"在北方官話用的多,"學堂"在南方官話用的多,《紅樓夢》前 80 回有"學房"4 例、"學堂"4 例,北方話色彩更濃的後 40 回只有"學房"13 例;《兒女英雄傳》中有"學房"4 例、"學堂"僅 1 例。

北京官話版《官話指南》中的"學房"也被九江書局版《官話指南》改爲"學房"。如:

聽説你上學,學房/堂在那兒啊/那裡呢。學房/堂就在這拐/轉灣兒。(《官話指南》1—28)

《官話類編》中"學房/學堂"多次並行使用,也顯示了北南之别,並指出:"Both 學房 and 學堂 are intelligible anywhere, but the former prevails in the North and the latter in the South." (P.4)也見於《急就篇》《官話篇》《京語會話》等清末域外北京話教材,可見"學房"是北方詞,但今天幾乎不用,"學堂"吴方言區還用(參見張美蘭 2011)。

2.7

清早	清早	早晨	清早兒	清早兒	清早		A18
早起	早起	早晨	早起	早起	早起	早起	A20
					早上		A33、38、41、53、60
早晨	早晨	早晨	早起	早起	一清早		A38
黑早	黑早	黑早	黑早兒	黑早兒	清早		A38

早期、黑早(兒)ABCDE——早上 F

按:"早起"最早見於《敦煌變文 · 燕子賦》,並一直沿用。清代北方話作品中才成爲主導詞，而且至今還是官話方言特徵詞，在今天以下九個官話區使用：北京、東北、冀魯、江淮、膠遼、晉語、蘭銀、西南、中原，範圍更爲廣泛（劉曉梅、李如龍 2003）。據岩田禮（2009：77）地圖 4－1 顯示，“早起”也多用於北方。《清文指要》諸版除 C、F 版外，各版都主要用“早起”，體現了北方話特徵。同時期的北京話背景作品《紅樓夢》《兒女英雄傳》“早起”也是主導詞。而北京官話版《官話指南》中，其中有“早起”20 例，18 例被九江書局版的《官話指南》改成“早晨”。（詳見張美蘭 2011）

“黑早（兒）”是明代以來的新詞，如：打聽了放告日期，梅氏起個黑早，領著十四歲的兒子，帶了軸兒，來到縣中叫喊。（《喻世明言》）

至今也是官話方言特徵詞和北京話方言詞（收於《北京土語辭典》P.174）。

“黑早（兒）”在《清文指要》之 ABCDE 版也用，F 版除外。

“早上”只有 F 版用。“早上”，《朱子語類》已見，續有沿用，但多在南方話背景的作品中作爲主導詞，如《醒世恒言》《儒林外史》《花月痕》等，此外，只有北方話作品《品花寶鑒》亦然。在《官話類編》中，“早起”1 例、“早晨”3 例（共 7 例）被標爲北方話詞，“早上”4 例（共 7 例）則被標爲南方話詞，如：現在疼的輕一點，就是早起／早上疼了一陣好的。（第六十九課）

根據張慶慶（2007）調查，20 世紀二十到四十年代《二馬》、《阿 Q 正傳》、《雷雨》、《四世同堂》、《圍城》幾部作品，其中不見“早起”，“早上”則成爲通用語。“早上”至今還是普通話主導詞，岩田禮（2009：76）認爲其發源地可能是江淮地區，現在密集分佈於江蘇和安徽境內的江淮地區，在北方地區分佈零散。

2.8

折	折	折	折	折	斷	折	A30
折	折	去	斷	斷			A54

折 ABCDEG——斷 F(DE)

折 shé,《官話指南》、《官話類編》均標爲北方話詞,如:

我瞧瞧/看看,這個鐘是錶/練子折/斷了。(《官話指南》2—14)

聽説姜瓦匠的腿教石頭砸折/斷了。(《官話類編》P.128)

也見於清末北京話教材《伊蘇普喻言》《生財大道》等。

2.9

知道	知道	知道	知道	知道	曉得		A98

知道 ABCDE——曉得 F

表"對事物有所瞭解、認識、知曉"這一意義,"知道、曉得"是一對同義詞。從産生時間上看,"知道"(唐代已見,《祖堂集》"知道"已凝固成詞。)早於"曉得"(北宋)。從使用地域而言,"知道"是通語層面的,地域廣泛,南北官話都用。在清代表現爲北方官話更多用"知道",南方官話偏重用"曉得"。北京官話本的《官話指南》和九江書局版《官話指南》兩個版本同句异文有 67 個用例,揭示了這一現象。《官話類編》也有類似情况,如:

這個事情,我實在不知道/曉得。【自注】知道 is rarely heard in Nanking or the South; 曉得 almost entirely superseding it. 曉得 is also used in the North, but somewhat sparingly. (P.10)(參見張美蘭 2010)

2.10

簡斷	簡斷	剪剪決決	簡簡決決	簡簡決決	簡直快快	簡簡決決	A4
簡決	快	簡決	簡決	簡決	快		A12

簡斷、剪決、簡決 ABCDEG——快、簡直 F

"簡決",亦作"簡绝""剪绝/決",北方話詞,見於《紅樓夢》《三俠五義》《龍圖耳録》以及《官話篇》《急就篇》等(參見張美蘭 2007)。如:

你簡直的説危如累卵就結了麽?不錯,這麽説是很簡決。(《官話篇》)

他辦事因循(不簡決)(顢頇)(拉絲)(不痛快)。(《急就篇》)

《紅樓夢》:"禮貌上又能,説話兒又簡绝,作活兒手兒又巧。"(第

94 回)《三俠五義》:"他卻跌倒的快當,爬起來的剪绝,隨後也就呱嘰呱嘰追了出來。"(第 106 回)"簡斷、剪斷",《紅樓夢》也用。"簡決 chien chüeh",迅速果斷地作出決定。(《語言自邇集》)

2.11

頭裡							A66
			頭裏	頭裡	前手		A88
		老時候	頭裡時候兒	老時候兒		頭裡	101

頭裡 ADEG——前手 F

F 版"前手",時間副詞,同"前首""前頭"。ADEG 版用"頭裡"與之對應。

"頭裡",元代已有,從表示空間方位引申到表示時間。如:

不争我病勢正昏沉,更那堪苦事難支遣,忙趕上頭裡的喪車不遠,眼見得客死他鄉,有誰祭奠?(元缺名《合同文字》第一折)

便好道:"人有所願,天必從之。頭裡未曾鬧時,還是午時,方才鬧了,他可早交酉時了。"(元吴昌齡《張天師》第二折,詞二例引自《近代漢語大詞典》P.1867)

可以看出該詞從表示空間方位引申到表示時間。還見於《京語會話》、《伊蘇普喻言》等,在《官話類編》中被標爲北方話詞,如:

他頭裡/早頭來過好幾遢。這是他頭裡/早頭的老毛病。(《官話類編》P.338)

《談論新篇》《官話指南》還有"先頭裡"。陝西户縣話也説表示方位的"頭裡",且"裡"的語音弱化爲"yi"。

2.12

動不動的	動不動的	動不動的	動不動兒的	動不動兒的	時常		A57
		來不來	來不來的	來不來的			A97

動不動的 ABCDE——時常 F

“動不動”,也見於《官話篇》《伊蘇普喻言》《京語會話》《官話類編》等清末北京話教材,如:

動不動兒的愛提古人,生在什麼時候兒就説甚就話,幹什麼這麼各别另樣的。(《官話篇》)

某地方有一條狗,動不動兒的見左近的狗不是叫就是咬。(《伊蘇普喻言》)

一家子都省吃儉用的,獨他老不足性,動不動就指雞罵狗的,那著孩子紥筷子,你説這個氣成天家教人怎麼受?(《京語會話》P.52)他動不動/好不好拿著死嚇人。(《官話類編》P.299)今收於《北京話語詞彙釋》P.180。

“來不來”,動輒義。也見於《伊蘇普喻言》、《生財大道》、《官話類編》,如:

你看他來不來/先不先的就想著改行喇,現在你信不信呢。

今收於《北京話語詞彙釋》(1987:394)、《北京方言詞典》(1985:155)。

2.13

從	從	從	打	打			A24
從	從	從	打	打		打	A40
起	從	從	在	在	在		A45

從 ABC、打 DE——在 F

張美蘭(2011)指出:“打、起”等都是清末具有北方特徵的介詞。“打”還見於《燕京婦語》《生財大道》《伊蘇普喻言》《官話指南》等,如:

您上玉泉山兒是打青龍橋兒那麼走麼?(《燕京婦語》)

有兩個耗子打頂棚裡下來,遠遠兒的探看,不敢上他眼前兒。(《伊蘇普喻言》)

《官話指南》北京官話版 7 例“打”,九江書局版改爲“從”6 例、

"把"1 例,如:

就省得小的打/從外頭往京裡帶錢。(A/B3—20,按:A 爲北京話,B 爲九江書局版,南方話。)

"起",在《生財大道》《官話篇》《兒女英雄傳》有用例,如:

既然說的是起心裡願意施惠於人的意思,若說就是他不願意施捨,也得叫他捏著鼻子幫人。(《生財大道》)

《兒女英雄傳》:"大兄弟,你瞧,起腳底下到北邊兒,不差甚麼一裡多地呢。"

《官話指南》北京官話版用"起"之處,除 3 例外,九江書局版改爲"從"(33 例)、"在"(8 例)、"由"(2 例)、"往"(1 例)。如:

我是起/從江蘇回來。(A/B2—24)

2.14

撲倒身子	撲倒身子	撲倒身子	一撲納心兒	一撲納心兒	盡心盡力	一撲納心兒	A11
撲倒身子	撲倒身子	撲倒身子	盡力	巴結	盡力		A19
一拿步兒	一拿步兒	誠心	一撲納心兒	一撲納心兒	用心	一撲納心兒	A20
一拿步兒	一拿步兒	一拿步兒					A19
一朴心兒	一撲心兒	一撲心	一撲納心兒	一撲納心兒			A19

一撲(納)心、撲倒身子、一拿步兒 ABCDEG——盡心盡力 F

按:"一撲納心兒",一心一意,專心致志。北京話詞,今收於《北京話詞語》P956、《北京土語辭典》P.452、《北京話語詞彙釋》P.762、《新編北京方言詞典》P.530,前二者中"撲"音 pu^3,後二者中仍讀 pu1。

"一撲心兒",義同"一撲納心兒",收于《北京話語詞彙釋》P.762。

"一拿步兒"與之同義,都是滿語詞。(張華克 2005:209 注一三八、一三九)

獨 F 版用通語"盡心盡力",不用"一撲納心兒""一拿步兒",再次説明其對部分北方話詞的排斥，體現了其南方話色彩。

2.15

罷咧	罷咧	罷咧	罷咧	罷咧	罷咧僅1例	罷咧	A20
罷咧	罷咧	罷咧	罷咧	罷了		罷咧	A79
罷咧	罷咧	罷咧	罷咧	罷咧			A18
來著	來著	來著	來著	來著			A7
來著	來著	來著	來著	來著			A15
來著	來著	來著	來著	來著			A16
來著	來著	來著	來著	來著		來著	A62
來著	來著	來著	呢	呢			A63

罷咧、罷了 ABCDEG(常用)——罷咧 F(少見，罷咧僅 1 例、罷了 4 例)

“罷了”，明代已有，清代也寫作“罷咧”，偶爾還寫作“罷哩”。見於《紅樓夢》《兒女英雄傳》《伊蘇普喻言》等。

2.16

用	用	拿	拏	拿	把		A85

工具介詞：用、拿 ABCDE——把 F

“用”“拿”是南北通用的工具介詞，而 F 版用則偏重於南方特點的“把”字。

F 版例句如下：不把那紙包東西，你敢把巧言冷語來笑我，把話來勾引我，把那好的爲法，把那不好的爲戒。

2.17

		是的	一個樣兒	一個樣兒	一個樣兒	一個樣兒	A58
一樣	一樣	是的		似的			A58
一樣	一樣	是的	一樣的	一樣	一個樣		A59

(續表)

一樣的	是的	一般	一般	似的	一樣	一般	A79
一樣	一樣	是的	似的	似的	樣子		A80
一樣		是的					A83
一樣	是的	是的					A84

比擬助詞:"一樣""是的""似的""一般"BCDE——"一樣"(樣子)AF

比擬助詞有"一般""一樣""是的""似的"四個。"一般"唐宋已用,"似的"元代已見,"一樣"偶用,"是的"明代始出。江藍生(2000:168—184)指出,"似的"則發展自先出的搬用蒙古語語序而產生的助詞"也似/似"。"是的"經歷了從表判斷——不肯定的推斷——相似、比喻的引申過程。而《紅樓夢》中"似的""是的"仍並用,以"似的"爲多。《京語會話》《華音啟蒙諺解》通篇用比擬助詞"是的",不見"似的"。

相對而言,"是的""似的"多用於北方話。《金瓶梅詞話》"似的""是的"都用。據學界研究,《紅樓夢》程乙本改删程甲本,其删改後語言面貌之具有明顯的北方話趨勢。張俊《程本紅樓詞校讀劄記》(2010)指出,程乙本改程甲本及相關脂本前八十回的"一般"或"一樣"爲"是的"有 9 例,增用"是的"有 10 例。可見"是的"一詞的北方話傾向。

狄考文《官話類編》(1902)中將"似的"標爲北方官話詞,以區别於南方官話詞"一樣/一般"。如:

好像小孩似的/一樣。仿佛心裡想什麼似的/一樣。如同吸鐵石吸鐵似的/一般。(P.269)

《清文指要》七個版本比擬助詞使用的大致分佈情况:"一樣",除 G 版外,各版都用;"一般"見於 BCDG 版;"是的",多見於 BC 版;"似的"見於 DEG 版。從比擬助詞"是的、似的"的使用上看,A 版 F 版只用助詞"一樣",未體現出北方話特點。

(二) ABCDEG——F(6：0)

2.18

表示列舉："A(啊/哪)什麽"ABCDEG——[ ]F

除F版外，"A(啊/哪)什麽"短語在諸版都用，如：

【A12】誰在那裡呢？快棹子放桌子，想是老爺們都餓了，飯啊什麽都教簡決些。

【B】誰在那裡？快放棹子，想來阿哥們都餓了，飯啊什嗎都教快些。

【C】誰在那裡？快放桌子，想是老爺們都餓了，飯啊什麽都叫簡決些。

【D】别説太遲了，來的正是時候兒。來！誰在這兒呢？快放桌子！想必爺們都餓了，飯哪甚麽的，都簡決些兒！

【E】誰在這兒？快放桌子！想必爺們都餓了，飯哪甚麽的，都簡決些兒！

【F】誰在這兒？快些擺桌子，叫廚子起來。

張美蘭(2011：)指出："什麽"表列舉的用法是清末新産生的，而且是北京話詞。還見於《伊蘇普喻言》、《燕京婦語》、《官話指南》、《生財大道》、《談論新篇》等清末北京話教材也用。

2.19

攮塞	攮塞	攮塞	饢搡	饢搡		饢搡	A31

塞填食物：饢搡 ABCDEG——[ ]F

饢，表示拼命往嘴裡塞食物，《西遊記》已有，如：

那饢糠的夯貨，快出來與老孫打麽！(《西遊記》第十九回)

"饢搡"，也作"饢/攮嗓"或"攮顙"，貶義，意爲向嘴裡塞填食物。見於《醒世姻緣傳》、《飛龍全傳》等，如：

兩口子拿著𩟔𩟔就著肉，你看他攮顙，饞的同院子住的老婆子

們過去過來,嘓嘓兒的咽唾沫。(《醒世姻緣傳》第十九回)

《北京話語詞彙釋》收有該詞。其本字應爲“攮搡”,二者都有“用力推”的意思,引申爲拼命往嘴裡填塞食物;又因爲與攝入食物有關,“攮”又寫作“饢”,“搡”又寫作“嗓/顙”,表示與之相關的器官——喉嚨。“攮”也用作駡詞,猶填、塞。(《近代漢語大詞典》P.1343)。因此,“攮塞”、“攮搡”都是同義複合詞。

2.20

揉措	揉搓	揉挫	揉挫	揉挫			A85

“折磨”義:揉搓、揉挫 ABCDE——[ ]F

按:“揉搓”,宋代已有,指“用手來回地擦;搓”。如:

孜孜地、看伊模樣。端相一餉,揉搓一餉。(《全宋詞殢人嬌》)

後引申有“折磨”義,清代才見,如《紅樓夢》、《兒女英雄傳》。如:

可憐一位如花似月之女,結縭年餘,不料被孫家揉搓,以致身亡。(《紅樓夢》第一〇九回)

今《北京話詞語》(增訂本)收有該詞(P.716)。

按:《清文指要》有“折磨”一詞。如 A69:

折磨	折磨	挫磨		挫磨	磨折		A69

“磨折”,又作“摩折”,兩詞同義,都有“打擊”“挫折”之義。産生于唐代。《變文集故圓鑒大師二十四孝押座文》、白居易《酬微之》詩已有(見《唐五代語言詞典》P.253)。而在《官話類編》中該詞已被標爲南方話詞,如:

李榮春一個好人就是没得好報,從小遭了許多顛險/磨折。(《官話類編》P.206)【注】磨折 is colloquial, but as used in the North is always reversed, viz, 折磨. P.207

據劉寶霞(2012)對《紅樓夢》程甲本與程乙本詞彙對比發現,程甲本“折挫”“磨折”一詞在程乙本已改爲“挫磨”。説明清代“挫磨”“磨折”的同義關係。

2.21

摔掇人	摔掇人	摔掇人	摔搭人	摔搭人	説閒話		A32

説話没好聲氣：摔掇 ABCDE——[ ]F

"摔搭",即"摔打",《漢語大詞典》釋義爲"把東西抓在手裡磕打。比喻在艱苦環境中磨煉。""摔打"從"把東西抓在手裡磕打"轉指爲發洩不滿兒弄得器物作響,又進一步專指通過言語發洩對他人的不滿。在《指要》各版中,即體現了這種從物理行爲動詞到言語行爲動詞的引申,意爲"對人耍態度,説話没好聲氣"(《新編北京話詞典》P.427),隨著語義的虚化,語音也發生了弱化,"打"從"da3"變爲"da",在北京話中甚至進一步弱化爲"de"(《北京話語詞彙釋》P.625)。見於《七俠五義》,如：

杏花兒道:"可惡佳蕙,她掐了花來,我和她要一兩朵,就不給,還摔打我。"(《七俠五義》第八十九回)

今收於《新編北京話詞典》P.427、《北京話語詞彙釋》P.625。現陕西户縣話有"掄搭",與之同義,詞義引申過程也類似。

關於"摔搭/打"的成詞,還有另一種推測,即"搭/打"是動詞詞綴。晁瑞在(2006：98—100)指出《醒世姻緣傳》中有"答/搭/打"作表示處置性動作行爲的隨意、輕率;現今還保留在山東的濟南、新泰、壽光、德州、平度等地,其中,"摔答"即見於濟南和德州。

周一民(2002：21—24)在談北京方言動詞常用尾碼時在"一達"下列出了"攛～、磕～、掄～、拍～、敲～、摔～"。

"攛達"即"攛掇 duo/dui/dou"(《北京話語詞彙釋》P.118、《北京話詞語》增訂本 P.143),"摔～"即"摔掇/搭/打"。

《北京土語辭典》P.370 亦收"摔打"一詞,但只有"鍛煉"一個義項。《北京話語詞彙釋》P.124 亦收"摔搭"一詞,但只有"發洩不滿而用力摔打自己手上的東西""在各種環境中鍛煉"兩個義項。可補義項。

2.22

對當	對勁	對	對勁兒	對勁兒		對勁兒	A79

對當、對勁 ABCDEG——F[合式]

按：A 版除了"對當"還用"對裝"，BDEG 版用"對勁(兒)"，表示某事物很適合某人。"對當""對勁兒"還可以表示人與人之間相處融洽。類似用法也見於《紅樓夢》(第 84 回)、《清語教科書》、《官話指南》、《官話類編》、《京語會話》等。

《官話指南》北京官話版 4 例"對勁"有 2 例被九江書局版改爲"合式"；如：

我來是因爲我兄弟素日/平素和您對勁/合式。(《官話指南》2—12)

《官話類編》中"對勁"也被標爲北方話詞，如：

我們倆彼此很對勁兒/合脾氣。(《官話類編》P.156)

也許因爲"對勁(兒)"一詞的北方話特性，所以 F 版不用該詞，而 F 版用"合式"的時候，ABCDEG 也幾乎不與之對應。如篇次第 29、第 57 可參。

2.23

來著	來著	來著	來著	來著			A7
來著	來著	來著	來著	來著			A15
來著	來著	來著	來著	來著			A16
來著	來著	來著	來著	來著		來著	A62

來著 ABCDE——[　　]F

時體助詞和語氣詞"來著"，只有 F 版不用。"來著"是北京話詞，《紅樓夢》、《兒女英雄傳》屢見，清末北京話教材亦多見，如《京語會話》、《官話指南》、《官話類編》等，《官話類編》中即注"來著"爲北京話詞，如：

In addition to its regular and constant use as an auxiliary, 來 is also frequently used at the end of a clause or sentence in the place of 了. In Pekingese it is generally followed by 著, but not in Central or Southern Mandarin. P.317

該書中“來著”之後也加上了諸如“來的”“來呢”“來”“喇”“的咧”“過咯”“了喇”等山東話或南京話的异文。《官話指南》北京官話版有20例“來著”,大多被九江書局版作了改動,改爲“來的(9)、來呢(3)、來呀(1)、呢(1)”。

(三) F版獨有(ABCDE——F[0∶1])

2.24

F版獨用“有VP”表示曾經發生過某事,用於疑問句或陳述句中,如:

(1) 儞有出門麼? 有。

(2) 你呐這一向有到那逛逛麼?

(3) 他有説甚麼事麼? 那裡有?

(4) 儞有念書麼? 都在學堂念書。也有射箭麼? 有。

(5) 我因爲早上有吩咐他一件事。

(6) 儞呐到底有受了他的害没有?

(7) 那裡有睡著?

是典型的南方話用法,至今閩方言等南方方言還説。

2.25

F版具有南方話色彩和受編者日本母語影響的個性特徵

如受日語“數詞+量詞+の+名詞”影響,屢見使用的“數詞+量詞+的+名詞”結構,如:

“一幅的好圖畫、一件的怪事、一座的大墳院、一場的熱鬧、一團的和氣、一半句的話、一條的兩頭蛇、這幾件的東西、一件的貂褂”等。據董志翹(2000:80),日僧圓仁《入唐求法巡禮行記》中也有受日語“の”影響的“五個之船”等類似結構。

三、文白异讀

3.1

時間副詞

將 ABC——剛 DEFG、【F 版只用“剛”】

將將 ABC——剛剛的 AB——剛剛兒的 DE——剛剛（兒的）F【F 版只用“剛剛”】

將才 AB——适才 C；剛才 DEFG——方才 ABCDEG【F 版只用“剛才”】

ABC 版用副詞“將”，DEFG 版相應地用“剛”（A 版僅 1 例）。【F 版只用“剛”】

“剛”作“將”、“剛才”作“將才”，也見於《清文啟蒙》和《兒女英雄傳》。太田辰夫（1991：246—247）考察《兒女英雄傳》也發現主要用副詞“將”和“將才”，“剛”極少用，還用“才剛”。中古時，“剛”是見母（k）一等字，後產生了 i 介音，聲母隨之齶化爲 tɕ，因此“剛”在口語中讀作“將”（精母三等字）；而今讀 k 聲母的“剛”則是後起的文讀（A 版已有），比白讀“將”在語音層次上晚一些，在普通話中取代了“將”，後者只保存在一些方言中，“剛”作“將”還見於山東利津方言、膠南方言，“剛才”作“將才”還見於山東利津、濟南、成都、昆明、合肥方言。（按：山東利津是作者調查所得；其餘地域資訊引自太田辰夫 1991：246。）AB 版也有“剛/剛剛”，説明文讀音 18 世紀末 19 世紀初已出，DEFG 版以文讀音“剛”代 ABC 版白讀音“將”，反映了這種歷時變化。

《官話類編》中也有“剛—彊”“剛才—彊才”“剛剛—彊彊”的异文，“剛剛”的用例較多。如：

我們今天走的早一點，起身的時候日頭剛剛/彊彊出來。（P.163）

我才來的時候，他剛/彊會説話。（P.161）【注】：彊，is used in the South in the same way and with the same sense as 剛 in the North.

In Central Mandarin both terms are used.(P.161)

他等了你一點多鐘,剛才/強才走喇。……一天也没叫雨淋/給雨沾著,才剛/彊到家,就下大了。(P.161)

可見,清末時"剛/將"在南方方言白讀,在北方官話和中部(山東)官話中是文讀居多,也雜有白讀。

3.2

料料的	畧	畧	畧	畧			A53
料料的	畧		略	略			A85
料料的	畧	畧		畧	畧		A87
料料的	畧	畧	略	畧			A89
料料的	畧	畧	略	畧			A93
料	略	畧	但分	畧			A74
些微	些微	略	略	略			A51
些微的	些微	些微					A34
	略	略	些微的	略略兒的	略	些微的	A56
			些微的	些微的			A76
料	略	略	稍微	些微的			A78
料	略	略	略	略			A52
料	略	略					A52
料	略						A65
料	略						A99
料	畧	畧		略			A99

程度副詞:料——略

各版都有副詞"略",A 版獨有"料""料料的",E 版作"略略兒的"。些微:稍微。(北京話詞語增訂本 P.913)

A 版"略"多作"料",如"料、料料"即副詞"略、略略";有時"料"

也作“略”,“大略”(3 例)即“大料”(也有“大料”1 例,D、G 版也各有 1 例),“不略”即“不料”,“略估略估”即“料估料估”,“逆略”即“逆料”。

按:“略”,中古宕攝入聲字,帶塞音[-k],當塞音[-k]音節複母音化後,就産生了現代北方官話的白讀音“料”,因而“略”“料”(中古效攝平聲字)是文白异讀的分化字。

《清文指要》A 版“略”多作“料”,表明 19 世紀前後宕攝入聲字多讀如效攝,在當時的官話中,宕攝入聲字讀 yɛ 是文讀,讀 iau 是白讀(同類的字還有:“嚼、削、學”等)。A 版中以白讀居多,但“料”也作“略”,説明也有文讀,並存在一定程度的文白不分。威妥瑪在《語言自邇集·談論篇》第 10 章注釋中注“略”爲“liao^4 或 lio^4”,並説“前一個讀音更普遍”,説明在 19 世紀前後以至中後期,“略”在北京話中以白讀“liao^4”爲主;而“料”則只有 liau 一種讀法。正是 A 版通過字形差异所反映出來的情況。A 版以後,副詞“略”均作文讀音 lyɛ,“料”也不再與“略”文白不分,與今天情況相同。

參考文獻

艾溢芳(2011)《北京話語音讀本》整理與研究,北京大學碩士學位論文。

愛新覺羅·瀛生(1993)《北京土話中的滿語》,北京燕山出版社。

〔日〕安藤彦太郎著、卞立強譯《中國語與近代日本》,北京大學出版社1991年。

北京大學中國語言學研究中心(CCL)語料庫。

北京市民族古籍整理出版規劃小組辦公室滿文編輯部編,《北京地區滿文圖書總目》,遼寧民族出版社,2008年。

晁　瑞(2006)《醒世姻緣傳》方言詞研究,南京師範大學博士學位論文。

晁　瑞(2009)"端"對"搬"的替換兼談詞彙替換方式,《淮陰師範學院學報》第4期。

陳　剛(1985)《北京方言詞典》,商務印書館。

陳　江(1996)《買東西考》,《歷史研究》第6期。

陳珊珊(2005)《亞細亞言語集》與十九世紀日本中國語教育,《漢語學習》第6期。

陳　曉、竹越孝(2018)校注《續編兼漢清文指要》,北京大學出版社。

董樹人(2010)《新編北京方言詞典》,商務印書館。

董志翹(2000)《入唐求法巡禮行記》詞彙研究,中國社會科學出版社。

方雲雲(2010)近代漢語"脖子語義場"主導詞的歷時演變,《安徽農業大學學報》第1期。

傅　民、高艾軍(1986)《北京話詞語》,北京大學出版社。

傅　民、高艾軍(2001)《北京話詞語》,北京大學出版社,增訂本。

富　俊(1789)《清文指要》《續清文指要》,雙峰閣。

富　俊(1809)《清文指要》《續編兼漢清文指要》,三槐堂。

高曉虹(2001)北京話入聲字文白异讀的歷史層次,《語文研究》第2期。

高曉虹、劉淑學(2006)《語言自邇集》中的入聲字讀音,《語言教學與研究》第6期。

顧　亮(2009)威妥瑪與《語言自邇集》,上海華東師範大學2009年碩士論文。

郭曉妮(2010)古漢語物體位移概念場詞彙系統及其發展演變研究,浙江大學博士學位論文。
胡增益(1994)《新滿漢大詞典》新疆人民出版社。
季永海(2011)論清代"國語騎射"教育,《滿語研究》第1期。
江藍生(2000)《近代漢語探源》,商務印書館。
江藍生(2006)概念疊加與構式整合——肯定否定不對稱的解釋,《中國語文》第6期。
蔣紹愚(2005)《近代漢語研究概要》,北京大學出版社。
蔣紹愚(2012)《漢語"天"的意義的演變》,收入蔣紹愚《漢語詞彙語法史論文續集》,商務印書館。
金受申(1965)《北京話語彙》增訂本,商務印書館。
金昭希(2011)宋先奭《自習完璧支那語集成》研究,上海師範大學碩士論文。
景盛軒(2006)旁稱代詞"别人"的産生和發展,《浙江師範大學學報》第6期。
李　榮(2002)主編《現代漢語方言大詞典》,江蘇教育出版社。
李　煒(2002)從《紅樓夢》《兒女英雄傳》看"給"對"與"的取代,《蘭州大學學報》第4期。
栗學英(2002)《從"患饑""患渴"談"患"的用法及演變》,《咸寧師專學報》第5期。
劉寶霞(2012)從《紅樓夢》异文看八組常用詞的歷時演變及其共時分佈,清華大學博士學位論文。
劉寶霞(2102a)程高本《紅樓夢》异文與詞彙研究,《紅樓夢學刊》第3輯。
劉寶霞(2012b)從《紅樓夢》异文看明清常用詞的歷時演變和地域分佈——以"誦讀"義動詞和"掛念"義動詞爲例,韓國《中國言語研究》第42輯。
劉君敬(2011)唐以後俗語詞用字研究,南京大學博士論文。
劉　曼、張美蘭(2012)清代著名的滿漢雙語教材《清文指要》(百章)及其價值,《海外華文教育》第1期。
劉　雯(2011)《金瓶梅》詞話本和崇禎本語言比較研究,南京大學碩士論文。
劉曉梅、李如龍(2003)官話方言特徵詞研究,《語文研究》第1期。
劉彦臣(2010)清代"國語騎射"政策研究,東北師範大學博士學位論文。
劉　雲(2009)北京話敬稱代詞"您"考源,《北京社會科學》第3期。
〔日〕六角恒廣著、王順洪譯《日本中國語教育史研究》,北京語言學院出版社1992年。
盧秀麗、閻向東編(2002)《遼寧省圖書館滿文古籍圖書綜録》,遼寧民族出版社。
吕叔湘(1985)《近代漢語指代詞》,學林出版社。

羅竹風(2011)主編《漢語大詞典》,上海辭書出版社。
潘悟雲(2000)漢語歷史音韻學,上海教育出版社。
〔韓〕樸在淵、金雅瑛編(2009)《漢語會話書: 1910—1930 年代舊活字本 9 種》,韓國首爾: 學古房。
齊如山(1991)《北京土話》,北京燕山出版社。
錢婉約(2005)論近代日本中國語教育發展的曲折性,李向玉、張西平、趙永新主編《世界漢語教育史研究》,澳門理工大學出版社。
邱 斌(2007)Nn 類“差點兒没”的固化,《北方論叢》第 1 期。
沈鐘偉(2006)遼代北方漢語方言的語音特徵,《中國語文》第 6 期。
宋孝才(1985)《北京話語詞彙釋》,北京語言學院出版社。
太田辰夫(1991)《漢語史通考》,重慶出版社。
太田辰夫(2003)《中國語歷史文法》,北京大學出版社。
汪維輝(2005)《老乞大》諸版本所反映的基本詞歷時更替,《中國語文》第 6 期。
王敵非(2010)清代滿文讀本會話類文獻研究,《滿語研究》第 1 期。
王福堂(1999)《漢語方言語音的演變和層次》,語文出版社。
王 力(2004)《漢語史稿》,中華書局。
王麗玲(2011)也談動詞“提”言説義的來源,《中國語文》第 6 期。
王永超(2009)元明時期漢語代詞研究,山東大學博士論文。
王雲路(2010)《中古漢語詞彙史》,商務印書館。
〔英〕威妥瑪編著、張衛東譯(2002)《語言自邇集》——19 世紀中期的北京話,北京大學出版社。
魏巧燕(2017)《清文指要》整理研究,北京/哈爾濱: 北京大學出版社/黑龍江大學出版社。
吴寶安(2011)小議“頭”與“首”的詞義演變,《語言研究》第 2 期。
吴元豐、李 剛(2019)《滿文檔案著録名詞與術語漢譯規則》的修訂,《中國檔案》第 7 期。
夏鳳梅(2005)《老乞大詞的研究》,浙江大學博士論文。
肖 紅(2007)漢語“捕捉”義動詞的歷時演變和共時分佈,《長江學術》第 3 期。
辛永芬(2004)衣服通稱的形成及其地域分佈的成因試析,《河北大學學報》第 1 期。
邢福義(1999)説“兄弟”和“弟兄”,《方言》第 4 期。
徐世榮(1990)《北京土語辭典》,北京出版社。

許少峰(2008)《近代漢語大詞典》,中華書局。
岩田禮(2009)編《漢語方言解釋地圖》,東京：白帝社。
楊榮祥(2005)《近代漢語副詞》,商務印書館。
于潤琦(1997)主編《清末民初小説書系》,中國文聯出版公司。
張　方(2005)"從《俄漢合璧字彙》看俄國19世紀漢語教育的辭彙和語音教學",見李向玉、張西平、趙永新主編《世界漢語教育史研究》,澳門理工大學出版社。
張華克(2005a)《〈清文指要〉解讀》,臺北：文史哲出版社。
張華克(2005b)《〈續編兼漢清文指要〉解讀》,臺北：文史哲出版社。
張　俊(2010)《程本紅樓詞校讀札記》,《紅樓夢學刊》第一輯。
張美蘭(2007)明治期間日本漢語教科書中的北京話口語詞,《南京師範大學文學院學報》第2期。
張美蘭(2008a)《官話類編》和十九世紀的漢語官話,《東亞文獻研究》創刊號(韓國)。
張美蘭(2008b)清末漢語介詞在南北方官話中的區别特徵——以九江書局改寫版《官話指南》爲例,《繼往開來的語言學發展之路》,語文出版社。
張美蘭(2008c)十九世紀末漢語官話詞彙的南北特徵——以九江書局版《官話指南》爲例,《韓漢語言研究》,韓國學古房。
張美蘭(2010)同義詞的地域分佈特點與清代南北官話,《漢語史學報》第10輯,上海教育出版社。
張美蘭(2011)《明清域外官話文獻語言研究》,東北師範大學出版社。
張美蘭(2011)《日本明治時期漢語教科書彙刊》,廣西師範大學出版社。
張美蘭(2017)《〈官話指南〉彙校與語言研究》,上海教育出版社。
張美蘭、劉　曼(2011)論《參訂漢語問答篇國字解》漢語口語詞"去北方話化"傾向,《中國方言中的語言學與文化意藴》(《中國語語言與文化研究系列4》),韓國文化社。
張美蘭、劉　曼(2013)《〈清文指要〉彙校與語言研究》,上海教育出版社。
張慶慶(2007)近代漢語幾組常用詞演變研究,蘇州大學博士學位論文。
趙令志(2009)清代滿漢合璧字辭書及其作用探析,《滿語研究》,第2期。
周一民(2002)《現代北京話研究》,北京師範大學出版社。
〔日〕竹越孝(2010)《滿漢字清文啟蒙》,好文出版。
〔日〕竹越孝(2015)《從滿語教材到漢語教材——清代滿漢合璧會話教材的語言及其演變》,《民族語文》第2期。
〔日〕竹越孝(2015)《新刊〈清文指要〉：翻字と翻訳》,古代文字資料館。

〔日〕竹越孝、陳　曉(2018)校注《清文指要》,北京大學出版社。

祖生利(2013)清代旗人漢語的滿語干扰特徵初探——以《清文啓蒙》等三種兼漢滿語會話教材爲研究的中心,曆史語言學研究: 第六輯.商務印书館。

〔美〕Calvin Wilson Mateer(1900) *A Course of Mandarin Lessons, based on idiom*, (官話類編) Shanghai: American Presbyterian Mission Press, 1900.

〔美〕Jerry Norman (罗杰瑞 1978). A Concise Manchu-English Lexicon (《简明滿英詞典》). Seattle: University of Washington Press.

〔德〕Paul Georg von Möllendorff (穆麟德夫 1892) *A Manchu Grammar with Analyzed Texts* (《滿文語法》). Shanghai: American Presbyterian Mission Press.

〔英〕Thomas Francis Wade (1867). *Yüyen tzu êrh chi, A Progressive Course Designed to Assist the Student of Colloquial Chinese as Spoken in the Capital and the Metropolitan Department*[M]. London: Trübner & Co.

附　　録

附録一　縮略詞對照表

縮略詞	英語	漢語	相應的滿語成分
1SG	first person singular	第一人稱單數	bi主格形式
2SG	second person singular	第二人稱單數	si主格形式
3SG	third person singular	第三人稱單數	i、tere主格形式
1PL	first person plural	第一人稱複數	be主格形式
2PL	second person plural	第二人稱複數	suwe主格形式
3PL	third person plural	第三人稱複數	ce、tese主格形式
CVB	coverb	副動詞	-me、-ci、-fi、-hAi等等①
CAUS	causative	使動	-bu
PASS	passive	被動	-bu
ACC	accusative	賓格(受格)	be
DAT	dative	與格	de
LOC	locative	位格	de
GEN	genitive	屬格(領格)	-i, ni
ABL	ablative	從格	ci
INS	instrumental	工具格	-i, ni
IMP	imperative	祈使	-ki, -kini, -cina, -rAu等
PFV	perfective	完整體	-HA
IPFV	imperfective	未完整體	-rA
PROG	progressive	進行體	-me

PST	past	過去時	bihe
PRS	present	現在將來時	-mbi
NEG	negation, negative	否定	-kū, akū
Q	question particle/ marker	疑問標誌	-u, -n 等
NMLZ	nominalizer/ nominalization	名物化	-ngge, ningge
AUX	auxiliary	助動詞	sembi
SBJV	subjunctive	虚擬語氣	ayoo-rahū

【注】① 副動詞：不同的副動詞有不同的語義和功能，在滿語傳統語法研究中，-me 爲并列副動詞成分，-ci 爲條件副動詞成分等等。統稱爲副動詞，語法標注爲 CVB。

附録二　僅見于 CDEFG 版不見于 AB 版本的另三篇

101 (C35, D36, E36, F38 尋涼遇怪, G25 禱告)

【C】阿哥們提動就說鬼，我也告訴你們一件怪事。
【D】兄台們，提起話兒來就說鬼，我也告訴你們一件怪事。
【E】哥哥們，提起話兒來就說鬼，我也告訴你們一件怪事。
【F】你們說起話來就說鬼，我也告訴你們一件的怪事。
【G】兄台們，提起話兒來就說鬼，我也告訴你們一件怪事。

【C】你們那個從在小說上看見的不是麼？我這個是自己經過的。
【D】你們說的都是在古兒詞上看下來的，我這個是我親自經過的。
【E】你們說的都是在古兒詞上看下來的，我這個是我親自經過的。
【F】你們說的都是古兒詞上看來的，我這件是我親自看見的。
【G】你們說的都是在古兒詞上看下來的，我這個是我親自經過的。

【C】那年我們往城外遊玩，回來的時候一瞧，路傍有一所大墳

院，牆屋破壞，歪的歪了倒的倒了，裡頭有的各樣樹濃黑深密，

【D】那一年，我們出城閒逛，回來的時候，看見道傍邊兒有座大墳院，房屋牆垣都破爛了，歪的歪、倒的倒，那裡頭各樣兒的樹木，長得可是很深密。

【E】那一年，我們出城外頭遊玩，回來看見道傍邊兒有一座大墳院，房屋牆垣都破爛了，歪的歪、倒的倒了，那裡頭各樣兒樹木，長得可是很深密。

【F】那一年，我們走到城外閒逛，回來的時候，看見路旁邊有一座的大墳院，房屋院牆都破壞了，歪的歪、倒的倒，滿院子裡的樹木，長的狠深狠密。

【G】那一年，我們出城閒逛，回來的時候，看見道傍邊兒有座大墳院，房屋牆垣都破爛了，歪的歪、倒的倒，那裡頭各樣兒樹木，長得可是很深密。

【C】因此我們說此處涼爽，咱們進去略歇歇罷。

【D】我們說，這個地方兒很涼快，咱們進去略歇一歇兒。

【E】因為這上頭，我們說，這個地方兒很涼快，咱們進去略歇歇兒。

【F】我們說，這個地方必是涼快的，咱們略歇歇兒。

【G】我們說，這個地方兒很涼快，咱們進去略歇一歇兒。

【C】將帶去的果菜等物，擺在墳前，喝起來了。

【D】把帶著的果子菜放下，就在墳前坐著，喫喝起來了。

【E】把帶了去的果子菜放下，就在墳前坐著，喫喝起來了。

【F】就走進去坐著，把帶去的冷菜果子，在墳前排好，吃欲起來。

【G】把帶著的果子菜放下，就在墳前坐著，喫喝起來了。

【C】正喝中間，忽然所斟的酒自己忽忽都著了。

【D】正喫喝著的時候兒，鍾子裡所斟的酒，忽然自己焰焰的都著了。

【E】正喫喝著的時候兒,我們鍾子裡所斟得酒,忽然自己熖熖的都著了。

【F】正吃欱著,我們鐘子裡所斟的酒,熖熖的都著了火。

【G】正喫喝著的時候兒,鍾子裡所斟的酒,忽然自己熖熖的都著了。

【C】兄弟們都嚇驚了要躲,我的一個叔叔忙止住,説你們別怕,老時候又給土地留謝儀的規矩來著,今日魂靈兒惱了啊。

【D】衆人看見,都嚇愣了,剛要躲著走,我一個叔叔,忙擺手兒説站住。你們別怕,頭裡時候兒,有給鄂博留謝儀的話啊,今兒降在這兒了。

【E】衆人都嚇愣了,剛要躲著走,我一個叔叔,忙擺手兒説站住。你們別怕,老時候兒,有給鄂博留謝儀的話啊,今兒降在這兒了。

【F】大家看見,都嚇愣了,剛要躲走去,我有一位叔叔也在場,忙忙的擺手,説:“站住！你們不要怕。”

【G】衆人看見,都嚇愣了,剛要躲著走,我一個叔叔,忙擺手兒説站住。你們別怕,頭裡有給鄂博留謝儀的話啊,今兒降在這兒了。

【C】趕斟了一鐘酒,一面祭奠,一面祝贊的上頭,著的酒頃刻都滅了。

【D】忙斟了一鍾酒,禱告著,祭奠了祭奠,那所著的酒,立刻都滅了。

【E】忙斟了一鍾酒,禱告著,祭奠著的時候兒,所著的酒,立刻都滅了。

【F】就斟了一鐘酒,向墳上祭奠,嘴裡禱告著,一睫眼的時候,那所著的火就滅了。

【G】忙斟了一鍾酒,禱告著,祭奠了祭奠,那所著的酒,立刻都滅了。

【C】這是我眼見的事,說沒一點怪也使得麼?

【D】這是我親見的事情,你們說怪不怪?

【E】這是我親見的,你們說怪不怪?

【F】這是我眼睛親見的,你說奇怪不奇怪?

【G】這是我親見的事情,你們說怪不怪?

(【+F】這事太奇怪了! 若不是你親眼看見的,人還想你是說謊呢!)

102 (C79,D79,E80,F43 勸人勉學)

(【+F】你有念書麼? 都在學堂念書。也有射箭麼? 有。念書和射箭,是你們要緊的本事。總要專心學,將來沒有不成功的。如懶惰不肯專心,那能夠求得來功名?)

【C】古語說的:幼不學老何為? 這個話特為叫人勤學,別懶惰的意思。

【D】古語兒說的"幼不學,老何為?"這個話,是特意叫人勤學、不可懶惰的意思啊。

【E】古語兒說的"幼不學,老何為?"這個話,是特意叫人勤學、別懶惰的意思啊。

【F】《三字經》說得好:"幼不學,老何為?"真是勸人勤學的格言。

【C】凡人如有粟粒之能,足可以完一輩子的事情。

【D】說是不拘甚麼樣兒的人,學會了米粒兒大的一點兒能幹,就算得完全了一輩子的事情了。

【E】不拘甚麼人兒,若是有米粒兒大的一點兒能幹,就可以完全了一輩子的事情呢。

【F】你少時不勤學,到大了,文不成武不就,那時候後悔也遲了。

【C】若好好的學了的時候,愁甚麽不做官呢?

【D】何况是好好兒的肯學,還有甚麽不能幹的?何怕不作官呢?

【E】何况是好好兒的肯學,還愁甚麽不能夠作官呢?

【C】况且身為旗人,吃穿不愁,不耕種,不擔挑,不坐生意,坐著吃國家的糧米。

【D】而且又是旗人,喫的不愁、穿的不愁,不用種地,不用挑擔子,不用作手藝,坐著喫國家的糧米。

【E】而且又是旗人,喫不愁、穿不愁,不種地,不挑擔子,不做手藝,坐著喫國家的糧米。

【F】説起來,咱們本是旗人,又是世家,不用種地,不用挑擔,不用做手藝,吃不愁、穿不愁,安安穩穩的使皇上家錢糧。

【C】自幼若不黽勉勤學,拿甚麽給主子出力,以何報答,上天生育之恩呢?

【D】有這些個便宜,自幼兒若不努力勤學,以著甚麽本事給主子出力呢?拏著甚麽報答上天生養的恩呢?

【E】自幼兒若再不肯努力勤學,拿甚麽本事給主子出力呢?拏甚麽報答上天生養你的恩呢?

【F】受這樣大的恩,你再不肯好好的勤學,拿什麽本事,報得主子的恩呢?

(【F】是。)

103　＋F44 讀書惜字

人生在世上,頭一件要緊的事是念書,第二件是敬惜字紙。

念書做什麼?

念書爲的是明白道理。道理明白了,在家自然會守業,做官自然會爲國出力,不論什麼事,都辦得妥當。有這等本事,不拘到那裡去,那個不尊敬他,就他自己,也覺得體面。

敬惜字紙做什麽?

人不識得字,就同瞎子一樣,不懂得書裡載的事,不懂得公文書信内説的話,不懂得帳簿内記的來往數目。如識得字,那一件瞞得過?字的功不小,官民士農工商,誰不靠著字?就是書也是字湊得,不敬惜字紙使得麽?

你吶説字的功大,我知道了。怎麽樣的叫作敬惜字紙?

紙上寫有字的,叫作字紙,敬是敬重,惜是不糟蹋。不把那紙包東西,糊窗擦椅桌擦屎尿,另收在簍子裡,滿了把火燒化,灰要用紙包好,扔在長江大海中,就是了。

聽你這樣説,我想起從前人説過,有個駛海的船,收存那灰,在海中遇著妖怪出來,近傍這船,船要沉要翻,船裡人就急了,把那灰倒下海,妖怪就消滅了,船保平安。有這樣冥冥的報應,所以要敬字紙呢!

不是的,這大半是勸人的話,我不知道有這個事没?只是人生在世,不拘甚麽事,誰不靠著字呢?這應該要敬惜的。

附録三　滿文、國際音標與穆麟德夫拉丁字母轉寫表

目前,國際國内針對滿文都有多套拉丁字母轉寫方案,尚未達成統一。我們選擇穆麟德夫[①]轉寫系統。下面我們用表格方式對照滿文、國際音標與穆麟德夫拉丁字母轉寫,以方便廣大讀者使用本書。[②]

---

① 穆麟德夫(Paul Georg von Möllendorff,1847—1901),又譯穆麟多夫或穆麟德,德國學者兼外交家,其著作《滿語語法分析》(A Manchu Grammar with Analysed Tesxts)中將滿文轉寫成羅馬字母,在國際滿文學界廣爲使用。

② 表格由李健民整理,滿語拉丁字母轉寫參照穆麟德夫《滿語語法分析》,國際音標參照季永海《滿語語法》。

滿文字母表

	滿文字母	國際音標	拉丁轉寫		滿文字母	國際音標	拉丁轉寫
1	ᠠ	[ɑ]	a	20	ᠯ	[l]	l
2	ᡝ	[ə]	e	21	ᠮ	[m]	m
3	ᡳ ᡳ	[i]	i	22	ᠴ	[tʂ‘]	c
4	ᠣ	[ɔ]	o	23	ᠵ	[tʂ]	j
5	ᡠ	[u]	u	24	ᠶ	[j]	y
6	ᡡ	[ʊ]	ū	25	ᡵ	[r]	r
7	ᠨ	[n]	n	26	ᡶ	[f]	f
8	ᡴ	[q‘]	k	27	ᠸ	[v]	w
9	ᡤ	[q]	g	28	ᠩ	[ŋ]	ng
10	ᡥ	[χ]	h	29	ᡣ	[k‘]	k'
11	ᡴ	[k‘]	k	30	ᡬ	[k]	g'
12	ᡤ	[k]	g	31	ᡭ	[x]	h'
13	ᡥ	[x]	h	32	ᡮ	[ts‘]	ts'
14	ᠪ	[p]	b	33	ᡮᡟ	[ts‘ɿ]	ts
15	ᡦ	[p‘]	p	34	ᡯ	[ts]	dz
16	ᠰ	[s]	s	35	ᡰ	[ʐ]	ž
17	ᡧ	[ʂ]	š	36	ᠰᡟ	[sɿ]	sy
18	ᡨ ᡨ	[t‘]	t	37	ᡱ	[tʂ‘ʅ]	c'y
19	ᡩ ᡩ	[t]	d	38	ᡷ	[tʂʅ]	jy

後　記

清代遺留的滿文文獻,歷來受到研究者們的重視。滿文讀本會話類文獻,近年來得到學界關注。《清文指要》有張華克、竹越孝滿文拉丁字母轉寫,有竹越孝的日文注解、張華克的漢語注解,魏巧燕進行滿語部分的語法和修辭等方面的分析解讀,這些不斷出現的研究成果,讓更多讀者漸漸瞭解到滿漢雙語教科書的面貌,認識到滿漢兩種語言的不同特性。

我對《清文指要》重要性的深入認識,是在《〈清文指要〉彙校與語言研究》一書出版之後。2014 年秋天,我受法國巴黎東方語言學院徐丹教授之邀前往巴黎進行一個月的訪學,做了兩場講座,有一講專門介紹清代滿漢合璧文獻,我同時也專門介紹了《清文指要》。然而,講座一結束,一連幾天我自己卻陷入了深思,我介紹的都是滿漢合璧材料中漢文的内容,藉助于工具書,在漢文的語境中探討語言接觸,滿文部分的内容并没有真正結合起來,這樣的知識結構不利於研究的深入開展。回國以後,重讀張華克(2005)《清文指要》滿語拉丁字母轉寫本和竹越孝(2015)的《新刊清文指要——翻字と翻訳》,因爲他們依據的版本不一,前者依據日本天理圖書館所藏三槐堂本,後者依據嘉慶二十三年(1818)西安將軍署重刻本,兩者在少數文句或用詞方面有一些差异。同時與道光十年(1830)五雲堂刻本稍微不一樣的地方。因此對漢譯版三個不同版本的异文産生原因也算是找到了主要答案。在識讀過程中,我們充分認識到理解滿漢兩種不同類型語言的重要性。滿文的語序是“$S_{施事}$ + $O_{受事}$ + $V_{謂詞}$”的 SOV 型,漢語的語序是“$S_{施事}$ + $V_{謂詞}$ + $O_{受事}$”的 SVO 型。滿文是有格標記的語言,如受事格常會用“be”標記,與位元格標記“de”。滿文是形態豐富的語言,如使動態詞綴“bu”標記就是一種表現手段。

爲此,我充分認識到進行滿文文獻語法語義標注的重要性,也開始了我們對文獻的進一步整理。這對明清北方漢語句式結構的研究有直接幫助。

研究生綦晉同學幫我一起處理了滿文的拉丁字母轉寫的録入工作,特邀上海科大訊飛 AI 資源語音部研究助理陸晨幫我們進行了滿文語義語法標注。在此基礎上將漢語七種漢文文本原文每句并行陳列。特别高興的是將《清文指要》滿漢八種文本放在一起比較研究,該文獻七種漢文文本之間的歷時特點也得以呈現出來。尤其是早期的三個漢譯本反映的是早期滿漢合璧階段漢語硬譯滿文的特點,表現出滿語對漢譯的影響。而 1867 年以後改編的四个文本,在原有語言表達的基礎上更傾向於當時的口語表達,反映的是以北京官話爲主導的口語表達。由於語言接觸,《清文指要》(百章)早期三種文本比較忠實于滿語會話,漢語部分存在很多滿語特徵表達,而後隨著滿語的衰落,尤其是 1867 年《語言自邇集·談論篇》(百章)實施對《清文指要》進行北京口語改寫,這些滿語特徵開始脱落。這也從一個側面揭示了滿語與漢語接觸、融合,最終被漢語代替以致衰落的歷程。記録下了滿語在與漢語接觸後衰落的脈絡。這是我們將滿漢雙語文獻重新整理之後的發現。

本書命名爲《滿漢〈清文指要〉彙校與比較研究》,其實,目前僅僅是滿漢兩種文獻的比較。滿漢兩種語言比較研究的深入研究還要建立在這個材料基礎上深入進行,這一切才是起步。然而,有了這樣的堅實基礎,後續的詞法、句式結構比較研究將是我們下一步研究的重點。

《〈清文指要〉彙校與語言研究》一書出版之後,得到海内外學界的關注,滿語對漢語的影響、滿漢語言接觸及其變化、清代北方話與滿語的關聯等問題也一度成爲許多學者和研究生討論的話題。本書是在其基礎上增補了滿文《清文指要》及其标注系统,也算是《〈清文指要〉彙校與語言研究》一書的修訂本。學術需要不斷創新,知識需要不斷擴展,這也是我研究清代漢語得到拓展的一個經歷,通過這個過程,我真切地體會到滿語這種北方語言的形態特徵,漢文翻譯過程中的語言策略和文化融合。所謂學無止境,我心得焉。而學海無涯,令我敬畏。

在重新整理的過程中,我對原合作者劉曼博士曾經付出的勞動也充滿了感激之情。從師生關係到學術同道,師生之間的互相支撑,這是爲師最最幸福的體會。

在此特别感謝徐丹教授給了我一個深思的機會,感謝研究生綦晉、研究助理陸晨給予的幫助。博士生李沫參與了滿文部分材料的整合工作,第一歷史檔案館吴元豐先生給予了指導,河北民族學院王碩老師給予了很多幫助,王繼紅教授一直支持和關心本書的進展,并帶領學生從事該領域的研究,在此一并感謝。

感謝上海教育出版社給了我這樣的出版機會。滿漢合璧資料近年來得到學界的關注和挖掘,我期待更多學者加入進來,將這些材料整理成可供比較研究的新材料,帶動該領域的研究走向深入。從這個層面來説,本書只是抛磚引玉。

張美蘭　2020 年 4 月於香港九龍塘

圖書在版編目（CIP）數據

滿漢《清文指要》彙校與比較研究 / 張美蘭著. -- 上海：上海教育出版社, 2022.12
ISBN 978-7-5444-8011-6

Ⅰ. ①滿… Ⅱ. ①張… Ⅲ. ①滿語 - 研究 - Ⅳ. ①H221

中國版本圖書館CIP數據核字(2022)第238936號

責任編輯　朱宇清
封面設計　鄭　藝

滿漢《清文指要》彙校與比較研究
張美蘭　著

出版發行　上海教育出版社有限公司
官　　網　www.seph.com.cn
地　　址　上海市閔行區號景路159弄C座
郵　　編　201101
印　　刷　上海盛通時代印刷有限公司
開　　本　890×1240　1/32　印張 29.875　插頁7
字　　數　776 千字
版　　次　2022年12月第1版
印　　次　2022年12月第1次印刷
書　　號　ISBN 978-7-5444-8011-6/H·0334
定　　價　298.00 元